최신 유아특수교육의 이론과 실제

이병인

미국 뉴욕시립대(CUNY), Brooklyn 대학 졸업: 초등 특수교육 전공(학사)
미국 뉴욕대(New York University) 대학원 졸업: 정서 및 행동장애아교육 전공(석사)
미국 네바다주립대(UNLV) 대학원 졸업: 유아특수교육 전공(박사)
나사렛대학교 유아특수교육과 교수 역임
현재 단국대학교 사범대학 특수교육과 교수

| 주요 저서 |

특수교육대상아동 가족지원의 이해(2004, 2006, 2016)
한국판 적응행동검사(K-SIB-R)(2007)(공저)
함께하는 사회를 지향하는 특수교육학(2009)(공저)
유아특수교육의 이해(2011, 2021)

최신 유아특수교육의 이론과 실제

2011년 2월 25일 초판 발행
2021년 12월 20일 개정 증보판 발행

지은이 _ 이병인
펴낸이 _ 김수복
기　획 _ 김남필
제　작 _ 성두현
마케팅 _ 김민배
펴낸곳 _ 단국대학교출판부
등　록 _ 1968.2.27 : No. 제03-00095호
주　소 _ 경기도 용인시 수지구 죽전로 152
전　화 _ 031-8005-2405
팩　스 _ 031-8021-7154

값 30,000원

ISBN 978-89-7092-776-3 93370

최신

유아특수교육의 이론과 실제

Theory and Practice of Early Childhood Special Education

이병인 저

nos vos

머리말

우리나라의 특수교육은 1977년에 「특수교육진흥법」이 제정됨으로써 질적 및 양적으로 급속히 발전하였다. 반면에 유아특수교육의 발전은 1997년 「특수교육진흥법 전면 개정안」을 통해서 시작되었다고 할 수 있다. 그 후 10년이 지난 2007년 5월 29일 「장애인 등에 대한 특수교육법」이 공포됨으로써 유아특수교육의 발전이 본격화되었다.

신법(新法)인 「장애인 등에 대한 특수교육법(2007)」법에서는 만 3세 미만의 영아 무상교육과 만 3세 이상 유치원 과정의 의무교육 실시(제3조), 특수교육 교원의 자질 향상을 위한 교육 및 연수 실시와 특수교육 대상자의 통합교육을 지원하기 위한 일반학교 교원에 대한 특수교육 관련 교육 및 연수 실시(제8조), 특수교육 대상자의 진단 · 평가, 정보관리, 특수교육 연수, 교수 · 학습활동의 지원, 특수교육 관련 서비스 지원, 순회 교육 등을 담당하는 특수교육지원센터의 설치 · 운영(제11조), 장애의 조기발견, 진단평가 의뢰 및 실시(제14조), 특수교육 대상자 선정 기준에 발달 지체 개념의 도입(제15조), 장애영아의 교육지원 내용 명시(제18조), 장애의 종별과 정도, 연령, 현재 및 미래의 교육 요구 등을 고려한 유치원 교육과정의 운영(제20조), 교육과정의 조정, 보조 인력의 지원, 학습보조기기의 지원, 교원연수 등을 포함한 통합교육계획의 수립 및 시행(제21조), 특수교육 대상자의 교육적 요구에 적합한 교육을 제공하기 위하여 보호자, 특수교육교원, 일반교육교원, 진로 및 직업교육 담당교원, 특수교육 관련 서비스 담당 인력 등 개별화교육지원팀의 구성(제22조), 종일제를 운영하는 유치원 과정의 교육기관에 담당 인력 배치(제26조), 특수학교의 학급 및 각급 학교의 특수학급 설치 기준 마련(제27조)과 특수교육 대상자와 그 가족에 대하여 가족지원 등 특수교육 관련 서비스의 제공(제28조) 등을 명시하였으며, 이를 통해 유아특수교육의 발전을 위한 법적 지원이 마련되었다고 할 수 있다.

이는 구법(舊法)인 「특수교육진흥법(1997)」에 "국가 및 지방자치단체는 장애를 지닌 유아에 대한 유치원 과정의 교육을 촉진하기 위하여 장애의 조기발견, 교원양성, 교육 시설 · 설비의 확충 등 조기특수교육에 필요한 시책을 강구하여야 한다"라고 명시한 이전 내용과 비교할 때 큰 변화라고 할 수 있다. 이러한 법적 지원을 토대로 최근 우리나라에서도 영아를 포함한 0세 이상의 생애주기별(life cycle) 특수교육의 실천, 전문가 간 팀 협력, 조기발견 및 진단체계의 확립, 통합교육의 확대, 교원의 자질 향상 및 책무성 강조, 특수교육 관련 서비스 제공의 확대 등을 통하여 유아특수교육의 발전 방안을 다각적으로 모색하고 있다. 이러한 상황에서 이 책은 '유아특수교육전공서'로 쓰여졌다. 따라서 유아특수교육이나 특수교육을을 전공하는 학부, 대학원생, 유아특수교사, 특수교사, 일반유아교사, 장애영 · 유아를 위한 보육교사, 특수교육 관련 서비스 전문가는 물론 특수교육대상아동 부모나 가족에게도 도움이 되리라 생각한다.

이번 개정안은 총 10장으로 구성되었다. 1장에서는 발달지체와 발달장애의 개념을 다루었고, 2장에서는 유아특수교육 관련 법적 지원을, 3장에서는 발달지체영유아를 위한 진단 및 평가를, 4장에서는 성공적인 전문가 간 팀 접근을, 5장에서는 가족지원의 원리와 성공적인 가족 지원 방안을, 6장에서는 발달지체영유아를 위한 효과적인 교수 방법을, 7장에서는 유아특수 교육과정을, 8장에서는 성공적인 유아통합교육을, 9장에서는 특수교육 관련 서비스를, 그리고 마지막 10장에서는 유아특수교육 연구 동향에 대하여 초판의 내용을 수정 · 보완하였다. 특별히 개정판에서는 2011년 초판 이후 10년간 수행된 유아특수교육 관련 연구물들을 각 장에 소개함으로써 대학원 과정에서 공부하는 석 · 박사생들에게 도움을 주고자 하였다.

우리나라 유아특수교육의 짧은 역사만큼이나 책 안에 소개된 내용은 다른 해외 유아 특수교육 전공 서적들보다는 부족한 부분이 많으리라 생각된다. 부족하고 미비한 부분들은 다음 개정판에 좀 더 수정 · 보완하기로 하고 그때까지 독자들의 많은 조언과 지도를 부탁드린다. 아울러 이 책을 출판할 수 있도록 도와주신 단국대학교출판부 관계자 여러분들과 원고 작성과 수정을 도와준 배성현 박사와 현장의 다양한 이야기와 교육프로그램을 제공해준 현장 교사 여러분들과 자문 및 도움을 주신 동료 교수님들에게도 감사한 마음을 전한다. 그리고 무엇보다도 늘 함께해준 가족과 하나님께 감사를 드린다.

2021년 12월

著者 李 炳 仁

목차

머리말 / 5

제1장 발달지체와 발달장애

1. 발달지체 ········· 12
2. 발달장애 ········· 32

제2장 법적 지원

1. 우리나라의 '특수교육법'에 나타난 유아특수교육 관련 내용 ········· 52
2. 미국 유아특수교육 지원체계 ········· 56
3. 2004년 미국의 장애인 교육법 개정안 주요 내용 ········· 63

제3장 진단 및 평가

1. 진단의 법적 근거 ········· 89
2. 진단의 정의 ········· 92
3. 진단 절차 ········· 94
4. 진단의 질 제고 ········· 99
5. 검사 도구 ········· 103

제4장 유아특수교육에서의 초 학문적 팀 접근

1. 팀 접근의 필요성 ········· 132
2. 관련 선행연구 고찰 ········· 132

3. 팀 접근의 종류 ··· 139
4. 초학문적 팀 접근 문제해결 사례 ··· 146

제5장 가족 지원

1. 특수교육대상아동 가족 지원의 이해 ··· 152
2. 개별화가족지원계획 ··· 158
3. 비장애 형제 지원프로그램 ··· 163
4. 우리나라에서의 발달지체영유아 가족 지원방안 ··· 168

제6장 교수방법

1. 학습과 교수 ··· 180
2. 일반적 교수방법 ··· 181
3. 교수방법의 적용 ··· 198

제7장 유아특수 교육과정

1. 유아특수 교육과정의 이해 ··· 220
2. 유아특수 교육과정의 편성 및 운영의 이론적 배경 ··· 237
3. 유아특수 교육과정 관련 최근 국내 선행 연구 고찰 ··· 245
4. 유아특수 교육과정 편성 및 운영을 위한 개선 방안 ··· 250

제8장 유아통합교육

1. 유아통합교육의 이론적 배경 ··· 270
2. 유아통합교육 상황에서의 주요 요소들 ··· 273
3. 유아통합 상황에서의 친사회적 기술 및 현장 사례 ··· 280
4. 효과적인 유아통합교육을 위한 과제 ··· 291

제9장 특수교육 관련 서비스

1. 특수교육 관련 서비스의 개념과 유형 ······ 300
2. 특수교육 관련 서비스 지원 방안 ······ 322

제10장 유아특수교육 연구동향

1. 유아특수교육 연구동향 배경 ······ 330
2. 유아특수교육 연구동향 연구 과정 ······ 332
3. 유아특수교육 연구동향 결과 ······ 336
4. 유아특수교육 연구동향 논의 및 전망 ······ 351

부록 1

1. 장애인 등에 대한 특수교육법(법률)(제17494호) ······ 362
2. 장애인 등에 대한 특수교육법 시행령(대통령령)(제31623호) ······ 370
3. 장애인 등에 대한 특수교육법 시행규칙(교육부령)(제00240호) ······ 376

부록 2

1. 발달장애인 권리보장 및 지원에 관한 법률(법률)(제18214호) ······ 380
2. 발달장애인 권리보장 및 지원에 관한 법률 시행령(대통령령)(제31841호) ······ 390
3. 발달장애인 권리보장 및 지원에 관한 법률 시행규칙(보건복지부령)(제00731호) ······ 394

부록 3

1. 미국 메릴랜드 주 IFSP 안내서 ······ 400

부록 4

1. 「특수교육 관련서비스 요구조사 및 지원방안」을 위한 설문조사 ······ 418
2. 「특수교육 관련서비스 요구조사 및 지원방안」에 관한 면담조사 ······ 445

제1장

발달지체와 발달장애

01 | 발달지체

02 | 발달장애

01 발달지체

1. 정 의

우리나라의 「장애인 등에 대한 특수교육법」(2007) 내에 있는 특수교육 대상자 선정기준(제10조)에 따르면 '발달 지체를 보이는 특수교육대상자'를 신체, 인지, 의사소통, 사회 · 정서, 적응 행동 중 하나 이상의 발달이 또래에 비하여 현저하게 지체되어 특별한 교육적 조치가 필요한 영아 및 9세 미만의 아동으로 정의하고 있다.

또한 국립특수교육원(2009)의 『특수교육학 용어사전』에 따르면, 발달지체(Developmental delays)를 다음과 같이 정의하고 있다.

> "정상적인 발달 속도와 비교하여 유의미하게 느린 발달의 양상을 보이기 때문에 예측되는 장애의 의심 상태, 또는 발달의 속도가 상대적으로 지나치게 느리기 때문에 발생한 다양한 장애의 유형을 통칭한다. 주로 학령기 이전의 아동에게 어떤 특정한 진단명을 부여하는 것이 그들에게 장애에 대한 부정적이고 고정관념을 갖게 할 수 있다는 우려 때문에 사용되기 시작하였다. 그러나 장애에 대한 낙인의 효과는 학령전기뿐만 아니라 학령기에도 계속 발생할 수 있기 때문에 학령기의 특수교육대상아동에 대해서도 널리 사용되고 있다. 지적장애를 발달 지체로 표현하는 것은 특정 장애의 명칭을 탈피하여 가급적 장애가 아닌 아동 자체의 긍정적인 측면을 바라보기 위한 시도이다. 이러한 점에서 「장애인 등에 대한 특수교육법」에서 특수교육의 대상으로 발달 지체를 별도의 장애 유형으로 분류한 것은 법률에서 제시된 장애 유형만이 특수교육 대상이 아니라 학습에 곤란을 겪을 수 있는 다양한 아동들을 특정한 장애가 아닌 발달 지체의 개념에 포함시킴으로써 특수교육의 기회를 제공하기 위한 배려라고 할 수 있다."

1986년 미국의 특수교육대상아동 교육법개정안(The Education of the Handicapped Children's Act Amendments: Amendments to EHA, 공법 99-457)은 유아특수교육 관련 조항들을 더욱 강화하면서, 3~5세 장애유아들의 적격성(eligibility)을 판정할 때 '발달지체'라는 비 범주적 용어를 처음으로 사용하였으며, 특히 0~3세 장애유아들의 적절한 조기중재서비스 제공을 위해 개별화가족지원계획(Individualized Family Service Plan: IFSP)을 계획 · 시행하도록 규정하였다(이병인, 2004). 일반적으로 '발달 지체'는 다음 영역들(인지 발달, 언어 및 의사소통 발달, 시각과 청각을 포함한 신체 발달, 심리 · 사회 · 정서 발달, 적응 발달 또는 자조-자립 기술 발달) 중 한 부분 혹은 그 이상에서 지체를 보이는 것을 의미한다.

이러한 '발달 지체'라는 비 범주적 용어를 사용하는 이유는 다음과 같다. 첫째, 장애라는 명칭이 어린 아동에게 해로운 영향을 미칠 수 있기 때문이다. 둘째, 0~5세까지의 아동의 발달 속도는 개인에 따라 다양하게 나타난다. 따라서 발달의 지연은 아동이 형식적인 학교 교육을 받을 준비가 될 시기에 사라질 수 있기 때문이다. 셋째, 발달지체유아를 위한 사정 절차에 대한 확신 부족으로 아동의 장애를 정확하게 진단하기 어렵기 때문이다.

1991년 장애인 교육법 개정안(The Individuals with Disabilities Education Act Amendments: Amendments to IDEA, 공법 102-119)은 발달지체영유아와 그 가족을 위한 조기중재서비스는 정상 발달을 보이는 또래들과 함께 하는'자연적인 환경(naturally occurring environments)'에서 제공되어야 하며 유아기로의 전이를 위해 적절한 정책과 절차를 마련하도록 규정하고 있다. 1997년 미국의 장애인 교육법을 재위임한 공법 105-17(The Reauthorized Individuals with Disabilities Education Act)은 비 범주적 용어 사용의 중요성에 따라 발달 지체의 개념을 초등학교 저학년인 9세까지 확장하여 사용하도록 하였으며, 문제행동에 대한 기능 평가를 강조하는 긍정적 행동 지원(Positive Behavior Support: PBS)을 유아특수교사들이 현장에서 사용하도록 규정하였다. 가장 최근에 개정된 2004년 미국의 장애인교육향상법(Individuals with Disabilities Education Improvement Act: IDEIA, 공법 108-446)에서도 발달 지체의 일반적인 개념을 계속해서 사용하고 있다. 일반적으로 '발달지체'의 영역은 다음과 같이 구분된다.

2. 영 역

(1) 인지발달(cognitive development)

국립특수교육원(2009)의 『특수교육학 용어사전』에 따르면 인지(認知)를 다음과 같이 정의하고 있다.

> "정보를 획득하고 파지하고 활용하는 것이다. 인지의 본질은 판단이며 판단을 통해 어떤 대상은 다른 대상과 구별되고, 그것이 어떤 한 개념 또는 몇 가지 개념에 의해 특징지어지는지를 규정한다. 현대의 인지 연구는 크게 두 가지 접근법으로 이루어졌다. 하나는 인간의 사고와 추론 과정을 컴퓨터 체계에 비유하는 정보처리적 접근법이고, 다른 하나는 동화(assimilation)와 조절(accommodation)이라는 두 가지 기본 가정에 근거한 피아제(Piaget)의 인지 적응에 대한 연구법이다. 정보처리적 접근법은 인간이 지각으로부터 기명 및 문제해결에 이르는 과정을 깊이 이해하려고 하였으며, 인지 적응을 강조하는 접근법을 개인이 외부환경에 적응하기 위하여 자신의 기존 지식으로 어떻게 외부환경을 해석하며, 또한 외부환경에 의하여 자신이 기존 지식을 어떻게 변형

시키는지에 대한 이해에 초점을 두고 이루어졌다."

Piaget(1952)에 의하면 인지발달은 유기체와 환경과의 상호작용으로 이루어지는 적응과정으로 보았다. 여기서 유기체가 환경에 적응한다는 말은 인간의 지적 능력은 타고난 것이지만, 그것이 주어진 환경에 적응하는 것이 인지 발달이라는 것이다. 이러한 원리를 설명하기 위해 피아제는 도식, 적응, 동화, 조절, 평형이라는 개념을 사용하였다(정옥분, 2002 재인용).

도식(schema)은 사물이나 사건에 대한 전체적인 윤곽을 말한다. 다시 말해 사고의 틀이라고 생각할 수 있다. 이는 유사한 환경 안에서, 반복에 의해 변화되고 일반화된 행동의 구조 또는 조직화를 의미한다(Piaget & Inhelder, 1956). Piaget에 의하면 유아는 많은 도식을 지니고 태어나며 새로운 물체를 탐색하고 이해하는데 그 도식을 사용한다.

적응(adaptation)은 환경과의 직접적인 상호작용을 통해 도식이 변화하는 과정을 말한다. 적응은 두 가지의 상호보완적인 과정을 통해 이루어지는데, 바로 동화와 조절이라는 수단이다. 다시 말해서 적응은 환경에 적응하는 것을 말하는데 인지적으로는 도식이 변화하는 것을 의미하며, 인간의 경우 새로운 도식을 만들거나 기존의 도식을 변화시키는 것을 의미한다.

동화(assimilation)는 기존의 도식에 맞추어서 새로운 경험을 일반화하는 과정을 말한다. 다시 말해 새로운 경험을 기존에 가지고 있는 도식에 맞추어 보는 것을 의미한다. 예를 들어, 유아가 음식이든 아니든 무엇이든지 입으로 가져가는 것은 동화의 한 예라고 할 수 있다.

조절(accommodation)은 만약 새로운 경험이 기존에 가지고 있던 도식에 맞지 않을 때, 유기체는 불평형의 상태를 겪게 되는데 이 상태에서 평형의 상태로 돌아가기 위해 기존에 가지고 있던 도식을 변경하거나 새롭게 만들게 된다.

평형(equilibration)은 동화와 조절의 균형을 의미한다. 즉 유기체가 현재 가지고 있는 도식을 새롭고, 더욱 복잡한 도식으로 변화시키고 재구성하는 과정을 말한다. 예를 들어, 어른에게 물어 새와 비행기를 구분하게 된 아이는 이제 날아다니는 대상의 하위 범주로 새와 비행기의 차이를 알게 되는데 이를 평형의 상태라고 한다.

Piaget(1954)는 인간의 인지발달에는 네 단계가 있으며, 질적으로 다른 이 단계들은 정해진 순서대로 진행되고, 단계가 높아질수록 복잡성이 증가한다고 주장하였다(정옥분, 2002).

첫 번째 인지발달의 단계는 감각운동기(sensorimotor stage)로서 출생에서 2세경에 나타난다. 이 시기에는 신생아의 단순한 반사들이 나타나며 유아의 행동은 자극에 의한 반응에 불과하며, 시각이나 청각 등의 감각과 운동기술을 사용해 외부환경과 상호작용하게 된다. 이 때 아동의 행동은 자극에 대한 반응으로서, 자극은 감각이고 반응은 운동이라고 할 수 있다.

두 번째 단계는 전조작기(preoperational stage)로서 2~7세까지이다. 이 시기에 아동은 글자, 그림이나 언어와 같은 상징(symbols)을 통해 지식을 습득하고 구조화하지만(예: 소꿉놀이나 병원 놀이와 같은 가상놀이), 아직까지는 논리적인 조작이 가능하지 않기 때문에 전조작기라 부른다. 조작이란 어떤 논리적인 사고를 통해 조작하는 행위를 의미한다. 즉, 전조작기란 조작이 가능하지 않은 이전의 단계라는 의미이다. 이 시기에는 대략 언어를 사용하면서 자신이 내재적으로 가지고 있는 표상을 여러 형태의 상징으로 표현하게 된다. 전조작기 사고의 또 다른 특징은 타인의 생각, 감정, 지각, 관점 등이 자신과 동일하리라고 생각하는 특성을 가지게 됨으로써 자기중심적 사고를 가진다는 것과 논리적이기 보다는 크기, 모양, 색깔과 같은 한 가지 두드러진 속성에 근거하여 대상을 이해하려는 직관적 사고(intuitive thinking)를 보인다는 것이다. 또한 이 시기에 아동은 모든 사물에 모두 생명이 있다고 여기는 물활론적(物活論的) 사고와 모든 것을 사람이 만들었다고 생각하는 것과 나를 위해 만들어졌다고 생각하는 인공론적(人工論的) 사고를 하게 된다.

세 번째 단계는 구체적 조작기(concrete operational stage)로서 7~12세까지가 이에 해 당된다. 이 시기에 아동은 상징적, 논리적으로 지식을 습득하고 구조화하지만, 여전히 구체적이고 현재 눈에 보이는 물체나 사건에 주로 의존한다. 이 시기에 나타나는 사고의 특징은 보존개념의 획득, 유목 포함, 분류화, 서열화를 들 수 있다. '보존개념'이란 모양이 넓은 같은 모양의 컵에 같은 양의 우유를 보여준 뒤, 한 컵의 우유를 모양이 다른 긴 컵에 부어도 긴 컵과 넓은 컵의 우유의 양은 같다는 것을 이해하는 것이다. 또한 수의 개념에서도 달걀과 컵을 나란히 놓은 뒤 어느 것이 더 많으냐 하면 컵과 달걀의 수가 같다고 대답하지만 달걀이나 컵을 한쪽으로 모아놓으면 달걀과 컵의 수가 다르다고 생각했던 전조작기의 특성에서 벗어나게 된다. 전조작기 아동은 같은 양의 진흙으로 만든 두 개의 공을 보여준 뒤 아동 앞에서 하나를 핫도그처럼 길게 만들면 어느새 양이 달라졌다고 생각하지만 보존개념을 획득한 구체적 조작기에는 모양이 달라져도 그 양이나 수는 보존된다는 개념을 획득한다. 또한 '유목화'란 같은 모양의 구슬을 보고 쇠구슬과 유리구슬을 구분할 수 있게 되는 것을 의미한다.

네 번째 단계는 형식적 조작기(formal operational stage)로서 12세 이후의 청년기에 해당된다. 이 시기의 특징을 보면, 지식의 습득은 상징적, 논리적, 가설/연역적, 과학적, 추상적, 이상적 사고를 통해 가능하다.

〈표 1-1〉은 출생에서 6세까지 영유아기의 일반적인 인지 발달지표를 보여주고 있다(임경옥 · 이병인, 2010).

〈표 1-1〉 인지발달지표

연령(개월)	인지발달
0~1세	· 시야를 가린 손수건을 얼굴에서 치우기 · 그릇 속에서 물건 꺼내기 · 그릇 속에 물건 넣는 동작 모방하기 · 그릇 안에 물건 세 개를 넣었다 꺼내기 · 줄에 매달려 있는 장난감 흔들기 · 눈앞에서 치우는 물건 쳐다보기 · 떨어진 장난감 집어 올리기 · 컵 속에 있는 과자 찾기 · 그릇 아래 감추어 놓은 물건 찾기
1~2세	· 퍼즐 판에서 동그라미 도형 꺼내기 · 퍼즐 판에서 동그라미 도형 맞추기 · 다트판에 꽂기 · 지시에 따라 블록으로 탑 세 개 쌓기 · 그릇에서 여섯 개의 물건을 하나씩 꺼내기 · 신체 한 부분 가리키기 · 원하는 물건 찾아오기 · 같은 물건 짝짓기 · 물건과 같은 그림 짝짓기 · 다트판에 다섯 개의 둥근 화살 꽂기
2~3세	· 1~3까지 따라서 세기 · 세 개의 블록 세기 · 같은 도형 찾기 · 세 가지 색 짝짓기 · 퍼즐 판에 세 가지 도형 끼우기 · 수직선 긋기 · 수평선 긋기 · 원 그리기 · 세 개의 같은 촉감 짝짓기 · 십자 긋기 · 큰 것과 작은 것 가리키기 · 차례로 큰 것에 끼워 넣게 된 교구 네 가지 크기 맞추기 · 도형과 도형 그림 짝짓기 · 1~5 숫자 가리키기 · 1~10까지 따라 세기 · 블록 다섯 개 세기 · 블록 열 개 세기 · 1~10까지 숫자 가리키기 · 1~3까지 수 개념 습득하기 · 물건을 위, 아래, 안에 놓기 · 물건을 앞, 뒤에 놓기

연령(개월)	인지발달
2~3세	· 기능에 따라 세 가지 물건 분류하기 · 함께 놓여야 할 물건 짝짓기 · 다섯 가지 신체 부위 가리키기 · 남자와 여자 가리키기 · 두 부분으로 나누어진 형태를 하나로 완성하기 · 부분 그림과 그것의 전체 연결하기 · 셋 이상의 물건을 일대일 대응시키기 · 여섯 조각 퍼즐 맞추기 · 사선 긋기 · v 긋기 · vvvvv 긋기 · 네모 그리기 · 세모 그리기 · 눈, 팔 다리 그려 넣기 · 세 가지 색이름 말하기 · 동그라미, 세모, 네모 이름 말하기 · 물건 이름 열다섯 가지 말하기
4~5세	· 1~10까지 순서대로 배치하기 · 1~10까지 뒤에 오는 수 말하기 · 1~10까지 쓰기 · 1~20까지 세기 · 1~10까지 수 개념 습득하기 · 각 수에 2까지 더하기 · 각 수에서 2까지 빼기 · 더 많은 것 가리키기 · 오른쪽, 왼쪽 구분하기 · 마름모 그리기 · 단순한 미로 사이에 선 긋기 · 친숙한 단어 열 개 읽기
4~5세	· 반쪽 보고 완전한 형태의 물체 가리키기 · 얼굴 그리기 · 머리, 몸 팔, 다리를 갖춘 사람 그리기 · 세 개의 물건 중에서 없어진 물건 말하기 · 네 개의 그림을 보고 기억하여 말하기 · 여덟 가지 색이름 말하기 · 화폐 단위 말하기 · 세 조각으로 나누어진 그림 맞추기 · 필요한 물건 찾기 · 블록 모양 만들기

연령(개월)	인지발달
5~6세	· 1~50까지 세기 · 1~10까지 앞의 수 말하기 · 덧셈하기 · 뺄셈하기 · 정시 말하기 · 다섯 가지 촉감 말하기 · 순서대로 요일 말하기 · 다섯 가지 단어 쓰기 · 그림 중 빠진 부분 이름 말하기 · 물체가 몇 번째인지 말하기 · 첫 번째, 가운데, 마지막 위치 명 말하기 · 길이순에 따라 물건 정리하기 · 곡선 그리기 · 복잡한 미로 사이에 선 긋기 · 물건의 정리 장소 찾기 · 필요한 기구와 도구 찾기 · 장소에 따라 입을 옷 찾기 · 동물의 집 찾기 · 가게에서 파는 물건 분류하기 · 신체 부위의 기능 연결하기 · 순서대로 그림 붙이기 · 직업과 관계된 그림 찾기 · 그림을 기호로 바꾸기 · 공간 위치 표시하기 · 크기에 맞는 상자 찾기 · 1~50까지 쓰기 · 숨은 그림 찾기 · 동물들의 발자국 찾기 · 도형 모양 맞추기 · 30분 말하기

(2) 신체발달(physical development)

유아는 자발적인 움직임을 통해 기본적 운동 기능을 발달시키게 되는데 이러한 운동 기능의 향상을 위해 시각이나 청각과 같은 감각 기관 및 신체 각 부위를 적절하게 협응하여 운동할 수 있는 능력은 중요하다. 유아들의 신체발달과정에서 요구되는 기초체력 요소 중에서 협응력은 신체 동작을 빠르게 수행할 수 있는 민첩성과 순발력, 평형성 등의 조화를 통하여 이루어지는 것이며, 최소한의 지적 능력을 수반하게 된다(서연태 · 김종탁, 2000; 한지혜 · 이병인, 2011 재인용).

유아들은 공을 던지거나, 책상 밑을 기어 다니는 일상적인 활동을 통해서 자신의 신체를 인식하고 신체상(body image)과 공간 개념을 형성하게 된다. 즉 유아는 자신의 신체를 다양한 세계 속에서 경험하면서 다양한 움직임 표본을 가지게 되며, 이러한 움직임을 통해서 자신감과 자아 능력을 얻게 된다(한국심리운동학회, 2009). 그러므로 유아기의 활발하고 자발적인 움직임은 유아의 기본운동 능력과 지각운동능력의 발달을 통해 자신과 자신을 둘러싼 세계를 이해하는 중요한 수단이라고 할 수 있다(한지혜 · 이병인, 2011).

신체발달 지도의 주된 목적은 유아로 하여금 자기 신체에 대한 조절력을 신장시켜 환경과 적절하게 상호작용하고, 학습을 계속하게 하고 연령과 능력에 적합하게 독립적으로 생활을 이끌어 나갈 수 있는 기술을 습득하도록 도와주는 데 있다(유수옥, 2004).

신체 발달을 촉진하기 위한 운동 기능은 주로 대(大)근육 운동기술(gross motor skills)과 소(小)근육 운동기술(fine motor skills)로 분류된다. 대근육 운동은 신체의 자세를 유지하거나 몸의 위치를 바꾸거나 하는 큰 운동이다. 대근육 운동은 팔, 다리의 큰 근육을 사용하여 걷기, 달리기, 구르기, 공 던지기 등을 하는 운동이며, 이동 운동(locomotor movement), 안정 운동(stability movement), 조작 운동(manipulative movement)으로 발전한다. 이동 운동은 신체를 움직여 공간의 위치를 변화시키는 운동이며, 안정 운동은 신체의 균형을 유지하기 위한 운동으로 몸을 지면에 고정시키고 신체의 변화를 통하여 균형을 발달시키는 운동이다. 조작 운동은 도구를 이용하는 운동으로 신체의 기능을 요구한다(국립특수교육원, 2009). 출생 시 신생아는 고개를 못 가누지만 생후 1개월이 되면 엎드린 자세에서 고개를 들 수 있다. 3개월경에는 가슴을 들 수 있으며, 3~4개월경에는 뒤집기를 할 수 있다. 6개월경에는 혼자 앉을 수 있고, 7~8개월경에는 혼자 설 수 있다. 10개월경에는 붙잡고 걸을 수 있으며, 12개월경에는 혼자 걸을 수 있다. 18개월경에는 계단을 오를 수 있고, 자전거 타기를 할 수 있다. 18~24개월경에는 달리기, 뒤로 걷기, 공차기, 공 던지기, 뜀뛰기 등을 할 수 있다(정옥분, 2002). 소근육 운동 기술은 손이나 발, 얼굴 등에 있는 작은 근육들을 사용하는 능력으로 뻗기, 잡기, 놓기, 쌓기, 운동화 끈 매기, 가위로 자르기, 쓰기 등의 행동에 사용되는 기술을 포함한다(이소현, 2003).

영아는 6개월이 되어야 매달려 있는 물체를 팔을 뻗어 잡을 수 있으며, 8~9개월경에는 자기 앞으로 던져준 물체를 잡으려고 해 보지만 놓치고, 첫돌이 지나서야 제대로 잡을 수 있으며, 10개월이 지나면서 엄지와 집게손가락을 사용해서 작은 물체를 집을 수 있게 된다(정옥분, 2002). 따라서 교사는 운동 기능의 발달에 대해서 잘 이해하고, 유아가 보이는 지체 정도를 잘 파악할 수 있어야 하며, 유아의 개별적 요구에 대해서 가장 적절한 중재 서비스를 제공할 수 있어야 한다(이소현, 2003). 참고로 미국의 장애인교육향상법(2004)에는 청각 및 시각은 신체발달 영역에 포함시켜 분류하고 있다.

〈표 1-2〉는 출생에서 6세까지 영유아기의 일반적인 신체발달지표를 보여주고 있다(임경옥 · 이병인, 2010).

〈표 1-2〉 신체발달지표

연령(개월)	소근육 운동 발달	대근육 운동 발달
0~1세	· 입에 음식물 넣기 · 한 손으로 물체 집어 들기 · 엄지손가락과 집게손가락 사용하기 · 주먹 쥐어 연필 잡기 · 용기에 담겨 있는 물건 쏟기	· 엎드려서 양팔로 머리와 어깨를 지지하기 · 손과 무릎으로 기기 · 기는 자세에서 한 손 뻗치기 · 도움받아 앉기 · 도움 없이 앉기 · 붙잡고 혼자 서기 · 스스로 혼자 서기 · 도움받아 걷기 · 도움 없이 두세 발짝 걷기 · 좋아하는 물건에 손 내밀기 · 물건 잡기 · 물건 던지기 · 양손으로 공 집어 올리기
1~2세	· 양손으로 두 개의 물건 잡기 · 컵에 물체 넣기 · 연필로 의미 없는 낙서하기 · 책 한 장씩 넘기기 · 병에 있는 것 쏟기 · 말뚝에 한 개의 고리 끼우기 · 말뚝에서 한 개의 고리 빼기 · 말뚝에 네 개의 고리 끼우기 · 말뚝에서 네 개의 고리 빼기 · 크레파스나 연필로 종이에 낙서하기 · 지시에 따라 블록으로 탑 세 개 쌓기 · 두 개의 블록 쌓기 · 마구 찢기	· 혼자 걷기 · 계단 기어오르기 · 손을 잡아 주면 계단 걸어 올라가기 · 작은 의자에 혼자 앉기 · 웅크리고 앉았다가 일어서기 · 몸을 굽히고 장난감 집어 올리기 · 걸으면서 장난감 밀기 · 걸으면서 장난감 잡아당기기 · 공을 머리 위까지 들어 올리기 · 의자 밀기
2~3세	· 다섯 개의 블록으로 탑 쌓기 · 다른 손으로 종이 잡기 · 색종이 반 접기 · 책 두세 장 넘기기 · 뚜껑 돌리기 · 일곱 개의 토막으로 탑 쌓기 · 작은 물건의 포장 벗기기 · 나사 빼기 · 반죽 놀이하기 · 손가락으로 연필 잡기	· 양손으로 공굴리기 · 한 손으로 공굴리기 · 난간 잡고 계단 올라가기 · 도움받아 계단 걸어 내려가기 · 양발을 모으고 제자리에서 높이뛰기 · 땅 짚지 않고 바닥에서 일어서기 · 도움받아 앞으로 구르기

연령(개월)	소근육 운동 발달	대근육 운동 발달
2~3세	· 방문 손잡이 돌리기 · 수도꼭지 돌리기 · 큰 구슬 세 개 끼우기 · 손도장 찍기 · 가위로 자유롭게 종이 자르기	
3~4세	· 아홉 개의 토막으로 탑 쌓기 · 나무망치로 말뚝 다섯 개 두드려 끼워 넣기 · 다리 만드는 것 모방하기 · 가위로 직선 따라 자르기 · 큰 구슬 여섯 개 끼우기 · 위치에 맞게 손도장 찍기 · 순서대로 점 잇기	· 앉아서 공 잡기 · 손으로 공 정지시키기 · 정지된 큰 공 차기 · 1.5미터 떨어진 곳에서 어른에게 공 던지기 · 서서 두 손으로 공 잡기 · 걸으면서 공차기 · 한 발로 서서 5초간 균형 잡기 · 의자에서 뛰어내리기 · 앞으로 구르기 · 팔을 흔들면서 열 발짝 뛰어가기 · 세발자전거 타기 · 밀어주면 그네 타기 · 미끄럼틀에 올라가서 내려오기 · 선 따라 걷기 · 발을 바꾸며 계단 오르기 · 발끝으로 걷기 · 발을 번갈아 가며 계단 내려가기 · 달리기
4~5세	· 작은 구슬 꿰기 · 종이로 삼각형 접기 · 찰흙을 이용하여 두 세 부분으로 된 형태 만들기 · 풀로 붙이기 · 네모 자르기 · 세모 자르기 · 곡선 자르기 · 동그라미 자르기 · 집 그리기 · 도형 색칠하기 · 도형으로 여러 가지 모양 만들기 · 점 이어 모양 만들기(1)	· 구르는 공을 달려가 차기 · 머리 위로 날아오르는 공을 두 손으로 잡기 · 낮게 굴러오는 공을 두 손으로 잡기 · 낮게 굴러오는 공을 한 손으로 잡기 · 혼자서 계단 이용하기 · 뒤로 걷기 · 넘어지지 않고 앞으로 두 발 모아 열 번 뛰기 · 30센티미터 높이에 매어 놓은 줄 뛰어넘기 · 뒤로 여섯 번 뛰기 · 한 발로 깡충 뛰기 · 세발자전거를 타고 모퉁이 돌기 · 한 발로 연달아 다섯 번 뛰기

연령(개월)	소근육 운동 발달	대근육 운동 발달
5~6세	· 선 안에 95% 정도로 색칠하기 · 잡지나 책의 그림 오려 내기 · 연필 깎기 사용하기 · 종이에서 단순한 형태 찢어 내기 · 종이를 대각선으로 두 번 접는 것 모방하기 · 종이에 글자 쓰기 · 종이로 세 번 접는 것을 보고 모방하기 · 가위로 다이아몬드 모양 자르기 · 끈 묶기 · 나무 그리기 · 손 그리기 · 점 이어 모양 만들기(2) · 점 이어 동물 만들기	· 발뒤꿈치 들고 달리기 · 높이뛰기 열 번 하기 · 눈 감고 한 발로 서기 · 멀리뛰기 하기 · 손으로 튀어 오른 공 잡기 · 스틱으로 구르는 공치기 · 벽에 튀긴 공 잡기 · 낮게 던지는 공 한 손으로 잡기 · 평균대 위를 앞으로 걷기 · 평균대 위를 뒤로 걷기 · 평균대 위를 옆으로 걷기 · 발을 번갈아 가며 깡충 뛰기 · 혼자서 그네 타기 · 3미터 높이의 미끄럼대 타고 내려오기 · 씽씽카 타기 · 평행봉에 10초 동안 매달리기 · 혼자서 줄넘기하기

(3) 언어 및 의사소통 발달(language and communication development)

언어 발달은 언어의 여러 가지 구성 요소에 대한 이해와 규칙에 따라 언어를 적절하게 사용할 수 있는 능력을 의미한다. 언어 발달 단계는 크게 언어 준비단계와 언어 표현 단계로 나누어진다. 언어 준비단계는 울음, 옹알이 등에서 호흡, 발성, 의사소통 방법을 연습하여 말하기의 기초를 쌓게 되며, 이 단계는 울음 단계(생후 0~3개월)와 옹알이 단계(생후 4~8개월)로 구분된다(중략). 언어 표현 단계는 생후 8개월~1세 무렵의 첫말 시작 단계, 18개월 무렵의 단어결합 단계, 2세 단계, 3세 단계, 4~5세 단계로 나누어진다. 아동의 첫말 시작은 매우 익숙한 가족(엄마, 아빠 등), 일상적인 사물(물, 우유, 엄마 등), 동작(봐, 줘)들로 시작되는데 대개 1세 전후에 나타난다. 15개월 정도가 되면 적어도 10단어 정도의 언어 표현을 하게 된다. 18개월 무렵부터 주위 환경, 감정, 요구 표현을 두 단어를 결합하여 문장을 만들기 시작한다. 2세 무렵의 아동은 알고 있는 것이나 원하는 것을 표현할 때 두 단어로 된 문장 형태를 보편적으로 사용한다(예:"우유 더"). 3세 무렵이 되면 두 단 어 보다는 한 번에 세 단어 혹은 두 이상의 단어들을 말하기 시작하고 기본적으로 주어+목적어+서술어(예:"철수 물 먹어")로 구성되는 단순한 문장 형태를 표현할 수 있다. 4세에서 5세 아동은 단순한 문장에서 문장과 문장이 연결된 표현을 하며, 이를 위해서 연결어미와 접속사를 사용한다.

아동의 언어 발달에 영향을 미치는 요인은 지능, 신체적 요인, 사회 · 정서적 요인, 성별 등과 같은 가정 환경적 요인과 교사, 학급의 크기, 교수 학습 방법 등과 같은 교육 환경적 요인 등이 있다. 아동이 언어를 발달시키는 과정을 설명하는 이론에는 스키너(B. Skinner)의 행동주의 이론, 반두라(A. Bandura)의 학습 이론, 촘스키와 레넨버그(N. Chomsky & E. Lenenberg)의 생득 이론, 피아제와 비고츠키(J. Piaget & L. Vygotsky)의 인지발달 이론 등이 있다(국립특수교육원, 2009).

언어발달지체는 같은 연령의 일반아동에 비해 언어능력의 발달이 느린 속도로 이루어지는 것이다. 속도는 느리지만 정상적인 발달 순서에 따라 언어를 습득하는 것으로 가정한다. 언어 발달 지체를 가진 아동은 첫 낱말의 출현 시기, 어휘량, 어휘 다양성, 단어 찾기, 단어 재인, 단어 인출 및 인출 속도, 그리고 단어 학습 등과 같은 대부분의 어휘 발달 측면에서 전반적인 지체나 결함을 보인다(국립특수교육원, 2009).

언어적으로 발달이 지체된 유아를 중재하기 위해 우선적으로는 지체나 결함의 정도와 성격을 알기 위한 적절한 선별 및 진단이 선행되어야 하며, 교사, 언어치료사, 특수교육 관련 서비스 전문가들과의 팀 협력은 물론 부모와 일반 또래 유아의 적극적인 참여도 도움이 될 것이다.

〈표 1-3〉은 출생에서 6세까지 영유아기의 일반적인 언어 발달지표를 보여주고 있다(임경옥 · 이병인, 2010).

〈표 1-3〉 언어 발달지표

연령(개월)	수용언어 발달	표현언어 발달
0~1세	· 이름 부르면 반응하기 · 보라는 지시에 반응하기 · "안 돼."라고 했을 때 70% 정도 행동 멈추기 · 행동으로 하는 지시에 반응하기 · 간단한 동작 모방하기	· 다른 사람의 소리 모방하기 · 같은 음절을 두세 번 반복하기
1~2세	· "쭈쭈는 어디 있니."물을 때 자신 가리키기 · 네 개의 장난감 가리키기 · 이름을 듣고 친숙한 물건 다섯 개 가리키기 · 요구에 따라 주거나 보여주기 · 한 가지 지시 따르기 · "멈춰.", "가." 지시 따르기 · 친숙한 동물 그림 가리키기	· 호흡 훈련하기 (1) · 혀 훈련하기 · '더 요구하기 · 엄마, 아빠 명칭 부르기 · 여러 가지 동물 소리내기 · 요구할 때 자신의 이름 말하기

연령(개월)	수용언어 발달	표현언어 발달
2~3세	· 복수형으로 말했을 때 하나 이상의 물건 주기 · 기능이나 용도에 맞는 물체 가리키기 · 관련된 두 가지 지시 따르기 · 음식 가리키기 · 동작 지시 따르기 · 동사 그림 가리키기 · 화장실에 있는 물건 가리키기 · 가구 가리키기 · 가전제품 가리키기	· 호흡 훈련하기 (2) · "예", "아니오"로 대답하기 · "없다."라고 말하기 · "주세요."라고 말하기 · 명사와 간단한 동사 연결하여 말하기 · 화장실에 있는 물건들 이름 말하기 · 소유 표현하기 · "~가(이) 아니야." 표현하기 · "어디에?"라는 질문에 대답하기 · 자신의 성별 말하기 · 복수형으로 말하기 · "이게 뭐지?"라고 질문하기 · '이것', '저것'을 사용하여 표현하기 · '나', '내 것'을 사용하여 표현하기 · '누가?'라는 질문에 대답하기 · '열렸다' 혹은 '닫혔다'로 표현하기 · 다섯 가지 신체 부위 표현하기
3~4세	· '어디서'라는 질문에 대답으로 장소 가리키기 · 관련 없는 두 가지 지시 따르기 · '나', '너' 대명사 사용하기 · 신체 부위 기능 네 가지 가리키기 · '같다', '다르다' 가리키기 · '크다', '작다' 가리키기– '길다', '짧다' 가리키기 · '가볍다', '무겁다' 가리키기 · 소리 나는 물건의 그림 가리키기 · 여러 가지 동물 가리키기 · 여러 가지 과일 가리키기 · 일어난 일의 순서 가리키기	· 감정 표현하기 · '무엇'을 묻는 질문에 대답하기 · '무엇으로'를 묻는 질문에 대답하기 · 신체 부위의 기능 네 가지 말하기 · '같다', '다르다' 표현하기 · '크다', '작다' 표현하기 · '길다', '짧다' 표현하기 · '가볍다', '무겁다' 표현하기 · 동물의 울음소리 표현하기 · '어디서'를 묻는 질문에 대답하기 · 동작 그림을 보고 동사를 사용하여 말하기 · '~하는 중이다' 형태로 말하기 · 친숙한 물건들이 사용되는 방법 말하기 · 방금 전에 경험한 일을 이야기하기
4~5세	· 그림 중에 있는 다른 종류 지적하기 · 그림에서 틀린 부분 가리키기 · 관련 있는 세 가지 지시 따르기 · '딱딱하다', '부드럽다' 가리키기 · 화폐 단위 가리키기 · '많다', '적다' 가리키기 · '높다', '낮다' 가리키기 · '뜨거운 것'과 '차가운 것' 가리키기	· '많다', '적다' 표현하기 · '높다', '낮다'라고 표현하기 · 생일 말하기 · 생일 축하 노래 부르기 · 사건이 일어난 이유 말하기 · 그림 가운데 다른 종류 말하기 · 그림에서 잘못된 점 말하기 · 과거 시제로 말하기

연령(개월)	수용언어 발달	표현언어 발달
4~5세	· '안', '밖' 가리키기 · 최상급 가리키기 · 의태어, 의성어와 관련된 그림 가리키기 · 그림의 상황을 보고 얼굴 표정 붙이기 · 이름의 끝소리가 같은 그림과 다른 그림 가리키기 · 여러 가지 문구용품 가리키기	· '~하려고 한다' 표현하기 · '~하고 싶다' 표현하기 · '~할 수 있을 텐데', '~할 텐데' 표현하기 · 접속사 '그리고' 사용하기 · 접속사 '그런데' 사용하기 · 형용사 표현하기 · 짧은 말 전달하기 · 두 가지 사건 일어난 순서대로 말하기 · 네 가지 맛 표현하기 · 접속사 '그래서' 사용하기
5~6세	· 설명을 듣고 물체 가리키기 · '가장 많은', '가장 적은', '조금' 가리키기 · 계절 이해하기 · 날씨 가리키기 · 표지판 가리키기 · 옷 입는 순서 이해하기 · 큰 것부터 차례대로 가리키기 · 이야기의 순서 이해하기 · 단위 명칭 가리키기 · 알맞은 장면 찾기	· 다음에 무슨 일이 생길지 예측해서 · 말하기 · 각 직업에서 하는 일 표현하기 · '언제'에 관한 질문에 대답하기 · 반대말 표현하기 · 주소 말하기 · 전화번호 말하기 · '왜'라는 질문에 대답하기 · "만약 ……라면 무슨 일이 일어날까?"라는 질문에 답하기 · 가게에서 파는 물건 말하기 · 낱말 연상하기 · 상황에 맞는 인사하기 · 연결된 세 장면을 보고 이야기 만들기 · 운동경기 종목 말하기 · 그림 보고 문장 만들기 · 네 장면 연결하며 이야기하기 · 앞에 어떤 장면이 있었을지 말하기

(4) 사회–정서적 발달(social and emotional development)

사회적 기술(social skills)이란 유아가 성인이나 또래 등의 다른 사람들과 어떻게 상호작용하고 사회적인 상황에서는 어떻게 반응하는가 하는 것을 설명해 주는 행동을 의미한다. 그러므로 이 영역의 기술은 다른 사람에 대한 상호작용을 시작하고 다른 사람에 의해서 시작된 상호작용에 반응하는 기술을 포함한다(이소현, 2003).

사회적 상호작용(social interaction)은 일상생활에서 일어나는 원인과 결과가 되는 작용으로써 시작 행동과 반응 행동으로 이루어진다. 사회적 상호작용에는 적어도 두 사람이 포함되어야 하며 사회적 상호작용에 참여하는 사람은 상대방에게 영향을 미치게 된다. 아동에게 있어서 사회적 상호작용의 발달은 특히 양육자와의 사회적 상호작용과 또래와의 사회적 상호작용의 발달이 중요한 의미를 지닌다. 일반적으로 유아의 사회적 상호작용은 양육자와의 애착 관계로부터 시작되며, 유아가 성장함에 따라 이들의 상호작용은 더욱 복잡해지며 또래와의 상호작용 비중은 더욱 커지게 된다. 또한 사회적 시작 행동은 사회적 상호작용을 할 상대방을 선택하고, 상대방의 주위를 끌고, 적절한 행동으로 상호작용을 시작하는 것이다. 타인이 상호작용을 시작하며 접근해 오는 것에 수동적으로 반응하는 행동과는 구별된다. 사회적 시작 행동 기술은 사회적 상호작용 및 사회적 관계 형성에 있어서 중요한 역할을 하며, 아동의 사회성 발달에 매우 중요한 기술이다(국립특수교육원, 2009). 아울러 사회적 상호작용은 자신의 권리, 요구, 만족 또는 의무와 같이 자신이 원하는 바를 타인과의 관계 속에서 효과적으로 수행하는 능력이며, 자신의 바람을 수행하되 타인의 권리, 요구, 만족 또는 의무를 손상시킴 없이 행하는 기술이며, 또한 효과적인 의사소통의 능력으로써 자신의 의도를 상대방에게 잘 표현하여 전달하는 동시에 상대방의 의도를 잘 파악하고 이해하는 능력을 포함하며, 자신과 타인의 요구가 생산적으로 공유되어 모두 만족할 수 있는 결과를 가져오게 하는 행동적 기술을 의미한다.

정서적 기술(emotional skills)은 감정을 인식하고 의사소통하는 능력과 함께 다른 사람의 권리를 존중하면서 자신의 감정에 대해서 행동하는 능력을 모두 포함한다. 그러므로 사회적 기술에는 자신의 충동이나 성질을 조절하고 갈등 상황을 해결하는 능력도 포함된다. 따라서 유아기의 바람직한 사회-정서적 기술의 습득은 자기 자신에 대한 좋은 감정을 지니고 자신의 감정과 느낌을 다른 사람들에게 적절한 방법으로 표현할 수 있도록 하는 것이다(이소현, 2003).

발달지체영유아는 일반영유아에 비하여 대체로 사회-정서적 발달이 지체되어 있고, 매우 느리게 발달한다. 영아의 사회-정서발달에 관한 연구들은 생후 초기의 영아와 어머니와의 관계를 강조하면서 초기의 양육자-영아 간의 관계가 유아의 발달과 행동에 영향을 미친다고 하였다(유수옥, 2004 재인용; Barnard & Kelly, 1990). 반면에 유아는 성인보다는 또래와 더 많은 시간을 보내기 시작하며, 이때부터 또래와의 상호작용이나 접촉의 양이 계속적으로 증가하게 되며, 이러한 증가된 또래 관계는 학령 전기의 사회-정서발달의 주된 요소라고 할 수 있다(유수옥, 2004 재인용; McEvoy & McConnell, 1995; Odom & Ogawa, 1992). 따라서 유아특수교사는 발달지체영유아의 사회-정서발달을 촉진하기 위해 이들의 사회-정서적 발달 특성을 고려한 효과적이고 다양한 중재 전략에 관심을 가져야 한다.

〈표 1-4〉는 출생에서 6세까지 영유아기의 일반적인 사회적 기술 발달지표를 보여주고 있다(임경옥 · 이병인, 2010).

〈표 1-4〉 사회적 기술 발달지표

연령(개월)	사회적 기술 발달
0~1세	· 교사의 보살핌에 반응하여 웃기 · 교사의 얼굴 만지기 · 교사의 머리카락 잡아당기기 · 제시된 물건에 손 내밀기 · 친숙한 사람에게 다가가기 · 장난감을 쥐고 1분 동안 살펴보기 · 장난감을 따라 1분 동안 고개 움직이기 · 장난감을 흔들어 소리 내는 행동 모방하기 · 이름을 부르면 바라보기
1~2세	· 까꿍 놀이 모방하기 · 짝짜꿍 모방하기 · 빠이빠이 모방하기 · 교사를 모방하여 팔로 동그라미 만들기 · 손을 내밀어 어른에게 장난감 주기 · 다른 영아와 차를 밀면서 놀이에 참여하기 · 인형이나 부드러운 장난감을 품에 안고 나르기 · 어른에게 읽어 달라고 책 건네주기 · "안돼."라고 말하면 손 움츠리기 · 높은 의자에 앉혀졌을 때 필요한 도움 기다리기 · 다른 영아에게 장난감 나눠 주기 · 시켰을 때 친숙한 사람에게 인사하기 · 다른 영아와 5분간 자동차 밀며 놀기 · 물건을 보여주기 위해 사람 끌어당기기 · 다른 영아와 물건 나누기 · 또래 영아들과 놀기 · 다른 사람에게 미소 짓기 · 친숙한 사람과 뽀뽀하기 · 시켰을 때 다른 사람과 포옹하기 · 숨겨 놓은 물건 찾기 · 지시했을 때 다른 사람 손잡기
2~3세	· 교사가 지시하면 50% 돕기 · 지시에 따라 다른 교실에서 물건 가져오기 · 지시에 따라 다른 교실에서 사람 데려오기 · 동화책을 들려주면 5~10분 동안 귀 기울이기 시켰을 때 "고맙습니다."라고 말하기 · 물어볼 때 선택하기 · 감정을 드러내기 · 어른에게 물 달라고 요구하기 · 교사의 간단한 동작 모방하기 · 다른 영아 옆에서 블록 쌓기

연령(개월)	사회적 기술 발달
2~3세	· 옆 친구에게 컵 건네주기 · 가족사진에서 자신을 구별하기 · 인형 머리 빗겨 주기 · '여보세요' 놀이하기
3~4세	· 시켰을 때 "미안해."라고 말하기 · 음악에 맞추어 교사와 춤추기 · 친숙한 사람들에게 인사하기 · 집단놀이에서 규칙 따르기 · 다른 유아의 장난감 사용할 때 허락 구하기 · 전화 받고 어른 부르러 가기 · 차례를 지키기 · 교사와 순서대로 블록 쌓기 · 교사의 요구에 80% 따르기 · 좋아하는 사람을 스스로 포옹하기 · 지시에 따라 다른 유아 팔짱 끼기 · 어른의 역할 모방하기 · 놀고 난 후 장난감 정리하기 · 기차 놀이하기 · 다른 유아 간질이기
4~5세	· 도움 요청하기 · 다른 사람을 위해 노래 부르기 · 간식 나누어 주기 · 스스로 "고맙습니다."라고 말하기 · 스스로 "미안합니다."라고 말하기 · 스스로 놀기
4~5세	· 20분 이상 다른 유아들과 놀기 · 다른 사람의 물건을 사용할 때 80% 허락 구하기 · 스스로 다른 유아와 팔짱 끼기 · 시소 함께 타기 · 연결되는 동작 모방하기 · '그대로 멈춰라' 놀이에 참여하기 · 다른 유아와 블록 쌓기 경주하기 · 협동 블록 놀이하기 · 다른 사람을 위해 식탁 닦기 · 물건 주고받기 놀이 · 다른 유아에게 자기 소개하기 · 달팽이 집 놀이하기 · 병원 놀이 · 슈퍼마켓 놀이하기

연령(개월)	사회적 기술 발달
5~6세	· "미안하지만" 말하기 · 자기감정을 말이나 그림으로 표현하기 · 다른 사람에게 놀이의 규칙을 설명하기 · 도움이 필요한 친구 도와주기 · 인형을 이용해서 이야기 꾸미기 · 친구에게 부탁하기 · 친구들과 씨름하기 · 보물찾기 · 오제미 던지기 놀이하기 · 물건 옮기는 게임 하기 · 순서대로 악기 연주하기 · 미장원 놀이하기 · 수건돌리기 놀이하기 · 숨바꼭질 놀이하기

(5) 적응행동 발달(adaptive behavior development)

적응행동기술(adaptive behavior skills)은 자조-자립기술(self-help skills) 혹은 독립생활기술(independent living skills)이라고도 하며 주로 식사하기, 옷 입고 벗기, 용변보기, 양치하기, 손 씻기, 정리-정돈하기 등을 포함한다. 즉 독립생활을 하는데 필요한 기본적인 기술이며 이러한 기술들은 단순한 개별적인 활동이 아니라 운동성, 감각, 인지, 언어, 사회성 등 여러 기능들의 통합을 요구하는 기술로 적절한 대인 관계 및 사회 활동의 바탕이 된다(국립특수교육원, 2009).

Leland(1978)는 적응 행동을 측정하는 검사 도구를 개발함으로써 적응행동을 독립적 기능, 개인적 책임, 사회적 책임 등 3가지 행동으로 대표되는 환경 요구에 적응하는 능력으로 규정하였다. 또한 미국정신지체협회(이하 AAMR)의 정신지체 분류(Grossman, 1973, 1983)에서는 적응 행동을 개인이 그 연령과 문화집단에서 기대되는 개인적 독립과 사회적 책임을 수행하는 정도나 효능성으로 설명하였다. 즉 적응 행동이 연령과 문화에 구체적으로 결부되어 있으며, 독립 기능과 사회적 책임감 및 인지발달을 포함하는 것으로 정의하였다(Taylor, 1985). 적응 행동의 개념과 측정을 둘러싼 1983년까지 미국 AAMR의 적응 행동의 정의는 동일 연령과 문화에 있어서 한 개인의 독립과 대처능력으로 정의되었다. 1992년 Luckasson 등의 AAMR 정의에서 적응기술은 상황의 요구에 따라 행동을 변화시키고 환경에 적절하게 맞추어가는 반영하는 능력을 말하며, 적응행동을 의사소통, 자기관리, 가정생활, 사회성 기술, 지역사회 활용, 자기 지시, 건강과 안전, 기능적 학업 교과, 여가, 직업 기술 등 10가지 영역으로 나누어 이 가운데 2

가지 혹은 그 이상의 기술을 동년배 집단에 적용하는데 있어서의 제한성으로 해석하고 있다.

그러나 1992년 AAMR의 적응행동 정의가 적응 행동을 보다 구체화하기는 했으나, 포괄성의 측면에서 비판을 받아왔다. 즉 적응 행동이 미국의 AAMR 정의에서 제시된 10가지의 범주만으로 이해되어서는 안 된다는 것이다. 따라서 2002년 미국 AAMR 정의(Luckasson, 2002)에서는 적응 행동을 구체화하지 않고 '개념적, 사회적, 실제적 적응기능'이라고언급하였다. 적응 행동은 사람들이 일상생활 속에서 기능하기 위해 배워야만 하는 것으로서, 이는 개념적, 사회적, 실제적 기술의 집합체이며, 적응 행동의 한계는 일상생활에 영향을 주고 생활의 변화 및 환경의 요구에 반응하는 능력에 영향을 미친다는 것이다. 적응 행동의 한계는 지적 능력, 참여 · 상호작용 · 사회적 역할, 건강, 상황의 네 가지 차원에서 적응 행동의 유의미한 한계는 장애인과 일반인들을 포함하는 일반 모집단으로 규준이 설정된 표준화된 도구를 사용해서 밝혀야한다는 것이다. 또한 적응 행동은 개념적, 사회적, 실제적 적응 행동 유형 가운데 하나에서, 혹은 개념적, 사회적, 실제적 기술의 표준화된 측정 도구의 전체 점수가 대략 평균 이하 2 표준편차에서의 수행을 보이는 것으로 정의된다(백은희, 2005).

이와 같이, 미국 AAMR의 정의는 기능적 접근(functional approach)을 사용하여, 지적장애를 기능성의 일시적인 제한을 가진 상태로 보고, 적응 행동을 사회적 지능의 일부분으로 고려하여 지적장애의 진단 및 분류에 많은 영향을 주었으며, 적응 행동을 지적장애의 진단에서 중요한 부분으로 부각시켰다(백은희 · 이병인 · 조수제, 2005). 이후 지적장애 용어의 사용이 세계적으로 점점 늘어감에 따라 미국지적발달장애협의회(AAIDD)는 생태학적 이론에 기반한 지원패러다임의 변화에 따라 지적장애를 지원의 정도와 강도에 따라 간헐적 지원, 제한적 지원, 확장적 지원, 전반적 지원으로 분류하였다.

〈표 1-5〉는 출생에서 6세까지 영유아기의 일반적인 자조-자립 기술 발달지표를 보여주고 있다(임경옥 · 이병인, 2010).

〈표 1-5〉 자조-자립 기술 발달지표

연령(개월)	자조기술 발달
0~1세	· 액체 빨고 삼키기 · 도움 없이 우유병 잡고 있기 · 잡아 주는 컵으로 마시기 · 숟가락의 음식 빨기 · 손가락을 사용하여 음식 먹기 · 양손으로 컵 잡기 · 모자 벗기

연령(개월)	자조기술 발달
1~2세	· 옷 입혀줄 때 팔 벌리기 · 단추를 풀어 주면 겉옷 벗기 · 컵을 가져갔다가 제자리에 놓기 · 한 손으로 컵 들고 마시기 · 벙어리 장갑 벗기 · 모자 쓰고 벗기 · 양말 벗기 · 끈을 풀어 주거나 벨크로테이프를 떼어 주면 신발 벗기 · 도움받아 변기에 앉기 · 지퍼를 열어 주면 바지 내리기 · 도움받아 손 씻기
2~3세	· 지퍼 내리기 · 똑딱단추 열기 · 끈 없는 신발 신기 · 외투 입기 · 옷의 앞부분 찾기 · 지퍼 내리고 바지 벗기 · 행동 모방하여 이 닦기 · 지시에 따라 수건으로 손 닦기 · 지시에 따라 변기에 앉기 · 화장실에서 대소변 보기 · 빨대를 사용하여 음료수 마시기 · 흘리면서 수저를 사용하여 음식 먹기 · 포크로 음식 찍어 먹기 · 수도꼭지 틀고 잠그기
3~4세	· 도움받아 티셔츠 입기 · 큰 단추 빼기 · 큰 단추 끼우기 · 지퍼 올리기 · 똑딱단추 잠그기 · 바지 고리에 벨트 끼우기 · 도움받아 바지 입기 · 외투를 입고 벗기 · 지시에 따라 외투 옷걸이에 걸기 · 손 모아 장갑 끼기 · 벨크로테이프 달린 신발 신기 · 양말 신기 · 지시에 따라 수건으로 얼굴 닦기 · 스스로 손 씻고 수건으로 닦기 · 지시에 따라 코 닦기 · 작은 주전자로 컵에 물 붓기 · 머리 빗기

연령(개월)	자조기술 발달
4~5세	· 빵에 버터 바르기 · 수저 바르게 사용하기 · 작은 단추 빼기 · 작은 단추 끼우기 · 지퍼 끼우기 · 후크 잠그기 · 벨트 풀기 · 벨트 매기 · 스스로 옷걸이에 옷 걸기 · 신발 끈 끼우기 · 세수하기 · 스스로 이 닦기 · 대변을 본 후 화장지로 스스로 닦기
5~6세	· 미숫가루를 스스로 타서 마시기 · 샌드위치 만들기 · 200cc 크기 우유 팩 열기 · 칼을 사용하여 부드러운 음식 자르기 · 쟁반을 들고 음식 나르기 · 신발 끈 묶기 · 길에서 스스로 좌우 살피고 건너기 · 모자의 끈 매기 · 차에서 안전 벨트 매기

02 발달장애

1. 정 의

발달장애(Developmental disabilities)라는 용어는 특수교육, 의학, 심리학, 사회복지학 등 여러 학계에서 널리 사용되고 있지만 아직 일치된 견해가 없는 실정이다. 일반적인 발달장애의 정의는 태어나는 순간부터 신체발육이 지속되는 약 20세까지의 성장기에 어떤 장애 요인에 의해서 발달이 저해된 상태를 의미한다. 따라서 발달장애의 범주는 매우 광범위한 것으로 지적장애, 정서 및 행동 장애, 자폐, 뇌성마비를 비롯한 지체장애 등이 발달장애 범주에 해당된다고 볼 수 있다(윤치연, 2003).

Bellamy(1984)는 중증지적장애를 발달장애로 보고 생의 전반에 걸쳐 장기적인 지원을 필요로 하는 상태라고 정의하였으며, 이승희와 조홍중(2001)은 발달장애를 뇌 기능의 결함과 관련된 장애이면서, 중증(重症)의 만성적인 중복장애를 뜻하는 동시에, 연령상 유아기의 발달 지체를 포함되도록 고려되어야 한다고 하였다. 또한 발달장애 용어 사전(여광응 외, 2002)에서는 발달장애를 발달기 동안에 뇌 시경의 손상을 갖는 모든 장애로 정의하고 있다.

발달장애를 어떠한 관점에서 볼 것인가와 관련하여 최근 가장 활발하게 논의되고 있는 내용은 정신 지체와의 관련성이라고 할 수 있다(백은희, 2005). 즉 정신 지체를 지적장애(intellectual disabilities)와 발달장애(developmental disabilities)의 범주에 포함시키자 는 것이다. 이러한 변화는 미국에서부터 시작되었는데 그간 100년 이상 유지해온 학회의 명칭인 American Association on Mental Retardation(AAMR)을 American Association on Intellectual and Developmental Disabilities(AAIDD)로 변경한 것을 보더라도 알 수 있다.

2000년에 개정된 미국의 발달장애 지원 및 권리증진법(The Developmental Disabilities Assistance & Bill of Right Act)은 발달장애의 정의를'개인에게 나타나는 만성적인 중도(重度) 장애로서, 정신적 혹은 신체적 손상, 또는 정신과 신체적 손상으로 인한 것이며, 22살 이전에 나타나며, 영구히 계속되며, 자기관리, 수용 및 표현 언어, 학습, 이동, 자기지시, 독립생활 능력, 경제적 자족과 같은 주요 일상생활 영역 중 세 가지 이상에서 본질적인 기능상의 제한성을 가져오며, 일생 혹은 장기간 동안 개별적으로 계획되고 조정된 특수교육, 학제 간 협력, 또는 전반적 보살핌과 치료, 또는 특수교육 관련 서비스들의 일련의 연계 지원을 필요로 하는 개인의 특수한 요구가 있음을 의미 한다'라고 설명하고 있다. 미국 연방법의 정의에서는 보다 심각한 발달장애 집단에서 보이는 문제와 관련된 일상생활에서의 기능성 제한을 강조하고 있다(박원희 외, 2009).

이러한 발달장애의 논의 가운데 최근 국립특수교육원(2017)의 『특수교육학 용어사전』에는 '발달장애'의 정의를 다음과 같이 포괄적으로 설명하고 있다.

> "발달이 평균에서 유의미하게 일탈하여 신체적 · 정신적 또는 두 가지 영역 모두에서 심각하고(severe) 만성적인(chronic) 장애가 지속 될 가능성이 있는 장애이다. 발달장애라는 개념은 미국공법 88-164인 「정신지체 시설 및 지역사회 정신건강센터 건축법」(Mental Retardation Facilities and Community Mental Health Centers Construction Act of 1963)에서 소개되기 시작하였다. 이 법에서는 발달장애를 정신 지체, 뇌성 마비, 뇌전증 또는 18세 이전에 발생하는 기타 여러 신경학적 장애를 의미하는 것으로, 증상이 비교적 항구적으로 나타날 수 있다고 정의하였다. 그러나 1984년 미국 공법 98-527인 「발달장애인법」(The Developmental Disabilities Act of 1984)에서는 발달장애에 특별히 정신 지체, 뇌성마비 등 특정 장애의 명칭을 표현하지 않았으며, 22세 이전에 발생하는 것으로 연령을 변경하였다. 또 발달장애의 진단을 충족하려면 적어도 주요 일상생활에서 세 가지 이상의 기능에 명

백한 제한이 나타나야 한다고 규정하였다. 여기서 말하는 주요 일상생활은 자기관리(self-care), 수용과 표현 언어(receptive and expressive language), 학습(learning), 이동(mobility), 자기 지시(self-direction), 독립생활능력(capacity for independent living), 경제적 자족(economic sufficiency) 일곱 가지 영역이다. 이 정의에서 만성적인 것은 그 상태가 전 인생에 걸쳐 지속적으로 유지될 것이라는 뜻이다. 그러나 장애의 상태가 심각하여 중증(severe)이라는 의미는 그 한계가 명확하지 않다. 예를 들어, 이 법률에 따르면 정신지체이면서 장애 정도가 매우 가벼운(mild) 수준은 발달장애의 범주에 포함해야 하는지 의문을 제기할 수 있다. 그리고 신체적 · 정신적 또는 신체와 정신 양측 모두에서 장애를 나타내는 것을 어떻게 규정하느냐에 따라 학습장애, 자폐범주성장애, 뇌성마비 등을 발달장애에 포함하는 사람도 있고 그렇지 않은 사람도 있다. 또 발달장애는 통상 자폐범주성장애를 지칭 하는 경우가 있다. 정신장애의 진단 및 통계 편람 – 제4판(DSM-Ⅳ)에서 전반적 발달장애(pervasive developmental disorders: PDD)에 자폐성 장애, 레트장애, 소아기 붕괴성 장애, 아스퍼거장애, 달리 분류되지 않는 전반적 발달장애를 소개하기 때문이다. 따라서 발달 장애는 단지 하나의 장애 유형을 의미하는 것이 아니라 장애 진단을 받은 사람에게 법률적, 행 · 재정적, 교육적으로 유리한 지원을 제공하려 사용하는 용어로 인식할 필요가 있다. 우리나라의 「발달장애인 권리보장 및 지원에 관한 법률」(부록 2)에서는 지적장애인, 자폐성 장애인, 그 밖에 통상적인 발달이 나타나지 않거나 크게 지연되어 일상생활이나 사회생활에 상당한 제약을 받는 사람을 '발달장애인'으로 정의하였다."

우리나라의 「장애인 등에 대한 특수교육법」(2007) (부록 1)에는 특수교육 대상자 선정기준에 발달장애라는 용어를 사용하고 있지 않다. 일반적으로 발달장애는 성인 이전 즉, 유아, 아동, 청소년기에 발생하는 모든 종류의 장애를 의미하며, 정신이나 신체적인 발달에서 나이만큼 발달하지 않은 상태를 말한다. 발달장애에 속하는 장애 영역으로는 지적장애, 뇌성마비, 자폐증 등이 포함되는데. 시각장애와 청각장애는 감각에 이상이 있는 것이지 정신이나 신체적인 발달에 문제가 있는 것이 아니기 때문에 발달장애에 포함시키고 있지 않고 있다. 또한 9세 미만까지 지적장애나 자폐성장애, 뇌성마비 아동들을 발달장애로 진단하는 것은 아직 학령기 아동이나 성인처럼 발달이 확실히 형성된 것이 아니라 형성되 어 지는 시기라서 어린 나이에 장애명(名)으로 진단하는 것은 오류일 가능성도 있고 낙인이 계속 따라다니기 때문에 발달지체라는 비(非)범주적인 용어를 사용하는 것이 더 바람직하다고 할 수 있다.

우리나라에서는 발달장애를 지칭하는 용어로 단순하게 장애라는 용어를 주로 사용하는 경향이 있으며, '장애'라는 용어는 상황에 따라서 disability, handicap, 혹은 impairment 등의 용어로 사용되고 있다(이소현, 2003). Disability(무능력)이란 일반인들이 정상적으로 수행하는 능력을 방해하는 다양한 상태(condition)를 의미하는 용어로 감각 장애(청각 및 시각 손상), 지체 장애(신경학적 손상, 정형외과적 손상, 건강상의 손상을 통한 운동 기능의 손상), 말/언어/인지 장애(지적장애, 학습장애), 행동 장애

중 하나 이상의 상태를 나타내는 것을 의미한다. 일반적으로 impairment(손상)는 disability와 동일한 의미로 사용되는 경우가 많은데 주로 특정 상해(injury)나 불능(incapacity)으로 인한 손상을 의미한다. Handicap(핸디캡)은 좀 더 제한적인 의미를 담은 용어로 장애의 결과로 일반인들이 수행할 수 있는 과제를 수행하거나 기능하지 못하게 되는 경우를 의미한다. 즉, 장애가 정상적인 기능(function)을 방해함으로써 수행을 제한할 때를 의미한다. 그러므로 모든 장애가 다 핸디캡이라고 말할 수 없으며, 경우에 따라서는 장애로 인해서 불편한 것은 사실이지만 특정 과제의 수행이나 기능을 수행하는 데에는 문제가 없을 수도 있다. 참고로, 최근에는 handicap이라는 용어는 거의 사용하고 있지 않으며 대신에 disability라는 용어를 주로 사용하고 있다. 예를 들어, 특수교육대상아동이라는 용어를 사용 할 때, 예전에는 a handicapped child라는 용어를 사용하였지만, 최근에는 a child with a disability로 사용하고 있다. 또한 이러한 표현에는 '사람(child)'을 '장애(disability)'보다 우선시하는 '사람 먼저(man first)'의 의미를 내포하고 있다.

2. 분 류

우리나라의 구법(舊法)인 「특수교육진흥법」(1994)에서는 장애 범주를 시각장애, 청각장애, 정신지체, 지체부자유, 정서장애(자폐 포함), 언어장애 및 학습장애 등으로 구분하였으며, 가장 최근에 제정된 신법(新法)인 「장애인 등에 대한 특수교육법」(2007)에는 특수교육대상자를 시각장애, 청각장애, 지적장애, 지체 장애, 정서 및 행동 장애, 자폐성 장애, 의사소통장애, 학습장애, 건강 장애, 발달 지체로 구분하고 있으며, 미국의 장애인교육향상법(2004)(IDEIA: Individuals with Disabilities Education Improvement Act)에는 이보다 더 상세하게 발달 지체(developmental delay), 자폐(autism), 농-맹(deafness-blindness), 농(deafness), 청각장애(hearing impairment), 지적장애(intellectual disability), 중복장애(multiple disabilities), 정형외과적 장애(orthopedic impairment), 지체장애(physical disability), 기타 건강 장애(other health impairment), 심각한 정서장애(serious emotional disturbance), 특정학습장애(specific learning disability), 말/언어장애(speech or language impairment), 외상성 뇌 손상(traumatic brain injury), 시각 장애(visual impairment) 등으로 구분하고 있다.

미국 발달장애 지원 및 권리증진법(The Developmental Disabilities Assistance & Bill of Right Act of 1984, 공법 98-527)에서도 발달장애를 심각한 기능적 생활상의 장애를 가지면서, 동시에 중증지적장애를 갖고 있는 것으로 보고, 연령에 있어서는 만 22세 이전에 나타나며 성인에 이르기까지 자조기술, 수용 및 표현 언어, 학습, 이동, 자기 방향성, 독립생활 능력, 경제적 자립 등 삶의 주된 영역의 3가지 이상에서 심각한 기능상의 장애를 가지며, 생의 전반에 걸쳐 만성장애를 가지기 때문에 교육 및 치료를 위하여 전문가의 팀 협력(다 학문, 상호 간, 초 학문적)을 필요로 한다. 우리나라 발달장애인 권리보장 및 지원에 관한 법률에 따르면 '발달장애인'이란 지적장애인, 자폐성장애인, 그 밖에 통상적인 발달이 나타나지 아니하거나 크게 지연되어 일상생활이나 사회생활에 상당한 제약을 받는 사람으로 정의하고 있다.

따라서 본 장에서는 위에 언급된 발달장애의 범주 중에서 지적장애를 중심으로 지적장애의 정의, 분류, 원인, 특성, 교육 및 치료 방법에 대해서 고찰해 보고자 한다.

3. 지적 장애

(1) 정의 및 분류

1) 미국 정신지체협회

정신 지체의 정의는 미국 정신지체협회(American Association on Mental Retardation: AAMR: 이하 AAMR)의 정의를 주로 사용하였다. 정신 지체를 규정하는 정의에 있어서 가장 중요한 기준은 유의하게 평균 이하의 지적 기능과 적응 행동상의 장애가 동시에 존재해야 하며, 이러한 두 가지가 모두 발달 기간인 18세 이전에 나타난다. 또한 정신지체의 정의는 아동의 선천적인 기능을 중심으로 판단하기보다는 현재 아동이 보이는 기능을 중심으로 진단해야 한다. 따라서 정신 지체는 인위적인 기준에 의해서 현재의 기능이 환경의 구조나 기대와는 맞지 않는 상태를 의미함으로(Allen & Schwartz, 2003), 의학적인 질병이나 정신장애와는 구분되어야 한다(백은희, 2005).

우선 1973년 AAMR에서는 정신 지체를 그 정도의 경함과 중함에 따라 일반적으로 IQ 점수가 대략 55~70 정도의 경도(mild), 40~55 정도의 중등도(moderate), 25~40 정도의 중도(severe), 25 미만인 경우의 최중도(profound)로 분류하였으나 현재는 진단 기준에 적응 행동의 개념이 포함되면서 이러한 진단 기준은 그 사용이 권장되고 있지 않다. 또한 그 이전에는 교육가능급(EMR: Educable Mental Retardation), 훈련가능급(TMR: Trainable Mental Retardation) 등의 용어들이 사용되었다.

1992년 AAMR의 정의를 보면,"정신 지체는 현재 기능에 실질적인 제한성이 있는 것을 의미한다. 정신 지체는 유의하게 평균 이하인 지적 기능과 동시에 그와 연관된 적응적 제한성이 두 가지 혹은 그 이상의 실제 적응 기술 영역들 즉, 의사소통, 자기관리, 가정생활, 사회성 기술, 지역사회 활용, 자기 지시, 건강과 안전, 기능적 학업 교과, 여가, 직업 기술의 영역에서 존재하는 것으로 특징지어지며, 18세 이전에 나타난다"고 정의하고 있다.

1992년 AAMR에서, "정신 지체는 현재 기능에 실질적인 제한성이 있는 것을 지칭한다. 정신 지체는 유의하게 평균 이하인 지적 기능과 동시에 그와 연관된 적응적 제한성이 두 가지 혹은 그 이상의 실제 적응기술영역 즉, 의사소통, 자기 관리, 가정 생활, 사회성 기술, 지역사회활용, 자기 지시, 건강과 안전, 기능적 학업 교과, 여가, 직업 기술의 영역에서 존재하는 것으로 특징되며, 18세 이전에 나타난다"고 정의하고 있다. 1992년 AAMR의 정신 지체 분류에 의하면 아동에게 요구되는 지원의 종류와 강도에 따라 간헐적 지원(intermittent support), 제한적 지원(limited support), 확장적 지원(extensive support), 전반적 지원(pervasive support) 등으로 구분하고 있다. 예를 들어, 적응기술 영역과 함께 서술한다면 단순히"중도정신지체"라고 말하기보다는"의사소통과 사회성 기술에서 확장적 지원이 필요한 정신지체 아동"이라는 표현이 더 의미 있는 분류가 될 것이다(Hallahan & Kauffman, 2003). 이러한 정신 지체의 개념을 아동에게 요구되는 지원의 강도에 따라 정신 지체를 분류하는 것은 아동의 개인적인 문제가 아니라 사회-문화적인 문제로 인식하고 있다는 데에 있어서 그 의미가 크다 할 수 있다(이소현, 2003).

또한 2002년 AAMR의 정의를 보면,"정신 지체는 지적 기능과 개념적, 사회적, 실제적 적응 기술로 표현되는 적응행동 모두에 있어서의 심각한 제한으로 특징 지워지는 장애이며, 18세 이전에 나타난다. 그리고 이러한 정의의 적용을 위해서는 다음과 같은 가정이 전제되어야 한다. 첫째, 현재 기능에 있어서의 제한이 나이가 같은 또래 및 문화의 전형적인 지역사회 환경의 맥락 내에서 고려되어야 하며, 둘째, 타당한 진단으로 문화적 언어적 다양성과 함께 의사소통, 감각, 운동 기능, 행동 요소들에 있어서의 차이점을 고려해야 하며, 셋째, 개인 내적으로 제한점과 함께 강점도 공존할 수 있으며, 넷째, 제한점을 설명하는 중요한 목적은 필요한 지원 자료를 개발하기 위해서이며, 마지막으로, 적절한 개인적 지원이 지속적으로 주어짐으로써 정신 지체를 지닌 개인의 삶의 기능은 일반적으로 향상될 수 있다"는 것이다(백은희, 2005).

지적장애 정의에 있어서 가장 중요한 개념인 평균 이하의 지적 기능과 적응 행동에 있어서, '유의하게 평균 이하인 지적 기능'이란 주로 IQ 검사에 의해 결정되는데(70이하) 지능검사가 완벽한 것은 아니며, 또한 지능만이 정신 지체를 정의하는 유일한 기준도 아니기 때문에 지능검사 점수의 기준을 70~75 사이로 사용하고 있다. 이는 지능검사 점수 1, 2점보다는 적응 행동에 대한 전문가의 임상적 판단을 고려해야하기 때문이다. '적응 행동(adaptive behavior)' 또한 지적장애 개념을 설명하기 위한 주요 요인인데, '적응 행동'이란 아동이 생활환경에 적응하는데 필요한 10가지 기술들(의사소통, 자기 관리, 가정 생활, 사회성 기술, 지역사회 활용, 자기 지시, 건강과 안전, 기능적 학업 교과, 여가, 직업 기술 등)을 포함하며, 이는 주로 적응행동 검사에 의해서 측정되는데, 적응행동의 필요성은 1970년대에 미국에서 보고된 '6시간 정신지체아(6-hour retarded children)'에서 시작되었다. 따라서 지적장애의 정의를 내리는 데에 있어서 아동의 학업 성취와 지능검사뿐만 아니라 일상생활에서의 적응 능력을 함께 고려하게 되었다(이소현 · 박은혜, 1998). 〈표 1-6〉은 1992년과 2002년의 AAMR 정의의 차이를 나타내주고 있다.

〈표 1-6〉 미국 정신지체협회(AAMR)의 정의 비교

	9차 정의(1992년)	10차 정의(2002년)
정의	정신지체는 현재 기능 수행에 실질적인 제한성이 있는 것을 의미한다. 이는 지적 기능수행이 평균보다 유의하게 낮으며, 동시에 이와 관련 된 한계로서 다음과 같은 적응기술 영역 즉, 의사소통 · 자기관리 · 가정생활 · 사회기술 · 지역사회 활용 · 자기지시 · 건강 및 안전 · 실용학문 · 여가 · 직업 중 두 가지 이상의 영역에 한계가 있는 것으로 특징 지워진다. 정신지체는 18세 이전에 나타난다.	정신지체란 지적 기능과 개념적, 사회적, 실질적 적응기술에서 상당한 제한이 나타나는 장애이며, 이는 18세 이전에 시작된다.
가정	① 타당한 평가는 문화적, 언어적 다양성 뿐 아니라 의사소통과 행동적 요소에서의 차이점들을 고려한다. ② 적응기술에서의 제한성은 개인의 또래 동료들에게 전형적인 지역사회환경의 맥락 안에서 발생하며, 그것은 그 개인의 개별화된 지원욕구로써 지적된다. ③ 특정한 적응적 제한성은 흔히 다른 적응 기술들 혹은 다른 개인적 능력에서의 강점과 함께 존재한다. ④ 장기간의 적합한 지원이 주어지면, 정신지체인의 생활기능성은 일반적으로 향상될 것이다.	① 현재 기능상의 제한은 반드시 개인의 또래 연령집단과 개인이 속한 문화적 배경을 포함한 지역사회 환경의 맥락 안에서 고려되어야 한다. ② 타당한 평가는 문화적, 언어적 다양성뿐만 아니라 의사소통, 감각, 운동, 행동상의 차이점도 고려하여야 한다. ③ 개인이 지닌 제한점은 흔히 강점과 함께 존재한다. ④ 개인이 지닌 제한점을 묘사하는 목적은 필요한 지원의 프로파일을 개발하기 위함이다. ⑤ 적절한 개별적 지원을 지속적으로 제공하면 정신지체인의 삶의 기능이 전반적으로 향상될 것이다.
차원	차원 Ⅰ : 지적 기능과 적응기술 차원 Ⅱ : 심리적/정서적 고려 차원 Ⅲ : 신체적/건강/원인의 고려 차원 Ⅳ : 환경적 고려	차원 Ⅰ : 지적 능력 차원 Ⅱ : 적응 행동(개념적, 실질적, 사회적) 차원 Ⅲ : 참여, 상호작용, 사회적 역할 차원 Ⅳ : 건강(신체적 건강, 정신건강, 원인) 차원 Ⅴ : 주변 상황(환경, 문화, 기회)

출처: 백은희(2005, 2020), 지적장애: 이해와 교육, 서울: 교육과학사.

2) 미국 지적발달장애협의회

미국 지적발달장애협의회(American Association and Intellectual and Developmental Disabilities: AAIDD)는 11차 정의에서 '정신지체'라는 용어를 '지적장애(intellectual disability)'로 바꾸어 공식적으로 사용했으며, 지적장애는 개인의 결함이 아니라 개인을 둘러싼 생태적 요인과의 상호작용적 맥락 내에서 기능의 제한성을 일컫는다고 하였는데 정신지체라는 용어가 지적장애라는 용어로 변경된 것을 제외하고는 10차 정의와 동일하다(신진숙, 2012).

3) 우리나라 법상의 지적장애

우리나라에서 지적장애를 규정하고 있는 법령은 「장애인 등에 대한 특수교육법」과 '장애인복지법'이다. 최근 개정된 「장애인 등에 대한 특수교육법」(일부개정 2008.2.29 법률 제8852호)은 특수교육을 "특수교육대상자의 교육적 요구를 충족시키기 위하여 특성에 적합한 교육과정 및 제2호에 따른 특수교육 관련 서비스 제공을 통하여 이루어지는 교육을 말한다(제2조)"고 정의하고 있다. 이 법의 주된 개정 내용은 유치원 · 초등학교 · 중학교 및 고등학교 과정의 교육의 의무교육 확대부분(제3조)과 특수학교의 학급 및 각급 학교의 특수학급 인원수 감축 변화(제27조)는 교육체제의 변화를 예고한다. 이 법에 따른 특수교육대상자 선정 기준(제10조 관련)은(개정 2008.3.3.) 지적장애를"지적 기능과 적응행동상의 어려움이 함께 존재하여 교육적 성취에 어려움이 있는 사람"으로 정의하고 있다. 이후 「장애인 등에 대한 특수교육법」이 일부개정(법률 제13941호, 2016. 2. 3. 공포 · 시행)되어 정신지체를 지적장애로 용어를 변경하게 되었다.

'장애인복지법시행령'도(일부개정 2008.2.29.) 정신 지체를 '지적장애인'이란 용어로 변경하여 명명하도록 하였다. 2019년 7월 장애등급제가 폐지되고, 장애인 중심의 맞춤형 지원체계가 도입됨에 따라 장애인은 장애의 정도에 따라 '장애의 정도가 심한 장애인'과 '장애의 정도가 심하지 않은 장애인'으로 구분된다(시행령 안 제2조, 시행규칙 안 제2조 및 별표1 등). 장애인복지법 개정으로 장애등급이 장애정도로 변경됨에 따라, 종전에는 등록 장애인은 1급부터 6급을 부여받았으나 앞으로는 장애의 정도가 심한 장애인(종전 1~3급)과 장애의 정도가 심하지 않은 장애인(4~6급)으로 단순하게 구분된다. 이전에는 등록 장애인에게 의학적 상태에 따라 1급부터 6급까지 세분화된 등급을 부여하고, 이를 각종 서비스의 절대적 기준으로 활용해 왔기 때문에 개인의 서비스 필요도와 서비스의 목적이 불일치하는 문제가 있었다. 앞으로는 장애인의 구분은 장애정도가 심한 경우와 그렇지 않은 경우로 단순화하여 서비스를 지원할 때 참고자료로만 활용하고, 주요 서비스의 수급자격은 별도의 자격심사를 통해 결정함으로써 꼭 필요한 장애인이 지원 받을 수 있도록 한다(www.gov.kr).

(2) 주요 원인

지적장애의 원인은 정확한 원인을 알 수 없는 경우가 알려진 경우 보다 더 많으며 대개 장애가 심한 아동들은 질병이나 두뇌 손상에 기인한 경우와 그 외에 환경적인 요인에 기 인되기도 한다. 최근 중도지적장애 아동의 증가는 지적장애의 생물학적 원인과 조건에 대하여 관심을 증가시키고 있다. 지적장애의 50%는 한 가지 이상의 원인에 기인하고 있는 것으로 알려져 왔다(AAMR, 2002). 인체의 복잡성으로 인하여 지적장애를 유발하는 원인에 대한 정확한 답은 없지만, 어떤 유전적 장애는 지적장애나 심각한 건강상의 문제, 그리고 발달 지체를 가져온다. 지적장애는 출생 전, 출생 시 혹은 출생 후 뇌 발달의 손상을 야기하는 조건들에 의해 생기게 된다(백은희, 2005).

1) 출생 전 요인(Prenatal stage)

① 산모의 건강

ⓐ 영양 결핍(malnutrition)

임신부가 임신 중에 영양이 결핍된 상태를 의미하며, 이러한 영양 결핍은 태아의 성장발달에 부정적인 영향을 줌으로써 장애 발생의 원인이 될 수 있기 때문에 임산모의 균형 있는 영향 섭취와 적절한 열량 섭취가 필요하다. 산모의 영양 결핍은 신경학적이나 신체적인 손상 등 출생 후 아동의 성장 발달에도 영향을 미치는 위험 요인이 될 수 있다(이소현, 2003).

ⓑ 다이어트(diet)

산모가 임신 전에 여러 해에 걸쳐 다이어트를 지나치게 했다면 2세의 건강에 악영향을 줄 수 있다. 만약에 산모가 임신 직후 정상적인 식습관으로 돌아온다 해도 출산 한 아이는 심장병과 당뇨병 및 고혈압에 시달릴 확률이 높으며, 산모의 영양 섭취가 부실하기 때문에 정상 이이보다 신체적인 문제나 신진대사나 호르몬계 및 순환계통에 치명적인 결함을 갖게 될 수 있다.

ⓒ 비타민 결핍

엽산(folic acid)은 수용성 비타민 B 복합체의 일부로 비타민 B12, C와 함께 조효소로 단백질을 분해해 이용케 하는 역할을 한다. 또한 적혈구의 헤모글로빈 형성에 관여해 결핍되면 '거대 적아구성 빈혈'이 발생한다. 엽산은 정상적인 뇌기능 수행에 필요해 주로 척수와 세포외액에 농축되어 있다. 연구에 따르면 엽산은 우리 식사에서 가장 결핍되기 쉬운 영양소 중 하나이며, 임신 중에는 비타민의 요구량이 증가한다. 태아가 빠른 성장을 위해 모체에 저장돼 있던 엽산을 모조리 이용해 버리기 때문이다. 세계보건기구(WHO)는 말기 임신부의 1/2~1/3이 엽산이 부족하다고 보고한 바 있다. 임신부의 엽산 부족은 태아에게 직결되어 구순구개열, 두뇌 손상 기형아의 출산이나 출생 후에도 발육 및 학습부진의 원인이 될 수 있다. 짙은 녹색 잎채소(보리녹즙), 육류 내장, 효모, 굴, 정제되지 않은 곡류, 우유 등에는 엽산이 풍부하게 함유돼 있다. 매일 필요량을 음식물로 섭취하기 곤란하기 때문에 좋은 천연 종합 비타민의 섭취가 권장되고 있다(중앙일보, 1996년 2월 2일). 미국에서는 이미 1998년 자국 내에서 판매되는 밀가루 등 곡류식품에 엽산을 의무적으로 첨가하도록 함으로써 신경 결손증 발생률을 전체적으로 약 30% 정도 감소시켰다고 보고하고 있다. 또한 선진국들은 가임 여성들에게 수정 1개월 전부터 엽산(葉酸)제를 하루 1정(엽산 400 μg 함유), 장애아 출산 경험이 있는 경우는 하루 4정씩 복용할 것을 권장하고 있다.

ⓓ 빈약한 환경

빈곤한 환경이 항상 장애 발생의 원인이 될 수 있다. 빈곤한 환경과 관련된 요인들로는 낮은 사회-경제적 지위 및 부모 변인(예: 제한된 교육 기회 등), 환경적 변인(예: 열악한 가정환경 등), 부모와 가족에게 미치는 심리적 영향(예: 우울증, 비관주의, 무기력감 등), 아동에게 미치는 영향(예: 신생아 사망률의 증가, 조산 및 저체중아 출산의 가능성 등) 등을 들 수 있다(이소현, 2003).

ⓔ 건강과 신체적 조건

임산부가 가장 주의해야 할 질병은 풍진으로 감기와 비슷한 증세를 보이는 가벼운 질병이지만, 임신 초기 감염되면 태아에게 선천성 백내장, 선천성 심장질환 등 선천성 장애를 일으킬 수 있다.

전염성 있는 B형 간염 바이러스를 보유한 산모에게서 태어난 신생아는 분만 시 혈액을 통해 90~95% 감염될 수 있다. 드물게는 동물성 전염병도 수직 감염될 수 있다. 고양이 배설물을 통해 옮는 톡소플라스마 원충(原蟲)이 특히 위험하며, 태아의 뇌수종, 맥락망막염, 선천성 장애를 유발할 수 있으며, 성장 후에도 뇌염을 일으킬 수 있다.

매독(梅毒)도 모체 감염되면 사산(死産)하기 쉬우며, 일단 태어나도 신경이나 뼈 등에 이상이 옴으로 임신 중에라도 즉시 치료해야 한다.

ⓕ 알코올, 흡연

임산부가 칵테일 2잔만 마셔도 태아의 뇌세포를 손상시켜 출생 후 평생을 따라다니는 신경문제를 일으킬 수 있다. 일반적으로 칵테일 2잔만으로도 혈중 알코올 농도가 0.07%로 올라가는데 동물실험 결과 이 정도의 알코올 농도는 발육단계의 태아의 뇌세포에 손상을 줄 수 있을 뿐만 아니라 한 시간이면 태아기 뉴런(신경단위)을 죽이기에 충분하다고 할 수 있다. 임신 중 산모의 과다한 알코올 섭취는 저체중, 소두증, 심장 결함, 비정상적인 안면, 발달 지체, 운동기능 손상, 주의력 결핍 및 과잉행동 등을 유발한다. 산모의 알코올 섭취에 의해 태어난 아동의 장애를 태아 알코올 증후군(Fetal Alcohol Syndrome, FAS)이라 하는데 FAS는 태아의 뇌 발달에 직접적인 영향을 미치고, 중증지적장애의 원인이 되기도 한다(신진숙, 2012).

ⓖ 산모의 연령

우리나라 산모 가운데 30세 이상 산모 비율이 최근 5년간 꾸준히 늘어나 70%에 이르고 있는 것으로 나타났다. 이 가운데 장애 출산 등 고위험 임신 연령인 만 35세 이상 고령 산모 비율은 2000년 약 6%에서 최근에는 약 15%로 증가한 것으로 나타났다. 고령 임신이 증가하면서 장애 발생 위험도 높아지는 만큼, 계획 임신의 중요성이 더욱 커지고 있다. 아울러 고령 산모에 대한 고려와 함께 고령 남편에 대한 고려도 중요하다.

② 선천적, 유전적, 염색체 이상

선천적 요인이란 의학적인 진단에 의해서 장애 발생 요인이 확인된 경우로 잠재적인 장애 증상을 예측할 수 있는 경우를 말한다(이소현, 2003). 선천적 위험 요인으로 가장 잘 알려진 요인으로는 염색체 이상을 들 수 있으며, 다운증후군이 그 대표적인 예이다.

ⓐ 다운증후군(Down's syndrome)

다운증후군은 세 가지 염색체 원인 유형이 있는데, 21번 염색체가 3개가 된 경우, 21번 염색체의 일부가 다른 염색체(13번 또는 15번)로 옮겨지는 경우, 모자이키즘이라고 하는 섞임증으로 염색체의 수(47번 부분과 46번 부분)를 변화시켜 세포를 불균형하게 분리시키는 유형이다. 다운증후군 아동은 위로 올라간 눈꼬리, 작은 코, 작은 손과 발, 두터운 혀, 작은 키, 근육 긴장 저하, 관절 부위의 과도한 유연성, 심장 결함, 불완전하거나 지체된 성적 발달 등의 증상을 보인다. 저 연령층(20세 이하) 산모와 고 연령층(만 35세 이상) 산모에게서 출생할 확률이 높은 것으로 조사되고 있다(Hallahan & Kauffman, 2003).

ⓑ 약체 X 증후군(Fragile X syndrome)

약체 X 증후군은 23번째 성염색체의 이상으로 발생하며 여성보다 남성에게 더 많이 나타나며 머리가 크고 얼굴이 길고 좁으며, 이마와 턱이 돌출되고 코가 넓은 등의 신체적 특징을 보인다.

ⓒ 클라인펠터 증후군(Klinefelter's syndrome)

클라인펠터 증후군은 성염색체의 이상으로 발생하며, X 성염색체를 남자가 하나 더 받아서 xxy의 형태로 성염색체가 배열된다. 사회적 지체를 유발하며, 남성 성기관의 미발달과 여성과 같이 가슴이 발달한다. X 염색체의 증가와 더불어 결함이 증가된다. 경도 지적장애를 유발하며, XXXY, XXXXY의 형태도 발견된다. 남성중에서 1/400 정도의 발생율을 보이며, 치료 방법이 없지만, 수술과 호르몬 치료에 의해 완화될 수 있다. XXY의 염색체를 가지고 있는 소년은 청각이나 수용언어, 표현 언어, 언어정보 과정에 결함을 보인다.

ⓓ 터너 증후군(Turner's syndrome)

터너 증후군(Turner's syndrome)은 여성의 성염색체 이상으로 발생하는데, 염색체의 수가 46개보다 적은 경우 X 염색체 중 하나가 없는 경우이다. 즉, XO염색체 형태이며, 46개 염색체보다 적은 수의 염색체 수와 관련된 유일한 증후군이다. 95% 가량 자연유산이 된다는 점 때문에 매우 희귀한 증후군이기도 하다(2,500명의 여아 출생 중 1명). 이 증후군의 아동은 대부분 학습 문제가 있는데, 특히 공간이나 조직력에 있어서 어려움을 보인다(백은희, 2005).

ⓔ 페닐케톤뇨증(Phenylketonuria: PKU)

페닐케톤뇨증은 아미노산 페닐알라닌을 티로신으로 바꾸는 효소가 부족한 사람들에게서 나타난다. 티로신은 멜라닌을 포함한 다른 물질로 분해되는데 PKU를 앓는 사람들은 이 효소의 부족으로 피부색이 다른 사람들보다 엳다. 치료를 받지 않으면 중추신경계에 심각한 손상을 입고 지적장애를 일으킬 수 있다. 특별히 신생아 때 선별검사를 통해 PKU 여부를 알아내고, 페닐알라닌을 조절하는 식이요법이 중요하다. 조기발견 및 식이요법이 가능하기 때문에 예후는 좋지만 이는 식이요법을 얼마나 엄격하게 지키는가에 달려있다(신진숙, 2012).

2) 출생 시 요인(Perinatal stage)

① 조산(Premature birth)

조산은 임신 전 마지막 생리의 첫째 날부터 37주가 되기 전에 출산하는 경우를 의미한다.

조산을 일으키는 원인은 여러 가지 요인들이 있는 것으로 알려져 있지만 전체 조산의 약 40% 정도는 아직까지 원인이 밝혀져 있지 않다(이소현, 2003).

② 저체중

저체중은 태아 시기의 부적절한 성장 발달로 인하여 분만 시 체중이 2.5kg 미만인 경우를 의미한다. 여성들의 결혼 연령이 높아지면서 출생아 수가 급감하고 있으며, 노산(老産) 등의 원인으로 미숙아 출생률이 높아지면서, 출생아의 평균 체중도 줄어들고 있다. 이러한 현상은 여성의 사회 활동이 활발해졌기 때문이기도 하지만, 사회 활동과 유아를 병행하기 힘든 사회 환경 때문에 출산을 기피하거나 임신을 늦추는 경향이 더욱 큰 요인이라고 할 수 있다.

③ 질식(Asphyxia)

질식은 무산소증(anoxia)이라고 하며, 무산소 상태 또는 산소 결핍 상태로 생체 조직에 산소가 없는 상태를 의미한다. 회복할 수 없는 조직 손상을 가져오고 심하면 괴사를 일으킨다. 주로 심정지(心停止)나 급격한 저혈압으로 급성 무산소증이 발생하게 되며, 질식으로 인한 기도 폐쇄로 무산소증이 발생할 수 있다. 무산소증으로 신체 여러 조직의 손상이 유발되며 무엇보다도 뇌에 산소 공급이 부적절하면 급성 뇌병증, 즉 무산소증-허혈성 뇌병증(anoxic-ischemic encephalopathy)을 일으키게 된다. 뇌손상의 정도에 따라 여러 정도의 의식 장애가 초래되고 경직, 강직과 같은 운동 장애가 출현하거나 간질이 나타날 수 있고 심하면 사망할 수 있다(국립특수교육원, 2009). 또한 태아 위치의 이상, 산모의 심한 출혈 및 하혈(hemorrhaging), 비효과적인 자궁 수축, 좁은 산도(産道), 탯줄을 통한 혈액 흐름의 방해 등도 난산(難産)으로 인해 장애 발생의 원인이 될 수 있다.

3) 출생 후 요인(Postnatal stage)

① 외상(外傷)성 뇌 손상

외상으로 인해 뇌에 손상을 입은 일반적인 상태이다. 뇌 손상은 뇌산소 결핍이나 외상에 의해 발생하며 외상성 뇌 손상, 뇌졸중, 허혈성 뇌 손상, 치매 등으로 분류된다. 외상성 뇌 손상은 두개(頭蓋)나 그에 가까운 부위에 외부의 물리적 힘이 주어져 뇌에 손상이 일어난다. 손상의 부위나 정도에 따라 차이가 있으나 신체적 기능(몸의 균형 및 조화, 운동 기능, 힘, 지구력), 인지기능(언어, 의사소통, 정보 진행, 기억 등), 정신적 기능(성격 변화 및 심리적 부조화 등)에 악영향을 준다.

② 질병 및 감염

출생 후 장애 발생의 대표적인 전염병의 원인은 홍역, 수두, 볼거리, 뇌막염, 뇌염 등을 들 수 있으며, 정상적인 성장과 발달을 방해하는 위험 질병으로는 낭포성 섬유증(cystic fibrosis), 소아 관절염, 백혈병, 근위축증, 신장염, 중이염, 소아마비, 류머티스 질환, 당뇨병 등이 있다(이소현, 2003).

③ 신체 접촉의 부족

갓 태어난 아이에게는 피부 접촉이 정상적인 뇌 발달에 필수적인 영양소이다. 신체 접촉이 부족한 아이는 잘 먹지 않고 두뇌와 건강에 손상을 줄 수 있다. 또 성인이 되어서도 사회, 이성 관계에 적응을 못하고 우울증과 불감증에 시달릴 위험이 높은 것으로 나타났다.

신생아의 접촉 결핍증은 1970년대 '접촉 연구의 아버지'로 불리는 해리 할로 교수에 의해 수행되었다. 그는 원숭이 실험을 통해서 한 살 미만의 원숭이에게는 접촉의 제거가 다른 네 가지 감각의 결핍보다 훨씬 큰 손상을 준다는 것을 밝혀냈다. 접촉 없이 자란 원숭이는 판에 박은 행동을 반복하고, 어울리지 못하고, 주변에 흥미를 못 느끼며, 접촉을 두려워하고 공격성을 나타내며, 어른이 되어서도 아기를 돌보지 못한다는 사실이 밝혀졌다. 따라서 접촉을 필요로 하는 신생아는 아무리 안아줘도 지나치지 않다는 것이 전문가들의 지적이다.

참고 문헌

국립특수교육원(2009), **특수교육학 용어사전**, 안산: 하우.

문회원·박지연(2008), 가족이 참여한 긍정적 행동 지원이 가정에서의 저녁 일과 시간에 발생하는 자폐유아의 문제행동에 미치는 영향, **유아특수교육연구,** 8(2), 97-115.

박원희·김기창·김영일·김영욱·이은주·신현기·한경근·이숙정·김애화·윤미선·김은경·송병호·이병인·김송석·양경희(2009), **함께하는 사회를 지향하는 특수교육학**, 서울: 교육과학사.

「**발달장애인 권리보장 및 지원에 관한 법률**」(법률 제18214호, 2021. 6. 8, 일부개정).

배성현·이병인(2006), 통합된 소집단 협동놀이가 발달지체유아의 사회적 기술에 미치는 영향, **유아특수교육연구,** 6(2), 1-25.

백은희(2005, 2020), **지적장애: 이해와 교육**, 서울: 교육과학사.

백은희·이병인·조수제(2005), 정신지체 아동을 위한 적응행동 평가도구(SIB-R)의 한국 표준화 연구, **특수교육학연구,** 40(2), 75-102.

신윤희·박정희·최미향·이효신(2008), 발달장애아동 행동지원에 대한 실태 및 요구분석 연구: 장애전담 어린이집을 중심으로, **정서·행동장애연구,** 24(4), 337-352.

신진숙(2012). **지적장애아 교육**. 경기: 양서원.

서연태·김종탁(2000). 발달적 측면에서 체육수업 활동이 유아들의 협응력 향상에 미치는 영향, **한국유아체육학회지,** 1(1), 17-32.

손가화·이병인(2013), 효율적인 발달지체유아 치료지원을 위한 치료사의 요구 및 개선방안 연구, **재활복지,** 17(2), 119-148.

송유하·박지연(2008), 행동도표를 활용한 긍정적 행동 지원이 자폐 유아의 문제행동과 활동참여행동에 미치는 영향, **정서·행동장애연구,** 24(2), 1-25.

여광응 외(2002), **특수아동의 심리학적 이해**, 서울: 학지사.

유수옥(2004), **유아특수교육론**, 서울: 학지사.

윤치연(2003), **발달장애의 이해**, 서울: 형설출판사.

이병인(2004, 2006), **특수교육대상아동가족 지원의 이해**, 서울: 단국대학교출판부.

이병인(2002), 발달지체유아를 위한 가족 지원 방안 연구, **특수교육학연구,** 37(1), 319-340.

이병인(2003), 발달지체영유아 개별화가족지원계획 개발 및 시행을 위한 방법론 고찰, **정서·행동장애연구,** 19(4), 91-120.

이병인(2016), **특수교육대상아동가족 지원의 이해**. 용인: 노스보스.

이병인(2011), **유아특수교육의 이해**. 용인: 노스보스.

이병인·조현근(2010), 발달지체영·유아 가족의 요구에 따른 가족지원 프로그램 내용구성 및 활용방안 탐색, **특수교육저널; 이론과 실천,** 11(2), 215-250.

이소현(2003), **유아특수교육**, 서울: 학지사.

이소현(2004). 0~2세 발달지체영아들의 특수교육 적격성 인정 및 지원 체계 개발을 위한 고찰, **특수교육학연구,** 38(4), 95-122.

이소현·박은혜(1998), **특수아동교육**, 서울: 학지사.

이승희·조홍중(2001), '발달장애' 개념에 대한 특수교육학적 고찰, **발달장애학회지,** 5(2), 17-30.

이승호·이병인(2017), 개별 차원의 긍정적 행동 지원이 통합된 자폐성 장애 유아의 문제 행동에 미치는 효과, **유아특수교육연구,** 17(3), 65-88.

이인숙·조광순(2005), 가정과 유치원, 지역사회에서의 긍정적 행동 지원이 자폐유아의 바람직한 행동 및 문제행동에 미치는 효과, **유아특수교육연구,** 5(2), 161-190.

이원미·이병인(2006), 동요 그림책을 활용한 언어지도가 발달지체유아의 자발적 언어 표현에 미치는 영향, **유아특수교육연구,** 6(1). 45-67.

이지효·이병인(2011), 발달지체유아의 통합교육 관련 요인과 유치원 교육과정 실행 구성요소 간의 관계 분석, **특수교육학연구,** 46(2), 1-28.

이효신·김현숙(2005), 기능 평가를 통한 행동지원이 발달지체유아의 부적응행동 감소에 미치는 효과, **특수교육학연구,** 40(1), 91-111.

양미·이병인(2018), 파워카드 전략이 자폐성 장애유아의 수업 중 말 끼어들기, 부적절한 자세, 반복적인 글씨쓰기 문제 행동에 미치는 영향, **행동분석·지원연구,** 5(1), 49-81.

임경옥·이병인(2010), **장애영유아 발달 영역별 지침서**, 서울: 학지사.

임경옥·이병인(2011), 발달지체영유아 아버지의 가족지원에 대한 인식 및 요구, **유아특수교육연구,** 11(3), 137-174.

임다경·이병인(2019), 통합학급에서의 긍정적 행동 지원이 자폐성 장애유아의 문제행동에 미치는 영향, **행동분석·지원연구,** 6(1), 101-130.

임미진·이병인(2017), 발달지체유아의 초등학교 입학 적응에 대한 공립유치원 유아특수교사의 어려움과 지원 요구, **유아특수교육연구,** 17(3), 89-117.

「**장애인 등에 대한 특수교육법**」(2007.5.25 법률 제8483호, 신규제정).

「**장애인 복지법**」(2010. 3.19 법률 제9932호, 2010. 1.18, 타법개정).

「**장애인복지법 시행령**」(2008. 2.29 대통령령 제20679호, 2008. 2.29, 타법개정)

정옥분(2002), **아동발달의 이해**, 서울: 학지사.

정현주·이병인(2020), 중도·중복장애영유아 어머니의 양육 부담과 가족지원 요구, **유아특수교육연구,** 20(1), 109-135.

조광순(2005), 국내 발달장애 유아 진단·평가의 문제점 및 과제, **언어치료연구,** 14(1), 127-148.

조광순·홍은숙·김영희(2005), 발달지체영유아를 위한 교육과정중심 진단, 평가도구의 고찰 및 시사점, **정서 행동장애연구,** 21(3), 45-78.

조광현·이병인·배성현(2020), SNS를 활용한 아버지 참여 신체놀이 프로그램이 발달지체유아 아버지의 양육효능감과 양육 행동에 미치는 영향, **유아특수교육연구,** 20(4), 107-134.

진보라·이병인·김현숙(2019), 통합 환경에서 의도된 갈등 상황을 포함한 또래 협력 소집단 놀이가 발달지체유아의 사회적 상호작용에 미치는 영향, **유아특수교육연구,** 19(1), 269-295.

차정하·이병인(2018), 사립유치원 통합 환경에서 또래와의 협동적 조형 활동이 발달지체유아의 사회적 상호작용에 미치는 영향, **유아특수교육연구,** 18(3), 293-318.

최미점·백은희(2012), 긍정적 행동 지원이 발달지체유아의 자리이탈 행동과 활동참여 행동에 미치는 영향, **유아특수교육연구, 12**(1), 91-109.

최철·이병인·배성현(2019), 비디오 또래 모델링 중재가 통합된 발달지체유아의 상호작용에 미치는 영향, **유아교육·보육복지연구. 23**(4), 83-107.

한국심리운동학회(2009), **심리운동의 이론과 실제**, 한국심리운동학회 심리운동 하계 워크샵 자료집.

한지혜·이병인(2011), 심리운동이 발달지체유아의 신체능력 및 놀이행동에 미치는 영향, **한국웰니스학회지,** 6(2), 239-261.

Allen, K. E., & Schwartz, I. S. (2003). *The exceptional child: Inclusion in early childhood(4th ed.).* Clifton Park, NY: Delman Thomson Learning.

American Association on Mental Retardation (2002). *Mental Retardation: Definition, classification, and systems of supports.* Washington, DC: Author. Vergason, G. A.(1997). Dictionary of special education and rehabilitation. Love Publishing Company.

Bellamy, R. F. (1984). The causes of death in conventional land warfare: implication for combat casualty care research. *Milit Med,* 149(2), 55-62.

Barnard. K. E., & Kelly. J. F. (1990). *Assessment of parent-child interaction. In Handbook of early childhood intervention,* ed. SJ Meisels, JP Shonkoff, pp. 278-302, Cambridge University Press.

Developmental disabilities Assistance and Bill of Rights Act of 1984, P.L. 98-527.

Developmental disabilities Assistance and Bill of Rights Act of 2000, P. L. 106-402.

Education for All Handicapped Children Act of 1986, P. L. 99-457.

Grossman, H. J.(Ed.). (1983). *Manual on terminology and classification in mental retardation. Washington,* DC: American Association on Mental Retardation.

Hallahan, O. P., & Kauffman, J. M. (2003). *Exceptional learners: Introduction to special education (9th ed.).* Boston: Allyn & Bacon.

https://www.gov.kr/portal/main, 정부 24. 2019년 9월 21일 접속, https://www.gov.kr/portal/ntnadmNews/1718459.

Individuals with Disabilities Education Act of 1991, P. L. 102-119.

Individuals with Disabilities Education Act of 1997, P. L. 105-17.

Individuals with Disabilities Education Improvement Act of 2004, P .L. 108-446.

Leland, H. W. (1978). *Theoretical considerations of adaptive behavior.* In W. A. Coulter & H. W. Morrow(Eds.), Adaptive behavior: Concepts and measurements (pp. 21-44). Orlando, FL: Grune & Straton.

Lukkason, R., Coulter, D., Polloway, E. A., Reiss, S., Schalock, R. L., Snell, M. E., Spitalinik, D. M., Stark, J. (1992). *Mental retardation: Definition, classification, and systems of support(9th ed.).* Washington, DC: American Association on Mental Retardation.

McEvoy, M., & McConnell, S. R. (1995). *Understanding the emotional and behavioral development of young children: 3-6 years.* In Zirpoli, T. J. (Ed). Understanding and affecting the behavior of young children (pp. 60-81). Columbus, OH: Merrill/Macmillan Publishing.

Odom, S. L., & Ogawa, I. (1992). Direct observation of preschool children's social interaction: A methodological review. *Behavioral Assessment*, 3(4), 407-442.

Piaget, J. (1952). *The origins of intelligence in children.* International Universities Press, New York.

Piaget, J., & Inhelder, B. (1956). *The child's conception of space.* London: Routledge & Kegan Paul.

Taylor, R. (1985). Measuring adaptive behavior: Issues and instruments. *Focus on Exceptional Children*, 18(2), 1-6.

제2장

법적 지원

01 | 우리나라의 '특수교육법'에 나타난 유아특수교육 관련 내용

02 | 미국 유아특수교육 지원체계

03 | 2004년 미국의 장애인 교육법(IDEA) 개정안 주요 내용

우리나라는 2007년 5월 29일 「장애인 등에 대한 특수교육법」(이하 '특수교육법')이 공포됨으로써 0세 이상 생애주기별 특수교육, 조기발견 및 진단체계의 확립과 실천, 특수교육대상자의 다양화, 통합교육의 질적 성장, 교사의 질과 책무성, 학교 기관 외 특수교육 환경의 다양화, 국가의 특수교육 지원 의무 강화, 장애 영아 및 전공과 학생의 무상교육과 3세 이상 고등학교까지의 의무교육 실시로 인한 특수교육 수혜율 확대, 특수교육 관련 서비스 지원의 의무화로 인한 특수교육의 팀 접근 실현, 고등교육 지원강화로 인한 대학에서의 특수교육대상학생을 위한 교육의 질 제고, 특수교육대상아동 가족의 적극적인 교육 참여 등이 가능하게 되었으며(김성애, 2007), 유아특수교육 측면에서 볼 때 발달지체영유아와 그 가족을 위해 긍정적인 차원의 내용을 포함하고 있다고 할 수 있다. 무엇보다, 특수교육대상자 기준에 '발달 지체(Developmental delays)'라는 용어를 처음으로 사용한 것도 그 의미가 크다고 하겠다. 따라서 본 장에서는 우리나라 특수교육 신법인 「장애인 등에 대한 특수교육법」(2007)에 나타난 유아특수교육 관련 내용과 미국의 유아특수교육 지원체계 및 장애인교육향상법(IDEIA)의 주요 내용을 고찰하였다.

01 우리나라의 '특수교육법'에 나타난 유아특수교육 관련 내용

1. 「특수교육진흥법」(1997)

국가 및 지방자치단체는 장애를 지닌 유아에 대한 유치원 과정의 교육을 촉진하기 위하여 장애의 조기발견, 교원양성, 교육시설 · 설비의 확충 등 조기특수교육에 필요한 시책을 강구하여야 함(제8조).

2. 「장애인 등에 대한 특수교육법」(2007)

제3조 의무교육

① 특수교육대상자에 대하여는 「교육기본법」 제8조에도 불구하고 유치원 · 초등학교 · 중학교 및 고등학교 과정의 교육은 의무교육으로 하고, 제24조에 따른 전공과와 만 3세 미만의 장애영아 교육은 무상으로 한다.

② 만 3세부터 만 17세까지의 특수교육대상자는 제1항에 따른 의무교육을 받을 권리를 가진다. 다만, 출석 일수의 부족 등으로 인하여 진급 또는 졸업을 하지 못하거나, 제19조 제3항에 따라 취학의무를 유예하거나 면제받은 자가 다시 취학할 때의 그 학년이 취학

의무를 면제 또는 유예받지 아니하고 계속 취학하였을 때의 학년과 차이가 있는 경우에는 그 해당 연수(年數)를 더한 연령까지 의무교육을 받을 권리를 가진다.

제8조 교원의 자질향상

① 국가 및 지방자치단체는 특수교육교원의 자질향상을 위한 교육 및 연수를 정기적으로 실시하여야 한다.

② 국가 및 지방자치단체는 특수교육대상자의 통합교육을 지원하기 위하여 일반학교의 교원에 대하여 특수교육 관련 교육 및 연수를 정기적으로 실시하여야 한다.

③ 제1항과 제2항에 따른 교육 및 연수 과정에는 특수교육대상자 인권의 존중에 관한 내용이 포함되어야 한다.

제11조 특수교육지원센터의 설치 · 운영

① 교육감은 특수교육대상자의 조기발견, 특수교육대상자의 진단 · 평가, 정보관리, 특수교육 연수, 교수 · 학습활동의 지원, 특수교육 관련 서비스 지원, 순회 교육 등을 담당하는 특수교육지원센터를 하급교육행정기관별로 설치 · 운영하여야 한다.

② 제1항에 따른 특수교육지원센터는 하급교육행정기관이나 특수학교, 특수학급이 설치된 일반 초 · 중 · 고등학교 또는 관할 지역의 관공서(장애인복지관을 포함한다) 등 특수교육대상자를 비롯한 지역주민의 접근이 편리한 곳에 설치하여야 한다.

제14조 장애의 조기발견 등

① 교육장 또는 교육감은 영유아의 장애 및 장애 가능성을 조기에 발견하기 위하여 지역주민과 관련 기관을 대상으로 홍보를 실시하고, 해당 지역 내 보건소와 병원 또는 의원(醫院)에서 선별검사를 무상으로 실시하여야 한다.

② 교육장 또는 교육감은 제1항에 따른 선별검사를 효율적으로 실시하기 위하여 지방자치단체 및 보건소와 병 · 의원 간에 긴밀한 협조체제를 구축하여야 한다.

③ 보호자 또는 각급학교의 장은 제15조 제1항 각 호에 따른 장애를 가지고 있거나 장애를 가지고 있다고 의심되는 영유아 및 학생을 발견한 때에는 교육장 또는 교육감에게 진단 · 평가를 의뢰하여야 한다. 다만, 각급학교의 장이 진단 · 평가를 의뢰하는 경우에는 보호자의 사전 동의를 받아야 한다.

④ 교육장 또는 교육감은 제3항에 따라 진단 · 평가를 의뢰받은 경우 즉시 특수교육지원센터에 회부하여 진단 · 평가를 실시하고, 그 진단 · 평가의 결과를 해당 영유아 및 학생의

보호자에게 통보하여야 한다.

제15조 특수교육대상자의 선정

① 교육장 또는 교육감은 다음 각 호의 어느 하나에 해당하는 사람 중 특수교육을 필요 로 하는 사람으로 진단 · 평가된 사람을 특수교육대상자로 선정한다.

1. 시각장애 2. 청각장애 3. 지적장애 4. 지체장애 5. 정서 · 행동장애 6. 자폐성 장애 7. 의사소통장애 8. 학습장애 9. 건강장애 10. 발달지체 11. 그 밖에 대통령령으로 정하는 장애

제18조 장애영아의 교육지원

① 만 3세 미만의 장애영아의 보호자는 조기교육이 필요한 경우 교육장에게 교육을 요구할 수 있다.

② 제1항에 따른 요구를 받은 교육장은 특수교육지원센터의 진단 · 평가 결과를 기초로 만 3세 미만의 장애영아를 특수학교의 유치원과정, 영아학급 또는 특수교육지원센터에 배치할 수 있다.

③ 제2항에 따라 배치된 장애영아가 의료기관, 복지시설 또는 가정 등에 있을 경우에는 특수교육교원 및 특수교육 관련 서비스 담당 인력 등으로 하여금 순회교육을 제공하도록 할 수 있다.

④ 국가 및 지방자치단체는 장애영아를 위한 교육 여건을 개선하고 설비를 정비하기 위하여 노력하여야 한다.

제20조 교육과정 운영 등

① 특수교육기관의 유치원 · 초등학교 · 중학교 · 고등학교과정의 교육과정은 장애의 종별 및 정도를 고려하여 교육부령으로 정하고, 영아 교육과정과 전공과의 교육과정은 교육감의 승인을 받아 학교장이 정한다.

② 특수교육기관의 장 및 특수교육대상자가 배치된 일반학교의 장은 제1항에 따른 교육과정의 범위 안에서 특수교육대상자 개인의 장애종별과 정도, 연령, 현재 및 미래의 교육요구 등을 고려하여 교육과정의 내용을 조정하여 운영할 수 있다.

③ 특수학교의 장은 교육감의 승인을 받아 유치원 · 초등학교 · 중학교 · 고등학교과정을 통합하여 운영할 수 있다.

제21조 통합교육

① 각급학교의 장은 교육에 관한 각종 시책을 시행함에 있어서 통합교육의 이념을 실현하

기 위하여 노력하여야 한다.

② 제17조에 따라 특수교육대상자를 배치받은 일반학교의 장은 교육과정의 조정, 보조 인력의 지원, 학습보조기기의 지원, 교원연수 등을 포함한 통합교육계획을 수립 · 시행하여야 한다.

③ 일반학교의 장은 제2항에 따라 통합교육을 실시하는 경우에는 제27조의 기준에 따라 특수학급을 설치 · 운영하고, 대통령령으로 정하는 시설 · 설비 및 교재 · 교구를 갖추어야 한다.

제22조 개별화교육

① 각급학교의 장은 특수교육대상자의 교육적 요구에 적합한 교육을 제공하기 위하여 보호자, 특수교육교원, 일반교육교원, 진로 및 직업교육 담당 교원, 특수교육 관련 서비스 담당 인력 등으로 개별화교육지원팀을 구성한다.

② 개별화교육지원팀은 매 학기 마다 특수교육대상자에 대한 개별화교육계획을 작성하여야 한다.

③ 특수교육대상자가 다른 학교로 전학할 경우 또는 상급학교로 진학할 경우에는 전출학교는 전입학교에 개별화교육계획을 14일 이내에 송부하여야 한다.

④ 특수교육교원은 제1항부터 제3항까지의 규정에 따른 업무를 수행하기 위하여 각 업무를 지원하고 조정한다.

제26조 방과 후 과정을 운영하는 유치원 과정의 교육기관

① 유아교육법 제2조 제6호의 규정에 따른 방과 후 과정을 운영하는 유치원 과정의 교육기관에 특수교육대상자가 배치되는 경우 해당 각급학교의 장은 특수교육대상자에 대한 방과 후 과정 운영을 담당할 인력을 학급당 1인 이상 추가로 배치할 수 있다.

제27조 특수학교의 학급 및 각급학교의 특수학급 설치 기준

① 특수학교와 각급학교의 장은 다음 각 호의 기준에 따라 학급 및 특수학급을 설치하여야 한다.

1. 유치원 과정의 경우 : 특수교육대상자가 1인 이상 4인 이하인 경우 1학급을 설치하고, 4인을 초과하는 경우 2개 이상의 학급을 설치한다.
2. 초등학교 · 중학교 과정의 경우 : 특수교육대상자가 1인 이상 6인 이하인 경우 1학급을 설치하고, 6인을 초과하는 경우 2개 이상의 학급을 설치한다.

3. 고등학교 과정의 경우 : 특수교육대상자가 1인 이상 7인 이하인 경우 1학급을 설치하고, 7인을 초과하는 경우 2개 이상의 학급을 설치한다.

② 교육감은 제1항에도 불구하고 순회교육의 경우 장애의 정도와 유형에 따라 학급 설치 기준을 하향 조정할 수 있다.

제28조 특수교육 관련 서비스

① 교육감은 특수교육대상자와 그 가족에 대하여 가족 상담 등 가족 지원을 제공하여야 한다.

② 교육감은 특수교육대상자가 필요로 하는 경우에는 물리치료, 작업치료 등 치료지원을 제공하여야 한다.

③ 각급학교의 장은 특수교육대상자를 위하여 보조 인력을 제공하여야 한다.

④ 각급학교의 장은 특수교육대상자의 교육을 위하여 필요한 장애인용 각종 교구, 각종 학습보조기, 보조공학기기 등의 설비를 제공하여야 한다.

⑤ 각급학교의 장은 특수교육대상자의 취학 편의를 위하여 통학차량 지원, 통학비 지원, 통학 보조 인력의 지원 등 통학 지원 대책을 마련하여야 한다.

⑥ 각급학교의 장은 특수교육대상자의 생활지도 및 보호를 위하여 기숙사를 설치 · 운영할 수 있다. 기숙사를 설치 · 운영하는 특수학교에는 특수교육대상자의 생활지도 및 보호를 위하여 교육부령으로 정하는 자격이 있는 생활지도원을 두는 외에 간호사 또는 간호조무사를 두어야 한다.

⑦ 제6항의 생활지도원과 간호사 또는 간호조무사의 배치기준은 국립학교의 경우 교육부령으로, 공립 및 사립학교의 경우에는 시 · 도 교육규칙으로 각각 정한다.

⑧ 각급학교의 장은 각급학교에서 제공하는 각종 정보(교육기관에서 운영하는 인터넷 홈페이지를 포함한다)를 특수교육대상자에게 제공하는 경우 특수교육대상자의 장애유형에 적합한 방식으로 제공하여야 한다.

02 미국 유아특수교육 지원체계

1. 발달지체영유아 무상교육지원을 위한 법적-제도적 근거

미국은 발달지체영유아의 무상교육지원을 위한 법적 장치로써 조기중재서비스의 중요성과 개인적, 사회적 효용성 때문에 1986년 전(全) 장애아동교육법(Education for All Handicapped Children Act

Amendments of 1986, 공법 99-457) 개정을 통하여 특수교육 수혜 대상자의 연령 범위를 확대하였다. 즉, 0~만 2세까지의 발달지체 및 위험요소를 가진 신생아와 영아, 그리고 그 가족들을 특수교육 및 특수교육 관련 서비스의 수혜 대상자 범위 내로 포함시키며 조기중재서비스의 전달 체계를 수립, 실행하기 시작하였다. 이는 미국의 발달지체 신생아 및 영아와 그 가족들, 그리고 유아특수교육 관련 전문가들에게 있어 매우 중요한 의미를 가지는데, 모든 주(州)로 하여금 각 주의 자발적인 참여에 따라 0~만 2세까지의 발달지체 신생아 및 영아들에게도 동일한 교육권을 부여하고, 지원 서비스의 제공을 규정하기 시작했기 때문이다(강지인, 2008 재인용; Blasco, 2001).

이후 전 특수교육대상아동 교육법의 지속적인 개정 과정을 거치면서 현재는 미연방 50개 주에서 발달지체 신생아 및 영아와 그 가족들을 대상으로 한 서비스가 제공되고 있다(강지인, 2008 재인용; Turnbull, Stowe, & Huerta, 2007). 또한, 1986년 발달지체 신생아 및 영아들을 위한 교육 및 서비스 전달에 관한 내용이 수록된 Part H의 제정 및 1990년 개정과 더불어 그 이름이 장애인교육법(Individuals with Disabilities Education Act: IDEA, 공법 101-476)으로 바뀌었으며, 2004년에는 장애인교육향상법(Individuals with Disability Education Improvement Act: IDEIA 2004, 공법 108-446)으로 개정되었다(이병인, 2007). 2004 IDEIA의 구성 및 주요 내용은 다음 〈표 2-1〉과 같다.

〈표 2-1〉 미국 2004 IDEIA의 구성 및 주요 내용

구 성	주요 내용
Part A (General Provisions)	장애인 교육법에 사용된 용어들의 정의 및 개정의 근거제시
Part B (Assistance for Education of All Children with Disabilities)	3세부터 21세 까지의 특수교육대상아동들을 위한 서비스 및 서비스 제공에 필요한 조건들
Part C (Infant Toddlers with Disabilities)	0세부터 만 2세까지의 발달지체 신생아 및 영아들을 위한 서비스 및 서비스 제공에 필요한 조건들
Part D (National Activities to Improve Education of Children with Disabilities)	특수교육대상아동들의 교육을 향상시키기 위한 다양한 활동들의 인가

출처: 강지인(2008). 발달지체 신생아 및 영아를 위한 조기개입 서비스 지원체계 고찰 : 미국 사례를 중심으로. 자폐성장애연구, 8(2), 57-86.

장애인교육향상법(IDEIA, 2004) Part C는 1986년 국회에서 처음 만들어진 것으로(Part H), 발달지체 신생아 및 영아의 교육 프로그램에 관하여 시급하고도 중요한 사회적 요구에 따라 다음과 같은 필요성에 의해 제정되었다(강지인, 2008; 안수경 · 김성애 · 김성은 · 김종무, 2003).

첫째, 발달지체영유아의 발달을 강화하고 발달 지체의 발생 가능성을 최소화한다.

둘째, 조기중재를 함으로써 특수교육 서비스의 필요 요구를 최소하여 특수교육 교육비를 절감한다.

셋째, 장애인이 사회에서 독립적으로 살아갈 수 있는 잠재력을 최대화함으로써 장애인의 시설 수용을 최소화한다.

넷째, 발달지체영유아의 필요를 충족시키기 위해 가족의 능력을 최대한 향상시킨다.

다섯째, 각 주와 지역기관들, 그리고 전문가들이 모든 아동의 요구를 밝혀내고, 평가하며, 그 요구를 충족시킬 수 있는 능력을 강화한다.

또한 그 주요 구성내용으로써 서비스 적격성, 자연적 환경, 초학문적 팀 서비스, 주(州) 시스템(Statewide system)의 필수요구사항, 개별화가족지원계획(Individualized Family Service Plan: IFSP) 등이 있다.

1) 서비스 적격성

장애인교육향상법(IDEIA, 2004) 내 Part C는 각 주(州)정부가 다음 범주에 속하는 0~만 2세 사이의 신생아 및 영아가 발달 지체를보이는 경우 조기중재서비스를 제공해야 함을 명시하고 있다(강지인, 2008 재인용; 교육과학기술부, 2007; Blasco, 2001).

ㄱ. 적절한 진단 도구와 절차에 의해서 인지발달, 신체발달, 언어발달, 사회 혹은 정서발달, 자조기술 발달 영역 중 한 가지 이상의 영역에서 발달 지체를경험하는 자, ㄴ. 발달지체를 초래할 수 있는 높은 가능성을 지닌 신체적, 혹은 정신적 상태를 지닌 것으로 진단된 자, ㄷ. 주에 따라 조기개입서비스를 제공받지 않으면 발달 지체를 보일 잠재적인 가능성을 지니는 0~2세의 장애위험(at-risk) 신생아 및 영아. ㄹ. Section 619에 의거, 서비스 적격성이 판별된 특수교육대상아동과 Part C에 의해 서비스를 제공받던 신생아 및 영아 중, 주법에 따라 유치원 입학 전까지 Part C 서비스를 제 공 받는 아동(IDEA 2004, ∮632 (1)).

2) 자연적 환경(Natural environment)

이 용어는 1991년 Part C에서 사용하기 시작하였으며, IDEA의 6대 핵심 원칙 중 하나인 '최소 제한적 환경(Least Restrictive Environment; LRE)'과 관련이 있다. 즉, '자연적 환경'이란 신생아 및 영아가 발달 지체를보이지 않을 경우 가장 많은 시간을 보내게 되는 환경, 각 발달지체 신생아 및 영아의 특성을 고려한 가장 적절한 환경, 신생아 및 영아의 발달을 가장 최대화할 수 있고, 발달 지체를 보일 잠재적인 가능성을 가장 최소화할 수 있는 환경을 의미한다(강지인, 2008 재인용; McWilliam & Scott, 2001; Woods & Wetherby, 2003).

3) 초학문적 팀 서비스

장애인교육향상법(IDEIA) 내 Part C는 발달지체영유아의 발달을 위해 제공될 서비스의 종류와 관련 전문가들의 목록을 제시하고 있다. 또한 다(多)영역 전문가들로 이루어진 팀 구성의 특성에 따라 서비스 조정자(service coordinator)를 두며, 그 역할에 대해서 별도의 조항을 명시하고 있다. 서비스 조정자는 가족의 관심(concerns)과 우선순위(priorities), 자원(resources)의 사항을 반영하는 개별화가족지원계획(IFSP)을 계획하고, 이를 재평가하는 것을 도우며, IFSP 내용대로 적절한 서비스나 지원 사항을 찾고, 서비스의 제공을 지원한다(이병인, 2003). 또한 아동이 3세가 되기 전에 전이계획(Transition plan)을 시작하게 하는 역할을 한다.

4) 주(州) 시스템 필수요구사항(Statewide system requirement)

각 주는 조기중재 프로그램으로 모든 발달지체영유아와 그 가족들에게 서비스를 제공하고 있음을 확실히 증명해야 한다. 이 때 각 주지사는 선도 기관(Lead agency)을 지명해야 하며, 선도 기관과 의논해 가며 원조해 줄 기관연계 조정 위원회(Interagency Coordinating Council)를 지명해야 한다. 이 위원회는 연방의 보조금을 받고 프로그램을 관리한다. 현재 모든 50개 주에서 이 프로그램에 참여하고 있으며 연간 보조금은 각 주의 0~만 2세까지의 발달지체영유아들의 수에 따라 다르게 책정된다.

캘리포니아 주의 경우, 1993년 캘리포니아 조기중재서비스 법(California Early Intervention Services Acts)을 통과시켰는데, 이는 연방정부의 요구에 적합한 조기중재서비스 체제를 개발하기 위함이었다. 캘리포니아 발달서비스부(DDS)가 선도 기관으로서, 주 전체의 조기중재서비스 체제를 계획, 개발, 시행, 감시하며, 캘리포니아 교육부(CDE)와 공동협력하며, 이에 기관연계 조정 위원회(ICC)가 조언을 해준다. 이밖에도 보건, 사회서비스, 정신건강 및 알코올·마약 프로그램부(部)(Departments of Health, Social Services, Mental Health & Alcohol & Drugs Programs)는 캘리포니아 발달서비스부(DDS)와 캘리포니아 교육부(CDE)와 함께 조기중재서비스 제공에 협력한다(안수경·김성애·김성은·김종무, 2003).

5) 개별화가족지원계획(Individualized Family Service Plan: IFSP)

이는 Part C의 필수 요건으로, 각 발달지체 신생아 및 영아의 적절한 발달을 지원하기 위한 목표를 수립하고 그 목표를 성취하기 위한 계획 및 계획을 실행하기 위해 필요한 자원을 서술한 문서이며, 계획 수립 시 가족이 중심 역할을 담당하게 된다. 또한 가족과 더불어 발달지체 신생아 및 영아의 필요에 적합한 서비스의 제공을 담당하는 여러 전문가들이 협력하여 IFSP의 시행을 비롯한 모든 선별, 진단 · 평가 등에서 부모나 가족의 사전 동의를 서면으로 받아야 한다(교육과학기술부, 2007; 이병인, 2003). 개별화가족지원계획의 기본 원리는 가족이 아동의 가장 주요한 자원이며 각 신생아 및 영아의 요구는 가족의 요구와 밀접한 관련을 가진다는 것으로(이병인, 2004) 가족과 더불어 발달지체 신생아 및 영아의 필요에 적합한 서비스의 제공을 담당하는 여러 전문가들이 협력하여 개별화가족지원 목표 및 계획을 수립하게 된다(강지인, 2008).

2. 발달지체영아 무상교육지원의 내용과 방법

발달지체 신생아 및 영아를 위한 미국의 정부 시스템은 두 가지의 핵심 개념을 기본으로 하는데, 연방정부와 주(州) 정부의 역할의 분담과 관련된 연방주의(Federalism)와 입법, 사법, 행정의 세 부서 간의 권력의 분립 및 균형이 그 두 가지 핵심 개념이다. 이를 바탕으로 조기중재서비스 전달에 있어서도 입법부는 관련 법률을 제정하고, 사법부는 그의 해석 및 적용을, 행정부는 관련 예산안을 제안하며 관련 법규의 시행을 관장한다. 또한 연방주의에 따라 조기중재서비스의 시행에 있어 연방 정부와 주 정부의 역할이 분리되고 있는데, 연방정부에서는 기본적인 틀과 방향을 제시하고, 구체적인 시행과 관련된 결정은 서비스를 제공받는 발달지체 신생아 및 영아와 가장 가까운 위치에 있는 지역사회 및 주 정부가 각 주(州)의 상황을 고려하여 내리도록 하고 있다(강지인, 2008 재인용; Smith, 2000).

참고로, 미국의 법원제도는 연방법원과 50개 주(州) 법원으로 이원화되어 있다. 두 법원제는 서로 다른 법적 영역과 관할권을 갖는다. 연방법원은 주로 헌법 해석, 국가 간 조약과 같이 연방과 관련된 사항을 다룬다. 최고법원인 미연방대법원은 연방대법원장을 포함해 총 9명의 대법관으로 구성되며 모두 종신직이다. 주(州) 법원은 각 주에서 일어나는 소송을 전담하고 별도의 대법원, 순회법원 등으로 구성되며, 주 대법원은 인구에 따라 주(州)대법원장과 함께 7명 내외의 대법관을 두며, 주(州) 법에 따라 정년 제한을 두기도 한다(배일한, 2010).

1) 정부 부처 체계

Part C의 규정에서는 선도 부처의 시스템 운영 및 관리에 대한 책임을 명시하고 있는데, 발달지체영아 및 가족들에게 제공되는 프로그램 및 서비스를 관리 감독하며, 원활한 서비스의 제공을 위해 노력하며, 이용 가능한 모든 자원의 발견과 조정을 담당하고, 각 부처 간 혹은 부처 내 분쟁을 조정하며, 각 기관 간 재정 분배를 조정하고 그에 따른 분쟁을 조정하는 역할을 한다. 선도 부처는 각 주(州)마다 차이가 있으며, 보건부, 교육부, 인적자원부, 공공복지부, 재활서비스부 등에서 담당하고 있다. 발달지체영아 특성상 다양한 서비스의 제공이 필요한데 이 과정에서 공통된 목표 지향을 위한 위원회를 구성하여 선도 부처와 교육 담당부처를 지원한다(교육과학기술부, 2007).

2) 현장 서비스 체계

미국의 발달지체 신생아 및 영아를 위한 현장 서비스의 체계는 다음과 같은 내용으로 살펴볼 수 있다(교육과학기술부, 2007).

(1) 대상자 발견과 선별

IDEIA(2004)에서는 대상자 발견에 대한 구체적인 조항을 마련하고 각 주(州)에 이를 적극적으로 시행해야 할 의무를 부여하였다. 따라서 각 주(州)는 이를 위해 다양한 방법을 통한 대중 인식 프로그램을 수행하고 있다. 보다 전문적인 진단을 필요로 하는지 여부를 알아보기 위해 선별검사를 실시하고 이를 통해 발견된 영아를 즉시 전문적인 진단에 의뢰하며, 45일 이내에 해당 영아 및 가족에 대한 평가를 하고 IFSP 회의를 실시한다.

(2) 평가

Part C에서는 평가(evaluation)란 '적절한 자질을 갖춘 전문가들이 영아의 초기 서비스 대상자 결정과 지속적인 결정을 하는 과정'이라고 정의하고 있다. 적절한 기간 내에 다(多) 영역 전문가들에 의한 종합적인 평가를 하는데, 이 때 부모, 서비스 조정자와 다른 영역의 전문가들의 협력을 중요시한다. 아동의 강점과 약점을 IFSP 목표에 적용하기 위해 많은 지역과 프로그램에서 준거참조검사나 규준참조검사를 주로 사용한다.

(3) 개별화가족지원계획(IFSP)

발달지체영유아와 가족에게 제공되는 서비스를 문서화하여 전반적인 실행을 안내하는 지침의 역할을 할 수 있도록 개별화가족서비스계획을 작성하여 실행하도록 규정하고 있다. 아동의 IFSP 목표에 따라 IFSP 팀은 서비스 종류, 횟수, 정도를 정하고 전이계획을 수립하게 된다. 주로 1년의 유효기간을 두고 있으며, 정기적으로 혹은 요구의 변화나 요청이 있을 때에는 언제라도 새로 검토할 수 있도록 규정하고 있다.

(4) 서비스 조정

조기중재서비스 제공과 관련된 지원 서비스로 발달지체영유아와 그 가족들의 권리를 지키고 절차상 보호를 받도록 보조하는 것을 서비스 조정(service coordination)이라 한다. 서비스 조정자는 직접 서비스를 제공하기보다는 가족들로 하여금 지역사회 내에서 이용할 수 있는 서비스로의 접근을 도와주고 서비스를 원활하게 제공받을 수 있도록 지원해 주는 역할을 하며, 사례 관리자(case manager)라고도 한다.

3. 발달지체영유아교육 지원 관련 기관

발달지체영유아 교육지원을 위한 관련 기관으로 지역 센터(Regional center), 조기교육센터, 유아특수학교, 헤드 스타트(Head Start) 등이 있으며, 각 기관에 대한 내용은 다음과 같다(안수경 · 김성애 · 김성은 · 김종무, 2003).

1) 지역 센터(Regional Center)

각 지역마다 배치된 사립 비영리단체로서 발달 서비스부(Departmentof Developmental Services) 관할에 있다. 'Early Start' 혹은 'First Step'이라고 불리는 조기중재서비스를 제공하는데, 서비스 대상 연령은 0~3세까지의 영유아로 인지, 의사소통, 사회 · 정서, 신체발달에 장애가 있거나 장애 위험성이 높게 나타나는 영유아에게 자격이 주어진다. 아동이 3세 이상이 되면 대부분의 서비스는 교육청에 의해 제공되지만 부분적인 서비스는 계속 이 곳에서 제공된다. 이 곳에서는 영유아의 발달요구 사항과 가족들의 관심에 따라 개별화가족지원계획 팀이 구성되어서 조기중재서비스를 제공한다. 이 서비스에는 보조공학 기구 제공, 가족 및 부모 교육, 상담, 가정방문, 위생 서비스, 의료 서비스, 작업치료, 물리치료, 임시보육, 사회사업 서비스, 언어치료 서비스, 교통수단 제공, 시청각 서비스 등이 포함된다.

2) 조기교육 센터

0~3세 아동이 특수교육을 받는 곳으로 지역 센터(Regional center)나 대학부속 유아특수교육 센터에서 보조하고 있으며, 대부분 부모의 참여를 적극 장려하는 프로그램들을 운영한다.

3) 유아특수학교

3~5세 아동이 특수교육 및 특수교육 관련 서비스를 제공받는 곳으로 일반적으로 하루 4~5시간 가량의 프로그램으로 운영된다. 조기교육센터나 유아특수학교에서 아동들을 가르치는 특수교사는 4년제 대학 졸업자로서 유아특수교육교원 자격증을 반드시 소유하거나 그 과정에 있어야 한다.

4) 헤드 스타트(Head Start)

경제적 취약 계층인 영세민 가족의 아동들을 위하여 설립된 초기 프로그램으로, 대부분의 가족들에게 무상으로 제공되며 영세민이 아닌 경우에는 가족의 연간 수입에 따라 교육비가 정해진다. 특수교육대상아동들도 같은 방법으로 부모가 원하면 아동을 이 프로그램에 입학시킬 수 있다. 이 프로그램은 원칙적으로는 영세한 가정의 일반 아동들만을 대상으로 시작했지만 현재 통합교육의 흐름에 따라 일정한 수의 특수교육대상아동들을 받아들이게 되었으며, 재정적인 지원은 연방정부와 주(州)정부로부터 온다.

03 2004년 미국의 장애인 교육법 개정안 주요 내용

아래 내용은 2007년 이병인의『2004년 미국의 장애인 교육법(IDEA) 개정안 주요 내용 고찰』 연구를 정리하였다.

각국의 특수교육 관련 법규 정책은 특수교육을 효율적이고 안정적으로 실시하기 위한 특수교육정책의 근간을 이루며, 장애인들의 인권과 권익을 옹호하는 데 영향을 준다(이석진 · 김삼섭, 2004). 미국은 1975년 전(全)장애아동교육법(EducationforAll Handicapped Children Act: EHA)인 공법 94-142 제정과 그 후 수차례의 법 개정을 거쳐 가장 최근에 2004 장애인교육향상법(IDEIA)인 공법 108-446을 통하여 특수교육대상아동의 교육권 보장 및 보호자의 권리 강화는 물론 전 세계 특수교육의 주류를 형성하여왔다. 법 제정 당시 공법 94-142는 무상의 적합한 공교육, 비차별적 평가, 개별화 교육, 최소 제한적 환경, 절차상 보호 및 부모 참여 등 6가지 중요한 원리를 포함하였으며, 이러한 원리는 미국뿐만 아니라 전 세계 특수교육 정책의 토대를 마련하였다(Turnbull & Turnbull, 2000; Underwood & Mead, 1995). 무엇보다도, 미국의 수정 법률안들은 각계로부터 요구되는 교육개혁에 대한 다양한 목소리를 담고 있을 뿐만 아니라 본 법의 실천으로 특수교육 현장에서의 변화를 극대화하기 위하여 정부로부터의 필요한 재정적 지원을 현실화하였다는 데에 그 의의가 있다(김남순, 2000).

미국은 1975년 EHA가 제정되기 이전에 수많은 특수교육대상학생들이 공교육으로부터 완전히 배제되었으며 장애로 진단받지 못함으로써 만족할 만한 특수교육을 제공받지 못하였을 뿐만 아니라 보호자들은 공교육 체계 내의 적절한 서비스 부족으로 공교육이 아닌 사립 교육기관에 자녀들을 보내야 했다. 그러나 1975년 EHA가 제정됨으로써 특수교육은 큰 변화와 전환기를 맞게 되었다(박지연 · 정대영 · 김주영 · 김두식 · 김은주, 2005; Rothstein, 1995).

이후 1986년 공법 99-457 개정안은 유아특수교육을 합법화시킨 법규로서, 이전까지 교육에서 제외되었던 0~만 2세 발달지체영유아와 그 가족을 위한 조기중재서비스를 제공할 것을 명시하였다. 또한 서비스 조정자로 하여금 개별화가족지원계획(IFSP)을 작성하도록 하고, 영유아 사정 및 서비스 전달을 위해 다(多)학문적 팀 접근을 통한 가족 진단(family assessment)을 명시함으로써 자녀를 양육하는 가족의 능력을 최대한 활용하고자 하였다.

1990년 공법 101-476은 EHA에서 장애인교육법(IDEA)으로의 개칭과 함께 특수교육에 대한 예산을 대폭 증가시켰으며, 특수교육대상학생에게 보조공학(assistive technology) 서비스 제공을 의무화함으로써 이들을 위한 보조공학의 발전에 기여하였으며(육주혜 · 전경일, 2004), 또한 자폐 및 외상성 뇌손상을 장애 범주에 포함시켰으며, 특수교육대상아동이 만 16세가 되는 해에 전환교육 서비스를 개별화교육프로그램(IEP)에 포함시킴으로써 특수교육대상아동의 직업교육을 한층 강화하였다.

그 후 IDEA는 1997년에 공법 105-17로 재개정되어 0~만 2세 발달지체영유아를 위한 조기중재서비스에 관련된 내용을 Part H에서 Part C로 변경하고, 3~6세 발달지체유아에게는 Part B에 '발달 지체'라는 개념을 사용할 수 있도록 함으로써 주(州)정부로 하여금 아동을 장애범주에 포함시키지 않고도 특수교육 및 특수교육 관련 서비스를 제공할 수 있도록 하였다. 1997년 IDEA는 또한 부모의 역할 및 권리를 강화하고, 학생의 학업 진전도(progress)를 강조하며, 조정(mediation)이나 징계(discipline)절차 등의 절차적 보호(procedural safeguards)와 보조공학에 대한 부분이 강조되었으며, 0~21세까지의 특수교육대상학생에 대한 '무상의 적합한 공교육(FreeAppropriatePublicEducation; FAPE)'과 '최소 제한적 환경(Least Restrictive Environment; LRE)'에 적절한 배치의 권리를 한층 강화하였다. 특히, IEP와 관련하여 큰 변화가 있었는데, 특수교육대상학생의 일반교육과정 참여 및 학업성과와 주(州) 혹은 전(全)지역(district wide)에 걸친 특수교육대상아동 진단 및 일반교육교원의 특수교육대상아동 교육 참여 등을 IEP에 명시하도록 의무화하였다.

그리고 가장 최근인 2004년 12월 미국의 장애인교육법은 IDEIA로 개정되면서 특수교육대상아동의 교육권 보장 및 보호자의 권리를 한층 강화함으로써 특수교육 전반에 중요한 변화를 가져왔다(Yell, Shriner & Katsiyannis, 2006). 특별히 이 법의 주된 내용은 1965년 초·중등교육법을 개정한 '아동낙오방지법(No Child Left Behind: NCLB, 2001)'의 목표와 연계하여 특수교육대상학생을 포함한 모든 학생에 대한 높은 책무성을 강조하고 있으며, 특수교육대상학생에 대한 높은 학업성취 기대감과 함께 일반교육 접근 보장, 전문적 자질을 갖춘 특수교육교원 양성, 과학적으로 검증된 연구에 기반한 교수방법 개발, 지방의 유연성 강조, 특수교육대상아동 부모의 참여 및 선택권 확대, 조기중재서비스 지원, IEP 개발 지원, 학습장애 적격성 기준, 특수교육대상아동 교육권 및 특수교육대상아동 부모의 권리에 대한 절차적 보호 등을 포함하고 있다.

따라서 본 장에서는 미국의 1997 IDEA와 2004 IDEIA의 주요 개정 내용을 고찰해봄으로써 최근 우리나라에서 논의되고 있는 특수교육 관련법과 정책에 대한 발전적 방향을 모색하였다.

1. 미국의 2004 장애인교육향상법(IDEIA) 주요 내용 고찰

1) 아동낙오방지법(No Child Left Behind: NCLB)과의 연계

2004 IDEIA의 핵심 내용은 2001 NCLB와의 연계라고 할 수 있다(Paige, 2001; Turnbull, 2005; Yell et al., 2006). 2002년 1월 8일 부시 행정부는 1965년에 최초로 제정된 미국의 초·중등교육법(Elementary & Secondary Education Act: ESEA) 개정 법안인 아동낙오방지법(NCLB, 2001)을 승인함으로써 공교육 내실화를 위한 연방정부와 주(州)정부 차원의 획기적인 변화를 시도하였다. 미국의 모든 아동들(k-12)의 학업수준 향상을 기본 전제로 하는 NCLB 정책은 특히 생활 수준이 낮으면서 저성취를 보이는 소수민족 학생, 영어에 능숙하지 못한 이민자 학생뿐만 아니라 특수교육대

상학생들까지 표준화 평가가 이루어지도록 함으로써 학업성취향상을 모든 학생들에게 적용하는 데에 있으며(이태상, 2005), 현재 NCLB는 미국에서 특수교육대상아동을 포함한 모든 공교육 대상 학생들에게 적지 않은 영향을 주고 있다(Yell & Dragow, 2005).

NCLB는 일반아동과 특수교육대상아동 모두에게 영향을 주는 법으로 각 공립학교는 학생들의 학업성취 향상을 위해서 2013~2014년까지 모든 학생들의 교과 영역에서의 읽기와 수학능력을 획기적으로 끌어올릴 것을 요구하고 있다(참고로 IDEIA는 교과영역 외에 사회적인 측면과 행동적인 측면을 포함하고 있음). 이러한 목표를 100% 달성하기 위하여 각 학교는 경제적으로 취약한 아동, 소수 민족 아동, 영어능력이 떨어지는 아동 및 특수교육대상아동에게도 연간 적정 학업성취도(Adequate Yearly Progress: AYP)를 적용하도록 규정하고 있다(이병인, 2007).

NCLB는 미국의 공교육에 또 다른 영향을 주었는데, 예를 들어, 주요 교과 영역을 담당하는 교사에게 최고의 전문적 자질을 요구한다거나, 연방정부의 예산을 읽기 등 저성취 아동을 교육하는데 사용하게 하고, 연방 예산으로 사용되어 개발된 프로그램이나 교수법은 철저한 과학적 연구에 근거하도록 규정하고 있다. 그러나 무엇보다 이 법안이 학교 현장에 미치는 가장 큰 특징은 연간 적정 학업성취도 결과에 따른'책무성'의 강조라고 할 수 있다(Turnbull, 2005; Yell et al., 2006).

2004 IDEIA에 적용 가능하도록 한 NCLB의 주요 원리는 다음과 같다.

(1) 책무성 강조

2001 NCLB의 가장 첫 번째 원리는 교육의 결과에 대한'책무성(accountability)' 강조라고 할 수 있다. 학생의 학업성취를 평가하기 위한 사정 작업은 책무성을 확인하기 위한 중요한 수단이라고 할 수 있으며(Turnbull, 2005), 여기에서'책무성'이란 교육의 목적을 학생들이 숙련된 학업기술을 습득하는 것을 보장하기 위한 장치라고 볼 수 있다(Palmer, 2004). 1997 IDEA는 특수교육대상학생들로 하여금 주(州)와 학교 지구(school districts)에서 실시하는 사정 절차에 참여할 권리를 부여하고 있으며, 2004 IDEIA도 각 주(州)는 특수교육대상학생의 학업 성취수준을 평가하기 위한 사정 절차(때로는 대안 사정을 통하여)와 책무성 향상을 위한 계획을 수립하여 연방정부에 제출하여 승인을 받도록 하고 있다. 미국은 전통적으로 모든 행정적 권한과 책임이 지방에 이임되어 있고 교육정책에 있어서도 다양성과 자율성을 강조하며, 교육에 대한 질 관리를 국가적 차원에서 수행 할 필요성을 느끼는 동시에 이를 위해 학생들의 학업 성취에 대한 교육 체

제의 책임을 중요시하고 있다(김남희, 2003; 이병인, 2007).

IDEIA와 NCLB 법안의 연계에 따라 각 주(州)는 주(州) 정부 차원에서 학생들의 학업 수행 수준을 측정하는 기준을 마련하여 특수교육대상학생들을 포함한 모든 공교육 학생들을 대상으로 측정(평가) 가능한 연간 목표와 구체적인 학업 진전 측정 계획을 세워 정기적인 평가를 실시해야 한다. 또한 장애 정도가 심한 약 1% 미만의 학생으로 대안평가를 적용하는 학생을 제외하고 단기목표 대신 NCLB에서 제안한 학생 학업 진전도 측정 시스템을 적용하도록 하고 있다. 이는 초 · 중 · 고 학생들을 대상으로 주(州) 단위의 읽기, 수학, 과학 평가 실시 및 학생의 평가결과가 AYP에 도달하는지를 평가하는 책무성 시스템(accountability system)을 의미한다(이병인, 2007).

2004 IDEIA는 특수교육교원로 하여금 IEP 작성 시 측정 가능한 연간 목표와 이에 대한 학생의 진전도를 어떻게 측정할 것인지에 대한 진술을 명시하도록 하고 있으며, 1년에 약 4회 정도 학생이 IEP 연간 목표를 어느 정도 달성하고 있는지에 대한 학업성과를 부모에게 보고할 것을 제안하고 있으며, 이를 어떻게 측정할 것인지를 구체적으로 명시하여야 한다. 또한, 특수교육대상학생들을 위한 교수법 개선과 학업성취도 향상을 위하여 모든 특수학교들도 특수교육대상학생들을 위한 효과적인 프로그램 개발과 학업 성취를 향상시킬 수 있는 AYP를 수립 · 시행할 것을 요구하고 있다(이병인, 2007).

(2) 전문적 자질의 교사 양성

2001 NCLB는 책무성의 원리를 지원하기 위하여 '전문적 자질의 교사(highly qualified teacher)' 원리를 채택하고 있다. 교사의 자질과 능력은 학생의 학업성취에 매우 중요한 요인이며(Whitehurst, 2002), 미국 의회도 교육 현장에서 잘 준비된 교사의 중요성을 인식하여 NCLB와 IDEIA 두 법안 모두에 이러한 원리를 포함 · 적용시키고 있다(이병인, 2007).

2004 IDEIA는 주(州) 교육청(State Educational Agency)이 과학적으로 검증된 교수법을 포함한 특수교육대상아동의 학업성취 및 기능적 행동 수준을 향상시킬 수 있는 지식과 기술을 갖춘 전문적 자질의 특수교육교원 양성 및 재교육을 위한 고강도의 대학 및 재교육 프로그램을 지원하도록 하고 있다. '전문적 자질의 특수교육교원'이라는 NCLB의 정의를 기본으로 특수교육교원에 적용하여 수정한 것이며, 특수교육교원를 위한 기본적인 요구사항은 교육, 자격증 및 능력을 고려하여(김애화, 2005; IDEIA, 2004; Yell et al., 2006) 첫째, 대학의 학사학위(bachelor) 소지자이어야 하며 둘째, 각 주(州)에서 시행하는 특수교육교원 자격시험을 통과하여야 하며, 기

타 보수교육을 통하여 교사 자격증을 소지해서는 안 되며, 셋째, 자신들이 가르치는 핵심교과목(core academic subjects)에 대한 교과내용능력(subject-matter competence)을 주(州)에서 시행하는 시험을 통해 검증받아야 한다(여기에서 핵심교과목은 영어, 읽기, 혹은 문학, 수학, 과학, 외국어, 사회/정치, 경제, 역사, 지리를 의미한다)(이병인, 2007).

다시 말해서, 국어(language arts), 수학(math), 과학(science) 교과에 전문적 자질을 갖추고 있으면서, 두 가지 혹은 그 이상의 교과를 가르치는 신임교사의 경우, 위에서 언급한 기본적인 요구사항을 갖추어야하며, 첫 임용된 2년 내에 다른 교과에 있어 전문적 자질을 갖추어야 하며, 이때, 주(州)정부 공인 표준평가기준(High Objective Uniform State Standard of Evaluation: HOUSSE)에 따라야 한다. 또한, 두 가지 혹은 그 이상의 교과를 가르치는 경력교사인 경우, 위에서 언급한 기본적인 요구사항을 갖추어야 하며, HOUSSE에 부합한 지식 능력을 갖추어야 하며, 주(州)정부는 여러 과목을 담당하는 교사에 대한 별도의 HOUSSE를 개발해야 한다(김애화, 2005; Congressional Digest, 2005; IDEIA, 2004).

자문전담 특수교육교원의 경우에는 교과목 관련 지식에 관한 의무는 없으나 협력교수를 실시하는 특수교육교원나 특수학급 담당 교사는 실제 교과목을 가르치기 때문에 교사경험 유무와 가르치는 학생 학년에 따라 위에 제시한 대부분의 요구사항에 따라 자격을 갖추어야 한다(김애화, 2005; Congressional Digest, 2005; IDEIA, 2004).

아울러 2004 IDEIA는 '전문적 자질의 교사'에 대한 자격기준을 준교사(para- professional)에게도 적용할 것을 명시하고 있다. IDEIA는 담임교사의 지도 · 감독 하에 준교사의 교실에서의 수업 지원을 허용하고 있으며(Yell, Drasgow & Lowrey, 2005), 담임교사는 교실에서의 모든 교수 활동을 계획하며, 준교사와 함께 수업 받는 모든 학생들의 학업성취도를 평가하여야 한다. 위 법령은 또한 준교사의 역할과 의무를 구체화하고 있는데 그 주된 업무는 담임교사를 도와 일대일 교수, 학급경영, 컴퓨터지도, 부모교육 및 활동, 도서관 등에서의 교육지원, 통역 지원 및 담임교사의 지도 · 감독 하에 수업지원 활동 등을 포함하고 있다(이병인, 2007).

이미 미국은 장애인 교육법(IDEIA, 2004)과 아동낙오방지법(NCLB, 2001)을 통해서 특수교사와 일반교사에게 고도의 전문적인 자질을 요구하고 있으며(이병인, 2007), 다른 연구들에서도 교육의 질을 결정하는 주요 요인으로 교사의 질적 수준을 언급하고 있다. 질적으로 우수한 교사는 담당 교과에 대한 풍부한 지식뿐만 아니라 인간 본성 및 교육 목적과 과정을 정확히 지각할 수 있는 자아개념과 적절한 교수법을 가지고 있어야 하며, 왜 가르쳐야 하는가에 대한 끊임없는 반성적 사고와 비판적 지성인 자기효능감의 정립이 필요하다(이병인 · 이지효, 2009).

특별히 유아특수교사의 '전문적 자질'을 높이기위해서는 직무 연수도 필수적인데 이병인과

이지효(2008) '직무 연수에 대한 유아특수교사의 인식 및 요구 분석' 연구를 수행하였다. 연구 결과, 첫째, 가장 선호하는 직무연수 내용은 교수 및 학습과 관련된 것이며, 둘째, 유아특수교사를 위한 다양한 직무연수 프로그램이 제공되어야 하며, 셋째, 연수 장소 및 시기, 연수 결과에 대한 미흡한 보상, 학교 업무로 인한 시간 부족, 연수비용, 내용 및 평가에 대한 부담 등이 연수를 받는데 있어서의 문제점으로 지적되었으며, 넷째, 연수는 겨울 방학에 연구전문 교육기관에서 전문 강사가 실시하는 것을 가장 선호하였으며, 다섯째, 평가는 절대평가 방식으로 다양한 평가 방법의 적용을 통해 평가의 공정성을 높일 필요가 있으며, 특별히 유아특수교육 관련 직무연수 프로그램의 개발이 시급한 것으로 나타났다.

(3) 과학적으로 검증된 연구 기반 교수법 강조

2001 NCLB의 세 번째 원리는 '과학적으로 효과가 검증된 혹은 연구 기반 교수(scientific, research-based instruction)'를 들 수 있다. 이러한 용어는 근거-기반 실제(evidence-based practice)라고도 하며, 근거-기반 실제의 목적은 과학적 연구를 통해 그 효과성이 검증된 교수 및 프로그램을 통해 학생들의 학업성취도를 향상시키는데 있다(김애화, 2005; IDEIA, 2004). 즉 전문적 자질을 갖춘 교사는 과학적으로 검증된 교수법이나 중재를 사용할 것이며, 교사들이 가장 좋은 자료들과 과학적으로 증명된 교수법과 프로그램이나 교재를 사용하였을 때 비로써 학생들의 학업 성취도를 극대화될 수 있다는 것이다(김미숙, 2003). 이러한 연구는 또한 타당한 자료를 제공하기 위해 직접 관찰 또는 실험 등의 체계적인 연구 방법과 타당도와 신뢰도를 갖춘 검사도구 및 객관적 측정 방법을 사용하며, 연구문제를 해결하기 위한 철저한 자료 분석방법을 사용하고, 또한 유명 학회지 심사를 통해 수용된 연구(peer-reviewed research)에 기반한 서비스를 포함한다(NCLB, 2001; Yell et al., 2006). 2001년 NCLB는 학생들의 학업 성취도 향상에 대한 효과성이 과학적으로 증명된 교수법과 소속 주(州)의 학업성취 표준을 반영하여 제작된 교재에 예산을 집중하도록 규정하고 있다(이병인, 2007).

2004 IDEIA에 따라, 미국에서는 읽기 영역을 중심으로 한 연구에 예산지원을 확대하고 있다. 구체적으로, 유치원부터 초등학교 3학년까지 학생들을 대상으로 한 읽기 우선(Reading First) 프로그램과 학령기 이전 아동을 대상으로 한 조기 읽기 우선(Early Reading First) 프로그램에 대한 예산지원을 통하여 각 주(州) 및 지역교육청이 과학적으로 효과가 검증된 읽기 프로그램을 마련하도록 하고 있다. 그리고 이러한 노력은 연구를 통해 입증된 효과적인 프로그램과 중재에 연방정부의 예산을 투자하고, 정부기금은 학교를 개선하고 교사의 자질을 향상시키는데 집

중하고자 하는 데 있다(이병인, 2007).

(4) 지방의 유연성 신장

2001 NCLB의 네 번째 원리는'지방의 유연성(local flexibility)' 강화를 들 수 있으며, 이러한 원리는'책무성'의 핵심 개념을 반영한다고 할 수 있다(Turnbull, 2005; Yell et al., 2006). 2004 IDEIA에 따르면 연방정부는 지방 교육의 문제를 해결하기 위한 방법으로 각 주(州)의 특성에 맞는 책무성 시스템, 학업성취 표준, 또는 교육행상 프로그램을 개별적으로 수립하여 운영할 수 있는 권한을 주는 동시에 개선이 필요한 학교의 명단을 부모들에게 제공하고 더 좋은 학교로 옮길 수 있는 선택권과 함께 정부 차원의 개입과 통제를 강화하고 있다. 이러한 법률에 따라 각 주(州)는 자신들의 현실에 맞는 책무성 제도를 연방정부에 상정하고 그것이 수용되면 그 주(州)와 단위 학교들은 각종 문서 절차에서 간편해지고, 매년 지원되는 연방정부의 예산을 교사의 질 향상이나 교육 정보 통신 인프라 구축, 마약 퇴치 등 가장 필요한 부분에 우선적으로 투입하는 등 자율적으로 운용할 수 있도록 하고 있다(김미숙, 2003). 즉, 국가 차원의 개입과 통제 노력을 강화하는 한편, 실행에 있어서 주(州)와 학교 지구는 더욱 많은 유연성과 자치성을 가지면서 지역 단위에서 사용되는 기금의 융통성을 높이도록 하고 있다(이병인, 2007).

(5) 안전한 학교 조성

2001 NCLB의 다섯 번째 원리는'학교의 안전(safe schools)'에 관한 문제이며, 이러한 원리는 각종 위해(危害)로부터 학생들을 보호하는 것을 의미한다(Turnbull, 2005). 2004 IDEIA가 규정하고 있는 안전한 학교를 만들기 위한 특수교육대상아동에 대한 징계 규정은 신 · 구법 모두 주요 쟁점 사항이다. 특수교육대상아동이 학칙 등을 위반한 경우(예: 무기 소지, 약물 사용, 다른 사람에게 상해 등), 학교는 그에 대한'교육환경배치변경명령' 여부에 대하여 사례별로 판단한다. 학교는 학칙 등을 위반한 특수교육대상아동에 대하여 수업일 기준 10일 이내의 기간 동안 현재의 교육배치에서 임시대체교육환경(Interim alternative educational setting) 또는 다른 환경으로의 이전이나 정학을 명할 수 있다. 그러나 배치변경이 있더라도 특수교육대상아동에 대하여 2004 IDEIA가 규정하고 있는'무상의 적절한 공교육(FAPE)'은 지속적으로 제공되어야 하며, 그 행동의 재발 방지를 위하여 기능적이고 적절한 행동기능평가(functional behavioral assessment)를 받도록 규정하고 있다. 이때 임시대체교육환경으로 배치 이전을 명하는 경우, 임시대체교육환경은 IEP 팀이 결정해야 한다(백종인, 2005; 이병인, 2007; IDEIA, 2004).

(6) 부모의 선택권 확대

2001 NCLB의 여섯 번째 원리는'부모의 선택권(parental choice)' 확대를 들 수 있으며, 이러한 원리는 자녀의 교육프로그램 계획과 실행에 있어서 부모의 결정권 강화를 의미한다(Turnbull, 2005). 2001년 NCLB는 위에서 언급한 지방의 유연성과 자치성 신장과 함께 부모의 선택권을 강조하고 있다. 이는 특수교육대상학생들이 최상의 학습권을 확보할 수 있도록 모든 부모들에게 필요한 정보와 선택권과 재정지원을 해주며, 자신의 자녀가 지 속적으로 실패 또는 개선이 필요한 학교로 분류되는 학교에 다닐 경우, 부모들에게 더 나은 공립학교나 공립 헌장학교(Charter school)로 옮길 수 있는 자유와 지원을 제공하거나, 자녀들이 개인 교습, 방과 후 프로그램, 여름학교 등과 같은 보충수업을 받을 수 있도록 지원해주는 것을 의미하며(김미숙, 2003), 부모의 선택권을 확대시킴으로써 부모의 역량을 강화시키는 데 그 목적이 있다(이병인, 2007).

특수교육대상아동 부모의 참여와 선택권은 1975년 처음으로 제정된 EHA, 공법 94-142의 6가지 기본 원리로서 부모 개개인이 아동의 교육프로그램에 참여하고 프로그램을 선택할 권리와 의무를 동시에 갖는 것을 의미한다(Turnbull & Turnbull, 2000). 2004 IDEIA는 그 당시의 주요 내용들(예: 비차별적 평가, IEP 팀에 참여, 아동의 IEP 기록 접근권 등)을 대부분 그대로 유지하고 있다(이병인, 2007).

2) 조기중재서비스 지원(Support for early intervention)

2004 IDEIA의 또 다른 변화는 2차적 장애나 발달 지체를 막기 위한 조기중재서비스에 대한 강조를 들 수 있다(Prasse, 2006). 특히 새로운 법령은 지역교육청(Local Educational Agency: LEA)으로 하여금 특수교육대상으로 아직 진단되지 않았지만 학습과 행동적 지원 등 부가적인 지원이 필요한 아동을 대상으로 조기중재서비스를 제공하도록 예산의 15%를 편성 · 운영하도록 규정하고 있다. 2004 IDEIA의 Part C에 명시된 조기중재서비스에 관한 주요 개정 내용은 다음과 같다(Council for Exceptional Children; CEC, 2005; 이병인, 2007).

첫째, 용어 사용과 관련하여, Part C 개정안은 아동의 첫 생애 3년 동안 발생하는 중요한 뇌 발달 과정을 인식할 것과 수양 아동의 입양 문항을 추가하였으며, 특수교육대상아동의 시설화(institutionalization) 가능성을 최소화하기 위한 조항을 삭제하였다.

둘째, 조기중재서비스의 정의와 관련하여, 개정안은 발달지체영 · 유아의 발달적 요구를 충족시키기 위한 발달적 서비스 개발을 위하여 '개별화가족지원계획(IFSP) 팀에 의해 판정된(as identified by the Individualized Family Service Plan team)'이라는 문구와, 언어병리학과 청력 서비스에 있어서 수화와 독순술 서비스(讀脣術-cued language services) 라는 용어를 추가하였다. 또한, 조기중재 전문가를 설명하면서 영양사(nutritionists)를 등록된 영양사(registered dieticians)라는 용어를 대체 사용하였으며, 안과의사와 검안사와 같은 시력 전문가(vision specialists)를 새로 추가하였다.

셋째, 발달지체영유아의 정의와 관련하여, 개정안은 주(州) 교육청으로 하여금 취학 전 서비스 대상 아동들(preschoolers)이 유치원생이나 초등학생이 될 때 까지 계속해서 Part C에 적용받도록 연계 시스템(joint system)을 개발 · 운영하도록 하고 있다. 이에 따라, 취학 준비(school readiness), 선수학습(preliteracy)과 언어(language) 및 기본적 산술(numeracy skills) 등에 관한 측정 가능한 결과의 진술과 취학 전(前) 과정 및 초등학교로의 적절한 전이 교육 서비스에 대한 기술을 요구하고 있으며, 아울러 아동이 앞으로 Part C 하에서 서비스를 계속 받을 것인지 아니면 Section 616 하에서 취학 전 프로그램에 참여할지를 결정하기 위해서 아동 부모의 권리와 의무에 대한 서면 통지서를 요구하고 있다.

넷째, 적절한 조기중재서비스 제공과 관련하여, 개정안은 인디언 보호구역에 사는 인디언(Indians) 발달지체영유아와 무주택(homeless) 발달지체영유아 및 그 가족에게 제공되는 적절한 서비스는 실질적으로 과학적으로 검증된 연구에 기반한 것이어야 한다고 명시하고 있다. 즉, 조기중재서비스 개발 및 시행에 있어서 지역 교육청으로 하여금 과학적으로 검증된 학업 및 중재 방법을 실시하도록 교사 및 학교 관계자를 대상으로 한 전문가 훈련을 실시 할 것을 명시하고 있다.

다섯째, 조기중재서비스의 확대 실시 및 공공의 인식(public awareness)과 관련하여, 개정안은 장애 위험 군(at-risk) 아동뿐만 아니라 무주택 아동이나 보호관찰이 필요한 아동과 그 가족에까지 조기중재서비스의 범위를 확대함은 물론 미숙아 부모 혹은 학습이나 발달적 문제와 관련된 또 다른 신체적 위험 요인을 가진 영유아의 부모에게 '공공의 인식' 프로그램을 운영하도록 함으로써 발달지체영유아의 조기 발견 및 조기중재서비스 제공을 위한 다양한 정보를 제공하도록 하고 있다.

여섯째, 연방정부의 조기중재서비스 제공을 위한 예산지원과 관련하여, 개정안은 지역교육청으로 하여금 연간 연방 재정의 15%(약 4억 6천만 달러 추산)를 조기중재서비스를 개발하고 시행하는 데 사용할 수 있도록 규정하고 있는데 이러한 조기중재서비스는 아직 특수교육 및 관련서비스가 요구되는 특수교육대상아동으로 진단되지 않았지만 일반교육 환경에서 적응하기 위해 부가적인 학업 및 행동 지원이 필요한 모든 학년의 아동, 특히 유치원에서부터 초등학교 3학년까지 아동에게 집중적으로 사용될 것을 제안하고 있다.

일곱째, 조기중재서비스 지원 및 제공을 위한 평가 기준과 관련하여, 개정안은 의뢰 전 서비스(pre-referral services)를 강조함으로써 특수교육에 불필요하게 의뢰되는 경우를 방지할 것을 제안하고 있으며, 의뢰 전 서비스의 일환으로 양질의 조기중재서비스 활용과 교육과정-중심 사정(curriculum-based assessment)과 같은 철저한 평가기준(rigorous standard)을 정하여 아동의 진전도를 측정하도록 명시하고 있다.

여덟째, 발달지체영유아의 교육권 및 부모의 권리 확보를 위한 절차적 보호와 관련하여, Part C 개정안은 Part B와 마찬가지로 절차적 보호에 의한 분쟁해결제도로써 조정제도(mediation)와 적법절차에 의한 청문(due process hearing) 과정을 명시하고 있다. 이에 따라, 모든 주(州) 교육청과 지역교육청은 모든 분쟁당사자가 조정과정을 통하여 분쟁을 해결할 수 있는 절차를 수립하여 시행하도록 하고 있으며, 특수교육대상아동의 교육 및 부모의 권리에 관해 불합리거나 위법한 행위 등에 대해서 부모 등이 불복을 청구할 수 있도록 하고 있다.

아홉째, 조기중재서비스 및 발달지체 영역의 범위 확대와 관련하여, 개정안은 위에서 언급한 것처럼 수화와 독순술(讀脣術-cued language)및 선별과정, 검안사와 같은 시력전문가와 영양사 등과 같은 전문가를 포함시키고 있으며, 또한, 보조공학, 무주택, 부모, 보호 등에 대한 새로운 정의와 함께 발달지체영유아의 발달영역을 정의하는데 있어서 인지, 언어, 신체, 심리-사회-정서, 적응기술 이외에 3세 이전에 발생하는 뇌 발달도 포함시킴으로써 발달 지체의 영역을 한층 확대하고 있다.

열 번째, 전문가의 자격요건과 관련하여, 개정안은 용어사용에 있어서 기준(standard)이라는 용어 대신에 자질(qualification)이라는 용어를 사용함으로써 전문적 자질을 갖춘 특수교육교원를 강조함으로써 NCLB의 주요 개념을 연계시키고 있다.

열한 번째, 유아통합교육 개념인 '자연적 환경(natural environment)'과 관련하여 개정안은 조기중재서비스는, 최대한 자연적 환경에서 제공되어야 함을 명시하고 있으며, 만약 이와 같은 통합 환경에서 아동에게 만족 할 만 한 조기중재서비스가 제공되지 못한다면 부모와 IFSP 팀 구성원들은 가장 적합한 조기중재서비스가 제공될 수 있도록 함께 노력해야 한다고 명시하고 있다.

열두 번째, IFSP 구성요소와 관련하여, 개정안은 우선 예전의 기대되는 주요 결과(expected major outcomes)라는 용어에서 사용된 주요한(major)이라는 용어 대신에 아동의 발달에 적합한 선수학습(preliteracy)과 언어 기술(language skills)등을 포함하여 측정 가능한 결과 혹은 성취목표의 진술과 이러한 결과나 성취목표를 달성하기 위한 기준, 절차, 일정(표) 및 필요 시 서비스에 대한 수정과 변동사항 등에 대해 진술할 것을 명시하고 있다. 그리고 조기중재서비스는 실질적으로 '유명학회지 연구에 기반(peer- reviewed research)'한 서비스이어야 한다. 따라서 IEP는 유명학회지 연구에 기반한 특수교육서비스에 관한 사항을 포함하여야 하며, 서비스 전달 방법, 강도 및 빈도에 대한 진술과 함께 예상되는 서비스의 시작일과 횟수 및 기간 등을 진술해야 한다. 또한, 전이 교육을 포함한 IFSP 시행을 담당할 서비스 중재자는 아동과 가족의 발달적 요구를 가장 잘 충족시켜 줄 수 있는 전문가들 가운데 한 명을 지명하도록 하고 있다.

마지막으로, IFSP 상의 부모동의(parental consent)와 관련하여, 개정안은 관련 문장에'단지(only)' 라는 단어만 하나 더 추가하였다. 즉, IFSP에 대한 동의는 아동 부모에게 충분히 설명되어야 하며, 만약에 부모가 어떤 특정한 서비스에 대해서 동의하지 않으면, 단지(only) 부모가 동의한 조기중재서비스만 제공될 수 있도록 규정하고 있다.

3) 개별화교육계획(IEP)

2004 IDEIA의 새로운 주요 변화는 IEP 구성요소 및 개발에 관한 내용을 들 수 있다(이병인, 2007; Drasgow, Yell, & Robinson, 2001; Gartin, Murdick, 2005; Turnbull, 2005; Yell et al., 2006). 우리나라를 비롯하여 세계 여러 나라에서는 특수교육대상아동에게 특수교육 및 관련 서비스를 제공하기 위하여 아동의 다양한 요구에 따라 IEP를 계획하여 시행할 것을 법으로 규정하고 있다(이미선 · 조광순 · 황복선, 2004; 조광순 · 전병운 · 박혜준 · 홍은숙, 2005). 미국의 경우 IDEA에서 규정하고 있는 IEP 내용은 우리나라의 특수교육 관련 법에서 제시하고 있는 IEP 보다 범위가 넓고 구체적이어서 한편으로는 교사들의 업무부담은 더 많은 것으로 조사되고 있다(조광순 외, 2005).

최근에는 특수교육대상아동과 비장애아동과의 통합교육의 기회가 늘어나고 특수교육대상아동의 많은 수가 일반학급에서 교육을 받고 있는 상황에서 IEP 과정에 일반교육 교사들의 참여와 협력이 중요시되고 있다. 이러한 중요성에 따라 1997년 미국의 IDEA는 특수교육대상아동이 일반교육 현장에 통합되어 있거나 앞으로 통합 예정인 경우에는 일반교육 교사가 IEP 팀 구성원으로 IEP 개발과 운영에 참여함으로써 특수교육 교사와 일반교육 교사와의 상호협력 체제를 의무화하고 있다(조광순 외, 2005; Menlove, Hudson, & Suter, 2001).

1997 IDEA는 IEP 내용과 IEP 팀 구성원, IEP 개발 과정, 검토 및 수정에 대한 규정이 명확하게 제시되어 있다. 특히 아동의 현재 수행 수준과 장기목표와의 연관성을 강조하고 있으며, 측정 가능한 장기목표와 장기목표를 위한 아동의 학업 진전도를 평가할 수 있는 단기목표 또는 벤치마크의 개발 및 평가 방법을 명시하고 있다(조광순 외 2005 재인용; IDEA, 1997).

IEP와 관련하여 2004 IDEIA 개정안의 핵심은 IEP 문서업무의 축소와 FAPE의 강화라고 할 수 있다(Gartin & Murdick, 2005). IEP 계획 팀은 FAPE를 개발하고 시행하기 위하여 우선 적절한 진단(relevant assessment)을 실시해야 하며, 이러한 진단에 따라 IEP 팀은 평가 가능한 연간 목표와 적합한 특수교육 및 관련 서비스를 포함하는 의미 있는 프로그램을 개발해야 하며, 이러한 서비스는 과학적으로 검증된 연구에 기반한 것이어야 한다. 또한, IEP는 진전도-검사 시스템(progress-monitoring system)을 통하여 이러한 목표들이 어떻게 성취될 것인지 기술해야 하며, IEP 팀과 특수교육교원는 이러한 장기목표를 성취하기 위해'적어도 9주마다' 학생의 교육 진전도를 검사하고, 부모들에게 이를 보고하여야 한다. 그리고 만약에 학생들이 자신들의 교육목표를 충족시키지 못한다고 판단되면 교사는 적절한 교수 수정(instructional changes)을 모색하여야 한다(Yell, Drasgow & Lowrey, 2006). 즉, 새로운 2004 법안은 학생들로 하여금 측정 가능한 연간 목표를 가지도록 요구하며, 특수교육교원는 이러한 목표 달성을 위한 정기적인 진전도 검사를 수행할 것과 학생이 목표 달성 실패 시 교수수정을 의무화하고 있다(이병인, 2007).

2004 IDEIA는 IEP 구성 요소와 개발에 있어서 다음과 같은 몇 가지 새로운 변화를 가져왔다(이병인, 2007; Gartin & Murdick, 2005).

첫째, IEP 구성요소 중 아동의 현재 수행 수준과 관련하여, 개정안은 교육적 수행 수준(educational performance)을 학업 성취(academic achievement) 및 기능적 수행능력(functional performance)이라는 용어로 대체하였는데 이러한 변화는 학업성취와 기능적 수행능력을 개별아동의 교육프로그램에 보다 더 확대하려는 의도라고 볼 수 있으며, NCLB에서 교과영역을 강조한 것과 맥락을 같이 한다고 할 수 있다.

둘째, 장 · 단기목표와 관련하여, 예전의 IEP 구성 요소에는 구체적이고 측정가능한 장 · 단기 목표를 기술하도록 요구하였다. 그러나 개정안은 각 연간 목표를 위한 단기목표 혹은 벤치마크를 삭제하였다. 대신에 연간 목표(annual goals)를 학업 및 기능적 목표(academic & functional goals)라는 용어로 대체하였는데 이는 일반교육 교육과정안에서 아동의 교육적 요구 및 그 외의 다양한 요구를 충족시키기 위한 방안이라고 할 수 있다. 아울러, 대안평가(alternate assessment)를 적용하는 학생의 경우를 제외하고는 단기목표 대신에 NCLB에서 제안하고 있는 '학생 학업 진전도 측정 시스템'을 적용할 것을 제안하고 있다. 그러나 대안평가를 실시하는 장애 정도가 심한 학생의 경우에는 여전히 단기목표를 사용할 것을 요구하고 있다.

셋째, 아동의 진전도 보고 의무(child progress & reporting requirements)와 관련하여, 이전의 IEP에는 연말에 구체적인 교육목표를 달성할 수 있도록 아동의 진전도를 포함시키는 것으로 충분하였는데, 개정안에서는'충분한(sufficient)'이라는 용어를 삭제하고 대신에 정기 보고서(periodic reports)에'연간 목표를 달성하기 위한 아동의 학업성과(progress the child is making toward meeting the annual goals)'를 명시하고 있다. 즉 IEP는 측정 가능한 연간 목표와 이에 대한 학생의 진전도를 어떻게 측정할 것인지에 대한 내용을 진술할 것과, 아동의 IEP 진전도 보고와 관련하여 1년에 약 4회

정도 학생의 연간목표에 대한 진전도를 부모에게 보고할 것을 제안하고 있다.

넷째, 2004 IDEIA가 요구하는 IEP 포함사항 중 또 다른 사항은 연구에 기반한 특수교육, 관련-서비스 및 보조적 지원에 관한 기술을 들 수 있다. IEP내에 명시되는 서비스와 관련하여, 특수교육대상아동에게 제공되는 특수교육 및 관련-서비스나 보조기구 등을 포함한 모든 서비스는 반드시 '실행할 수 있을 정도로 과학적으로 효과가 검증된 중재나 교수법'이어야 한다. 즉, 구체적으로 어떠한 연구에 기반한 교육프로그램 및 교수법을 아동에게 적용할 것인가를 고려해야 하며, 교사의 경험이나 관찰 혹은 기대 효과만으로 특수교육, 특수교육 관련 서비스 및 보조적 지원을 선택할 수 없도록 하고 있다(김애화, 2005; IDEIA, 2004).

다섯째, 특수교육대상아동의 일반교육참여와 관련하여, 개정안은 1997년 구법과 마찬가지로 특수교육대상아동은 언제 어디서나 자연적 환경 혹은 최소 제한적 환경(LRE)에서 비장애아동과 함께 교육받을 것을 IFSP나 IEP안에 명시하도록 규정하고 있다. 그리고 이러한 통합환경에서 유아특수교육대상아동의 다양한 요구를 충족시키는 일은 2004 IDEIA의 최우선순위라고 할 수 있다(Etscheidt, 2006).

여섯째, 특수교육대상아동의 진단 · 평가와 관련하여, 개정안은 IEP안에 특수교육대상아동의 학업성취와 기능적 수행능력을 측정하기 위해 각 개인의 진단 · 평가를 위한 적합한 교수 수정(appropriate accommodation)을 명시하고 있다. 만약 주(州)나 학교 지구에서 제공하는 진단과정에 참여하지 못하는 아동들을 위해서 대안 평가(alternative evaluation)도 고려할 수 있도록 법으로 규정함으로써 특수교육대상아동의 지도 및 평가 시 각 아동의 개별성에 대한 필요성을 강조하고 있다.

일곱째, IEP 팀 구성과 관련하여, 개정안은 '적어도 한 사람'이라는 표현을 'at least one'에서 'not less than one'으로 반복해서 표현하고 있으며, IEP 팀 구성원은 특수교육대상아동의 부모, 최소한 일반학급의 일반교육교원 1인(아동이 일반교육 환경에 있는 경우), 최소한 특수교육교원 또는 적절한 경우 1인 이상의 특수교육대상아동에 대한 특수교육제공자, 특수교육대상아동에 대한 개인별 특수교육을 제공하거나 감독책임이 있고, 일반교육교과과정에 지식이 있으며, 교육 당국의 자원 활용에 지식이 있는 지역교육청 관계자 1인, 평가 결과를 해석할 수 있고 IEP 내용을 설명해 줄 수 있는 사람 1인, 관련 서비스 전문가를 포함하여 아동에 관한 전문지식을 가진 자 등으로 규정하고 있다.

여덟째, IEP 팀의 IEP 개발과 관련하여, 1997 IDEA는 IEP 팀 구성원들로 하여금 아동의 강점과 아동의 교육을 촉진하기 위한 부모의 관심 및 아동의 초기 평가와 가장 최근의 평가 결과를 포함하도록 하고 있으나, 2004년 법령에는 이와 함께 아동의 학업적 혹은 교과적

(academic), 발달적(developmental), 기능적(functional) 요구를 추가로 명시하고 있다.

아홉째, IEP 개발 시 몇 가지 고려사항과 관련하여 1997 IDEA에서는 아동의 행동이 자신의 학습에 방해가 되는가?, 제한된 영어 능력으로 인한 언어적 요구는 없는가? 시각특수교육대상아동을 위한 점자(Braille)가 필요한가? 청각특수교육대상아동에게 의사소통 전달 체계의 문제는 없는가? 특수교육대상아동을 위한 보조공학이나 기기가 제공되는가? 등을 들 수 있는데, 2004 IDEIA에서도 위와 같은 내용들은 큰 수정 없이 대부분 그대로 사용하고 있다.

열 번째, 앞에서 언급하였듯이, 1997 IDEA에서는 일반교육교원의 IEP 참여와 관련하여 특수교육대상아동을 일반교육 교육과정에서 교육받게 함으로써 성공적인 통합을 위하여 일반교육교원은 IEP 팀에 의무적으로 참여하도록 의무화하고 있는데 이 부분에 있어서도 2004 개정안에는 큰 변화가 없다.

열한 번째, 팀 구성원들의 IEP 팀의 회의 참석과 관련하여, 이전에는 모든 IEP 팀 구성원들의 참석을 의무화하였으나, 개정안은 특수교육대상아동 부모와 지역교육청 관계자의 동의하에 상황에 따라서(예를 들어, 참석자가 제공하는 정보가 중요하다고 판단되지 않거나 자신의 영역에 수정내용이 없을 때 등) 서면이나 전화로 대체할 수 있도록 하고 있다. 심지어 의회는 IEP 팀 모든 구성원들이 학생의 청문회에 참석해야하는 의무조항도 삭제하였다.

열두 번째, IEP 내용 검토 및 수정과 관련하여, 2004 개정안은 만약 부모나 지역교육청이 동의한다면, '완전한 IEP 팀 모임 없이도(without a full IEP team meetings)' 전화나 편지로 필요한 부분에 대한 IEP 내용 수정을 가능하도록 규정하고 있다. 그리고 이러한 변화는 교사의 문서업무를 줄여주기 위한 방법이라고 할 수 있다. 그러나 IEP에 대한 중요 수정 내용(major changes)은 반드시 모든 IEP 팀 구성원들의 참여를 원칙으로 하고 있다. 또한 2004 IDEIA는 IEP 검토기간 동안 IEP 팀은 아동의 연간 목표가 성취되었는지를 점검해야 하며, 특히 연간 목표와 일반교육과정에 대한 예측 학업성과, 재평가 결과, 부모의 아동에 대한 정보, 아동의 예상되는 요구 등을 고려하여 IEP 수정작업을 하도록 명시하고 있다. 아울러, 일반교육교원도 아동의 IEP 개발부터 검토 및 수정과정에 IEP 팀 구성원으로 참여할 것을 의무화하고 있다.

마지막으로, 2004 IDEIA는 15개주(州)를 대상으로 우선적으로 pilot 프로그램을 운영하도록 하였는데, 이는 이 지역에 속한 부모와 지역교육청으로 하여금 1년마다 개발하는 IEP를 3년마다 개발하도록 함으로써 과도한 문서업무로 인해 아동에게 미치는 영향을 최소화하고자 하였다. 이러한 3년-IEP에 대한 검토는 아동의 학교생활에서 자연스러운 전이교육과정 시점과 일치하여야 한다. 그러나 3년-IEP 개발이라고 해서 IEP의 연간 검토를 하지 않는 것은 아니며, 연간 검토과정에는 반드시 아동의 현재의 프로그램 수준, 아동에 대한 목표가 성취되었는지의 여부, 그리고 IEP 수정요구안 등 IEP에 명시된 측정 가능한 목표를 계속적으로 만족시키기 위한 내용들을 포함해야 한다.

이러한 2004 IDEIA의 IEP 구성 요소와 개발에 대한 수정 배경은 특수교육대상자의 학업적 결과에 대한 기대와 관심의 인식에서 비롯되었다고 할 수 있으며, 더 나아가 NCLB에서 제안한 책무성을 특수교육대상학생의 학업성취 및 기능 수준에서도 요구함은 물론 NCLB에서 요구하는 평가지침을 특수교육대상학생에게도 적용할 것을 요구함으로써 특수교육의 책무성을 강조하고 있다(김애화, 2005; 이병인, 2007).

2. 맺음말

미국의 부시 행정부는 2001년 1월 아동낙오방지법(NCLB)을 공포함으로써 2013~2014년까지 학업성취 결과에 대한 책무성 강화, 교사의 자질 향상, 과학적으로 검증된 교수방법의 사용, 주(州)정부와 지역사회의 자율성 증대 및 부모의 선택권 확대는 물론, 더 나아가 다양한 인종 간 계층 간 학력 격차 해소, 연방정부의 주(州)정부 교육정책과 학교 지구 및 단위 학교에 대한 보상 및 제제 강화 등 공교육에 대한 획기적인 변화를 모색하고자 하였다. 또한 2005~2006년까지 모든 학생들이 마약이나 총기로부터 자유롭고 안전한 학습에 도움이 되는 환경에서 전문적 자질의 교사에게 교육받을 것을 의무화하였으며, 이 법안을 새로운 2004년 IDEIA와 연계시켜 특수교육대상학생들의 교육권 및 부모의 권리증진 향상을 시도하였다. 이러한 특징들을 볼 때 NCLB 법안은 미국의 가치, 신념, 태도에 있어서 획기적인 시도라고 할 수 있다. 그러나 이 법령은 부시 행정부의 본래의 취지와 달리 제안된 이후 지난 몇 년 동안 다양한 논쟁을 일으키고 있다(이병인, 2007).

NCLB 법령에 대한 가장 큰 논쟁은 우선 이 법을 통해 보편적으로 생활 수준이 낮으면서 저성취를 보이는 소수 민족 학생, 영어에 능숙하지 못한 이민자 학생과 지금까지 제외되었던 특정 인종 학생들과 특수교육대상학생들에게도 표준화 평가가 실시되도록 함으로써 학생들의 학업성취 향상이 모든 학생들에게 이루어질 수 있도록 하는 데에 있다. 즉, 학력 향상에 대한 결과 검증을 위해 표준화된 평가를 강조함으로써 교육의 다양성을 훼손할 수 있으며, 표준화된 시험 점수 결과에 따라 학교나 주(州)에 인센티브를 주거나 책임을 물음으로써 특수교육대상학생들을 포함하여 평가에 취약한 학생들에게 교육적 혜택을 주기보다는 오히려 역효과와 역차별의 결과를 가져올 수 있다는 것이다(이병인, 2007).

최근 우리나라에서도 학교장이 성적 등 초 · 중 · 고교 학생의 학업성취도를 대외에 공시하도록 하는 내용의『교육정보 공개법』이 2007년 4월 30일 국회 본회의에서 통과되었다. 이 법이 공포 이후 1년간의 준비 기간을 거쳐 2008년 5월경부터 시행됨으로써 우리나라의 교육정책에도 적지 않은 영향을 미치게 되었다. 이 법에 따르면 초 · 중 · 고교 학교장은 학년별 · 교과별 학습(발달)에 관한 사항, 학업성취도 평가의 기초자료, 졸업생의 진로에 관한 사항 등 15개 항목을 매년 1회 홈페이지 등에 공시하고 시도교육감에게 제출하도록 규정하고 있다. 그리고 앞으로 공개되는 초 · 중 · 고교의 정보 중에는 학생의 전출입이나 학업중단 현황, 학교 폭력 발생 현황과 처리, 보건 관리, 환경, 위생 등 민감한 내용도 포함하고 있다(이병인, 2007).

이 법안과 관련하여 무엇보다도 논란의 대상은 시행령이 과연 정보 공개를 어디까지 인정할 것인가이다. 고교 진학률 등이 공개되면 학교 선택권이 있는 지역의 학생들은 희망 학교를 선택할 때 이를 참고 할 수 있을 것이며, 학교별 지역별 성적이 공개되면 어느 학교 또는 어느 시도교육청이 학력을 높이기 위해 노력하는지 등이 드러나 서로에 민감한 부분이 될 것이다. 또한 이러한 자료는 낙후지역에 대한 교육 투자를 확대하는 근거가 될 수도 있겠지만 본래의 취지와 달리 문제는 개별학교 학생들의 성적자료를 곧바로 공개 대상에 포함한다면 학교 서열화에 대한 혼란이 야기될 수 있을 것이다. 그러나 무엇보다도 일반학생들의 교과별 학습에 관한 사항이나 학업성취도에 관한 내용을 미국에서처럼 특수교육대상학생들에게 일정부분 동일하게 적용할 수 있는지에 대한 충분한 내용검토와 논의가 선행되어야 한다(이병인, 2007).

2001 NCLB에서 규정한 '책무성'은 교육의 목적을 학생들이 숙련된 학업 기술을 습득하는 것을 보장하는 것이라고 보고 있으나 이를 너무나도 당연시한다는 것이 문제라고 할 수 있다(Palmer, 2004). NCLB는 학생들이 필수적인 학업 기술을 습득하였는지 알아보기 위해 공립학교의 3~8학년 학생들을 대상으로 매년 표준화된 시험을 통해 AYP 목표가 달성되었는지 여부를 측정하도록 규정하고, 그 기준을 만족하거나 초과 달성한 학교들이나 매년 꾸준한 향상을 보이는 학교들은 재정적 혜택과 학교 운영에 대한 자율성을 보장하고 있다. 그러나 모든 학교가 AYP 기준에 부합하는 학업 성취도를 달성하기 위해 대부분의 시간을 집중한다면 학생들의 진정한 필요와 요구를 채워주는 일에는 소홀할 수 밖에 없을 것이다(이병인, 2007).

2004 IDEIA에서도 NCLB에서 제안한 책무성을 특수교육대상학생의 학업성취 및 기능수준을 위한 평가지침을 특수교육대상학생에게도 적용할 것을 요구함으로써 특수교육의 책무성을 강조하고 있으나 그들이 처한 열악한 환경, 무기력, 빈곤, 학업 성취의 열등한 상황을 극복 할 수 있는 구체적인 지원이 우선되어야 한다. 또한 교사에 대한 평가 및 보수체계가 학생의 학업 성적과 직접적으로 연관됨으로써 정상적인 수업보다는 평가를 위한 수업이 이루

어질 수 있는 개연성에 또 다른 문제가 발생할 수 있다. 따라서 교육현장에서의 '결과에 대한 지나친 책무성의 강조'가 평등한 교육기회 제공에 오히려 걸림돌이 되어서는 안 될 것이다(이병인, 2007).

2004 IDEIA에서는 NCLB와 연계하여 '전문적 자질의 특수교사 양성'을 의무화하고 있다. 우리나라의 「장애인 등에 대한 특수교육법」(2007) 제8조에는 "국가 및 지방자치단체는 특수교육교원의 자질 향상을 위한 교육 및 연수를 정기적으로 실시할 것(제1항)과 특수교육대상자의 통합교육을 지원하기 위하여 일반학교의 교원에 대하여 특수교육관련 교육 및 연수를 정기적으로 실시하여야 하며(제2항), 제1항과 제2항에 따른 교육 및 연수에 필요한 사항은 대통령령으로 정한다(제3항)"고 규정하고 있다. 따라서 특수교육대상자의 통합교육을 내실화하기 위해서 특수교육교원은 물론 일반교육교원도 장애 이해와 더불어 특수교육지원대상자의 교육에 대한 전문성을 구비하도록 함은 물론 특수교육교원의 자질 향상을 위한 교육 및 연수를 정기적으로 실시하고, 교원의 교육 및 연수 주체를 대통령령으로 상승시킴으로써 교원의 특수교육 전문성과 책무성 제고(이유훈, 2006)에 도움이 될 것이다(이병인, 2007).

김현숙, 이병인과 황인영(2019)은 교직 윤리에 대한 유아특수교사들의 인식을 탐색하고, 유아특수교사의 윤리 강령 마련을 위한 기초자료를 제공하였다. 연구 결과, 유아특수교사들은 특수교육대상유아의 잠재력을 기대하며 개별적인 요구에 적합한 교육을 제공하기 위해 노력하였으며, 특수교육대상유아의 가족을 적극적으로 지원해야 하고, 직전 교육에서 올바른 교육관과 장애인관을 가질 수 있는 교육이 필요하다고 인식하였다. 또한 유아특수교사들은 교사로서의 사명을 가지고 있었으며, 특수교육대상유아에게 다양한 교육 경험을 제공하고, 일반유아들이 올바른 장애인관을 가질 수 있도록 끊임없이 반성과 자기 계발을 지속해야 한다고 인식하였다.

2004 IDEIA는 조기중재서비스 지원과 관련하여 무엇보다 장애의 발전을 예방하기 위한 방안과 함께 학습 및 행동지원을 통한 일반교육환경으로의 유아통합에 초점을 두고 있다. 새로운 개정안은 또한 IFSP 혹은 IEP 팀으로 하여금 통합의 핵심 개념인(Turnbull, 2005) '자연적 환경'혹은 '최소 제한적 환경(LRE)'에서 조기중재 프로그램을 개발하도록 의무화하고 있는데 0세에서 만 3세 미만의 발달지체영유아는 Part C에 따라 IFSP를, 만 6세까지의 발달지체 취학전 아동은 Part B에 적용되어 IEP를 작성하도록 규정함으로써 '무상의 적절한 공교육(FAPE)' 원리를 0세부터 학령기 아동 모두에게 적용 · 실천하고 있다(이병인, 2007).

우리나라에서도 최근에 발달지체영아를 위한 무상교육이 법으로 명시된 시점에서 미국의 2004 IDEIA에서 명시한 조기중재 관련 규정을 전반적으로 검토할 필요가 있다. 예를 들어

조기중재서비스를 제공함에 있어서 적격성 판정 기준 및 절차를 달리하고, 가족 중심의 사정 및 접근을 강조하고, 다양한 영역에서의 전문가 간 팀 협력을 확대하고, 무엇보다 발달지체 영아와 그 가족의 다양한 요구(needs)와 기대를 충족시켜주기 위한 체계적인 '개별화가족지원계획(IFSP)'의 개발 및 시행을 위한 법적 · 제도적 장치 마련이 필요하다(이병인, 2004). 특히 1994년 「특수교육진흥법」 개정 당시 3~5세 장애유아들을 위한 무상교육을 규정한 후 10년이 지난 지금 이들을 위한 지원체계가 질적으로 발전하였는지를 평가해보고 이를 통하여 영아 정책 수립을 위한 체계적인 준비를 해야 한다(이병인, 2007; 이소현, 2006).

2004 IDEIA에서는 또한 IEP의 개발, 검토 및 수정에 있어서 몇 가지 변화를 보여주고 있다. 이러한 변화는 증가하고 있는 교사의 과중한 문서업무에 대한 부모와 교사의 관심과 IEP를 NCLB의 요구사항과 연계하려는 요구의 결과이다. 문서업무를 줄이려는 이러한 노력은 분명 교사들에게는 반가운 일일 것이다. 이 부분에 있어서 가장 큰 변화는 단기목표와 그 기준의 삭제라고 할 수 있는데, 이는 현장 교사들에 의한 문서업무 축소를 위한 요구이기도 하지만, 다른 한편으로는 NCLB에서 강조하는 교과중심 교육과정과 관련이 있다. 그러나 단기목표의 사용이 일반교육 교육과정을 사용하는 아동들의 통합교육에 장애가 될 수 있는 반면에, 한편으로는 단기 목표가 없어짐으로써 목표의 개별화는 줄어들 수 있다. 또한 IEP팀 구성원들의 추가적인 IEP 회의 없이 프로그램을 수정할 수 있도록 한 부분과 개인적 사유로 인한 IEP 팀 구성원들의 회의 불참 가능성을 열어놓은 새로운 개정안은 긍정적 효과를 가져 올 수 있다. 그러나 문서업무를 줄이기 위한 본래 개정안의 취지와 달리 이러한 방법이 서면 문서 요구사항을 추가함으로써 문서업무를 줄여주기보다 오히려 업무량과 업무시간을 증가시킬 가능성도 배제할 수 없다. 따라서 실질적으로 교사의 문서업무를 줄임으로써 아동에게 직접적으로 혜택을 줄 수 있는 근본적인 대책이 필요하다(이병인, 2007).

우리나라에서도 IEP에 대한 개정 논의가 활발히 이루어지고 있는데 이는 IEP가 특수교육지원대상자의 개별적 특성을 고려하여 실질적인 교육기회 보장을 위한 핵심과제이기 때문이다(조석훈, 2006). 현재 「장애인 등에 대한 특수교육법」(2007)은 개별화교육을 "각급학교의 장이 특수교육대상자 개인의 능력을 계발하기 위하여 장애유형 및 장애특성에 적합한 교육목표 · 교육방법 · 교육내용 · 특수교육 관련 서비스 등이 포함된 계획을 수립하여 실시하는 교육"이라고 정의하고 있으며(제1장 2조), "각급학교의 장은 특수교육대상자의 교육적 요구에 적합한 교육을 제공하기 위하여 보호자, 특수교육교원, 일반교육교원, 진로 및 직업교육 담당 교원, 특수교육 관련 서비스 담당 인력 등으로 IEP 팀을 구성하며, IEP 팀은 매학기 마다 특수교육대상자에 대한 IEP를 작성해야 하며, 특수교육대상자가 다른 학교로 전학할 경우 또는 상급학교로 진학할 경우에는 전출학교는 전입학교에 IEP를 14일 이내에 송부하여야 한다"라고 규정하고 있다(제22조). 그러나 무엇보다도 IEP가 작성된 후 이 계획대로 교육 및 특수교육 관련 서비스가 제공되지 않을 때 이의 제기를 하고 시정을 요구할 수 있는 권리를 특수교육대상자 부모나 보호자에게 부여하는 규정이 명시되어 있지 않은 것은 개선되어야 할 부분이다(이병인, 2007).

우리나라에서도 1977년 「특수교육진흥법」이 처음 제정된 이래 1994년도에 전면 개정된 「특수교육진흥법」이 특수교육 현장에 배치된 특수교육대상학생들에게 충분한 교육적 지원을 제공하지 못하고 있는 현실을 개선하기 위하여 2007년 「장애인 등에 대한 특수교육법」이 국회를 통과하였다. 이 법안의 주요 내용은 유치원 및 고등학교 과정의 의무교육을 도입하고, 장애의 조기발견체계를 구축하면서 발달지체영아 교육은 무상으로 하여 조기교육의 기회를 확대하고, 국가 및 지방자치단체 등이 장애성인 평생교육 시설을 설치하여 장애인에 대한 생애주기별 교육지원 체계 확립 및 특수교육대상자에 대하여 가족 지원 등 특수교육 관련 서비스의 제공을 의무화함으로써 장애인의 교육권을 실질적으로 보장하고자 하였다(이병인, 2007).

그러나 법률 전면 개정이나 제정이 약 10년 이상을 내다보고 이루어진다고 가정할 때(정대영, 2006), 그리고 1977년 처음 제정된 「특수교육진흥법」이 많은 특수교육계 선배들이 10여 년에 걸쳐 노력한 끝에 만들어졌다고 생각할 때(김원경, 2006) 앞으로 장애인 등에 대한 특수교육법 개정안은 특수교육대상자 당사자와 그 보호자뿐만 아니라 다양한 영역의 요구를 최대한 반영함은 물론 국내의 특수성을 동시에 고려하여 실효성이 높은 법이 되도록 노력해야 한다. 특히 특수교육대상자 개개인의 권리가 중시되고, 보호자의 의무와 선택권이 강조되며, 학교와 지방자치 단체뿐만 아니라 국가의 책무성이 엄격히 규정됨으로써 모든 특수교육대상자들의 교육권 및 보호자의 권리를 보장할 수 있는 기틀을 마련해야 한다(이병인, 2007).

참고 문헌

강지인(2008), 발달지체 신생아 및 영아를 위한 조기개입 서비스 지원체계 고찰: 미국사례를 중심으로, **자폐성장애연구,** 8(2), 57-86.

교육과학기술부(2007), **장애 영아 진단·평가 기준 및 무상교육 지원방안 개발 연구**, 안산: 국립특수교육원.

김병하(1991), 기조강연: 특수교육과 관련 서비스, **특수아동 교육학회지,** 12, 109-118.

김미숙(2003), **한 어린이도 뒤처짐이 없게(NCLB)-부시 행정부 교육개혁 표제어,** 한국교육개발원, 외국교육동향, No. 173.

김미숙(2003), 새로운 관점에서 점진적 변화를 시도하는 일본의 특수교육, **특수교육연구**, 10(2), 84-98.

김남희(2000), 미국 IDEA 97과 교육재정지원정책의 변화, **정신지체연구**, 2, 73-88.

김남희(2003), **미국 미네소타주-시험결과를 통한 학교의 책무성 향상 계획과 정부의 승인**, 한국교육개발원, 외국교육동향, No. 505.

김성애(2007), "「장애인 등에 대한 특수교육법」"에 따른 한국 유아특수교육의 과제 및 해결방안, **유아특수교육연구**, 7(3), 111-139.

김성애(2007), **「장애인 등에 대한 특수교육법」 시행령 및 시행규칙 방향: 2006년 UN 장애인권리협약과 관련하여**, 2007년 추계학술대회자료집, 한국특수아동 교육학회.

김애화(2005), **2004 미국 특수교육법 개정에 즈음하여 살펴본 미국 특수교육의 동향: 학습장애 영역을 중심으로**, 한국특수아동 교육학회 2005년 추계학술대회, 21-30.

김원경(2006), **「특수교육진흥법」 개정추진의 전제와 방향**, 현장특수교육 1, 2월호, 서울: 국립특수교육원.

곽승철·백은희·전병운·이병인·이유훈(2002), 특수교육 교원연수의 현황과 개선방안, **특수교육학연구,** 37(1), 25-60.

박지연·정대영·김주영·김두식·김은주(2005), **특수교육 관련 법령 개정을 위한 기초연구**, 서울: 교육과학기술부.

박재국(2003), **일본의 장애유아를 위한 복지동향**, 함께 해냄, 통권 제9호.

박향매(2004), 일본 특별 지원 교육체제의 특징에 관한 연구, **지체부자유아교육연구**, 44, 63-82.

배일한(2010), 한국도 언젠간 다인종 사회, 포용의 정신 키워야, 중앙 SUNDAY, No. 181.

백종인(2005), 미국 장애인교육법상 특수교육대상아동의 권리에 대한 절차적 보호, **교육법학연구**, 17(1), 119-150.

송영준·김영태·육주혜·이병인(2007), **특수교육 관련 서비스 요구조사 및 지원방안**, 안산: 국립특수교육원.

안수경·김성애·김성은·김종무(2003), **장애영유아 교육 내실화를 위한 기관연계 방안**, 안산: 국립특수교육원.

이미선·김태준·이유훈·조광순(2005), **특수교육지원센터 운영방안연구**, 안산: 국립특수교육원.

이미선·조광순(2002). 장애영·유아 조기발견의 요소 및 정책 방안 고찰, **특수교육학연구,** 37(1). 291-318.

이미선·조광순·황복선(2004), **특수교육의 적합성 제고를 위한 특수교육대상아동 발견, 진단 및 배치체계 개선방안연구**, 안산: 국립특수교육원.

이미선·강영택·조정환(1999), **유아특수교육확대 방안 연구**, 안산: 국립특수교육원.

이병인(2002), 발달지체유아를 위한 가족 지원방안 연구. **특수교육학연구,** 37(1), 319-340.

이병인(2003), 발달지체영·유아 개별화가족지원계획 개발 및 시행을 위한 방법론 고찰, **정서·학습장애연구, 19**(4), 91-120.

이병인(2004), **특수교육대상아동 가족 지원의 이해**, 서울: 단국대학교출판부.

이병인(2007), 2004년 미국의 장애인 교육법(IDEA) 개정안 주요 내용 고찰, **유아특수교육연구, 7**(2), 21-46.

이병인(2018), 유아특수교육에서의 관련 서비스 국내 연구 동향 분석-2007년부터 2017년까지 특수교육 전문학술지 및 학위논문을 중심으로-, **유아특수교육연구, 18**(1), 1-23.

이병인·이지효(2008), 직무연수에 대한 유아특수교육교원의 인식 및 요구 분석, **유아특수교육연구, 8**(2), 117-149.

이병인·이지효(2009), 예비유아특수교사들의 자아개념과 자기효능감의 관계, **유아특수교육연구, 9**(3), 61-81.

이병인·이지효(2010), 개정 전·후 특수학교 교육과정 비교분석 및 심층 면담을 통한 효율적인 유아특수 교육과정 편성 · 운영에 대한 질적 연구, **유아특수교육연구, 10**(2), 51-75.

이유훈(2006), **「특수교육진흥법」 개정 배경 및 주요내용**, 「특수교육진흥법」 개정을 위한 공청회. 서울: 교육과학기술부.

이소현(2000), **특수아 조기교육 활성화를 위한 정책적 과제 고찰**, 특수아동 교육학회 2000년도 춘계학술 심포지움: 특수교육정책의 과제와 개혁방안 자료집. 65-92.

이소현(2000), 특수아 조기교육 활성화를 위한 정책적 과제 고찰, **특수교육학연구, 35**(2), 115-145.

이소현(2004). 0-2세 발달지체 영아들의 특수교육 적격성 인정 및 지원체계 개발을 위한 고찰, **특수교육학연구, 38**(4), 95-122.

이소현(2006), **「특수교육진흥법」 개정 배경 및 주요내용에 관한 의견-장애 영·유아 관련 조항을 중심으로**, 「특수교육진흥법」 개정을 위한 공청회, 서울: 교육과학기술부.

이소현(2006), 장애영유아 지원체계 구축을 위한 질적 구성요소-정책적 제도 수립을 위한 기초연구, **유아특수교육연구 6**(2), 83-107.

이소현(2007), **0-2세 발달지체 영아를 위한 지원체계 수립의 방향 및 과제**, 2007 한국유아특수아동 교육학회 추계 학술대회, 1-39.

이소현·최진희·조윤경·부인행·이소영·김은주(2007), **장애 영아 진단·평가 기준 및 무상교육 지원 방안 개발 연구**, 서울: 교육과학기술부.

이석진·김삼섭 (2004), 한국 특수교육 입법정책의 변천에 관한 연구, **특수교육학연구, 39**(3), 25-53.

이재욱·민정아(2006), 일본의 특별지원교육에 관한 논의-경도발달장애를 중심으로, **한국일본교육학연구, 11**(1), 93-105.

이태상(2005), **미국의 학업성취도 평가와 저성취 학생지원 프로그램**, 한국교육개발원, 외국교육동향, No. 4860.

영유아보육법(2004.1.29 법률 제7153호 전면개정).

유아교육법(2008.2.29 법률 제8852호 일부개정).

유성상(2006), **미국 NCLB 교육개혁의 명암: 인종 간 학력 차이를 중심으로**, 한국교육개발원, 외국교육동향, No. 6142.

윤종술(2007), **치료지원에 관한 바람직한 시행령/시행규칙(안)**, 교육현장에서의 효과적인 치료지원 방안에 관한 토론회. 한국장애인단체총연합회·전국장애인교육권연대.

육주혜·전경일(2004), 미국의 특수교육공학 관련 제도 연구, **특수교육학연구, 39**(1), 169-187.

양민화(2006), **미국 IDEA 2004 그 이후**, 한국 학습장애 학회 소식, 제2호 뉴스레터.

「장애인 등에 대한 특수교육법」 2007. 5. 25 법률 제8483호 신규제정.

「장애인 등에 대한 특수교육법」 2008. 2. 29 법률 제8852호(정부조직법) 일부개정.

「장애인 등에 대한 특수교육법」 시행규칙」(교육과학기술부령 제5호, 2008. 6.12, 제정).

정대영(2006), **각 계의 요구 최대한 담아 새로운 10년을 대비할 수 있어야**, 현장특수교육 1, 2월호, 서울: 국립특수교육원.

조광순(2004), 특수교육대상아동 조기발견 및 서비스 체제의 개선 방안, **유아특수교육연구,** 4(2), 71-111.

조광순·이미선(2002), 장애영·유아 사정의 실제를 향상시키기 위한 정책 방안 고찰, **특수교육학연구,** 37(3), 283-310.

조광순·전병운·박혜준·홍은숙(2005), 유아특수교육기관의 개별화교육프로그램 운영실태 및 개선방안, **특수교육연구,** 12(1), 339-370.

조석훈(2006), **실질적으로 균등하게 교육받을 권리의 보장이 초점**, 「특수교육진흥법」 개정을 위한 공청회, 서울: 교육과학기술부.

정광범·이병인(2019), 시각장애 관련 가족지원 연구 동향: 「장애인 등에 대한 특수교육법」(2007) 이전과 이후 비교, **시각장애연구,** 35(1), 93-119.

제민희·이병인·김미성(2020), 영·유아 조기중재 관련 단일대상연구 동향 분석: 「장애인 등에 대한 특수교육법」(2007) 이전과 이후 비교, **유아특수교육연구,** 20(2), 153-191.

정인숙·조광순·조윤경·홍성두(2008), **장애영유아 선별 및 진단·평가 지침 개발**, 안산: 국립특수교육원.

제민희·이병인·김미성(2020), 영·유아 조기중재 관련 단일대상연구 동향 분석: 「장애인 등에 대한 특수교육법」(2007) 이전과 이후 비교, **유아특수교육연구,** 20(2), 153-191.

최민숙(1999), 독일의 유아특수교육 체제, **특수교육학연구,** 33(2), 145-158.

특수교육 연차보고서(2007), 서울: 교육과학기술부.

「특수교육진흥법」(1994.1.7 법률 제4716호 전문개정).

Bruder, M. B. (2005). Service coordination & integration in a developmental systemsapproach to early intervention. In M. J. Guralnick(Ed.). *A develop-mental systems approach to early intervention: National and international perspectives*(p.36). Baltimore: Brookes.

Drasgow, E., Yell, M., & Robinson, T. R. (2001). Developing legally correct and educationally appropriate IEPs. *Remedial and Special Education*, 22(6), 359-373.

Education for All Handicapped Children Act of 1975, P. L. 94-142.

Education for All Handicapped Children Act of 1986, P. L. 99-457.

Etscheidt, S. (2006). Least Restrictive and Natural Environments for Young Children with Disabilities: A legal analysis of issues. *Topics in Early childhood special Education*, 26(3), 167-178.

Individuals with Disabilities Education Act of 1990, P. L. 101-476.

Individuals with Disabilities Education Act of 1997, P. L. 105-17.

Individuals with Disabilities Education Improvement Act of 2004, P .L. 108-446.

Gartin, B, C., & Murdick, N, L. (2005). IDEA 2004: The IEP. *Remedial and Special Education,* 26(6), 327-331.

Mandlawitz, M. (2006). *What every teacher should know about IDEA 2004.* Boston: Pearson Education, Inc.

Menlove, R. R., Hudson, P. J., & Suter, D. (2001). A field of IEP dreams: Increasing general education teacher participation in the IEP development process. *Teaching Exceptional Children,* 33(5), 28-33.

No Child Left Behind Act of 2001, P. L. 107-110.

Paige, R. (2001, October). Testimony of *Secretary Paige before the House Committee on Education and the Workforce.* Retrieved April 24, 2002, from http://www.ed.gov/news/speeches/2001/10/011004.html.

Palmer, J. D. (2004). *No Child Left Behind: The Problem with accountability & high skates testing.* Korean Educational Development Institute. A Current View.

Prasse, D. P. (2006). Legal supports for problem solving systems. *Remedial and Special Education,* 27(1), 7-15.

Rothstein, L. F. (1995). *Special education Law.* New York: Longman Publishers.

Congressional Digest. (2005). *Special education law overview: structure, funding, & controversial issues.*

Noonan, M. J. & McCormick. L. (2006). *Young Children with Disabilities in Natural Environments: Methods & Procedures.* Baltimore: Brookes.

The Council for Exceptional Children (2005). *What's new in the new IDEA. Frequently asked questions & answers.* Virginia 22201-5704.

Turnbull. A. & Turnbull. R. (2001). *Families, Professionals, & exceptionality: Collaborating for empowerment:* NJ: Merrill Prentice Hall.

Turnbull, H. R (2005). Individuals With Disabilities Education Act Reauthorization: Accountability and Personal Responsibility. *Remedial and Special Education. 26*(6), 320-326.

Turnbull, H. R., & Turnbull, A. P. (2000). *Free Appropriate Public Education.* Denver: Love Publishing.

Underwood, J. K., & Mead, J. F. (1995). *Legal aspects of special education & pupil services.* Boston: Allyn & Bacon.

Whitehurst, G. J. (2002). *Evidence-based education.* Retrieved September 10. 2001, from http://www.ed.gov/nclb/methods/whatworks/eb/evidencebased.pdf.

Yell, M. L., & Drasgow, E. (2005). *No Child Left Behind: A guide for professionals.* Upper Saddle River, NJ: Pearson/Merrill/Prentice Hall.

Yell, M. L., & Drasgow, E., & Lowrey, K. A. (2005). No Child Left Behind and students with autism spectrum disorders. *Focus on Autism and Other Developmental Disorders,* 20, 130-139.

Yell, M. L., Shriner, J. G., & Katsiyannis, A. (2006). Individuals with Disabilities Education Improvement Act of 2004 & IDEA Regulations of 2006: Implications for Educators, Administrators, & Teacher Trainers. *Focus on Exceptional Children, 39*(1), 1-24.

제3장

진단 및 평가

01 | 진단의 법적 근거

02 | 진단의 정의

03 | 진단 절차

04 | 진단의 질 제고

05 | 검사 도구

발달지체영유아를 위한 조기중재서비스는 대상 영유아의 발견(identification)에서 시작하며, 적절한 중재 및 교육을 제공하기 위해서는 정확한 선별(screening)과 진단(diagnosis)이 필수적이고 핵심적인 과정이라고 할 수 있다(McCormick, 1996). 미국의 장애인 교육법(IDEA)은 0~2세 발달지체영아들을 위한 조기중재의 목적을 발달지체영아들의 발달을 촉진하고 발달 지체의 가능성을 최소화하며, 사회에서의 독립적인 삶의 가능성을 극대화하고, 발달지체영아들의 특별한 요구를 충족시킬 수 있도록 가족의 능력을 강화하는 것이라고 규정하고 있다(이소현, 2004 재인용; U. S. Department of Education, 1996).

이러한 조기진단 및 중재는 생애 초기에 이루어지는 경험이 학령기 이후의 학습을 위한 기초를 형성하는 결정적 시기이므로 발달지체영유아들을 위하여 필수적이다(이소현, 2004). 무엇보다 생애 초기에 경험하는 장애나 장애위험 환경은 특정적인 발달 영역에만 영향을 미치는 것이 아니라 이후 다양한 영역의 성장 및 발달에 영향을 주기 때문에(Serna et al., 2000; Sprauge & Walker, 2000), 조기진단 및 중재를 통하여 가능한 한 빠른 시기에 발달과 학습에 영향을 미치는 요인과 원인을 파악하여 2차적인 문제가 발생하지 않도록 적절한 중재를 제공해야 한다.

특별히 뇌 발달과 뇌 가소성의 결정적 시기로 주목받는 영아기의 발달 양상은 이후 삶에 지속적으로 영향을 주게 된다. 이러한 영아기에 장애위험의 특성을 발견하게 되면 즉시 개입함으로써 그 효과를 더욱 높일 수 있을 것이다. 최근 보육 현장을 중심으로 장애위험영아의 조기 발견과 조기개입에 대한 관심과 중요성이 높아지고 있으며(박창현, 2019; 백선정 · 배성현, 2020), 특수교육대상영아를 위한 조기개입 및 지원체계가 요구된다(김승현 · 이병인, 2021).

박창현(2019)의 연구에서는 '장애 발견 시기'에 대한 질문에 1,000명의 장애 자녀를 둔 부모의 80.8%가 영아기인 것으로 나타났다. 이 과정에서 부모가 겪는 어려움은 '자녀를 인정하는 것에 대한 어려움'이 47.0%로 가장 높았고, 자녀가 장애가 있거나 장애위험이 있다는 것을 수용했을지라도 '자녀에게 맞는 교육이나 치료가 무엇인지 몰라서 겪는 어려움'이 39.2%로 높게 나타났다. 위 연구 결과를 통해서 특수교육대상영유아의 부모와 교사는 장애위험 상황이라는 것을 알았을 때, '의사소통의 어려움'이 있다고 응답하였는데 이는 조기발견과 조기개입을 연계하는 과정에서 가정과 기관 간의 원활한 의사소통과 체계적인 지원을 위해 조기개입 전문가의 필요성을 시사한다고 볼 수 있다(김승현 · 이병인, 2021).

특수교육대상아동을 위한 진단에 있어서 교육적 사정(assessment)은 아동을 직접 가르치는 교육현장의 교사들에게 있어서 매우 중요한 기능으로, 개별 아동에 대한 지능 검사는 개별화 교육의 방향을 설정하는 기초 단계가 되며, 지능 검사를 통해 아동의 인지적 능력에 대한 장단점에 대해 유용한 정보를 얻고, 구조화된 검사를 실시하는 동안 다양한 과제에 대해 아동이 어떻게 검사에 접근하는지 즉, 검사를 수행하는 동안 아동의 이상행동, 불안, 사회성, 동기 등을 파악할 수 있다(이소현, 2002; 임호찬 · 송진숙; 한연섭 · 이병인 · 임호찬, 2008).

유아특수교육에서 진단의 목적은 일반적으로 영유아뿐만 아니라 그 가족에게 직접적이고 적절한 서비스 혜택을 주기 위한 것이라고 할 수 있다. 진단과정에서는 특별히 교사는 영유아에게 '무엇을 가르칠 것인가?(what to teach?)', '가르칠 내용은 어디에서 시작하고 그 다음 내용은 무엇인가?(where to start and where to go next?)', 그리고 '어떻게 가르칠 것인가?(how to teach?)' 등과 같은 내용(contents), 연속(sequences) 및 전략(strategies)에 관해 구체적으로 논의해야 한다. 또한, 진단 과정에서는 '누가 진단 과정에 참여하는가?', '전문가들은 팀 협력(team approach)을 어떻게 할 수 있는가?', '문제 발생 시 중재는 어떻게 이루어지는가?', '서비스는 어디에서 제공되는가?' 등이 논의될 수 있다.

01 진단의 법적 근거

2004년 미국의 장애인교육향상법(IDEIA)은 '무상의 적절한 공교육(Free Appropriate Public Education: FAPE)' 방침에 따라 0~5세까지의 취학 전 발달지체영유아는 다섯 가지의 발달 영역에서 적합한 진단 도구와 절차에 의하여 측정된 발달 지체를 경험하고, 이러한 다섯 가지 이유들로 인하여 특수교육과 특수교육 관련 서비스(related services)를 제공받도록 법으로 명시하고 있으며, 각 주의 조기중재 프로그램에 종합적인 아동발견 체계를 포함할 것을 규정하고 있다. 이 법에 따르면 평가(evaluation)는 아동이 특수교육 적격성을 지니고 있는지를 결정(determination of eligibility)하기 위하여 전문가에 의해서 수행되는 공식적인 과정으로, 아동의 각 발달영역에서의 상태를 결정하는 것을 포함하고 있다. 반면에 사정(assessment)은 우선 아동의 특별한 요구를 파악하고(identification of needs), 아동의 발달과 관련하여 가족의 관심(concerns), 우선순위(priorities), 자원(resources)을 아동의 교육프로그램에 적극 활용하고 아동과 가족에게 필요한 조기중재서비스의 양과 정도를 파악하는 전반적인 과정으로 명시하고 있으며 평가와 사정을 포함하여 진단(diagnosis)이라고 정의하고 있다.

우리나라는 2007년 5월 25일 법률로 제정 공포된 「장애인 등에 대한 특수교육법」을 통하여 교육장 또는 교육감은 영유아의 장애 및 장애 가능성을 조기에 발견하기 위하여 해당 지역 내 보건소와 병원에서 선별검사를 무상으로 실시하여야 한다고 명시하였으며, 만 3세 미만 장애영아의 보호자는 조기교육이 필요한 경우 교육장에게 교육을 요구할 수 있다고 규정하였다. 또한 이 법을 통하여 '발달지체(developmental delays)'의 개념이 처음으로 법에 도입되었고, 장애영아 무상교육이 시작되어 공교육의 혜택에서 제외되었던 만 3세 미만의 발달지체영아들에게도 통합된 환경에서 국가적 차원의 공교육을 조기에 받을 수 있도록 하는 근거가 마련되었다. 이와 더불어 특수교육 관련 서비스 조항에 가족 상담 등 가족 지원이 추가됨으로써 특수교육에 가족이 서비스 대상에 함께 포함되었다. 한편 보건복지가족부에서도 2007년 11월부터 장애영아 무상교육의 시행과 더불어 영유아 건강검진 사업 시행을 통해 발달지체영아 무상교육의 수혜자를 조기에 발견할 수 있는 발판이 마련되었다(홍은숙, 2008).

우리나라의 「장애인 등에 대한 특수교육법」(2007) 내 특수교육대상자의 선정 및 학교 배치 등(제3장) 및 장애의 조기발견 등(제14조)에 따르면, 첫째 '교육장 또는 교육감은 영유아의 장애 및 장애 가능성을 조기에 발견하기 위하여 지역주민과 관련 기관을 대상으로 홍보를 실시하고, 해당 지역 내 보건소와 병원 또는 의원(醫院)에서 선별검사를 무상으로 실시하여야 하며, 둘째 교육장 또는 교육감은 제1항에 따른 선별검사를 효율적으로 실시하기 위하여 지방자치단체 및 보건소와 병·의원 간에 긴밀한 협조체제를 구축하여야 하며, 셋째 보호자 또는 각급학교의 장은 제15조 제1항 각 호에 따른 장애를 가지고 있거나 장애를 가지고 있다고 의심되는 영유아 및 학생을 발견한 때에는 교육장 또는 교육감에게 진단·평가를 의뢰하여야 한다. 다만, 각급학교의 장이 진단·평가를 의뢰하는 경우에는 보호자의 사전 동의를 받아야 하며, 넷째 교육장 또는 교육감은 제3항에 따라 진단·평가를 의뢰받은 경우 즉시 특수교육지원센터에 회부하여 진단·평가를 실시하고, 그 진단·평가의 결과를 해당 영유아 및 학생의 보호자에게 통보하여야 하며, 마지막으로 제1항의 선별검사의 절차와 내용, 그 밖에 검사에 필요한 사항과 제3항의 사전 동의 절차 및 제4항에 따른 통보 절차에 필요한 사항은 대통령령으로 정한다.'고 명시하고 있다.

특수교육대상자의 선정(제15조)에서는 '교육장 또는 교육감은 다음 각 호의 어느 하나에 해당하는 사람 중 특수교육을 필요로 하는 사람으로 진단·평가된 사람을 특수교육대상자로 선정한다'라고 명시하고 있으며, 구체적인 선정기준은 시각장애, 청각장애, 지적장애, 지체장애, 정서·행동장애, 자폐성장애(이와 관련된 장애를 포함한다), 의사소통장애, 학습장애, 건강장애, 발달지체, 그리고 그 밖에 대통령령으로 정하는 장애로 하고 있으며, '교육장 또는 교육감이 제1항에 따라 특수교육대상자를 선정할 때에는 제16조제1항에 따른 진단·평가 결과를 기초로 하여 고등학교 과정은 교육감이 시·도 특수교육운영위원회의 심사를 거쳐, 중학교 과정 이하의 각급학교는 교육장이 시·군·구 특수교육운영위원회의 심사를 거쳐 이를 결정한다.'

고 명시하고 있다.

특수교육대상자의 선정 절차 및 교육지원 내용의 결정(제16조)에서는 첫째 '특수교육지원센터는 진단 · 평가가 회부된 후 30일 이내에 진단 · 평가를 시행하여야 하며, 둘째 특수교육지원센터는 제1항에 따른 진단 · 평가를 통하여 특수교육대상자로의 선정 여부 및 필요한 교육지원 내용에 대한 최종의견을 작성하여 교육장 또는 교육감에게 보고하여야 하며, 셋째 교육장 또는 교육감은 특수교육지원센터로부터 최종의견을 통지받은 때부터 2주일 이내에 특수교육대상자로의 선정 여부 및 제공할 교육지원 내용을 결정하여 부모 등 보호자에게 서면으로 통지하여야 한다. 교육지원 내용에는 특수교육, 진로 및 직업교육, 특수교육 관련 서비스 등 구체적인 내용이 포함되어야 '고 명시하고 있다.

「장애인 등에 대한 특수교육법」 시행령(2008) 제14조 장애의 조기발견에 따르면 첫째 '교육장 또는 교육감은 영유아의 장애 및 장애 가능성을 조기에 발견하기 위하여 지역주민과 관련기관을 대상으로 홍보를 실시하고, 해당 지역 내 보건소와 병원 또는 의원(醫院)에서 선별검사를 무상으로 실시하여야 하며, 둘째 교육장 또는 교육감은 제1항에 따른 선별검사를 효율적으로 실시하기 위하여 지방자치단체 및 보건소와 병 · 의원 간에 긴밀한 협조체제를 구축하여야 하며, 셋째 보호자 또는 각급학교의 장은 제15조 제1항 각 호에 따른 장애를 가지고 있거나 장애를 가지고 있다고 의심되는 영유아 및 학생을 발견한 때에는 교육장 또는 교육감에게 진단 · 평가를 의뢰하여야 한다. 다만, 각급학교의 장이 진단 · 평가를 의뢰하는 경우에는 보호자의 사전 동의를 받아야 하며, 넷째 교육장 또는 교육감은 제3항에 따라 진단 · 평가를 의뢰 받은 경우 즉시 특수교육지원센터에 회부하여 진단 · 평가를 실시하고, 그 진단 · 평가의 결과를 해당 영유아 및 학생의 보호자에게 통보하여야 하며, 마지막으로 제1항의 선별검사의 절차와 내용, 그 밖에 검사에 필요한 사항과 제3항의 사전 동의 절차 및 제4항에 따른 통보 절차에 필요한 사항은 대통령령으로 정한다.'고 명시하고 있다.

구체적인 특수교육대상자 진단 · 평가의뢰서 제출 및 처리 절차는 아래 〈그림 3-1〉과 같다.

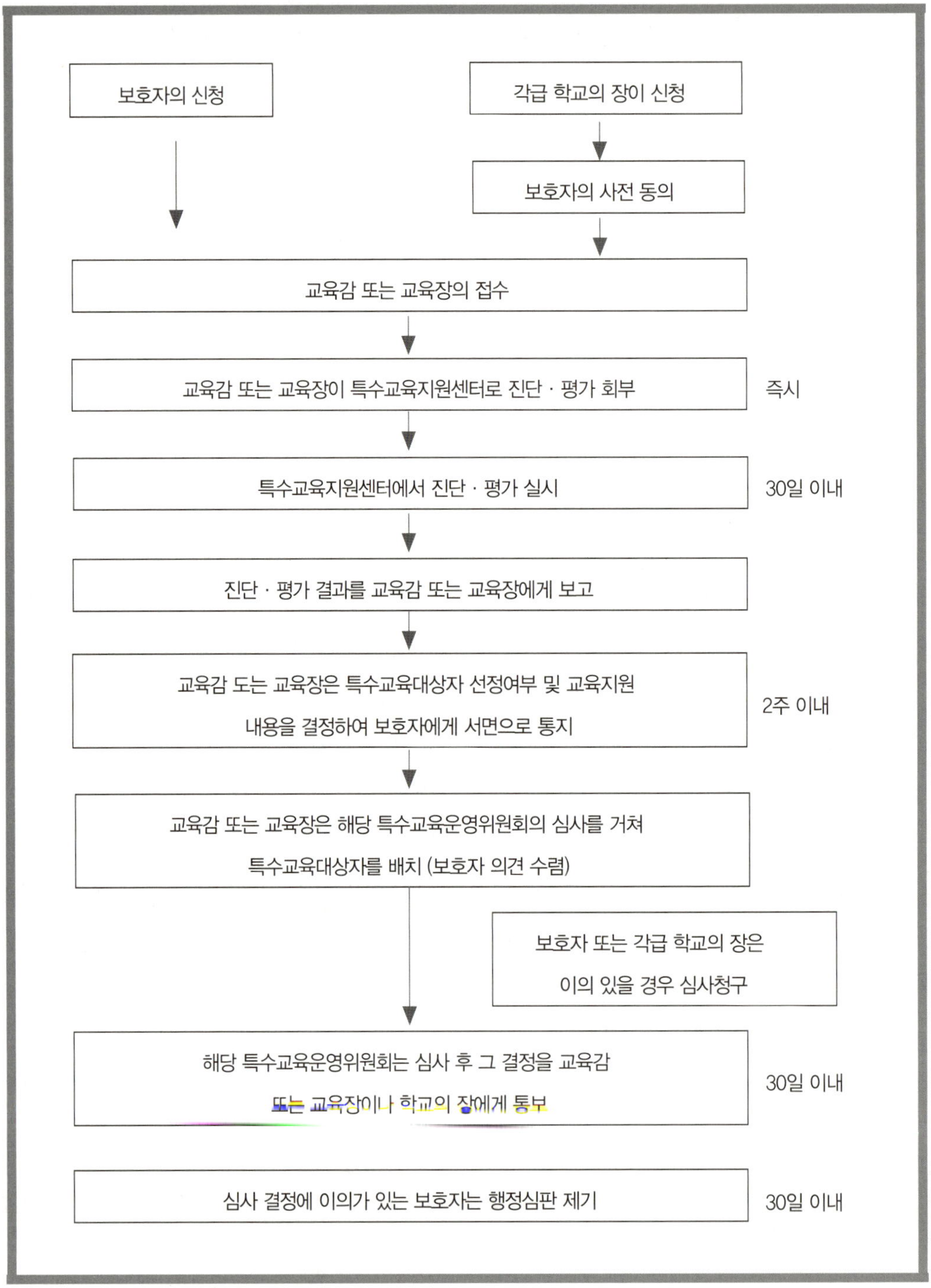

〈그림 3-1〉 특수교육대상자 진단 · 평가의뢰서 제출 및 처리절차

02 진단의 정의

발달지체영유아를 위한 진단의 절차와 진단 도구 사용과 같은 진단의 실제는 유아특수교육에서 매우 중요하며(Davis, Kilgo, & Garnel-McCormick, 1998; Neisworth & Bagnato, 1996, 2000), 많은 사람들의 관심과 논쟁의 초점이 되고 있다. Neisworth와 Bagnato(1996)는 그러한 이유를 첫째, 특수교육에 대한 적격성 판정과 관련하여 진단의 기능, 즉 진단이 특별한 서비스 및 배치를 인정하거나 부정하는데 있어 필수적이며, 둘째, 중요한 교수 및 서비스 전달과 관련된 결정을 위해서는 프로그램 계획에 대한 진단 및 진전도 점검 등이 필요하며, 셋째, 프로그램에 대한 책무성이 주 관심사가 되기 때문이라고 하였다(조광순 · 이미선, 2002).

일반적으로 진단은 유아들과 그들의 가족의 발달적, 교육적, 의학적, 정신건강의 변화에 대하여 부모와 전문가들이 반복적으로 의사를 조정하고 합의하는 의사결정을 위한 계속적이고 협력적인 과정으로 정의할 수 있다(Bagnato, Neisworth & Munson, 1997; Greenspan & Meisels, 1996; Bagnato & Neisworth, 1991; Venn, 2000). 또한 진단은 유아의 독특한 요구 및 발달 향상과 관련된 가족의 강점, 관심사, 우선순위, 및 아동과 가족에게 필요한 중재의 범위를 알아내기 위하여 서비스가 제공되는 동안 지속적으로 이루어지는 절차를 의미한다(DEC Task Force on Recommended Practices, 1993; Cook, Tessier & Klein, 2000). 즉 유아특수교육에서의 진단은 유아특수교육의 적격성(eligibility) 판정에 필요한 종합적인 사정이며, 반복성과 지속성의 특성을 지닌다.

일반적으로 발달지체영유아를 위한 진단은 유아를 둘러싸고 있는 환경 내에서의 지속적인 직접적 관찰에 의한 사정을 중요시하고 있으며(Barnett, Macmann, & Carey, 1992; Benner, 1992), 전문가 판단 중심의 진단(Fleischer et al., 1990; McLean, Bailey & Wolery, 1996; Meisels & Atkins-Burnett, 2000) 및 다양한 자료 수집 방법과 절차를 이용하여 다차원적 접근에 의한 사정을 통하여 유아의 현재 발달 수준에 대한 전반적인 이해와 필요한 중재 계획을 수립할 수 있도록 한다(조광순 · 이미선, 2002). 이러한 관점에서 진단 · 평가의 실행 시, 다차원적 접근의 사정에서는 수렴적 사정(convergent assessment)이 적용되어야 함을 강조하고 있다(이준석 · 조광순, 2004; U.S. Ministry of Education, 1997; Neisworth & Bagnato, 1996).

수렴적 사정은 광범위한 기초에 입각한 증거를 수집하기 위해 다양한 출처, 회기, 도구, 영역 및 상황으로부터 얻은 정보를 결합하는 것을 의미하는 것으로써(Bagnato & Neisworth, 1991; Sandall, Mclean, & Smith, 2000), 발달지체영유아의 비연속적인 발달과정 상의 특성으로 인해 한 시점에서만 진단하는 것에 따른 문제와 감각, 반응, 기질에 따른 개인 간의 차이로 인한 표준화된 검사 도구의 신뢰도와 타당도의 문제로 인하여 검사과정 시 유아와의 관계 형성, 동기 및 주의 집중 등을 고려하여 실시해야 한다(이준석 · 조광순, 2004). 이를 위하여 수렴적 사정을 가능하도록 도울 수 있는 다양한 선별 및 진단 도구의 지원과 다양한 발달 영역을 총체적으로 보여줄 수 있는 종합적 선별 또는 진단을 가능하게 해주는 도구의 개발이 필요하다(조광순 · 이미선, 2002; U.S. Ministry of Education, 1997; Neisworth & Bagnato, 1996; DEC, 1993). 수렴적 사정에 필요한 사항을 그림으로 나타내면 〈그림 3-2〉와 같다.

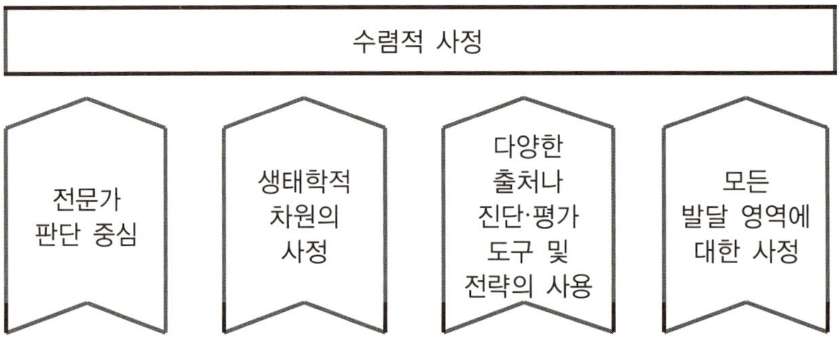

〈그림 3-2〉 수렴적 사정을 위한 강조사항

03 진단 절차

사정(assessment)이란 아동에 관한 의사결정을 할 수 있도록 정보를 수집하는 과정으로 Bricker(2002)와 Macy(2004)는 진단 절차를 목적에 따라 선별 혹은 조기발견(screening), 적격성 판단(eligibility), 교육계획안 작성(goal development), 평가(evaluation)의 단계로 구성하였으며, Peterson(1987)과 Lerner(1998)는 진단의 단계를 발견(finding), 선별(screening), 진단(diagnosis), 프로그램 계획(program planning), 진전 점검(progress monitoring), 프로그램 평가(program evaluation)와 같이 여섯 단계로 제시하면서 각 단계는 각각 독립적 성격을 지니고 있으며 동시에 상호 관련이 있는 과정으로 설명하였다(조광순 · 이미선, 2002).

각 단계에 대하여 간단하게 살펴보면, '발견'은 선별 의뢰가 필요한 어떤 특정적인 행동이나 발달적 지연을 나타내고 있는지를 알아보는 것이며, '선별'은 발견과는 달리 좀 더 자세한 진단적 평가나 중재 서비스를 받아야 할 문제의 가능성을 보이고 있는지 알아보기 위한 간단한 검사(quick test)를 의미하며, '진단'은 더욱 심층적인 평가(evaluation)와 사정(assessment)을 통해 문제의 심각성을 확인하고, 어떠한 중재가 필요한지를 알아보고 전문가들에 의해 구체적이고 적절한 서비스를 제공하는 과정이다. 다음으로'프로그램 계획'은 개별화교육계획(Individualized Education Plan: IEP) 개발을 위한 유아의 기능 수준 및 기타 다른 수행 자료를 얻는 단계이며, '진전 또는 수행 점검'은 중재 프로그램을 통한 활동의 결과로써, 유아의 새로운 기술의 숙달을 점검하는 것을 말하며, 마지막 단계로 '프로그램 평가'는 중재 프로그램의 질을 평가하고, 프로그램이 유아 혹은 부모에게 미치는 효과를 증명하는 단계이다(이준석 · 조광순, 2004).

1. 발견

Lerner(1998)와 McLean(1996)은 유아특수교육대상자나 혹은 그 대상자가 될 가능성이 있는 유아를 찾아내는 체계적인 과정을 발견(finding)으로 정의하였으며, Bourland와 Harbin(1987), 그리고 Pavri(2001)는 이러한 발견 체계에는 기관 간 연계망 및 의뢰체계, 대중 인식 프로그램, 선별 프로그램, 사례 관리 및 추적시스템 등이 포함된다고 하였다. 특히 이러한 발견이 중요한 이유는 아직 미성숙한 단계에 있을 때 유아의 문제를 발견하여 조기에 특수교육 및 관련 서비스를 제공함으로써 향후의 문제를 예방할 수 있다는 것이며(조광순, 2004), 또한 조기에 가족과의 상담과 자녀의 조기교육 및 치료 지원을 통해 가족이 갖는 스트레스를 감소시킴으로써(김정진 · 최민숙, 2004) 가족을 지원할 수 있게 된다. 즉, 조기에 가족의 기능을 강화시킴으로써 자녀 교육에 가족이 적극적으로 참여하도록 하여 아동의 발달을 촉진시킬 수 있게 된다(Trivette & Dunst, 2000).

2. 선별

선별(screening)이란 일반적으로 좀 더 심도있는 진단 절차가 필요한지를 알아내기 위한 빠르고, 쉽고, 경제적인 간단한 검사를 의미한다(Squires, Nickel, & Bricker, 1990). 즉 보다 전문적인 진단이 필요한 지를 결정하는 과정으로써 정상발달의 범주에 포함되지 않는 영유아를 확인하고자 하는 과정이라고 할 수 있다. 영유아의 발달은 고정적이지 않고 연속적이며 다른 시기보다 발달의 속도가 빠르고, 성장 가능성이 가장 높다(장혜성 · 하지영 · 서소정, 2007; 한국보육시설연합회, 2006). 따라서 선별은 일회성이 아닌 반복적 성격을 띠어야 하며, 연령에 따른 유아의 발달 변화를 점검하는 것이 필수적이다(Mardell-Czdnowski & Goldenberg, 1998). 또한 발달지체영유아의 조기선별은 유아의 잠재 가능성을 조기에 계발할 수 있도록 하며, 예방적 차원에서 장애 및 발달 지체의 위험요인 군에 속하는 영유아들을 대상으로 발달 지체의 징후를 파악하는 데 초점을 둠으로써 1차적인 예방적 접근(primary prevention)방법을 적용하여 장애를 감소시키는 결정적인 역할(이소현, 2000b; 조광순 · 전병운 · 유재연 · 이준석, 2003)을 할 뿐만 아니라 궁극적으로는 국가의 특수교육 및 사회복지 예산 비용의 절감효과를 가져온다(장혜성 · 서소정 · 하지영, 2009). 미국의 경우, 주로 3~5세의 취학 전 유아들의 선별이 중점적으로 이루어지고 있으며, 현재 많은 주에서 유아의 발달선별을 의무화함으로써 유아가 유치원에 입학하기 전 발달 선별 결과에 관한 증빙 서류를 제출하도록 하고 있다. 이와 같은 조기 선별은 결과적으로 유아의 청력, 시력, 건강 및 발달 상태 외에 최근에는 발달과 학습에 영향을 주는 환경적 위험 요인까지 선별 과정에서 알아내는 데 그 목적을 두기도 한다(이준석 · 조광순, 2004; Guidubaldi & Dezolt, 1991; Meisels & Provence, 1989).

이러한 선별 절차는 교육, 건강, 행동 및 환경과 같은 다양한 영역에 걸쳐 발생할 수 있는 문제점들이 파악될 수 있도록 여러 분야의 전문가가 참여해야 할 필요성이 있으며 (Meisels & Provence, 1989), 이를 위하여 표준화된 검사도구나 체크리스트, 아동의 관찰, 부모 면담 등과 같은 다양한 방법들이 사용된다. 대부분의 선별 검사 도구들은 일반적으로 짧고 간단하며, 다양한 영역의 전문가들이 쉽게 사용할 수 있는 도구가 권장되고 있다(Meisels & Provence, 1989). 검사의 수행 시간은 약 15~20분 정도로 짧고, 정확해야 하며, 검사 문항은 유아의 모든 발달 영역을 포함하여야 하며, 경제적이고, 높은 타당도와 신뢰도를 보여야 한다(Meisels & Wasik, 1990). 선별도구를 사용할 때에는 필수적으로 영유아를 잘 아는 부모와 협력하여 검사가 이루어진다(Hanson & Lynch, 1995).

3. 적격성 진단

적격성 진단(eligibility)은 유아의 발달지연이나 장애 여부를 결정하는 것으로 특수교육 및 특수교육 관련 서비스가 필요한지를 결정하기 위한 정밀한 검사이다. 흔히 이 단계에서는 훈련된 전문가들에 의해 높은 타당도와 신뢰도가 추측되는 규준지향 평가(norm-referenced assessment) 도구가 사용되며, 유아의 발달 수준을 또래 유아들과 비교함으로써 유아의 특수교육 서비스 적합성 여부를 진단한다(노진아, 2005). 그러나 발달지체영유아들을 대상으로 이러한 규준지향 평가를 사용하는 것에 대하여 다음과 같은 문제점들이 발생할 수 있다(Bondurant-Utz, 2002; Bricker, 2002; Yesseldyke, 2001; Sandall, McLean, & Smith, 2000; Bricker, 1996).

첫째, 검사자는 정해진 자료와 절차를 고수하게 됨으로써, 유아의 흥미와 개별적인 요구를 고려하지 않을 수 있다.

둘째, 대부분의 규준지향 검사는 유아가 실제 일상생활에 필요한 기능적인 기술을 포함하고 있지 않다.

셋째, 규준지향 검사의 결과는 개별화 교육 목적과 목표의 기술 및 발달의 진전을 측정하는데 적절하지 않을 수 있다.

넷째, 대부분의 규준지향 검사의 표준 집단은 전형적인 발달을 보이는 유아만을 포함한다.

다섯째, 유아와 관계가 형성되지 않은 성인이 일대일의 상황에서 시행함으로써 부정확한 검사 결과를 초래할 수 있다.

여섯째, 점수체계 혹은 상대적으로 적은 검사항목 수는 아동의 진전된 발달을 측정하는 데 부적합할 수 있다.

4. 교육과정 중심 진단평가

적격성 진단을 통해 유아가 특수교육 서비스를 받는데 적절하다고 판단되면 전문가들은 개별화교육계획(IEP) 및 개별화가족지원계획(IFSP) 작성을 위해 교육과정 중심 진단 및 평가를 실시해야 한다. 또한 정확하고 포괄적인 정보수집을 위해 다양한 진단평가 도구를 활용해야 하며 직접 관찰과 부모 및 유아에 대하여 잘 알고 있는 전문가를 포함한 여러 사람들과의 면담 등 비형식적인 진단을 적절히 활용해야 한다(노진아, 2005).

Bricker(2002)는 교육과정 중심 진단평가에 지원 첫째, 교육과정 중심 진단평가는 높은 질의 개별화교육계획(IEP)과 개별화가족지원계획(IFSP)의 작성에 도움을 주는 기능적인 발달 목표들을 제공하며, 둘째, 아동의 발달 진전 점검과 중재 내용을 지지하고, 셋째, 일반유아들과의 통합을 촉진하도록 하며, 넷째, 관련 전문가, 가족 구성원들 간의 참여와 협력을 촉진함으로써 현장에서의 적용이 보다 더 활성화되고 있다고 보고하였다.

이와 같은 교육과정 중심 진단평가의 장점에도 불구하고 하정주(2003)는 현재 우리나라에서 사용되고 있는 교육과정 중심 진단 및 평가 도구들은 모든 아동의 발달 영역을 포함하지 못하고 있음을 문제점으로 지적하였으며, 98.1%의 교사들은 새로운 교육진단 도구의 개발과, 중도 · 중복장애 유아를 위한 교육진단도구의 개발이 필요하다고 지적하였다. 또한 허계형(2003)은 장애 중심 개별화 목적 및 목표는 개선이 필요하며, 이를 위하여 개별화교육계획(IEP)

작성에 적절한 평가 도구의 개발 및 사용의 촉진이 필요하다고 주장하였다. 현재 미국에서 대표적으로 사용되고 있는 교육과정 중심 진단 도구인 AEPS (Assessment, Evaluation & Programming System)와 HELP(Hawaii Early Learning Profile)는 아동을 위한 높은 질의 교육과정 중심 진단 및 평가 도구로 평가받고 있다(Bagnato, Neisworth, & Munson, 1997). 그러므로 이러한 교육과정 중심 진단 및 평가 도구의 사용을 장려하고 이러한 도구들을 우리나라 교육 현장에서 아동들에게 적합하게 재표준화를 하기 위한 정책적인 지원이 필요하다(노진아, 2005). 아울러 교육과정 중심 진단 및 평가 도구의 사용은 Bagnato와 Neisworth(1991)가 제시한 발달지체영유아의 진단에 있어서 고려되어야 할 8가지 기준과 미국의 특수교육대상아동학회(CEC)의 유아교육분과(DEC)가 제시한 진단 및 평가에 있어서의 최상의 실제(best practice)와 잘 부합된다(Sandall, McLean, & Smith, 2000).

5. 평가

마지막 단계인 평가는 유아가 특수교육 및 관련 서비스를 받는 동안 발달 정도 및 프로그램의 적절성을 알아보는 과정이다(McLean, Bailey, & Wolery, 2004). 이 단계의 목적은 유아의 계속적인 진보 및 프로그램의 효율성 점검을 통하여 필요에 따라 수정을 하고자 함에 있다. 평가의 단계에 대하여 Bricker와 Gumerlock(1988)은 첫 번째 단계에서 간단한 검사를 통한 구체적인 교수 목표에 대하여 아동의 발달 정도를 매주 측정하며, 두 번째 단계에서는 교육과정 중심 도구를 통하여 장 · 단기 교수 목표에 대한 아동의 발달 정도를 년 4회에 걸쳐서 측정하고, 세 번째 단계에서는 규준참조평가를 통하여 아동의 전반적인 발달 정도를 측정하는 것으로 설명하였다. 아래 〈그림 3-3〉은 이들이 제시한 프로그램 평가의 단계를 나타낸 것이다.

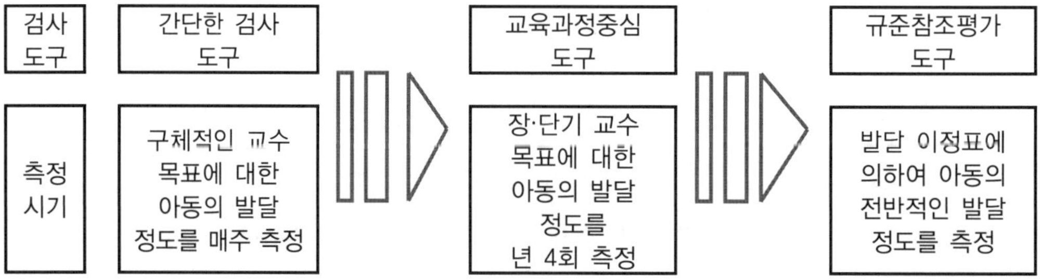

〈그림 3-3〉 프로그램 평가의 단계

유아의 진전은 프로그램의 효율성을 평가하는 지표가 될 뿐 아니라 유아의 발달을 점검하고 중재를 수정하는 중요한 지표이다. 또한 여러 발달 영역에서의 유아의 진전을 측정하고 중재를 수정하기 위해서는 교육과정 중심 진단도구의 사용이 유아특수교육 전문가들에 의해서 추천되고 있다(노진아, 2005 재인용; Bricker, 2002).

한편 수행-중심 평가 도구인 포트폴리오의 활용에 대한 연구가 특수교육대상아동을 대상으로 활발히 진행되고 있다. 포트폴리오 평가(portfolio assessment)는 다양한 교육 현장에서 학습활동과 관련한 아동의 작업 수행물이나 작품 등(works)을 수집하여 비형식적으로 평가하는 방법이다. 특별히 인지, 언어, 신체, 심리-사회-정서 및 적응행동기술 발달에 발달 지체를 보이는 취학 전 아동뿐 아니라 행동 및 학습에 문제가 있는 학년기 아동에게 발달의 다양한 측면과 함께 교육과정의 융통성을 제공하고 발달 영역 및 교과 내용에 대한 지속적인 평가를 가능하도록 해준다(이병인, 2002).

04 진단의 질 제고

일반적으로 질 높은 진단은 유아의 행동과 가정환경에 대한 정보수집, 임신 기간부터 유아의 성장발달사와 병력, 유아 행동을 직접 관찰하여 얻은 사회성이나 의사소통 등의 일반적 능력, 표준화 검사 결과 등의 다양한 정보를 확보하기 위하여 전문가의 임상 판단 및 가족을 포함하는 팀 접근을 통해 정보를 수집하게 된다(이소현, 2002; Brown & Seklemian, 1993). 특히 유아특수교육대상영유아들을 위한 교육계획의 수립 시 아동의 현 발달 수준과 교육과정을 근거로 개별화교육계획(IEP) 및 개별화가족지원계획(IFSP)을 수립하고 체계적, 종합적, 협력적인 절차와 방법을 이용하여 아동에 관한 다양한 정보를 수집해야 한다(조광순, 2002; 이소현, 2000a; Bricker & Cripe, 1992; Guralnick, 1998).

발달지체영유아는 변화가 심하고 일정하지 않은 발달적, 행동적 특성으로 인하여 이들을 위한 신뢰성과 타당성을 갖춘 진단검사 도구를 개발하는데 어려움으로 작용한다. 또한 검사의 결과를 다른 아동들의 점수와 비교하기 위해서는 표준화 작업이 반드시 필요함에도 불구하고, 표준화를 통해 나온 절차를 그대로 사용할 경우 그 아동들의 발달 수준을 정확하게 측정하는 것이 불가능하고 그 검사의 결과도 부적절할 수 있다(이준석 · 조광순, 2004).

발달지체영유아를 위한 진단검사 도구 개발의 또 다른 어려움은 검사 문항의 개발이다. 즉,

검사 문항이 어떻게 개발되었으며, 교육프로그램의 목표와 얼마나 일치하고 있는지를 유아특수교사가 알고 있어야 적절한 검사 도구를 선정할 수 있다. 그러나 유아특수교사들이 사용하는 많은 검사 도구들은 어떻게 검사 문항이 선정되었는지에 대한 설명이 부족한 것으로 나타났다(이준석 · 조명순, 2004; Bailey, Jens & Johnson, 1983).

우리나라에서 현재 영유아발달검사와 관련한 대부분의 영유아 선별 및 교육진단도구는 영유아를 대상으로 한 표준화 과정 및 문화적 적용 절차가 생략된 것이 많으며, 단지 번역과정만 거쳐서 출판된 도구들이 많아 발달이 지체되었거나 지체 가능성이 높은 영유아를 조기에 선별하여 적절한 교육적 중재를 위한 질적인 정보를 제공할 수 있는 교육진단검사도구로 활용하는 데에는 어려움이 있다(장혜성 · 서소정 · 하지영, 2009). 따라서 가정 및 유아특수교육 현장에서 적극적으로 활용하여 얻을 수 있는 결과를 바탕으로 동일 연령대의 일반 영유아와의 비교를 통해 유의미하게 낮은 점수를 받은 영유아의 발달지연을 조기에 발견하여 이후 심각한 장애로 발전하지 않도록 교육적 개입에 효과적으로 활용할 수 있는 선별 및 진단 · 평가 도구가 개발되어야 한다(이준석 · 조광순, 2004; 장혜성 · 하지영 · 서소정, 2007).

발달지체영유아를 대상으로 한 질적으로 우수한 진단 · 평가의 중요한 기준은 개별화교육계획(IEP)의 수립에 따른 의사결정을 하는데 도움을 주어야 한다(조광순, 2002; Neisworth & Bagnato, 1996). 질적으로 우수한 진단 · 평가란 첫째, 다양한 방법을 통한 아동의 정보 수집, 둘째, 복합적인 측정 방법을 사용한 정보수집, 셋째, 아동의 진단 · 평가에 타당한 도구의 사용, 넷째, 아동의 총체적 발달에 중점을 둔 사정, 다섯째, 가정 및 기타 다양한 환경에서 아동에게 기대되는 행동과 기술을 고려, 여섯째, 아동의 문화적 배경을 고려, 일곱째, 적절한 행동과 기술을 빈번히 사용하도록 기대되어지는 환경에서의 진단 실시, 여덟째, 정보수집 과정에서의 아동의 가족 참여, 아홉째, 아동의 행동과 기술에 대한 반복적 관찰, 열째, 일정한 기간을 두고 주기적인 진단 · 평가를 실시하는 것을 의미한다(DEC, 1993; Bagnato & NesiWorth, 1996; Sandall, McLean & Smith, 2000).

미국의 특수교육대상아동학회(CEC)의 유아교육분과(DEC)에서는 발달지체영유아 진단 · 평가를 위한 추천된 실제(Recommended practices)를 통하여 진단 첫째, 그 계획과 실행의 전(全)과정에서 전문가와 부모의 협력과, 둘째, 유아와 가족에게 적절하고, 개별화되며, 셋째, 중재를 위한 유용한 정보를 제공해야 하고, 넷째, 전문가들 간의 정보 교환과 다섯째, 규정 및 절차상의 요구를 준수할 것을 명시하고 있다(노진아, 2005; 이소현 외, 2007; Sandall, Hemmeter, Smith & McLean, 2005). 아래의 〈표 3-1〉은 '발달에 적합한 실제'의 진단 기준을 여덟 가지로 나타낸 것이며, 각각에 대한 구체적인 내용은 아래와 같다.

〈표 3-1〉 발달에 적합한 실제(DAP: Developmentally Appropriate Practices) 진단의 기준

1. 유용성(utility)	중재의 유용성
2. 수용성(acceptability)	사회적 가치
3. 실제성(authenticity)	자연적인 방법들과 맥락
4. 평등성(equity)	개별화된 요구에 따라 수정
5. 민감성(sensitivity)	적절한 측정
6. 수렴성(convergence)	생태학적 자료의 종합
7. 협력성(collaboration)	가족구성원 및 전문가들의 협력
8. 일치성(congruence)	특별한 디자인/현장검증/증거기반

출처: Neisworth, J. T., & Bagnato, S. J. (2004). The mismeasure of young children. Infants and Young Children, 17(3), 198-212. 노진아, 2005에서 재인용.

1. 유용성

'유용성(utility)'은 진단의 결과가 교육 활동에 실제적인 효용도가 높다는 것을 의미하는 것으로 교수 및 중재 목표의 수립과 영유아기 발달의 특징적인 행동 및 학습영역과 일치함은 물론 유아의 진전도를 점검하는데 충분히 민감해야 한다(DEC, 1993; McLean, Bailey & Wolery, 1996; Sandall, McLean & Smith, 2000).

2. 수용성

'수용성(acceptability)'은 진단에 사용하는 자료나 방법이 부모, 교사, 아동에게 수용적이어야 함을 의미하는 것으로 진단 절차의 사회적 타당도를 의미한다(DEC, 1993; McLean, Bailey & Wolery, 1996; Sandall, McLean & Smith, 2000). 이러한 높은 사회적 타당도의 결과를 얻기 위해서는 첫째, 기능적 기술과 관계된 진단이 이루어져야 하며, 둘째, 부모, 교사, 유아는 사용되는 진단 · 평가 도구 및 접근 방법에 동의하고 수용할 수 있어 야 하며, 셋째, 유아의 발달적 진전과 함께 기능적 목표 및 변화에 대한 관심과 만족을 평가함으로써 사회적으로 의미 있는 변화를 발견해낼 수 있어야 한다(Neisworth & Bagnato, 2000).

3. 실제성

'실제성(authenticity)'은 자연적인 환경에서 아동의 행동을 관찰하여 진단 · 평가가 이루어지도록 하는 것을 의미하며, 평정척도나 직접관찰, 놀이상황에서의 수행 중심 진단 · 평가, 포트폴리오 평가, 작업 표본체계의 수집, 교육과정 중심의 체크리스트, 부모 면담 조사지 등을 이용한다(조광순, 2005; Neisworth & Bagnato, 2000). 이 중에서 사실/수행중심의 진단 · 평가 모형(authentic/performance assessment model)은 자연적으로 발생하는 실제 상황에서 유아의 수행과 행동 등을 관찰함으로써 유아의 진전 또는 중재의 효과를 진단하는 수행적 측면과 유아의 현재 수준을 파악하는 사실적 측면을 평가할 수 있으며, 진단과 교수 활동의 연계적 특성을 지니고 있으므로 프로그램의 계획과 평가에 효율적인 접근 방법이다(Bricker, 1993; Coutinho & Malouf, 1992).

4. 평등성

'평등성(equity)'은 진단 · 평가 시 각 개별 유아의 차이가 반영되는 것을 의미하는 것으로 유아의 감각적, 반응적, 정의적, 문화적 특성 등을 강조한다. 또한 유아의 장애나 사회 · 문화적 차이에 따른 진단 · 평가의 불이익이나 진단 · 평가 과정이 편파적인가에 대한 사항을 의미한다(Neisworth & Bagnato, 2000).

5. 민감성

'민감성(sensitivity)'은 유아의 의미 있는 변화에 충분히 반응적이어야 함을 의미하는 것으로 유아의 의미 있는 변화를 감지하기 위해 비교적 많은 문항이 포함된 준거지향적 도구나 체계적인 관찰 방법이 적용된다(McLean et al., 1996).

6. 수렴성

'수렴성(convergence)'은 유아에게서 보이는 문제가 한 가지 영역(예: 사회성)에서 나타난다 할 지라도 발달은 서로 상호작용적이며 다른 영역의 발달에 상호 의존한다는 것을 고려하여 모든 발달 영역에 대한 진단을 해야 하는 것을 의미한다(McLean, Bailey Wolery, 1996; Neisworth & Bagnato, 1996).

즉, 여러 전문가들에 의해 여러 차례에 걸쳐 진단 · 평가가 이루어져야 신뢰할 수 있고 타당한 정보를 제공할 수 있다.

7. 협력성

'협력성(collaboration)'은 교육과정 중심 진단 도구를 이용하여 가족과 여러 전문가들을 포함한 팀 구성원들이 협력적으로 유아에게 진단 · 평가를 실시하는 것을 의미한다. 이는 진단 · 평가는 한 명의 전문가가 개인적으로 수행하는 것이 아니라 다양한 도구, 출처, 상황 및 회기에 걸쳐 체계적으로 정보를 수집하는 '팀 협력'에 의해 이루어지는 것을 의미한다(DEC, 1993; Neisworth & Bagnato, 1996).

8. 일치성

'일치성(congruence)'은 유아의 발달적 특성 및 수준과 생활연령에 적합하고(age- appropriateness), 유아의 흥미 등을 고려하여 이루어져야 하는 것으로 진단 · 평가의 자료는 진단하고자 하는 모든 유아를 대상으로 설계되어 검증 과정을 거친 것을 사용해야 한다(DEC, 1993; Neisworth & Bagnato, 2000).

05 검사 도구

1. 영유아 발달선별검사 도구

1) 한국영유아발달선별검사(K-DST)

2008년 영유아 국가건강검진 도입 이후 발달평가에 적용되어 온 외국 도구(K-ASQ(Korean-Ages and Stages Questionnaires), DENVER-II)를 대체하여 생후 4개월부터 71개월 사이의 영유아를 대상으로 개발한 검사 도구이다. 생후 초기의 나이가 어린 월령 집단의 경우 발달 속도가 매우 빠른 반면, 상위 월령 집단인 만 4~5세 집단은 상대적으로 발달 속도가 느린 영유아의 발달 특성을 반영하여 각 월령 집단의 간격을 2개월에서 6개월 차이로 구성되어 있다. 부모 작성형 도구로 총 6개의 핵심적인 발달 영역(대근육 운동, 소근육 운동, 인지, 언어, 사회성, 자조), 기본적인 움직임과 관련된 영역부터 인지발달과 그 외의 적응기능을 포괄적으로 평가하고, '전혀 할 수 없다, 하지 못하는 편, 할 수 있는 편, 잘 할 수 있다'의 4점 척도로 평가한다.

평가 결과는 양호(빠른 수준, 또래 수준), 주의(추적검사 요망), 정밀검사 필요(심화평가 권고)로 나타난다. 발달평가는 첫 영유아 검진 시기인 4~6개월 월령을 제외한 시기에 실시(총 6회)하는데, 영유아 월령에 적합한 건강 검진을 실시하여 영유아의 성장발달 사항을 추적 관리하고 보호자에게 적절한 교육프로그램을 제공하여 영유아 건강증진 도모하는데 목적이 있다(보건복지부 · 질병관리본부, 2017).

2) 한국판 영유아 기질 및 비전형 행동척도(Korean-Temperament and Atypical Behavior Scale)

영유아기의 기질과 행동은 발달에 중요한 영향을 미치기 때문에 발달 수준을 평가하고 문제가 있는 영유아를 선별하는 것은 중요하다. 본 검사 도구는 영유아에게 문제가 되는 역기능 행동을 측정하는 데 사용할 수 있도록 개발되었다. 영유아에게 관찰되는 행동의 부적응성은 대부분 외현적 행동과 관련되며 전문적인 검사를 통해 내현화 또는 외현화 문제 여부를 세부적으로 진단할 수 있다(김정미 · 조윤경, 2013). 검사 문항은 고립행동 요인 20문항, 과민감성/활동성 요인 17문항, 저반응성 요인 11문항, 자기조절 요인 7문항 총 55문항으로 구성되어 있고, 전체점수와 5개 요인별 점수를 근거로 영유아의 기질 및 비전형성 수준은 '정상', '위험', '비전형'으로 판별된다.

3) 베일리 영아발달 검사(Bayley Scale of Infant Development)

본 검사 도구는 영아의 현재 발달 수준을 측정하는 도구로써 출생 1개월~42개월까지 영아의 특정 장애 유무를 진단하기 위한 목적이 아닌 영아가 발달적으로 지체가 되었는지에 대한 유무를 규명하는데 사용된다(서경희 외, 1999). 본 검사는 기본적으로 인지 척도, 운동척도, 행동평가척도로 구성되어 있으며, 인지 척도는 기억, 문제해결, 일반화, 분류, 변별, 타인 조망, 수 세기 등의 인지발달과 발성, 어휘, 수용언어, 표현언어, 전치사 사용 등 개인-사회성 발달의 언어발달을 측정하는 178문항, 운동척도는 잡기, 쓰기, 도구의 사용, 손 운동 모방의 소근육 운동과 구르기, 기기, 앉기, 서기, 걷기, 뛰기, 균형 잡기 등의 대근육 운동을 측정하는 111문항, 행동평가척도는 주의 및 각성상태와 과제 및 검사자에 대한 참여정도, 정서조절과 운동의 질을 평가하는 30문항, 총 319문항으로 으로 구성되어 있다(김진호 외, 2018).

4) 한국형 덴버 발달 선별 검사 II(Korean Denver Development Screening Test: K-DDST II)

본 검사 도구는 W. K. Frankenburg(1967)에 의해 개발되었으며, 발달적으로 지체를 보이는 아동을 조기에 발견하기 위한 선별검사로 사용된다. 검사대상은 생후 1개월~6세까지의 유아이며, 검사내용은 대 운동, 언어, 소 운동-적응기능, 개인성-사회성 등으로 구성되어 있다. 대근육은 앉고 걷고 뛰는 등 큰 근육운동 능력을 측정하는 것으로 27문항, 언어는 듣고 이해하고 언어를 사용하는 능력으로 34문항, 소근육-적응기능은 눈과 손의 협응, 작은 물체의 조작, 문제해결 능력을 측정하는 것으로 27문항, 개인성-사회성은 사람들과 상호작용하고 일상생활을 위한 개인적 요구를 스스로 해결할 수 있는 자가간호 능력으로 22문항, 총 110문항으로 구성되어 있다.

합격 여부를 50% 표시 가까이에 기호로 기입하는데, 합격을 한 경우에는 P(Pass), 실패한 경우 F(Fail), 거부할 경우 R(Refuse), 그 항목을 한 적이 없을 경우에는 N.O.(No Opportunity)로 기입한다(김진호 외, 2018). 4개 발달 영역에 대한 검사 구성 내용은 다음 〈표 3-2〉와 같다.

〈표 3-2〉 K-DDST II 검사 내용

발달 영역	내 용
1. 개인성, 사회성	다른 사람과의 관계 유지 및 자기 자신을 돌보는 능력에 대한 검사
2. 소근육 운동, 적응성	손을 이용하여 물건을 집거나 그림 그리기 등의 능력에 대한 검사
3. 언어	명령을 듣고, 수행하고, 말할 수 있는 능력에 대한 검사
4. 대근육 운동	앉고, 걷고, 뛰는 능력에 대한 검사

출처: 고은영 (2008). K-DDST Ⅱ의 신뢰도 측정. 서울대학교 대학원 석사학위 논문. 수정발췌

5) 한국판 유아발달 선별검사(K-DIAL-3)

본 검사는 미국 장애인교육법(IDEA, 1997) 개정 법안에서 요구하는 5개 발달영역을 선별하도록 개발된 DIAL-3(Developmental Indicators for the Assessment of Learning-Third Edition)을 전병운과 조광순(2003)이 한국의 실정에 맞게 표준화하여 초등학교 취학 전 3세~6세 유아를 대상으로 5개 발달 영역 즉, 운동, 인지, 언어, 자조-자립, 사회성 영역의 발달 정도에 대한 선별 검사용으로 사용한다. 부모 보고와 개별 검사를 함께 실시하고 3점 척도(항상 또는 대부분 그렇다/때때로 또는 부

분적으로 그렇다/ 전혀 또는 전혀 그렇지 않다)로 평정하며 잠재적 지체(발달 지체의 가능성)와 통과(생활연령에 적합한 기술 발달)로 선별할 수 있다.

검사내용의 구성은 운동과 인지 영역에서 각각 7문항, 언어영역은 6문항, 자조 영역은 15문항, 사회성 영역은 20문항, 심리 · 사회적 행동영역은 9문항으로 구성되어 있으며, 총 소요 시간은 30분 이내이다(서경희 외, 1999; 이준석 · 조광순, 2004).

본 검사는 유아의 발달 상태에 대한 간단한 검사를 통하여 발달 지체나 장애 가능성을 예측함으로써 잠재적인 학습 문제, 발달상의 문제, 장애 위험 가능성이 있는 유아를 선별할 수 있는 특징을 가지고 있으며, 보다 심층적인 진단을 필요로 하는 발달지체유아를 조기에 선별할 수 있다. 검사 방법은 부모와의 면담(부모용 질문지), 검사자의 유아행동관찰(검사 기록지), 유아의 운동영역, 언어영역, 인지 영역에 대한 검사 수행(검사기록지)을 통해 종합적인 유아의 발달 정도를 선별한다(정인숙 외, 2008).

6) 부모 작성형 유아모니터링체계(K-ASQ)

본 검사는 잠재적 발달 문제를 보이는 영유아 판별을 위해 부모가 작성하는 영유아 모니터링 체계로 Squires 등(1999)에 의해 미국 오레곤 대학에서 개발한 Ages & Stages Questionnaires(ASQ)를 한국의 실정에 맞게 전국의 영유아 및 부모 3,000쌍 이상에 적용하여 연구된 부모작성용 선별도구이다. 검사대상은 4개월~60개월의 영유아이며, 저비용으로 출생 후 첫 5년간의 결정적 시기에 발달지체유아를 선별할 수 있는 특징을 가지고 있다(정인숙 외, 2008). 질문지는 삽화로 표현되어 있으므로 부모가 사용하는데 편리하게 구성되어 있으며, 가정, 보건소, 병원, 어린이집, 기타 유아가 생활하고 있는 환경에서 유용하게 사용할 수 있다(이준석 · 조광순, 2004).

7) 영유아 발달선별검사(K-CDR-R)

본 검시는 미국에서 개발된 Child Development Review(CDR)의 한국판 영유아 발달 선별도구로 우리나라에서 1세~6.3세 아동 1,143명을 표준화 집단으로 하여 개발된 K-CDI에 근거하여 K-CDR로 재 표준화되었으며, 0세~5세 유아를 대상으로 실시한다. 부모질문지를 통해 아동 발달에 대한 부모의 관찰, 질문, 관심(걱정) 등을 파악하고 제시된 아동발달표를 통해 5개 영역에 대한 발달 상태를 파악함으로써 아동의 발달과 적응에 대해 모니터하는 간편한 발달선별검사이다(신희선 · 김정미 · 임성오, 2007; 정인숙 외, 2008). 부모질문지에는 6개의 서술형 질문과 25개의 문제행동이 포함되어 있으며, 정상발달, 경계선 발달, 지연발달로 평가된다. 본 검사는 부모의 관심(걱정)에 대하여 반응적 일 수 있다는 것과 긍정적인 양육 능력을 키울 수 있게 사전지도를 할 수 있도록 함으로써 적절한 조기 중재로 이끌 수 있는 장점을 가지고 있다(신희선 · 김정미 · 임성오, 2007).

8) 아동발달검사(K-CDI)

자녀의 행동에 대한 부모의 관찰을 토대로 작성되어지는 부모보고식 검사로 생후 15개월에서 만 6세까지 연령을 대상으로 한다. 아동의 사회성(35문항), 자조행동(38문항), 대근육운동(29문항), 소근육운동(30문항), 표현언어(50문항), 언어이해(50문항), 글자 (23문항), 숫자(15문항)영역, 그리고 전체발달을 포함하는 척도로 구성되어 있고, 현재 나타나는 아동의 증상과 문제를 측정할 수 있는 문항은 30문항으로 구성되어 있다. 아동의 조기 발달적 문제나 장애 여부 선별에 유용하며, 부모나 교사의 교육계획 및 중재를 위한 기초자료로 활용될 수 있다. 또한, 청각 능력, 건강, 성장, 행동상의 문제 등과 같은 현재 아동의 발달에 대해 의심되는 증상과 문제를 체크하는 항목이 있어 발달진단 결과를 이해하는데 유용한 자료를 제공한다(김정미 · 신희선, 2006).

9) DEP 영아선별 · 교육진단 검사

본 검사는 국내 연구진에 의해 우리나라 영아들을 대상으로 표준화 작업을 거쳐 제작된 검사도구로 생후 0~36개월 사이에 있는 발달지체영아나 장애 가능성이 있는 영아의 6개 발달 영역(대근육 운동기술, 소근육 운동기술, 의사소통, 사회정서, 인지, 기본생활)을 평가할 수 있다. 부모, 양육자, 교사가 직접 관찰해서 수행 여부를 검사할 수 있으며, 대상 영아를 관찰한 경험이 없는 제3의 평가자가 부모, 양육자 교사를 대상으로 면접 질문을 통해 대상 영아의 현행 발달 수준을 검사할 수 있다. 검사를 통해 영아의 발달 수준을 확인하고, 영아가 지닌 장점과 취약점을 파악할 수 있고 개별화교육프로그램을 실행하기 위한 객관적이고 체계적인 정보를 제공한다(장혜성 · 서소영 · 하지영, 2008).

2. 교육과정 중심 진단 도구

1) 영유아를 위한 사정, 평가 및 프로그램 체계(AEPS)

본 검사는 미국에서 1970년대 초에 개발되기 시작하여 몇 차례 수정 보완을 거친 후 1993년에 0~3세용 검사와 교육과정이 개발되었으며, 1996년에 3세~6세용 검사와 교육과정이 완성되었다(심성경 · 박주희 · 최대훈, 2005). 또한 발달지체영유아 및 장애 위험이 있는 아동을 위한 사정, 교육목표 개발, 중재, 그리고 평가를 연결하는 교육과정 중심의 사정, 평가 도구이며, 교육과정의 영역에 가족 참여 요소를 포괄적으로 포함하고 있다.

본 검사의 주요한 목적은 영유아의 '발달적으로 적합한' 교육적 목표를 확인, 점검하고 개별화된 중재를 계획하는 데 있어 전문가와 부모를 돕는 것이다. 주요 특징은 검사 문항들이 영유아의 초기 중요한 성장 과정에 따라 6가지 중요한 발달 영역인 소근육 영역, 대근육 영역, 적응 영역, 인지 영역, 언어영역, 사회성 영역을 중심으로 기술 수준을 파악하는데 강조점을 두고 모든 영유아를 대상으로 계속적인 관찰과 평가가 가능하다는 것이다(심성경 · 박주희 · 최대훈, 2005; 정인숙 외, 2008). 본 검사의 구체적인 특징은 다음 〈표 3-3〉과 같으며, 절차는 〈그림 3-4〉와 같다(박주희, 2006).

〈표 3-3〉 AEPS의 특징

1. 유아의 현행 수준 평가 시, 매일의 일상(daily routines)과 놀이 상황(play setting)을 이용한다.
2. 기능적(functional)이고 일반화(generalization)할 수 있는 기술을 목표로 한다.
3. 여섯 가지 중요한 발달 영역을 포함한다.
4. 항목의 체계적인 배열성을 가지고 있다(단순→복잡).
5. 장애 정도와 상태에 따른 수정과 변형을 허용한다.
6. 활동-중심 접근법(Activity-Based Approach: ABI)과 연결된 교육과정을 포함한다.
7. 유아의 진전도를 연 4회 평가하여 관리한다.
8. 가족 참여와 가족의 의사결정을 권장한다.

출처: 박주희(2006). 개정 AEPS 검사에 기초한 교사용 영아발달 측정 도구의 심리측정학적 연구. 원광대학교 대학원 박사학위 논문에서 수정 발췌.

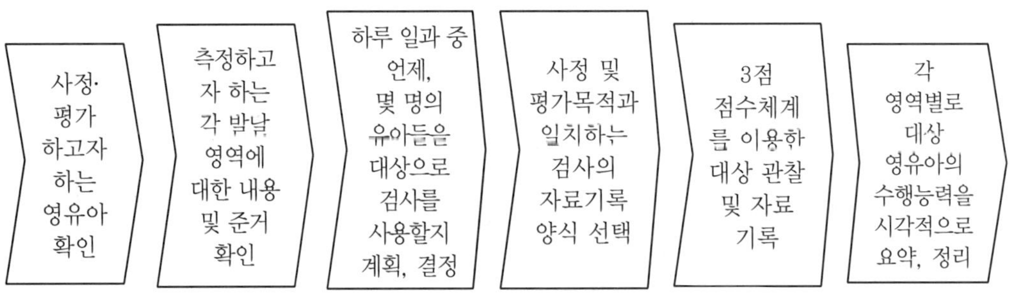

〈그림 3-4〉 AEPS의 검사 절차

출처: 박주희(2006). 개정 AEPS 검사에 기초한 교사용 영아발달 측정 도구의 심리측정학적 연구. 원광대학교 대학원 박사학위 논문에서 수정 발췌.

2) 캐롤라이나교육과정(CCPSN)

장애 유아를 위한 캐롤라이나 교육과정(The Carolina Curriculum for Preschoolers with Special Needs)은 25개의 세분화된 단계로 구분되어 있는 도구로, 0세에서 60개월 영유아를 대상으로 실시하며, 장애 영유아의 전반적인 발달을 총체적으로 평가, 계획 후 실행할 수 있다. 영유아 발달에 따라 각 단계별로 자세한 항목들이 수록되어 있고, 특별한 도구나 자료 없이 일반적인 장난감을 사용하여 시행할 수 있으며, 시행 후 도표에 표시할 수 있어 영유아의 전반적인 발전을 살펴볼 수 있다(한경근 · 신현기 · 최승숙 · 김은경 공역, 2016).

3. 지능검사도구

1) 한국 웩슬러 유아지능검사(K-WPPSI-V)

본 검사는 미국의 WPPSI-R(Wechsler Preschool & Primary Scale of Intelligence- Revised)을 기초로 한국에서 표준화하였으며, 만 2세 6개월~만 7세 7개월 사이 유아의 인지능력을 임상적으로 평가하기 위해 개발되었다. 2세 6개월~3세 11개월용 검사는 7개의 소검사로 구성되어 있으며, 3개 기본지표척도(언어 이해, 시공간, 작업기억)와 3개 추가지표척도(어휘 습득, 비언어, 일반능력)가 제공된다. 4세~7세 7개월용 검사는 15개의 소검사로 구성되어 있고 5개 기본지표척도(언어 이해, 시공간, 유동추론, 작업기억, 처리속도)와 추가지표척도(어휘 습득, 비언어, 일반능력, 인지 효율성)가 제공된다.

검사 방법은 아동이 흥미를 잃지 않게 하기 위해 동작성 및 언어성 검사를 번갈아 가며 실시하는 것을 원칙으로 하며, 아동이 특정 하위 검사에서 여러 번 어려움을 보이거나 검사를 거부할 때에는 다른 하위 검사를 먼저 실시한 후, 생략한 하위 검사를 실시한다(서경희 외, 1999). 또한 만 5세~7세 아동 중 지능이나 의사소통 능력에 어려움을 보이는 아동에게 본 검사를 사용할 것을 권장한다(박혜원, 2001; 박혜원 · 곽금주 · 박광배, 1995).

2) 한국판 그림지능검사(Pictorial Test of Intelligence: PTI)

본 검사는 일상생활에서 효율적으로 적응하기 위해 필요한 정신 능력을 중심으로 제작되었다(서봉연 · 정보인 · 최옥순, 1985). 검사대상은 4세~7세 아동이며, 검사 구성은 어휘력, 수계산 능력, 지각적 조직 능력, 기억력, 추리력의 6개 하위 검사로 구성되어 있으며, 검사 방법은 그림으로 된 사지선다형의 지능 검사로써 검사자가 말로 질문을 하면 피검사자인 아동이 4개의 그림 중에서 정답이 되는 1개의 그림을 골라내도록 한다. 이때 구어적 표현이나 말을 못하는 아동은 손가락이나 눈짓으로 정답을 가리킬 수 있다(정인숙 외, 2008). 본 검사는 성격상 수줍어하거나 언어장애가 있는 유아는 답을 알고 있으면서도 대답은 못 할 수 있으며, 손동작에 장애가 있는 유아의 경우, 검사를 받을 수 없거나 불리한 점수를 받을 수밖에 없는 이전의 지능 검사와는 차이가 있다(정인숙 외, 2008; 서경희 외, 1999).

3) 인물화에 의한 간편 지능검사

본 검사는 문화적 영향을 받지 않고, 투사적 기법에 의한 객관적인 방법이라는 점에서 의미 있는 검사라 할 수 있으며, 남자상, 여자상에 대한 그림을 그리게 하고 채점 규준에 맞추어 결과를 해석하는 동형검사의 한 종류라 할 수 있다(전영순 · 황순택, 2006; 서경희 외, 1999). 또한 본 검사는 Goodenough-Harris Drawing Test(구디나프 해리스 회화검사)를 우리나라 상황에 적합하게 개정한 것이며, 자기 자각과 신체개념에 대한 발달지표를 통하여 지적 능력을 측정한다(정인숙 외, 2008; 서경희 외, 1999). 본 검사의 장점으로는 아동의 일반적인 능력 수준에 대한 정보를 얻을 수 있기 때문에 선별도구로도 사용할 수 있으며, 아동들에게 부담을 주지 않는 효과적인 검사이며, 실시 중 아동의 행동을 관찰함으로써 많은 정보를 얻을 수 있다(서경희 외, 1999).

4) 한국 카우프만 아동지능검사 2판(K-ABC-Ⅱ)

본 검사는 만 3~18세에 해당하는 아동과 청소년의 정보처리와 인지능력을 측정하기 위해 개발된 지능검사이다(노주선 · 김지혜 · 조선미, 2003). 한국 카우프만 아동지능검사 2판은 적용 연령 대상이 K-ABC의 만 2~12세보다 확대되었고, 5개의 전체 척도에서 8개의 하위 검사를 유지하면서 10개의 새로운 하위검사가 추가되었다. 순차 처리, 동시 처리, 계획력, 학습력, 지식 등 광범위한 지적 능력을 측정할 수 있고 비언어성 척도를 포함하고 있어 언어장애나 다양한 문화적 배경을 가진 다문화가정의 아동과 청소년을 평가하는데 유용하다. 검사 도구와 검사 틀은 아동이 문항에 대한 반응을 손으로 가리킬 수 있도록 가까운 곳에 배치할 수 있다(여승수 · 유은정, 2019).

4. 지각-운동능력 검사 도구

1) 한국판 아동 시지각 발달검사(Korean-Developmental Test of Visual Perception;

DTVP-2)

본 검사는 아동의 전반적인 발달뿐 아니라 후속학습 및 시각적 과제에 대한 성공 여부에 영향을 주는 요인인 시지각 능력(이경숙 · 이향숙 · 차정진 · 최현숙 · 김은실, 2004; 김정희 · 강병직, 2007)에 대한 측정 도구로 3세~8세까지의 아동을 대상으로 시지각 기능 장애를 진단하기 위해 개발하였으며, 시지각 능력의 개선 및 발달에 대한 활용을 목적으로 한 평가 도구이다(이경숙 외, 2004).

DTVP-2(Hammill, Pearson, & Voress, 1993)는 Frostig의 시지각발달검사를 다시 개정한 도구로 4세~10세의 아동 1,972명을 대상으로 표준화하였고, 신뢰도와 타당도를 검증하였다(김정희 · 강병직, 2007). 이를 문수백, 여광응과 조용태(2003) 등이 한국어판 K-DTVP-2로 출판하였다. 한국어판 K-DTVP-2는 4세~8세까지의 아동을 대상으로 하며, 눈-손 협응력(eye-hand coordination), 공간 관계(spatial relations), 공간 위치(position in space), 모사(copying), 전경-배경(figure-ground), 시각적 완성(visual closure), 시각-운동 속도(visual motor speed), 형태 항상성(form constancy) 등의 8개 하위 항목으로 구성되어 있다(이경숙 외, 2004). Frostig(1961, 1964, 1966)의 최신판을 바탕으로 새롭게 개발된 K-DTVP-3는 한국 아동들의 시지각 능력을 측정하기 위해 전국에서 표집된 만 4~12세 아동 1,800명의 아동으로 구성된 표준화 집단을 대상으로 표준화한 것이다. 하위 검사로는 시지각통합지수(눈-손협응, 따라그리기), 운동축소화-시지각지수(도형-배경, 시각 통합, 형태 항상성)로 이루어져 있다. 검사 결과를 통하여 시지각 결손 아동의 현재 수준 및 상태를 파악하고 시지각 및 시각-운동능력에 문제가 있는 아동들을 위한 훈련 프로그램 등의 영향을 보여주는 것 등으로 활용한다(정인숙 외, 2008).

2) 시각-운동통합 발달 검사(Beery-Buktenica Developmental Test of Visual Motor Integration; Beery VMI-6)

본 검사는 1993년 정애자에 의해 한국 규준이 마련되었으며, 1995년과 1996년 김태련, 이경숙과 염현경에 의해 VMI-3R 발달검사의 규준에 관한 예비 연구가 실시되었다. 본 검사의 기하 도형 구성내용은 다음 〈표 3-4〉와 같다.

〈표 3-4〉 시각-운동통합 발달 검사의 기하 도형 구성내용

도형 1	수직선	도형 13	이차원의 고리
도형 2	수평선	도형 14	6개의 원에 의한 삼각형
도형 3	원	도형 15	원과 마름모꼴
도형 4	십자형	도형 16	수직 마름모꼴
도형 5	오른쪽 사선	도형 17	경사진 삼각형 붙여 그리기
도형 6	정방형	도형 18	8개의 점에 의한 원
도형 7	왼쪽 사선	도형 19	베르트하이머의 육각형
도형 8	경사십자형	도형 20	수평 마름모꼴
도형 9	삼각형	도형 21	삼차원의 원 겹쳐 그리기
도형 10	열린 정방형과 원	도형 22	네커의 입방체
도형 11	세 직선의 교차	도형 23	앞이 좁은 상자
도형 12	화살표	도형 24	입체적인 별

출처: 서경희 외(1999). 발달장애의 진단과 평가. 대구 : 대구대학교 출판부. p.97.

Beery VMI-6는 VMI와 두 개의 보충검사(시지각 보충검사, 운동 협응 보충검사)로 구성되어 있으며, 유아부터 성인까지 다양한 연령대의 시각-운동 통합 능력과 시지각 능력, 운동 협응 능력을 타당하게 측정하는 검사이다. 또한, 모사과제의 수행을 통해 2세부터 99세까지 개인의 시각-운동 통합, 시지각, 운동협응 능력을 측정하고 결함이 있는지를 확인할 수 있다. 명료하게 선으로 구분된 공간에 '자발적 낙서과제', '낙서 모방과제', '모방과제'와 주어진 24개의 기하학적 도형을 모사하도록 하는 검사로, 수직선부터 시작하여 3차원의 도형 등을 모사하는 과제로 구성되어 있다(김경원 · 황순택 · 김지혜 · 홍상황, 2016).

3) 한국판 오세레츠키 운동능력 검사

본 검사는 1923년 소련의 N.T. Oseretsky 박사가 개발한 운동능력 검사를 기초로 표준화한 검사이며, 한국판은 1946년 바인랜드(Vineland) 연구소의 E.A. Doll이 미국에서 표준화한 것을 김정권, 권기덕, 최영하(1987)가 번역하여 소개하였다(서경희 외, 1999). 구성내용은 4세~16세까지 6개의 하위 검사 영역으로 구성되고, 다시 각 영역마다 4세~10세까지는 1년 단위로, 11세~16세까지는 2년 단위로 검사문항이 분류되며, 총 문항은 36 문항으로 구성되어 있다(정

인숙 외, 2008). 나이에 따라 성장하는 운동능력의 성숙도를 실제로 측정하기 위해 만들어진 도구이다. 단순한 운동의 양적 측정뿐만 아니라 협응, 속도, 자발동작, 단일동작 수행능력과 운동기능에 대한 평가를 실시한다. 오세레츠키 척도는 6개의 하위영역으로 정적 협응검사, 손동작 협응검사, 일반적 협응검사, 운동속도검사, 동시적 자발동작검사, 단일동작 수행능력검사 각 10문항씩, 총 60문항으로 구성되어 있다(강선영, 2015).

5. 사회성 및 적응행동 검사 도구

1) 사회성숙도 검사(Social Maturity Scale)

본 검사는 미국의 E. A. Doll(1935)이 제작한 바인랜드 사회성숙도 척도(Vineland Social Maturity Scale) 5판을 김승국과 김옥기(1977)가 표준화한 후, 이에 대한 연구를 보완하여 1985년 재표준화 작업을 거쳐 한국판 사회성숙도 검사를 제작하였으며(김승국 · 김옥기, 1985), 0세~만 30세까지의 유 · 아동 및 성인에게 실시할 수 있다.

검사 방법은 피검사자나 보호자와의 면접을 통하여 검사 대상자의 일상생활에서 행동을 면접자가 표시하며, 3개 이상 계속해서 –로 표시되면 검사를 종료하고, 지적장애일 경우 5개 문항 정도가 계속 –로 표시되면 종료하게 된다.

검사 문항은 자조(self-help), 이동(locomotion), 작업(occupation), 의사소통(communication), 자기관리(self-direction), 사회화(socialization) 문항으로 총 117개로 구성하여 각 문항을 연령 단계로 묶어 난이도 순서로 제시하고 있다(정인숙 외, 2008). 검사 결과에 대한 점수 환산 방법은 문항별 모든 점수를 합하여 총점을 구한 후, 이를 사회 연령 환산표를 통하여 사회 연령(SA)을 구하며, 사회성지수(SQ)는 아래와 같은 공식에 의해 산출한다(서경희 외, 1999).

$$\text{사회성 지수 (SQ)} = \frac{\text{사회 연령(SA)}}{\text{생활 연령(CA)}} \times 100$$

다음의 〈표 3-5〉는 검사 결과에 대한 채점 시 문항 판단 기준 내용이다.

〈표 3-5〉 사회성숙도 검사 결과에 대한 문항 판단의 기준

표시 방법	문항 판단의 기준	채점
+	부당한 강요나 인위적인 유인이 없이도 각 문항이 지시하는 본질적인 행동을 습관적으로 수행할 경우, 현재는 습관적으로 하고 있으나 하려고만 하면 쉽게 수행할 수 있는 경우	1점
+F	검사시에 특별한 제약으로 각 항목이 지시하는 행동을 성공적으로 수행하지 못하였지만 평상시에는 성공적으로 수행하였을 경우	1점
+NO	지금까지는 기회의 부족으로 각 항목이 지시하는 행동을 수행하지 못하였지만 기회가 부여된다면 성공적으로 수행 또는 습득할 수 있는 경우	1점[1] 0점[2] 0.5점[3]
±	각 항목이 지시하는 행동을 가끔 하기는 하나 그 행동이 불안정할 경우, 즉 과도적 상태에 있을 경우	0.5점
−	각 항목이 지시하는 행동을 전혀 수행하지 못할 경우, 부당한 강요나 유인이 있을 때만 수행이 가능한 경우, 과거에는 성공적으로 수행하였으나 현재는 노쇠나 비교적 항구적인 정신적 또는 신체적 장애로 수행하지 못할 경우	0점

1) +와 + 사이에 있는 경우, +F와 +F 사이에 있는 경우, +NO와 + 또는 +F 사이에 있는 경우 1점
2) −와 − 사이에 있는 경우 0점
3) 그 밖의 경우 0.5점
출처: 서경희 외(1999), 발달장애의 진단과 평가, 대구 : 대구대학교 출판부, pp.171-172, 수정발췌.

2) 한국판 적응 행동검사(K-SIB-R)

본 검사의 목적은 개인의 적응력 및 특정 환경에서의 기능적 독립성의 정도를 구체화하는 것이다. 또한 표준화된 규준지향 평가 도구로서 학교, 가정, 직장 및 지역사회에서의 독립과 적응기능을 측정하기 위해 고안되었으며, 구체적인 정보를 제공하고, 개발 아동에게 필요한 교육 목표 및 프로그램 목표를 성취하기 위해 고안되었다(백은희 · 이병인 · 조수제, 2007). 검사대상은 0세~18세까지이며, 지적장애 아동의 진단과 분류에 기여하여 적절한 배치를 도와줄 뿐 아니라 직접적인 교수 및 훈련 목표 설정을 도와주며 훈련 프로그램과의 연결이 가능하도록 되어 있다(정인숙 외, 2008). 본 검사 결과는 개별화가족지원계획(IFSP), 개별화교육계획(IEP), 또는 개별화전환계획(ITP)의 교수 및 훈련 목표를 설정하는 데 적합하다(백은희 · 이병인 · 조수제, 2007). 본 검사의 구조는 다음 〈표 3-6〉과 같다.

〈표 3-6〉 SIB-R의 문항 구조도

독립적 적응행동 영역		문제행동 영역	
운동기술	A. 대근육 운동(19문항) B. 소근육 운동(19문항)	내적 부적응 행동 내적 부적응 행동	1. 자신을 해치는 행동 5. 특이한 반복적인 행동 7. 위축된 행동이나 부주의한 행동 1. 자신을 해치는 행동 5. 특이한 반복적인 행동 7. 위축된 행동이나 부주의한 행동
사회적 상호 작용 및 의사소통 기술	C. 사회적 상호작용(18문항) D. 언어 이해(18문항) E. 언어 표현(20문항)		
개인 생활 기술	F. 식사와 음식 준비(19문항) G. 신변 처리(17문항) H. 옷 입기(18문항) I. 개인위생(16문항) J. 가사/적응 행동(18문항)	반사회적 부적응 행동	6. 사회적으로 공격적인 행동 8. 비협조적인 행동
지역사회 생활 기술	K. 시간 이해 및 수업 엄수(19문항) L. 경제생활(20문항) M. 작업기술(20문항) N. 이동 기술(18문항)	외적 부적응 행동	2. 타인을 해치는 행동 3. 물건을 파괴하는 행동 4. 방해하는 행동

출처: 백은희 · 이병인 · 조수제(2005). 정신지체 아동을 위한 적응행동 평가 도구(SIB-R)의 한국 표준화 연구. p.50. 발췌.

3) 유아 성격검사(Personality Test for Young Children; PTYC)

본 검사는 유아가 가지고 있는 성격 특성, 정서발달, 자아, 그리고 정신건강을 파악하는 데 목적이 있으며, 만 4세~7세 유아를 대상으로 실시하며, 소요 시간은 약 20분~30분 정도이다. 검사내용은 가족성 관련 6문항, 정서성 관련 6문항, 학문성 관련 7문항, 사회성 관련 7문항으로 총 26개 문항으로 구성되어 있으며, 각 척도에 따른 측정내용은 아래의 〈표 3-7〉과 같다. 또한 각 문항마다 그림과 지시문이 제시되어 있기때문에 문자에 익숙하지 않은 유아에게도 쉽게 사용이 가능하다(정인숙 외, 2008; 송인섭, 1994).

〈표 3-7〉 유아 성격검사 척도구성

척 도	측정 내용	문항 수	총 문항 수
가족성	유아가 자각하고 있는 가족생활의 만족, 적응 정도 평가	6	26
정서성	정서와 신체에 관련된 반응을 평가하며 감정이나 정서의 억제 혹은 어떤 현상에 대한 이지적인 태도 성향	6	
학문성	공부나 기타 학습행위를 좋아하는지에 대한 성향 평가	7	
사회성	대인관계 형성 등 아동이 다양한 사회적 접촉을 즐기는지 여부 평가	7	

출처: 송인섭(1994). 유아 성격검사. 서울: 학지사. 수정발췌.

6. 언어 검사 도구

1) 영유아 언어발달 검사(Sequenced Language Scale for Infants; SELSI)

본 검사는 생후 5개월~36개월까지 영유아의 수용언어나 표현언어의 발달 지체 조기선별을 목적으로 하며, 언어발달지체나 장애를 나타낼 가능성이 있는 유아 및 아동들의 언어능력을 평가하는 데 사용한다. 또한 언어 장애의 조기 선별기능과 함께 문제를 보이는 영역에 대한 구체적인 정보를 제공해 주는 기능을 포함한다(정인숙 외, 2008).

검사 문항은 초기 유아의 인지개념 및 의미론적 언어능력, 음운 능력, 구문론적 언어능력, 그리고 화용적인 언어능력을 두루 평가할 수 있도록 적절히 배치되어 있으며, 검사영역은 수용언어 검사 110문항과 표현언어 검사 110문항, 총 220문항으로 구성되었다(김영태 · 김경희 · 윤혜련 · 김화수, 2003).

일반인용과 전문가용 두 가지로 제작된 본 검사는 일반인용은 영유아의 언어문제 유무를 판별하기 위한 선별검사용으로 수용 언어, 표현 언어, 전반언어의 발달 정도가 정상인지, 전문가에게 평가를 의뢰해야 할지를 제시해 주고 있으며, 전문가용은 언어장애의 선별과 함께 그 결과를 통하여 수용 언어 및 표현 언어의 발달연령, 백분위수, 영역별 편차 등을 분석할 수 있도록 제시하고 있다(김영태 외, 2003).

2) 피바디 그림어휘력 검사(Peabody Picture Vocabulary Test–Revised: PPVT–R)

본 검사는 그림을 통한 특수교육대상아동의 어휘 능력 측정을 위해 개발된 언어 검사 도구로 2세~8세 11개월 아동의 언어 이해력 및 인지력을 측정하며, 문항의 내용은 품사별–명사 57%, 동사 20%, 형용사 12%, 부사 1%–과 범주별–동물, 건물, 음식, 가구, 가정용품, 신체부위, 직업, 도형, 식물, 학교 및 사무실의 비품, 기구 및 장치, 악기, 교통기관–으로 구성되어 있다(서경희 외, 1999; 김영태 외, 1995). 또한 일반 아동은 정신지체(지적장애), 청각장애, 뇌 손상, 자폐성장애, 행동 장애, 뇌성마비 등으로 인해 언어에 문제가 있는 아동들의 수용 어휘 능력을 평가하는데 활용될 수 있다(김영태 외, 1995)

3) 언어이해 · 인지력검사

본 검사는 3세~5세 11개월의 학령 전 아동들에 대한 언어 이해력 및 인지력을 측정하고, 동일 연령 내에서 언어발달의 개인차를 뚜렷이 변별해내기보다는 언어적 발달 지체를 가리기 위해 제작되었으며, 일반 아동은 물론 정신지체(지적장애), 청각장애, 언어장애, 자폐성장애, 주의력결핍 과잉행동장애 등의 유아들에게도 적용할 수 있다(정인숙 외, 2008; 장혜성 · 임선숙 · 백현정, 2002). 문항 수는 총 40문항이며, 문항의 내용은 대명사, 부정어, 크기개념, 위치 개념, 색개념, 수량 개념, 남녀 개념, 비교 개념, 분류 개념, 소유격, 시제, 단수 · 복수 개념, 의문사, 사물의 기능 등으로 구성되어 있으며(장혜성 · 임선숙 · 백현정, 2002), 검사자는 다음 〈표 3–8〉과 같이 아동의 생활연령에 따라서 시작하는 문항을 결정한다. 연령에 따른 시작 문항부터 실시하여 첫 문항부터 연속적으로 5문항 이상 실패하면 그보다 낮은 연령의 시작 문항부터 실시하며, 연속적으로 5문항을 실패하였을 때 중단한다.

〈표 3–8〉 아동의 생활연령에 따른 검사 시작 문항

생활 연령	시작 문항
3세 ~ 3세 11개월	1번
4세 ~ 4세 11개월	11번
5세 ~ 5세 11개월	20번

출처: 장혜성 · 임선숙 · 백현정(2002), 언어이해 · 인지력검사 실시 요강, 서울 : 서울장애인종합복지관, p. 14, 발췌.

4) 취학 전 아동의 수용언어 및 표현언어 척도(Preschool Receptive–Expressive Language Scale :PRES)

본 검사는 2세에서 6세 아동의 언어발달이 잘 이루어지고 있는지 혹은 언어발달에 지체가 있는지의 여부를 판별할 수 있으며 아동의 수용언어 및 표현언어 발달 간의 차이를 분석할 수 있다. 본 검사 도구는 인지개념 및 의미론적 언어능력, 음운 및 구문론적 언어능력, 화용론적 언어능력으로 구성되어 있다. 연령 단계를 3개월, 6개월 단위로 세분화하여 단계별로 구체적인 검사 항목을 제시하여 자세한 진단과 치료 목표를 세우는데 유용하다. 자녀에 대해 너무 과장하거나 과소 평가하는 부모의 성향으로 검사 결과가 오염되지 않도록 체계적인 참조 방법을 사용하였다(김영태, 2000). 또한 아동들이 친숙해하는 여러 가지 장난감과 일상 사물들로 구성되어 있어 아동들이 어렵고 힘들어하던 검사를 좀 더 편안하게 느끼고, 자신의 능력을 제대로 발휘할 수 있는 도구이다.

7. 자폐성 장애 진단검사 도구

1) 자폐증 유아선별 부모용 간편 체크리스트

본 검사는 홍강의, 정보인, 이상복에 의해 3세~6세 일반유아 약 24,000명을 대상으로 1997년 자폐아 출현율 전수조사 연구를 위해 부모용 1차 선별도구로 개발된 것으로며, 문항 내용은 미국정신의학회의 자폐성 장애진단 기준에 기초한 검사 도구이다(서경희 외, 1999). 또한 국내 자폐아 부모들을 대상으로 신뢰도 검사를 거친 총 23개 문항은 대인관계, 의사소통, 놀이, 특이한 행동의 전체 4개 영역으로 구성하였으며, 각각의 영역 당 1개 이상을 포함해 총 5개 이상의 행동 특성을 보이면, 자폐 증상이 있는 것으로 의심한다(정인숙 외, 2008; 서경희 외, 1999). 다음 〈표 3-9〉는 영역별 문항 내용을 나타낸 것이다.

〈표 3-9〉 영역별 문항 내용

영 역	문항 내용
대인 관계	1. 눈을 잘 마주치지 않는다. 2. 엄마와 떨어져도 별 반응이 없다. 3. 얼굴 표정이 없거나 사람을 보고 웃지 않는다. 4. 또래와 같이 놀지 못하고 혼자 놀거나 또래에 관심이 없다. 5. 자기가 좋아하는 것을 엄마에게 보여주거나 가리키는 행동이 없다. 6. 자신의 몸이 다른 사람에게 닿거나 안기는 것을 싫어한다. 7. 까꿍 놀이를 잘하지 않는다.

영 역	문항 내용
의사소통	8. 들리지 않는 것처럼 행동하여 귀가 들리지 않았나 의심하게 한다. 9. 말이 늦거나 아직도 잘 못한다. 10. 단어나 문장을 반복하거나 상대방이 하는 말을 의미없이 반복한다. 11. 듣기는 하는데 말의 뜻을 모른다. 12. 말 이외의 방법(손짓, 몸짓)으로도 의사표현이 적다.
놀이	13. 나이에 맞는 소꿉장난이나 놀이를 잘하지 못한다. 14. 한두 가지 물건에 지나치게 집착한다(예: 고무줄, 연필 등). 15. 작은 변화도 싫어하고 고집을 부린다(예: 가구 위치 변경 등). 16. 몸을 반복적으로 움직인다(예: 손이나 손가락 혹은 몸을 흔듦). 17. 물건의 일부분에 집착한다(예: 장난감 자동차의 바퀴). 18. 장난감을 특이한 방법으로 가지고 논다(예: 한 줄로 늘어세움).
특이한 행동	19. 별것이 아닌 것에 자주 놀라거나 두려워한다. 20. 마땅히 놀랄 일에도 놀라지 않는다. 21. 흉내를 내려하지 않는다. 22. 머리를 박거나 손목을 무는 등의 자신을 해치는 행동을 한다. 23. 텔레비전을 볼 때 선전만 좋아한다.

출처: 서경희 외(1999), 발달장애의 진단과 평가, 대구 : 대구대학교 출판부. pp.274-275. 발췌.

2) 한국 자폐증 진단검사(K-ASD)

자폐성 장애에 대한 선별뿐만 아니라 자폐성 장애를 평가하여 적절한 중재 방안 제시하는 도구로 만 3세부터 21세까지의 아동 및 청소년을 대상으로 하고 있다. 문항은 상동 행동(14문항), 의사소통(14문항), 사회적 상호작용(14문항)으로 총 42문항으로 구성되어 있고 적어도 2주 이상 아동과 접촉해온 교사나 부모가 실시해야 한다. 본 검사는 인터넷 상에서도 평가의 효율성 및 사용자의 편의성을 증대시키고 정확한 정보를 제공하기 위해 표준화된 검사 내용 및 자료들을 데이터베이스화하여 웹기반 코스웨어로 제작하여 평가시스템을 개발하였다(윤치연, 2004).

3) 한국판 아동기 자폐증 평정척도 2(Korean-Childhood Autism Rating Scale: K-CARS 2)

CARS는 Schopler 등(1986)이 자폐와 기타 발달장애의 구별 및 자폐의 장애정도를 확인하기 위해 제작한 검사 도구이며, 대상은 2세~15세까지의 아동이다(정인숙 외, 2008). 또한 검사 점수를 통하여 최저 15점(정상)부터 최고 60점까지의 범위 중에서 자폐와 기타 발달장애를 구분하는 경계점수를 30.0점으로 제시하고 있으며, 30.0~36.5점은 경증 및 중간 정도의 자폐로, 37.0~60.0점은 중증의 자폐로 분류하고 있다(서경희 외, 1999).

척도는 중간점을 포함하여 7점 척도로 이루어져 있는데, 1점(정상적인 행동)~4점(심한 비정상적 행동)으로 평정된다. 총점이 30점 이상인 경우 자폐 위험이 있다고 볼 수 있고 총점이 30점 이상~36.5점 이하인 경우 중간 정도의 위험이 있으며, 37점 이상인 경우 자폐 위험이 높다고 평가된다. 한국형 CARS의 적절한 분할점을 확인하기 위한 연구에서 그 결과 기존 CARS에서 사용되는 분할점(30점)보다는 28점이 한국에서 더 적절한 분할점인 것으로 나타났다(이나림 · 홍영은 · 김예니, 2019).

한국판 아동기 자폐평정척도 2(Korean Childhood Autism Rating Scale, Second Edition K-CARS 2)는 자폐성장애를 지닌 아동을 판별하고 다른 장애로부터 구별할 수 있도록 개발된 도구이다. K-CARS 2는 고기능자폐나 아스퍼거 장애를 식별하기 위한 평가지를 표준형(ST)과 고기능형(HF)로 구분하였고(이나림 · 홍영은 · 김예니, 2019), 행동관찰과 양육자 면담을 위한 부모 또는 양육자 질문지를 포함하여 수집된 정보를 근거로 평정할 수 있도록 하였다.

4) 심리교육 진단검사(Psychoeducational Profile Revised: PEP-R)

본 검사는 Schopler와 Reichler(1979)에 의해 개발되었으며, 생활연령이 1세~12세이면서 정신연령이 1세~5세인 아동을 대상으로 실시한다. PEP를 모체로 개발되었으며 7개 영역, 131개 문항의 발달척도와 4개 영역, 43개 문항의 행동척도로 총 문항수가 174개로 구성되어 있다. 구체적인 검사 문항 내용은 모방, 지각, 소근육 운동, 대근육 운동, 눈 · 손 협응, 언어성 인지, 동작성 인지능력 등의 7개 하위영역, 병리 척도는 대인관계 및 감정과 정서 반응, 놀이 및 검사재료에 대한 흥미, 감각 반응, 언어의 4개 하위 영역으로 아동의 발달기능과 행동특성 평가에 널리 사용되고 있다. 본 검사의 장점은 검사를 통하여 아동의 현재 발달수준을 파악할 수 있음으로 아동의 교육 시작점을 알고 교육계획을 수립하는데 있다(김태련 · 박랑규, 2005; 정인숙 외, 2008; 서경희 외, 1999).

5) 이화-자폐 아동 행동발달 평가 도구(E-CLAC)

CLAC(Check List for Autistic Child)는 1970년 우메르 게이사구 등에 의해 개발된 것으로 이화여자대학교 언어청각임상센터에서는 좀 더 객관적이고 구체적인 도구로 제작하기 위해 문항을 첨가 변형하였다. 만 1세부터 6세까지의 아동을 대상으로 일반적인 행동발달 및 병리적인 수준을 평가하며 특히, 저항, 주의산만 등으로 검사 실시가 불가능한 자폐성장애 영유아를 대상으로 실시하는 도구이다. 척도 문항은 식사 습관 3문항, 배설 습관 3문항, 수면 습관 1문항, 착탈의 3문항, 위생 2문항, 놀이 4문항, 집단 적응 1문항, 대인관계 4문항, 언어 5문항, 지시 따르기 1문항, 행동 5문항, 운동성 4문항, 안전관리 1문항 등 총 43문항으로 구성되어 있고, 발달 문항은 18개, 병리문항은 25개로 총 43문항으로 구성되어 있다. 비척도 문항은 수면 습관 1문항, 놀이 1문항, 운동성 1문항, 감정표현 3문항, 감각 습관 7문항 등으로 구성되어 있다. 아동의 일상생활을 전반적으로 알고 있는 부모 혹은 대리자가 실시하고 40~50분 소요된다(여승수 · 유은정, 2019).

6) ADI-R과 ADOS-2

ADI-R은 언어 수준에 상관없이 만 2세 이상부터 사용할 수 있는 도구로, 아동의 부모 혹은 일차적으로 돌보는 보호자를 면담하는 과정을 통해 유아기 자폐증을 비롯한 전반적 발달장애를 진단하는 도구이다. 초기발달, 언어/기타 기능의 습득과 상실, 언어와 의사소통 능력, 사회적 발달과 놀이, 흥미와 행동, 일반적 행동들 93개 문항을 평가하며 90분에서 2시간 정도가 소요된다.

ADI-R과 상호보완적인 역할을 하는 ADOS-2는 만 12개월부터 성인까지 사용가능한 도구로, 자폐성장애 및 기타 전반적 발달장애의 반구조화된 진단 도구이다. 아동과의 상호작용을 유발할 수 있는 상황을 제공하여 놀이를 통해 전반적 발달장애와 관련된 사회성 상호작용 및 의사소통 행동의 질, 행동과 관심의 제한 등을 관찰할 수 있다. 면담은 일반적 정보, 초기 발달과정과 퇴행 유무, 의사소통과 언어, 사회적 발달과 놀이, 특이한 관심과 행동, 기타 비특이적 행동 문제와 특별한 능력 등을 실시하고 최근 3개월간의 상태와 과거 상태에 대한 기술을 결합한다. 검사자와 아동 간의 상호작용 관찰, 기록하고, 이 도구는 관찰과 훈련을 받은 전문가가 실시해야 한다. 4모듈까지 각각의 모듈에서 40분~60분 정도가 소요된다(조인희 · 유희정, 2008).

8. 유아특수교육에서의 진단의 방향성

유아특수교육에서의 '발달에 적합한 실제(DAP)'에 대한 지침들에 의하면, 유아를 위한 진단 · 평가는 자연적인 환경에서 다양한 영역에 걸쳐 이루어져야 하며, 표준화된 검사 도구에 대한 지나친 의존을 피하고(Bredekamp & Coople, 1997), 진단 · 평가 과정에 가족의 참여를 적극 권장하고 있다(DEC, 1993). 특히 진단 · 평가의 초점, 내용, 방법, 검사자, 검사 결과의 5가지 측면에서 많은 변화가 있어왔는데, 우선 검사의 초점은 대상 영유아에게 국한하지 않고 부모, 가족 및 환경을 포함시키도록 하였으며, 검사의 내용은 비 기능적인 발달기술에서 유아의 일상생활 속에 사용되어지는 기능적인 발달기술 측정에 중점을 두었고, 검사의 방법은 자연스러운 환경에서 진단 평가가 실시되도록 하며, 검사자는 특수교육 전문가를 포함하여 대상 유아를 잘 알고 있는 모든 사람들을 포함시키는 방향으로 나아가고 있으며, 검사 결과는 유아의 개별화교육계획(IEP) 및 개별화가족지원계획(IFSP) 작성에 도움이 되는 내용이어야 함을 강조한다(노진아, 2005 재인용; Meisels, 1996; Sandall, McLean & Smith, 2000). 또한 진단 · 평가 시, 가족 중심의 진단 · 평가, 초학문적 팀에 의한 진단평가, 개별화교육 목표 개발을 위한 교육 진단적 성격의 진단평가, 지역사회 차원의 진단평가체계가 수립되어야 하며, 이를 위해서는 적절한 진단 · 평가 절차와 방법을 제도화하고, 적절한 진단평가 도구의 개발, 유아특수교육 교사 및 관련 전문가의 직전교육 및 연수의 강화 및 부처 및 기관 간 협력체계 구축이 선행되어야 한다(조광순, 2005).

참고 문헌

강선영(2015). 지적장애아동의 기능성 게임 참여에 따른 행동 변화 및 운동수행능력. **융합보안논문지**, 15(4), 149-154.

고은영 (2008). **K-DDST Ⅱ의 신뢰도 측정**. 서울대학교 대학원 석사학위 논문, 서울.

김경원·황순택·김지혜·홍상황(2016). VMI-6(시각-운동통합검사)를 활용한 지적장애 등급 판별. **재활심리연구**, **23**(1), 65-85.

김승국·김옥기(1985). **사회성숙도검사**. 서울: 중앙적성출판사.

김승현·이병인(2021). 장애위험 영아의 조기발견 및 맞춤형 양육지원에 관한 실행연구: 일반 어린이 집에 재원 중인 영아를 중심으로, **특수교육논총**, 37(1), 227-264.

김영태 (2000). 취학 전 아동의 수용언어 및 표현언어 척도(PRES)의 타당도 분석. **특수교육학연구**, 35(2), 1-19.

김영태·김경희·윤혜련·김화수(2003). **영유아 언어발달 검사**. 서울: 도서출판 특수교육.

김영태·장혜성·임선숙·백현정(1995). **그림어휘력 검사**. 서울장애인종합복지관.

김정미·신희선 (2006). K-CDI 아동발달검사 표준화 연구. **아동학회지**, 27(4), 1-15.

김정미·조윤경 (2013). 한국판 영유아 기질 및 비전형 행동 척도(K-TABS) 타당화 연구. **유아특수교육연구**, 13(3), 197-217.

김정진·최민숙(2004). 지역사회 중심의 장애 영·유아 가족 지원 실행을 위한 가족의 요구와 자원 실태 분석: 천안-아산 지역을 중심으로. **특수교육학연구**, 38(2), 85-112.

김정희·강병직(2007), K-DTVP2 검사를 활용한 미술표현 능력과 시지각 발달과의 상관성 연구, **미술교육논총**, 21(1), 25-52.

김진호·김려원·김성희·민용아·오자영·이성용·차재경(2018). **최신 특수아 진단 및 평가**. 서울: 학지사.

김정권·권기덕·최영하(1987). **한국판 오세레츠키 운동능력 검사**. 서울: 특수교육.

김태련·박랑규(2005). **심리교육 프로파일: 자폐아동과 발달장애아동의 개별평가와 중재**. 서울: 특수교육.

김태련·이경숙·염현경(1996). 한국아동의 VMI-3R 발달검사 규준에 관한 예비연구. **한국심리학회지:발달**, 9(2), 20-29.

김태련·이경숙·염현경(1995). 한국아동의 VMI-3R 발달검사 규준에 관한 예비연구. **한국심리학회지:발달**, 8(1), 12-21.

노주선·김지혜·조선미(2003). **K-ABC 임상사례연구**. 서울: 학지사.

노진아(2005). 발달지체영ㆍ유아 선별 및 진단평가의 최근 연구 동향에 관한 고찰. **유아특수교육연구**, 5(1), 5-24.

문수백·여광응·조용태(2003). **한국판 시지각 발달검사**. 서울: 학지사.

박주희(2006). **개정 AEPS 검사에 기초한 교사용 영아발달 측정 도구의 심리측정학적 연구**, 원광대학교 대학원 박사학위 논문, 전북.

박혜원(2001). 학국 웩슬러 유아지능검사의 간편형 개발. **아동학회지**, 22(2), 1-13.

박혜원·곽금주·박광배(1996). 한국형 유아지능검사의 표준화: 표준화연구(I). **한국심리학회지:발달**, 9(1), 60-70.

박혜원·곽금주·박광배(1995). **웩슬러 유아 지능검사의 표준화**. 한국심리학회:발달 연차학술발표대회 논문집, 213-

221.

박창현(2019). **장애영유아 정책 현주소 진단: 장애영유아 양육실태 및 정책과제**. 장애영유아 정책개선을 위한 토론회. 육아정책연구소.

백선정·배성현(2020). **경기도 장애위험 영유아 실태 및 지원에 관한 연구**. 경기도 가족여성연구원.

백은희·이병인·조수제(2007). **한국판 적응행동검사**. 서울: 학지사.

백은희·이병인·조수제(2005). 정신지체 아동을 위한 적응행동 평가도구(SIB-R)의 한국 표준화 연구. **특수교육학연구, 40**(2), 75-102.

백화종(2000). **장애예방 전략과 사회·경제적 효과분석**. 서울: 한국보건사회연구원.

보건복지부·질병관리본부(2017). **한국영유아발달선별검사 사용 지침서**. 청주: 질병관리본부 만성질환 예방과, 서울: 대한소아과학회.

서경희·윤점룡·윤치연·이상복·이상훈·이효신(1999). **발달장애의 진단과 평가**. 대구: 대구대학교출판부.

서봉연·정보인·최옥순(1986). **한국판 P.T.I. 실시요강**. 서울: 중앙적성출판사.

신희선·김정미·임성오(2007). 0~5세를 위한 한국형 영·유아 발달 선별검사(K-CDR)의 타당성에 대한 연구. **아동간호학회지, 13**(2), 222-229.

심성경·박주희·최대훈(2005). 개정 AEPS 검사에 기초한 교사용 영아발달 측정도구의 실용화를 위한 예비연구. **유아교육학논집, 9**(4), 295-310.

여승수·유은정(2019). **특수교육 평가의 이해: 이론과 실제**. 서울: 학지사.

윤치연(2004). 한국 자폐증 진단검사(Korean-Autism Diagnostic Scale)의 표준화 연구 및 웹기반 평가시스템 개발. **정서·행동장애연구, 20**(3), 27-43.

이경숙·이향숙·차정진·최현숙·김은실(2004). 일반아동의 DTVP-2와 MVPT-R의 상관성에 관한 연구. **대한작업치료학회지, 12**(1), 43-53.

이나림·홍영은·김예니(2019). 자폐스펙트럼 장애 선별 도구에 대한 고찰. **J Korean Neuropsychiatr Assoc, 58**(3), 192-201.

이미선·조광순(2002). 장애영·유아 조기발견의 요소 및 정책 방안 고찰. **특수교육학연구, 37**(1), 291-318.

이소현(2000a). **특수아 조기교육 활성화를 위한 정책적 과제 고찰**, 특수아동 교육학회 2000년도 춘계학술 심포지움: 특수교육 정책의 과제와 개혁방안 자료집. 65-92.

이소현(2000b). **특수아 조기교육에 있어 진단과 교육과정 연계를 통한 방법론적 접근**, 제 6회 이화특수교육 학술대회: 특수아 조기교육 최상의 실제, 41-72. 서울: 이화여자대학교출판부.

이소현(2002). **장애 영·유아 진단 및 평가의 최상의 실제**, 2002년도 한국유아특수아동 교육학회 학술연구발표논문집, 7-47.

이소현(2004). 0-2세 발달지체영아들의 특수교육 적격성 인정 및 지원체계 개발을 위한 고찰. **특수교육학연구, 38**(4), 95-122.

이소현(2007). **0-2세 발달지체 영아를 위한 지원 체계 수립의 방향 및 과제**, 2007 한국유아특수아동 교육학회 추계학술대회(pp.1-39), 한국유아특수아동 교육학회, 서울.

이소현·최윤희·윤선아·이수정·박나리·김지영·고동희(2007). 장애 영유아를 위한 교육과정-중심 진단 도구의 질적 구성요소 분석: 한국 유아특수교육현장에서의 활용을 위한 고찰. **유아특수교육연구, 7**(1), 43-70.

이준석·조광순(2004). 국내 영·유아 발달 선별 및 진단 검사 도구에 대한 고찰: 표준화 중인 검사도구들을 중심으로. **특수교육저널: 이론과 실천**, 5(1), 1-26.

임호찬·송진숙(2001). Coloured Progressive Matrices(CPM) 지능검사를 통한 정상아동과 청각장애아동의 비교 연구. **한국영유아보육학회**, 25, 241-257.

「장애인 등에 대한 특수교육법」 2007. 5. 25 법률 제8483호 신규제정.

「장애인 등에 대한 특수교육법」 2008. 2. 29 법률 제8852호(정부조직법) 일부개정.

「장애인 등에 대한 특수교육법」 시행규칙 (교육과학기술부령 제5호, 2008. 6.12, 제정).

장혜성·임선숙·백현정(2002). **언어 이해·인지력 검사(표준화 1차 연구)**, 서울: 서울장애인종합복지관.

장혜성·하지영·서소정(2007). 장애 위험군에 처한 영아 조기선별 진단도구의 한국 표준화를 위한 예비연구. **특수아동교육연구**, 9(1), 265-287.

장혜성·서소영·하지영(2008). **DEP 영아선별·교육진단검사**. 서울: 학지사.

장혜성·서소정·하지영(2009). **발달지체영아 조기선별 검사도구의 타당성에 대한 연구**, 한국유아특수아동 교육학회 추계 학술대회 자료집, 1-22.

전영순·황순택(2006). **인물화에 의한 간편 지능검사 IQ와 한국웩슬러 아동지능검사 IQ 상관**, 한국심리학회 연차학술발표대회 논문집, 674-675.

정애자(1993). 시각-운동 통합발달 검사의 한국 규준, **한국심리회지: 임상**, 12(1), 194-198.

정인숙·조광순·조윤경·홍성두(2008). **장애 영유아 선별 및 진단·평가 지침서 II**, 경기: 국립특수교육원.

조광순(2002). 개별화교육계획 수립을 위한 장애유아 진단·평가 방법의 고찰. **언어치료연구**, 11(2), 41-75.

조광순(2004). 특수교육대상아동 조기발견 및 서비스 체제의 개선 방안. **유아특수교육연구**, 4(2), 71-111.

조광순(2005). 국내 발달장애 유아 진단·평가의 문제점 및 과제, **언어치료연구**, 14(1), 127-148.

조광순·이미선(2002). 장애영·유아 사정의 실제를 향상시키기 위한 정책 방안 고찰. **특수교육학연구**, 37(3), 283-310.

조광순·전병운·유재연·이준석(2003). 영아용 발달진단도구 개발을 위한 타당화. **특수교육저널: 이론과 실천**, 4(4), 1-19.

조인희·유희정(2008). 고기능자폐장애와 아스퍼거장애의 K-ADOS, K-ADI -R 프로파일 비교. **자폐성장애연구**, 8(1), 23-37.

최민숙(1999). 독일의 유아특수교육 체제. **특수교육학연구**, 33(2), 145-158.

하정주(2003). **장애유아 선정 및 교육 진단도구의 활용실태와 개선방안 연구**, 공주대학교 석사학위논문, 충남.

한경근·신현기·최승숙·김은경 공역 (2016). **영유아 캐롤라이나교육과정**. 서울: 굿에듀북

한국보육시설연합회(2006). 특수교육대상아동 보육지원체계 패러다임 전이를 위한 공청회 자료집.

한연섭·이병인·임호찬(2008). 장애 아동의 K-CPM 비언어성 지능 검사의 수행 수준 및 오류 분석. **유아특수교육연구**, 8(1), 117-143.

허계형(2003). 장애유아를 위한 개별화 교육계획안의 장기목적, 단기목표의 분석. **특수교육연구**, 10(2), 344-363.

홍은숙(2008). 장애영아교육 및 조기개입의 개선 방안에 대한 질적 연구. **특수교육학연구**, 43(2), 259-284.

Anderson, S., Boigon, S., & Davis, K. (1991). *The Oregon Project for the visually impaired and blind preschool children* (5th ed.). Jackson Education Service District.

Bagnato, S. J., Neisworth, J. T., & Munson, S. M. (1997). *Linking assessment and early intervention: An authentic curriculum-based approach.* Baltimore, MD: Paul H. Brookes.

Bagnato, S. J., & Neisworth, J. T. (1991). *Assessment for early intervention: Best practices for professionals.* New York: Guilford Press.

Bailey, D. B., & Wolery, M. (1989). *Assessing infants and preschoolers with handicaps.* New York, NY: Macmillan Publishing company.

Bailey, D. B., & Simeonsson, R. J. (1988). *Family assessment in early intervention.* Columbus, OH: Merrill.

Bailey, D. B., & Rosenthal, S. L. (1987). *Basic principles of measurement and test development.* In W. H. Berdine & S. A. Meyer (Eds.), Assessment in special education. Boston: Little, Brown.

Bailey, D. B., Jens, K. G., & Johnson, N. (1983). *Curricula for handicapped infants.* In S. G. Garwood & R. R. Fewell (Eds.), *Educating handicapped infants* (pp. 387-415). Rockville, MD: Aspen.

Banerji, M. (1992). An integrated study of the predictive properties of the Gesell School Readiness Screening Test. *Journal of Psychoeducational Assessment.* 10, 240-256.

Barnett, W. S. (2000). *Economics of early childhood intervention.* In J. P. Shonkoff & S. J. Meisels (Eds.). *Handbook of early childhood intervention* (pp. 589-610). New York: Cambridge University Press.

Barnett, D. W., Macmann, G. M., & Carey, K. T. (1992). Early intervention and the assessment of developmental skills : Challenges and directions. *Topics in Early Childhood special Education*, 12(1), 21-43.

Benner, S. (1992). *Assessing young children with young children.* New York : Longman.

Bondurant-Utz, J. (2002). *Practical guide to assessing infants and preschoolers with special needs.* Upper Saddle River, NJ: Merrill Prince Hall.

Bondurant-Utz, J. A., & Luciano, L. B. (1994). *A practical guide to infant and preschool assessment in special education.* Boston, MA: Allyn and Bacon.

Bourland, B., & Harbin, G. (1987). *Start resource packet : Child find.* Chapel Hill, NC : Frank Porter Graham Child Development Center, University of North Carolina.

Bredekamp, S. & Copple, C. (1997). *Developmentally appropriate practice in early childhood programs serving children form birth through age 8.* Washington, DC: National Association for the Education for Young Children.

Bricker, D. (2002). *Assessment, Evaluation, and Programming System(AEPS) for infants and children (2nd ed.).* Baltimore: Paul H. Brookes Publishing Co.

Bricker, D. (1996). *Assessment for IFSP development in intervention planning.* In S. J. Meisels & E. Fenichel (Eds.), *New visions for the developmental assessment of infants and young children* (pp. 169-192). Washington, DC: Zero to Three/National Center for Infants, Toddlers, and Families.

Bricker, D. (Eds.). (1993). *Assessment, Evaluation, and Programming System (AEPS) for infants and children: Vol 1. AEPS measurement for birth to three years.* Baltimore: Paul H. Brooks.

Bricker, D., & Cripe, J. W. (1992). *An activity-based approach to early intervention.* Baltimore: Brookes.

Bricker, D., & Gumerlock, S. (1988). Application of a three-level evaluation plan for monitoring child progress and program effects. *The Journal of Special Education*, 22, 66-81.

Brown, C. W., & Seklemian, P. (1993). The individualized functional assessment process for young children with disabilities: Lessons from the Zebley Decision. *Journal of Early Intervention, 17*(3), 239-252.

Campbell, P. (1991). Evaluation and assessment in early intervention for infants and toddlers. *Journal of Early Intervention, 15*(1), 36-45.

Cook, R. E., Tessier, A., & Klein, M. D. (2000). *Adapting early childhood curricula for children in inclusive settings.* Englewood Cliffs, NY : Merrill.

Coutinho, L. P., & Malouf, L. (1992). Performance assessment and children with disabilities: Issues and possibilities. *Teaching Exceptional Children, 25*(4), 62-67.

Davis, M., Kilgo, J. L., & Garnel-McCormick, M. (1998). Young children with special needs : *A developmentally appropriate approach.* Boston, MA : Allyn & Bacon.

DEC(Division for Early Childhood) Task Force on Recommended Practices. (Eds.) (1993). *DEC recommended practices : Indicators of quality in programs for infants and young children with special needs.* Reston, VA : DEC, Council for Exceptional Children.

Federal Register (1997). October 22, 62(204). Part V. Department of Education. 34 CFR Parts 300, 301, and 303. *Assistance to states for the education of children with disabilities, preschool grants for children with disabilities, and early intervention programs for infants and toddlers with disabilities; Proposed rule.*

Fleischer, K. H., Belgredan, J. H., Bagnato, S. J., & Ogonosky, A. B. (1990). An overview of judgment-based assessment. *Topics in Early childhood Special Education, 10*(3), 13-23.

Garland, C., Stone, N. W., Swanson, J., & Woodruff, G. (Eds.) (1981). *Early intervention for children with special need and their families: Findings and recommendations. Seattle:* University of Washington, Wester States Technical Assistance Resource.

Greenspan, S., & Meisels, S. (1996). *Toward a new vision for the developmental assessment of infants.* In S. J. Meisels & E. Fenichel (Eds.), *New Visions for the Developmental Assessment of Infants and Young Children.* Washington: Zero to Three.

Guidubaldi, J., & DeZolt, D. (1991). Assessment and diagnostic services for prekindergarten children. *Elementary School Guidance & Counseling, 26*(1), 45-56.

Guralnick, M. J. (1998). Effectiveness of early intervention or vulnerable children: A developmental perspective. *American Journal of Mental Retardation, 102*(4), 319-345.

Hanson, M., & Lynch, E. W. (1995). *Early intervention: Implementing child and family services for infants and toddlers who are at risk or disabled. Austin,* TX: PRO-ED.

Kaiser, a. P. (2000). Special issues: Assessing and addressing problems in children enrolled in Head Start. *Behavioral Disorders,* 26(1), 4-6.

Keogh, B. K., & Sheehan, R. (1981). The use of developmental test data for documenting handicapped children's progress: Problems and recommendations. *Journal of the Division for Early Childhood,* 3, 42-47.

Lee, B. I. (2002). A study of using portfolio assessment for children with special needs in inclusive settings. *Korean Society for the Emotional Disturbance & the Learning Disabilities, 18*(1), 269-290.

Lerner, J. W. (1998). Stages of the Assessment Process. In J. W. Lerner, B. Lowenthal, & R. Egan(Eds.). *Preschool chil-*

dren with special needs: Children at-risk, children with disabilities. Boston, MA: Allyn & Bacon.

Lichtenstein, R. & Ireton, H. (1984). Preschool screening : *Identifying young children with developmental and educational problems,* Orlando. FL : Grune & Stratton.

Macy, M. (2004). *Using a curriculum-based assessment to determine eligibility for early intervention services.* Unpublished doctoral dissertation, University of Oregon.

Mardell-Czdnowski, C, & Goldenberg, D. S. (1998). *Developmental Indicators for the Assessment of Learning* (3rd ed.) (DIAL-3). Circlepines, MN: American Guidance Service, Inc.

McCormick, K. (1996). *Assessing cognitive development.* In M. E. McLean, D. B. Bailey, & M. Wolery (Eds.). *Assessing infants and preschoolers with special needs* (pp. 269-304). Upper Saddle River, NJ: Merrill/Prentice Hall.

McLean, M. (2004). *Assessment and its importance in early intervention/early childhood special education.* In M. McLean, D. B. Bailey & M. Wolery (Eds.), *Assessing infants and preschoolers with special needs* (3rd ed.). Englewood Cliffs, NJ: Prentice-Hall Inc.

McLean, M., Bailey, D. B., & Wolery, M. (2004). *Assessing infants and preschoolers with special needs* (3rd ed.). Englewood Cliffs, NJ: Prentice-Hall Inc.

McLean, M. (1996). *Child find, Tracking, and screening.* In M. McLean, D. B. Bailey, & M. Wolery (2nd ed.), *Assessing infants and preschoolers with special needs* (pp. 96-122). Englewood Cliffs, NY: Prentice-Hall.

McLean, M., Bailey, D., & Wolery, M. (1996). *Assessing infants and preschoolers with special needs(2nd eds.).* Englewood Cliffs, NY : Prentice-Hall.

Meisels, S. J., & Atkins-Burnett, S. (2000). The elements of early childhood assessment. In J. P. Shonkoff, S. J. Meisels(2nd Eds.). *Handbook of early childhood intervention*(pp. 231-267). Cambridge : Cambridge University Press.

Meisels, S. J. (1996). *Charting the continuum of assessment and intervention.* In S. J. Meisels & E. Fenichel (Eds.), *New visions for the developmental assessment of infants and young children* (pp. 27-52). Washington, DC: National Center for Infants, Toddlers, and Families.

Meisels, S. J., & Wasik, B. A. (1990). *Who should be served? Identifying children in need of early intervention.* In S. J. Meisels & J. P. Shonkoff (Eds.), *Handbook of early childhood intervention* (pp. 605-632). New York: Cambridge University Press.

Meisels, S. J., & Provence, S. (1989). *Screening and assessment: Guidelines for identifying young disabled and developmentally vulnerable children and their families.* Washington, DC: National Center for Clinical Infant Programs.

Neisworth, J. T., & Bagnato, S. J., (2004). The mismeasure of young children, *Infants and Young Children, 17,* 198-212.

Neisworth, J., & Bagnato, S. (2000). Recommended practices in assessment. In S. Sandall, M. E. Lean, & B. J. Smith, *DEC recommended practices in early intervention/early childhood special education*(pp. 17-27). Denver, CO: Division for Early Childhood(DEC) of the Council for Exceptional Children(CEC).

Neisworth, J., & Bagnato, S. (1996). *Assessment for early intervention: Emerging themes and practice.* In S. Odom & M. McLean(Eds.). *Early intervention/early childhood special education: Recommended practices*(pp. 23-58). Austin, TX : Pro-Ed.

Newborg, J., Stock, J. R., Wnek, L., Guidubaldi, J., & Svinicki, J. (1984). *Battelle Developmental Inventory* (BDI). Allyn, TX: DLM Teaching Resources.

Pavri, S. (2001). Developmental delay or cultural difference?: Developing effective child find practices for young children from culturally and linguistically diverse families. *Young Exceptional Children, 4*(4), 2-9.

Peterson, N. L.(1987). *Early intervention for handicapped and at-risk children : An introduction to early childhood special education.* Denver : Love Publishing Company.

Sandall, S., Hemmeter, M. L., Smith, B. J., & McLean, M. E. (2005). *DEC recommended practices: A comprehensive guide for practical application in early intervention/early childhood special education.* Longmont, CO: Sopris West.

Sandall, S., McLean, M. E., & Smith, B. J. (2000). *DEC recommended practices in early intervention/early childhood special education.* Denver, CO: Division for Early Childhood(DEC) of the Council for Exceptional Children(CEC).

Sattler, J. (1982). *Assessment of children's intelligence and special abilities.* Boston: Houghton Mifflin.

Serna, L., Nielsen, E., Lambros, K., & Forness, S. (2000). Primary prevention with children at risk for emotional or behavioral disorders: Data on a universal intervention for Head Start classrooms. *Behavioral Disorders, 26*, 70-84.

Smith, B. J., & Strain, P. S. (1988). Early childhood special education in the next decade: Implementing and expanding P.L. 99-457. *Topics in Early Childhood Special Education, 8*(1), 37-47.

Sprague, J., & Walker, H. (2000). Early identification and intervention for youth with antisocial and violent behavior. *Exceptional Children, 66*, 367-379.

Squires, J. K., Nickel, R., & Bricker, D. (1990). Use of parent completed developmental questionnaires for child-find and screening. *Infants and Young Children, 3*, 46-57.

Synder-McLean, L. (1987). Reporting norm-referenced program evaluation data: Some considerations. *Journal of the Division for Early Childhood, 11*, 254-264.

Talay-Ongan, A (2001). Early intervention: Critical roles of early childhood service providers. *International Journal of Early Years Education, 9*(3), 221-228.

Trivette, C. M., & Dunst, C. (2000). *Recommended practices in family-based practices.* In S. Sandall, M. E. Lean, & B. J. Smith, *DEC recommended practices in early intervention/early childhood special education* (pp. 39-46). Denver, CO: Division for Early Childhood (DEC) of the Council for Exceptional Children (CEC).

U. S. Ministry of Education (1997). IDEA '97 Final Regulations.

U. S. Department of Education (1996). *To assure the free appropriate public education of all children with disabilities. Eighteenth Annual Report to Congress on the Implementation of Individuals with Disabilities Act.* Washington, DC: U.S. Government Printing Office.

Venn, J. J. (2000). *Assessing students with special needs.* Upper Saddle River, NJ: Merrill/Prentice Hall.

Webster, A., Feiler, A., & Webster, V. (2003). Early intensive family intervention and effectiveness: Lessons from the south west autism programme. *Early Child Development & Care, 173*(4), 383-398.

Ysseldyke, J. (2001). Reflections on a career: 25 years of research on assessment and instructional decision making. *Exceptional Children, 67*, 295-310.

제4장

유아특수교육에서의 초학문적 팀 접근

01 | 팀 접근의 필요성

02 | 관련 선행연구 고찰

03 | 팀 접근의 종류

04 | 초학문적 팀 접근 문제해결 사례

01 팀 접근의 필요성

유아특수교육은 아동의 다양한 발달 특성과 개인차로 인하여 교육적 요구에 대한 교사의 전문성뿐만이 아니라 물리, 작업, 언어, 시각, 청각, 의료, 심리-사회-정서적 요구 등에 적합한 서비스를 제공하기 위해 다양한 발달적 요구(developmental needs)에 맞는 서비스를 제공하기 위해 다영역 전문가들의 전문성도 함께 요구된다. 1986년 미국의 전(全) 장애아동교육법(EHA)(현재는 장애인교육향상법(IDEIA))의 Part H(현재는 Part C) 조항에서는 개별화가족지원계획(Individualized Family Service Plan: IFSP)을 문서화할 것을 규정하였으며, 문서 작성 시 다 영역의 전문가들은 진단 초기부터 서비스 제공에 이르기까지의 전(全) 과정에 걸쳐 전문가 간의 팀 협력을 명시하였다.

'팀 접근(Team approach)'이란 각 영역의 전문가들이 팀을 이루어서 진단(평가와 사정) 절차를 거쳐 아동의 특성에 적합한 조기중재서비스를 제공함으로써 아동과 그 가족의 교육적 · 치료적 요구를 충족시키기 위한 방식을 의미한다(이병인, 2004, 2006, 2016). 즉, 각 영역의 전문가들은 아동의 발달영역에서 한 가지 혹은 그 이상에 있어서 발달 지체나 지연의 위험이 있는 아동과 그 가족에게 조기중재서비스를 제공하기 위한 팀 접근을 수행하게 된다. 팀 구성원들은 서로 협력하여 아동과 가족의 교육 및 치료를 위한 공통된 목표(common goals)를 세우며, 서로 공유된 목표를 위하여 자신들의 전문성을 최대한 발휘하는 것이다. 이들은 아동의 초기 평가와 사정 작업인 진단 작업부터 팀 접근을 시작하게 되는데, 여기에서 평가(evaluation)란 3장에서 언급한 것처럼 전문가가 아동의 장애나 발달 지체 유무를 판단함으로써 서비스의 '적격성 여부(eligibility)'를 판단하는 '초기의 과정(initial procedure)'을 의미하며, 사정(assessment)이란 평가에 근거하여 각 영역의 전문가들이 아동과 그 가족의 '교육적 혹은 발달적 요구(educational or developmental needs)'는 무엇이며, 또한 구체적으로 어느 전문가들이 어떠한 종류의 서비스를 어떻게 얼마나 제공하는가 등을 결정하는 '지속적인 과정(continuing procedure)'을 의미한다(IDEA, 1997, 2004; 이병인, 2016 재인용).

02 관련 선행연구 고찰

최근 팀 협력 관련 외국의 연구에서 Gettinger와 Stoiber(2006)는 팀 협력 관련자들이 상담, 의학, 작업치료, 언어치료, 교내 건강지원, 복지지원을 제공한 결과 문제행동을 보이는 아동들의 문제행동은 감소하고 긍정적 행동이 증가되었음을 보여주었다. 이는 다양한 분야의 전문가들이 협력자로 특수교육대상아동의 문제해결을 위해 구성되었으며, 그 결과는 긍정적인 효과로 나타났음을 보여주는 것이다. 한편 Friend와 Cook(2003)은 효과적인 팀을 구성하기 위해서는 협력(collaboration), 문제 해결(problem-solving), 갈등 해결(conflict resolution) 등의 3가지 요소가 필수적이라고 주장하였다.

국내 연구에서는 팀 협력 구성원으로 특수교사, 일반교사, 치료사(치료전문가), 가족, 특수교육보조원 등이 있다. 대부분의 연구는 특수교사와 다른 전문가 1명과의 협력에 의한 발달지체유아의 수업이나 학습 효과를 알아본 연구로써 특수교사와 일반교사, 특수교사와 치료사, 특수교사와 가족, 특수교사와 특수교육보조원 간의 협력을 알아본 연구들이 대부분이었다.

특수교사와 일반교사 간의 협력을 통한 교수 효과를 알아본 연구로써 원종례와 이소현(2006)은 일반 유치원에 통합된 발달지체유아들의 활동 참여와 발달을 향상시키기 위해 유아교사와 유아특수교사 간의 협력을 통한 '활동-중심 삽입교수(Activity-Based embedded Intervention: ABI)'를 실시하고 그 효과를 알아보았다. 연구 결과, 교사 간 협력을 통한 활동-중심 삽입교수는 유치원의 계획된 활동, 자유선택활동, 일상적인 활동에 대한 발달지체유아들의 참여율을 증진시켰으며, 대 · 소근육 운동, 언어, 사회성 발달에 긍정적인 영향을 주는 것으로 나타났다. 이는 활동-중심 삽입교수 중재의 특성과 구성 요소에 의해 활동 참여율이 증가된 것으로 보았으며, 개별화교육프로그램이 요구되는 발달지체유아가 통합된 일반 유치원 환경에서 유아교사와 특수교사가 협력하여 중재를 실행하였고, 여러 다양한 분리된 기술을 집중 교수한 것이 아니라 통합된 형태의 행동을 유치원 학급의 일과와 다양한 활동 속에서 분산 교수했기 때문에 나타난 결과로 보았다.

대 · 소 근육에 효과적인 활동-중심 삽입교수가 효과적이었던 이유는 대근육 운동 발달영역에 관련된 개별교육목표가 자연적인 학습 맥락 등인 하교 시간이나 전이 시간에 수행되었기 때문이며, 소근육 운동의 발달은 자유선택활동에서 흥미 영역의 종류가 대부분 소근육 운동기술을 필요로 하는 활동들로 구성되어 있기 때문인 것으로 보았다. 또한 사회성 기술이 발달한 것에 대해서는 통합 환경에서 활동-중심 삽입교수의 실시가 사회적 통합을 촉진하기 위한 필수적인 지원 전략이 될 수 있다는 것과 사회적이고 기능적인 의사소통을 중심으로 한 언어 영역에서의 변화에 그 의의를 두었다.

언어 측면에서의 효과는 개별교수 상황이나 소집단 상황이 아닌 일상적인 통합 유치원의 일과 활동에서 학급 활동 도표를 사용하여 개별적인 언어교육 목표를 삽입하여 분산교수하였다는 점에서 의의를 찾을 수 있으며, IEP 목표를 활동에 삽입하기 용이하도록 유아교사와 특수교사가 협력하여 수정하였다는 점에서 통합 환경에서의 중재 실행 가능성을 시사했다는 데 그 의의를 두었다.

김주혜, 박은혜와 이경순(2008)은 통합학급 교사와 특수교사의 협력이 교사들의 교수행동 및 특수교육대상아동들의 수업참여 행동에 미치는 영향을 알아보았으며, 연구 결과, 교사들의 교수 행동 및 특수교육대상아동들의 수업참여 행동이 모두 의미 있게 변화한 것으로 나타났다. 이를 통해, 교사 간의 협력이 교사의 교수 능력과 전문가로서의 직무만족도를 향상시켰으며, 교사의 태도와 교수에 대한 효능감 및 교수 행동과 같은 교사 변인이 아동의 수업참여도와 밀접한 관계가 있음을 보여주었다. 아울러 연구자들은 협력 과정 자체에 초점을 맞추어 교사 교육을 실시해야 하며, 교수행동에 대한 체계적인 분석을 통해 객관적인 척도개발이 이루어져야 함을 주장하였다.

박소영과 신현기(2007)는 통합교육 장면의 협력 교수 과정을 알아보기 위하여 유아통합교육기관에서 일반교사와 특수교사 간의 협력 교수를 실시하였다. 본 연구 결과, 협력 교수 수행과정은 크게 협력 교사 간의 관계 다지기, 협력 교수 계획하기, 협력 교수 실시하기, 협력 교수 결과 평가하기, 협력 교수의 성공적인 경험 공유하기의 5가지 단계로 범주화하였다.

이소현과 황복선(2000)은 효과적인 협력관계 형성과 관련된 선행연구들의 결과를 바탕으로 협력 교사들의 구체적인 역할과 역할수행에 필요한 기본 기술 및 역동적인 협력 과정의 조직을 위한 전략을 제시하였다. 첫째, 일반교사와 특수교사의 역할에 대해서 일반교사는 개별 특수교육대상아동의 학습을 확장시키기보다는 학급 내 모든 아동들을 위하여 교수를 제공하는 것이 일반교사의 주요 임무로 보았으며, 특수교사는 개별 및 소집단을 위한 단기 프로그램 내에서 교수적 서비스를 제공하는 것을 주요 책임으로 보았다. 이러한 두 그룹의 교사는 특수교육대상아동들이 교육적 목표를 성취할 수 있도록 전문적인 지식과 기술들을 제공하고 서로 간에 협력 교사로서 상대 교사를 지원하고 자문하며 모든 특수교육대상 아동들이 환영받고 가치를 인정받을 수 있는 성공적인 통합교육 환경을 개발하기 위해 협력해야 한다고 하였다. 이 두 교사 간 협력을 촉진하기 위해서는 협력을 위한 시간표를 작성하고 교육적 지원이 필요한 영역을 강조하여 표시하여 그 부분에 우선적으로 주의를 기울여야 한다고 하였다. 효과적인 협력 기술 및 능력을 개발하기 위해서는 우선 정보 및 기술을 교환하는 능력과 문제를 해결하는 기술이 있어야 하며, 일치된 의견으로 결론에 합의하는 기술이 있어야 한다고 주장하였다.

신진숙(2001)은 특수교육대상학생을 지원하는 팀은 일반 학급 내에서 아동의 특별한 교육적 요구를 충족시키기 위해 교사를 지원하고, 특수교육과 같은 서비스를 학생이 받아야 하는지를 결정하며, 특별한 서비스 제공을 계획하고 점검하고 평가해야 한다고 주장하였다. 또한 진정한 통합교육을 실행하기 위해서는 조직의 구성원들이 새로운 기대와 책무성을 가지고 학교 조직의 과정에 참여하는데 초점을 맞추어야 하고 구성원들 스스로가 변화를 추구해야 할 부분이라고 하였다. 또한 새로운 관리 체제로서 완전한 질적 운영체제로 학교가 변해야 하는데, 이러한 완전 질적 운영체제에서의 학교 조직은 상호 신뢰적이고 협동적인 환경하에서 모든 구성원이 개입하고 협력적인 체제로 수행하도록 노력해야한다고 주장하였다.

표윤희(2008)는 학교 기반의 협력적 팀 중재는 정서행동장애학생의 긍정적 행동을 향상시키고 문제행동의 감소에 효과적임을 밝혔다. 연구자는 각 전문영역에 대한 전문가 간의 신뢰와 존중을 바탕으로 특수교사와 특수교육 관련 전문가들 간 협력의 필요성과 협력 방법을 배울 수 있는 기회를 제공할 것과 협력적 팀 접근 실행을 위한 인식 및 제도 개선의 필요성 및 팀 구성원들의 시간 확보와 정부 차원의 재정적인 지원의 필요성을 주장하였다.

한편 특수교사와 치료사와의 관계와 관련된 연구를 살펴보면, 강혜경과 박은혜(2006)는 특수교사와 치료사 간 협력을 통하여 발달지체유아의 의사소통 능력의 증가와 유지 및 일반화 효과를 알아보고자 하였다. 본 연구 결과, 모든 아동의 의사소통 빈도와 기능별 다양성이 증가되었고 이러한 결과는 유지 및 일반화된 것으로 나타났으며 구어적 의사소통 형태에서도 긍정적 변화를 보였다. 이는 자연스러운 교실 상황에서 의사소통의 기회 증가와 두 교사 간의 협력이 교실 상황에서 긍정적인 요인으로 작용하여 실제 아동의 의사소통 빈도를 높인 것으로 보인다. 또한 유아특수학교 현장에서 교사와 언어치료사 간의 협력 및 교실 중심 언어중재의 효과 입증과 각 학급의 특성에 맞는 협력 교수의 형태를 고안하고 실행함으로써 학급마다 고유한 협력 교수의 형태가 정착될 수 있음을 연구의 의의로 보았으며, 행정적인 지원을 포함한 종합적인 지원이 필요함을 강조하였다. 또한 연구자들은 협력적 교수를 할 수 있는 여건 조성을 위해 행정적 지원과 교육철학의 공유 및 협력을 가치 있는 것으로 여길 수 있는 심리적 지원, 구성원 간의 갈등해소 및 의사소통 지원, 협력교수에 관련된 지식 및 기술의 지원 등이 이루어져야 한다고 주장하였으며, 효과적인 협력을 위해서는 기술습득을 위해 교사양성 및 훈련 프로그램의 개발과 통합된 치료의 개념이 다양한 치료 서비스 영역으로 확대되어야 한다고 주장하였다.

특수교사와 가족과의 협력과 관련한 연구를 살펴보면, 민수진과 박현숙(2005)은 학교와 가족 간 협력에 대해 특수교사와 부모가 어떻게 인식하고 있는지를 살펴보았는데 구체적인 연구 내용은 다음과 같다.

첫째, 협력의 필요성에서는 특수교사와 부모 모두 협력이 필요함을 절실히 인식하고 있었으며, 이를 위해 교사가 부모를 아동 교육에 있어 완전한 협력자로서 이해하고 환영하는 분위기를 조성해야 하며, 부모들도 교사에 대한 부정적 사전 경험 및 선입견을 배제하고 서로의 성격, 지도 및 양육 방식을 존중하며 상대에게 융통성을 발휘하여 동등한 협력자가 될 수 있도록 노력해야 한다고 언급하였다.

둘째, 협력의 실행에 대해서는 특수교사와 부모 두 집단 모두 협력의 실행이 보통으로 이루어지고 있다고 응답하였다. 이는 학교 및 교사가 특수교육대상아동 부모에게 실제적인 능력 강화의 기회를 많이 제공해야 하며, 정보공유, 기술공유, 유능함 공유와 같은 실제적인 지원과 훈련을 제공해야 함을 의미한다.

셋째, 특수교사와 부모 집단은 각각 협력 실행에 대한 인식이 협력 필요성에 대한 인식보다 유의하게 낮은 것으로 나타났다. 이는 이들이 현장에서 서로 협력하며 일하는데 현실적인 한계에 직면하고 있음을 보여주는 결과로, 협력의 필요성과 실행 간의 격차를 줄이기 위해서는 교사와 부모가 자기 효능감 및 성실과 관련하여 아동 교육의 성과에 기여하는 자신의 능력에 대한 확고한 신념, 자신감, 희망, 지각된 통제, 헌신 등이 필요하며, 지식 및 정보를 요청하거나 제공할 수 있고 상대방이 제안하는 교육적 서비스의 변화를 기꺼이 시도하고 상대방과의 만남이 실제적이고 유의미한 시간이 되도록 미리 계획하고 준비하는 성실한 태도가 요청된다고 주장하였다. 또한 교사는 존중 및 동등성 부분에서 특수교육대상아동 부모는 기술 및 문제해결 부분에서 상호협력의 필요성과 실행 간 격차를 줄일 수 있도록 이에 우선적으로 지원이 되어야 함을 언급하였다. 이를 토대로, 특수교육대상아동 교육을 위해 필요한 최우선 과제는 교사와 부모가 이미 형성한 협력 필요성에 대한 공감대를 바탕으로 진정한 동반자 관계를 구축하여 협력을 실현시켜나가야 하며, 교사와 부모는 자기효능감 및 성실, 기술 및 문제해결, 존중 및 동등성을 상호 역동적인 관점에서 이해하고 상호협력에 필요한 요인들을 균형 있게 발전시켜 나가야 한다고 주장하였다.

특수교사와 특수교육보조원 간의 협력을 알아본 연구에서 이윤숙과 김수연(2007)은 통합학급 교사와 특수교육보조원이 4단계의 협력적 문제해결 과정을 통해 3명의 특수교육대상아동의 교수적 지원 효과를 알아본 결과, 특수교육대상아동의 수업참여행동은 증가하였고, 문제행동은 감소하였으며, 과제 성취도의 향상을 가져온 것으로 나타났다. 이는 특수교육보조원 제도가 특수교육대상아동의 일반학급 수업 참여의 양과 질을 높이는 데 기여하기 위해서는 통합학급 교사와의 상호협력이 중요함을 보여주는 것이다. 이처럼 통합학급 교사와 특수교육보조원이 갖는 협력적 문제해결과정은 두 전문가 간에 공동체 의식을 갖게 해주고, 친밀한 인간관계를 형성하게 되어 특수교육대상아동의 교육의 질적 향상에도 긍정적인 영향을 끼친다. 또한 협력 과정에서 특수교육보조원의 자발적인 참여와 활동 수행과정에서 헌신하고자 하는 의지는 매우 중요한 요인으로 통합교육의 성공적인 실행에 있어 보조원의 역할이 매우 중요하다.

일반유아와 장애유아가 같은 학급에서 매일 반복되는 일과 및 동일한 활동에 참여하는 장애아통합어린이 집에서는 교사 간 교수 계획, 실행 및 평가의 협력 체계가 요구된다(Smith, Polloway, Patton,& Dowdy, 2007). 유아의 참여 행동을 증진시키기 위해 한 교실에서 교수 활동을 하는 두 교사 간 협력이 필수적인 상황에서 교사들은 다양한 어려움을 경험하는데 특히 협력 수행과 관련된 문제는 주로 교사 간 의사소통의 문제(홍숙희, 2012), 과중한 업무량(박수정 · 노진아, 2010), 협력을 위한 적절한 시간의 부족, 대인 관계의 어려움, 타인과의 협력에 대한 지식 및 기술 부족, 변화에 대한 거부(정용영 · 조윤경, 2008)를 들 수 있다.

장애 유아를 담당하는 교사들의 어려움을 해결하기 위해서는 교사 간 팀 협력 과정이 실행되어야 한다(양진희, 2005; 임부연 · 남다현 · 최남정, 2009). 이러한 맥락에서 배성현과 이병인(2016)은 팀 학습 행동 기반의 협력적 교사지원 프로그램이 교사 간 협력 태도와 장애 유아의 참여 행동에 미치는 영향을 알아보았다. 팀 학습 행동 기반의 협력적 교사지원 프로그램의 효과 검증 결과, 교사 참여도는 프로그램에 적극적 참여로 평가될 수준의 점수가 회차 동안 꾸준히 산출되었다. 양적 분석 결과에서, 교사 간 업무 협력과 정서적 상호지원은 회차 간에 차이를 보이는 유의한 증진을 보였으며, 사후분석 결과에서도 교사지원 프로그램의 효과를 확인하였다. 본 연구는 국내에서 미비했던 팀 학습 행동 기반의 협력적 교사지원 프로그램 구성과 효과 검증을 일반 보육교사와 장애아 보육교사가 함께 참여하여 실시하였다는 것과, 유아특수교육에 팀 학습 행동 개념을 활용함으로써 협력적 교사지원 프로그램을 구성하여 그에 대한 적합성을 확인하였다는데 있다.

배성현과 이병인(2016)은 일반 보육교사와 장애아 보육교사 간 '팀 학습 행동' 기반의 협력적 교사지원 프로그램개발 연구를 수행하였다. 연구 결과, 문헌 고찰과 현장 순회 지원 일지 분석, 교사의 요구도 조사를 통한 주요 문제는 교사 간 협력에 대한 개념 혼동, 교사 간 인식 차이, 정서적 소진, 전문가의 지원 부족, 장애 유아 참여 행동에 대한 교수 기술의 부족 등으로 나타났으며, 이를 개선하기 위해 '팀 학습 행동' 기반의 협력적 교사지원 프로그램은 교사 간 팀 협력 구축, 교사 간 인식 개선, 정서적 지원, 전문가의 정기적인 지원, 장애 유아 참여 행동에 대한 다양한 교수 전략으로 구성하였다. 또한 일반 보육교사와 장애아 보육교사가 팀 목표 수행과정에서 겪는 경험 나눔 및 상호 피드백으로써 갖게 되는 지식과 기술의 상호지원 활동을 통한 방법으로 프로그램을 구성하였다. 본 연구에서 개발된 '팀 학습 행동' 기반의 협력적 교사지원 프로그램은 장애아 통합어린이 집 통합반에서 근무하는 일반 보육교사와 장애아 보육교사에게 적용가능하도록 제작하였다는데 의의가 있다.

배성현과 이병인(2016)은 또한 '팀 학습 행동' 기반의 협력적 교사지원 프로그램에 참여한 일반 보육교사와 장애아 보육교사의 변화를 탐색하였다. 연구 결과, 업무 협력에서는 교사들의 업무 구조에 대한 갈등 및 업무 공유에 대한 문제점과 부담감 공존 등에 기인한 대화와 상호작용에 대한 소극적인 태도가 교사 간 정보 공유와 역동적인 상호작용을 통한 협력관계로 변화하였으며, 정서적 상호지원에서는 교사 간 관계의 불안함과 통합 상황의 고립감에서 오는 심리적 부담감에서 벗어나 정서적 지지를 통한 서로에 대한 어려움 이해와 공감의 교류 형성으로 변화하였다. '팀 학습 행동' 기반의 협력적 교사지원프로그램을 통해 교사들의 자발적인 변화를 위한 '대화'를 가능하게 돕는 교사 간 협력태도 변화를 확인하였으며, 이러한 연구 결과는 향후 일반 보육교사와 장애아 보육교사의 팀 협력태도 개선을 위하여 도움이 될 것이다.

장윤용, 이병인과 조현근(2019)은 관련 서비스를 제공하는 치료사와 어린이 집 교사 간의 협력 실천 방법 모색을 위해 협력의뢰서를 작성하는 치료사의 협력 태도 특징을 미국의 'DEC 추천 실제의 상호 간 팀 협력 중심 모델(Recommended practices in interdisciplinary team approach)'에서 제시한 기준으로 탐색하였다. 본 연구에서는 DEC의 조기중재와 유아특수교육에서의 추천 실제에서 체크리스트로 제안된 '상호 간 팀 협력 실행 방법'의 내용을 치료사와 어린이 집 교사와의 협력 상황에 적용한 문항으로 제작하였다. 연구 결과, 어린이 집 교사와의 협력 노력에 가장 큰 영향을 미치는 치료사의 특징적인 협력 태도는 '협력 과정에서 서로에게 배우는 태도를 중시함'이었다. 이는 추천 실제에서 중요하게 다루고 있는 '서로에게 배우는 태도'가 협력 태도의 장점이며, 관련 교육이 치료사와 어린이 집 교사 간의 협력 증진에 기여할 가능성을 보여 준다. 또한 '효과적인 협력 기술 사용에 대한 노력'이 가장 미흡한 점으로 나타난 것과, 협력의뢰서 전달 이후 어린이 집과 치료실 간에 영유아 정보에 대한 환류가 매우 부족한 점은 앞으로 보완해야 할 점으로 나타났다.

정영아와 이병인(2021)은 유아특수교사와 일반유아교사의 공립유치원 완전통합학급 운영에 대한 협력 경험과 지원요구를 알아보았다. 연구 결과, 유아특수교사와 일반유아교사는 완전통합학급을 함께 운영하면 처음에는 완전통합교육(full inclusion)에 대한 낯설고 불안한 정서를 경험하였으나 양측 교사가 함께 협력하는 과정을 통해 점점 하나가 되어가는 긍정적인 경험을 하였으며, 양측 교사는 협력 과정에서 다양한 어려움을 경험하였고 이를 해결하기위한 방법을 모색하였고 보다 효과적인 완전통합학급 운영을 위한 더 많은 서로의 노력과 적절한 지원이 필요함을 인식하였다.

03 팀 접근의 종류

1. 다기능적 팀 접근

먼저 다기능적 팀 접근(Multidisciplinary team approach)을 살펴보면, multi의 어원은 '많다(多)'라는 many의 의미이다. 따라서 다기능적 팀 접근은 각 영역의 전문가들이 각자 나름대로 아동과 그 가족에게 필요한 서비스를 제공한다. 일반적으로 가족은 전문가들과 각자 만나며 의사소통도 비공식적인 방법으로 이루어진다. 전문가들도 각자가 독립적으로 사정 작업을 수행한다. 다기능적 팀 접근의 문제점은 각자 개별 양식에 따라 각 개인이 지닌 전문성이 완전한 형태로 팀에 기여할 수 없다는 것이다. 즉, 전문가는 자신의 전문적 시야만으로 아동을 보게 됨으로써 총체적 아동발달 측면이기보다는 아동 전체를 부분으로 나누어 취급하게 된다. 또한 다기능적 접근에서는 아동의 부모나 가족이 팀 구성원으로 인식되지 못한다는 것이다. 따라서 다기능적 팀 접근은 개별화교육계획(IEP)이나 개별화가족지원계획(IFSP)개발과 시행을 위한 '최상의 실제(best practice)'로 인식되기는 어렵다.

다기능적 팀 접근의 주요 특징과 제한점은 다음과 같다.

첫째, 외국의 선진화된 공교육 프로그램 형식으로 각 분야의 전문가들이 따로 아동을 사정하고 각자 아동에게 직접적 서비스를 제공한다.

둘째, 서비스 제공 시 아동이 우선시 되지 못하고 각자 맡은 분야의 문제점만 고려하기 때문에 종합적 사정과 교육프로그램의 계획이 불가능하다.

셋째, 팀 구성원은 서비스를 제공하는 데에 있어서 독립적으로 활동한다

넷째, 팀 구성원 간에 협력이나 협의가 거의 이루어지지 않는다.

다섯째, 팀 구성원 간의 공통적인 목표는 있으나, 전체적인 집단 노력은 요구되지 않는다.

여섯째, 아동은 전문가들로부터 분리된 평가를 받고 전문가들도 독립된 사정 작업을 한다.

일곱째, 부모나 가족은 전문가와 각자 만나며 의사소통도 비형식적으로 이루어진다.

여덟째, 팀 협력이 필요한 경우 각 영역의 전문가들은 아동의 발달을 점검하기 위한 정규 모임을 제외하고는 서로가 거의 의사소통이나 상호작용을 하지 않는다.

아홉째, 소아정신과나 소아과 의사가 주로 '팀 리더(team leader)' 역할을 하며, 부모나 가족에게 직접 아동에 대한 정보를 제공한다.

제한점은 각자 개별 참여 양식에 의하게 되어 각 개인이 지닌 모든 전문성이 완전한 형태로

팀에 기여하기 어렵다. 즉 전문가는 자기의 전문 시야 만으로만 아동을 보게 됨으로써 총체적 아동 발달 측면이기보다는 아동 전체를 부분으로 나누어 취급하게 됨으로써 아동에 대한 총체적 정보의 획득에 어려움이 있다.

2. 상호 간 팀 접근

상호 간 팀 접근(Interdisciplinary team approach)은 다기능적 팀 접근에서 문제점을 보충하기 위해서 고안되었다. 상호 간 팀 접근에서 '상호 간' inter의 어원은 '간(間), 중(中), 상호(相互)'라는 between 혹은 among의 의미이므로 상호 간 팀 접근은 참여 팀 구성원 간의 상호 작용을 강조한다. 따라서 정규적인 협의가 팀 구성원 간의 다양한 정보교환 목적으로 이루어진다.

상호 간 팀 접근은 서비스 중재자나 '팀 리더'가 서비스를 중재함으로써 전문가 간의 의사소통이 나름대로 원활하다는 것과 프로그램에 대한 결정이 전체 팀 구성원들에 의해서 결정된다는 것이다. 또한 상호 간 팀 접근은 팀 구성원 모두가 서로 지닌 전문성을 최대한 활용할 수 있다는 장점이 있다. 그러나 팀 구성원 간의 상호작용의 양과 질이 각 사례 아동의 관리 자체가 주는 과로로 인하여 필요한 만큼 충분히 수행되지 않을 수 있어서 상호작용 시간이 구조화되지 않고, 상호 간의 공유시간을 제한받을 수 있다. 상호 간 팀 접근의 또 다른 문제점은 아동의 사정과 프로그램의 계획, 실행 등이 다 학문적 모델과 유사하여 서비스 제공이 고립적이기 때문에 종합적이고 효율적이지 못하고 가족이 팀 구성원으로 완전히 인식되지 못한다는 것이다(이상복 · 이효신, 1998; 이병인, 2004, 2006, 2016 재인용).

상호 간 팀 접근의 주요 내용은 다음과 같다.

첫째, 미국 특수교육법 공법 99-457에 명시된 조기교육프로그램을 위한 보다 광범위한 협조와 서비스의 통합을 목적으로 한다.

둘째, 팀 구성원 모두가 지닌 전문성을 최대한 신뢰하고 의존할 수 있다.

셋째, 아동의 초기 평가는 개개의 전문가에 의해 개별적으로 시행된다.

넷째, 참여 팀 구성원 간의 상호작용을 강조한다.

다섯째, 정규적인 협의가 팀 구성원 간의 다양한 정보교환 목적으로 이루어진다. 예를 들어, 아동의 구강 문제를 다루고 있는 작업치료사는 간식시간에 아동이 소속된 학급을 찾아와 아동의 실제 섭식을 보면서 학급 교사에게 어떤 훈련 기술을 적용하고 있는지 설명해 준다. 이러한 기회가 주어지면 교사는 작업치료사가 부재 시 치료사가 안내해준 방법을 사용하여 아동의 프로그램 운영을 원활하게 한다.

여섯째, 프로그램의 계획은 협력적으로 이루어지지만 프로그램 수행은 여전히 분리된다.

일곱째, 팀 구성원 간의 상호작용의 양과 질이 각 사례 아동의 관리 자체가 주는 과로로 인하여 상호작용 시간이 구조화되지 않으면 상호 간의 공유시간이 제한을 받을 수 있다(이상복 · 이효신, 1998).

여덟째, 서비스 중재자(service coordinator)나 사례 관리자(case manager)가 서비스를 조정하게 되므로 전문가들의 의사소통이 이루어진다는 것과 프로그램에 대한 결정이 전체 팀 구성원들에 의해서 결정되지만 아동의 진단 과정과 프로그램의 계획과 실행 등에 있어서 다 학문적 모델과 유사해서 서비스 제공이 고립적이기 때문에 종합적이고 효율적이지 못하다.

아홉째, 여전히 특수교육대상아동의 가족(family)이 팀 구성원으로 완전히 인식되지 못한다.

3. 초학문적 혹은 교류적 팀 접근

위에서 언급한 두 가지 팀 접근의 문제점을 극복하기 위해서 초학문적 팀 접근(Transdisciplinary team approach)이 힘을 얻게 되었다(백은희 · 김삼섭 · 구본권, 1994; 백은희, 2005; 이병인, 2004, 2006, 2016 재인용). 초학문적 혹은 교류적 팀 접근(transdisciplinary team approach)에서 trans의 어원은 '횡단, 관통, 초월'이라는 crossing, pass through, 혹은 pass over의 의미이다. 가장 최근에 발달지체영유아와 그 가족에게 적절한 조기중재서비스를 제공하기 위하여 고안된 이 모델은 각 영역들 간(間)의 '경계를 넘어(breaking the walls)' 서로의 정보와 기술을 공유하고 전이시키는 것을 특징으로 한다.

초(超)학문적 접근은 과거 개별적인 전문가들에 의한 특정화된 서비스 중심의 접근에서 생태학적인 환경 진단과 전문가들의 협력 체계 구축을 지향하는 것으로 초학문적 팀 구성원들은 실제로 갖가지 아동 훈련의 기법들을 같은 팀 구성원들에게 서로 교육한다(Rossetti, 1990; 이상복 · 이효신, 1998; 이병인, 2004, 2006, 2016 재인용). 따라서 우리나라에서 발달지체영유아와 그 가족을 위한 개별화가족지원계획(IFSP) 팀 접근 적용 방안으로 각각의 전문가에 의해 행해지는 독립적이고 분리된 접근방식이 아니라 가정에서 일어나는 가족의 우선적인 요구가 반영되고 그러한 목표에 대한 공동의 접근으로써 보다 개방적인 의견교환이 가능한 초학문적 팀 접근이 가장 적합하다고 할 수 있다. 즉, 각 영역의 전문가들은 팀 접근의 원리로써 각 분야의 영역을 통해 계획되고 통합된 서비스로 서로 가르치고 배우고 협력하고, 가족 역할에 있어서도 가족구성원은 항상 팀의 구성원으로서 팀의 역할을 결정한다.

사정(진단) 방법에 있어서도 팀은 각 영역을 관찰하고 기록하는 '원형 사정(진단)(arena assessment)' 활동에 참여하고, 개별화가족지원계획(IFSP) 개발 및 시행에 있어서 팀 구성원은 가족의 관심, 우선순위, 자원을 기초로 활동 계획이 어떻게 가족과 함께 이행될 것인지에 대한 책임을 공유하게 된다〈그림 4-1 참조〉. 즉, 팀 구성원들은 기대되는 주요 목표와 활동을 함께 개발하며, 활동 계획에 있어서 개별화가족지원계획(IFSP)의 시행을 감독하고, 매일 혹은 매주 활동을 정하고, 개별화가족지원계획(IFSP) 과정상 수정할 부분을 점검하기 위한 규칙적인 모임을 갖는다. 프로그램 시행을 위해서도 팀 구성원들은 시행 여부를 감독하고, 각자의 영역에 대한 책무성(accountability)을 유지하면서 역할 지원을 제공하게 된다.

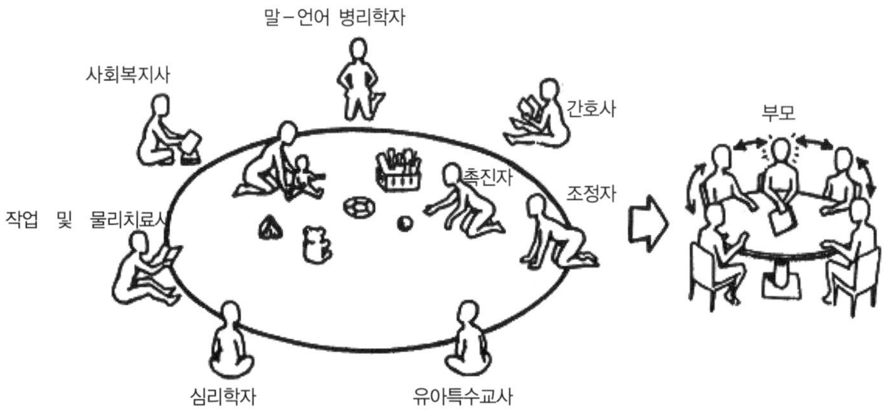

〈그림 4-1〉 초학문적 원형 사정(진단)(Transdisciplinary arena assessment)

출처: Garland, C.G., McGonigel, M.J., Frank, A., & Buck, D. (1986). The transdisciplinary model of service delivery. Lightfoot, VA: Child Development Resources; and Woodruff, G., & Hanson, C. (1987). Profect KAI training packet. Unpublished manuscript. Funded by the U.S. Department of Education, Office of Special Education Programs, Handicapped Children's Early Education Program; reprinted with permission.

구체적인 '원형 사정(진단)' 절차를 보면, 먼저 원형 촉진자(arena facilitator)는 아동과 부모와 함께 작업을 시작한다. 팀 구성원들은 아동의 모든 행동뿐만이 아니라 아동-부모 간 상호작용을 관찰하며 아동의 모든 발달영역을 관찰하고 기록한다. 무엇보다도, 원형 촉진자는 부모에게 확신을 심어주고 참여하도록 하여야 한다. '원형 사정(진단)'에는 전 · 후 준비 작업이 필요한데, 전 단계에서는 사정을 위한 촉진자와 코치가 정해지며, 사례발표가 있게 된다. 팀 구성원들은 촉진자를 지도하고 각 영역에 대한 정보를 공유하며 부모에게 사후 원형 피드백을 위한 인력이 구성된다. 가족에 대한 사후 원형 피드백 과정에서 아동의 강점 및 요구가 확인되고 가족의 목표와 우선순위가 논의될 뿐만 아니라 가정에서 시행 가능한 활동들이 제안되기도 한다. 지금까지의 초학문적 팀 접근의 구성 요소와 특징을 통해서도 알 수 있듯이, 최근까지도 발달지체영유아와 그 가족을 위한 진단, 교육과 치료 서비스 제공을 위하여 초학문적 접근이 가장 효과적인 것으로 나타났으며, 최상의 실제로 간주되고 있다(Rossetti, 1990; 조광순, 1998 재인용; 백은희, 2005; 이병인, 2004, 2006, 2016 재인용).

아울러, 전문가 간 팀 접근에 있어서 서비스 중재자의 역할과 임명은 개별화가족지원계획(IFSP) 시행에 있어서 매우 중요하다. 미국의 장애인교육법(2004)은 개별화가족지원계획(IFSP) 시행에 있어서 발달지체영유아와 그 가족의 요구와 가장 직접적인 관계가 있는 전문가를 서비스 중재자로 임명하여 개별화가족지원계획(IFSP)을 작성하도록 규정하고 있다. 이러한 서비스 중재자의 역할과 임무는 일관성 있고 원활한 조기중재서비스 제공과 전문가 간의 효율적인 팀 접근을 수행하는 데에 필수적이다. 또한 이들은 진단 및 평가 실시의 조정, 개별화가족지원계획(IFSP) 개발, 검토 및 평가, 적절한 서비스 제공을 위한 가족 지원, 타 전문가와의 협력 및 문제해결, 아동의 전이 계획의 개발 등 서비스 안내 및 제공을 위하여 중요한 역을 담당하게 된다(Bailey & Wolery, 1992; 이병인, 2004, 2006, 2016 재인용).

무엇보다 우리나라에서 개별화가족지원계획(IFSP)이 그 실효를 거두기 위해서는 가족의 관심, 우선순위와 자원에 따라 가족이 필요로 하는 서비스를 우선적으로 제공해야 한다는 인식 개선이 있어야 한다. 이를 위하여 먼저, 개별화가족지원계획(IFSP) 계획을 위하여 개별화가족지원계획(IFSP)의 교육목표와 서비스에 대한 가족의 우선적인 관심사를 결정하기 위하여 전문가들이 협력하는 초 학문적 팀 접근이 선행되어야 할 것이다. 또한 발달지체영유아 가족에 대한 지원은 개인별 가족의 기능을 강화하고, 개별적 가족 구성원과 가족 전체의 성장과 발달을 향상시키는 방법으로 개별화가족지원계획(IFSP)이 고안되어야 한다. 즉, 개별화가족지원계획(IFSP) 작성 시 가족의 문제, 단점이나 결함에 의존하기보다는 가족의 강점과 그들이 동원할 수 있는 자원에 의존해야 하고, 그들이 받는 서비스 선택에 대한 의사결정도 스스로 할 수 있어야 한다(이병인, 2004, 2006, 2016 재인용). 최근에 우리나라에서도「장애인 등에 대한 특수교육법」시행령(2008)에 처음으로 발달지체영유아와 그 가족을 위한 개별화가족지원계획(IFSP)의 작성을 법으로 명시함으로써 적절한 조기중재서비스 제공을 위한 구체적이고 실질적인 방안들이 모색될 것으로 기대된다.

초학문적 팀 접근의 주요 내용은 다음과 같다.

첫째, 근본적으로 '교류적' 또는 '초학문적'이라는 용어는 서로 다른 분야에 대한 지식의 유사점과 교차(crossing)를 의미한다.

둘째, 특수교육, 재활, 유아교육, 의학, 간호학, 아동임상심리학 등 다양한 영역에서 수용되어 활용되고 있다.

셋째, 아동의 사정(진단)과 교수 목표의 개발, 교수와 치료 교육의 제공 등 다양한 영역에서 광범위하게 이루어지고 있다.

넷째, 장애-위험 영유아(at-risk children)들에게 조기중재서비스를 제공하기 위해 고안되었다.

다섯째, 과거 개별적인 전문가들에 의한 특정화된 서비스 중심의 접근에서 보다 생태학 적인 환경 진단과 함께 전문가들의 협력체제 구축을 지향하며, 각 전문가들의 정보 교환과 가능한 역할에 대한 공유된 관심과 목표를 가지고 접근한다. 예를 들어, 발달지체영유아의 경우 진단과 교육적인 배치, 교육 목표의 설정, 가족의 요구와 우선순위 등이 실질적인 교육 활동에서 구체화되어야 하며 이는 각각 독립된 활동이기보다는 서로 연계성을 지닌 종합적인 교육 방안으로 계획, 실행, 평가되어야 한다.

여섯째, 상호 간 팀 접근과 초학문적 팀 접근 간의 근본적인 차이는 구성원 간의 교류 정도의 차이이다.

일곱째, 교류적 팀 구성원들은 실제적으로 갖가지 아동 훈련의 기법들을 같은 팀 구성원들에게 가르쳐주고 서로 교육하고 배운다.

여덟째, 다른 전문가들이 지니고 있는 또 다른 지식과 자신이 지닌 유사한 기능을 통합하거나 재조정하면서 자기 자신의 지도 프로그램 실행을 새롭게 개발한다.

아홉째, 구성원 간의 현직 연수와 협의 등을 통하여 필요한 중재 기술을 통하여 서로에게 도움을 준다(예: 특수교사, 물리 및 작업치료사, 언어병리학자 등).

열 번째, 치료사들은 통합된 교육 목표를 따르고 실제 생활환경(가정이나 지역사회)에서 가르치기 위해 다른 팀 구성원들과 서로 밀접한 관계를 유지한다.

열한 번째, 아동의 부분 부분이 별개의 개념으로 조각나는 것이 아니라 아동의 총체적 발달을 전제한 전반(인)적 발달에 유리하다.

열두 번째, 사정(진단) 방법에 있어서도 팀은 각 영역을 관찰하고 기록하는 '원형 사정(진단)'활동에 참여하고, 개별화가족지원계획(IFSP) 개발과 시행에 있어서 가족의 관심, 우선순위 및 자원을 기초로 한다.

열세 번째, 고려사항으로는 전문가들 간(예: 특수교사와 물리/작업치료사와의 관점)의 철학과 지도의 차이나 전문 용어의 차이와 역할의 갈등과 모호성 등을 들 수 있다.

〈표 4-1〉과 〈그림 4-2〉는 각각 세 가지 다른 팀 접근 모형과 세 가지 팀 접근 모형 내에서 아동과 다양한 전문 분야 전문가들과의 관계를 제시하고 있다.

〈표4-1〉 팀 접근의 세 가지 모델(Garland, McGonigel, Frank, & Buck, 1989)

구성 요소	다기능적 팀 구성	상호 간 팀 구성	초학문적 팀 구성
팀 접근의 원리	팀 구성원들은 각 전문분야가 기여하는 중요성을 인식한다.	각 분야의 서비스에 대해 자발적으로 책임을 진다.	각 분야의 영역을 통해 계획되고 통합된 서비스로 가르치고 배우며 협력한다.
가족 역할	일반적으로 가족들을 각자 개별적으로 팀 구성원을 만난다.	가족은 팀 구성원으로 인식될 수도 그렇지 않을 수도 있다. 가족은 팀 전체 또는 대표자와 말할 수도 있다.	가족들은 항상 그 팀의 구성원이고 팀의 역할을 결정한다.
참여 형태	비형식적이고 구성원들은 그들 자신이 팀의 일원이라고 생각하지 않을 수 도 있다.	팀은 정기적으로 회의 협의로 만난다.	팀은 정기적으로 정보를 교환하고 각 전문분야를 통해 가르쳐주고 배운다.
전문가 계발	일반적으로 각 전문 영역 안에서 독립적이다.	각 전문분야는 자주 정보를 나누고 돕는다.	각 전문 분야들은 팀 계발과 '역할 전이(role transition)'를 위해 필수적이다.
사정(진단) 방법	각 전문 분야에 의한 개별적인 사정을 진행한다.	각 전문 분야들과 공유한 결과로 사정한다.	팀은 각 영역을 관찰/기록하는 "원형 사정(진단)" 활동에 참여한다.
개별화 가족 지원 계획(IFSP) 개발	구성원은 각 전문분야 안에서 중재를 위한 각자의 계획을 세운다.	목표는 그 팀에서 공유된 독립적인 서비스 계획 형태로 구성원들에 의해 계발된다.	가족의 관심, 우선순위, 자원에 기초한다.
개별화 가족 지원 계획(IFSP) 시행	팀 구성원들은 각 전문분야로부터 개별적으로 그들의 계획을 이행한다.	팀 구성원들은 그들의 영역에 속하는 부분을 시행한다.	팀 구성원들은 계획이 어떻게 가족과 함께 개인에 의해 이행될 것인지 책임을 공유하고 계획한다.

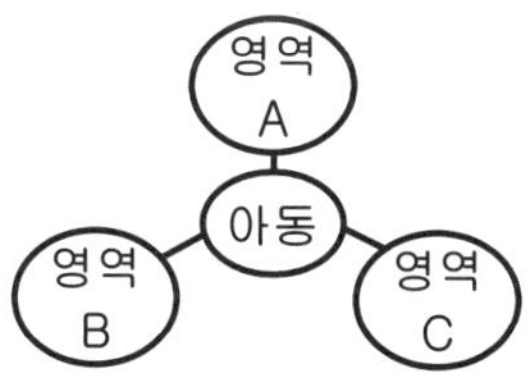

다(多) 기능적 팀 구성

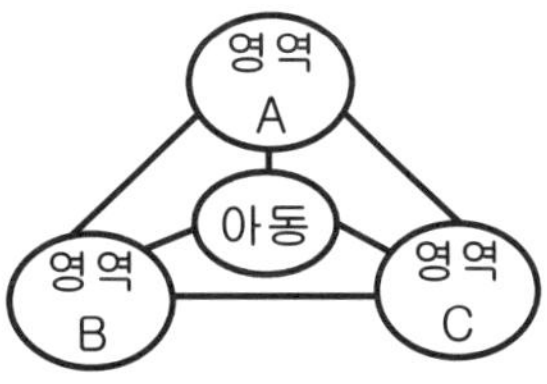

상호 간(間) 팀 구성

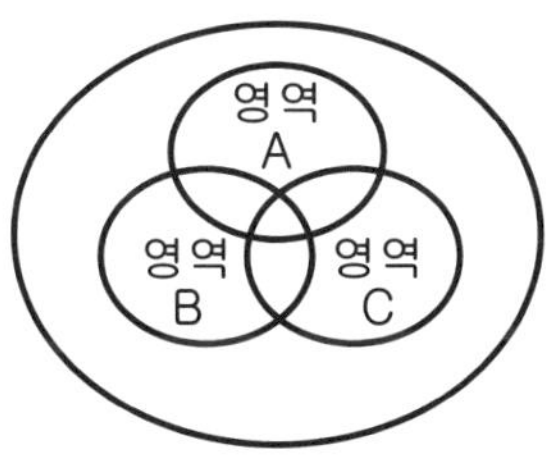

초(超) 학문적 팀 구성

〈그림 4-2〉 팀 접근의 세 가지 모델 안에서 학습자와 각각의 전문분야로부터의 전문가들과의 관계 (Giangreco, York, & Rainforth, 1989)

오늘날 팀 치료 접근에 있어서 치료사들은 특수교사들이 습득하기 어려운 자신들만의 훈련 과정(disciplinary process)과 전문성(specialty)을 지니고 있기때문에 그들의 역할은 날이 갈수록 그 중요성이 증대되고 있다. 그러나 이들 모델들에 대한 이해 부족과 팀 구성원들 간의 상호 · 협력 부족으로 인하여 적지 않은 어려움을 겪고 있다.

팀 접근 가운데 가장 바람직한 모형은 '초학문적 팀 접근' 혹은 '교류적 팀 접근'이다. 이는 팀 구성원들이 서로의 전문성을 공유하고 서로 배우고 가르치고 훈련함으로써 아동과 그 가족의 요구를 충족시키기 위하여 적합한 교육과 치료 서비스를 제공하는 데에 그 목적이 있다. 그러나 이러한 목표를 달성하기 위한 과정에서 자신과 다른 구성원들의 능력과 전문성을 의심하거나 과소평가함은 물론 서로의 결점이 드러날 것을 두려워한다면 이러한 팀 접근은 오히려 그 실효를 거둘 수 없다.

현실적으로 특수교사와 치료사는 각각의 전문영역에서 훈련(disciplines)을 받기 때문에 훈련 과정에서 서로 상호작용하고 다른 전문 분야에 대하여 수용하고 배우고 가르치는 과정을 이해하지 못해 팀 접근을 하는데 여러 가지 문제에 직면하게 된다. 또한 전문가들이 사용하는 그들 특유의 전문 용어들은 다른 팀 구성원들이나 특수교육대상아동 부모나 가족들이 이해하기 어려워 서로 협력하는 데에 방해 요소가 될 수도 있으며, 팀 구성원들의 역할에 대한 갈등 내지 모호함 또한 서비스 제공 시 어려움을 더해 주고 있다. 이러한 상황에서 가족의 관심과 우선순위나 자원에 기초한 '초학문적 팀 접근'의 개발이나 시행은 더욱 어려워 보인다.

결론적으로, 우리나라는 아직 팀 접근 모델의 가장 기초적인 '다학문적 팀 접근' 단계라고 할 수 있는데, 우리나라에서도 성공적인 팀 접근이 실효를 거두기 위해서는 미국의 장애인 교육법(IDEA)에서처럼 구체적으로 특수교사와 관련 서비스 전문가들에 대한 역할과 구성에 대한 분명한 언급이 법에 명시되어야 한다.

04 초학문적 팀 접근 문제해결 사례

[사례 1]

수근이(남)와 수영이(여)는 현재 4살이며, 이란성 쌍둥이다. 두 아동 모두 경도의 뇌성마비이며 특히 수영이는 수근이보다 대 · 소근육 운동 기능에 있어서 좀 더 많은 문제를 가지고 있다. 수근이와 수영이의 부모는 남자를 여자보다 더욱 귀하게 여기는 문화적 특성을 가진 집

안이다. 수근이와 수영이가 다니고 있는 어린이집에는 작업치료사가 있어서 여러 명의 아이들을 치료하고 있다. 작업치료사와 어린이집 교사는 수근이와 수영이가 모두 정확한 평가과정이 필요함을 판단하고, 이를 부모에게 설명하였다. 그러나 아버지는 수근이가 평가를 받는 것에는 수긍을 하지만, 수영이에 대한 검사에는 동의하지 않았다.

[사례 2]

민정이는 시골의 한 병설유치원에 다니고 있는 다문화가정(베트남 출신 모) 유아이다. 민정이가 재원하고 있는 유치원 교사는 구성주의에 대하여 호의적인 태도를 가지고 있으며, 가능한 한 빨리 유아의 자율성을 개발하는데 중점을 두고 교육을 하고 있다. 민정이는 관절 구축증을 가지고 있으며, 유치원의 작업치료사는 민정이가 식사하는데 도움이 될 수 있는 보조기구를 개발하고 사용하는데 중점을 두어 지원하고 있다. 그런데 민정이 어머니는 일주일에 여러 차례 점심시간에 와서 민정이의 섭식 지도에 관한 지도를 요구하며, 유치원에 있는 전문가들이 민정이가 좀 더 성장할 때까지 섭식지도를 해주기를 원하고 있다.

[사례 3]

지은이는 일반초등학교 특수학급 1학년에 다니고 있는데 지은이의 담임 선생님은 수업방식에 있어서 꽤 전통적인 생각을 가지고 있다. 특히 수업 중에 지은이에게 밑줄이 그어 있는 종이를 주고 지은이가 그 줄을 벗어나지 않고 글자를 쓰도록 지도하는데 중점을 두고 있다. 또한 매일 따로 분리된 공간에서 한글의 자음과 모음을 쓰는 연습을 시킨다. 예를 들면, 밑줄이 그어진 종이에 연필을 바르게 잡고(두 손가락을 사용하여) "ㄱ"이라는 문자를 쓰도록 하는 것이다. 또한 작업치료사는 지은이의 쓰기 연습을 위한 수정안을 작성하는 일을 한다. 하지만 특수교사는 이러한 연습이 비현실적이고, 상황에 맞지 않으며, 발달적으로 적합하지 않다고 확신하고 있다.

[사례 4]

한 지역에 있는 교육청 내의 적절한 특수교육 및 관련 서비스 제공을 위한 팀 구성원들의 협력은 필수적이라 할 수 있다. 이들 팀 구성원들은 전문가 간 ① 개방적인 의사소통, ② 아동과 가족의 능력을 최대로 끌어내기 위한 서비스 제공과 ③ 여러 가지 갈등 상황 등을 해결하기 위해 약속된 회의를 충실히 진행하고, 서로 협력하는 바람직한 모습을 보여주고 있다. 그러나 교사와 치료사들은 기관의 업무 과정과 치료 사례의 과다로 인해 실질적인 전문가 간 팀 협력을 수행하는데 어려움이 많다.

[사례 5]

조 교사는 보수적인 통합어린이집 담임이다. 그녀는 "여기는 내 교실이다!"라는 강한 신념을 가지고 있다. 그리고 다른 동료 전문가가 그녀의 교실에 있는 것에 대하여 불쾌함을 드러낸다. 조 교사가 자신의 교실에 다른 동료 전문가가 있는 것을 원하지 않는 이유에는 무엇이 있을까? 그리고 다른 동료 전문가들이 교사와 아동, 가족이 서로 협력하도록 할 수 있는 방법에는 무엇이 있겠는가?

[사례 6]

지혜는 이분척추 유아로 유아특수학교에 다니고 있다. 담임교사는 교실에서 이루어지는 여러 가지 활동에 지혜가 가능하면 많이 참여하도록 노력하고 있다. 그런데 이 교실에는 공격적인 성향을 나타내는 두 명의 아동으로 인해 교사는 늘 불안하고 마음을 졸이고 있다. 여기에 문제가 더욱 커지는 이유는 지혜가 도뇨관을 사용하고 있다는 사실이다. 전문가들로서 지혜의 발달적 요구를 충족시키면서 지혜에게 적극적인 지지자가 되도록 돕기 위해 협력할 수 있는 방법에는 무엇이 있겠는가? 그리고 지혜를 위한 지원에는 어떤 것들이 있겠는가?

[사례 7]

재석이는 청각장애특수학교 유치부에 재학하고 있다. 재석이의 아버지와 어머니는 모두 청각 장애를 가지고 있으며, 재석이의 학업과 미래에 대하여 많은 관심을 가지고 있다. 현재 재석이의 담임교사는 재석이의 인공와우수술에 대해 긍정적인 검토를 하고 있다. 때문에 재석이와 관계된 부모, 의사, 학교관리자 등이 함께 모여 이 문제에 대하여 회의를 실시해 왔다. 재석이의 인공와우수술과 관련하여 지속적으로 전문가 협력이 이루어져 오고 있는데 현재는 부모의 수술 반대로 인해 수술이 지연되고 있다. 이로 인해 담임교사는 재석이의 미래와 부모의 입장 사이에서 적지 않은 갈등을 겪고 있다. 재석이의 부모는 담임교사에게 인공와우수술에 대해 긍정적인 입장을 견지하였지만, 수술 후에 대한 의사의 여러 가지 소견을 듣고 난 후 걱정을 하며 망설이고 있으며, 현재는 팀 모임에도 참여하지 않고 있다. 그렇기때문에 최근에는 팀 모임에 재석이의 할아버지가 참여하고 있으며, 전문가들과의 회의 사항을 할아버지가 재석이의 부모에게 전달하면서 가교 역할을 하고 있다.

참고 문헌

강혜경·박은혜(2006), 특수교사와 치료교사 간 협력적 접근을 통한 교실중심 언어중재가 장애유아의 의사소통에 미치는 영향, **특수교육학연구, 41**(2), 173-197.

김성애·이병인·허계영·김윤태·이미선·박주연(2006), 유아교사와 유아특수교사의 통합교육에 관한 연수 요구조사, **정서·행동장애연구, 22**(4), 411-428.

김주혜·박은혜·이경순(2008), 통합학급교사와 특수교사의 협력프로그램이 교수행동 및 수업참여행동에 미치는 영향, **특수아동교육연구, 10**(1), 147-167.

민수진·박현숙(2005), 학교-가족 간 협력에 관한 특수교사와 부모의 인식 분석, **특수교육학연구, 40**(3), 315-332.

박소영·신현기(2007), 발달지체유아통합교육기관의 협력교수 수행 과정 연구, **특수교육 저널: 이론과 실천, 8**(4), 161-195.

박수정·노진아(2010), 통합학급에서 유아교사와 유아특수교사의 협력교수에 대한 연구, **유아특수교육연구, 10**(3), 1-20.

박현옥·이소현(2000), 장애유아통합교육을 위한 일반교사와 특수교사 간 협력 방안 고찰, **교육과학연구, 31**(1), 37-52.

배성현·이병인(2016), 팀 학습행동 기반의 협력적 교사지원 프로그램이 교사 간 협력태도와 장애유아의 참여행동에 미치는 영향, **특수교육학연구, 51**(3), 133-161.

배성현·이병인(2016), '팀 학습행동' 기반의 협력적 교사지원 프로그램개발 연구-일반 보육교사와 장애아 보육교사를 중심으로, **유아교육·보육복지연구, 20**(2), 421-453.

배성현·이병인(2016), 팀 학습행동 기반의 협력적 교사지원 프로그램에 참여한 교사들의 변화 탐색, **한국웰니스학회, 11**(3), 307-326.

백은희(2005), **정신지체: 이해와 교육**, 서울: 교육과학사.

백은희(2020). 지적장애: 이해와 교육, 서울: 교육과학사.

백은희·김삼섭·구본권(1994), **중복특수교육대상아동교육**, 서울: 양서원.

신진숙(2001), 통합교육의 효율적 실행을 위한 협력 팀 접근, **특수교육 저널: 이론과 실천, 2**(2), 129-146.

양진희(2008), 유치원에서의 성공적인 장애유아 통합교육 실천에 관한 의미 이해, **유아교육연구, 25**(3), 149-175.

원종례·이소현(2006), 교사 간 협력을 통한 활동-중심 삽입교수 중재가 발달지체 유아의 활동 참여와 발달에 미치는 영향, **특수교육학연구, 41**(2), 121-143.

이병인(2003), 발달지체 영유아 개별화가족지원계획 개발 및 시행을 위한 방법론 고찰, **정서·행동장애연구, 19**(4), 91-120.

이병인(2004, 2006), **특수교육대상아동 가족 지원의 이해**, 서울: 단국대학교출판부.

이병인(2016), **특수교육대상아동 가족 지원의 이해,** 용인: 노스보스.

이상복·이효신(1998), **유아특수교육**, 대구대학교출판부.

이소현·황복선(2000), 통합교육을 위한 특수교사-일반교사 간 협력 모형: 구조적 측면을 중심으로, **특수교육연구, 7**, 67-87.

이윤숙·김수연(2007), 통합학급 교사와 특수교육보조원의 협력적 문제해결 과정을 통한 교수적 지원의 효과, **특수**

교육학연구, 42(1), 117-144.

임부연·남다현·최남정(2009), 장애유아 통합교육의 어려움에 대한 유아교사의 내러티브 탐구, **유아특수교육연구, 9**(4), 1-24.

장윤용·이병인·조현근(2019), DEC 추천 실제의 상호간 팀 협력 모델에 기초한 치료사의 협력 태도: 어린이 집 협력의뢰서를 중심으로, **유아특수교육연구, 19**(2), 205-224.

정영아·이병인(2021), 유아특수교사와 일반유아교사의 공립유치원 완전통합학급 운영에 대한 협력 경험과 지원 요구, **특수교육논총, 37**(1), 145-183.

정영용·조윤경(2008), 통합보육시설에서의 일반교사와 통합지원교사의 역할 수행과 협력, **특수아동교육연구, 10**(3), 49-73.

조광순(1998), 특수유아 치료교육의 통합적 치료 및 초학문적 팀 모델의 과제, **언어치료연구, 7**(2), 239-253.

표윤희(2008), 정서행동장애 학생을 위한 학교 기반의 교사-관련 서비스 전문가 간 협력적 팀 중재 고찰, **특수교육, 7**(2), 81-102.

홍숙희(2012), **통합교육환경에서 특수교사와 일반교사의 관계특성이 갈등과 협력에 미치는 영향**, 미간행석사학위논문, 공주대학교 교육대학원, 충남.

「장애인 등에 대한 특수교육법」(2007.5.25 법률 제8483호 신규제정).

「장애인 등에 대한 특수교육법」(2008.2.29 법률 제8852호<정부조직법> 일부개정).

「장애인 등에 대한 특수교육법」 시행령」(2008.5.26 대통령령 제20790호 신규제정).

Bailey, D. B., & Wolery, M. (1992). *Teaching infants & preschoolers with disabilities.* Eaglewood Cliffs, NJ: Merrill Prentice Hall.

Education for All Handicapped Children Act of 1986, P. L. 99-457.

Friend, M. & Cook, L. (2007). *Interactions: Collaboration skills for school professionals* (5rd ed.). Boston: Allyn & Bacon.

Gettinger, M., & Stoiber, K. C. (2006). Functional assessment, collaboration, and evidence-based treatment: Analysis of a team approach for addressing challenging behaviors in young children. *Journal of School Psychology, 44*(3) 231-252.

Giangreco, M. F., York, J., & Rainforth, B. (1989). Providing related services to learners with severe handicaps in educational settings: Pursuing the least restrictive options. *Pediatric Physical Therapy*, 1, 55-63.

Individuals with Disabilities Education Act of 1997, P. L. 105-17.

Individuals with Disabilities Education Improvement Act of 2004, P. L. 108-446.

Garland, C. G., McGonigel, J. J., Frank, A., & Buck, d. (1989). *The transdisciplinary model of service delivery*. Lightfoot, VA: Child Development Resources.

Public Law 105-17: Individuals with Disabilities Education Act Amendments of 1997 Final Regulation(October 22, 1997). *Federal Register, 62*(204), 55,025-55,065.

Rossetti, L. (1990). *Infant Toddler Assessment: An Interdisciplinary Approach.* Little Brown & company: Boston, MA.

Smith, T. E., Polloway, E. A., Patton, J. R., & Dowdy, C. A. (2007). *Teaching students with special needs in inclusive settings*(5th ed.). Boston, MA: Allyn & Bacon.

제5장

가족 지원

01 | 특수교육대상아동 가족 지원의 이해

02 | 개별화가족지원계획

03 | 비장애 형제 지원프로그램

04 | 우리나라에서의 발달지체영유아 가족 지원방안

01 특수교육대상아동 가족 지원의 이해

최근의 특수교육 동향 중 하나는 특수교육대상아동 교육에 있어서 가족의 참여와 역할 및 가족 기능이 강조되고 있는 것이다. 가족(family)은 하루 일과 중 아동과 가장 오랜 시간을 함께 보내면서 아동을 지도하고, 아동의 발달을 촉진하며, 아동이 필요로 하는 다양한 요구를 충족시켜 줄 뿐만 아니라 아동의 서비스 제공을 위하여 전문가와의 팀 협력을 통하여 아동의 교육적 요구를 충족시키는데 중요한 역할을 한다(이병인, 2003; 이병인, 2004, 2006, 2016).

특히 특수교육대상영유아에게 있어서 가족은 가족 구성원의 성장 발달을 촉진하기 위한 가장 효과적이고 경제적인 구조(system)이며, 가족 구성원이 발달프로그램에 참여하는 경우 프로그램의 효과를 증가시킬 뿐 아니라 프로그램이 종료된 후에도 그 효과를 지속시킨다(Bronfenbrenner, 1974; 김수현 · 이병인, 2020). 가족지원프로그램은 가족에게 능력을 부여하고 힘을 실어주기 때문에 조기 중재의 성공에 필수적인 요소이다(Dunst, Trivette, & Deal, 1988; 이병인, 2002; 이병인, 2004, 2006, 2016).

1980년 이후 미국에서 유아특수교육을 중심으로 가족 역할의 중요성과 가족에 대한 전문가의 견해들이 많이 소개되었고 이러한 변화는 '가족 중심(family-centered)' 혹은 '가족 주도(family-directed)' 중재로 구체화되었다고 할 수 있다(IDEIA, 2004). '가족 중심' 중재는 미국의 특수교육법, 공법 94-142(1975)의 개정 법률인 공법 99-457(1986)의 Part H에 그 내용이 처음으로 소개되었는데(이병인, 1999), Part H는 발달지체영유아와 그 가족에게 '가족 중심'의 체계적이고 적절한 유아특수교육을 제공하기 위하여 가족과 특수교육 관련 서비스 전문 인력들의 상호협력을 강조하였다(Dunst, Trivette & Deal, 1988; 이병인, 2004, 2006, 2016 재인용). '가족 중심' 중재의 핵심적인 내용은 특수교육대상아동 교육에 있어서 가족의 관심(concerns), 우선순위(priorities), 자원(resources)이 매우 중요하다는 것과, 가족이 서비스를 제공 · 계획하는데 동반자(partner)나 옹호자(advocate)로 참여해야 하며, 가족은 아동의 교육프로그램 개발 및 시행에 있어서 '최종적 의사결정자(final decision-maker)'라는 것이다.

우리나라에서도 유아특수교육현장을 중심으로 가족 지원에 대한 패러다임이 '아동 중심(child-focused)'에서 '가족 중심(family-centered)'으로 꾸준히 변화하고 있다. 이러한 현상은 정부의 특수교육 지원 정책 방향과 장애전문기관을 중심으로고 확대되고 있는데 이제는 특수교육대상영유아를 위한 가족 지원에 가족을 포함하고 참여시킴으로써 장애가 한 아동의 문제가 아닌 가족 구성원 모두의 문제로 인식하는 추세로 변화하고 있다(교육부, 2017; 이병인 · 조현근, 2010; 김진성 · 이병인, 2017). 즉 성공적인 가족 지원을 위해서는 가정과 학교, 국가 모두의 책임이라는 인식의 변화가 우선 되어야 함을 강조하고 있고, 가족을 위한 '가족 중심'의 지원방안과 서비스 제공을 모색하고 있으며, 양적, 물리적 환경 지원보다는 질적인 지원과 사회적 환경을 더욱 중요하게 다루고 있다. 또한 가족 지원의 방향도 가족 구성원의 참여를 적극적으로 유도함으로써 부모와 교사, 관련 서비스 전문 인력이 함께 협력하는 방향으로 변화하고 있다(김진성 · 이병인, 2019).

가족 지원(family support)은 가족의 건강한 기능과 가족 구성원 간의 상호작용을 촉진하기 위하여 장애 자녀와 관련된 모든 구성원을 대상으로 이들의 '삶의 질' 향상을 목적으로 제공되는 서비스를 의미한다(백은령 · 김기룡 · 유영주 · 이명희 · 최복천, 2010). 가족 지원을 통해 특수교육대상영유아의 가족은 스트레스에 대한 관리 능력을 기르고, '스스로 문제 해결을 할 수 있는 능력'을 향상시켜 특수교육대상영유아에게 긍정적인 영향을 주게 된다.

최근 우리나라에서의 가족 지원은 특수교육대상자와 그 가족을 위해 제공되어야 하는 '특수교육 관련 서비스' 중 하나로 인식되고 있다(김수현 · 이병인, 2020). 우리나라는 기존의 '아동 중심' 교육에서 '가족 중심' 교육이 될 수 있도록 행정적, 제도적 장치와 법적 근거를 마련함으로써 특수교육대상자 가족 지원 관련 정책의 발전 계기를 마련하였다(이병인, 2019; 김수현 · 이병인, 2020). 2008년부터 시행된 「장애인 등에 대한 특수교육법」 제2조(정의) 제2항에서 '특수교육 관련 서비스'란 특수교육대상자의 교육을 효율적으로 실시하기 위해 필요한 물적, 인적 자원을 제공하는 서비스로써 가족 지원을 포함하고 있으며, 제28조(특수교육 관련 서비스) 제1항에서는 교육감이 특수교육대상자와 그 가족에 대하여 가족 상담 등 가족 지원을 제공해야 한다고 명시하였으며(교육부, 2019), 2017년 신설된 「장애인복지법」 제30조(장애인 가족 지원) 제2항에서는 국가와 지방자체단체는 장애인 가족의 안정적인 가정생활 영위 및 '삶의 질' 향상을 위한 가족 지원의 방법들을 명시하였다(보건복지부, 2019). 이와 같이 특수교육 관련 서비스에 가족 지원이 포함되고 가족 지원의 지원 방법과 중요성 등이 법제화되면서 가족 지원의 필요성과 중요성이 강조되고 있으며, 가족 지원은 특수교육에 있어서 중요 과제로 인식되고 있다(김수현 · 이병인, 2020).

한편 우리나라에서는 특수교육대상아동을 위한 부모 교육, 부모 지원, 가족 참여, 가족 지원 등 학교 현장에서 다양한 명칭으로 행해지고 있으나, 아직도 부모나 가족을 동반자(partner)가 아닌 교육 활동의 보조자(helper)로 인식하고, 방법에 있어서도 학교의 획일적인 행사 참여나, 교사의 교육 활동 지원(자료 제작, 식사 보조 등)에 치중하고 있는 실정이다(이미선 · 김경진, 2000; 이병인, 2004, 2006, 2016 재인용). 또한 특수교육대상아동의 양육과정에서 발생하는 스트레스는 가족 구성원 모두가 경험하는 어려움이지만 자녀에 대한 대부분의 양육 책임은 어머니에게 치중되어 있는 실정이다. 특히 중도 · 중복장애 영유아 어머니들은 자녀의 장애 진단 과정에서의 경험과 양육에 대한 부담감, 중도 · 중복장애 영유아 어머니로 살아가는 고독함, 장애인 지원제도의 한계 등으로 인해 자녀에 대한 양육 부담은 다른 가족 구성원보다 클 수밖에 없다(정현주 · 이병인, 2019).

따라서 앞으로는 특수교육대상자와 그 가족에게 보다 실질적으로 도움을 줄 수 있는 효과적인 가족 지원을 위한 방법 모색이 필요하다. 이러한 시점에서 2007년 「장애인 등에 대한 특수교육법」의 특수교육 관련 서비스 내에 가족 지원을 처음으로 명시함으로써 우리나라에서도 특수교육대상자 가족 지원을 위한 기본적인 법적 지원이 마련되었다고 할 수 있다(이병인, 2007).

아래 기술된 가족 지원의 목적과 원리, 가족-전문가 간의 관계, 개별화가족지원계획(IFSP)과 우리나라에서의 특수교육대상아동 가족 지원 방안에 대한 내용은 이병인(2004, 2006, 2016)의 『특수교육대상아동 가족 지원의 이해』의 주요 내용을 발췌 · 수정 · 정리하였다.

1. 가족 지원의 목적과 원리

(1) 가족 지원의 목적

가족 내 장애 자녀의 출현은 가족 전체에 영향을 주며, 장애 자녀의 부모나 가족은 자녀를 양육하고 가르치는데 많은 어려움을 경험하게 된다. 특히 특수교육대상아동 가족은 가족 스트레스, 심리적 문제로 인한 갈등, 가족 역할 기대에 따른 부담감, 생활 경험에서 타인으로 인한 상처 등의 심리 · 정서적 지원, 정보 제공, 대처 기술, 재정적 지원 등에서 다양하고 특별한 요구를 지니기 때문에 이들을 위한 효과적인 가족 지원이 필요하다(이병인 · 강성리 · 김동현, 2012; 최민숙, 2004).

가족지원 프로그램의 궁극적인 목적은 특수교육대상자 부모나 가족에게 직접적인 서비스를 제공하는 것이 아니라, 아동과 그 가족을 위해 가족에게 능력을 주고, 힘을 실어주고(enabling and empowering families), 가족의 기능을 강화시켜주는 것(strengthening family functioning)이다(최민숙, 1999 재인용; 이병인, 2006 재인용). Dunst, Trivette와 Deal(1988) 등은 가족 지원의 목적을 다음과 같이 정의하였다(이병인, 2004, 2006, 2016 재인용).

첫째는 '가족에게 능력주기(enabling families)'이다. 이는 가족 단위와 가족 구성원들이 요구나 기대에 충족되는 자원들을 동원하기 위해 필요한 새로운 능력들을 학습할 뿐 아니라 잠재된 능력을 발휘할 수 있는 기회를 제공하는 것이다.

둘째는 '가족에게 힘 실어주기(empowering families)'이다. 이는 삶의 중요한 측면을 습득하고 통제하는데 가족의 이해를 반영하는 행동과 신념 등을 의미한다.

셋째는 '강화하기(enhancing)와 촉진하기(promoting)'이다. 이는 가족에게 힘 실어주기에 대한 이해를 강화하기 위한 행동의 긍정적인 측면과 순향적인(prosocial) 측면을 강조하고 촉진하는 의미로 사용된다.

넷째는 '가족의 능력(family capability)'이다. 이는 가족이 가족 기능 수행을 충족시키기 위한 자원들을 동원하기 위해서 사용하는 지식, 기술, 재능 등을 의미한다.

다섯째는 '가족 기능 지원 및 강화(supporting/strengthening family functioning)'이다. 이는 가족 단위와 개별 가족 구성원들에게 능력을 주기 위한 노력으로부터 '인간 서비스의 실제'를 다루며, 가족의 요구를 충족시키기 위한 자원으로써 더욱 확장된 범위의 지역사회 사람들과의 지원 활용을 의미한다.

(2) 가족 지원의 원리

Dunst 등(1988)이 주장하는 바와 같이 가족 지원의 원리는 다음과 같은 내용들로 기술될 수 있다(이병인, 2004, 2006, 2016 재인용).

첫째는 '지역공동체 의식의 강화(enhancing a sense of community)'이다. 이 개념은 서로에게 이로운 상호 의존성을 창출하기 위한 방법으로 공통된 요구와 공유된 가치를 지역주민들과 함께 공유하고 촉진하는 것을 의미한다.

둘째는 '자원과 지원의 동원(mobilizing resources and support)'이다. 이 개념은 필요한 자원의 흐름을 조장하기 위한 방법으로 다양한 사회-지원망을 조직하고 조성할 기회를 창출하는 것이다. 여기서 중재는 단지 전문적인 지원체계에만 의존하기보다는 가족들을 위한 비공식적인 지원망(informal network)을 총동원하고 강화하는데 초점을 맞춘다.

셋째는 '책임의 공유 및 협력(shared responsibility and collaboration)'이다. 이 개념은 가족과 전문가 간의 협력과 협동, 공유된 생각, 지식, 기술 등을 강조한다. 여기서 중재는 가족 기능의 강화와 지원을 위한 최초의 기제로써 가족과 전문가 간의 동반자 관계(partnership)를 적용한다.

넷째는 '가족의 신념과 가치 보장(protecting family integrity)'이다. 이 개념은 가족의 신념과 가치를 존중하고, 외부의 신념에 의한 강제성으로부터 가족을 보호하며, 자원과 지원은 모든 가족 구성원 내에서 건강하고 안정된 관계를 유지, 발달, 격려하는 방법으로 가족에게 제공되어야 한다. 또한 중재는 가족의 개인적, 문화적인 가치와 신념을 보호하고 중요하게 여기고 수용하는 방법으로 유도되어야 한다.

다섯째는 '가족 기능의 강화(strengthening family functioning)'이다. 이는 가족에게 발달적 과제와 기능을 숙달할 수 있는 기회와 경험을 통하여 자원을 동원하고 양육의 책무성(accountability)을 수행하는데 필요한 가족의 능력을 강화하는 것이다(Dunst & Trivette, 1987). 특별히 중재는 가족의 기능을 강화하고 지원하는 주요 방법으로써 가족의 문제나 단점을 수정하기보다는 가족이 가지고 있는 강점이나 활용 가능한 자원을 강조하며, 가족은 자신이 받는 서비스에 대한 의사결정 권한을 최대한 보장받을 수 있도록 자원과 지원을 최대한 활용할 수 있어야 한다.

마지막으로 '순향적 인간 서비스의 실천(proactive human service practice)'이다. 이 개념은 가족지원 프로그램의 목적과 일치하는 인간적 접근을 의미하며, 이를 실천하기 위해서 서비스 전달 프로그램은 가족의 기능을 강화하는 체제로써 중재적 접근보다는 예방적 접근 방법을 적용해야 한다. 또한 자원과 지원의 형성은 서비스 제공자 중심이나 전문가에 의한 중재보다는 자원 중심 및 수요자 중심(consumer driven)이 되어야 한다. 즉, 가족 지원프로그램의 필수적인 요소와 원리는 가족 기능 강화에 영향을 주는 인간 서비스 정책들과 실제들을 위하여 인식되어야 한다.

2. 가족-전문가 간의 관계

특수교육 현장에서 효율적인 가족 지원이 이루어지기 위해서는 교사를 비롯한 특수교육 관련 전문 인력들이 가족 지원에 대한 개념을 이해함은 물론 가족과 전문가 간의 상호협력 및 신뢰가 선행되어야 한다(이병인, 2003; 2004, 2006, 2016 재인용). 이와 관련하여, Turnbull, Turbiville, Turnbull(2000) 등은 가족과 전문가 간의 관계를 다음과 같이 설명하였다.

(1) 전문가 중심 관계

첫째는 '전문가-중심 관계(Power-over relationship)'이다. 이는 가족과 전문가의 관계가 힘이나 지배력(power)에 따라 변화된다는 것이다. 지배력은 모든 관계의 중요한 요소라고 할 수 있는데 이러한 힘의 사용은 지배적인 역할을 하는 사람들에 대해 종속된 자가 불신과 경쟁, 통제력 상실과 의존의 느낌을 받도록 한다. 이러한 관계에서 자신의 감정 표현이나 개인적 개방성, 친밀감이나 원활한 관계는 유지되기 어렵다.

'전문가-중심 관계'는 지배적인 역할의 서비스 제공자와 종속적인 역할의 가족 구성원을 가진 종속 구조로 표현된다. 전문가들은 아동들을 돕기 위해 가족들이 요구하는 정보와 자원들을 임의로 조절하며, 이러한 관계 속에서 과열 경쟁과 '전문화된 의사소통(jargon)' 및 환경적 자원관리를 통해 전문가의 의사결정이 가족들을 통제하게 된다.

이러한 관계의 특징은 전문가의 판단에 의해 부모나 가족 문제를 정의하고 교육 및 치료를 위해서는 전문가의 권위적 통제를 통해 가족의 협력을 강요하는 것이다. 1950- 1970년대까지 부모 상담과 부모 훈련, 심리 치료 등은 이러한 지배 구조나 힘의 관계에 기초한다(이병인, 2004, 2006, 2016 재인용).

(2) 상호 협력 관계

둘째는 '상호-협력 관계(Power-with relationship)'이다. 여기서 가족 구성원은 아동 진단 과정은 물론 서비스 제공을 위한 적격성(eligibility) 결정 과정에도 가족 구성원이 포함되는 것을 원칙으로 한다. 즉, 모든 가족 구성원의 관심(사), 우선순위, 자원은 아동의 중재 목표를 설정하는데 기초가 되고 모든 가족의 강점이 중재 수행을 위한 자원으로서 고려되어야 한다. 이러한 논리는 '가족체계이론(family systems theory)'과 '최상의실제(best practices)'에 기초하며, 궁극적으로 현재 가족에게 중요한 것이 무엇이며 가족의 다양한 요구가 무엇인지가 최대의 관심사이다.

상호-협력관계에서 부모나 가족은 자신들과 아동을 위해 서비스를 계획하고, 전문가들과 능동적 협력자로서 교육프로그램에 함께 참여하도록 모든 기회를 가져야 하며 자신들뿐만 아니라 아동의 요구를 충족시키기 위해서 가족의 능력을 강화하는 서비스를 제공하는 '가족 중심' 프로그램의 원리에 근거한다. 또한 가족과 아동을 위한 서비스는 '소비자-주도적(consumer-driven)' 이어야 하며 자원을 동원하기 위한 지식과 기술을 가족에게 제공하고 가족을 지원하고 강화하는 능력을 얻을 수 있도록 서로 협력해야 한다.

(3) 동반자적인 관계

셋째는 '동반자적 관계(Power-through relationship)'이다. 최근에는 가족과 전문가의 상호협력에 대한 중요성이 더욱 증대됨에 따라 가족 중심 중재 모델에 대한 더 나은 생산적 방법이 나타나기 시작했는데 이러한 관계가 '동반자적 관계'라고 할 수 있다. 이러한 관계는 통찰적이며, 의사소통을 유지하는 것과 새롭고 선호하는 자원의 개발을 통해 부모, 가족 구성원, 전문가, 또래와 지역주민 모두에게 상승효과(synergy)를 가져다줄 수 있는 의사결정을 포함한다. 즉 가족과 전문가 모두에게 '힘 실어주기'를 통하여 상승효과를 기대할 수 있다. 상승 작용을 하는 원천은 개방성, 책임성, 소중함, 각 구성원에게 힘 실어주기, 상호 간 영향과 협력 등으로 특징 지워지고, 쌍방에 유리한 결과를 통하여 상호 이익을 생성한다(이병인, 2004, 2006, 2016 재인용).

02 개별화가족지원계획

1. 개별화가족지원계획의 원리

1986년 미국 공법 99-457의 Part H(현재는 Part C)에서 처음으로 소개된 '개별화가족지원계획(Individualized Family Service Plan: IFSP, 이하 'IFSP')'은 발달지체영유아와 그 가족에게 제공되는 조기중재서비스를 기록하기 위해 개발된 교육문서이다(Cripe & Graffeo, 1995). IFSP는 서비스 제공과 평가에 참여하는 가족들과 전문가들 간의 상호협력을 통해 개발되며, 특별히 문서를 작성하는 서비스 조정자(service coordinator)는 신뢰와 존경의 토대 위에서 가족들과 '동반자 관계(partnership)'를 형성해야 한다(이병인, 2004, 2006, 2016 재인용).

IFSP의 목표는 아동들과 가족들 자신에 대한 가족들의 목표를 이루어낼 수 있도록 돕기 위하여 공식적/비공식적 지원방안을 찾아내고 체계화하는 것이다. IFSP의 구성 요소는 첫째, 객관적 준거에 따라 발달지체영유아의 신체 발달, 인지 발달, 의사소통 발달, 심리 · 사회 · 정서적 발달, 적응 발달의 현재 수준과 둘째, 발달지체영유아의 발달 촉진과 관련된 가족의 관심, 우선순위, 자원들과, 셋째, 진전 상황을 결정하고, 목표나 서비스의 수정이 필요한지를 결정하기 위한 아동 및 가족의 주요 성취 목표와 준거, 절차, 시간 계획과 넷째, 발달지체영유아와 그 가족의 독특한 요구를 충족시키는데 필요한 특정 조기중재서비스의 빈도, 강도, 서비스 전달 방법과, 조기중재서비스가 적절하게 제공될 자연스러운 환경과 조기중재서비스 개시일과 기대되는 지속 시간과 계획의 실행 및 다른 기관이나 사람과의 조정에 대한 책임과, 다섯째, 아동과 가족과 가장 직접적으로 관련이 있고 전문성을 갖춘 서비스 중재자의 확인과, 여섯째, 학령기 프로그램에 대한 조기중재서비스로부터 성공적인 전이(transition)를 지원하기 위한 단계와, 일곱째, 가능한 한 일반유아와 함께 통합되어 생활 할 수 있는 '자연적 환경(natural environment)'에 대한 내용 등을 포함해야 한다(이병인, 2004, 2006, 2016 재인용).

IFSP와IEP의 중요한 차이점은 IFSP가 아동과 가족이 성취하고자 기대하는 '교육 성과 나 중재 목표 (outcomes)'의 진술을 포함한다는 것이다. 중재 목표를 성취하기 위한 전략이나 활동은 IFSP의 주요 부분이 되는데(Cripe & Graffeo, 1995; 이병인, 2007), 이러한 목표를 위한 활동들은 실질적이어야 하고 가족의 일상생활에 적합해야 하며, 아동과 가족이 선호하는 것이 포함되어야 한다.

IFSP 팀(team)은 팀에 누가 포함되고, 팀에서 무엇이 이루어져야 될 것인가를 확인해야 하며, IFSP의 부분으로서 팀은 목표 성취를 측정하기 위한 평가와 기준을 마련해야 한다. 만약 가족이 IFSP에 한 가지 혹은 그 이상의 목표를 수정하거나 추가하기를 원한다면 가족은 서비스 중재자와 함께 논의해야 한다(이병인, 2004, 2006, 2016 재인용). 가족은 가족 스스로 IFSP에 포함시키고자하는 목표, 활동, 서비스를 결정해야 하며 팀은 가족을 돕기 위해 존재한다고 할 수 있다. 따라서 가족이 원할 경우, IFSP 문서 작성에도 적극적으로 참여할 수 있으며, 팀 구성원은 언제나 가족을 도와주어야 함은 물론 상호 협력해야 한다. IFSP는 아동의 성장과 발달을 돕기 위해 가족의 관심과 우선순위와 자원을 포함해야 한다. 서비스 중재자와 다른 팀 구성원들은 가족이 우선적으로 무엇을 필요로 하는지 그리고 아동에게 가장 중요하고 시급한 것이 무엇인지를 확인하고 도와 주어야한다. 즉, 팀 구성원은 가족의 관심, 우선순위, 자원을 발견함으로써 가족과 아동을 위해 가족과 함께 계획함으로써 가장 적절한 조기중재프로그램을 만들 수 있다(이병인, 2004, 2006, 2016 재인용).

무엇보다도 중요한 것은 가족이 참여하기를 원하는 정보만이 IFSP에 기록되어지는데 가족의 관심, 우선순위, 자원이 무엇인가를 알아내기 위해서는 아동의 발달에서 나타나는 개별적인 가족의 결정을 근거로 하여야 한다. 여기에서, '가족의 관심(family's concerns)'은 가족의 요구나 쟁점이나 문제가 무엇인가 하는 것이며 그들은 이것이 IFSP 과정의 부분으로 진술되기를 원하게 된다. '관심'이란 현재 용기를 주기 위한 노력의 일환으로 사용되며 이는 그들의 관심과 우선순위를 근거로 실행되고 선택할 수 있게 하며, 이는 단순히 필요와 도움만을 의미하지 않는다. 유아특수교육을 위해서 전문가가 혼자 결정하는 것이 적절하지 않다는 것이며 가족이 함께 강점과 관심이 무엇인지를 판단해야 한다는 것이다. '가족의 우선순위(family's priorities)'는 조기 중재에 가족이 참여할 수 있는 가족의 계획과 선택이다. '가족의 자원(family's resources)'은 가족이 가진 강점, 능력과 공식적-비공식적인 지원이며 이러한 것은 가족의 관심과 요구를 충족시키기 위해 활용된다(이병인, 2003 재인용; 이병인, 2004, 2006, 2016 재인용).

McGonigel(1991)이 주장한 IFSP 과정에 포함된 일반적인 원리들은 다음과 같다(이병인, 2003 재인용; 이병인, 2004, 2006, 2016 재인용).

첫째, 발달지체영유아는 자신의 건강과 양육을 가족에 의존하며, 이러한 의존은 '가족 중심' 조기중재를 필요로 한다. 영아는 태어나면서부터 발달적 요구를 만족시키려고 양육자에게 의존하며, 이러한 요구를 만족시키기 위한 서비스가 조기중재이며 조기중재는 가족 환경 내에서 제공되어야 한다.

둘째, 개별 가족은 독특한 구조, 역할, 가치, 신념과 극복 전략을 갖고 있다. 이러한 다양성은 '가족 중심'의 조기중재에 기본이 된다. 가족의 다양성에 대한 이해는 IFSP 과정에서 발달지체영유아를 지원하는데 중요한 요소이다.

셋째, 가족의 독립성과 결정권이 조기중재서비스의 수준과 종류를 결정한다. 그러므로 가족은 자신들의 가치, 신념, 자원, 강점, 요구 및 기대 등에 의한 조기중재서비스의 영향을 알고 선택해야 한다.

넷째, 가족-전문가 간의 상호협력과 동반자 관계는 가족 중심 조기중재 및 IFSP 시행과정에 있어서 필수적인 요소이다. 가족은 자신의 아동과 관련된 모든 사항에 대한 '최종적인 의사결정자'이다. 따라서 IFSP 개발과 시행에 있어서 서비스 결정에 대한 가족의 권리와 관심이 전문가의 전문적 지식과 함께 조화를 이룰 때 비로써 진정한 협력이 이루어 질 수 있다.

다섯째, '가족에게 능력주기' 접근은 전문가들로 하여금 자신들의 전통적 역할을 성찰하도록 하는 계기가 되었으며, 가족과의 상호 존중과 동반자적 협력 관계를 촉진시켜 주었다. 이와 같은 접근은 전문가들로 하여금 단지 교사나 전문가로서의 역할뿐만이 아니라 보다 다양한 역할을 강조하게 되었다.

여섯째, 조기중재서비스는 융통성이 있고, 접근 가능하며 '가족 중심'의 요구에 반응해야 한다. IFSP는 전문가의 프로그램 요구와 정책에 가족을 적응시키기보다는 전문가의 정책과 서비스를 가족의 요구에 적응시켜야 한다.

일곱째, 조기중재서비스는 '정상화의 원리(normalization)'에 따라 제공되어야 한다. 즉, 조기중재서비스는 가능한 한 지역사회 내에 있는 아동과 가족의 통합을 촉진하는 정상적인 방법으로 제공되는 서비스이다. 일상적인 지역사회 활동들을 포함하는 IFSP 목표나 전략은 아동과 가족들로 하여금 소속감이나 상호협력을 촉진시켜주며, 가족의 능력을 강화시켜준다.

2. IFSP 과정

IFSP는 가족과 전문가 간의 동반자적 상호 협력을 전제로 하기때문에 이러한 동반자적 상호협력 없이 문서 자체로는 큰 의미가 없다고 할 수 있다. 그러므로 각 개별적인 가족의 관심, 우선순위, 자원 및 요구 등이 IFSP 과정의 성격과 시기를 결정하게 되며, IFSP 과정은 아동과 가족이 서비스를 제공받기 위해 전문가를 만나는 순간부터 시작될 수 있다. IFSP 과정은 또한 가족에게 자신과 아동이 원하는 서비스 제공을 위해서 가족과 전문가 간에 자료와 정보를 모으고, 공유하고 교환하는 것으로 이루어진다(Johnson, McGonigel & Kaufmann, 1989; 이병인, 2004, 2006, 2016 재인용). 〈그림 5-1〉은 Lynch, Mendoza과 English(1990)가 제시한 IFSP 과정을 설명하고 있다.

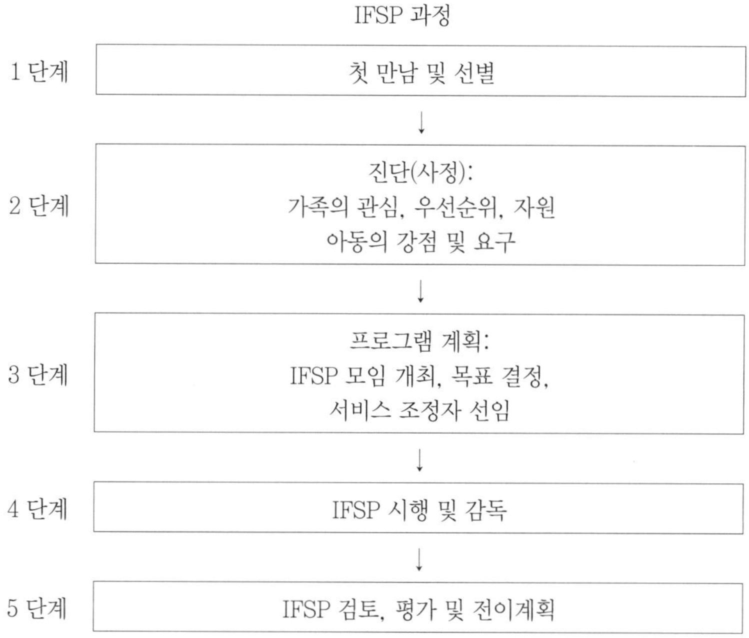

〈그림 5-1〉 IFSP 과정

출처: *Implementing Individualized Family Service Plans in California: Final Report* by E. Lynch, J. Mendoza, & K. English, 1990, Sacramento: CA.

첫째, '첫 만남과 적격성 여부를 위한 선별'을 들 수 있다. 첫 만남의 목적은 가족과 전문가가 긍정적 관계를 형성하고, 가족의 관심, 우선순위와 자원을 찾아내고, 결정 사항에 가족을 참여시키고, IFSP 과정에 가족이 얼마나 관여하기를 원하는지를 결정하게 된다. 그리고 다음 단계를 위해 가족과 전문가가 서로 준비하게 되는데 이러한 단계는 사정 작업 전에 주로 이루어지며, 단일 모임이나 혹은 몇 개월에 걸친 다수 모임이 될 수도 있다. 이 단계에서는 가족의 참여 수준과 역할 및 서비스를 위한 아동과 가족의 적격성 판정 평가가 실시되는데 적격성 여부를 위한 기준은 아동의 발달영역에 따르며, 사정 계획은 발달 영역(인지, 신체, 언어, 심리-사회-정서, 및 적응 행동)에 있어서 아동의 상태를 결정하기 위하여 전문가들과 가족이 함께 참여하고 개발한다.

둘째, '가족의 관심, 우선순위와 자원 및 아동의 강점과 요구에 관한 사정 작업'을 실시한다. 사정계획과정은 미래의 가족-전문가 상호협력 관계를 형성시키므로 이 단계에서 가족의 능동적 역할은 매우 중요하며 가족의 참여를 유도하도록 개발되어야 한다. 또한 가족은 아동의 발달적 요구들을 충족시키고 가족의 능력을 고양시키는데 필요한 지원과 서비스를 찾는데 노력해야 하며, 전문가와 함께 IFSP에 포함될 주요 목표(outcomes)를 설정하고 정보를 함께 공유해야 한다.

셋째, '프로그램을 계획'한다. 몇 가지 사안들이 프로그램 모임 시 이루어지는데, 먼저, 사정 시 발견된 사항들이 논의되어지고 모임은 최초 IFSP 문서 개발이 의뢰 된지 45일 내에 이루어지며, 가족이 편한 시간으로 정하도록 한 후에 기대되는 주요 목표가 결정되고, 공식적-비공식적 자원을 사용하는 서비스계획이 개발된다. 마지막으로 서비스 조정자(service coordinator)가 선정된다. 중요한 것은 사정 작업에 참여한 아동의 부모나 가족, 서비스 조정자와 전문가들은 모든 IFSP 모임과 검토 모임에 참석하는 것이 원칙이며, 서비스 조정자의 주요 임무는 미래에 아동의 서비스 중재를 위한 기술과 방법을 개발하도록 가족구성원을 돕는 일이다.

넷째, 'IFSP 시행 및 감독'이 이루어진다. 서비스 적격성 판정을 받은 아동과 가족은 IFSP 모임이 있은 후 즉시 서비스를 제공 받는다. 서비스 조정자는 조기중재서비스 전달의 적기를 조정 · 감독하게 되는데, 이 과정은 IFSP 과정의 핵심이라 할 수 있고 IFSP 문서가 가족과 전문가의 합의된 목표를 충족시키기 위한 활동과 전략으로서 실제 시행되는 기간이다. 구체적인 IFSP 시행과 감독 과정을 살펴보면 다음과 같다. ① 아동에게 필요한 서비스가 제공되며, ② 아동과 가족의 요구와 관련된 정보가 제공되며, ③ 가족의 요구에 기초한 정서적 · 사회적 지원이 가족에게 제공되며, ④ 가족-아동 간의 상호 작용을 촉진하기 위한 부모 훈련 및 그룹 활동과 IFSP 과정에서의 의사결정권을 확대하며, ⑤ 조기중재의 효용성 전략들이 비공식적으로 분석되며, 끝으로 ⑥ 지역 내 자원과의 연계를 확립하고 유지한다. 전문가는 서비스 제공에 있어서 현재 가능한 서비스들과 전달 방법들만을 제공하는 것이 아니라 IFSP에 명시된 개별적 가족의 목표를 충족시키기 위해서 지역사회로의 서비스 확대도 필요하다.

다섯째, 'IFSP 검토, 평가 및 전이계획'이 이루어진다. IFSP 검토는 6개월마다 이루어져야 하며, 1년을 주기로 평가가 이루어진다(IDEA, 1997, 2004; 이병인, 2004, 2006, 2016). 가족의 관심, 우선순위 및 의미 있는 중재가 목표 진술에 명시되고 평가된다. 몇 가지 긍정적인 변화에 대한 기대가 IFSP 과정과 평가 중에 기대될 수 있다. IFSP 과정 평가는 서비스와 가족 모임 기록, 문서화된 중재전략 분석, 계속적인 목표 등급, IFSP 과정에 대한 자신의 견해와 느낌을 결정하기 위한 비공식적 가족 질문지 등을 포함한다. 목표 평가는 중재 결과 나타난 아동과 가족의 변화를 나타내기 위해 수행된다. 전이계획 시기는 발달지체영유아 가족에게 부가적인 스트레스를 주는 시기라고 할 수 있다. 취학 전 프로그램을 위한 전이계획은 배치와 또 다른 전이 문제와 관련하여 부모 훈련의 논의가 요구되며, 아동과 가족으로하여금 새로운 환경에 적응하기 위한 절차 등을 포함한다. 프로그램 평가는 자원의 효과적인 활용, 전문가 만족도뿐만 아니라 가족의 만족도도 포함하여야 한다. 가족은 서비스 조정자, 프로그램 활동, 팀 접근 과정과 일반적인 프로그램에 대한 만족도 등도 평가하여야 한다. 전문가들 또한 가족과 전문가의 프로그램 효과에 대한 가치 있는 정보에 대한 인식을 비교함으로써 프로그램 효과를 평가할 수 있다(이병인, 2004, 2006, 2016 재인용).

03 비장애 형제 지원프로그램

가족 구성원 중 형제자매(sibling)는 가족의 일원으로서 특수교육대상아동이 가정과 지역사회에서 갖게 되는 경험 및 학습 기회에 있어서 중요한 역할을 수행하게 되며, 장애 형제와 비장애 형제의 관계는 비장애 형제의 특성, 부모, 가족, 지역사회, 문화 안에 포함된 범주로써 유기적으로 연관되어 영향을 받는다(Stonement, 2006; 강성리 · 이병인, 2011 재인용). 형제자매들은 서로가 서로를 위한 사회화의 주체이며, 이를 통하여 주고받기, 상호협력, 절충하기, 의견 차이를 해소하는 방법 등을 배우게 된다(Kresak, Gallagher & Rhodes, 2009; 강성리 · 이병인, 2011 재인용). 장애 형제와 비장애 형제의 관계에 대한 문헌을 분석한 Stoneman(2001)의 연구에 의하면, 장애 형제와 비장애 형제의 관계는 가족의 맥락 안에서 발달하게 되며, 특히 그들의 부모가 형제 관계의 질적인 측면에 어떠한 관심을 갖는지에 영향을 받는다고 하였다. 특수교육대상아동의 형제자매도 어린 나이 때부터 시작하여 평생에 걸쳐 특수교육대상아동과 지속적이고 밀접한 관계를 맺어가며 삶을 공유한다. 그러나 이들은 일반가정의 형제자매 관계와 달리 그들만의 독특한 요구를 지닐 수 있으며(구자현 · 한경임, 2008; 강성리 · 이병인, 2011 재인용), 이러한 이유로 비장애 형제들은 구체적이고 차별화된 지원이 필요하다. 비장애 형제의 어려움은 아동 자체의 문제라기보다는 이를 바라보는 사회의 시각이나 인식, 부모와 주변인의 태도에 의해 만들어지고 강화되어 진다는 것이다. 따라서 궁극적으로는 이러한 시각과 시선을 개선하고자 하는 노력이 먼저 선행되어야 한다.

특수교육대상아동을 둔 가정은 거의 대부분 특수교육대상아동을 중심으로 모든 생활이 이루어지므로 가족을 고려하는 일은 매우 중요하다. 특별히 특수교육대상아동을 둔 비장애 형제에 대한 교육과 관심이 더욱 필요한 실정이다. 일반적으로 특수교육대상아동과 생활하는 비장애 형제들은 시간이 흐를수록 특수교육대상아동에 대한 부양과 역할에 부담을 가진다. 비장애 형제들이 갖게 되는 가장 큰 심리-사회적 갈등은 자기비하, 수치감, 분노, 죄책감 등 복합적인 갈등과 부모의 기대감, 소외감 등 불안한 심리 과정을 들 수 있다(신현옥 · 주혜영 · 이병인 · 유지성, 2009). 특히 나이 어린 비장애 형제들은 형제의 장애가 전염되지 않을까 하는 걱정과, 형제에 대한 부정적인 생각이나 감정에 대해 죄의식을 느끼고, 부모의 과도한 기대감, 장애 형제의 장래에 대한 걱정 등으로 쉽게 갈등상태를 경험하기도 한다. 특수교육대상아동의 부모들은 비장애 형제들에게 형제의 장애에 대해 언급하지 않거나 장애가 주는 낙인 때문에 형제의 장애를 가족의 비밀로 하는 경우가 있는데, 이 때 비장애 형제들은 의문과 고민을 가지게 되고, 또래 친구들로부터 소외감을 느끼게 되며(전혜인, 2008), 장애 형제와 자신을 동일시하거나 장애 형제로 인한 부정적 정서를 경험하게 된다(강성리 · 이병인, 2011 재인용).

특수교육대상아동의 비장애 형제를 위한 국내 연구는 1990년 후반부터 본격적으로 수행되기 시작했는데, 이러한 선행 연구들은 비장애 형제등의 생활경험 및 다양한 심리 · 정서적 어려움을 보고하였다(구자현 · 한경임, 2008; 전혜인, 2008; 주지은 · 이병인, 2016). 특수교육대상아동 형제들의 심리-사회적 갈등을 정리해보면, 장애 형제로 인하여 일상생활에서 경험하는 장애 형제와의 관계에서의 갈등, 부모의 태도와 정서적 반응에 대한 갈등, 사회생활에서 부딪치는 갈등 등 다양하다고 할 수 있다. 그러나 이러한 갈등은 장애 형제자매들에게 매우 힘든 경험이지만 한편으로는 사회적 성숙과 책임감, 인내심, 애정, 자신의 지적능력에 대한 감사와 타인에 대한 성숙된 통찰력과 이해력의 증가를 경험함으로써 건강한 성인으로 성장하도록 도와준다.

특수교육대상아동과 비장애 형제의 관계는 전반적인 삶에서 신체적이고 정서적인 교류를 가지며, 이들의 관계는 형제끼리의 상호작용을 거쳐서 다른 사람과의 관계에도 커다란 영향을 미친다. 그렇기 때문에, 비장애 형제들은 장애 형제에 대한 수용 및 이해 그리고 이에 대한 대처 능력(coping strategies)과 기술을 필요로 한다. 또한 정신적, 신체적 스트레스와 갈등을 겪는 비장애 형제들에게 올바른 정보 제공, 상담, 자기강화훈련, 부모 상담 등 심리-사회적 지원이 필요하다.

일반적으로 제안되는 비장애 형제를 지원하기 위한 전략은 비장애 형제를 위한 개별상담이나 집단 상담, 장애 형제의 발달단계별 지원 상담, 가족 내의 의사소통 촉진 훈련, 비 장애 형제들을 위한 워크숍 등을 통해 장애에 대한 올바른 정보획득, 혹은 비장애 형제캠프 등을 통한 감정 정화의 기회 제공 등이 있다.

1. 비장애 형제 지원프로그램의 필요성과 목적

비장애 형제들을 위한 지원프로그램은 그들에게 장애 형제에 대한 정보를 제공함과 동시에 유사한 경험을 하는 또래들과의 만남과 유대 관계를 통하여 효율적인 가족 지원의 기회를 제공한다. 또한, 비장애 형제들은 이러한 지원프로그램을 통하여 자신들의 감정과 고민을 자연스럽게 표현할 수 있는 기회를 가지게 되며, 장애 형제에 대한 이해를 높일 수 있다. 따라서 비장애 형제 지원프로그램을 통하여 형제들끼리 효과적인 의사소통을 할 수 있는 기회를 습득할 수 있으며, 이를 통하여 장애 형제와의 관계가 개선되도록 도와준다(이병인, 2006).

비장애 형제들은 가까운 사람들에게조차도 형제의 장애 사실을 숨기는 경우가 많은데 이러한 점은 이들이 사회에서 전반적인 대인 관계를 형성하는데 제약이 되기도 한다. 따라서 이러한 비장애 형제들은 자신과 똑같은 처지에 있는 또래가 있고 이들과 공감대를 형성함으로써 서로에게 마음의 위안과 도움을 줄 수 있게 된다.

비장애 형제 지원프로그램에 참여하는 참가자들은 자신이 형제를 미워한 일, 창피해서 모르는 척 한 일, 부모님이 장애 형제에게만 관심을 갖는 것 같아 분노한 일, 또한 자신의 그러한 심정에 대해서 죄책감을 가졌던 일 등 장애 형제로 인한 자신의 감정을 솔직하게 이야기 나누거나 유쾌한 놀이 형식으로 표현함으로써 장애 형제로 인한 어려움을 극복할 수 있게 된다(이병인, 2006).

비장애 형제 지원프로그램 참가자들은 장애 형제에 대한 자신의 감정을 솔직하게 표현할 수 있는 분위기를 조성하여 또래 친구들이 장애 형제와 있었던 일들에 대해 말하는 것을 들으면서 장애 형제를 더욱 이해할 수 있게 되고, 또래 친구들이 장애 형제를 대하는 행동 요령도 터득함으로써 궁극적으로 장애 형제와의 관계를 긍정적으로 개선하도록 도와준다(이병인, 2006).

2. 발달지체유아 형제지원프로그램 실시 현황 및 가족의 요구

본 내용은 2008년 교육과학기술부 전문대학 특성화 사업으로 배화여자대학 통합지원센터에서 수행된 『장애유아 가족의 형제자매지원 모형개발연구』를 요약 · 정리한 것이다.

한 가정에 장애아가 태어나면 가족은 이로 인해 많은 위기와 어려움을 겪게 된다. 특히 비장애 형제들은 장애 형제와 함께 성장하면서, 일반형제들 속에서만 성장하는 사람들과는 다른 독특한 적응과정과 심리 · 사회적 갈등을 경험한다. 예를 들어, 장애 형제로 인한 부모로부터의 한정된 시간과 관심, 과중한 스트레스, 장애 형제로 인한 가족 활동의 제한, 죄의식, 공공장소에서 장애 형제로 인한 당혹스러움, 자신의 미래에 대한 걱정(Lobato, 1990) 등의 문제에 직면하게 된다. 또 장애 형제를 잘 돌보지 못하는 것에 대한 죄책감과 분노 등의 심리적 갈등, 사회생활에서의 갈등, 일상생활에서 장애 형제와의 관계에서 경험하는 갈등, 부모의 태도와 정서적 반응에 대한 갈등 등을 경험한다(김명선, 1987; Meyer & Vadasy, 1994).

Turnbull 등(1986)은 가족의 하위체계 중 어느 하나에 영향을 준 사건은 필연적으로 가족을 통해 영향력을 나타내고 다른 모든 구성원에게 영향을 미치게 된다고 하였다. 가족 구성원은 상호관련 되어 있어서(Bronfenbrenner, 1979), 한 가족 구성원의 문제를 결코 가족과 분리하여 해결할 수 없다. 이러한 이유로 최근에는 특수교육에서도 특수교육대상아동 뿐 아니라 특수교육대상아동 가족 지원의 중요성이 더욱 강조되고 있으며, 새로 제정된 「장애인 등에 대한 특수교육법」(2007)에서도 특수교육대상자의 가족을 지원하는 활동이나 사업을 추진해야 함을 명시하고 있다. 가족 지원은 가족을 구성하고 있는 특수교육대상아동의 부모, 조부모, 형제 등 가족구성원 모두가 대상임에도 불구하고(이미선 · 김경진, 2000), 우리나라 발달지체영유아를 위한 가족 지원은 주로 아동의 부모, 특히 어머니를 중심으로 한 모(母)교육이 주류를 이루어왔다고 할 수 있다(이병인, 2004).

비장애 형제를 대상으로 한 최근의 몇 가지 연구를 대체로 살펴보면, 장애 형제들과 적절하게 상호작용할 수 있는 방법을 중재하였을 때, 형제간의 상호작용이 증진되었으며(이승희, 1998; 정옥인, 2002), 놀이 치료나 기타 중재를 통해 장애 형제에 대한 태도가 변화(전혜인, 1997, 2008; 이지나, 2006; 김수희, 2004) 되는 등 비장애 형제지원을 통해 이들에게 긍정적인 변화가 나타난 것을 알 수 있다. 비장애 형제가 장애 형제로 인해 스트레스를 받고 부적응 행동을 나타낸다면 이는 결국 가족 전체에게 부정적인 영향을 주게 되지만(Crnic & Leconte, 1986) 그 반대로 적절한 지원을 통해 스트레스를 해소할 수 있다면 가족의 역동성을 긍정적으로 바꿀수 있는 힘을 갖게 된다.

국내의 비장애 형제 지원프로그램에 대한 연구는 대체로 부족한 것으로 나타났으며(전귀연 · 김수경, 2005), 대부분의 연구들은 주로 외국의 비장애 형제 지원프로그램을 수정 · 번안하여 특수교육대상아동 형제를 대상으로 한 실험 연구(김혜정, 2006; 김수희, 2004; 전혜인, 1997), 특수교육대상아동 형제들이 갖는 우울감, 스트레스 및 자존감 등 심리적 문제를 향상시키기 위해 미술 치료나 놀이 치료를 중심으로 한 사례 연구(김효성, 2007; 안상희, 2006; 이지나, 2006; 이현주, 2006; 홍은주 · 이경미, 2006)가 주로 이루어진 것으로 나타났다. 무엇보다 비장애 형제 지원프로그램이 현장에서 실효를 거두기 위해서는 수혜 아동 및 가족을 대상으로 다양한 요구가 파악되어야 하며 이를 위한 실태 조사가 수행되어야 한다.

이미선(2004), 이제화 외(2007)의 연구를 살펴보면 비장애 형제 지원프로그램 유형은 모든 기관유형별 1순위는 캠프, 2순위는 장애 형제를 포함한 가족 나들이로 조사되었는데 이는 일정 기간 동안의 지속적인 프로그램보다는 단기간의 특별프로그램 형식이 주류를 이루고 있음을 나타내고 있다. 또한 비장애 형제 지원프로그램을 실시하는데 있어서 가장 어려운 요소로는 '대상자의 참여를 유도하기 어려움', '서비스의 시간대를 맞추기 어렵기 때문', '예산 부족'의 이유 순으로 나타났다.

한편 신현옥 등(2009)은 우리나라에서의 비 장애유아 형제지원프로그램 실시 현황 및 가족의 요구를 살펴보았다. 본 연구를 위하여 발달지체유아 서비스 기관 73개소와 발달지체유아 부모 중 일반아동을 동시에 양육하고 있는 부모 142명을 대상으로 설문조사와 13명의 부모 면담을 통한 조사 연구가 이루어졌다. 연구 결과 설문에 응답한 46.6%가 2008년 기준 비장애 형제 지원프로그램을 수행한 경험이 있으며, 주로 실시한 프로그램은 형제캠프가 가장 높은 것으로 나타났다. 프로그램 시행 시 어려운 점은 서비스 대상자의 시간대를 맞추기 어려운 것으로 나타났다. 또한 비 장애유아 형제지원에 대해 부모의 80%가 필요성을 느끼고 있었지만 실제 참여율은 35%로 낮게 나타났으며, 가족이 요구하는 형제지원프로그램 유형은 비장애 형제의 심리적인 지원이 47%로 가장 높게 나타났다. 따라서 우리나라에서 효과적인 비장애 형제 지원프로그램이 제공되기 위해서는 프로그램에 대한 각 기관들의 적극적인 홍보와 가족의 적극적인 참여 및 가족의 요구가 반영되는 프로그램의 개발 및 시행이 요구된다.

본 연구에 대한 내용을 구체적으로 살펴보면, 비 장애유아 형제지원프로그램에 대한 가족의 요구와 관련하여 발달지체유아 부모들은 발달지체유아 형제 양육에 있어서 자녀 연령에 상관없이 대부분 어려움을 인식하고 있었으며(81.7%), 이들에 대한 지원서비스의 필요성을 요구하였다(79.6%). 그러나 비장애 형제 지원프로그램에 참여한 비율은 34. 5%로 형제지원프로그램의 필요성에 대한 인식에 비해 낮은 비율을 보여주었다. 또한 형제지원프로그램 선택에서 가장 1순위로 생각하는 것이 '프로그램의 내용'이라고 대답하였는데, 이는 어떤 내용으로 프로그램을 구성할 것인지에 대한 다양한 가족의 요구가 상세하게 분석되어야 함을 보여주는 것이다.

이상과 같은 연구 결과를 바탕으로 비 장애유아 형제지원프로그램 개발과 관련하여 형제지원프로그램에 대한 필요성 및 이를 위한 인식개선운동이 선행되어야 한다. 본 연구에서도 나타났듯이, 특수교육대상아동 가족 지원의 주요 대상자가 부모에게 집중되어 있으며, 특수교육대상아동 형제지원프로그램은 상대적으로 부족한 실정이며, 프로그램의 형태도 캠프나 가족 행사 등 단기적인 특별활동에 치중되어 있다. 또한 특수교육대상아동 부모는 장애자녀에게 대부분의 시간과 관심이 집중되어 있으며, 실제로 가족지원 프로그램에 참여하는 비율도 매우 낮은 것으로 나타났다. 따라서 부모의 관심을 비장애 형제에게 분산할 수 있는 방법을 모색함은 물론 장애 형제지원 프로그램의 참여율을 높일 수 있는 방안이 모색되어야 한다.

또한 비장애 형제 지원프로그램과 관련한 다양한 사회적 지원의 유형에 대한 조사도 이루어져야 한다. 양숙미(2003)는 국내의 비장애 형제 지원프로그램은 주로 이들이 겪는 스트레스와 심리-사회적 갈등을 해소하기 위한 방법에 치중되어 있음을 지적하였는데, 이뿐만 아니라 특수교육대상아동 형제자매의 연령별 요구뿐 아니라 이들을 지원할 수 있는 다양한 사회적 지원망에 대한 조사도 이루어져야 한다.

04 우리나라에서의 발달지체영유아 가족 지원방안

2007년은 「장애인 등에 대한 특수교육법」과 장애인차별금지법 및 권리구제 등에 관한 법률이 제정되었다는 점에서 장애인 가정을 위한 복지 및 교육정책에서 큰 변화가 있었던 해이다. 이전의 장애인 가정에 대한 국가의 지원이 등록 장애인 중 국민기초생활보장법상 의 수급자를 우선으로 하여 세제(稅制)상의 혜택을 주는 경제적 지원의 방식으로, 일방적인 수혜자로서 장애인과 그 가족을 규정하였다면, 새로운 법률안들의 제정은 장애인과 그 가족에 대하여 주체자로서 자주적인 역량을 강조하며 권익 옹호와 함께 더욱 높은 삶의 질(quality of life)을 추구하는 패러다임의 전환을 강조하였다.

이병인과 조현근(2010)은 『발달지체영유아 가족의 요구에 따른 가족지원 프로그램 내용 구성 및 활용방안 탐색』 연구에서 발달지체영유아 가족지원 프로그램 구성 시 필수적으로 포함되어야 할 구성 요소는 무엇이며, 그에 따른 활용 방안을 탐색하였다. 이를 위하여 국내 가속지원 요구조사와 관련한 선행 연구들을 분석하였으며, 발달지체유아를 자녀로 둔 가족(어머니 중심)에 대한 심층 면담을 통하여 지속적 비교법에 따라 자료를 분석하였다. 연구 결과 가족지원 프로그램 구성 요소로 관계, 정보, 심리 · 정서, 전문가, 자원, 경제적지원 등의 주제가 도출되었으며, 그에 따른 활용 방안으로 가족기능의 회복과 강화, 가족의 스트레스 수준과 단계 및 발달지체영유아의 성장주기에 따른 접근, 지역사회와의 연계, 가족 내 · 외에의 자원

발견 및 활용, 가족의 요구와 기대 영역 반영, 가족의 독특한 상황과 고유한 문화적 배경을 고려해야 할 것으로 나타났다. 본 연구를 근거로 향후 우리나라에서 발달지체영유아 가족의 요구에 따른 효율적인 가족지원 프로그램 활용 방안은 다음과 같이 조사되었다.

첫째, 가족지원 프로그램은 가족 기능의 회복과 강화에 목적을 두고 실행되어야 한다. 연구 결과, 발달지체영유아 가족들은 충격과 부정 등의 심리-정서적 변화와 계속되는 만성적 스트레스로 인한 2차적인 가족 구성원 간 의사소통 갈등 등 많은 문제를 경험하고 있었다. 즉 발달지체 자녀의 출생으로 인한 가족 기능의 문제에 초점을 맞춘 가족 기능의 회복 및 강화 프로그램이 실행되어야 할 것으로 나타났다.

둘째, 가족지원 프로그램은 가족이 겪는 스트레스 수준과 단계에 따라 다양한 접근 방법으로 실행되어야 한다. 연구 결과, 발달지체영유아를 양육하는 가족은 다양한 영역에서의 스트레스를 경험하고 있었으며, 스트레스의 수준 역시 발달지체영유아의 성장에 따라 다른 것으로 나타났다. 이는 각각의 발달지체영유아 가족의 스트레스 수준과 단계를 파악하여 이에 적절한 접근 방법을 모색할 필요성을 나타내는 결과라고 할 수 있다. 발달지체영유아 부모는 자녀 양육과정에서 일반유아의 부모보다 신체적, 심리적, 사회적, 경제적 부담감과 양육 스트레스를 더 많이 경험하기 때문에 장애 유형과 장애 정도에 따라 다양한 양육 행동이 동원되어야 한다(박정민, 2011; 김영란 · 이병인, 2015).

셋째, 가족지원 프로그램은 발달지체영유아 자녀의 성장주기에 따라 여러 접근 방법에 의해 이루어져야 한다. 본 연구 결과, 발달지체영유아의 성장에 따라 그 가족은 발달지체 영유아에 대한 다른 기대와 요구를 가지고 있는 것으로 나타났다. 성장주기에 따른 다양한 접근은 다양한 영역의 전문가와 가족 간 정보 공유와 활발한 협력에 의해 이루어져야 할 것으로 나타났다.

넷째, 가족지원 프로그램은 지역사회와 연계하여 이루어져야 한다. 연구 결과, 발달지체영유아 가족들, 특히 아버지는 지역사회복지시설의 확대나 다양한 재활프로그램, 지역주민을 대상으로 한 홍보 활동 등과 같은 지역사회서비스의 강화를 요구하였다. 즉 가족지원 프로그램의 활성화를 위해서는 지역공동체 의식의 강화를 통한 가족기능을 지원하고 강화해야 할 것으로 나타났다.

다섯째, 가족지원 프로그램은 가족 내 · 외에 존재하는 자원을 발견하여 이를 활용할 수 있도록 구성되어야 한다. 연구 결과, 발달지체영유아 가족들은 다양한 자원들을 발견하여 이를 활용하고 있는 것으로 나타났으며, 이러한 자원 발견을 통한 자녀의 교육과 가족의 원활한 의사소통을 할 수 있는 방법에 대한 요구들을 가지고 있었다. 즉 가족 단위와 가족 구성원들이 요구나 기대에 충족되는 자원들을 동원하기 위해 필요한 새로운 능력들을 학습할 뿐 아니라 잠재된 능력을 발휘할 수 있는 기회를 제공하여 가족에게 능력을 줄 수 있는 프로그램을 구성해야 할 것으로 나타났다.

여섯째, 가족지원 프로그램은 현재와 미래에 가족이 요구하며, 가족이 성취하고 싶은 기대의 영역을 반영하여 실행되어야 한다. 연구 결과, 발달지체영유아 가족들은 그 가족만의 독특한 요구와 기대를 가지고 있는 것으로 나타났다. 즉 가족들의 요구와 기대, 성취와 가족기능수행 등을 충족시킬 수 있는 새로운 지식과 기술 등을 제공하는 내용으로 구성되어야 할 것으로 나타났다.

일곱째, 가족지원 프로그램은 발달지체영유아 가족이 가지고 있는 독특한 상황과 다문화가정 등 고유한 문화적 배경을 고려하여 구성 및 실행되어야 한다(박민정 · 이병인, 2010). 본 연구 결과, 발달지체영유아 가족은 각 가정마다 서로 다른 직업을 가지고 있었으며, 가족 구성원 각자의 고유한 특성과 고유한 가족 규칙을 가지고 있는 것으로 나타났다. 즉 각 개별 가족의 이해를 바탕으로 한 가족 신념과 가치가 보장된 가족지원 프로그램 내용 구성 및 실행이 이루어져야 할 것으로 나타났다.

가족은 특수교육대상아동에게 가장 중요한 자원인 동시에 강점이라고 할 수 있다. 특별히 유아특수교육에 있어서 발달지체영유아 가족의 역할과 지원에 대한 중요성이 갈수록 높아지고 있다. 가족은 아동의 지원자(supporter)로서, 교육계획에 직접 참여하고, 아동의 행동을 관찰하여 실제 목표에 도달하도록 돕고, 교사와 교실에서 함께 일하며, 아동이 성장하고 발달하도록 가정에서 아동을 가르치는 역할을 한다. 따라서 가족지원 프로그램의 목표는 아동과 가족의 기능을 강화하고 그들의 강점을 살려줌으로써 자신들의 능력을 촉진시킬 수 있도록 힘을 실어주는 데 있다.

특별히, 1997년 미국의 장애인 교육법(IDEA)내 재 승인된 Part C(공법 105-17)는 발달지체영유아를 위한 가족 중심프로그램을 강화하였는데 그 주된 목적은 아동을 위해 가족이 자기 확신, 정보화, 독립된 지지를 하도록 가능성을 주고 힘을 실어주는데 있다. IDEA의 조기중재서비스에 관한 내용은 IFSP의 개발과 시행에 있어서 필요한 요소들을 제공함은 물론 발달지체영유아에게 조기중재서비스를 제공하는 데에 가족을 돕고 그들의 강점(strength)을 최대한 활용하는 데에 중점을 두고 있다.

80년대 이후 미국을 중심으로 발달지체영유아 가족을 위한 철학과 법을 근거로 한 유아특수교육 프로그램과 지원은 눈에 띄게 변화되어 왔다. 즉, 프로그램과 지원체제의 중심이 '아동 중심'으로부터 점차 '가족 중심'으로 발전되었으며 오늘날 유아특수교육프로그램의 주된 목적은 아동 전체의 생(生)을 관리하는데 있어서 가족에게 힘을 실어주는데 있다 하겠다. 아울러 이러한 유아특수교육에서의 가족 지원에 대한 변화는 특수교육 전반에 걸쳐 적지 않은 영향을 줌으로써 특수교육대상아동 가족 지원을 위한 새로운 전기를 마련해 주었다(이미선 · 김경진, 2000).

국립특수교육원은 2007년 「장애인 등에 대한 특수교육법」 제정에 즈음하여 전국의 특수교육 관련 서비스에 대한 요구를 파악하고, 효율적인 지원방안과 개선점을 도출하기 위하여 시 · 도교육청 특수교육 담당 장학사, 특수교육지원센터 담당자, 특수학교 관리자, 특수학교 및 특수학급 교사 그리고 부모를 대상으로 설문조사를 실시하였으며 이와 함께 특수교육 및 관련 서비스 전문가들을 대상으로 면담 조사도 병행하였다(송영준 · 김영태 · 육주혜 · 이병인, 2007).

본 연구 결과 가족 지원은 각 개별 가족마다의 개별 상담, 부모 소모임, 가정 방문 및 참관 및 참여 수업 등 다양한 방법을 통하여 각 가족의 다양한 상황을 지원할 수 있는 내용으로 구성되어야 한다고 응답하였으며, 가족 지원의 범위는 아동뿐만 아니라 각 개별 가족 구성원 전체를 지원할 수 있도록 가족의 특성 및 상황을 고려한 지원을 해야 한다고 응답하였다.

우리나라의 유아특수교육 현장에서는 부모 교육, 부모 참여, 가족연계 프로그램, 가족 참여, 가족 중심 프로그램 등 다양한 형태로 가족 지원을 제공하고 있으나 현실적으로 적지 않은 문제점을 나타내고 있는 실정이다. 무엇보다, 가족 구성원들 서로가 서로의 자원이나 강점이 되기보다는 서로의 상처가 되는 경향이 있다고 할 수 있다. 또한 아버지의 참여에 대한 현실 여건을 고려한 효과적인 프로그램과 전략이 부족한 상황이며, 특수교육대상아동에게 있어서 부모 이상으로 중요한 역할을 하는 형제 · 자매를 위한 장애 형제도 일반적으로 활성화되어 있지 못한 실정이다. 따라서 아버지의 적극적인 참여는 물론 특수교육대상아동의 형제에 대한 부담, 스트레스, 가족 내에서의 역할이나 긍정적 형제 관계 등을 개선할 수 있는 구체적이고 효과적인 방법들이 모색되어야 한다(이병인, 2004, 2006, 2016 재인용).

최근까지 우리나라의 많은 유아특수교육 기관들은 특수교육대상자 부모나 그 가족의 요구를 반영하고 다양한 프로그램들을 시행하기 위해 나름대로의 노력을 기울여 왔다. 그러나 이러한 노력에도 불구하고 현장에서 서비스를 지원하는 사람들은 오히려 많은 어려움을 겪고 있는 실정인데 이는 서비스를 제공하는 사람이나 서비스 대상자 모두 가족 지원에 대한 올바른 인식과 체계적인 제도가 부족하기 때문이다. 따라서 서비스 제공자나 대상자 모두 가족 지원에 대한 올바른 인식과 정보 제공 및 프로그램개발을 위한 적극적인 참여는 물론 전문가와 가족 간의 효율적인 의사소통 기술도 필요하다(이병인, 2004, 2006, 2016 재인용).

현재 우리나라에서의 가족 지원은 생애 주기(life cycle)에 따른 지속성과 연관성이 있는 지원

프로그램이 부족한 실정이다. 서비스 제공자들은 개인을 위해 일시적이고 단편적인 프로그램을 제공하지만, 평생교육 프로그램을 제공하기 위한 팀 협력이 어렵기 때문에 서비스 대상자는 지속적이고 연관된 프로그램을 제공받지 못하고 있다. 따라서 각 영역의 전문가들은 열린 자세로 특수교육대상자에 대한 정보를 공유하고, 타 영역의 전문가들과 초 학문적 혹은 교류적(transdisciplinary) 상호 협력을 해야 하며, 가족 또한 팀의 한 구성원으로서 아동의 교육프로그램 활동에 적극 참여해야 한다. 결론적으로 특수교육대상아동 가족 지원의 기본 방향은 '가족 중심'의 특수교육으로의 패러다임 전환, 가족의 능력 강화, 지역사회-중심, 자원과 지원의 동원, 특수교육기관 연계 서비스 통합의 확대를 강조하는 방향으로 나아가야 한다(이병인, 2004, 2006, 2016 재인용).

현대사회는 여성의 사회 진출이 증가하고, 핵 가족화 되어감에 따라 자녀 양육과 교육에 대한 관심이 어머니뿐만 아니라 아버지에게도 확대되고 있으며, 자녀 교육에 대한 아버지의 역할과 참여의 중요성이 보다 더 강조되고 있다. 특히 아버지의 양육 참여는 자녀에게 긍정적인 영향을 줄 뿐만 아니라, 아버지 스스로에게 양육효능감 및 양육 행동(조광현 · 이병인 · 배성현, 2020), 자아 존중감 및 자신감과 아버지 역할에 대한 만족도도 향상시켜주며, 어머니의 정서적 안정감과 부모 역할에 대한 만족도는 물론 부부간의 유대감도 증가시켜 준다(임경옥 · 이병인, 2011). 그러나 아직 우리나라에서는 특수교육대상아동 가정 내에서 어머니에 비하여, 아버지의 역할과 참여는 상대적으로 미비한 편이다. 이러한 문제점을 해결하기 위하여 많은 특수교육기관들이 다양한 아버지 참여프로그램을 개발하고 시행할 필요가 있다. 한 가정의 가장으로서 아버지는 자신의 자녀에 대한 경제적 책임뿐만 아니라 양육의 책임도 함께 져야 한다. 이와 같이 아버지의 양육 참여는 간접적으로는 어머니의 자녀 양육과 가족 관계에 영향을 주며, 직접적으로는 자녀의 발달에 관계되며 아버지가 양육 참여와 관련된 역할 수행을 적절하게 하고, 변화되어 간다면 아버지 자신뿐만 아니라 다른 가족 구성원 모두에게도 긍정적인 영향을 주게 된다(임경옥 · 이병인, 2011). 이를 위해, 유아특수교육기관에서는 '아버지 참여 프로그램'을 통하여 아버지의 역량을 강화하여 자녀를 이해하고, 부부가 협력하여 자녀에게 최선의 교육 및 치료환경을 조성함으로써 자녀의 발달을 극대화할 뿐 아니라 현실을 극복할 수 있는 건강한 가정을 만들도록 노력해야 한다. 자녀 교육을 위해서 과거에는 어머니가 나섰다면 '이제는 아버지가 나서야 할 때'이며, 어머니의 치맛바람이 아니라 '아버지의 바지 바람을 일으킬 때'이다.

최근 우리 사회는 다문화 사회로 변화된 시대를 살고 있으며, 교육 현장도 다문화 교실 현장으로 변화하여 '다문화 교육(multicultural education)'에 대한 요구가 증가하고 있ek(강은영 · 조현근 · 이병인, 2020). 행정안전부의 외국인 주민 현황 조사 결과, 국내 외국인 주민 수는 2007년 142,015에서 2017년 330,188명으로 증가하였으며(여성가족부, 2019), 외국인 다문화 가정의 증가는 교육 현장에서도 다문화 감수성을 제고하고, 개인의 문화적 배경과 관계없이 교육 기회를 보장하며, 다문화 아동의 문화적 다양성과 차이를 인정하는 등의 교육 기반 재정비를 요구하게 되었다(교육부, 2019).

이러한 상황에서 '2019년 교육기본통계' 조사 결과 초·중등(각종 학교 포함) 다문화 학생수는 전체 학생의 25%인 137,225명으로 2018년 122,212명 대비 15,013명 증가하여 2012년 조사 시행 이후 지속적이고 급격하게 증가하고 있으며(교육부, 2019), 만 6세 이하 미취학 외국인 주민 자녀수는 2016년 113,506명(3.6%)으로 보고하였으며(교육부, 2019), 다문화 가족 가구의 장애인 비율은 자녀가 장애가 있는 경우 13.3%로 나타났다(여성가족부, 2019). 이와 같은 통계 결과는 다문화가정에서 자녀가 장애를 갖고 있는 경우 다문화 교육과 더불어 각 개인의 장애 특성에 따른 특별한 교육과 지원이 필요함을 보여준다(강은영·조현근·이병인, 2020).

다문화 아동 중에는 선천적 장애나 사회·문화적 환경으로 인한 장애 발생 가능성이 있으며(신수진, 2011), 특수교육이 요구되는 경우는 대부분 다문화 가정의 환경적 요인 및 발달 초기에 지체를 보임으로 장애의 위험성을 내포하고 있는 경우로 나타났다(강혜진, 2011). 즉 다문화 가정에서의 특수교육은 '장애'와 '문화적 다양성(cultural diversity)'이 함께 고려되어야 하지만 특수교육과 다문화 교육의 상호이해가 부족한 가운데, 다문화 교육 현장은 다문화가정이라는 '환경'에 집중되어 있으며, 특수교육 현장은 문화적 배경에 대한 고려 없이 일반적인 특수교육대상아동들과 동일한 교육방식으로 이루어지고 있는 실정이다(신수진, 2011; 이영선 외, 2015; 강은영·조현근·이병인, 2020).

또한 다문화 가정에서 문화적·언어적 차이와 부정확한 진단으로 인해 특수교육대상자로 과잉판별 되기도 하고(Chu, 2011), 학습 과정에서 가중된 편견이나 문화적·언어적 차이와 다양한 장애로 인해 차별을 받기도 한다. 그리고 많은 특수교사가 다문화 교육에 대해 충분히 이해하지 못하고 있어서 이들에 대한 교육 지원에 어려움을 겪고 있다(양춘미, 2014). 그러므로 특수교사는 차별 없는 교육 기회 보장과 효과적인 교육지원을 위해 다문화 교육에 대한 관심과 이해, 바른 인식과 태도를 갖추고 적절한 교수전략을 습득함으로써 다문화 교육에 대한 교사 효능감을 높여야 할 필요가 있다(이정은, 2012).

국내 다문화 교육에 대한 연구는 주로 일반교육에서 수행되었으며, 특수교육 분야에서는 비교적 최근에 그 중요성이 인식되기 시장하였다(김향지, 2011). 국내 특수교육 분야에서의 다문화 교육 관련 연구주제는 문화적 차이에 따른 사회적·언어적 어려움(박민정·이병인, 2010; 배소영·김미배, 2010; 오성배, 2007), 다문화 교육에 관한 특수교사의 인식과 이해 및 역량에 대해 수행되었으며(권미은 외, 2012; 김향지, 2013; 신수진, 2011; 이정은, 2012), 유아특수교사를 대상으로 한 다문화 교육 관련 주제는 다문화 가정 장애 유아를 지도하는 어린이 집 특수교사가 지각하는 어려움과 다문화 가정 지원 방안(남혜진 · 서경희, 2017), 유 · 초등 특수교사의 다문화 교육 목표에 대한 관점과 다문화 교육에 대한 태도와의 관계(권이정 · 박현주, 2015), 유아특수교사의 다문화 교육 역량 형성 과정(이혜선, 2017), 유아특수교사의 다문화 가정 특수교육대상유아 지도 경험에 대한 탐색(강은영 · 조현근 · 이병인, 2020) 등이 수행되었다.

강은영, 조현근과 이병인(2020)의 "유아특수교사의 다문화 가정 특수교육대상유아 지도 경험에 대한 탐색" 연구는 다문화 가정 특수교육대상유아에 대한 유아특수교사의 지도 경험을 바탕으로 필요한 교육적 지원을 알아보고자 하였다. 연구 결과, 첫째, 다문화 가정의 어려움은 언어 및 문화적 차이, 관계의 어려움, 자녀의 장애로 인한 어려움으로 나타났으며, 둘째, 유아특수교사들은 대상 유아의 장애 특성 및 개별적 요구에 기초한 교사 개인의 노력과 태도가 중요하다고 인식하였으며, 다문화 가정 부모에게 안내자, 정보 제공자, 참여 촉진자, 중재자 등의 역할을 하고 있었다. 셋째 유아특수교사들은 이중 언어의 사용, 조기 발견과 중재, 가정 연계, 다양한 행정처리, 관련 정보 수집 등을 어려워하고 있는 것으로 나타났으며, 넷째, 유아특수교사들은 기관 차원에서 다양한 형태의 언어 지원, 선별 체계, 주기적인 상담, 지역사회 및 다문화센터와의 협력을 요구하였다. 따라서 앞으로 가족 지원 차원에서 유아특수교육에서의 다문화 교육 관련 다양한 연구들과 다문화 교육에 대한 이해와 '다문화 가정'을 위한 체계적이고 지속적인 지원이 요구된다고 할 수 있다.

참고 문헌

교육부(2017), **특수교육대상자의 사회통합 실현을 위한 제5차 특수교육발전 5개년 계획**('18~'22), 교육부, 서울.

교육부(2019), **장애인 등에 대한 특수교육법**(법률 제16746호, 2019. 12. 10, 일부개정), 세종: 교육부 특수교육정책과.

강성리·이병인(2011), 효과적인 비장애 형제지원의 실행요소 탐색-문헌 분석과 경험에 따른 심층 면담 분석을 중심으로, **특수교육: 이론과 실천,** 12(4), 153-185.

강은영·조현근·이병인(2020), 유아특수교사의 다문화가정 특수교육대상유아 지도경험 탐색에 관한 질적 연구, **한국웰니스학회,** 15(4), 295-312.

강혜진(2011), **다문화가정아동의 특수교육 지원에 대한 학부모와 교사의 요구 분석**, 석사학위논문, 단국대학교 특수교육대학원, 경기.

구자현·한경임(2008), 장애 아동 비장애 형제 생활 경험의 근거이론적 분석, **중복지체부자유아연구,** 51(3), 199-218.

권미은·권미지·이미아(2012), 예비특수교사의 다문화 경험, 다문화 인식 및 다문화 효능감 연구. **특수교육,** 11(3), 5-25.

교육부(2019), **2019년 교육기본통계 결과 발표**, 세종. 교육부.

교육부(2019), **2019년 다문화교육 지원계획,** 세종. 교육부.

김명선(1987), **정신지체아(정신박약아) 형제들이 갖게 되는 사회적, 심리적 갈등에 관한 연구**, 숭실대학교 대학원 석사학위 논문.

김수현·이병인(2020), 특수교육대상영유아 가족지원프로그램에 대한 장애아전문 어린이 집 부모와 교사의 요구, **유아특수교육연구,** 20(4), 181-215.

김수희(2004), 특수교육대상아동의 비장애 형제를 위한 프로그램이 비장애 형제의 우울감과 장애 형제를 대하는 행동에 미치는 영향, **특수아동교육연구,** 6(1), 21-36.

김진성·이병인(2017), 유아특수학교에서의 특수교육대상영유아 가족지원프로그램에 대한 유아특수교사의 인식, **유아특수교육연구,** 18(4), 129-159.

김진성·이병인(2019), 생태학적 변인에 따른 특수교육대상영유아의 가족지원교육활동 경험 실태 분석: 미시체계변인과 중간체계 변인을 중심으로, **특수교육학연구,** 54(2), 29-61.

김영란·이병인(2015), 장애유아의 어머니가 인식한 자녀의 일상적 스트레스에 영향을 미치는 생태학적 변인 탐색, **한국웰니스학회,** 10(4), 213-234.

김향지(2011), 다문화교육 정책의 국제비교를 통한 한국 다문화가정 장애아동 교육지원 방안, **유라시아연구,** 8(3), 225-244.

김향지(2013), 다문화교육에 대한 특수교사의 인식 연구, **지적장애연구,** 15(2), 285-304.

김혜정(2005), **장애 형제지원 프로그램이 비장애 형제의 자아개념과 형제관계에 미치는 연구**, 단국대학교 특수교육과 대학원 석사학위논문.

김효성(2007), **장애 형제를 둔 비장애 형제자매의 우울감, 자기효능감 및 스트레스에 관한 미술치료 사례연구**, 원광대 동서보완의학대학원 석사학위논문.

남혜진·서경희(2017). 다문화가정 장애유아를 지도하는 어린이 집 특수교사가 지각하는 어려움과 다문화 가정 지원 방안, **유아특수교육연구,** 17(4), 79-101.

박민정·이병인(2010), 다문화가정 유아의 교육기관 적응과정과 상호작용 행동유형에 관한 근거이론적 접근, **특수교육학연구,** 45(1), 129-151.

배소영·김미배(2010), 초등 저학년 다문화가정 아동의 읽기와 언어, **언어청각장애연구,** 15(2), 146-156.

백은령·김기룡·유영준·이명희·최복천(2010), **장애인 가족지원**, 파주, 양서원.

보건복지부(2019), **장애인복지법**(법률 제16733호, 2019, 12.03, 일부 개정), 세종: 보건복지부 장애인정책과.

송영준·김영태·육주혜·이병인(2007), **특수교육 관련 서비스 요구조사 및 지원방안**, 안산: 국립특수교육원.

신수진(2011), **특수교사의 다문화 특수교육대상학생 교육에 대한 경험과 그 의미**, 석사학위논문, 공주대학교 특수교육대학원, 충남.

신현옥·주혜영·이병인·유지성(2009). **특수교육대상아동 형제자매지원을 위한 모형개발연구**. 서울: 배화여대 통합교육지원센터.

신현옥·주혜영·이병인·유지성(2009), 장애유아 형제지원프로그램 실시현황 및 가족의 요구, **특수아동교육연구,** 11(3), 179-201.

안상희(2006), **장애 형제를 가진 아동의 사회적 상호작용을 위한 집단미술치료 사례연구**, 동국대학교 예술치료학과 대학원 석사학위논문.

양숙미(1998), 성인 정신지체인 가족의 능력고취를 위한 장애 형제에 관한 기초연구, **사회복지연구,** 12(1).

양춘미(2014), **다문화 특수교육에 대한 초등특수교사의 인식**, 석사학위논문, 경인교육대학교 교육대학원, 경기.

오성배(2007), 국제결혼 가정 자녀의 교육기회 실태와 대안 모색, **인간연구,** 12, 1-15.

이미선·김경진(2000), **장애 영유아 가족 지원 방안 연구**, 안산: 국립특수교육원.

이미선(2004), 가족 중심의 유아특수교육, **유아교육연구,** 24(6), 89-112.

이병인(2004, 2006, 2016), **특수교육대상아동 가족 지원의 이해**, 서울: 단국대학교출판부.

이병인(2003), 발달지체 영·유아 개별화가족지원계획 개발 및 시행을 위한 방법론 고찰. **정서·행동장애연구,** 19(4), 91-120.

이병인(2007), 2004년 미국의 장애인 교육법(IDEA) 개정안 주요 내용 고찰, **유아특수교육연구,** 7(2), 21-46.

이병인(2019), 특수교육대상자 가족 관련 국내·외 연구 동향 분석-한국(2007-2018)과 미국(2004-2018)의 특수교육 전문학술지를 중심으로, **유아특수교육연구,** 19(2), 1-33.

이병인·강성리·김동현(2012), 장애아동 가족 관련 미술치료 중재 연구 동향 분석, **미술치료연구,** 19(4), 787-808.

이병인·조현근(2010), 발달지체영유아 가족의 요구에 따른 상애 형세 내용구성 및 활용방안 탐색, **특수교육저널: 이론과 실천,** 11(2), 215-250.

이승희(1998), **비장애 형제에 대한 사회적 상호작용 전략 중재가 형제간 사회적 상호작용에 미치는 영향**, 이화여자대학교 대학원 석사학위논문.

이영선 외(2015), 이중적 어려움: 다문화가정 그리고 장애, **특수교육,** 14(1), 227-253.

이정은(2012), 다문화 교육을 위한 일반교육교원와 특수교육교원 간 역량 비교 분석: 다문화교육 거점 초등학교를 중심으로, **특수교육,** 11(1), 81-105.

이혜선(2017), **근거이론에 의한 유아특수교사의 다문화교육 형성과정 분석**, 박사학위논문, 창원대학교, 경남.

이제화·이상복(2007), 정서 및 행동문제를 가진 아동의 장애 형제 분석: 1997년부터 2007년까지 국내외연구 중심으로, **정서·행동장애연구, 23**(4), 29-52.

이지나(2006), **특수교육대상아동의 형제를 위한 집단놀이치료가 특수교육대상아동에 대한 태도와 스트레스에 미치는 영향**, 한양대학교 의학과 대학원 석사학위논문.

이현주(2006), **집단미술치료가 장애 형제를 둔 특수교육대상아동 형제자매의 우울감소에 미치는 효과**, 원광대 동서보완의학대학원 석사학위논문.

임경옥·이병인(2011), 발달지체영유아 아버지의 가족지원에 대한 인식 및 요구, **유아특수교육연구, 11**(3), 137-174.

제민희·이병인(2013), 장기입원 장애영유아 어머니의 치료 지원에 대한 요구, **한국웰니스학회, 8**(2), 61-72.

전귀연·김수경(2005), 특수교육대상아동 가족 지원서비스요구 및 만족도 조사, **대한가정학회지, 43** (5), 57-79.

전혜인(1997), **특수교육대상아동의 특수교육대상아동 형제자매를 위한 형제지원 프로그램이 특수교육대상아동 형제자매의 장애 형제를 대하는 행동과 자아개념에 미치는 영향**, 이화여자대학교 대학원 석사학위 논문.

전혜인(2008), 특수교육대상아동 형제자매의 삶에 대한 질적 연구, **특수교육저널: 이론과 실천, 9**(2), 159-179.

정광범·이병인(2019), 시각장애 관련 가족지원 연구 동향: 「장애인 등에 대한 특수교육법」(2007) 이전과 이후 비교, **시각장애연구, 35**(1), 93-119.

정옥인(2002), **특수교육대상아동 형제자매에 대한 중재를 통한 장애유아-특수교육대상아동 형제자매간 사회적 상호작용 행동 변화 연구**, 부산대 대학원 석사학위논문.

정현주·이병인(2020), 중도·중복장애영유아 어머니의 양육부담과 가족지원 요구, **유아특수교육연구, 20**(1), 109-135.

주지은·이병인(2016), 비장애 형제의 심리적 지원 서비스에 대한 장애아동 부모의 요구, **유아특수교육연구, 16**(1), 187-210.

최민숙(1999), '가족중심 유아특수교육'의 태동과 가족참여의 효율성을 저해시키는 변인, **특수교육연구, 6**, 3-14.

최민숙(2004), 장애유아의 가족을 위한 가족지원 실행모델, **유아특수교육연구, 4**(2), 159-173.

홍은주·이경미(2006), 장애 형제를 둔 아동의 스트레스 감소를 위한 집단미술치료 사례연구, **한국예술치료학회, 6**(1), 43-58.

「장애인 등에 대한 특수교육법」 시행령」(2007).

「장애인 등에 대한 특수교육법」(2007.5.25 법률 제8483호 신규제정)

「장애인 등에 대한 특수교육법」 시행령」(2008.5.26 대통령령 제20790호 신규제정)

Bronfenbrenner, U. (1979). *The ecology of human development: Experiments by nature and design*. Cambridge: Harvard University Press.

Crnic, K., & Leconte, J. M. (1986). Understanding sibling need and influences. In R. R. Fewell. & P. F. Vadasy(eds.), Families of handicapped children (pp.75-98). Austin: PRO-ED.

Cripe, J. J. & Graffeo, J. (1995). *A Family's Guide to the Individualized Family Service Plan*. Brookes Publishing Co.

Chu, S. (2011). Teacher perceptions of their efficacy for special education referral of students from culturally and linguistically diverse backgrounds. *Education, 132*(1), 3-14.

Dunst, C. J., & Trivette, C. M. (1987). Enabling & empowering families: Conceptual & intervention issues. School *Psychology Review, 16*(4), 443-456.

Dunst, C. J., Trivette, C. M., & Deal, A. G. (1988). *Enabling & empowering families: Principles & guidelines for practice.* Cambridge, MA: Brookline Books.

Dunst, C. J., Johanson, C., Trivette, C. M., & Hamby, D. (1991). Family-oriented early intervention policies and practices: family-centered or not? *Exceptional Children, 58*, 115-126.

Dunst, C. J., Trivette, C. M., & Hamby, D. W. (1994). Measuring social support in families with young children with disabilities. In C. Dunst, C. Trivette, & A. Deal (Eds.), *Supporting and strengthening families.* Cambridge, MA: Brookline Books.

Education for All Handicapped Children Act of 1986, P. L. 99-457.

Education for All Handicapped Children Act of 1975, P. L. 94-142.

Grossman, F. (1972). *Brothers and sisters of retarded children: An exploratory study.* Syracuse, NY: Syracuse University Press.

Individuals with Disabilities Education Act of 1997, P. L. 105-17.

Individuals with Disabilities Education Improvement Act of 2004, P .L. 108-446.

Johnson, B. H., McGonigel, M. J., & Kaufmann, R. K.(Eds.) (1989). *Guidelines and recommended practices for the IFSP.* Bethesda, MD: Association for the Care of Children's Health.

Kresak, K., Gallagher, P., & Rhodes, C. (2009). Siblings of infants and toddlers with disabilities in early intervention. *Topics in Early Childhood Special Education, 29*(3), 143-154.

Lobato, D. J. (1990). *Brothers, Sisters and Special Needs: information and activities for helping young siblings of children with chronic illnesses and developmental disabilities. Baltimore*, MD: Paul H Brookes.

Lee, B. I. (1999). A comparative study of the Individualized Education Plan(IEP) and the Individualized Family Service Plan(IFSP). *Korean Society for the Emotional Disturbance & Learning Disabilities, 15*(1), 109-128.

Lee, B. I. (2002). A study of family supports for young children with developmental delays in early childhood special education, *Korean Journal of Special Education, 37*(1), 319-340.

Lynch, E. W., Mendoza, J. M., & English. K. (1990). *Implementing Individualized Family Service Plans in California: Final report*(Available from California Department of Developmental Services, 1600 9th St., Sacramento, CA 95814).

McGonigel. M. G (Eds.) (1991). *Philosophy and conceptual framework Guidelines & recommended practices for the IFSP.* Bethesda, MD: Association for the Care of Children's Health.

Meyer, D, J., & Vadasy, P. F. (1994). *Sibshops: Workshops for siblings of children with special needs.* Baltimore: Paul H. Brookes.

Stoneman, Z. (2001). Supporting positive sibling relationships during childhood. *Mental Retardation and Developmental Disabilities Research Reviews*, 7, 134-142.

Stoneman, Z. (2005). Sibling of children with disabilities: research themes. *Mental Retardation, 43*(5), 339-350.

Turnbull, A. P., & Turnbull, H. R.(1986). *Families, professionals, and exceptionality: A special partnership.* Columbus, OH: Merrill Publishing.

Turnbull, A. P., Turbiville. V., & Turnbull. H. R. (2000). *Evolution of family-professional partnerships: collective empowerment as the model for the early twenty-first century.* In S. J. Meisels & J. P. Shonkoff (Eds). *Handbook of early childhood intervention*, 631-650. New York: Cambridge University Press.

제6장

교수방법

01 | 학습과 교수

02 | 일반적 교수 방법

03 | 교수 방법의 적용

01 학습과 교수

학습(learning)이란 경험의 결과로서 행동이나 성취에 있어서의 영속적인 변화를 보이는 것으로(Tarpy, 1975; Bailey & Wolery, 1992; Wolery, Bailey & Sugai, 1988), 일반적으로 행동 발생의 빈도나 지속 시간, 비율 등의 단위로 측정된다(이소현, 2003). 학습한다는 것은 인간이 성장한다는 것을 의미하며, 인간에게는 자신을 성장하게 만드는 학습에 대한 본능이 존재한다. 학습은 자의적이든 타의적이든 관계없이, 인위적인 간섭의 결과로 나타나는 '자기 주도', '행동적 능력의 변화작용'이라고 할 수 있다(한준상, 2007). 실용주의 학습의 선구자인 존 듀이(Dewey)는 인간과 학습의 문제를 설명함에 있어서 인간 유기체는 항상 불안하며, 인간은 어떠한 문제에 늘 직면하게 된다고 보았으며, 이러한 문제를 극복하고 관리하는 것이 '문제 해결(problem solving)'이라고 주장하였다. 즉 문제 해결은 저절로 되는 것이 아니라 인간이 끊임없이 노력하여 얻어지는 것이며, 이를 위해 인간이 가장 효율적으로 활용하는 도구가 '인간의 학습'이라는 것이다. 또한 듀이는 현실적 삶의 경험과 경험의 재구성이 인간으로 하여금 새로운 학습을 가능하게 한다고 보았으며, 이러한 경험이야말로 인간 삶의 현재 상태, 조건, 상황에 관련된 것이며, 이는 학습자가 매일 자신이 경험하는 삶의 경험을 새롭게 재구성하고 변형해 나갈 때 진정한 학습을 경험한다고 보았다.

일반적으로 학습은 다음 4가지의 기본적인 단계로 이루어진다. 첫째는 습득(acquisition) 단계로써 기술의 기본적인 요소들을 학습하며, 무엇인가 새로운 것을 시도하는 방법을 배우는 것이다(예: 아동의 걷기 배우기 동작). 둘째는 숙달(fluency) 단계로서 자연스러운 속도로 부드럽게 또는 신속하게 기술을 수행하며, 숙련(mastery)이라고도 하며, 아동이 독립적인 활동을 하기 위해서는 기술의 습득과 숙달이 필수적으로 요구된다. 셋째는 유지(maintenance) 단계로서 아동은 교사나 교수 상황이 없는 경우에도 행동을 수행할 수 있어야 한다. 마지막으로는, 일반화(generalization) 단계로써 아동은 행동이 학습된 다른 상황에서도 수행 능력을 보여주어야 한다. 예를 들어 아동이 카펫이 깔린 교실에서 걸음마를 배웠다면, 바닥이 미끄러운 복도에서도 걸을 수 있어야 한다(Bailey & Wolery, 1992).

반면에 교수(teaching)는 학습이 발생하도록 경험을 구성해 주기 위한 환경(environment)을 조절하는 단순한 과정을 의미한다. 좀 더 폭넓은 의미의 교수는 어떤 행동을 학습시킬 것인가, 시간표와 물리적 · 사회적 환경은 어떻게 구성할 것인가, 어떤 교재가 사용되어야 하는가, 어떻게 아동의 동기를 유발할 것인가를 포함한다. 학습의 발생을 위해서 어떤 교수전략을 사용할 것인가, 하루 중 학습 기회는 어떻게 제공할 것인가, 학습이 이루어지고 있는지 그렇지 않는지는 어떻게 결정할 것인가, 중요한 기술들이 필요할 때 적용되고 있는지는 어떻게 알 수 있는가 등의 내용을 포함한다(Bailey & Wolery, 1992).

효과적인 학습 및 교수와 관련하여 적절한 교재(teaching materials) 선택이 중요하며, 이를 위해 고려해야 할 사항은 다음과 같다(이소현 역, 2003; Bailey & Wolery, 1992).

첫째, 교재는 개별화되어야 한다.

둘째, 교재는 반응적이어야 한다.

셋째, 교재는 연령에 적합해야 한다.

넷째, 교재는 사용, 참여, 학습을 증가시키기 위해서 수정되어야 한다.

다섯째, 교재는 자연적으로 발생하는 물건들을 포함해야 한다.

여섯째, 교재는 중요한 기술의 학습을 촉진하도록 선정되어야 한다.

일곱째, 교재는 사용 시에 기대되어지는 결과에 의해서 선정되어야 한다.

여덟째, 교재는 그 형태와 사용에 따라서 긍정적인 사회적, 인지적 발달을 촉진할 수 있어야 한다.

아홉째, 교재는 연령에 적합하고, 자연적으로 발생하는 교재들을 사용해야 한다.

열 번째, 교재는 아동의 관심을 유발하고, 탐구, 사용, 학습을 조장하는 교재가 선정되어야 한다.

열한 번째, 교재는 필요한 경우 아동의 참여를 증가시키기 위해서 수정되어야 한다.

02 일반적 교수방법

미국은 2004년 미국의 장애인교육법(IDEA)이 개정되면서 2001년 초 · 중등교육법인 아동낙오방지법(NO Child Left Behind: NCLB)의 주요 내용 몇 가지를 연계하였는데 그 중의 하나가 '과학적으로 효과가 검증된 혹은 연구 기반 교수(scientific, research-based instruction)'이다. 이러한 용어는 '근거-기반 실제(evidence-based practice)'라고도 하며, 근거-기반 실제의 목적은 과학적 연구를 통해 그 효과성이 검증된 교수 및 프로그램을 통해 학생들의 학업성취도를 향상시키는데 있다(김애화, 2005; 이병인, 2007; IDEIA, 2004). 즉 '전문적 자질을 갖춘 교사(highly qualified teacher)'는 과학적으로 검증된 교수법이나 중재를 교육 현장에서 사용해야 하며, 교사들이 가장 좋은 자료들과 과학적으로 증명된 교수법과 프로그램이나 교재를 사용하였을 때 비로써 학생들의 학업성취도를 극대화할 수 있다는 것이다(김미숙, 2003). 이러한 연구는 또한 타당한 자료를 제공하기 위해 직접 관찰 또는 실험 등의 체계적인 연구 방법과 타당도와 신뢰도를 갖춘 검사 도구 및 객관적 측정 방법을 사용하며, 연구 문제를 해결하기 위한 철저한 자료 분석방법을 사용하고, 또한 유명 학회지 심사를 통해 수용된 연구(peer-reviewed research)에 기반한 서비스를 포함한다(이병인, 2007; NCLB, 2001; Yell et al., 2006).

우선 효과적인 교수전략 개발 및 선정을 위한 고려 사항은 다음과 같다. 첫째, 교수전략은 아동에게 부정적인 영향을 주지 않아야 한다. 둘째, 교수전략은 우선순위 기술들의 습득, 숙달, 유지, 일반화를 촉진해야 한다. 셋째, 교수전략은 독립성을 촉진해야 한다. 그러나 만일 독립적인 수행이 불가능하다면 완전한 의존이나 비 참여보다는 부분 참여가 선호되어야 한다. 넷째, 교수전략은 다양한 발달 영역과 환경에 걸친 기술의 통합을 촉진해야 한다(Berkeley & Ludlow, 1989). 다섯째, 교수전략은 아동의 반응 양식과 학습 경력을 근거로 사용되어야 한다. 여섯째, 교수 전략은 우선순위 기술들의 효율적인 학습을 발생시켜야 한다.

그 외 2차적인 지침으로는 첫째, 만일 학습에서의 효과(일반화, 독립성, 기술 통합, 참여, 효율성)가 동등하다면, 더 자연적이고, 더 정상화되고, 덜 제한적이고, 덜 개입적인 교수전략과 구성이 사용되어야 한다. 둘째, 아동-주도의 전략과 구성이 보다 더 사용되어져야 한다. 셋째, 최대한 단순하고 간단한 교수전략과 구성이 사용되어야 한다. 특수교육대상유아를 위한 일반적인 주요 교수전략은 다음과 같다.

1. 물리적 공간의 구조화

물리적인 환경(physical environment)은 유아가 중요한 기술들을 학습하게 하는 경험들을 촉진하도록 구성되어야 한다. 교사는 유아에게 필요한 기술이 무엇이며 다양한 환경적인 구성이 유아의 행동에 어떠한 영향을 미치는지 고려해야 하며, 환경을 구성하는 방법에 따라서 유아의 중요한 행동을 수행할 가능성을 증가시키기도 하고 감소시키기도 한다(이소현 역, 2003; Bailey & Wolery, 1992).

예를 들어, 신체 발달에 어려움이 있는 유아에게는 경사로, 휠체어, 보행 보조기구를 활용할 공간이 필요하며, 착석이 쉽지 않는 유아를 위해 특별히 고안된 책상과 의자가 필요하다. 또한 시각장애유아를 위해서는 우선 통행에 방해가 되는 장애물을 제거해주고, 청각적 혹은 촉각적 단서를 지닌 자료나 장난감을 활용하는 것이 중요하며, 블록이나 트럭과 같은 큰 장난감은 개방된 선반에 배치하고, 구슬이나 정육각형 조각과 같은 비교적 작은 자료들은 용기에 보관하도록 한다(최민숙 · 김경숙 · 백유순 · 박현옥 역, 2004 재인용; Lerner, Lowenthal & Egan, 2003).

2. 성인을 활용한 사회적 환경의 구성

Dunst 등(1987)은 유아의 상호작용 기술을 촉진하기 위한 지침을 다음과 같이 제시하였다(이소현 역, 2003; Bailey & Wolery, 1992).

첫째, 성인은 유아의 행동에 민감해야 한다.

둘째, 유아의 행동은 상호작용을 위한 의도가 표현되어 있음을 생각하고 받아들여야 한다.

셋째, 환경(물리적, 사회적)은 유아의 행동에 반응적이어야 한다.

넷째, 성인들은 유아의 진행 중인 상호작용 행동을 격려하고, 촉진해야 한다.

다섯째, 성인들은 유아가 보다 더 복잡한 행동을 시도하는 것에 대해서 지원하고 격려해야 한다.

3. 학습 촉진 및 문제행동 감소를 위한 유아의 선호도 활용

유아의 선호도를 활용하는 것은 유아가 특정 활동을 통해서 동일한 기술을 더 잘 학습할 수 있다는 기본적인 가정에 근거한다. 유아는 일반적으로 자신들이 선호하는 활동에 참여하기를 더 좋아한다. 자신이 좋아하는 활동에는 오랜 시간동안 참여하지만 그렇지 않은 경우에는 참여율이 낮거나 참여를 거부하는 일도 발생하게 된다. 특별히 교사는 자연적 관찰, 구조화된 관찰이나 부모 면담을 통해서 유아가 선호하는 교재나 활동이 무엇인지 파악하는 것이 필요하다(이소현, 2003). 또한 Dyer 등(1990)의 연구에서 유아들은 자신들이 좋아하는 재료(예: 장난감 등), 활동이나 사람(예: 또래 친구 등)에 대한 선택이 주어졌을 때 보다 더 사회적인 행동을 보이며 부적절한 행동이나 문제 행동을 적게 보이는 경향이 있다(이소현 역, 2003; Bailey & Wolery, 1992).

박주연과 이병인(2007)은 기능평가를 통한 선호 재료선택 미술 활동이 자폐유아의 물건 던지기 행동에 미치는 효과를 알아보았다. 연구 대상은 공격행동 때문에 유치원 통합학급에서 정상적인 수업을 받기 어렵고, 물건 던지는 행동과 침 뱉는 공격 행동을 보이는 만 5세 자폐아동이었다. 연구 결과 선호되는 미술 재료 선택이 자폐 유아의 물건 던지기 행동 개선에 긍정적인 효과가 있고, 선호되는 재료선택 미술활동이 자폐유아의 물건 던지는 행동의 유지와 일반화에도 긍정적인 효과가 있는 것으로 나타났는데, 이러한 중재 효과는 자폐 유아의 다른 문제행동 개선에도 도움을 줄 수 있다는 점을 시사한다.

이원미와 이병인(2006)은 동요 그림책을 활용한 언어지도가 발달지체유아의 자발적 언어 표현에 미치는 영향을 알아보았다. 연구 결과 동요 그림책은 발달지체유아의 자발적 발화 횟수 및 자발적 어휘 표현을 증가시켰는데, 이는 동요 그림책이 발달지체유아의 자발적 언어 표현에 효과적인 자료로서 즐거운 언어적 경험이 될 뿐만 아니라 노래와 다른 영역을 통합한 통합적 접근으로 확정해서 사용한다면 효과적인 중재 및 학습매체가 될 수 있음을 보여준다.

4. 요구 행동 촉진을 위한 자연적 또는 환경적 교수전략

수줍음이 많고 언어발달이 늦어 자신의 요구를 잘 표현하지 못하는 유아에게 요구 행동(mand behavior)을 촉진하는 자연적 또는 환경적 교수전략(naturalistic or milieu teaching strategies)은 시간 지연, 확장하기, 요구-모델, 시범, 우발 교수 등이 있다. 이 방법들은 교사와 아동 간의 비교적 간단한 상호 작용으로 구조화가 낮은 상황에서 이루어지며, 의사소통행동을 형성하는데 효과적으로 사용되어 왔으며, 읽기와 같은 기타 행동들에 대해서도 효과적인 것으로 나타났다(이소현 역, 2003; McGee, Krantz & McClannahan, 1986; Bailey & Wolery, 1992).

'자연적 시간 지연(naturalistic time delay)'은 유아가 일상생활에서 의사소통을 필요 로 할 때, 유아에게 언어적인 촉진보다 환경적인 단서를 통해 시간을 지연하여 유아의 발화를 유도하는 방법으로 유아를 둘러싼 다양한 인적 자원과의 언어적인 상호작용을 촉진시키는데 효과적으로 사용된다. 시간을 지연할 때, 교사는 유아의 흥미를 알아내어 공공 관심을 수립하고 유아의 언어적 반응을 가만히 기다려 준다. 유아가 원하는 놀잇감 등을 주지 않고 들고만 있거나 보이기는 하지만 유아가 가질 수 없는 장소에 놓고 지연시킨다. 지연 시간은 보통 3~5초 정도가 적절하지만 상황에 따라 10초 이상 지연되기도 한다. 시간 지연 후 유아가 정반응을 보이면 언어적 확장과 강화를 주고, 무반응이거나 바르지 못한 반응일 때는 교사는 다른 지연을 하거나 요구-모델 방법이나 시범을 이용한다. 비언어적 반응을 보이면 교사는 언어시범을 제공해준다(김영태, 2002). 예를 들어, 미술 활동 중에 영희가 요구행동을 할 상황을 만들고 기대하는 표정으로 바라보며 일정시간 기다린다. 영희가 "풀"하고 요구하면 풀을 준다. 오반응이나 무반응을 보이면 시범을 보인다(교육과정평가원, 2010). 이 방법은 규칙적인 일과 내에서나 하루의 다른 시간 중에 수행될 때 유아에게 요구하도록 가르칠 수 있으며, 발화의 길이, 반응, 자발적인 의사소통행동을 증가시키는데 효과적이다(Schwartz, Anderson & Halle, 1989).

'확장하기(extension)'는 문법적으로 약간 더 완성된 표현을 제공한다. 예를 들어, 자유놀이 시간에 소꿉놀이 영역에서 영희가 모자를 가리키며 "모자"라고 말하면 교사는 "모자?"라고 말하여 영희의 의사를 확인한 후 영희의 말을 "모자 주세요."로 반복하여 말해 준다(교육과정평가원, 2010).

'요구-모델(mand-model)' 전략은 아동의 언어사용 일반화를 위해 개발된 전략으로 언어화를 위한 단서 제공, 말을 주고받는 기술 훈련, 중재자의 다양한 언어적 단서에 반응훈련, 이미 습득되어진 정보를 요구에 따라 말할 수 있도록 훈련하는 것을 목적으로 한다. 교사는 아동이 관심 있어 하는 것을 관찰하고 공동의 관심이 형성되면 아동이 말을 할 수 있도록 요구한다. 아동이 바르게 반응하면 언어적 확장과 강화를 해주고, 바르지 못한 반응을 보이면 모델을 제시하거나 두 번째 요구를 한다. 모델 제시나 두 번째 요구에도 반응하지 않으면 바른 대답을 해주고 강화해준다(김영태, 1997; Alpert & Kaiser, 1992). 예를 들어, 간식 시간에 마실 것을 선택해야 하는 영희에게 "뭘 마시고 싶니?"라고 한 후, "주스"라고 말하면 "주스가 마시고 싶구나, 여기 주스 줄게."라고 말하고 주스를 준다. 영희가 오반응이나 무반응을 보이면 시범을 보인다(교육과정평가원, 2010).

'시범(modeling)'은 기본적인 환경-중심 중재 언어지도 방법이며, 이 방법의 주된 목적은 말을 주고받는 기능을 확립, 일반화된 모방 기능훈련, 기본적인 어휘 확립, 훈련 장면 이외에 일어나는 대화에 참여하도록 하는 것이다(이영철, 1995). 교사는 아동이 흥미 있어 하는 것이 무엇인지를 파악하고, 흥미 있어 하는 주제에 공동 관심을 가진 후 아동이 관심을 갖는 주제에 대해 언어 모델을 제시하는데 교사는 교재와 활동을 통해 조작할 수 있을 때 제시한다. 교사가 제시한 언어 모델에 대해 아동이 바르게 반응할 때 언어적 확장이나 강화물을 제공하고 그렇지 못한 경우 주위를 환기시키고 두 번째 시범을 제시한다. 두 번째 시범에 아동이 바르게 반응을 보이면 언어적 확장이나 강화물을 제공하고, 그렇지 못한 경우에는 바른 대답과 강화를 주어 정확한 피드백을 제공한다(김영태, 1997; Kaiser & Alpert, 1993) 예를 들어, 이야기 나누기 시간에 융천으로 만든 물고기를 들고 바라보는 영희에게 교사는 "물고기"라고 시범을 보인 후 영희가 모방하면 "그래 이건 물고기야. 물고기 여기에 붙여 보렴."이라고 말한다. 오반응이나 무반응을 보이면 다시 "물고기"라고 말한다(교육과정평가원, 2010).

'우발 교수(incidental teaching)'는 우발 학습(incidental learning)이라는 용어로도 사용되며 우연 교수나 우연 학습이라고도 부른다. 이 방법은 유아의 사회-의사소통기술의 교수를 위해서 많이 사용되는 자연적 중재의 한 방법이다(McGee, Almeida, Sulzer-Azaroff & Feldman, 1992). 우발 교수는 지난 30여 년간 영유아 언어발달을 촉진하는 방법으로 사용되어 왔으며(Hart, 1985; Kaiser, Yoder & Keetz, 1992), 사회적 행동의 증진을 위한 전략으로도 사용되어 왔다(Brown, McEvoy & Bishop, 1992; Nordquist, Twardosz & McEvoy, 1986).

일반적으로 우발 교수를 사용해서 사회적 행동이나 의사소통 행동을 증진시키는 경우 다음과 같은 절차에 따라 사용된다(Brown et al., 1992, 2001). 먼저 발달지체유아가 놀이 활동 중에 있는 다른 아동들 근처에 있게 함으로써 또래 상호작용에 참여할 수 있는 기회를 구성하고, 다른 유아의 놀이나 장난감에 관심을 보일 때까지 기다린 후, 사회-의사소통 행동을 보이도록 촉진하고, 필요하면 유아의 반응을 정교화하거나 시범을 보이고, 마지막으로 긍정적인 피드백이나 칭찬을 제공한다. 사회-의사소통 행동의 증진을 위해서 우발 학습을 사용하는 것은 실행하기에 간단하다는 장점을 지니며, 전략의 특성이 아동-주도적이면서 자연적인 후속 결과에 의해 적절한 행동이 강화되고 유지될 수 있다는 장점을 지닌다.

5. 구조화된 놀이 활동

DeKlyen과 Odom(1989)은 놀이 활동에 대한 구조의 다양성 평가에 대하여 교사가 어떻게 활동을 구성해야 하는지 고려해야 하며, 사회적인 놀이를 위한 놀이의 주제에 대한 동의, 역할 가정, 놀이의 일시적인 구조(예: 차례 지키기 등) 조정, 방해 다루기, 의사소통, 주제 바꾸기 등을 교사들이 다루는 정도에 따라서 구조화 점수가 높아진다고 하였다(이소현 역, 2003; Bailey & Wolery, 1992).

배성현과 이병인(2006)은 통합 환경에서의 소집단 협동 놀이가 발달지체유아의 사회적 기술의 하위 영역인 협력 행동 기술, 자기주장 행동 기술, 자아통제 행동 기술에 미치는 영향을 알아보았으며, 본 연구 결과 소집단 협동놀이는 통합된 발달지체유아의 사회적 기술의 증가와 유지에 효과적인 것으로 밝혀졌으며, 이러한 결론을 통하여 이러한 놀이 활동이 일반유아 교육기관의 활동 가운데 쉽게 활용될 수 있음은 물론 자연스러운 통합 환경 속에서 발달지체유아의 사회적 기술을 증진시키는데 효과적인 전략이 될 수 있음을 보여주었다.

정윤하와 이병인(2008)은 구조화된 보드게임이 초등학교 1학년 ADHD 아동의 주의력에 미치는 영향을 알아보았다. 연구 결과 구조화된 보드게임이 ADHD 아동의 주의력 영역 중에서 충동적인 반응 감소와 지속적인 주의력 향상, 선택적 주의력 향상에 긍정적인 영향을 주는 것으로 나타났는데 이는 구조화된 보드게임이 ADHD 아동에게 일반 또래와의 관계를 즐겁게 경험하도록 해주고 주의력에 긍정적인 효과를 보여줌으로써 타당한 중재 방법임을 시사하고 있다.

6. 또래-주도 전략

유아는 또래들과 다양한 경험을 하면서 자신의 행동을 조절하여 서로의 생각과 감정을 공유하며, 통합 환경에서 또래를 매개로 한 중재는 사회성 기술을 촉진하는데 효과적이며(배성현 · 이병인, 2006), 발달지체유아가 모방할 수 있는 가장 좋은 모델 대상자이자 강화자라고 할 수 있다(신수진 · 이소현, 2014). 유아는 성장하면서 많은 내용을 서로 가르쳐주면서 의존하는 경향이 있어서 주위의 친구들로부터 놀이 등을 통하여 배우게 된다. 유아는 또래와의 놀이 경험을 통하여 자기중심적인 사고와 행동을 변화시키고 자신에 대한 호기심을 가지게 되며, 또래와의 놀이 과정에서 자기 조절 능력 및 자존감이 발달하게 되고 또래에 대하여 우호적이며 협동적인 태도를 습득하고 이를 통하여 사회성을 발달시켜 타인과 사회적 관계를 형성하면서 사회의 구성원으로 성장하게 된다(정하나, 2011; 구향남 · 이병인, 2015). 특히 발달지체유아는 통합 환경에서 일반 또래 유아와의 놀이 경험 등을 통해서 서로 간의 사회적 상호작용의 질을 향상시키고 학습의 기회를 늘이며 발달을 촉진하게 된다(차정하 · 이병인, 2018).

유아에게 있어 사회적 상호작용 능력의 습득은 또래와의 관계에 중요한 과제로 대부분의 유아들은 또래와 긍정적으로 상호작용하는 기술을 유아기에 습득하게 된다. 그러나 일반적으로 발달지체유아는 또래와의 긍정적인 상호작용에 참여하는데 필요한 기초적인 기술이 부족하고, 일반유아가 보이는 상호 작용과는 그 형태의 양적인 면과 질적인 면에서 차이를 보인다(최철 · 이병인 · 배성현, 2019). 발달지체유아들은 일반유아와 사회적 상호작용에 적극적으로 참여하지 못하고 혼자 놀이를 하는 경우가 많으며, 또래 관계에서 자기주장 결여나 위축적인 행동과 고립적인 행동을 나타내기도 한다. 또한 문제 행동으로 인해 수업 활동에 적극적으로 참여하지 못해 과제수행 능력을 잘 기르지 못하고 적절한 발달을 이루지 못하기도 한다. 결국 이러한 문제 행동은 타인과의 관계에도 부정적인 영향을 주어서 사회 적응에 부정적인 영향을 줄 수 있다(김경윤 · 조경선, 2012). 이처럼 사회적 상호작용의 어려움으로 인해 생기는 2차적 문제들은 발달지체유아의 부족한 사회적 상호작용의 능력을 향상시키기 위한 적절한 중재가 요구되며, 발달지체유아는 통합교육 상황에서 일반또래유아와의 활동 참여 행동과 사회적 상호작용을 습득하도록 다양한 교육과정 활동이나 교수적 수정 등을 통해 적절한 학습

지원을 제공받아야 한다(안진영 · 김정민 · 노진아, 2014; 차정하 · 이병인, 2018). 그동안 발달지체유아의 사회적 상호작용을 향상시키기 위한 교수전략은 지속적으로 개발 · 적용되고 있으며, 사회적 상호작용 증진을 위한 중재의 일환으로 협동 활동, 협동 놀이, 또래 중재 등이 활발히 논의되고 있다(진보라 · 이병인 · 김현숙, 2019).

미국의 특수교육대상아동협회(Council for Exceptional Children: CEC)의 유아교육분과(Division of Early Childhood: DEC)는 이전 유아교육협회(NAEYC)에서 제시한 '최상의 실제(best practice)'를 대신하여 '추천 실제(Recommended practices)' 지침서를 발표하였으며, 유아특수교육 대상자들의 개별적인 교육적 요구를 충족시키는데 필요한 교수 전략으로써 정적 강화, 촉구 전략, 환경 설계 등과 함께 또래-주도 중재(peer-mediated intervention)를 추천하였다.

Kohler와 Strain(1990)은 네 가지 또래-주도 전략을 제시하였다(이소현 역, 2003; Bailey & Wolery, 1992).

첫째, '또래 감독(peer management)'은 또래 친구들에게 목표 아동의 반응에 대한 결과를 촉진하고 제공하도록 학습시키는 것을 의미하며, 이 전략의 예로서 또래 친구의 사회적 시작행동 기법을 들 수 있다.

둘째, '또래 교수(peer tutoring)'는 또래 친구가 목표 아동에게 기술을 가르치는 것을 의미하며, 이는 단순한 사회적 기술로서가 아닌 신체적, 인지적, 의사소통 기술에 대한 교수를 말한다. 또래 친구들은 선행사건이나 후속 사건을 제공하는 방법을 학습하여 목표 아동에게 적용할 수 있다.

셋째, '또래 시범(peer modeling)'은 목표 아동에게 요구되어지는 반응을 또래가 시범을 보이도록 하는 방법으로 또래 모방훈련이 이 전략의 한 예이다. 이 전략은 자유놀이 환경에서 교사가 한 아동의 모방 행동을 증가시키기 위해서 짧은 시간 동안 사용할 수 있다.

넷째, '집단 강화(group contingency)'는 교사가 집단 내의 모든 아동들에게 동등하게 강화를 제공하는 것을 말하며, 이러한 집단 강화의 제공은 집단 내의 한 아동이나 소수의 아동에 의해서 결정된다. 집단 강화는 또래 친구에 대한 특별한 훈련을 제공하지 않고도 사용되며, 다른 또래-주도 전략들과 병행하여 함께 사용될 수 있다.

구향남과 이병인(2015)은 보드게임을 활용한 또래 활동이 장애 위험 유아의 사회적 기술에 미치는 영향을 알아보았다. 연구 결과 보드게임을 활용한 또래 활동은 장애 위험 유아의 사회적 기술(협력행동, 자기주장행동, 자기통제행동)에 긍정적인 영향을 주었으며 사회적 기술도 유지되었다. 따라서 보드게임을 활용한 또래 활동은 장애 위험 유아가 바람직한 사회적 기술을 배우고 익히는데 효과적인 중재 프로그램임을 보여주었다.

원길재와 이병인(2019)은 특수학교 유치원에서 장애유아들이 경험하는 또래 관계의 의미를 현상학적 방법(phenomenological approach)으로 알아보았다. 연구 결과, 장애유아들은 또래와 우연히 만나 놀다보니 어느새 친구가 되었으며, 놀라움과 긴장 속에서 미지의 세계를 마주하게 되었고, '눈치'로 상황을 파악하고 몸으로 의미를 만들어 소통하였으며, 또래의 힘과 역할을 알아가며 공동체의 일원이 되었다. 이를 통해 본 장애유아의 또래 관계 특성은 '만나면 반갑고, 놀 때 함께 있고, 안보이면 서운한 관계'이며, 이는 서로가 함께 하며 좋은 일과 힘든 일을 공유하는 '친구(friend)'로서의 관계 맺음이었다.

최철, 이병인과 배성현(2019)은 장애아 통합어린이 집 환경에서 비디오 또래 모델링 중재가 발달지체유아의 상호작용행동에 미치는 영향을 알아보았다. 연구 결과, 비디오 또래 모델링 중재는 발달지체유아의 상호작용 하위행동인 시작행동(자기주장, 자아통제, 협력)과 반응행동(자기주장, 자아통제, 협력)을 증가시켰으며, 비디오 또래 모델링 중재를 통해 상호작용 하위행동인 자기주장, 자아통제, 협력행동의 시작행동과 반응행동의 연계성이 있는 것으로 나타났다.

진보라, 이병인과 김현숙(2019)은 통합 환경에서의 의도적 갈등 상황을 포함한 또래 협력 소집단 놀이가 발달지체유아의 사회적 상호작용에 미치는 영향을 알아보았다. 연구 결과, 의도적 갈등 상황을 포함한 또래 협력 소집단 놀이가 발달지체유아의 사회적 시작행동과 사회적 반응행동 발생률 증가에 긍정적인 영향을 주었는데, 이는 의도된 갈등상황을 포함한 또래 협력 소집단 놀이가 발달지체유아의 사회적 상호작용에 긍정적인 효과가 있으며, 사회성 발달 촉진을 위한 의미 있는 교수 방법으로 활용될 수 있음을 시사한다.

7. 행동 수정 기법

1960년대 후반에 나타난 행동 수정(behavior modification) 원리는 스키너(Skinner)의 조작적 조건화(operant conditioning)를 근거로 하여 미국의 심리학자인 손다이크(Thorndike) 등의 영향으로 탄생한 과학적 응용학문분야이다. 응용행동분석(Applied Behavior Analysis: ABA)은 인간의 행동 문제를 치료하는데 있어서 환경과 행동과의 기능 관계에 초점을 주는 분석적 해결방법이라 할 수 있다.

인간은 환경으로부터 자극(stimulus-S)이 주어지면 그 자극에 대해 반응(response- R)혹은 행동을 하고, 그 반응에 대한 결과(consequence-C)를 얻게 된다. '조작적 조건화(operational conditioning)'란 인간이 이러한 자극과 행동과 결과의 관계에서 자신이 원하는 결과를 얻기 위해서 선택적인 행동을 하게 되며, 어떤 행동의 결과가 자신에게 보상적이면 그 행동을 다시 하게 되고, 결과가 혐오스럽거나 도움이 되지 않는다면 그 행동을 회피하는 것을 기본 원리로 한다.

응용행동분석은 몇 가지 가설을 기본으로 한다(이상복 외, 2001).

첫째, 한 개인의 행동은 타고난 성격의 질과 환경에 의해 결정되고 통제된다. 둘째, 행동과학은 환경에서 일어나는 사건과 그에 따르는 행동 결과와의 인과 관계(cause-and- effect)를 발견하는 역할을 한다. 셋째, 관찰 가능한 행동(observable behavior)을 연구 대상으로 하므로 관찰과 측정이 불가능한 인간 내면의 연구는 행동상의 문제로 바꾸어 연구한다. 넷째, 행동의 형성, 유지, 제거는 환경 자극과 관련되며, 행동과 환경자극간의 관계는 서로 기능적 관계이다. 정상 행동과 부적응 행동은 모두 동일한 원리로 학습되므로 정상 행동과 부적응 행동의 질적 차이는 없고, 단지 환경 자극의 차이만 인정된다. 마지막으로, 행동수정은 과거보다 현재를 더 중시한다.

응용행동분석에서 행동치료나 중재의 근거는 선행자극(Antecedent-A)—행동(Behavior-B)—후속자극(Consequence-C)의 A-B-C 이론에 근거한다. 이 세 가지 용어는 서로가 기능적인 관계를 가지며, 응용행동분석에서는 이 세 용어 간의 관계에서 한 개 이상의 구성 요소를 조작하여 행동의 발생을 증가 혹은 감소시키는 것을 원칙으로 한다. 즉, 선행 자극이나 선행사건(A)으로 인하여 어떤 행동(B)이 발생했을 때, 그에 따른 즉각적이고 일시적인 환경적 변화나 자극을 조작적으로 제공하면 그에 따르는 후속결과(C)가 발생하게 된다. 그 후속 결과가 자신에게 보상이 되면 미래 행동이 일어날 확률이 증가하고, 보상이 되지 않으면 감소하게 된다. 아동의 문제행동을 수정하기 위해 그러한 응용행동분석 원리를 사용하면 그 문제 행동을 바람직한 적응행동으로 대체하기 위해 조작적 조건화로 강화(reinforcement)나 체벌(punishment)을 제공하게 된다.

행동수정 적용 시 일반적인 고려 사항들은 다음과 같다. 첫째, 아동의 학습에 필요한 동기(motivation)를 최대한 유발하여 아동 스스로 바람직한 결과를 성취하도록 아동이 선호하는 사물과 칭찬을 적절히 사용한다. 둘째, 보상을 줄 때는 아동의 바람직한 행동 형성에 필요하다고 판단 될 때에만 체계적으로 제공한다. 보상이 지나치게 사용되거나 남용되면 아동에게 오히려 부정적 결과를 주게 된다. 셋째, 아동에게 주는 보상의 종류는 가능하면 다양하게 한다. 넷째, 아동을 위한 행동 중재를 실시할 때는 중재자, 중재 장소, 중재 절차, 보상 규칙 등 일관성(consistency)을 유지해야 한다. 다섯째, 감정적이거나 물리적인 체벌은 금지한다. 여섯째, 아동을 교육하고 문제행동을 수정하는 과정에서 체벌이나 모욕적인 언행은 삼가 한다. 일곱째, 어떠한 문제행동을 보이더라도 그 행동에는 반드시 어떠한 이유가 있게 마련이기 때문에 문제행동 자체에 중점을 두기보다는 아동의 특성 중심으로 보는 시각을 가진다.

일반적으로 '문제 행동(problem behaviors)' 혹은 '도전 행동(challenging behaviors)'이란 사회적 규범에

서 벗어나 행동으로 적응에 어려움을 겪거나 사회적으로 수용되기 어려운 행동을 지속적으로 보이는 것을 말한다. 특히 특수교육대상아동의 문제행동은 아동의 발달을 저해하고 학습에 어려움을 주며, 교사가 아동을 지도하는 상황에서 직면하게 되는 커다란 어려움은 문제행동에 대한 중재이다(양미 · 이병인, 2018).

한편 아동의 행동 중재 시 우선적인 과제는 아동이 보이는 문제 행동을 정의하는 것이며, 일반적으로 다음의 네 가지 형태에 근거하여 문제 행동 혹은 부적절한 행동으로 분류할 수 있다. 첫째, 학습에 지장을 주는 행동. 둘째, 이미 학습된 기술을 사용하는데 지장을 주는 행동, 셋째, 타인들에게 혼란과 불쾌감을 주는 행동. 넷째, 자신과 타인, 그리고 주변 사물을 상해하는 행동 등이다.

8. 긍정적 행동 지원

최근 교육현장에서 다양한 문제 행동을 지닌 유아의 수가 증가함에 따라 이러한 유아들의 행동 관리에 있어서 교사들이 많은 어려움을 경험하고 있다(노진아, 2007). 이러한 문제 행동은 일반유아보다 장애 유아에게 더 심각하게 관찰되며(허계영 · 노진아, 2012), 장애유아가 보이는 문제 행동으로 인해 장애유아의 교실 활동 참여 및 학업 성취는 물론이고 일반유아와의 사회적 관계 형성과 우호적인 통합교육 환경을 만드는데 어려움이 발생할 가능성이 높다(배성현 · 이병인, 2014).

유아의 문제 행동은 조기에 중재를 제공하지 않은 경우 학령기에 더 심각한 문제 행동의 결과를 가져올 수 있으며, 심각한 문제 행동을 보이는 유아들은 교육적 서비스에서 제외되거나 교육 활동이나 일과에 성공적으로 참여하는데 어려움을 겪게 된다(박정숙 · 윤미경 · 이병인, 2013). 유아기에 나타나는 문제 행동에 대한 적절한 중재를 제공받지 못하고 학령기에 접어든 유아들은 또래로부터의 거부, 교사와의 부정적인 상호작용, 학교 부적응, 사회 부적응 등을 경험하게 되고 이러한 행동은 학령기 이후 성인기까지 지속되거나 심화될 수 있다(이수정, 2008).

그러나 초기 문제행동 중재 전략들은 주로 문제 행동이 발생하고 난 후의 강압적이고 혐오적인 후속반응 위주의 전략들이 대부분이었고(이미애 · 한성희 · 이규옥, 2007), 교육 현장에서는 일시적인 유행이나 주장에 의해서 나타난 검증되지 않은 중재 방법들이 사용되기도 한다. 하지만 이러한 중재 방법의 효과는 중재가 수행되고 있는 상황에서만 주로 나타나고, 중재가 제거되면 문제 행동이 다시 발생하곤 한다(이소현 · 박은혜, 2011; 이소현 · 박지연 · 박현옥 · 윤선아, 2008). 문제 행동은 환경을 조절하는 기능적인 수단이 되기 때문에 특정 문제 행동을 제거하더라고 또 다른 문제 행동을 야기할 수 있으며 이러한 중재 방법으로는 다양한 문제 행동을 효과적으로 감소시킬 수 없다(배성현 · 이병인, 2014).

이러한 문제행동 개선을 위한 효과적인 대처 및 예방 전략으로 국내외적으로 긍정적 행동 지원(Positive Behavior Support: PBS)이 제안되고 있다. 긍정적 행동 지원은 문제 행동에 대한 체계적이고 종합적인 접근으로 바람직한 행동 지도를 통해 특수교육대상유아가 할 수 있는 기능의 범위를 확장시키고자 하는 교육적 측면과 유아의 행동에 영향을 주는 환경 및 다양한 맥락에서의 관련 변인들을 동시에 포함하고 있다(Turnbull et al., 2002; 박정숙, 윤미경, 이병인, 2013 재인용). 이 때 적합한 행동의 교수에만 초점을 맞추기보다는 유아의 문제 행동을 감소시키고 예방하거나 이미 발생한 문제 행동을 바람직한 행동으로 대체할 뿐만 아니라 삶의 질을 향상시킬 수 있는 바람직한 행동을 증가시키는 긍정적 행동 지원을 고려할 수 있다(정대영, 2011; 이유리 · 곽승철, 2011).

또한 긍정적 행동 지원은 문제 행동의 기능을 이해하고 문제 행동이 발생하는 원인에 대한 가설(hypothesis)에 따라 개인의 독특한 사회적, 환경적, 문화적 배경에 적합한 종합적인 중재를 고안하는 문제 해결 접근 방법으로 정의할 수 있으며, 이는 특수교육대상유아 가 가장 적절하고 효과적인 중재를 받을 수 있도록 효과가 입증된 방법을 사용하는 '증거 기반 실제(evidence-based practice)'이며, 문제 행동이 일어나는 것을 사전에 예방하고 바람직한 행동을 가르치며 학습 환경을 잘 관리하기 위하여 통합 환경에서 유아를 둘러싼 생태학적 환경 중재를 포함하는 연구에 기반을 둔 중재 기법이라고 할 수 있다(배성현 · 이병인 , 2014 재인용).

긍정적 행동 지원에서 강조하는 것은 첫째, 특수교육대상유아의 개별적인 요구와 구체적 지원을 연결해주기 위한 행동의 기능평가 사용, 둘째, 환경의 재구성을 통한 문제 행동의 예방, 셋째, 문제 행동과 동일한 기능을 하는 바람직한 행동의 적극적 교수, 넷째, 부적합한 행동을 감소시키고 바람직한 행동을 증가시키는 후속 결과를 체계적으로 사용하는 종합적인 개별화 전략 등이다(양명희, 2012; 권소영 · 이병인, 2015). 즉 장애를 예방하는 측면에서 보다 폭넓은 프로그램 차원에서의 문제행동 예방 및 적절한 조기중재의 필요성이 강조되는 상황에서(김성경 · 문현미, 2011), 긍정적 행동 지원에서는 문제 행동과 유아를 둘러싼 환경과의 관계를 파악하고, 유아의 문제행동 본질을 명확하게 이해하기 위해 기능 평가(functional assessment)를 실시하며, 이를 토대로 배경 및 선행사건 중재, 대체기술 교수 중재, 후속결과 중재, 장기적 지원 중재를 포함하는 긍정적 행동 지원 중재 전략을 수립한다(이인숙, 2006; 차재경, 2013; 배성현 · 이병인 , 2014 재인용; 박주연 · 이병인, 2007).

미국에서는 1997년 장애인 교육법(IDEA)에 따라 개별화교육프로그램(IEP)에 긍정적 행동 지원을 제공하도록 명시하고 있으며, 유아특수교사들로 하여금 유아들에게 긍정적 행동 지원을 교육 현장에서 사용할 것을 명시하였다(이소현 · 박지연 · 박현옥 · 윤선아 역, 2008). 이러한 긍정적 행동 지원은 발달지체, 자폐성 장애, 지적장애, 정서 및 행동장애, 중복장애, 학습장애 등 다양한 영역에서 그 효과가 입증되고 있다(강경숙, 2004; 최미점 · 백은희, 2012).

일반적으로 긍정적 행동 지원은 3차원으로 분류된다. 첫째, 대상자를 기준으로 보편적 지원, 집단 지원, 개별 지원으로 분류될 수 있으며, 둘째, 환경을 기준으로 학교 차원, 학급 차원, 비학급 차원으로 분류될 수 있으며, 셋째, 예방의 수준에 따라서 1차적 예방, 2차적 예방, 3차적 예방으로 분류될 수 있다(Stormont, Lewis, & Beckner, 2005; 박정숙 · 윤미경 · 이병인, 2013 재인용).

긍정적 행동 지원 관련 최근까지의 국내 유아특수연구들을 살펴보면 다음과 같다. 이인숙과 조광순(2005)은 심각한 문제 행동을 보이는 자폐 유아를 대상으로 가정과 유치원, 지역사회에서 다차원적으로 긍정적 행동 지원을 적용하여 유아의 바람직한 행동과 문제 행동에 미치는 영향에 대해 알아보았다. 이를 위해 환경적 사건의 제거나 수정 방법을 사용하여 문제 행동을 예방하고 대체 행동의 교수나 문제 행동에 대한 적절한 반응을 유도하는 등의 행동지원 전략을 사용하였다. 그 결과 긍정적 행동 지원은 가정과 유치원, 지역 사회와 같은 유아가 속해 있는 모든 환경에서 대상 유아의 바람직한 행동을 증가시켰으며, 문제 행동을 감소시키는 데 긍정적인 영향을 준 것으로 나타났다. 이러한 결과를 토대로 긍정적 행동 지원은 하나의 환경뿐만이 아니라 유아가 속해 있는 모든 환경에서 다차원적으로 의미 있는 행동 지원이 이루어져야 할 필요성을 보여주었으며, 유아의 주요 환경에서 상호작용하고 있는 모든 중요 성인들이 참여하는 팀 중심의 문제 해결이 이루어져야 함을 강조하였다. 또한 팀은 서로의 의견을 공유하고 함께 교육에 참여하며, 긍정적 행동 지원의 계획과 실행, 평가에 노력을 다해 문제해결과정에 참여해야 한다고 하였다.

이효신과 김현숙(2005)은 기능 평가를 통한 행동 지원이 발달지체유아들의 부적응 행동을 효과적으로 감소시키는지 알아보았다. 이를 위해 발달지체유아들이 나타내는 부적응 행동의 기능은 복합적인 것으로 보고, 유아를 둘러싼 모든 환경 요소에 대한 평가를 포함하여 기능 평가를 실시하였으며, 유아의 행동을 변화시키기 위해서는 잘못 조건화된 행동과 반응간의 관계를 수정하고, 아동의 미시적, 거시적 환경을 모두 평가 한 결과, 대상유아의 부적응 행동이 감소한 것으로 나타났다. 따라서 발달지체유아의 부적응 행동을 감소시키기 위한 기능 평가를 위해서는 포괄적이고 구체적으로 평가할 수 있는 보다 구조화된 실용적 간편 도구가 개발되어야 하며, 아동과 가장 많은 상호 작용을 하는 부모들이 긍정적 행동 지원을 적용할 수 있는 중요한 자원으로 보았다.

노진아(2007)는 학령 전 장애 혹은 장애 위험 유아의 문제행동을 다루기 위해서 교사가 실행할 수 있는 긍정적 행동 지원의 방법을 알아보았다. 그 결과, 대부분의 긍정적 행동 지원 연구는 학령기 아동에게 초점이 맞추어져 있는 것으로 나타나 장애나 장애 위험 유아를 대상으로 하는 긍정적 행동 지원의 양적, 질적 확대를 요구하였다. 또한 발달지체유아를 위한 긍정적 행동 지원 프로그램에 포함되어야 할 사항으로 첫째, 학교, 가정, 지역사회 등의 다양한 환경에서 기대되는 적절한 행동을 구체적으로 정의하기, 둘째, 정의한 행동을 모든 환경에서 교수하기, 셋째, 행동 문제가 발생하면 체계적 · 구체적 · 다양한 방법으로 새로운 행동을 교수하기, 넷째, 의사결정을 위한 자료를 수집하여 사용하기 등을 요구하였다. 또한 학령 전 장애나 장애 위험 유아를 위한 긍정적 행동 지원을 제공하기 위해서는 우선, 프로그램 차원의 긍정적 행동 지원 팀을 구성해야 하고, 구성된 팀에서는 바람직한 행동을 결정하고 가르치고 지원해야 하며, 이러한 의사 결정을 위해서는 자료 수집 및 평가가 수반되어야 함을 강조하였다. 이를 토대로, 교사들을 대상으로 긍정적 행동 지원의 현장 연수가 필요하고, 특히 팀 구성원과의 협력에 초점을 두고 현직 교육이 이루어져야 하며, 교사 양성을 위한 고등교육기관에서는 긍정적 행동 지원을 잘 수행할 수 있도록 교육과정을 재편성하여 직전교육 수행의 필요성을 주장하였다. 또한 행정가, 부모, 지역 사회에서는 조기부터 프로그램 차원의 긍정적 행동 지원과 개별화된 긍정적 행동 지원을 가정, 학교, 지역 사회 등의 다차원적인 환경에서 실행하기 위한 적극적인 지원이 필요하다고 주장하였다.

조윤경(2007)은 통합학급 교사에 대한 긍정적 행동 지원 훈련이 교사 교수 행동 및 발달지체유아의 행동에 미치는 영향을 알아본 결과, 교사는 긍정적 행동 지원 전략을 습득하였고, 이는 통합된 취학 전 특수교육대상아동의 문제행동 감소와 참여행동 증가에 기능적인 관계성을 가지고 영향을 미치는 것으로 나타났다. 이를 통해 취학 전 긍정적 행동 지원의 효과성과 현직 교육을 통한 교사에 대한 긍정적 행동 지원 교수전략 습득을 위한 지속적이고 다양한 기회 제공이 필요하며, 긍정적 행동 지원의 효과를 입증하기 위한 지속적인 연구의 필요성을 제시하였다. 연구자는 아동 발달의 초기 단계인 영유아 시기부터 긍정적 행동 지원과 같은 문제 행동에 대한 중재 프로그램이 시행될 경우 문제 행동이 감소하고, 교사나 부모의 문제 행동에 대한 대처 능력을 향상시킬 뿐만 아니라, 아동의 미래에 대한 교육 환경 적응력을 향상시킨다고 보았다. 또한 긍정적 행동 지원에 대한 교사 교육을 시행해야 하는 현 시점에서, 교사 양성 과정 및 현직 연수에 긍정적 행동 지원의 내용이 포함되어야 하며, 그에 따른 다양한 교사 교육 프로그램 개발과 활성화 보급이 필요하다고 하였다.

문회원과 박지연(2008)은 가족이 참여한 긍정적 행동 지원이 가정에서의 저녁 일과시간에 보이는 문제 행동에 어떤 영향을 미치는지 알아보았다. 그 결과, 세 명의 자폐유아 모두 저녀 일과시간 문제 행동이 감소된 것으로 나타났다. 이는 모든 긍정적 행동 지원 중재를 각 유아의 개별적인 특성과 상황에 맞게 가정이라는 자연스러운 일과 중에 중재가 삽입되었으며, 선행 연구에 근거하여 중재를 계획하고 실행하였고, 어머니를 포함한 가족이 모두 적극적으로 참여했기 때문에 얻은 효과로 보았다. 이러한 결과는 가족이 주요 구성원으로 참여하는 긍정적 행동 지원 노력이 자폐유아의 문제 행동을 감소시키는데 효과적임을 보여주는 것으로, 가족이 의미 있는 중재자로서 중요한 역할을 할 수 있음을 보여준 것이라 할 수 있다.

송유하와 박지연(2008)은 행동 도표를 활용한 긍정적 행동 지원을 실시하여 통합어린이집에서 자연스러운 일과 중 자폐 유아의 문제 행동 감소와 활동 참여행동의 증가 및 유지에 미치는 영향에 대해 살펴본 결과, 대상유아의 문제 행동이 감소하였으며, 활동 참여행동은 증가한 것으로 나타났다. 이는 어린이집이라는 자연스러운 일과 중에 실시되었고, 일반 교사의 적극적인 참여가 가능했기 때문으로 보았다. 또한 연구자들은 긍정적 행동 지원을 체계적이고 종합적인 지원으로 보고 대상유아가 생활하는 모든 상황을 지원 범위로 확대할 필요가 있으며, 교사나 가족뿐만 아니라 대상아동의 환경에 있는 모든 사람들이 함께 참여하여 지원하는 행동 지원의 실행의 필요성을 강조하였다.

신윤희 등(2008)은 발달장애유아의 행동 지원에 대한 실태와 요구를 알아보기 위해 어린이집에 근무하는 보육교사, 특수교사, 치료사를 대상으로 설문조사 하였다. 그 결과, 장애전담 어린이집에서 문제 행동은 주로 행동 문제로 행동의 기록보유기간은 1~3년으로 장기적인 기록관리가 이루어지지 않고 있었으며, 발달장애유아의 문제 행동을 지원하는데 있어서는 대부분 행동을 제지하거나 행동을 관찰하는 것으로 나타났다. 보육교사의 경우, 다른 직급의 교사와는 달리 교사지원이나 전문가의 지원을 많이 받고 있는 것으로 나타났으며, 문제 행동에 대한 지원 방향으로는 문제 행동의 기능 분석과 전문가의 조언 및 교육을 원하였다. 따라서 바람직한 행동 지원을 실시하기 위해서는 각 상황에 맞게 대처할 수 있는 전문가 협력시스템이 갖추어져 있어야 하며, 직위별로 차별화된 행동 지원 전략과 실행 할 수 있는 기본 지침서 개발이나 사례 연구의 필요성이 있는 것으로 나타났다.

박현주와 노진아(2009)는 통합교육환경에서 교육을 받고 있는 발달지체유아와 문제 행동의 위험이 있는 유아를 위한 모든 수준의 긍정적 행동 지원의 실행 현황을 알아보았다. 그 결과, 통합교육환경에서는 긍정적 행동 지원의 구성 요소가 낮게 실행되고 있었으며, 교사의 개인 변인에 따른 긍정적인 행동 지원의 실행 정도의 차이는 통계적으로 유의미하지 않은 것으로 나타났다. 그리고 최근 발달지체유아에 대한 의무 교육과 발달지체영아에 대한 무상 교육의 시작으로 유아특수교육이 활성화되면서 통합 교육에 대한 관심은 그 어느 때보다 높아지고 있다. 따라서 발달지체유아의 긍정적 행동 지원 실행을 위한 교육 환경 개선이 필요하며, 이를 위해 모든 수준의 긍정적 행동 지원에 대한 직전 및 현직교육이 활발히 이루어져야 함을 강조하였다. 또한 문제 행동에 초점을 둔 3차 예방의 개별적 지원뿐만 아니라, 장애-위험 유아들의 문제 행동의 심화 가능성과 일반유아들의 문제 행동 발생 가능성을 감소시킬 수 있는 1-2차적 예방을 포함하는 모든 수준의 긍정적 행동 지원에 대한 현장교사 연수가 계획되어져야 하며, 교사들에게 발달지체유아들의 문제 행동에 대처할 수 있는 구체적인 교수방법의 제공과 함께 긍정적 행동지원 및 유아특수교육에 대한 관심을 독려해야 할 필요성을 제기하였다.

박정숙, 윤미경과 이병인(2013)은 학급 차원의 긍정적 행동 지원이 일반 어린이 집에 재원하고 있는 일반유아들과 장애 위험(at-risk) 유아의 문제 행동에 어떠한 영향을 주는지 알아보았다. 연구 결과, 학급 전체 유아들의 소리내기, 방해 행동, 산만한 행동은 감소하였으며, 이들의 문제 행동은 대집단 활동, 소집단 활동, 자유선택활동의 세 가지 상황에서 모두 감소하였으며 실험 종료 후에도 중재의 효과가 유지되었다. 본 연구는 유아교육현장에서 장애 위험 유아의 문제행동 중재에 대한 필요성에 따라 예방 활동으로써 일반유아 학급에서 학급 차원의 긍정적 행동 지원에 대한 효과를 검증하였다는데 의의가 있다.

배성현과 이병인(2014)은 긍정적 행동 지원이 장애 유아의 물건 던지기 행동 및 상동 행동에 미치는 영향을 알아보았다. 연구 대상은 장애아통합 어린이 집의 장애 유아 1명을 대상으로 하였고, 상황 간 중다기초선 설계를 이용하여 대상 유아의 기능 평가에 기초한 중다 요소 중재를 실시하였다. 중재는 이야기나누기활동, 자유선택활동, 영어활동 시간에 배경 및 선행사건 중재, 대체기술 교수 중재, 후속결과 중재, 장기적 지원 중재를 포함한 긍정적 행동 지원을 실시하였다. 연구 결과 긍정적 행동 지원을 통하여 장애유아의 문제 행동이 감소하였으며, 중재가 종료된 후에도 효과가 유지되었는데 이는 긍정적 행동 지원이 통합교육 현장에서 장애유아의 문제행동 지도에 효과적으로 적용될 수 있음을 보여주는 것이다.

권소영과 이병인(2015)은 긍정적 행동지원이 발달지체영아의 소리 지르기 행동과 사회적 상호작용 행동에 미치는 효과를 알아보았다. 연구 결과 개별차원의 긍정적 행동 지원은 발달지체영아의 문제 행동인 소리 지르기 문제행동의 감소와 사회적 상호작용 행동을 증가시켜 영아의 전반적인 삶의 질을 향상시켰다는데 긍정적인 효과를 보여주었으며, 유아특수교육현장에서 긍정적 행동 지원이 주로 장애 유아를 대상으로 하는 연구가 주를 이루었는데 반해 영아를 대상으로 그 효과성을 검증하였다는데 연구의 의의가 있다고 할 수 있다.

배선화, 이병인과 조현근(2016)은 통합학급에서 학급 차원의 보편적 지원과 개별 차원의 긍정적 행동 지원이 유아의 문제 행동과 사회적 유능감에 미치는 효과를 알아보기 위하여 전체 유아를 대상으로 학급 차원의 긍정적 행동 지원과 한 명의 발달지체유아를 대상으로 한 개별 차원의 긍정적 행동 지원을 실시하였다. 연구 결과, 전체 유아를 대상으로 한 학급 차원의 긍정적 행동 지원은 이야기 나누기, 자유선택활동, 점심시간의 모든 상황에서 유아들의 문제 행동을 감소시켰으며, 사회적 유능감에서도 중재 전-후 유의미한 차이가 있는 것으로 나타났으며, 한 명의 발달지체유아를 대상으로 한 개별 차원의 긍정적 행동 지원도 이야기 나누기, 자유선택활동, 개별 과제 수행 시간에서 문제 행동과 활동참여 행동에 긍정적인 영향을 준 것으로 나타났다. 이는 학급 차원의 긍정적 행동 지원이 통합 학급 유아들의 행동에 긍정적인 영향을 줄 수 있는 중재 방법인 동시에 발달지체유아에게는 학급 차원의 중재와 함께 개별 차원의 긍정적 행동 지원의 필요성을 제시하였다는데 의의가 있다.

권소영과 이병인(2017)은 긍정적 행동 지원이 일반유아의 행동 및 태도와 발달지체유아의 행동에 미치는 영향을 알아보았으며, 연구 설계는 학급 차원의 긍정적 행동 지원이 일반 유아의 친사회적 행동 및 발달지체유아에 대한 또래 수용도와 문제 행동에 미치는 영향을 알아보기 위해 단일집단 사전 · 사후 검사 설계를 사용하였으며, 개별 차원의 긍정적 행동 지원이 발달지체유아의 활동참여 행동과 문제 행동에 미치는 영향을 알아보기 위해 상황 간 중다기초선 설계를 사용하였다. 연구 결과, 학급 차원의 긍정적 행동 지원은 통합학급 일반유아의 친사회적 행동 및 발달지체유아에 대한 또래 수용도에 유의한 향상을 보였으며, 문제 행동을 감소시켰으며, 개별 차원의 긍정적 행동 지원은 발달지체유아의 활동참여 행동 증가와 문제 행동을 감소시켰다.

이승호와 이병인(2017)은 개별 차원의 긍정적 행동 지원이 장애통합어린이 집에 재원 중인 자폐성 장애 유아의 문제 행동에 미치는 효과를 알아보기 위해 행동간 중다기초선 설계를 사용하였다. 중재는 팀 협력을 통하여 배경 및 선행사건 전략, 대체행동교수, 후속결과 전략을 수립하였다. 연구 결과 개별 차원의 긍정적 행동 지원은 통합된 자폐성 장애유아의 문제 행동인 자해 행동, 물건 던지기 행동, 괴롭히기 행동을 감소시켰으며, 중재 효과가 유지되었으며, 본 연구의 의의는 장애 유아의 문제 행동이 기능 평가와 팀 협력을 사용한 개별 차원의 긍정적 행동 지원으로 감소됨으로써 효과적인 통합 환경을 구성할 수 있다는데 있다.

우정화와 이병인(2018)은 긍정적 행동 지원이 장애 위험(at-risk) 유아의 문제 행동에 미치는 영향을 알아보았다. 이를 위해 공립병설유치원에 재원 중인 장애 위험 유아 1명을 선정하여 대상 유아의 주의산만 행동과 방해 행동의 기능을 파악하기 위해 면담, 직접 관찰, 가설 설정 및 검증의 방법을 활용한 기능 평가를 실시하였으며, 연구 설계는 상황 간 중다기초선 설계를 사용하였으며, 측정은 이야기 나누기 활동, 자유선택 활동, 점심시간의 세 가지 상황에서 실시하였다. 연구 결과, 기능 평가에 근거하여 실시한 긍정적 행동 지원을 통해 장애 위험 유아의 주위산만 행동과 방해 행동이 감소되었다. 본 연구는 유아교육현장에서 긍정적 행동 지원이 장애 위험유아에게 유용하게 적용될 수 있는 행동 중재 전략임을 검증하였다는 데 의의가 있다.

임다경과 이병인(2019)은 공립유치원 통합학급에 배치된 자폐성 장애 유아의 문제 행동에 대한 긍정적 행동 지원의 효과를 알아보기 위해 행동 간 중다기초선 설계를 사용하여 대상 유아의 기능 평가에 기초한 중다요소 중재를 실시하였다. 연구 결과, 공립유치원 통합학급에서의 긍정적 행동 지원은 자폐성 장애유아의 위험 행동, 산만 행동, 음식 거부 행동의 문제 행동을 감소시켰으며, 본 연구는 통합학급에서의 긍정적 행동 지원이 자폐성 장애 유아의 문제 행동 예방과 중재에 효과적인 중재 전략임을 검증하였다는데 의의가 있다.

김상희와 이병인(2019)은 통합학급에서 일반유아와 장애 유아의 효율적인 상호작용을 촉진할 수 있는 방안으로 활용할 수 있도록 유아교사와 유아특수교사가 상호 협력하여 보편적 수준의 긍정적 행동 지원을 통해 일반유아들의 친사회적 행동에 미치는 영향을 알아보고자 하였다. 연구 결과, 실험 집단과 통제 집단의 사전 사후 검사에서 친사회적 행동의 7개 하위 영역(지도성, 도움주기, 의사소통, 주도적 배려, 접근시도, 나누기, 감정 이입 및 조절)에 유의미한 차이를 보여줌으로써 통합학급에서 보편적 수준의 긍정적 행동 지원이일반유아의 친사회적 행동에 긍정적인 영향을 주었음을 보여 주었다. 본 연구는 유아의 발달 특성과 유아교육환경에서 적합하게 유치원 일과 및 교육과정과 연계하여 긍정적 행동지원을 실행함으로써, 장애유아뿐만 아니라 일반유아를 대상으로 한 학급 차원의 긍정적 행동 지원의 실행가능성을 제시하였다는데 의의가 있다.

03 교수방법의 적용

1. 직접 교수

'직접 교수(direct instruction)'는 행동주의적 접근 방법의 하나이다. 교수 · 학습 상황에서 중요한 측면은 아동의 행동이라고 가정하며, 아동의 행동이 바뀌고 학습 효과를 적용할 수 있도록 우연성을 맞추도록 하는 데에 직접적인 목적을 두고 있다(Kass & Maddux, 1993; Smith & Luckasson, 1995). 직접 교수에 대한 정의는 "구체적인 학습기술을 완전 습득하기 위한 방향의 교사 안내 수업이며, 고도로 참여하는 소집단으로 이루어진다(Rosenberg et al., 1991)." Rosenshine(1978)은 구체적으로 다음과 같이 설명하고 있다(Mercer, 1987 재인용).

> "직접 교수는 학업에 초점을 맞추어 아동들이 고도로 참여하며, 교사가 구조적으로 위계화한 교재를 활용하여 주도적으로 하는 수업을 말한다. 직접 교수는 아동에게 학습 목표를 분명하게 하면서 학업에 초점을 맞추는 교사의 활동이며, 수업을 위한 시간 배당이 충분하면서도 지속적이며, 내용전달 범위는 확장하며, 아동 수행을 모니터링 해야 하며, 낮은 수준의 인지적 능력으로 질문하며, 정확한 반응을 많이 일으키며, 아동에게 주는 피드백은 교정적(correctional)이면서도 학습적(academic)인 것이어야 한다. 직접 교수에서는 교사가 교수 목표를 통제하며, 아동의 능력 수준에 맞는 교재를 선택하며, 수업 내용을 일정한 속도로 보조를 맞춘다. 수업의 특징은 권위주의적이지 않고 구조적이며, 쾌활한 학습 분위기에서 학습한다(Rosenshine, 1978)."

직접 교수에서 중요한 것은 개별교육프로그램(IFP)과 교수전략의 발달을 안내하는 일련의 원리와 가정이다(Becker, 1984). 또한, 직접 교수에 대한 접근 체계는 프로그램 실제를 이끄는 인지 학습의 삼원 분석(three-way analysis)에 의존하며, 이는 행동, 의사소통, 인식 체계의 분석을 포함한다(Engelman & Carnine, 1982).

첫 번째 과정인 행동 분석에서는 환경이 행동에 미치는 영향에 대한 방식을 설명하고자 한다. 환경 사건의 조작을 학습의 주된 변인으로 가정하지만, 학습자 간 개별차를 고려하여야 한다. 행동 분석은 학습자를 동기화하기 위해 사용된 전략을 개발하기 위해 경험-중심 원리(empirically-based principle)에 근거하며, 이는 인지 과제를 교수하기 위한 기초를 제공한다(Becker, 1984).

두 번째 과정인 의사소통 분석을 통해 환경 자극을 통제하고자 한다. 잘못된 학습의 변인이 되는 환경은 배제하며, 학습자에 대한 통제가 불가능하기 때문에 고도로 구조화된 초기 교수 계열을 통해 환경을 통제하고자 한다. Engelman과 Carnine(1982)은 의도된 개념을 효과적으로 인식시키고 전달하기 위해 오류 없는 의사소통을 고안할 것을 주장하였다.

세 번째 과정인 인식 체계의 분석은 논리적 계열로 인식을 조직화하는 것과 관련되는데, 오류 없는 의사소통이 각 인식유형에 대해 설계되어질 수 있다. 직접 교수에서 어떤 것을 가르칠 방식을 계획하기 위해 서로 다른 인식유형을 분류하기 위한 방식을 이해하는 것이 중재자에게 중요하다.

'직접교수모형(Direct Instruction Model: DIM)'은 교육과정을 세심하게 설계하고 교실 조직, 관리와 아동 향상에 대한 자세한 모니터링, 교직원 능력개발 확대 등의 효과적인 교수 실천을 통합하는 포괄적인 프로그램 체제의 교수를 의미한다. 즉 직접 교수를 효과적으로 하기 위한 교육과정모형을 처음으로 제작해서 현장에 적용했다고 볼 수 있다〈그림 6-1 참조〉.

도입		전개		정리
주의집중 전시 학습을 복습, 검토 학습목표 제시	⇒	새로운 내용 소개 시범(선생님이 해 볼게) 유도(부추김: 우리 같이 해 보자) 점검(너 혼자 해 보렴)	⇒	오늘 학습한 내용 검토 차시 내용 소개 독립적인 과제 제시(숙제)

〈그림 6-1〉 직접 교수의 구조(Rosenshine & Stevens, 1986)

2. 활동-중심 삽입 교수

초기 유아특수교육은 외적인 동기화의 사용, 지시적 교수전략의 사용, 구체적으로 관찰 가능한 행동적 변화라는 결과에 초점을 맞추었고, 일대일(one-to-one)의 직접 교수, 고도의 구조화, 성인-주도, 집중 시도 훈련 등을 분리된 학급이나 개별적인 치료실 중심의 중재를 실시하는 경향을 나타내었다(Mahoney, Robinson, & Powel, 1992; Halle, Albert, & Anderson, 1984).

'활동-중심 삽입 교수(Activity Based Embedded Intervention)' 는 '활동-중심 중재'와 활동 중에 교수의 기회를 삽입하는 '삽입학습기회'의 두 가지 유사한 교수전략의 개념을 혼합한 용어로, 유치원의 하루 일과표에 따라서 진행 중인 활동들에 교수 활동을 삽입하여 발달지체유아의 개별적인 교수 목표가 성취되게 하는 교수 방법이다(이소현, 2003a).

활동-중심 삽입교수는 유치원의 하루 일과표에 따라서 진행 중인 활동들에 교수 활동을 삽입하여 발달지체유아의 개별적인 교수 목표가 성취되게 하는 교수 방법으로(이소현, 2003a), 유아특수교육 분야의 한 중재 전략이지만 다음의 요소들로 인해 유아교육 현장에서 통합된 발달지체유아에 대한 개별적 교수를 실행하는데 효과적인 전략으로 추천되고 있다(김영란 · 이병인, 2007).

첫째, 활동-중심 삽입교수의 구성 요소들은 대부분 통합된 일반유아교육기관 환경에서 효과적으로 실행될 수 있다. 연령에 적절한 교재와 활동, 자연적이고 기능적인 환경과 단서, 다양한 교재들은 통합 환경 내에서 이미 존재하는 교수 자원들이다. 특히 통합 환경은 발달지체유아의 개별목표 기술 간의 관계와 목표 기술 사용을 교수하기 위해 유아들에게 연령에 적합한 활동의 맥락을 제공한다.

둘째, 활동-중심 삽입교수는 분리된 기술을 집중 교수하는 것이 아니라 통합된 형태의 행동을 일상적인 학급 활동 내에서 분산 교수하기 때문에 보다 효율적인 교수전략이 될 수 있다. 예를 들어, 물건 요구하기(의사소통), 물감 칠하기(소근육 운동), 색깔 구별하기(인지), 손 씻기(자조-자립), 친구에게 나누어 주기(사회성) 등의 기술을 각각 가르치려면 모두 5회기의 수업이 진행되어야 하지만, 자유선택활동시간에 조형 활동을 하면서 이런 기술을 삽입시켜 교수한다면 1회기 수업시간에 5가지 발달 영역의 기술을 가르칠 수 있게 된다. 따라서 활동-중심 삽입교수를 적용한다면 발달지체유아의 개별적 교수에 필요한 교사의 시간과 노력을 줄이면서 동시에 발달지체유아의 집단 활동에 참여하는 시간을 늘릴 수 있다. 또한 활동 중에 목표기술을 삽입시키는 것은 자연스런 환경 내에 존재하는 여러 관련 자극들에 노출시킴으로써 일반화된 기술의 발달을 증가시킬 수 있다(Nietupski et al., 1986).

셋째, 활동-중심 삽입 교수는 유아교육에서 지향하고 있는 '발달에 적합한 실제(Developmentally Appropriate Practice: DAP)'와 이론적, 철학적 기초를 공유하고 있으며, 자연적인 선행사건과 후속 결과 등의 행동적인 학습 원리를 효과적으로 적용하여 일반유치원 환경에서 다양한 유아들의 욕구를 해결할 수 있도록 고안되었다(Bricker & Cripe, 1992; Pretti-Frontezak, 1996). 이에 따라 활동-중심 삽입 교수는 유아특수교사나 유아교사가 통합 환경의 일상적인 학급 활동 내에서 발달지체유아의 활동 참여와 개별적 목표 기술을 증진시키는 데 적용하기에 용이한 중재방법이다(김수진 · 이소현, 2007).

활동-중심 삽입 교수는 Vygotsky의 사회역사학적인 이론, Piaget의 인지적 이론, Dewey의 학습이론, Cicchetti의 발달이론 등을 토대로 한 개념적 구조를 지니고 있으며(Bricker, Pretti-Fronticzak, & McComas, 1998), 기본적인 원리는 다음과 같다(이소현, 2003a; 김수진 · 이소현, 2007).

첫 번째 원리는, 환경과 사회문화적인 상황은 유아의 발달에 중요한 영향을 미친다는 것이다. 이러한 원리는 학습과 발달에 있어서 환경의 중요성을 인지한 Piaget, Vygotsky, Dewey에서부터 비롯되었다. Vygotsky(1978)는 발달과 학습을 유아의 생육사와 문화에 영향을 받는 사회적 과정으로 정의하고, 유아와 사회적 환경 사이에서 일어나는 사회적 상호작용은 발달뿐만 아니라 사회적 맥락에도 영향을 미친다고 하였다. 사회적 상호작용 관점은 유아특수교육과 유아교육 분야에서의 중재 방법에 중요한 변화를 주도하였으며, 이와 같은 원리를 기초로 한 활동-중심 삽입 교수는 유아와 환경 사이 뿐 아니라 발달 영역 간의 상호작용적 관점도 반영한다.

두 번째 원리는, 유아가 활동에 적극적으로 참여하고 주도하면 학습이 향상된다는 것이다. Piaget(1967)에 의하면 유아는 환경에 대한 지식을 구조화하는데 적극적으로 참여해야 하며, 감각운동기 단계에서 전조작기와 형식적 조작기로 넘어가기 위해서는 탐색하고 경험하고 조작하고 피드백을 받는 것이 필요하다고 하였다. 또한 그는 환경적인 피드백의 특성과 유아의 활동적인 참여가 유의미한 학습에 중요하다는 것을 강조하였다. 여기서 환경은 아동들을 동기화하도록 배열되어야 하며, 높은 참여를 위해 풍부하게 구성되어야 한다. 이 관점은 활동-중심 삽입 교수의 중요한 요소가 된다.

세 번째 원리는, 기능적이고 유의미한 활동에 참여해야 한다는 것이다. 기능적이고 유의미한 활동은 아동에게 잘 조직된 학습이나 발달을 구성하는 기회나 내용을 제공하며, 학습은 모든 경험의 결과로써, 유아들의 일상적인 활동 안에서 일어나게 된다(Dewey, 1959; Bricker, Petti-Fronticzak, & McComas, 1998 재인용).

네 번째 원리는, 발달은 복합적인 과정의 통합을 통해서 이루어진다는 것이다. 발달에 대한 Cicchetti와 Cohen(1995)의 관점은 개인의 발달영역 안에서의 통합의 질에 초점을 두고 발달과정을 구체화하는 것이다(Bricker, Petti-Fronticzak, & McComas, 1998 재인용). 예를 들면, 유아는 문맥적 규칙을 확장시키고, 재배열하고 변화시킴으로써 언어기술을 습득하고, 이러한 변화는 다른 영역에도 영향을 미친다. 활동-중심 삽입 교수는 발달 영역에 있는 다양한 목표를 다루고, 중재의 선행조건으로 유아행동목록의 포괄적인 진단을 통합하기 위해 고안되었다. 구체적인 활동-중심 삽입교수의 요소는 다음과 같다(김수진, 2000).

활동-중심 삽입 교수의 첫 번째 요소는, 유아 시도 상호작용이다. 즉 유아의 흥미와 행동에 대한 관심이다. 이것은 교사가 활동을 선택하기 보다는 유아의 활동 시도를 격려하며 함께 참여할 때 이루어진다(Bricker, 1989; MacDonald, 1989). 이 때 교사가 고려해야 할 것은 항상 유아의 주도에 이끌리기보다는 활동을 감독하고 이끌며, 흥미를 증대시키는 것이 필요하고, 유아는 교사의 반응에 상호작용을 하려는 특성을 가지고 있다는 점이다(Bricker & Carlson, 1980).

활동-중심 삽입 교수의 두 번째 요소는, 삽입된 유아들의 목표이다. 삽입된 유아들의 목표에는 두 가지 중요한 변수가 있다. 하나는 활동에 삽입된 목표이고, 다른 하나는 목표가 삽입된 활동 유형이다. 삽입은 활동-중심 삽입 교수에서의 중요한 개념으로써, 유아의 목표가 활동 안에서 확장되고, 수정되며, 의미 있는 방법으로 활동과 통합되어 일어나는 과정이다. 다음은 활동 유형으로써 일상적인 활동, 계획된 활동, 아동이 시도한 활동 등 크게 세 가지로 구분된다. 일상적인 활동은 화장실 가기, 옷 입기, 간식, 청소, 출발과 도착과 같은 예측가능하거나 일반적인 활동으로 유아들에게 새로운 기술을 배우거나 이미 습득한 기술을 연습하기에 좋은 기회를 제공하며, 계획된 활동은 교사의 지도 없이는 일어나기 힘든 활동으로 유아의 흥미와 관심을 고려하여 미리 계획적으로 고안되어야 한다.

활동-중심 삽입 교수의 세 번째 요소는, 논리적으로 일어나는 선행사건과 후속 결과이다. 학급의 일상적인 활동, 계획된 활동, 아동시도의 활동이 유의미한 학습 기회를 풍부하게 제공하지만, 유아의 개별 목표 기술의 발달은 적절한 선행사건과 후속 결과의 체계적인 사용이 전제되어야 한다. 선행사건은 유아의 반응을 고려하여 유의미하게 선택된 사건이며, 후속 결과는 활동에서의 논리적인 성과이다.

활동-중심삽입 교수의 네 번째 요소는, 기능적이고 일반적인 기술이다. 유아특수교육은 영유아를 위한 기능적이고 일반적인 기술을 목표로 하며, 여기서 '기능적인 기술(functional skills)'이란 유아들이 그들의 물리적, 사회적인 환경에 대하여 독립적이고 적절한 방법으로 적응하는 기술을 말한다. 또한 기능적인 기술을 습득하는 것과 마찬가지로 중요한 것은 유아들이 일반화된 기술을 습득하도록 돕는 것이다.

Bricker(1992, 1998)는 활동-중심 중재접근의 4가지 요소를 아래 〈그림 6-2〉와 같이 제시하였으며, Pretti-Frontczak(1996)는 IEP 목표를 적용할 수 있는 3가지 형태의 활동에 대한 정의와 예를 〈표 6-1〉과 같이 제시하였다. 또한 〈표 6-2〉는 ABI의 개별목표 적용의 예를 보여주고 있으며, 〈표 6-3〉은 비지시적 중재 전략 유형 및 내용을 보여주고 있다.

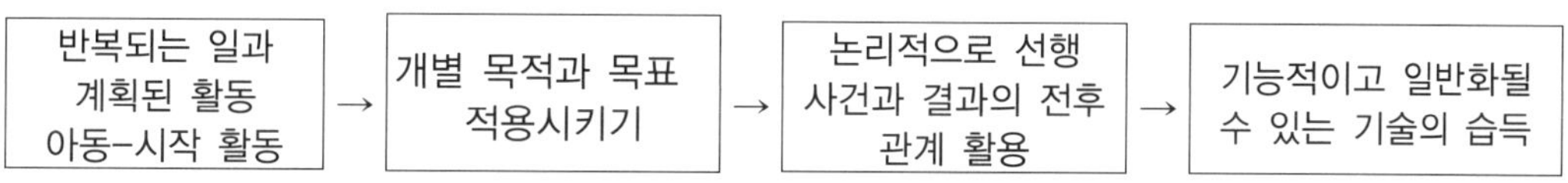

〈그림 6-2〉 활동-중심 중재접근법의 4가지 요소

출처: Bricker(1992, 1998)

〈표 6-1〉 IEP 목표를 적용할 수 있는 3가지 형태의 활동에 대한 정의

활동의 형태	정의와 예
반복적인 일과 (Daily Routines)	일상생활 중에 일어나며 예측할 수 있는 활동 (예: 식사, 옷 입기(벗기), 간식, 인사, 외출, 목욕 등)
아동-시작 활동 (Child-Initiated Activity)	성인의 요구나 지시 따르기가 아니라 아동이 시도해보고 요구하는 활동 (예: 책 읽기, 옷 입기, 놀이터 나가기 등)
계획된 활동 (Planned Activity)	성인에 의해 계획된 구조화된 활동 성인이 준비하나 아동의 흥미를 이끌어 낼 수 있는 활동 (예: 공원 산책, 견학(지역사회 돌아보기, 우체국, 시장 등), 작업(가면 만들기 등), 장애물 통과하기, 꽃씨 심기 등)

출처: Pretti-Frontczak(1996)

〈표 6-2〉 활동-중심 중재(ABI)의 개별목표 적용의 예

시간	상호작용 대상	장소	활동	환경 준비
오전 중	할아버지	할아버지 집	· 아침 메뉴 고르기 · 창 밖 내다보며 새, 꽃 관찰하기	· 2가지 이상 준비 · 창밖을 볼 수 있는 위치에 앉기
오후 중	할머니	할아버지 집	· 간식 고르기	
매일	부모	집 안	· 책 고르기 · 질문에 답하기	· 언어기록 (질문-대답)
수요일 저녁	또래(2~6세)	교회 마당	· Duck, Duck, Goose 게임 변형 · 또래의 말 듣기	· 또래놀이 관찰 기회 마련

출처: Bricker(1992, 1998)

〈표 6-3〉 비지시적 중재 전략

중재 전략 유형	내용
없는 것처럼 하기 (Forgetfulness)	문제 해결력 기르기 알아야 될 것과 해야 될 것을 지정해 주기 물어보면서 사물이나 정보 찾기(예: 미술시간-붓 숨기기)
새로움 (Novelty)	새로운 요구나 활동으로 반응을 유도하기 새로운 행동 첨가하기, 새로운 방법으로 시도하기 (주의 사항: 너무 과장되지 말 것)
보이지만 닿지 않는 곳에 두기 (Visible but unreachable)	눈에 보이지만 닿을 수 없는 곳에 두기 누구의 도움을 받아야 만 되는 상황 (의사소통 기술 지도에 효과적)
기대에 어긋나기 (Violation of expectation)	친숙한 단계에서 바꾸거나 생략하기 목적-변별력과 기억력 향상 여러 가지 의사소통과 문제해결과정 기회제공
작은 단위의 제공 (Piece by piece)	요구하는 것을 작은 단위로 나누어서 제공 (예: 블록 등) 점차 활동에 능동적으로 참여함으로 아동에게 요구되는 기술을 연습할 기회를 제공
도움 주기 (Assistance)	성인이나 또래가 도움을 주기 (예: 간식 시간에 뚜껑 열어 주기)
고의적 방해와 지연 (Interruption & delay)	연속된 행동의 중간에서 정지 (방해) 시킴 시간 지연(잠깐 멈추기-지연-행동)을 계획적으로 실시

출처: Bricker(1992, 1998)

3. 차별화 교수

'차별화 교수(differentiated instruction)'는 아동의 흥미와 다양성, 개별적인 요구 및 준비도 등을 고려하여, 교수 내용, 교수 과정 및 교수 결과를 아동들의 개인차에 적합하도록 계획하고 실행하는 교수 방법이다(이미선, 2008; Tomlinson, 2001). 또한 차별화 교수는 동일한 연령의 아동들이 속해 있는 교실을 하나의 공동체로 규정하고, 공동체에 속해 있는 각각의 아동을 개별 학습자로 인식하고 지원한다(정동영, 2008).

차별화 교수는 동일한 연령의 아동들을 하나의 공동체로 규정하고, 한 수업이나 한 단원에서 과제 완성에 대해 다른 기대 수준을 만들어낸다. 그러므로 차별화 교수는 하나의 공동체 내에서 아동들의 다양한 능력, 요구, 선호 및 학습양식 등에 반응하여 개별 아동의 성취를 극대화하도록 지원하는 교수라고 할 수 있다(정동영, 2008). 즉, 차별화 교수는 아동들의 서로 다른 능력과 요구 및 선호와 더불어 모든 아동들을 독특하다고 인정함으로써 아동의 준비 상황에 따라 과제의 난이도 수준을 조정하고, 아동의 선호에 따라 자료를 조정하며, 아동의 능력에 따라 교수의 핵심적인 개념과 기술을 차별화한다(Anderson, 2007).

차별화 교수의 기본적인 가정은 다음과 같다(정동영, 2008).

첫째, 동일한 연령의 아동들이라 할지라도 자신들의 생활환경, 과거 경험, 그리고 학습 준비가 되어 있는 정도에 현저한 차이가 있으며, 이러한 차이는 교수의 내용과 속도에 적지 않은 영향을 미친다(Tomlinson, 2000b).

둘째, 학습은 아동이 스스로 할 수 있는 것보다 조금 더 어려운 것에 도전하도록 자극 받을 때, 학습이 그들의 실생활 경험과 연결될 때, 학습의 기회가 확실히 주어질 때, 그리고 아동이 학교와 공동체에서 존중받고 가치를 인정받는다고 느낄 때 강화된다(Tomlinson, 2000b).

차별화 교수는 아동을 수동적이라기보다 적극적이라고 가정하는 학습 과정에 대한 구성주의적 시각을 반영한 것이며, 학습 과정에 대한 구성주의적 시각은 아동의 기존 도식(schema)에 새로운 경험이나 아이디어를 연결시키는 적극적인 학습의 중요성을 강조한다(Bransford, Brown, & Cocking, 2000; Brooks & Brooks, 1999).

차별화 교수의 원리는 다음과 같다(정동영, 2008; Broderick, Mebta-Parekb, & Reid, 2005).

첫째, 차별화 교수는 아동들의 개별적이고 독특한 요구를 충족시키기 위해 학습 내용, 교수 방법 및 평가를 변경하는 것이다(George, 2005).

둘째, 차별화 교수는 교수-학습의 내용, 과정, 결과를 조정하는 것이다(Nordlund, 2003).

셋째, 차별화 교수는 내용 영역에 대한 아이디어와 기술의 강조, 개별 아동의 차이에 대한 민감한 반응, 교수와 평가의 통합, 개별 아동의 선행 학습 · 비판적 사고 · 표현 방식을 충족시키기 위해 내용, 과정, 결과를 지속적으로 조정하는 것이다(Tieso, 2003).

넷째, 차별화 교수는 학습의 공동체인 교실에서 개별 학생의 능력, 요구, 선호 등에 따라 교수 내용, 교수 과정 및 교수 결과를 조정하는 것이다.

차별화 교수전략은 교수 내용, 교수 과정, 교수 결과의 차별화로 나누어진다.

'교수 내용의 차별화'는 아동들이 바람직한 지식, 이해 및 기술에 접근하도록 지원하는 방법을 요구하며(Anderson, 2007), 다양한 전략을 이용하여 특수교육대상아동들이 일반아동들과 동일한 교수 내용에 접근하도록 지원하는 방식으로 이루어진다. 교수 내용의 조정은 기초적인 개념과 기술의 교정에 초점을 맞춰 특수교육대상아동들에게 제한된 교수내용을 제공하는 것이 아니라, 짝 또는 소집단을 통해 또는 독립적인 참여를 통해 특수교육대상아동들이 주제나 개념에 대한 이해와 기술을 개발하도록 지원하여 교수 내용을 차별화하는 전략이다. 즉 교수 내용 자체를 조정하는 전략이 아닌 교수 내용에 접근하는 방법을 조정하는 전략이라고 할 수 있다(정동영, 2008).

다음으로 '교수 과정의 차별화 전략'에서, 교수 과정은 아동들이 개념, 지식, 기술을 학습하는 방법이나, 학습된 개념, 지식, 기술을 이용할 때 발생하는 문제를 해결하는 방법을 의미한다. 교수 과정의 차별화는 학생들이 사실, 개념, 기술을 이해하고 동화하도록 지원한다(Anderson, 2007). 이는 교수 계획을 설계하고 활동에 대한 지원을 계획하는 과정이며, 계획을 난이도에 맞춰 조정하는 과정도 요구한다. 구체적인 지원전략은 다음과 같다(정동영, 2008).

첫째, 융통성 있는 아동 집단의 구성이다. 이는 교수 내용에 따라 적절히 아동 집단을 구성하는 전략이다. 아동집단의 구성은 학급 전체, 소집단을 통해서나 개별적으로 학습에 참여할 기회를 제공하는 방식이다(Elbaum, Vaughn, Hughes & Moody, 1999; Tieso, 2003). 예를 들면, 독립활동, 학습센터, 심화 프로젝트, 협력토론 팀, 또래교수, 독서토론, 협동학습의 한 형태인 지그소우(jigsaws)등이 있다(Baumgartner, Lipowski, & Rush, 2003; George, 2005; Salend, 2004; Fulk & King, 2001; Berry & Englert, 1998; Martin, 1998; Broderick, Mebta-Parekb, & Reid, 2005).

둘째, 교수 진도의 조절이다. 이는 교수를 활발히 진행하지만, 아동들의 이해가 확실해 질 때까지 교수의 완급을 조절하는 전략이다. 교수 과정의 차별화는 아동들의 교수 요구에 의존하여 수렴적인 발문, 발산적인 발문 및 높은 수준과 낮은 수준의 발문 등 다양한 유형의 발문을 제공하여 아동들의 이해를 도와야 한다(Sadker & Sadker, 2006).

셋째, 인적 · 물적 자원의 제공이다. 이는 특수교육대상아동들이 교수에서 이익을 얻도록 하기 위해 접근 가능한 환경, 보조공학기구와 보완 · 대체의사소통체계 등의 이용, 다양한 학습 전략의 이용 등을 제공하는 전략이다. 교사는 특수교육대상아동들을 위해 교실의 물리적인 환경을 개선하고 심리적 분위기를 조성해야 한다. 보조공학기구와 보완 · 대체의사소통체계에 접근을 지원하는 중재자도 확보해야 한다(Biklen, 1993; Crossley, 1994). 또한 특수교육대상아동들의 교수 참여를 위해 그림(diagram), 도표(charter), 개요(outline), 도해 조직자(graphic organizer) 등 교수 내용의 발견과 짐작을 가능하게 하는 학습 전략의 제공을 요구한다(Lowerence-Brown, 2004).

마지막으로 '교수 결과의 차별화 전략'은 개별 아동의 요구에 기초한 분명하고 도전적이며 구체적인 성공의 준거가 된다(Tomlinson & Eidson, 2003). 교수 결과의 차별화는 아동들이 교수나 단원을 통해 학습한 결과를 증명하는 다양한 방식을 요구한다(Anderson, 2007). 교수 결과의 차별화는 형식과 관계없이 아동들이 교수를 통해 학습한 것을 재생하도록 하는데 목적을 두고 있다. 그러므로 아동들에게 그들의 독특한 학습의 선호, 흥미 및 강점을 이용하여 학습한 결과를 증명하는 기회와 수단이 요구된다. 구체적인 교수 결과의 차별화 전략은 다음과 같다(정동영, 2008).

첫째, 발표 양식의 변경이다. 이는 교수 결과에 대한 아동들의 이해와 성취를 증명하는 방식에 융통성을 제공하는 전략이다. Wiggins와 McTighe(1998)는 "아동들이 설명하고 해석하고 적용하고 시각을 바꾸고 감정을 나타내고 자기 평가를 할 수 있을 때, 아동의 이해 정도는 잘 증명 된다"고 하였다. 그러므로 특수교육대상아동을 위한 교수 결과의 차별화에서 발표 양식의 변경은 교수 목표와 관련하여 특수교육대상아동들이 교수를 통해 이해한 결과나 성취한 결과를 방해를 받지 않고 나타내게 지원할 수 있도록 해야 한다.

둘째, 숙달 수준의 조정이다. 이는 교수 목표에 대한 숙달로 간주되는 기술의 수행 수준을 조정하는 전략이며 개별 특수교육대상아동의 독특한 요구에 기초하여 조정되어야 한다.

셋째, 빈번한 평가이다. 이는 아동들의 지식과 이해를 증명하는데 그 기회를 빈번히 제공해야 함을 의미하며, 아동의 수행과 성취를 측정하기 위해 교수 이전, 교수 중, 교수 이후 등 수시로 아동의 이해와 성취를 평가하는 것이다.

4. '발달에 적합한 실제'와 '추천 실제'의 융합

1987년 미국의 유아교육협회(National Association for the Education of Young Children: NAEYC)는 유아교육 '최상의 실제(best practice)'에 관한 유아교육의 입장을 밝힌 '발달에 적합한 실제(Developmentally Appropriate Practice: DAP)'를 제시하였다. '발달에 적합한 실제'는 Piaget와 Vygosky의 발달단계 이

론에 근거하여 다음과 같은 세 가지 측면에서의 적합성을 고려하여 교육과정의 개발이 이루어지도록 제안하고 있다(이병인, 2011). 첫째는 '연령 적합성(age appropriateness)'으로 유아의 연령에 따라 정상적 유아발달의 순서(order)를 기초로 교육과정의 내용과 활동이 계획되어야 한다. 둘째는 '개별적 적합성(individual appropriateness)'으로 유아의 개별적 차이, 즉, 흥미, 적성, 요구 등을 고려한 교육과정의 개발이다. 셋째는 '문화적 적합성(cultural appropriateness)'으로 유아의 사회 문화적 상황에 따라 교육과정이 개발되어져야 한다. 국내 유아교육은 상당히 이와 같은 '발달에 적합한 실제'를 받아들여 유아의 발달 특성을 고려한 교육 내용과 방법의 다양화를 중요시하고 있으며, 교사 주도에 의한 획일적인 교육보다는 유아 개개인의 관심, 흥미, 요구, 발달 수준에 따라 '놀이를 중심으로 한(play-based)' 교육을 강조하여 왔다.

이처럼 유아교육에서의 '최상의 실제'에 관한 '발달에 적합한 실제'가 소개되었을 때 유아특수교육 분야는 그와 유사한 유아특수교육 최상의 실제를 나타내주는 지침서가 없는 상황에서, 많은 유아특수교육 전문가들은 이와 같은 유아교육 실제를 유아특수교육에 적용하는 것을 반대하였다(조광순, 2000 재인용; Carta, Schwartz, Atwater, & McConnell, 1991). 예를 들어, 발달지체유아들은 구조화를 필요로 하며, 집중적인 교사의 개입이 필요하며, 응용행동 분석적 접근이 허용되지 않는 NAEYC의 방침은 유아특수교육에는 적합하지 않기 때문에 1997년 NAEYC는 DAP를 개정하게 되었고 NAEYC는 DAP 지침을 교육적 교리가 아닌 하나의 문서로 보고자 하였다(조광순, 2000 재인용; Wolery & Bredekamp, 1994).

결국, 1993년에 미국의 특수교육대상아동협회(Council for Exceptional Children: CEC)의 유아교육분과(Division of Early Childhood: DEC)는 '추천 실제(Recommended Practices)'를 발표하였는데, 여기서는 모든 발달지체영유아와 그 가족을 위한 최상의 실제는 적합하지 않으며, 유아특수교육 분야는 급속히 변화하고 있기때문에 현재 '최상의 실제'라는 용어를 '추천 실제'라는 용어로 대체하였다.

DEC의 '추천 실제'에 나타난 교육과정 및 교수 방법은 첫째, 가족 중심 조기 중재, 둘째, 발달지체 영 · 유아 및 가족의 독특한 개별적 요구 및 특성, 셋째, 가족-전문가 상호 간 팀 접근, 넷째, 다양한 환경에서의 활동 제공, 다섯째, 유아-중심 활동과 교사-중심 활동 간의 균형, 여섯째, 고립된 환경 내에서의 기술 습득과 교수가 아닌 일과 내의 발달 영역 간 기술 통합을 통한 교수, 일곱째, 목표 행동 및 기술, 상호작용의 습득, 숙달, 유지, 일반화의 신장과 마지막으로 자연적 환경에서의 경험 등을 강조한다.

NAEYC와 DEC 두 기관에서 공통적으로 강조하는 것은 모든 유아들의 요구에 맞는 교육을 제공하기 위해서, 특히 발달지체유아들이 통합된 환경에서는 모든 지식과 접근 방법들을 가지고 교육이 이루어져야 한다는 것이다. 유아특수교사 및 일반유아교사들은 공통된 지식과 자질을 가지고 장애의 유무를 떠나 모든 유아들에게 질적인 서비스를 제공할 것을 강조하게 되었다. 따라서 발달지체영유아들의 서비스를 제공하고 있는 유아교육프로그램이 유아특수교육과 유아교육 두 분야의 실제를 혼합한 접근방식을 가지고 교육과정을 편성 · 운영할 필요가 있다(백은희, 1995).

요약하면, 유아특수 교육과정은 '발달에 적합한 실제'라는 일반조기교육의 원칙을 수용하여, 아동의 연령과 흥미와 요구에 적합한 교육 환경 속에서 아동 중심의 교육을 계획하고, 여기에 아동의 자발적인 학습 행동을 유발해 내기 위하여 교사가 환경을 구조화하고, 아동의 활동에 개입하게 된다. 발달지체유아의 경우, 아동 스스로 자발적으로 활동을 선택하고 집중하기 어렵기때문에 이러한 교사의 개입을 통해서 아동은 학습 활동의 선택이 가능해지고, 자발적으로 행동할 수 있는 기회를 갖게 된다. 교사는 아동의 발달 영역(developmental areas)을 중심으로 유용한 기술을 선정하고 '자연적 환경'속에서 지도하고 일반화(generalization)시키게 된다. 이와 관련하여, 유아교육에서의 '발달에 적합한 실제'와 유아특수교육에서의 '추천 실제'가 어떻게 연계하여 발달지체영유아와 그 가족에게 최상의 조기중재서비스를 제공할 수 있는지에 대한 개념 모델 개발 및 연구도 활발히 이루어지고 있다(이소현, 2003; Udell, Peters & Templeman, 1998).

5. '과학적으로 효과가 검증된 연구 기반 교수(scientific, research-based instruction)' 혹은 '근거-기반 실제(evidence-based practice)'

2004년 미국의 특수교육법 개정 법안인 장애인교육향상법(IDEIA)은 2001년 미국의 초 · 중등교육법 개정법안인 '아동낙오방지법(No Child Left Behind: NCLB)'과의 연계를 통하여 공교육 내실화를 위한 변화를 시도하였다. 이러한 노력의 일환으로 '전문적 자질을 갖춘 교사(highly qualified teacher)'는 과학적으로 검증된 교수법이나 중재를 사용할 것을 의무화하였다. 이를 위해 교사는 교실에서 타당한 자료를 제공하기 위해 직접 관찰 또는 실험 등의 체계적인 연구 방법과 타당도와 신뢰도를 갖춘 검사 도구 및 객관적 측정 방법과 연구 문제를 해결하기 위한 철저한 자료 분석 방법을 사용해야 하며, 유명 학회지 심사를 통해 수용된 연구(peer-reviewed research)에 기반한 중재를 제공할 것을 명시하였다(이병인, 2007; NCLB, 2001; Yell et al., 2006).

참고 문헌

교육과정평가원(2010), **2010학년도 공립 특수학교(유치원)교사 임용후보자 선정경쟁시험**.

강경숙(2004), 기능평가를 통한 특수교육대상학생의 행동지원에 관한 현장적용연구 분석, **특수교육연구,** 11(1), 26-45.

권소영·이병인(2015), 긍정적 행동 지원이 발달지체영아의 소리 지르기 행동과 사회적 상호작용에 미치는 영향, **유아특수교육연구,** 15(2), 207-234.

권소영·이병인(2017), 통합학급에서 긍정적 행동 지원이 일반유아의 행동 및 태도와 발달지체유아의 행동에 미치는 영향, **유아특수교육연구,** 17(2), 23-54.

김경숙 외(2002), **유아특수교육개론**, 서울: 학지사.

김경윤·조경선(2012), 통합교육환경에서 발달지체유아에 대한 일반유아의 인식변화 연구, **미래유아교육학회지,** 19(2), 311-325.

김미숙(2003), **한 어린이도 뒤처짐이 없게(NCLB)-부시 행정부 교육개혁 표제어**, 한국교육개발원, 외국교육동향, No. 173.

김상희·이병인(2019), 통합학급에서 보편적 수준의 긍정적 행동 지원이 일반유아의 친사회적 행동에 미치는 영향, **행동분석·지원연구,** 6(2), 49-80.

김성경·문현미(2011). 역할극과 자기점검활동이 문제 행동이 있는 장애 위험 유아의 활동참여행동 개선에 미치는 영향. **유아특수교육연구,** 11(3), 27-50.

김수진(2000), 장애영유아통합교육 지원을 위한 교수적 접근: '활동-중심 중재'의 이론과 실제, 제6회 이화특수교육학술대회: 특수아 조기교육 최상의 실제: 교육과정 및 교수방법 중심의 방법론적 접근(pp.145-178). 서울: 이화여자대학교 특수교육과.

김수진·이소현(2007), 활동-중심 자연적 중재 적용 훈련이 자유선택활동 일과에서의 교사의 교수 행동과 장애 유아의 참여에 미치는 영향, **유아교육연구** 27(2), 29-49.

김주희, 이병인, 조현근(2016), 유아의 문제행동 지도에 대한 일반유치원 교사의 어려움과 지원 요구, **유아특수교육연구,** 16(4), 23-59.

김영란·이병인(2007), 장애유아 통합 환경에서 활동-중심 중재에 관한 문헌 분석: 1994-2006년 국내 실험연구를 중심으로, **특수교육요구아동연구,** 18, 99-125.

김영태(1997), 언어장애의 화용론적 접근법에 대한 고찰, **인간발달연구,** 25, 115-135.

김영태(2002), **아동 언어장애의 진단 및 치료**, 서울: 학지사.

김애화(2005), **2004 미국 특수교육법 개정에 즈음하여 살펴본 미국 특수교육의 동향: 학습장애 영역을 중심으로**, 한국특수아동 교육학회 2005년 추계학술대회, 21-30.

김윤옥(2005), **통합교육을 위한 직접교수의 원리와 실제**, 서울: 학지사.

김진성·이병인·조현근(2017), 장애영유아 언어 및 의사소통 관련 연구 동향 분석-2007년부터 2016년까지 국내 특수교육 전문 학술지 중심으로, **유아특수교육연구,** 17(4), 49-78.

김혜민·이병인·김현숙(2019), 유치원 통합학급에서의 인성동화 소집단 협동 활동이 일반유아의 장애유아에 대한 인식 및 장애또래 수용에 미치는 영향, **유아특수교육연구, 19**(1), 119-145.

구향남, 이병인(2015), 보드게임을 활용한 또래 활동이 장애위험 유아의 사회적 기술에 미치는 영향: 사례연구, **한국웰니스학회, 10**(1), 199-211.

노진아(2007), 장애 혹은 장애위험 유아를 위한 긍정적인 행동 지원의 고찰, **특수교육재활과학연구, 46**(2), 15-34.

류광성·이병인(2006), 몬테소리 일상생활영역 자유선택작업이 발달지체유아의 사회적을기술에 미치는 효과, **특수교육요구아동연구, 16**, 63-95.

문회원·박지연(2008), 가족이 참여한 긍정적 행동 지원이 가정에서의 저녁 일과 시 간에 발생하는 자폐유아의 문제행동에 미치는 영향, **유아특수교육연구, 8**(2), 97-115.

박정숙·윤미경·이병인(2013). 학급 차원의 긍정적 행동 지원이 일반유아들과 장애 위험 유아의 문제행동에 미치는 영향, **유아특수교육연구, 13**(1), 97-119.

박주연·이병인(2007), 기능평가를 통한 선호 재료선택 미술활동이 자폐아동의 물건 던지기 행동에 미치는 효과, **미술치료연구, 14**(1), 65-82.

박주연·이병인(2007), 보편적 학습설계에 기초한 미술 수업이 자폐 범주성 특수교육대상학생의 과제 수행과 상호작용에 미치는 효과, **정서·행동장애연구, 24**(4), 257-283.

박현주·노진아(2009), 통합교육환경에서 발달지체 유아를 위한 긍정적인 행동 지원의 현황, **특수아동교육연구, 11**(3), 279-295.

배선화·이병인·조현근(2016), 통합학급에서 학급차원의 보편적 지원과 개별화된 긍정적 행동 지원이 유아의 문제행동과 사회적 유능감에 미치는 효과, **유아특수교육연구, 16**(2), 131-159.

배성현·박주연·이병인(2014), 인지·정서·행동치료(REBT)를 적용한 집단미술치료가 장애유아 통합교사의 직무스트레스 및 회복탄력성에 미치는 효과, **미술치료연구, 21**(6), 1449-1473.

배성현·이병인(2006), 통합된 소집단 협동놀이가 발달지체유아의 사회적 기술에 미치는 영향, **유아특수교육연구, 6**(2), 1-25.

배성현·이병인(2014), 긍정적 행동지원이 통합된 장애유아의 문제행동에 미치는 영향, **유아특수교육연구, 14**(1), 69-95.

배성현·이병인(2016), 팀 학습행동 기반의 협력적 교사지원 프로그램이 교사 간 협력태도와 장애유아의 참여행동에 미치는 영향, **특수교육학연구, 51**(3), 133-161.

배성현·이병인(2016), '팀 학습행동' 기반의 협력적 교사지원 프로그램개발 연구-일반 보육교사와 장애아 보육교사를 중심으로, **유아교육·보육복지연구. 20**(2), 421-453.

배성현·이병인(2016), 팀 학습행동 기반의 협력적 교사지원 프로그램에 참여한 교사들의 변화 탐색, **한국웰니스학회, 11**(3), 307-326.

손은주·이병인(2003), 컴퓨터 보조 수업이 발달지체유아의 주의집중 개선에 미치는 영향, **단국대학교 교과교육연구소 교과교육연구, 7**, 20-46.

송유하·박지연(2008), 행동도표를 활용한 긍정적 행동 지원이 자폐 유아의 문제행동과 활동참여행동에 미치는 영향, **정서·행동장애연구, 24**(2), 1-25.

신수진·이소현(2014), 통합유치원에서 실시한 학급차원의 단짝친구 기술 중재가 장애유아의 또래 상호작용에 미치는 영향, **유아특수교육연구, 14**(3), 221-241.

신윤희·박정희·최미향·이효신(2008), 발달장애아동 행동지원에 대한 실태 및 요구분석 연구: 장애전담 어린이집을 중심으로, **정서·행동장애연구, 24**(4), 337-352.

우정화·이병인(2018), 긍정적 행동 지원이 장애위험유아의 주의산만 행동과 방해 행동에 미치는 영향, **행동·분석지원연구, 5**(2), 45-81.

원길재·이병인(2019), 장애유아의 또래 관계 경험에 관한 현상학적 연구, **유아특수교육연구, 19**(1), 87-118.

원계선·이병인(2007), 통합 환경에서 문학적 접근이 유아의 장애인식·수용태도 및 사회적 행동에 미치는 영향, **유아특수교육연구, 7**(1), 21-41.

원종례(2005), **교사간 협력 모델이 적용된 활동-중심 삽입교수 중재가 장애 유아의 활동 참여와 발달에 미치는 영향**, 이화여자대학교 대학원 박사학위 청구논문.

안진영·김정민·노진아(2014), 통합 환경에서 또래와의 협동적 신체활동이 발달지체유아의 사회적 상호작용에 미치는 영향, **유아특수교육연구, 14**(3), 71-93.

양명희(2012), **행동수정이론에 기초한 행동지원**, 서울; 학지사.

양미·이병인(2018), 파워카드 전략이 자폐성 장애유아의 수업 중 말 끼어들기, 부적절한 자세, 반복적인 글씨쓰기 문제행동에 미치는 영향, **행동분석·지원연구, 5**(1), 49-81.

이미애·한성희·이규옥(2007), 기능평가를 통한 장애유아의 행동지원 실험연구 분석, **특수교육연구, 14**(2), 189-208.

이미선(2008), **특수교육과 교과교육의 교수-학습활동**, 한국특수교육교과교육학회 (편). 특수교육교과교육론. 경기: 교육과학사, 185-234.

이병인(2007), 2004년 미국의 장애인 교육법(IDEA) 개정안 주요 내용 고찰, **유아특수교육연구, 7**(2), 21-46.

이병인(2011), **유아특수교육의 이해,** 용인, 노스보스.

이소현 역(2003), **장애영유아를 위한 교육**, 서울: 이화여자대학교출판부.

이소현(2003a), **유아특수교육**, 서울: 학지사.

이소현(2004), **유아특수교육**, 서울: 학지사.

이소현·박은혜(2011), **특수아동교육 3판**, 서울; 학지사.

이소현·박지연·박현옥·윤선아 공역(2008), **장애 학생을 위한 개별화 행동지원**, 서울; 학지사.

이승호·이병인(2017), 개별 차원의 긍정적 행동 지원이 통합된 자폐성 장애 유아의 문제 행동에 미치는 효과, **유아특수교육연구, 17**(3), 65-88.

이수정(2008), 유아교육 환경에서의 긍정적 행동 지원 연구 동향 및 지원 요소 분석, **유아특수교육연구, 8**(1), 161-187.

이영철(1995), 환경중심 언어중재가 정신지체아의 언어습득과 일반화에 미치는 영향, **특수아동 교육학회지, 16**(3), 103-124.

이인숙(2006), **다차원적인 긍정적 행동지원이 발달장애 유아의 문제행동 및 유아에 대한 어머니와 교사의 상호작용에 미치는 효과**, 미간행 박사학위논문, 공주대학교 대학원, 충남.

이인숙·조광순(2005), 가정과 유치원, 지역사회에서의 긍정적 행동 지원이 자폐유아의 바람직한 행동 및 문제행동에 미치는 효과, **유아특수교육연구, 5**(2), 161-190.

이원미·이병인(2006), 동요 그림책을 활용한 언어지도가 발달지체유아의 자발적 언어 표현에 미치는 영향, **유아특수교육연구, 6**(1), 45-67.

이유리·곽승철(2011), 긍정적 행동 지원이 정신지체 학생의 문제 행동과 사회적 상호작용에 미치는 효과, **특수교육재활과학연구, 50**(3), 289-315.

이정수·이병인(2009), 정서장애 특수학교 교사의 교수-학습에서 ICT 활용에 관한 연구, **특수교육요구아동연구, 22,** 55-77.

이효신·김현숙(2005), 기능 평가를 통한 행동 지원이 발달지체유아의 부적응행동 감소에 미치는 효과, **특수교육학연구, 40**(1), 91-111.

임다경·이병인(2019), 통합학급에서의 긍정적 행동 지원이 자폐성 장애유아의 문제행동에 미치는 영향, **행동분석·지원연구, 6**(1), 101-130.

정광범·이병인(2018), 특수교육대상아동의 사회적 기술에 관한 국내 중재연구 분석: 단일대상연구 방법 중심으로, **정서·행동장애연구, 34**(4), 237-267.

정광범·이병인(2019), 보편적 차원의 긍정적 행동지원에 관한 문헌연구: 질적 지표(Benchmarks of quality) 중심으로, **정서·행동장애연구, 35**(2), 285-310.

정대영(2011), **행동기능 평가와 긍정적 행동지원**, 경기; 양서원.

정동영(2008), 일반교육 교육과정의 특수교육대상학생 접근 지원을 위한 간학문적 주제단원 개발전략, **학습자중심교과교육연구, 6**(2), 353-379.

정동영(2008), 통합학급의 특수교육대상학생을 위한 차별화 교수전략 탐색, **지적장애연구, 10**(4), 163-187.

정윤하·이병인(2008), 구조화된 보드게임이 초등학교 1학년 ADHD 아동의 주의력에 미치는 영향, **특수교육요구아동연구, 20**, 53-94.

정하나(2011), **또래 짝 활동이 유아의 유치원 적응력과 사회성 및 언어능력에 미치는 효과**, 석사학위논문, 중앙대학교 교육대학원, 서울.

제민희·이병인·김미성(2020), 영·유아 조기 중재 관련 단일대상연구 동향 분석: 「장애인 등에 대한 특수교육법」(2007) 이전과 이후 비교, **유아특수교육연구, 20**(2), 153-191.

진보라·이병인·김현숙(2019), 통합 환경에서 의도된 갈등상황을 포함한 또래 협력 소집단 놀이가 발달지체유아의 사회적 상호작용에 미치는 영향, **유아특수교육연구, 19**(1), 269-295.

조광현·이병인·배성현(2020), SNS를 활용한 아버지 참여 신체놀이 프로그램이 발달지체유아 아버지의 양육효능감과 양육행동에 미치는 영향, **유아특수교육연구, 20**(4), 107-134.

조윤경(2007), 통합학급 교사에 대한 긍정적 행동 지원 훈련이 교사 교수 행동 및 장애유아 행동에 미치는 영향, **유아특수교육연구, 7**(1), 131-155.

차정하·이병인(2018), 사립유치원 통합 환경에서 또래와의 협동적 조형 활동이 발달지체유아의 사회적 상호작용에 미치는 영향, **유아특수교육연구, 18**(3), 293-318.

차재경(2013), **세 가지 차원에 따른 긍정적 행동 지원이 통합학급 학생들의 수어 참여행동과 방해 행동에 미치는 영향**, 미간행 박사학위논문, 순천향대학교 대학원, 충남.

최미점·백은희(2012), 긍정적 행동 지원이 발달지체유아의 자리이탈 행동과 활동참여 행동에 미치는 영향, **유아특수교육연구, 12**(1), 91-109.

최민숙·김경숙·백유순·박현옥 공역(2004), **유아특수교육론**, 서울: 박학사.

최은영·김동연(1998), 직접교수와 활동-중심 중재에 대한 비교연구, **재활과학연구, 14**(1), 129-149.

최철·이병인·배성현(2019), 비디오 또래 모델링 중재가 통합된 발달지체유아의 상호작용에 미치는 영향, **유아교육·보육복지연구. 23**(4), 83-107.

한준상(2001, 2002, 2007), **學習論**, 서울: 학지사.

한지혜·이병인(2011), 심리운동이 발달지체유아의 신체능력 및 놀이행동에 미치는 영향, **한국웰니스학회, 6**(2), 239-261.

허계영·노진아(2012), 유아기 문제행동 중재 전략에 대한 유아특수교사의 인식, **유아특수교육연구, 12**(3), 285-304.

Alpert, C. L. & Kaiser, A. P.(1992). Training parents as milieu language teachers. *Journal of Early Intervention, 16*(1), 35-52.

Anderson, K. M. (2007). Differentiating instruction to include all students. *Preventing School Failure, 51*(3), 49-54.

Broderick, A., Mebta-Parekb, H., Reid, D. K. (2005). Differentiating instruction for disabled students in inclusive classrooms. *Theory into Practice, 44*(3), 194-202.

Baer, R. A. (1990). Correspondence training: Review and current issues. *Research in Developmental Disabilities, 11*, 379-393.

Bailey, D. B., & Wolery M. (1992). *Teaching Infants and Preschoolers with Disabilities*(3rd ed.). New Jersey: Prentice-Hall.

Baumgartner, T., Lipowski, M., & Rush, C. (2003). *Increasing reading achievement of primary and middle school students through differentiated instruction*. Unpublished doctoral dissertation, Saint Xavier University, Chicago.

Becker, W. C. (1984). *Direct instruction : A twenty year review*. Banff, Alberta, Canada : Paper presented at the 16th Annual Banff International Conference on Behavioral Science.

Berkeley, T. R., & Ludlow, B. L. (1989). Toward a reconceptualization of the developmental model. *Topics in Early Childhood Special Education, 9*(3), 51-66.

Berry, R. A., & Englert, C. S. (1998). *Book discussion in the primary grades: Transforming the participation of students with disabilities in inclusion context*. Unpublished manuscript.

Biklen, D. (1993). *Communication unbound: How facilitated communication is challenging traditional views of autism and ability/disability*. New York: Teachers College Press.

Bricker, D., & Cripe, J. (1992). *An activity-based approach to early intervention*. Baltimore: Paul H. Brookes Publishing Co.

Bricker, D. (1998). *An activity-based approach to early intervention* (2nd ed.), Baltimore: Paul H. Brookes Publishing Co.

Bricker, D. (1989). *Early intervention for at-risk and handicapped infants, toddlers, and preschool children*, Paro Alto, CA: VORT Corp.

Bricker, D. D. (2004). **통합 및 특수 환경의 장애 영 · 유아를 위한 교육방법: 활동-중심 중재법. 허계형**, 이영철 역. 서울: 교육과학사.

Bricker, D., Pretti-Frontczak, K., & McComas, N. R. (1998). *An activity-based approach to early intervention* (2nd ed). Baltimore: Brookes.

Brown, W. H., Conroy, M. A., & Odom, S. L. (2001). An intervention hierarchy for promoting young children's peer interactions in natural environments. *Topics in Early Childhood Special Education, 21*(3), 162-175.

Brown, W. H., McEvoy, M. A., & Bishop, J. N. (1992). Incidental teaching of social behavior: A naturalistic approach to promoting young children's peer interactions. *Teaching Exceptional Children, 24*, 35-58.

Carnine, D. & Silbert, J. (1979). *Direct instruction reading.* Columbus, OH : Merrill.

Cooper, J. O., Heron, T. E., & Heward, W. L. (1987). *Applied behavior analysis*. Columbus, OH: Merrill.

Crossley, R. (1994). *Facilitated communication training*. New York: Teachers College Press.

DeKlyen, M., & Odom, S. L. (1989). Activity structure and social interactions with peers in developmentally integrated play groups. *Journal of Early Intervention, 13*, 342-352.

Dunst, C., Lesko, J. J., Holbert, K. A., Wilson, L. L., Sharpe, K. L., & Liles, R. F. (1987). A systematic approach to infant intervention. *Topics in Early Childhood Special Education, 7*(2), 19-37.

Dyer, K., Dunlap, G., & Winterling, V. (1990). Effects of choice making on the serious problem behaviors of students with severe handicaps. *Journal of Applied Behavior Analysis, 23*, 515-524.

Elbaum, B., Vaughn, S., Hughes, M., & Moody, S. (1999). Grouping practices and reading outcomes for students with disabilities. *ding outcomes for st, 65*, 399-415.

Englemann, S. & Carnine, D. (1982). *Theory of instruction: Principle and applications*. New York : Irvington Publishers.

Fulk, B, M., & King, K. (2001). Classwide peer tutoring at work. *Teaching Exceptional Children, 34*(2), 49-53.

Garwood, G. S. & Fewell, R. R. (Eds.) (1983). *Educating handicapped infants*. Rockville. MD : Aspen Publications.

George, P. (2005). A rationale for differentiating instruction in the regular classroom. *Theory into Practice, 44*, 185-193.

Gersten, R. Woodward, J. & Darch, C. (1986). Direct instruction : A research-based approach to curriculum design and teaching. *Exceptional Children. 53*, 17-31.

Hart, B. M. (1985). *Naturalistic language training techniques*. In s. Warren & A. Rogers-Warren(Eds.), teaching functional language(pp. 63-88). Baltimore: University Park Press.

Hart, B. & Rogers-Warren, A. (1978). *A milieu approach to teaching language*. In R. Schiefebusch(ed.), Language intervention strategies (pp. 193-235). Baltimore: University Park Press.

Hart, B., & Risley, T. (1980). In vivo language intervention: Unanticipated general effects. *Journal of Applied Behavior Analysis, 13*(3), 407-432.

Kaiser, A. P. & Alpert, C. L.(1993). *Milieu language training manual.* Unpublished Manuscripts, Department of Special Education, George Peabody College of Vanderbilt University.

Kaiser, A. P., Yoder, P. J., & Keetz, A. (1992). Evaluating milieu teaching. In S. F. Warren & J. Reichle (Eds.), *Causes and effects in communication and language intervention* (pp. 9-47). Baltimore: Brookes.

Kass, C. C., & Meddux, C. D. (1993). *A human development view of learning disabilities*. Springfield, Illinois: Charles C Thomas Publisher.

Kohler, F. W., & Strain, P. S. (1990). Peer-assisted interventions: Early promises, notable achievements, and future aspirations. *Clinical Psychology Review, 10*, 441-452.

Lawrence-Brown, D. (2004). Differentiated instruction: Inclusive strategies for standards-based learning that benefit the whole class. *American Secondary Education, 32*(3), 34-62.

Lerner, J. W., Lowenthal, B., & Egan, R. W. (2003). *Preschool children with special Needs: Children at risk and children with disabilities*. Boston: Allyn and Bacon.

Mahoney, G., Robinson, C., & Powel, A. (1992). Focusing on parent-child interaction: The bridge to developmentally appropriate practice. *Topics in Early Childhood Special Education, 12*, 105-120.

Martin, J. (1998). Literatures circles. *Thresholds in Education, 24*(3), 15-19.

McGee, G. G., Krantz, P. J., & McClannahan, L. E. (1986). An extension of incidental teaching procedures to reading instruction for autistic children. *Journal of Applied Behavior Analysis, 19*, 147-157.

McTighe, J. J., & Brown, J. L. (2005). Differentiated Instruction and Educational Standards : Is Detente Possible? *Theory into Practice, 44*(3), 234-244.

McGee, G. G., Almeida, C., Sulzer-Azaroff, B., & Feldman, R. S. (1992). Promoting reciprocal interaction via peer incidental teaching. *Journal of Applied Behavior Analysis, 25*, 117-126.

Mercer, C. D. (1987). *Students with learning disabilities*. Columbus, Ohio: Merrill Publishing Company.

Moon, T. R. (2005). The Role of Assessment in Differentiation. *Theory into Practice, 44*(3), 226-233.

Nietupski, j., Hamre-Nietupski. S., Clancy, P. & Veerhansen, K. (1986). Guidelines for making simulation an effective adjunct to in vivo community instruction, *Journal of The Association for Persons with Severe Handicaps, 11*(1), 12-18.

No Child Left Behind Act of 2001, P. L. 107-110.

Noonan, M., & McCormick, L. (1993). *Early intervention in natural environments*. Pacific Grove, CA: Brooks/Cole.

Nordlund, M. (2003). *Differentiated instruction: Meeting the educational needs fi all students in your classroom*. Lanham, MD: Scarecrow Education.

Nordquist, V. M., Twardosz, S., & McEvoy, M. A. (1986). Some longitudinal effects of behavioral interventions on non handicapped children in two mainstreamed preschools.

Ok, M. W., Hughes, J. E., & Lee, B. I.(2017). A study on effects of 1:1 laptop computing on pre-service special educators' technology-related knowledge, skills, and attitudes, *The Korean Journal of Early Childhood Special Education, 17*(2), 1-21.

Paniagua, F. A. (1990). A procedural analysis of correspondence training techniques. *The Behavior Analyst, 13*, 107-119.

Pretti-Frontczak, K. L. (1996). *Examining the efficacy of embedding young children's goals and objectives into daily activities.* Unpublished doctoral dissertation, University of Oregon, Eugene, Oregon.

Rosenberg, M. S., O' Shea, L. O., & O' Shea, D. J. (1991). *Student teacher to master teacher: A handbook for preservice and beginning teachers of students of mild and moderate handicaps*: New York : Macmillan.

Rosenshine, B. (1978). *The third cycle of research on teacher effects: Content covered, academic engaged time, quality of instruction*. New York : Macmillan.

Rosenshine, B. (2002). *Convergent findings on classroom instruction. Presented at the Pattan Conference: Research-Based Effective Teaching Principles*. Harrisburg, Pennsylvania: Feb. 27, 2002.

Sadker, M., & Sadker, D. (2006). *Questioning skills*. In J. Cooper (Ed.), Classroom teaching sklees (8th ed: pp.1-398). Boston: Houghton Mifflin.

Salend, S. J. (2004). *Creating inclusive classrooms: Effective and reflective practices for all students*(5th ed.) Upper Saddle River, NJ: Pearson-Prentice Hall.

Skrtic, T. M. (1991). *Behind special education*. U.S.A. : Love Publishing Company.

Schwartz, I. S., Anderson, S. R & Halle, J. W. (1989). Training teacher to use naturalistic time delay: Effects on teacher behavior and on the language use of students. *The Journal of the Association for Persons with Severe Handicaps, 14*, 48-57.

Stormont, M., Lewis, T. J., & Beckner, R. (2005). Positive Behavior support systems: applying key features in school settings. *Council for Exceptional Children, 37*(6), 42-49.

Tarpy, R. (1975). *Basic principles of learning*. Glenview, IL: Scott, Foresman & Co.

Tieso, C. (2003). *Ability grouping is not just tracking anymore*. Roper Review, 26, 29-36.

Tomlinson, C. A. (2005). Grading and differentiation: Paradox or good practice? *Theory into Practice, 44*(3), 262-269.

Tomlinson, C. A., & Eidson, C. C. (2003). *Differentiation in practice: A resource guide for differentiating curriculum, Grades 5-9*. Alexandria, WV: Association for Supervision & Curriculum Development.

Tomlinson, C. A. (2001). *How to differentiate instruction in mixed-ability classroom*(2nd ed.). Alenxandria. VA: Association for Supervision and Curriculum Development.

Tomlinson, C. A. (2000b). Reconcilable differences: Standards-based teaching and differentiation. *Educational Leadership, 58*, 6-11.

Turnbull, A., Edmonson, H., Griggs, P., Wickham, W. S., Freeman, R., Guess, D., Lassen, S., Mccart, A., Park, J. H., Riffel, L., Turnbull, R., & Warren, J. (2002). A blue print for schoolwide positive behavior support: implementation of three components. *Council for Exceptional Children, 68*(3), 377-402.

Vygotsky, L. (1978). *Mind in society*. Cambridge, MA: Harvard University Press.

Wiggins, G., & McTighe, J. (1998). *Understanding by design*. Alexandria, VA: Association for Supervision and Curriculum Development.

Wolery, M., Bailey, D. B. (1992). *Teaching infants and preschoolers with disabilities*. Boston: Macmillan.

Wolery, M., Bailey, D. B., & Sugai, G. M. (1988). *Effective teaching: Principles and procedures of applied behavior analysis with exceptional students*. Boston: Allyn and Bacon.

Wormeli, R. (2005). Bushing the myths about differentiated instruction. *Principal Leadership, 5*(7), 28-33.

Yell, M. L., Shriner, J. G., & Katsiyannis, A. (2006). Individuals with Disabilities Education Improvement Act of 2004 & IDEA Regulations of 2006: Implications for Educators, Administrators, & Teacher Trainers. *Focus on Exceptional Children, 39*(1), 1-24.

제7장

유아특수 교육과정

01 | 유아특수 교육과정의 이해

02 | 유아특수 교육과정의 편성 및 운영의 이론적 배경

03 | 유아특수 교육과정 관련 최근 국내 선행 연구 고찰

04 | 유아특수 교육과정 편성 및 운영을 위한 개선 방안

01 유아특수 교육과정의 이해

교육과정은(教育課程)이라는 용어는 관점이나 맥락에 따라 다양하게 이해될 수 있다. 교육을 지식의 전달로 보면 교육과정은 전달하려는 지식이나 그 한 단위로써 교과들의 체계로 파악할 수 있고 그와는 달리 인격의 함양이나 바람직한 능력과 특성들의 형성으로 보면 교육과정도 그러한 인격이나 능력과 특성 형성에 적합한 아동들의 경험을 의미한다. 한편으로 교육과정은 교과 또는 경험들의 계획에 초점을 두기도 하지만 다른 한편에서는 그 계획의 시행을 통해 기대되는 학습 결과에 주목하기도 한다(교육부, 2017). 교육과정은 국가 차원에서 학교 교육에 있어 아동들에게 가르칠 교육 목표와 내용, 그리고 평가 방법 등의 공통적이고 일반적인 기준을 정하며, 각 시 · 도교육청에서는 이 교육과정의 기준에 따라 지역적 특수성과 실태를 반영한 지침을 만들어 학교 실정에 알맞은 학교 교육과정을 편성하여 운영할 수 있도록 하고 있다(최세민 · 손영수, 2007).

모든 교육기관은 '어떠한 교육 목표를 어떠한 교육 내용과 방법을 통하여 어떻게 구체적으로 아동들에게 가르칠 것인가?'하는 의도적이고 계획적인 교육실천 계획을 가지고 있어야 하는데, 이것을 학교 교육과정이라고 할 수 있다. 그렇다면 이러한 학교 교육과정을 어떤 체제로 구성할 것인가? 이 문제는 기본적으로 학교에 자율 · 재량권이 부여되어 있다. 따라서 그 학교를 경영하는 학교장의 교육적인 판단에 따라 학교가 창의성을 발휘하여 특색 있게 구성하여야 한다(이병인 · 이지효, 2010).

학교 교육과정의 구성 체제는 학교장의 교육철학이나 학교 교육 목표, 당해 연도의 노력 중점이 분명히 부각되어야 하며, 교육과정의 편제와 시간 배당, 교과 · 특별활동 · 학교재량시간의 연간지도계획, 평가계획 등이 포함되어야 한다. '왜, 무엇을, 어떻게, 어느 수준과 범위로 가르치고 평가할 것인가?'를 포함한 교육설계도가 교육과정이라고 한다면, 이 교육과정에는 목표, 내용, 방법, 평가를 포함하고 있으므로 학교 교육과정 속에는 교육 목표를 실현시키기 위한 구체적인 계획, 지도, 평가, 운영 방식이나 실천 방안이 체계적이고 일관성 있게 제시되어야 당해 학교의 실정에 알맞은 의도적인 교육 활동이 특색 있게 이루어질 수 있다(이병인 · 이지효, 2010).

교육과정 개발 및 운영과 관련하여 그것을 결정하고 통제하는 주체가 누구이며 그 결정 과정이 중앙집권적인가 분권적인가 하는 문제는 교육과정 실제에 중요한 영향을 준다. 국가의 교육과정 운영 방식은 대개 중앙정부가 주도하는 방식, 지역(시 · 도 교육청)이 주도하는 방식, 학교와 교사들이 주도하는 방식으로 구분된다. 우리나라의 경우 제5차 교육과정까지 주로 교육부 주도의 중앙집권적 교육과정 방식을 채택하여 학교 교육과정이 주로 중앙에서 결정되고 학교는 이를 시행하는 역할로 규정되었으나 교육과정 결정의 분권화 및 교육과정 자율화가 확대되면서 제6차 교육과정 이후 우리나라도 교육의 다양화 · 지역화 · 자율화를 위해 교육과정 결정 방식의 분권화를 시도하게 되었다(교육부, 2017).

1. 유아특수 교육과정의 변천

교육과정은 법령에 근거하여 마련되고 실천된다는 점에서 법제적 의미를 지닌다(교육부, 2017). 우리나라 국가수준의 교육과정의 역사를 살펴보면 1954년 "각급 학교 시간배당 기준령"(문교부령 제35호)이 제정되고, 1955년 "국민 · 중 · 고등학교 교과과정"(문교부령 제44호, 제45호, 제46호)이 공포된 이래, 1차 교과 중심 교육과정, 2차 경험 중심 교육과정, 3차 학문 중심 교육과정, 4차 인간중심 교육과정, 5차, 6차, 7차 자율적이고 창의적 교육과정을 거쳐, "2007년 개정 초 · 중등학교 교육과정"(고시 제2007-89호)이 고시 되었다. 유치원 교육과정도 일반교육과정과 함께 1969년 "유치원 교육과정"(문교부령 제207호)이 공포된 이래 6차에 걸쳐 개정이 이루어졌으며, 2007년 제7차 "유치원 교육과정"(고시 제2007-153호)이 공포되었다. 이와 비슷한 시기에 특수학교 교육과정도 제정이 되었는데, 1967년 "맹 · 농 학교 교육과정"(문교부령 제181호)이 처음 공포된 이래, 2차, 3차, 4차, 5차, 6차, 7차 개정을 통해 2008년 2월 28일 제7차 개정된 "특수학교 교육과정"(고시 제2008-3호), 2011 특수교육 교육과정이 공포되었다.

1) 개정된 제7차 특수학교 교육과정(2008)

개정된 제7차 특수학교 교육과정(2008)은 유아교육법 제13조 제2항과 초 · 중등교육법 제23조 제2항에 의거하여 고시한 것으로, 「장애인 등에 대한 특수교육법」(2007) 제20조에 의해 특수교육대상자가 취학하고 있는 유치원, 초 · 중등학교, 특수학교의 교육 목적과 교육 목표를 달성하기 위한 국가수준의 교육과정으로 유치원, 초 · 중등학교, 특수학교에서 특수교육대상자를 위하여 편성, 운영하여야 할 유치원 · 학교 교육과정의 공통적 · 일반적인 기준을 제시하고 있다.

개정된 교육과정(2008)에서는 개정되기 전의 특수학교 교육과정(1998)에서 추구하던 인간상과 교육과정의 구성방침을 그대로 따르되, 구체적인 인간상에서 '장애를 극복하고자 하는 의지와 능력을 갖춘 사람'이라는 항목을 삭제하고, 교육과정의 구성 방침에 '특수교육대상자의 다양한 교육적 요구를 지원해 줄 수 있도록 구성한다.'는 내용을 추가하였다. 이는 장애를 극복의 대상으로 보는 것이 아니라 다양한 교육적 요구를 필요로 하는 대상으로 보고 있다. 또한 개정되기 전 특수학교 교육과정(1998)에서는 추구하는 인간상을 구현하기 위한 학교 급별 교육 목표를 유 · 초 · 중 · 고등학교로 분류하여 장애 영역별로 제시하고 있었으나 개정된 특수학교 교육과정(2008)에서는 장애 영역을 분류하지 않고, 유 · 초 · 중 · 고등학교로만 분류하여 교육 목표를 제시하고 있다(이병인 · 이지효, 2010).

특수학교 유치원 교육과정의 연간 교육일수는 180일, 하루 교육 시간은 최소 180분으로 하고 있으며, 유치원 교육과정의 학교 급별 지침을 두어 교육과정에 반영하도록 하고 있다. 그리고 5개 영역의 내용을 통합적으로 운영할 수 있고, 각 영역의 수준별 교육과정을 편성 · 운영할 수 있도록 하여 융통성 있는 교육과정을 편성 · 운영할 수 있도록 강조하고 있다. 이와 같이 "특수학교 교육과정"에는 특수학교 유치원 교육과정을 그 목적과 편성 · 운영 방법에 대해 간략하게 명시해놓고 있을 뿐 교육과정에서 가장 중요한 요소인 가르칠 교과 목표와 내용, 그리고 평가 방법 등 공통적이며 일반적인 기준(최세민 · 손영수, 2007)은 제시되어 있지 않다. 그렇기 때문에 유아특수교육대상자의 특별한 교육적 요구에 알맞은 서비스를 제공하기 위해서는 교육 목표와 내용, 평가 방법이 들어가 있는 국가수준의 교육과정의 재정이 요구된다(이병인 · 이지효, 2010; 김현숙 · 이병인, 2012).

아래 〈표 7-1〉은 제7차 특수학교 교육과정(1998)과 개정된 제7차 특수학교 교육과정(2008)을 비교한 내용이다(이병인 · 이지효, 2010).

〈표 7-1〉 제7차 특수학교 교육과정(1998)과 개정된 제7차 특수학교 교육과정(2008) 비교

구분	개정 전 교육과정 내용(1998)	개정 후 교육과정 내용(2008)	개정 전 교육과정 특징(1998)	개정 후 교육과정 특징(2008)
교육 과정의 구성 체제	〈고시문〉 〈교육과정의 성격〉 제1장 교육과정의 편성과 운영 1. 교육과정 구성의 방향 가. 추구하는 인간상 나. 교육과정의 구성방침 2. 교육목표 가. 정신지체 · 정서장애 학교 교육목표	〈고시문〉 〈교육과정의 성격〉 제1장 교육과정의 편성과 운영 Ⅰ. 교육과정 구성의 방향 1. 추구하는 인간상 2. 교육과정의 구성방침 Ⅱ. 유치원 및 학교 급별 교육 목표 1. 유치원 교육목표	· 국가수준 기준으로 체제정비 · 아동중심 · 교육과정의 성격 명시 · 다면적인 인간상 제시	· 학교 급별 · 교육목표 제시

<table>
<tr><th>구분</th><th>개정 전 교육과정 내용(1998)</th><th>개정 후 교육과정 내용(2008)</th><th>개정 전 교육과정 특징(1998)</th><th>개정 후 교육과정 특징(2008)</th></tr>
<tr><td rowspan="3">교육과정의 구성 체제</td><td>나. 시각장애 · 청각장애 · 지체부자유학교 교육목표
3. 편제와 시간(단위) 배당 기준
가. 편제
나. 시간(단위)배당 기준</td><td>2. 초등학교 교육목표
3. 중학교 교육목표
4. 고등학교 교육목표
Ⅲ. 편제와 시간(단위) 배당 기준
1. 편제
2. 시간(단위)배당 기준</td><td>• 장애영역별
· 학교급(부)별 교육중점과 교육목표 제시</td><td></td></tr>
<tr><td>제2장 유치부 교육과정
· 정신지체 · 정서장애학교: 기본교육과정에 의함.
· 시각장애 · 청각장애 · 지체부자유 학교: 기본교육과정과 유치원교육과정에 의함.</td><td>제2장 유치원 교육과정
· 일반 유치원 교육과정에 의함.
· 필요한 경우 기본교육과정의 내용을 건강생활, 사회생활, 표현생활, 언어생활, 탐구생활의 5개 영역으로 편성할 수 있음.</td><td></td><td>• 장애영역별 분류 삭제
• 일반 유치원 교육과정에 근거를 두고 기본교육과정을 참고하도록 함.</td></tr>
<tr><td>제6장 치료교육 · 활동교육과정</td><td>– 삭제 –</td><td>• 개별 아동의 장애 특성에 따른 치료교육 활동 강화</td><td>•「장애인 등에 대한 특수교육법」에 의거하여 치료교육 · 활동 과정삭제</td></tr>
<tr><td>교육과정의 성격</td><td>• 교육과정 고시의 법적 근거 명시
· 국가수준의 교육과정
· 학교 교육과정의 공통적, 일반적 기준
• 교육과정 성격의 명료화
· 공통성과 다양성 추구
· 아동중심교육과정
· 학교교육체제의 개선
· 교육의 질적 수준 유지, 관리
· 특수교육대상자의 적절한 교육보장</td><td>• 교육과정 고시의 법적 근거 명시
· 국가수준의 교육과정
· 학교 교육과정의 공통적, 일반적 기준
· 교육과정 성격의 명료화
· 공통성과 다양성 추구
· 아동중심교육과정
· 함께 실현하는 교육과정
· 학교교육체제의 개선
· 교육의 질적 수준 유지, 관리
· 특수교육대상자의 특수성을 고려한 교육보장</td><td>• 국가 수준으로서의 성격과 법적 근거 제시
• 국가 시 · 도교육청 학교에서의 역할 기능부여</td><td></td></tr>
<tr><td>추구하는 인간상</td><td>· 개성을 추구하는 사람
· 창의적인 능력을 발휘하는 사람
· 진로를 개척하는 사람
· 새로운 가치를 창조하는 사람
· 공동체의 발전에 공헌하는 사람
· 장애를 극복하고자하는 의지와 능력을 갖춘 사람</td><td>· 개성을 추구하는 사람
· 창의적인 능력을 발휘하는 사람
· 진로를 개척하는 사람
· 새로운 가치를 창조하는 사람
· 공동체의 발전에 공헌하는 사람</td><td>• 다면적 포괄적인 교육의 방향 제시
• 교육 개혁 위원회에서 제시한 인간상의 수용, 발전적 재 진술
• 특수 교육의 특수성 추가</td><td>• 특수교육 관련 부분 삭제</td></tr>
</table>

구분	개정 전 교육과정 내용(1998)	개정 후 교육과정 내용(2008)	개정 전 교육과정 특징(1998)	개정 후 교육과정 특징(2008)
교육 목적 · · 목표	• 교육목적 제시 · 홍익인간 교육이념 • 장애영역별 · 학교급 (부)별 교육중점 및 교육목표 제시 · 정신지체 · 정서장애학교: 기초생활능력, 심신의 조화로운 발달 도모, 진로 개척능력개발, 장애극복의지 신장을 통한 건전한 사회인 자질 향상 · 시각장애 · 청각장애 · 지체부자유 학교: 전인적 성장을 위한 기초 교육으로서 일상생활에 필요한 기본 능력과 태도 육성	• 교육목적 제시 · 홍익인간 교육이념 • 학교 급별 교육목표 교육중점 및 교육목표 제시 · 유치원: 유아에게 알맞은 교육환경 제공하여 심신의 조화로운 발달을 도모	• 교육과정에 장애영역별 · 학교급(부)별 교육 중점 및 교육목표 제시	• 장애유형별 대신 학교 급별로 교육 중점 제시 • 학교 급별 교육목표 제시
교육 과정의 구성 방침	• 사회변화를 주도하는 기본능력 육성 • 국민공통기본교육과정과 선택중심교육과정 도입 • 교육 내용의 양과 수준 적정화 • 장애 특성, 능력, 적성, 진로를 고려하여 교육내용과 방법 다양화 • 교육과정 편성 · 운영의 자율성 확대 • 교육과정평가체제 확립, 교육의 질 관리 강화	• 사회변화를 주도하는 기본능력 육성 • 국민공통기본교육과정과 선택중심교육과정 도입 • 교육 내용의 양과 수준 적정화 • 아동의 능력, 적성, 진로를 고려하여 교육내용과 방법 다양화 • 교육과정 편성 · 운영의 자율성 확대 • 교육과정평가체제 확립, 교육의 질 관리 강화 • 특수교육대상자의 다양한 교육적 요구 지원	• 제7차 특수학교 교육과정 구성의 기본원칙 제시	• 특수교육의 특수성 추가
편성과 운영의 지침	• 기본지침 별도 제시 • 시 · 도 교육청과 학교의 역할, 기능 구분 제시 • 장애유형별 특별 지침 제시 • 교육과정의 평가와 질 관리 · 교육과정의 질 관리 · 교육과정 운영 평가	• 기본지침 제시 • 시 · 도 교육청과 학교의 역할, 기능 구분 제시 • 특별 지침 삭제 · 교육과정의 평가와 질 관리 · 교육과정의 질 관리 · 교육과정 운영 평가	• 국가, 시 · 도 교육청, 학교에서의 편성 · 운영의 역할 분담 명료화 • 교육과정의 질 관리를 위한 평가 실시 명시	• 시· 도교육청에서 교육과정의 질 관리를 위한 평가 실시 지침 마련 · 유치원에서 실시하는 평가활동의 고려 사항 제시

구분	개정 전 교육과정 내용(1998)	개정 후 교육과정 내용(2008)	개정 전 교육과정 특징(1998)	개정 후 교육과정 특징(2008)
편제와 시간(단위) 배당 기준	• 정신지체 · 정서장애학교: 무학년제에 기초한 교육과정 구성	• 학교 급별 교육과정 구성: · 유치원 교육과정: 유치원 교육기간 · 기본교육과정: 국민공통 기본교육과정이 어려운 1학년부터 12학년까지 · 국민공통 기본교육과정: 1학년부터 10학년까지 · 고등학교 선택중심 교육과정: 11,12학년 2년 동안 선택중심교육과정 편성 · 운영	• 무학년 개념에 기초한 교육과정 구성	• 수준에 적절한 교육과정을 선택해서 학교 교육과정 구성
	• 편제의 영역 · 교과, 치료교육 활동, 재량활동, 특별활동	• 편제의 영역 · 유치원 교육과정: 일반유치원 교육과정의 건강생활, 사회생활, 표현생활, 언어생활, 탐구생활의 5개 영역 · 기본교육과정, 국민공통기본교육과정: 교과, 재량활동, 특별활동 · 고등학교 선택중심 교육과정: 교과, 특별활동	• 장애영역 중심의 획일적 치료교육 활동 지양, 공통 치료교육 영역 설정 • 재량활동의 신설 및 확대	• 치료교육을 삭제하고 재량활동과 특별활동 부각
	교과의 편성 〈시각장애 · 청각장애 · 지체부자유학교〉 · 유치부: 일반유치원 교육과정과 기본교육과정, 5개 생활영역 〈정신지체 · 정서장애 학교〉 · 유치부: 기본교육과정, 5개 생활영역	• 교과의 편성 · 유치부: 일반유치원 교육과정의 5개의 생활 영역	• 교육과정 편제에 교과군 • 교과 구조의 점진적 확대개념 도입 • 통합교육을 위한 교과(영역) 명칭 통일	• 장애영역별 구분 없이 일반 유치원 교육과정의 5개의 생활영역으로 구성
	• 기타 특수교육대상아동에 대한 편제와 시간 배당 규정 · 순회교육대상자 • 편제: 해당 장애영역 학교 편제 적용 • 시간 배당 기준: 시 · 도교육청에서 정함	• 기타 특수교육대상아동에 대한 편제와 시간 배당 규정 · 순회교육대상자 동일 · 통합교육 아동 동일 · 영아교육과정 • 편제: 교육감의 승인을 받아 학교장이 학교 실정에 맞게 편성 · 운영 • 시간 배당 기준: 시 · 도교육청에서 정함	• 기타 특수교육 대상아동에 대한 편제와 시간 배당 기준 명시	• 영아교육 과정과 전공과 교육 과정의 편제와 시간배당기준 명시

구분	개정 전 교육과정 내용(1998)	개정 후 교육과정 내용(2008)	개정 전 교육과정 특징(1998)	개정 후 교육과정 특징(2008)
편제와 시간 (단위) 배당 기준	• 통합교육 아동 · 편제: 특수학교교육과정을 고려하여 해당 학교 편제 적용 · 시간 배당 기준: 당해 학년의 교육과정을 따르되, 특수학교 교육과정 고려	• 전공과 교육과정 · 편제: 고등학교 선택중심 교육과정의 전문 · 직업 교과를 중심으로 학교 실정에 맞게 편성 · 운영 · 시간 배당 기준: 해당 특수학교 교육과정을 고려하여 학교 교육과정에서 정함		

* 밑줄 친 부분은 특수학교 유치원 교육과정에만 해당되는 내용임.

2) 2011 특수교육 교육과정

2011 특수교육 교육과정은 2010년, 2011년, 2012년에 걸쳐 고시된 교육과학기술부 고시 제2010-44호이다(2010 특수교육 교육과정, 2010. 12. 20.). 2011 특수교육 교육과정 시기부터는 일반 학교에서 통합교육을 받는 특수교육대상자를 고려하여 '특수교육 교육과정'으로 명칭이 변경되었다. 초 · 중등학교 교육과정의 구분 시기로 보면 2009 개정 교육과정(2009~ 2016)이 적용되고 있는 시기이다. 특수교육 교육과정의 경우에 2009 개정 시기에 초 · 중등학교 교육과정과 개정 시차는 점점 짧아지는 경향을 보이는데, 이는 특수교육 교육과정의 많은 내용이 초 · 중등학교 교육과정으로 이루어져 있고, 일반학교에서 통합교육을 받고 있는 학생들이 70%를 넘어서고 있으며, 개정 교육과정 적용 연도 역시 초 · 중등학교 교육과정과 동일하기 때문에 이러한 현실을 고려한 것으로 보인다(교육부, 2017).

특수교육 교육과정과 관련되는 법령으로는 「유아교육법」제13조 제2항과 「장애인 등에 대한 특수교육법」 제20조 제1항이 있다(교육부, 2017).

「유아교육법」 제13조(교육과정 등) ①항에는 유치원은 교육과정을 운영하여야 하며, 교육과정 운영 이후에는 방과 후 과정을 운영하도록 규정하고 있다. 이에 따라 ②항에는 교육부장관은 제1항에 따른 교육과정 및 방과 후 과정의 기준과 내용에 관한 기본적인 사항을 정하며, 교육감은 교육부장관이 정한 교육과정 및 방과 후 과정의 범위에서 지역 실정에 적합한 기준과 내용을 정하도록 명시하고 있다. 이는 유치원 교육과정(누리과정) 전문을 가져오는 특수교육 교육과정의 법적 근거가 되고 있다.

「장애인 등에 대한 특수교육법」 제20조(교육과정의 운영 등) ①항에는 특수교육기관의 유치원·초등학교·중학교·고등학교과정의 교육과정은 장애의 종별 및 정도를 고려하여 교육부령으로 정하고, 영아교육과정과 전공과의 교육과정은 교육감의 승인을 받아 학교장이 정하도록 규정하고 있다. 또한 ②항에서는 특수교육기관의 장 및 특수교육대상자가 배치된 일반학교의 장은 제1항에 따른 교육과정의 범위 안에서 특수교육대상자 개인의 장애 종별과 정도, 연령, 현재 및 미래의 교육적 요구 등을 고려하여 교육과정의 내용을 조정하여 운영할 수 있도록 명시하고 있다. 이는 특수교육 교육과정의 법적 근거가 되고 있다.

2015 개정 특수교육 교육과정은 현행 교육과정과의 연속성과 안전성을 고려하여 개정의 범위를 최소화하고 총론 차원에서 문서 체계를 구조화함으로써 전반적인 문서의 가독성을 높이고자 하였다. 또한 학교 현장의 전문성과 자율성을 존중하고 개별 학생의 교육적 요구에 적합한 교육과정을 개발하는 것에 중점을 두었으며, 개정된 교육과정이 현장에 정착되기 위해 필요한 교육 정책 전반에 대한 종합적인 개선 방안을 함께 마련하고자 하였다(교육부, 2017).

3) 2015 개정 특수교육 교육과정

2015 개정 특수교육 교육과정은 2015 개정 교육과정(초 · 중등학교 교육과정)을 적용받는 특수교육대상자의 교육과정 통합을 위한 동시 개정 · 고시 추진 및 장애 특성과 수준을 고려한 교과 교육과정 개발의 필요성에 근거하여 개정이 추진되었다. 초 · 중등학교 교육과정의 기본 정신과 개정 방향을 따르되, 현장 적용 과정에서 제기된 문제점을 개선하고, 특수교육대상자의 교육 역량을 강화하여 개별 아동의 삶의 질을 높이고 궁극적으로 사회통합을 할 수 있도록 개선하기 위해 다음과 같은 사항을 중심으로 개정의 방향이 설정되었다.

첫째, 2015 개정 특수교육 교육과정은 2015 개정 교육과정(초 · 중등학교 교육과정)과 동시 고시 추진으로 교육과정 개발뿐만 아니라 '연수, 학교(급) 교육과정 편성 · 운영 지원' 등의 후속 지원에서도 일반교육과정과의 연계 및 통합성을 높이고자 하였다. 2016년 특수교육 통계에 따르면 일반학교에 재학 중인 특수교육대상자의 비율은 전체 특수교육대상자 87,950명의 70.5%(61,989명)에 해당된다. 이에 초 · 중등학교 교육과정과의 연계를 강화하여 일반교육과정의 개정 내용을 반영하여 개발하는 것이 요구되었다(교육부, 2017).

둘째, 2015 개정 특수교육 교육과정은 장애 특성 및 정도를 고려한 교과교육과정 개발로 특수교육대상자의 역량을 제고하고자 하였다(교육부, 2017). 현행의 교육과정은 학년 군별 교육과정의 적용, 내용 수준의 난이도 상승, 실생활 중심보다는 일반교육과정과의 연계가 강조된 내용 선정 등으로 인해 중도장애 학생에게 적용하기 어렵다는 문제와 함께 교육과정 개정의 요구가 지적되어 왔다(국립특수교육원, 2014; 교육부, 2017). 이에 2015 개정 특수교육 교육과정은 기본 교육과정을 역량 중심 교육과정으로 개편하여 특수교육대상자들이 개별 특성과 수준에 따라 배움을 즐기고 미래 사회에 필요한 핵심 역량을 갖출 수 있도록 하는데 중점을 두었다. 핵심 역량은 사회 공동체 구성원으로서의 역할을 성공적으로 수행하기 위해 학습자에게 요구되는 지식, 기능, 태도의 총체를 말하는 것으로, 모든 학습자가 길러야 할 기본적이고 필수적이며, 보편적인 능력을 말한다(국립특수교육원, 2015; 교육부, 2017).

2015 개정 특수교육 교육과정의 유치원 교육과정은 일반 유치원 교육과정(누리과정)의 목적을 장애 유아의 특성에 맞게 설정하였고, 유치원 교육과정 개정(교육부 고시 제2015-61호, '15. 2. 24.)에 따라 1일 편성 시간을 조정하였으며, '평가' 관련 사항을 조정 및 신설하였다. 주요 개정 내용은 다음과 같다.

첫째, 일반 유치원 교육과정(누리과정)의 목적을 장애 유아의 특성에 맞게 설정하였다. 학령기 이전의 장애 유아에게 중요한 일상생활의 자립을 위하여 유치원 교육과정의 목적은 누리과정을 기준으로 하되 만 3~5세 특수교육대상유아의 심신의 건강과 조화로운 발달을 도와 개인의 일상 생활의 자립과 행복을 추구하도록 하였다.

둘째, 유치원 교육과정 개정(교육부 고시 제2015-61호, '15. 2. 24.)에 따라 1일 편성 시간을 4~5시간으로 조정하였다. 이는 동일한 교육과정(누리과정)을 운영하는 일반 유치원 유아 및 일반 유치원에 재학하고 있는 장애 유아의 적용 시간과 차별을 해소하기 위한 것이다. 다만, 세부 운영에 있어서는 장애 특성 및 정도, 장애 유아의 발달 수준과 학습 특성을 고려하여 획일적으로 4~5시간을 편성•운영하는 것을 지양하고, 교육과 보육의 내용과 시간을 적절하게 조정하여 운영하도록 하였다.

셋째, 현행 특수교육 교육과정에서 '교육과정 편성과 운영의 공통 사항'에 일부 있던 '평가' 항목을 일반 유치원 교육과정(누리과정)에 따라 진술(신설)하였다. 유아 평가와 누리과정 운영 평가로 구분하여 제시하여 유아 및 누리과정에 대한 평가가 체계적으로 이루어 질수 있도록 하였다(교육부, 2017).

한편 우리나라에서는 만 5세 교육에 대한 국가의 책임을 강화하는 누리교육과정이 발표되고, 만 3, 4, 5세까지 누리교육과정이 확대 적용되어 2013년 3월부터 전면 시행되었다(윤혜정 · 김소향, 2013). 이로써 만 3~5세 모든 유아들이 교육과 보육 과정을 통합한 누리교육과정을 경험할 수 있게 된 새로운 공통교육과정을 바탕으로 초등학교 1-2학년의 교육 내용과 체계적이고 지속적인 교육이 실현될 수 있는 계기가 되었다(배성현 · 손가화 · 이병인, 2015).

누리과정은 2011년 정부가 취학 전 교육과 보육에 대한 국가책임을 강화하고자 도입한 비용 지원 제도인 동시에 유치원과 어린이 집의 3～5세 유아에게 모두 적용되는 교육과정이며 보육 과정이다. 2011년 5월 정부는「만 5세 공통과정 제도를 도입하여 같은 해 7월「5세 누리과정」을 고시하였다. 누리과정은 곧 3～4세까지 확대 · 적용되었으며, 2012년 7월에「3～5세 연령별 누리과정」이 고시되었다.「3～5세 연령별 누리과정」은 2013년 3월부터 현재까지 유치원 교육과정과 어린이 집 3～5세 보육과정으로 시행되고 있다(김은영, 2019).

특수교육대상유아의 누리과정 운영은 누리과정을 근간으로 하되 개별화교육계획(이하 'IEP')과 연계하여 이루어졌다.「장애인 등에 대한 특수교육법(2007)」 제22조(개별화교육)와 동법 시행규칙 제4조(개별화교육지원팀의 구성 등)는 특수교육대상아동과 그 가족의 요구에 따라 체계적이고 전문적인 특수교육을 위한 개별화교육을 제공할 것을 규정하고 있다.

누리과정 운영에서 특수교육대상유아의 교육이 분리되지 않고 통합적으로 이루어질 수 있도록 하는 교육과정 연계방안 중 하나는 누리과정을 위한 교육계획과 특수교육대상유아 교육을 위한 개별화교육계획안을 연계하여 작성하는 것이다. 누리과정과 IEP를 연계하여 교육하는 것을 강조하고 있음에도 불구하고, 누리과정이 5개 영역을 중심으로 교육과정을 실행하는 것과 달리 IEP는 발달영역으로 계획하여 유아를 지원하도록 되어 있다. 이러한 차이로 인해 특수교육대상유아를 위한 IEP는 누리과정과 형식적으로 연계되어 있으나, 실질적으로 발달중심의 교육계획과 평가를 실시하고 있다. 이는 특수교육대상유아의 생활연령을 존중하여 누리과정에서 제시하는 경험을 제공하되, 발달연령과의 차이에 초점을 두지 말고 발달에 적합한 IEP 계획을 수립하여 운영해야 한다는 의미를 지닌다. 즉, 특수교육대상유아의 IEP는 누리과정에서 제시하는 내용들을 모두 경험하게 하는 범위에서 발달에 맞게 어떻게 지원해야 하는지가 드러나야 한다(김현숙 · 이병인, 2015; 국립특수교육원, 2020).

☞ 2015 개정 특수교육 교육과정의 유치원 교육과정 편성 · 운영의 기준

(1) 구성 방향

가. 질서, 배려, 협력 등 기본 생활습관과 바른 인성을 기르는데 중점을 둔다.

나. 자율성과 창의성을 기르는데 중점을 두고, 전인발달을 이루도록 구성한다.

다. 사람과 자연을 존중하고, 우리 문화를 이해하는데 중점을 둔다.

라. 만 3～5세 유아의 발달 특성을 고려하여 연령별로 구성한다.

마. 신체운동 · 건강, 의사소통, 사회관계, 예술경험, 자연탐구의 5개 영역을 중심으로 구성한다.

바. 0~2세 표준보육과정과 초등학교 교육과정과의 연계성을 고려하여 구성한다.

(2) 목적과 목표

가. 기본 운동 능력과 건강하고 안전한 생활 습관을 기른다.
나. 일상생활에 필요한 의사소통 능력과 바른 언어 사용 습관을 기른다.
다. 자신을 존중하고 다른 사람과 더불어 생활하는 능력과 태도를 기른다.
라. 아름다움에 관심을 가지고 예술경험을 즐기며, 창의적으로 표현하는 능력을 기른다.
마. 호기심을 가지고 주변세계를 탐구하며, 일상생활에서 수학적 · 과학적으로 생각하는 능력과 태도를 기른다.

(3) 편성 · 운영

① 편성

가. 유아의 장애 특성 및 정도를 고려하여 1일 4~5시간을 기준으로 편성한다.
나. 신체운동 · 건강, 의사소통, 사회관계, 예술경험, 자연탐구의 5개 영역의 내용을 통합적으로 편성한다.
다. 유아의 발달 및 경험을 고려하여 놀이를 중심으로 편성한다.
라. 반(학급) 특성에 따라 융통성 있게 편성한다.
마. 성별, 종교, 신체적 특성, 가족 및 민족 배경, 장애 등으로 인한 편견이 없도록 편성한다.
바. 일과 운영 시간에 따라 심화 확장할 수 있도록 편성한다.
사. 순회교육을 위한 교육과정 편성에 관한 사항은 시 · 도교육청에서 정한다.

② 운영

가. 연간, 월간, 주간, 일일계획에 의거하여 운영한다.
나. 실내, 실외 환경을 다양한 흥미영역으로 구성하여 운영한다.
다. 유아의 장애 특성 및 정도에 따라 조정하여 운영한다.
라. 가족의 요구 및 각 기관의 실정에 따라 가족지원을 실시한다.
마. 가정과 지역사회와의 협력과 참여에 기반하여 운영한다.
바. 교사 재교육을 통해서 누리과정 활동이 개선되도록 운영한다.

③ 교수 · 학습 방법

가. 놀이를 중심으로 교수 · 학습 활동이 이루어지도록 한다.
나. 유아의 흥미를 중심으로 활동을 선택하고 지속할 수 있도록 한다.
다. 유아의 생활 속 경험을 소재로 하여 지식, 기능, 태도 및 가치를 습득하도록 한다.
라. 유아와 교사, 유아와 유아, 유아와 환경 간에 능동적인 상호작용이 이루어지도록 한다.
마. 주제를 중심으로 여러 활동이 통합적으로 이루어지도록 한다.
바. 실내 · 실외활동, 정적 · 동적활동, 대 · 소집단활동 및 개별 활동, 휴식 등이 균형 있게 이루어지도록 한다.
사. 유아의 관심과 흥미, 발달이나 환경 특성 등을 고려하여 개별 유아에게 적합한 방식으로 학습하도록 한다.
아. 유아의 개별적 요구에 따라 IEP를 수립하여 운영한다. IEP는 인지, 의사소통, 사회 · 정서, 운동, 적응행동 등 특수교육 지원이 필요한 영역을 중심으로 한다.
자. 유아의 개별적 요구에 필요한 특수교육 관련 서비스는 IEP에 따라 지원할 수 있다.
차. 유아의 장애 특성 및 정도에 따라 적절한 교수 방법을 적용한다.

④ 평가

Ⓐ 유아 평가

가. 누리과정 목표와 내용에 근거하여 유아의 특성과 변화 정도를 평가한다.
나. 유아의 지식, 기능, 태도를 포함하여 평가한다.
다. 유아의 일상생활과 누리과정 활동 전반에 걸쳐 평가한다.
라. 관찰, 활동 결과물 분석, 부모 면담 등 다양한 방법을 사용하여 종합적으로 평가 하고, 그 결과를 기록한다.
마. 유아의 평가 결과는 유아에 대한 이해와 누리과정 운영 개선 및 부모 면담 자료로 활용할 수 있다.

Ⓑ 누리과정 운영 평가

가. 운영 내용이 누리과정의 목표와 내용에 근거하여 편성 · 운영되었는지 평가한다.
나. 운영 내용 및 활동이 유아의 발달 수준과 흥미 · 요구에 적합한지를 평가한다.
다. 교수 · 학습 방법이 유아의 흥미와 활동의 특성에 적합한지를 평가한다.

라. 운영 환경이 유아의 발달 특성과 활동의 주제, 내용 및 효율성 등을 고려하여 구성되었는지를 평가한다.
마. 계획한 분석, 수업 참관 및 모니터링, 평가 척도 등 다양한 방법을 활용하여 평가한다.
바. 운영 평가의 결과를 반영하여 운영계획을 수정 · 보완하거나 이후 누리과정 편성 · 운영에 활용한다.

4) 「2019 개정 누리과정」

누리과정은 생애 초기의 공정한 출발을 보장하고, 3~5세 유아교육과 보육의 질을 한 단계 향상시켰으며, 부모의 학비 부담 경감 등의 성과가 있었다(김은영 외, 2018). 그 밖에도 유치원과 어린이 집의 이용률이 증가되었으며(이윤진 · 김지현 · 이민경, 2016), 누리과정 운영자와 이용 부모들의 만족도가 향상되었고(이진화 · 박창현 · 윤지연, 2015), 누리과정 담당 교사의 자격이 향상되고 처우가 개선되었다(조부경 · 김경은, 2017). 그러나 유치원과 어린이 집에서의 누리과정 실행과정에서 누리과정은 교육과정으로서의 체계를 갖추지 못했으며, 연령별과 교육내용을 제시하다보니 내용이 광범위해 현장에서 실행하기에 부담이 되었고, 교사들이 고시문에 기초하여 교육과정을 재구성하기보다는 교사용 지도서의 활동을 그대로 적용함으로써 현장의 다양성과 자율성이 떨어지게 되었다(김은영, 2019).

따라서 「2019 개정 누리과정」은 2019년 7월 24일 '유아 · 초등학생 적정 학습시간 및 휴식시간 보장 법제화'를 명시한 정부의 국정 과제와 이에 따라 유아 중심, 놀이 중심 교육과정 개편을 제시한 교육부의 유아교육 혁신방안 및 유아의 주도성과 복지를 강조하는 국외 동향을 반영하여 개정되었다. 「2019 개정 누리과정」은 3~5세 유아를 위한 공통의 교육과정, 교육과정 구성 체계 확립, 기존 구성 체계 유지 및 내용 간략화, 유아 중심과 놀이 중심의 추구, 누리과정 실행력과 현장의 자율성 강조, 평가 간략화를 특성으로 하며, 정부의 국정방향과 국정과제에 따라 개정된 첫 교육과정이라는 데 의의가 있다(김은영, 2019).

(1) 개요

교육부는 국정과제 구현과 출발선 평등 실현을 위해 2017년 12월 '유아교육 혁신방안'을 발표하였다. '유아교육 혁신방안'의 주요 내용으로 '유아가 중심이 되는 놀이 위주의 교육과정 개편'이 명시되었다. 이에 유아 · 놀이 중심 교육과정 개편 방향을 반영하여 2019년 7월, 「2019 개정 누리과정」이 고시되었다. 「2019 개정 누리과정」은 유치원과 어린이 집에 다니는

3~5세 유아에게 '공통'으로 적용되는 교육과정으로 2020년 3월부터 시행되고 있으며, '공통'은 유치원과 어린이 집을 의미한다(교육부, 보건복지부, 2019).

「2019 개정 누리과정」 고시문(교육부 고시 제2019-189호, 보건복지부 고시 제2019-152호)은 '모든 유아'를 위한 교육과정을 지향한다. 2012년 5세, 2013년 3~4세 누리과정 도입을 통해 3~5세 유아를 대상으로 공통 교육과정인 누리과정을 도입하여 적용함으로써 유아교육의 기회를 확대하였다. 「2019 개정 누리과정」(이하 '개정 누리과정')은 유아가 중심이 되고 놀이가 살아나는 교육과정 개편 방향을 반영하여 2019년 7월에 고시되었으며, 2020년 3월부터 3~5세 유아를 위한 공통 교육과정으로 시행되고 있다(2020, 국립특수교육원).

「개정 누리과정」의 성격에서는 누리과정을 '국가 수준의 공통교육과정'으로 명시하고 있다. 국가 수준의 교육과정은 국가가 주체가 되어 제정 · 개정하고 고시하는 교육과정을 의미한다. 국가가 고시하는 교육과정은 학교에서 교육과정을 편성 · 운영할 때 필요한 공통적이고 일반적인 기준을 제시한 것이다. 이와 동시에 지역 및 기관 수준, 그리고 학급(반) 및 개인 수준의 다양성도 존중한다. 이는 국가 수준의 교육과정이 국가에서 일방적으로 만들어서 '주어지는 교육과정'이 아니라 교육을 직접 실천하는 각 학교 수준에서 편성 · 운영하는 '만들어 가는 교육과정'을 의미한다(교육부, 보건복지부, 2019).

「개정 누리과정」은 국가 수준의 교육과정으로서 3~5세 모든 유아에게 적용할 수 있도록 구성되었다. '모든 유아'란 특수교육대상유아를 포함한 유치원과 어린이 집에 다니고 있는 모든 유아를 포함하며, 「개정 누리과정」은 연령, 발달, 장애, 종교나 가족 구성, 지역 등의 사회 · 경제 · 문화적 배경에 의해 배제되거나 차별받지 않는다는 것을 의미한다. 이에 「개정 누리과정」은 3~5세 유아가 경험해야 할 공통적이고 일반적인 기준을 제시하 여 모든 3~5세 유아가 양질의 교육경험을 할 수 있도록 구성하였다(교육부, 보건복지부, 2019).

'모든 유아'를 대상으로 한 개정 누리과정은 '유아 · 놀이 중심'을 추구하는 교육과정이다. 「개정 누리과정」이 '유아 중심'을 추구한다는 것은 유아의 건강과 행복, 놀이를 통한 배움의 가치를 최대한 존중하여 교육과정에 반영하는 것을 의미하며, 「개정 누리과정」이 '놀이 중심'을 추구한다는 것은 유아가 주도적으로 놀이를 중심으로 교육과정을 구성하고 운영함을 의미한다. 「개정 누리과정」이 추구하는 유아 · 놀이 중심 교육과정의 방향은 특수교육대상유아를 위한 교육과정 운영에도 포함된다. 따라서 특수교육대상유아의 놀이의 경우, 각자의 발달과 장애 정도에 따른 맞춤형 교육과정을 통해, 일반 또래유아와 동일한 유아중심 놀이 경험을 제공해야 한다(2020, 국립특수교육원).

특히 「개정 누리과정」은 유아가 놀이를 통해 경험하는 내용을 5개 영역(신체 · 운동 건강, 의사소통,

사회관계, 예술경험, 자연탐구)의 내용으로 연령 구분 없이 제시하고 있다. 이는 교사가 유아를 정해진 기준에 따라 판단하지 않고, 유아가 자신의 연령과 발달에 따라 자연스럽게 놀이하며 배우는 경험을 있는 그대로 이해할 필요가 있다는 것을 반영한 것이다. 또한 교사가 유아의 연령에 따라 많은 세부 내용을 가르쳐야 한다는 부담을 덜고 유아가 자기 주도적 놀이를 통해 자율성과 창의성을 기를 수 있는 교육을 제공한다(교육부, 보건복지부, 2019).

'신체 · 운동 건강' 영역에 관해 기존 누리과정이 능력과 습관을 기르는 것으로 기술하였다면, 「개정 누리과정」은 즐기고 생활을 하는 것으로 기술하고 있으며, 안전하게 생활하기의 내용에 안전에 대한 법적인 규정을 담고자 하였다. '의사소통' 영역의 목표에서 바른 언어 사용 습관 대신에 상상력을 추가하였으며, 듣기와 말하기, 읽기와 쓰기는 서로 분리하가 어렵다는 점을 고려하여 하나로 통합하였다. 또한 초등학교 교육과정과의 연계성을 위해 읽기와 쓰기가 아닌 읽기와 쓰기에 관심 가지기로 하였으며, 문학과의 연계를 위해 책과 이야기 즐기기 내용 범주를 추가하였다. '사회관계' 영역의 내용 범주에서 나와 관련된 내용은 나를 알고 존중하기로, 가족을 비롯한 다른 사람과의 관계는 더불어 생활하기로 합하여 기술하였다. '예술경험' 영역의 내용 범주에서 예술적 표현하기를 창의적으로 표현하기로 수정하였다. 마지막으로 '자연탐구' 영역에서는 기존에 없었던 자연과 더불어 살아가는 태도를 목표에 진술하고 있으며, 지속 가능한 사회를 위해 생명과 자연을 존중한다는 세부목표를 기술하였다. 또한 내용 범주에서 탐구하는 태도 기르기는 탐구과정 즐기기로, 수학적 탐구하기와 과학적 탐구하기를 묶어서 생활 속에서 탐구하기로 기술하였으며, 자연과 더불어 살기를 하나의 내용 범주로 추가하였다(김은영, 2019).

「개정 누리과정」의 교육 목표는 놀이와 일상생활을 통해 5개 영역을 경험하는 것이다. 「개정 누리과정」에서 '5개 영역'은 유아가 놀이하며 경험하는 내용을 교사가 볼 수 있도록 편의상 학문적으로 구분해 놓은 내용이다. 국가에서 교육과정을 구성할 때, 학습자가 배워야 할 '교육 내용'을 구성하도록 되어 있다. 유치원은 교과목으로 교육 내용을 구성하지 않는데, 누리과정에서는 신체 · 운동 건강, 의사소통, 사회관계, 예술경험, 자연탐구라는 5개 영역을 교육내용으로 구성하였다. 특수교육대상유아도 자신에게 적합한 방식으로 놀이할 뿐 아니라 일반또래유아와 함께 하는 경험이 필요하다. 따라서 교사는 특수교육대상유아가 차별 없이 또래와 더불어 생활하고 함께 놀이하도록 지원해야 한다. 이에 교사는 모든 유아가 보편적인 환경에 접근하고 참여할 수 있도록 교육환경, 교육내용, 교육방법. 평가 등을 조정하여 운영할 수 있다(국립특수교육원, 2020).

「개정 누리과정」 교수 · 학습에는 '유아가 놀이를 통해 배우도록 한다'는 내용이 있다. 이 때 '

놀이'는 교수 · 학습 방법의 수단만을 의미하는 것이 아니라 '놀이'란 유아의 일상에서 자연스럽게 나타나며 유아가 세상을 경험하고 배워가는 방식으로 보고, 교육과정 전체적으로 유아가 스스로 배워가는 배움의 맥락으로서 놀이를 강조하는데 이는 「개정 누리과정」성격에 '유아 중심과 놀이 중심을 추구한다'는 방향을 명시하는 것에서도 확인된다(국립특수교육원, 2020).

「개정 누리과정」의 교육철학은 '아동 중심' 교육을 지향한다. 여기서 '아동 중심'이라는 의미는 '유아 중심'을 의미하며, 이는 학습자인 유아가 스스로 배워가는 것을 의미 있게 생각하고 이를 지원해주는 교육을 의미한다. 특수교육대상유아도 놀이하며 스스로 배울 수 있음에도 불구하고 교사가 이를 간과하여 교사의 관점에서 특수교육대상유아의 부족하거나 미흡한 부분, 더 지도해야 할 부분만을 성급히 판단하기 보다는 특수교육대상유가가 일상과 놀이에서 왜 이러한 행동과 모습을 보이는지를 먼저 이해할 필요가 있다. 「개정 누리과정」에서 유아 중심과 놀이 중심을 강조하는 이유는 이전까지의 교육에서 유아가단지 교육의 대상에 불과했던 반면, 이제는 유아를 주체로 놓고 유아에게 반드시 필요한 배움을 제공하고자 하기 때문이다(국립특수교육원, 2020).

유아 · 놀이 중심의 「개정 누리과정」에서는 교사가 미리 계획하여 하루 일과를 운영하기 보다는 유아의 흥미와 관심에 따라 놀이를 충분히 즐길 수 있도록 탄력적으로 편성 · 운영하는 것이 중요하다. 이처럼 일과 운영에서 유아가 충분히 놀이할 수 있도록 일과를 운영하는 이유는 '놀이가 충분히 이루어지는 일과'를 통해 유아는 놀이하며 주도적으로 배워갈 수 있기 때문이다. 「개정 누리과정」은 교사가 유아에게 가르칠 교육 내용을 선조직한 후 다양한 활동과 연계하여 일과를 통해 단순히 전달하는 운영 방식이 아니라, 유아의 놀이를 먼저 들여다보고, 놀이 속에서 유아가 스스로 배워가는 것이 무엇인지를 파악한 후 이를 교육계획에 반영한다. 따라서 「개정 누리과정」은 '유아 주도의 놀이 실행-평가-계획(경험한 내용)'의 과정으로 이루어지는 실행 중심 교육과정이다. 즉 교사는 유아의 놀이를 들여다보고, 유아가 놀이하면 경험한 내용을 중심으로 계획안을 작성할 수 있다(국립특수교육원, 2020).

(2) 「개정 누리과정」의 성격

가. 국가 수준의 공통성과 지역, 기관 및 개인 수준의 다양성을 동시에 추구한다.

나. 유아의 전인적 발달과 행복을 추구한다.

다. 유아 중심과 놀이 중심을 추구한다.

라. 유아의 자율성과 창의성 신장을 추구한다.

마. 유아, 교사, 원장(감), 학부모 및 지역사회가 함께 실현해가는 것을 추구한다.

(3) 「개정 누리과정」의 구성 방향

① 추구하는 인간상

가. 건강한 사람
나. 자주적인 사람
다. 창의적인 사람
라. 감성이 풍부한 사람
마. 더불어 사는 사람

② 목적과 목표

가. 자신의 소중함을 알고, 건강하고 안전한 생활 습관을 기른다.
나. 자신의 일을 스스로 해결하는 기초능력을 기른다.
다. 호기심과 탐구심을 가지고 상상력과 창의력을 기른다.
라. 일상에서 아름다움을 느끼고 문화적 감수성을 기른다.
마. 사람과 자연을 존중하고 배려하며 소통하는 태도를 기른다.

③ 구성의 중점

가. 3~5세 모든 유아에게 적용할 수 있도록 구성한다.
나. 추구하는 인간상 구현을 위한 지식, 기능, 태도 및 가치를 반영하여 구성한다.
다. 신체 · 운동 건강, 의사소통, 사회관계, 예술경험, 자연탐구의 5개 영역을 중심으로 구성한다.
라. 3~5세 유아가 경험해야 할 내용으로 구성한다.
마. 0~2세 보육과정 및 초등학교 교육과정의 연계성을 고려하여 구성한다.

(4) 「개정 누리과정」의 운영

① 편성 · 운영

가. 1일 4~5시간을 기준으로 편성한다.
나. 일과 운영에 따라 확장하여 편성할 수 있다.
다. 누리과정을 바탕으로 각 기관의 실정에 적합한 계획을 수립하여 운영한다.
라. 하루 일과에서 바깥 놀이를 포함하여 유아의 놀이가 충분히 이루어지도록 편성하여

운영한다.

마. 성, 신체적 특성, 장애, 종교, 가족 및 문화적 배경 등으로 인한 차별이 없도록 편성하여 운영한다.

바. 유아의 발달과 장애 정도에 따라 조정하여 운영한다.

사. 가정과 지역사회와의 협력과 참여에 기반하여 운영한다.

아. 교사 연수를 통해 누리과정의 운영이 개선되도록 한다.

② 교수 · 학습

가. 유아가 흥미와 관심에 따라 놀이에 자유롭게 참여하고 즐기도록 한다.

나. 유아가 놀이를 통해 배우도록 한다.

다. 유아가 다양한 놀이와 활동을 할 수 있도록 실내외 환경을 구성한다.

라. 유아와 유아, 유아와 교사, 유아와 환경 간에 능동적인 상호작용이 이루어지도록 한다.

마. 5개 영역의 내용이 통합적으로 유아의 경험과 연계되도록 한다.

바. 개별 유아의 요구에 따라 휴식과 일상생활이 원활히 이루어지도록 한다.

사. 유아의 연령, 발달, 장애, 배경 등을 고려하여 개별 특성에 적합한 방식으로 배우도록 한다.

③ 평가

가. 누리과정 운영의 질을 진단하고 개선하기 위해 평가를 계획하고 실시한다.

나. 유아의 특성 및 변화 정도와 누리과정의 운영을 평가한다.

다. 평가의 목적에 따라 적합한 방법을 사용하여 평가한다.

라. 평가의 결과는 유아에 대한 이해와 누리과정 운영 개선을 위한 자료로 활용할 수 있다.

02 유아특수 교육과정의 편성 및 운영의 이론적 배경

1. 이론적 · 철학적 배경

교육과정(curriculum)은 교육 실제에 있어서 핵심적인 부분이라고 할 수 있다. 특히 교실 내 교육 활동을 중심으로 하는 교육과정을 우리가 어떻게 이해하고 어떤 이론적 · 철학적 입장에서 보느냐에 따라 교육과정 개발과 운영에 영향을 주기 때문에 교육과정의 이론적 배경에 대한 검토는 교육과정의 개발에 있어서 중요한 과정이라고 할 것이다(조광순, 2000). 교육과정은 특정 발달 목표 또는 학습 목표를 성취하도록 설계된 일련의 구조화된 활동과 경험으로서 주의 깊게 계획되고 조정된 활동이라고 할 수 있으며, 활동과 경험의 설계에는 프로그램개발의 근본이 되는 이론적 · 철학적 배경이 영향을 주게 된다(이병인, 2002a). 즉 교육과정이란 교육기관에서 학습자에게 제공하는 계획된 모든 학습 기회이며, 실행되는 과정을 통해서 학습자가 획득하는 학습 경험이다. 유아를 대상으로 하는 교육과정도 유아에게 제공하는 문서화된 교육계획과 교육 활동이 실행되는 과정과 그 결과가 통합된 유아의 학습 경험을 의미한다(홍용희 · 김향자 · 황보용, 2009; 김현숙 이병인, 2013).

2007년 제정된 「장애인 등에 대한 특수교육법」 제4장 영 · 유아 및 초 · 중등교육 제20조 '교육과정의 운영'에 관한 내용을 살펴보면, 특수교육기관의 유치원 · 초등학교 · 중학교 · 고등학교과정의 교육과정은 장애의 종별 및 정도를 고려하여 교육과학기술부령으로 정하고, 영아교육과정과 전공과의 교육과정은 교육감의 승인을 받아 학교장이 정하며(1항), 특수교육기관의 장 및 특수교육대상자가 배치된 일반학교의 장은 제1항에 따른 교육과정의 범위 안에서 특수교육대상자 개인의 장애 종별과 정도, 연령, 현재 및 미래의 교육적 요구 등을 고려하여 교육과정의 내용을 조정하여 운영할 수 있으며(2항), 특수학교의 장은 교육감의 승인을 받아 유치원 · 초등학교 · 중학교 · 고등학교과정을 통합하여 운영할 수 있다(3항)고 명시하고 있다.

발달지체유아를 위한 국가수준 교육과정은 교육과학기술부 고시 제2012-32호 특수교육 교육과정에 "유치원 교육과정은 일반 유아를 위한 3-5세 연령별 누리과정을 근간으로 하되, 개별화교육계획(IEP)을 통하여 특수교육대상유아의 발달을 촉진할 수 있도록 편성 · 운영한다. 이 때 특수교육대상유아가 누리과정에 최대한 참여할 수 있도록 적절한 계획을 수리하여야 한다(교육과학기술부, 2012, p. 7)."고 고시되어 있다. 이에 유아특수교사는 일반유아를 대상으로 개발된 누리과정을 발달지체유아의 개별적인 요구에 따라 수정 · 적용하여 교육과정을 편성 · 운영해야하며, 이는 기관이나 장애 유형 혹은 통합교육의 여부와 관계없이 모든 유아특수교사들의 책무라고 할 수 있다(김현숙 · 이병인, 2013).

한편, 유아특수 교육과정 내용 개발에 있어서 그 동안 일반적으로 사용되어온 이론적 접근으로는 발달적 접근, 인지적 접근, 행동주의적 접근, 기능적 접근과 학문기술-중심 접근 등이 바탕으로 구조화되고 있으며, 이후로 활동-중심 접근, 가족 중심 접근, 통합적 접근 외에 '발달에 적합한 실제'와 '추천 실제'의 융합 등이 강조되었다. 각 교육과정 모형은 나름대로의 특성을 지니고 있고 교육기관에 따라 다르게 적용될 수 있지만 어느 교육과정의 모형을 따르든지 각 아동의 장애 특성과 발달적 요구에 맞는 교육과정의 개발에 초점을 맞추게 될 경우, 교육의 실제에 있어서는 이들 모형들을 혼합하여 교육프로그램으로 개발 · 운영될 수 있다(백은희, 1995; 백은희 · 김상진 · 이석진, 1995; 조광순, 2000; 이병인, 2002a).

(1) 발달적 접근(Development approach)

발달적 교육과정 모형은 전통적인 유아특수 교육과정 모형으로서 일반적으로 교육과정을 통해 인지 발달, 언어 발달(표현 및 수용 언어), 신체 발달(소근육 및 대근육 운동, 시각 및 청각 포함), 심리 · 사회 · 정서적 발달, 적응기술 발달(자조-자립 기술 혹은 신변처리 기술) 등 5개 영역의 발달을 촉진시키기 위한 노력을 하게 된다(이병인, 2002a). 유아특수 교육과정의 개발에 발달적 접근을 하게 된 이유는 무엇보다도 발달 진단을 통해 나타난 결과를 중심으로 유아특수교육대상유아의 적격성 기준을 삼았기 때문이라고 볼 수 있다(조광순, 2000). 그러나 발달적 교육과정은 정상적으로 발달하고 있는 아동들의 발달기술 순서에 초점을 맞추기 때문에 앞으로 아직 발달적으로 나타나고 있지 않거나 습득해야 할 기술들이 교육과정의 내용의 중심이 되면서 특수교육대상유아들의 '자연적 환경(natural environment)' 즉 통합 환경에서 요구되는 관련된 기술에 초점을 두지 못할 수 있다. 또한 발달 평가에 의한 교육과정의 개발은 중도장애나 중복장애 유아들에게는 적합하지 않을 수 있다(Noonan & McCormick, 1993; 조광순, 2000; 이병인, 2002a). 현재 우리나라의 유아특수교육 현장에서는 교사들이 발달 진단 및 평가를 통해 교육과정 활동을 하게 해주는 교육과정 도구를 교육과정 계획에 활용하고 있다(조광순 · 김용욱, 2000; 이병인, 2011 재인용).

(2) 인지적 접근(Cognitive approach)

인지적 접근 또는 인지-발달적 접근은 전형적으로 Piaget의 이론에 근거를 두고 있으며, 유아특수 교육과정에 많은 영향을 준 이론적 접근 방법이다. 유아의 인지 발달은 유아의 심리학적 성장과 환경과의 상호 작용에 의해 이루어진다고 보고 교육과정의 내용은 Piaget의 인지발달 단계에 맞추어 구성하고 유아의 탐구 활동을 촉진하는 교수 방법을 중요하게 생각한다. 즉, 인지-발달적 교육과정은 인지발달 영역의 기술을 강조함으로써 유아의 능동적이고, 계획되고 안내된 상호작용, 풍부한 환경에 의한 감각운동 기술의 향상에 초점을 둔다. 미국에서 저소득층의 유아 및 발달지체유아들의 조기중재서비스를 제공하고 있는 Head Start 프로그램은 이러한 인지-발달적 모형의 대표적인 예라고 할 수 있다(조광순, 2000; 이병인, 2002a).

그러나 인지적 접근은 유아의 환경에서 요구되는 기능적 기술들이 교육과정의 내용 및 교육의 목표로 고려되지 않기 때문에 유아특수교육에 적용하기에는 한계가 있는 것으로 여겨지고 있다(Gargiulo & Kilgo, 2000; 이병인, 2011 재인용).

(3) 행동주의적 접근(Behavioral approach)

행동주의적 교육과정 모형은 Skinner의 이론에 근거하여 교육과정의 내용보다는 학습 원리에 근거한 교수 활동에 초점을 맞추고 있다. 행동주의적 접근은 아동의 발달과 학습은 환경에 영향을 받는다는 것으로 아동은 외부적으로 동기화되며, 주의 깊게 계획된 환경에 포함된 아동의 직접 지도에 목적을 둔 교육과정을 구성하게 된다. 각 발달 영역의 발달 순서가 교육과정의 내용이 되기보다는 학습 또는 수정되어야 하는 기술들 위주로 구성되기 때문에 전통적으로 표적 행동이 확인되고 행동을 변화시키도록 설계된 교수전략이 사용된다(조광순, 2000; 이병인, 2002a). 그러나 행동주의적 접근은 교육과정의 선정에 있어서 정리된 체계가 없다는 것과 교육과정 운영에 있어서 구조화의 정도가 지나치기 때문에 유아의 학습 동기가 무시될 가능성이 많다는 문제점이 지적되기도 한다(Noonan & McCormick, 1993; 이병인, 2011 재인용).

(4) 기능적 접근(Functional approach)

특수교육현장에서 주된 관심 중의 하나는 일상생활을 위한 기능적 기술을 가르치는 교육과정의 계획과 운영이라고 할 수 있다(백은희, 1995). 기능적 교육과정 모형은 유아특수교육 분야뿐만 아니라 초 · 중등특수학교 분야에서 특히 중도장애가 있는 아동들을 위한 교육과정 개발에 많이 적용되고 있는 모형이다. 유아특수교육 교육과정에 이러한 기능적 접근을 적용시킨다면, 일상생활기술(daily living skills)의 습득에 비중을 두고 직접 관련된 기능적 기술이나 행동에 초점이 맞출 수 있게 될 것이다(조광순, 2000; 이병인, 2002a).

기능적 접근 방법은 발달적 접근방법 및 다른 접근방법에 비해 유아의 교육환경 내에서 요구하고 있는 '생활연령에 적합한(age appropriate)' 기능적 기술이 강조되기 때문에 발달지체유아들에게 주는 이점이 많은 것으로 여겨지고 있는데(Rainforth et al., 1992), 이는 환경에서 요구하고 있는 기능적 기술의 성취는 유아로 하여금 환경 내에서 좀 더 독립적으로 기능할 수 있도록 돕기 때문이다. 특히, 일반유아들이 통합되어 있는 자연적 교육환경 내에서의 기능적 교육과정은 일반유아들이 수행하고 있는 것들 위주로 구성되기 때문에 발달지체유아들이 통합 환경에서 독립적으로 기능할 수 있도록 도와준다(조광순, 2000).

교육과정이 '기능적(functional)'이라는 것은 교육과정의 학습이 일상생활(daily life)을 하는데 필요한 생존기술을 비롯한 기술습득으로 이어지며, 아동이 환경적 요구를 대처하도록 하며, 현재 환경에서의 독립 적응기술과 미래 환경으로의 전이를 준비시키는 데 유용하다는 것을 의미한다(백은희, 1995). 기능적인 교육과정에서는 유아의 발달 수준, 생활연령 및 장애 정도가 고려되어야 하는데, 경도 장애를 가진 유아에게는 일반유아와 유사한 발달 단계를 거치기 때문에 발달 단계에 따른 기술들을 가르치는 것이 기능적이지만, 중도 유아의 경우에는 정상적인 발달 단계를 밟지 않는 경우가 많고, 발달 단계에 따른 기술 습득에 소요되는 시간의 양에 비하여, 생활에서 사용되는 정도가 낮기때문에 유아에게 가르치는 기술들이 얼마나 자주 사용되는 기술들인가를 파악하여 일상생활에 필요한 기술들을 우선적으로 과제 분석(task analysis)하여 기능적으로 가르치는 것이 효과적이다. 또한 교육과정이 기능적이기 위해서는 아동에게 가르친 기술들이 아동이 접하는 일상생활에서 사용될 수 있어야 한다(조광순, 2000; 이병인, 2002a).

기능적 교육과정 접근의 제한점은 각 아동의 특성에 맞는 교육과정 내용의 개발에 있다고 할 수 있다. 유아들에게 필요한 일반적으로 사용되어질 수 있는 기능적 기술의 선정에 대한 기준 없이 특정 유아의 요구에 적합한 특정의 교육과정이 요구되기 때문에 각 아동의 독특한 요구에 맞는 교육과정 개발을 하게 될 경우에는 교사들이 부담을 갖게 될 수 있다. 우리나라의 경우, 기능적 교육과정의 중요성이 강조되면서도 유아특수교사들이 여전히 각 장애영역에 맞는 교육과정을 요구하고 있는 것을 보면, 교사들은 각 개별 유아에 적합한 기능적 교육과정의 개발과 운영에 어려움을 갖고 있는 것으로 보인다(Paik & Healey, 1999; 이병인, 2011 재인용).

(5) 교과–중심 접근(Academic–based approach)

교과–중심 교육과정의 모형은 일반유아들의 발달은 유아원이나 유치원 또는 초등학교 이전에 가르치게 되는 일반적인 전(前) 교과 혹은 학문적 기술들을 중심으로 이루어진다는 가정하에 읽기, 쓰기, 셈하기 등과 같은 분야에서 요구하고 있는 기초 교과 기술을 세분화하여 유아들에게 가르치는 것을 강조한다(Gargiulo & Kilgo, 2000). 교과–중심 접근은 유아의 활동에 대한 선택이나 활동에 대한 능동적 참여가 무시되는 경향 때문에 유아의 발달적 특성에 적합한 교육 환경을 구성해 주지 못하는 제한점을 갖는다(조광순, 2000). 이러한 교육과정을 발달지체유아들에게 적용하게 될 때의 문제점은 발달지체유아들이 필요로 하는 사회적 기술과 적응 기술 등과 같은 중요한 발달적 기술의 습득은 경시될 수 있으며, 일상생활의 기능적 상황 속에서 일반화될 수 없다는 것이다(조광순, 2000; 이병인, 2002a; 이병인, 2011 재인용).

(6) 활동–중심 접근 (Activity–based Approach)

발달지체유아를 위한 조기교육의 최상의 실제는 또래가 포함된 환경의 일과와 다양한 활동 속에서 개별적인 요구를 반영한 개별화된 교수 기회를 제공하며(McWilliam, Wolery, & Odom, 2001), 교수적 역할로는 유아의 흥미를 유발하여 의미 있는 활동 참여를 촉진하는 '자연적 접근'과 또래들 간의 상호작용을 촉진하는 '일과 활동의 구성'을 포함해야 한다(김수진, 2005; Bricker, 1995).

자연적 접근으로서의 활동–중심 중재(Activity–Based Intervention: 이하 'ABI')는 발달지체유아의 바람직한 발달을 이끌 수 있는 중요한 전략으로 인식되고 있으며 신생아부터 5세까지의 발달단계의 유아를 주 대상으로, 자연 상황에서 일어나는 많은 상호 작용의 중요한 정보와 사회적, 물리적 환경 안에서 얻어지는 행동의 결과를 활용한다. ABI에서 '의미 있는 활동'이란 유아의 동기를 활용하는 것이며, 유아의 참여를 고무시키는 창의적이고 역동적인 학습 환경 안에서 행동, 시도, 흥미, 동기, 능력에 대한 관찰이 이루어져야 한다. ABI의 주요 요소로는 유아–시작 사건(행동)의 활용, 반복된 일과, 계획되거나 유아–시작 활동에 개별목표를 포함, 논리적으로 발생된 선행사건과 사후 결과를 활용하며 기능적이고 일반화될 기술의 발달을 지원한다. 또한 개별적 접근을 위해서 교사와 양육자는 IEP와 IFSP의 목표에 관한 지식, 유아의 흥미와 요구되는 능력에 관한 정보, 창조적이고 역동적인 상호작용의 접근을 선행해야 한다(김수진, 2000; Bricker, Pretti–Frontczak & McComas, 1998). ABI에서 학습을 이끄는 중요한 요인은 유아–시작행동이며, 흥미를 유도하는 교재와 물리적인 환경, 학습과 발달을 촉진시키는 사회적인 상호작용, 참여를 촉진하기 위한 최소한의 개입 등이 있다. 놀이 환경 구성은 유아의 참여를 촉진하고 상호작용과 의사소통의 기회를 주며, 집단 구성, 교재 · 교구의 배치, 놀이영역에 대한 약속 정하기 등을 통하여 변화를 줄 수 있으므로, 교육프로그램을 계획하고 교수할 때 이러한 환경 구성을 포함해야 한다(김수진, 2005; 이병인, 2011 재인용).

(7) 가족–중심 접근(Family–centered Approach)

1980년 이후 미국에서 유아특수교육을 중심으로 가족 역할의 중요성과 가족에 대한 전문가의 견해와 이에 따른 변화는 가족 중심 중재(family–centered intervention)로 구체화되었으며, 이는 발달지체영유아와 그 가족에게 가족 중심의 체계적이고 적절한 조기중재서비스의 제공을 위하여 가족과 관련 서비스 전문가들의 협력을 강조한다(이병인, 2002; 이병인, 2004, 2006, 2016; 국립특수교육원, 2007). 발달지체유아 가족의 역할과 참여는 유아의 교육적 성공을 위한 필수적인 요소로써 인식되어 왔으며, 특히 유아특수교육분야에서 조기중재 프로그램의 전반적인 특징 중의 하나가 되었다(이상복 · 이효신, 1998; 최민숙, 1999). 가족은 하루일과 중 유아와 가장 오랜 시간을 함께 보내면서 유아를 지도하고, 발달을 촉진하며, 필요로 하는 다양한 요구를 충족시킬 뿐만 아니라 가족은 유아의 서비스 제공을 위하여 전문가와 함께 팀 협력(team work)을 이루어 교육적 · 치료적 효과를 극대화하는데 중요한 역할을 한다. 또한 가족은 서비스 계획과 제공을 위해 전문가와 보조자가 아닌 동반자로서의 최종적인 의사결정자이어야 한다(이병인, 2002; 이병인, 2004, 2006, 2016; 국립특수교육원, 2007).

2007년에 제정된「장애인 등에 대한 특수교육법」제28조 1항에 따르면 교육감은 특수교육대상자와 그 가족에 대하여 가족 상담 등 가족 지원을 제공할 것을 명시하고 있으며, 새 법안에서 제시하고 있는 가족 지원 조항은 가족의 관심과 요구까지 고려한 것으로, 특수교육대상자에게 지속적으로 영향을 주는 가족 구성원에 대한 역할을 고려한 가족 중심의 접근을 지향하는 것으로 판단된다(국립특수교육원, 2007). 가족 중심 프로그램의 일반적인 원리는 부모뿐만 아니라 유아의 요구를 충족시키기 위해서 가족의 능력을 강화하는 서비스를 제공하는 것으로, 가족의 능력과 가족 기능을 조장하고 촉진하는 지원을 제공함으로써 성공적으로 성취될 수 있다. 특수교육에서 바람직한 가족 지원(family support)이 이루어지기 위해서는 교사를 비롯한 전문가들이 가족 지원에 대한 개념을 이해함은 물론 가족과 전문가 간의 상호협력 및 신뢰가 필수적이다(이병인, 2002 재인용; 이병인, 2007; 이병인, 2004, 2006, 2016; 국립특수교육원, 2007).

가족 중심 교육문서인 '개별화가족지원계획(Individualized Family Service Plan: 'IFSP')'의 기본 원리는 가족이 유아의 가장 큰 자원이며, 유아의 요구는 그들 가족의 다양한 요구와 밀접하게 관련되고, 유아를 지원하고 그들의 요구를 충족시키는 최선의 방법은 가족이 필요한 자원과 지원을 찾아 활용할 수 있도록 개인별 강점을 지원하고 강화해야 한다는 것이다. 즉, 유아의 장애와 약점이나 가족의 문제를 강조하기보다는 유아의 강점과 가족이 유아에게 제공할 수 있는 모든 자원을 최대한 활용할 때 교육의 극대화를 가져올 수 있다(이병인, 2002b). 따라서 유아특수교육의 초점이 '유아 중심'에서 '가족 중심'으로 전환됨으로써 가족의 개별적인 강점과 요구가 교육프로그램에 적극적으로 활용 · 반영되어야 한다(국립특수교육원, 2000; 이병인, 2011 재인용).

(8) 통합 교육적 접근(Inclusive educational approach)

통합 교육적 접근은 '모든 유아는 배울 수 있다', '참여는 권리이다', '관계를 통하여 배울 수 있다'는 철학적 기반으로 교육과정은 '연령에 적합'하며, 지역사회의 기반을 강조하며, 부모-교사 간의 상호협력적인 관계가 유아의 성장을 돕는데 필수적으로 작용하며 서로 각자의 환경에서 자원으로 제공할 수 있다(김수진, 2005; Barnes & Lehr, 2000). 통합교육적 접근은 발달지체유아가 또래 유아와 함께 교육받음으로 인해 나이에 적절한 행동을 관찰하고 그러한 행동을 보이는 또래들과 상호작용 할 수 있다는 것이 가장 설득력 있는 주장으로(Odom & McEvoy, 1990), 의사소통 및 사회성 발달 측면뿐만 아니라 기타 발달 영역 및 행동에 있어서도 긍정적 영향을 미친다. 그러나 이러한 발달의 촉진은 물리적 통합에 의해서 성취되는 것이 아니라 교육과정의 운영이나 교수의 질에 의해서 더 많이 영향을 받을 수 있다(이소현, 1999).

유아특수교육에서는 학령기 특수교육대상자 교육보다 더 자연적 환경에서의 중재 및 교육을 강조하게 되면서 발달지체유아들이 통합 환경에서 일반유아들과 함께 일상적 일과 및 활동에 참여하여 교육 목표를 수행할 수 있도록 한다(조광순, 2000). 발달지체유아의 참여는 '환경 안에서 적절한 상호작용을 하는 시간의 양'으로 통합 환경의 질을 평가하는데 중요한 요소가 되며, 자연적 중재를 통하여 일상적으로 반복되는 활동 안에 발달지체 유아의 개별적 목표를 삽입하여 지도하는 것이 효과적이며, 교육의 형태에 있어서도 발달지체유아에게 통합교육이 더 많이 선택될수록 그에 대한 구체적 방안이 필요하다(김수진, 2005).

한편 일반 유치원에 통합된 발달지체유아들은 유치원 교육과정 내에서 또래들과 어울려 상호 작용할 수 있는 진정한 의미에서의 사회적 통합의 혜택을 받게 되며, 이는 체계적으로 계획된 프로그램을 통해서만 이루어질 수 있다. 그러나 유치원 교육 환경의 현실적 측면을 살펴보면, 통합지원교사나 다른 보조 인력의 도움 없이는 통합된 한두 명의 특수교육대상유아를 위한 개별화된 교과과정을 운영하기 어려운 실정이다(아동의 장애정도가 심한 경우에는 관련 서비스 전문가의 배치도 필수적이라고 할 수 있다). 그러므로 놀이 활동 중심의 교과과정은 이러한 현실적인 어려움을 해소하고 일반 유치원 교육과정 내에서 손쉽게 운영될 수 있으며, 특수교육대상유아의 사회적 상호작용을 촉진하기 위해서 필요한 놀이기술과 사회적 기술의 목표들을 달성시키면서 진정한 의미에서의 사회통합을 이룰 수 있는 교육과정으로 활용될 수 있다(이소현, 1999; 이병인, 2011 재인용).

(9) 기타

최근 유아특수교육 현장에서는 진단과 연계된 교육과정-중심의 진단 모델(curriculum- based assessment)이 적절하고 효과적인 교육적 접근으로 인식되고 있으며(Bricker & Pretti-Frontczak, 1996), 이러한 인식은 그동안 주로 적용되어 온 전통적인 방법의 진단 모델이 현장에서의 교수 활동에 큰 도움이 되지 않는다는 인식에서 비롯되었다(이소현, 2001). 교육과정-중심 진단은 유아의 현재 발달적 또는 교육적 수행 수준을 파악하여 개별화교육에서 요구되는 장 · 단기 목표들을 결정하도록 도와주고, 교육과정을 운영하면서 교사가 정기적으로 유아 평가를 실시하여 교사 자신의 교수에 대한 분석과 IEP 목표의 적합성을 검토하도록 도와주며(조광순 · 홍은숙 · 김영희, 2005), 현장 적용 시, 진단 도구의 내용이 영역별로 구성되어 있기때문에 가족과 전문가들의 팀 협력을 가능하게 해준다(이소현, 2001; 이병인, 2011; 이병인, 2004, 2006, 2016).

교육과정-중심 진단은 진단과 교육과정을 연계함으로써 적절한 교육 활동을 할 수 있다는 장점이 있으며, 이를 위해서 교육과정-중심 진단 도구들이 현장에서 유용하게 활용되기 위해서는 교육진단을 통해 설정된 개별화된 교수 목표는 기관의 전반적인 교육과정 내에서 활동 중심으로 교수되어야 한다. 특히 통합교육의 비중이 증대되고 있는 상황에서 국가수준의 일반유아교육과정 내에서의 교육과정-중심 진단의 활용방안도 검토 할 필요가 있다(이소현 외, 2007).

현재 우리나라의 유아특수교육 현장을 보면, 아직도 발달지체영유아를 위한 교육과정의 개발이 미진한 상태이며, 더욱이 진단과 연계된 교육과정은 더욱 부족한 상태로 외국(특히 미국)의 도구를 주로 번역하여 사용하고 있는 실정이다. 따라서 진단과 연계된 교육과정의 개발과 바람직한 활용을 위한 다양한 현장 연구들이 함께 이루어져야 할 것이다.

03 유아특수 교육과정 관련 최근 국내 선행 연구 고찰

2019년 7월 24일 고시된 '2019 개정 누리과정'은 「유아-중심」과 「놀이-중심」을 추구하며, 현장의 자율성과 누리과정 실행력을 강조하고 평가의 간략화라는 특성을 지닌다(김은영, 2019). 또한 2015 초 · 중등학교 교육과정과 연계성 측면을 반영하였으며 신체운동 · 건강, 의사소통, 사회관계, 예술 경험, 자연탐구의 5개 영역으로 구성하였다. 이러한 유아 중심, 놀이 중심의 2019 개정 누리과정은 유아특수 교육과정을 편성 · 운영하는 현장 전문가에게도 교육과정 수정 · 적용 측면에서 큰 영향을 미쳤다. 다음은 최근 10여 년간 우리나라 유아특수 교육과정 관련 주요 연구 내용을 고찰한 것이다.

유아특수 교육과정 관련 주요 연구는 주로 유아특수 교육과정 내용 및 운영 방향, 특수교육대상 유아를 위한 교육과정 계획, 실행, 평가, 개별화가족지원계획(IFSP) 및 개별화교육계획(IEP) 관련 평가 및 실태, IEP 실행 과정에서의 팀 협력, 유아교육과정 기반의 IEP 실행, 유아특수교육 현장에의 누리과정 적용에 대한 교사의 인식, 누리과정 내 문제행동 및 장애 관련 활동 내용 분석, 교육과정 수정 · 적용 관련 사례 연구, 2019 개정 누리과정에 대한 유아특수교사의 인식과 유아특수교사의 놀이지도 역량 강화를 위한 교사교육 프로그램 등이 수행되었다.

첫째, 김성애(2006)는 유아특수 교육과정 내용 및 운영 방향에 대한 연구에서 유아특수 교육과정 운영 방향으로 동일한 생활연령의 일반유아 교육과정의 제공, 지각적 체험의 중요성을 부각하는 학습 개념의 재형성, 통합교육 현장에서 적용할 교육과정의 운영, 자기결정능력의 촉진을 고려한 교육과정 수행, IEP의 재인식 및 재구성 방안, 치료 및 관련-서비스 중재와의 연계성 확보와 교육기관과 가정 등의 환경과의 연계성을 제시하였으며, 유아특수 교육과정 운영을 위한 전제로서 생활교과 전문가로서의 유아특수교사의 역할 확인, 교사양성대학에서의 유아특수교육 전문가 양성 제고와 제도 및 행정에서의 교육과정 운영 지원과 법적 근거 마련을 강조하였다.

둘째, 특수교육대상 유아를 위한 교육과정 실행 관련 연구가 수행되었다. 김현숙과 이병인(2015)은 특수교육대상 유아를 위한 교육과정 계획, 실행, 평가의 이론과 실제에 관한 연구 결과, 유아특수교사의 역량을 강화하기 위한 연수와 장학, 행 · 재정적 지원이 필요함을 제안하였으며, IEP와 교육과정의 효율적인 병합 · 운영에 대한 구체적인 방법이 제시되어야 함을 강조하였다. 이 연구에 따르면, 유아특수교육은 대부분 기관에서 일반교육과정을 근간으로 개별 유아의 교육적 요구에 따라 교육과정의 수정 · 적용을 계획하고 있으나 일반교육과정이 가지고 있는 특성과 유아특수교육대상유아와 유아특수교육기관의 특성 등에 의해 다양한 정의의 문제가 발생하여 교육의 질은 전적으로 교사의 역량에 의존하고 있는 것으로 나타났다. 따라서 향후 교육계획의 절차에 따른 수정 · 적용 방안 연구, 누리과정 활용 방법 등의 연수, 지속적인 장학을 통한 유아특수교사 역량 개발, 한 학급 편성의 어려움을 극복할 수 있는 행 · 재정적 지원이 요구되었다. 유아특수교육은 일반교육과정을 수정 · 적용하며 삽입 교수를 실행하지만 그 동안 교육과정과 개별화교육계획(IEP)이 각각 연구되어 이들의 관계에 대한 일치된 견해가 부재하다. 따라서 교육과정과 개별화교육계획(IEP)의 병합 · 운영 방법에 혼란이 있으므로 이를 규정하고 특히 우리나라 실정에 맞는 적용 방안 마련이 필요하며, 누리과정에 비추어 기본교육과정의 내용은 대체로 역행하고 있어 교육과정의 유 · 초 연계 교육이 요구되었다. 또한 유아특수교육은 대상 유아의 진보를 점검하고 교수 계획이 수립되었는지 평가하는 것을 강조하고 있으나 전문 유아투수교육 장학사가 부재하고, 교육과정 평가를 위한 구체적인 문항이 없어 특수교육대상유아의 진보 점검이 비효율적이고 유아특수교사들은 자신이 개발한 교육과정에 대해 자긍심이 부족하여 교육과정 운영을 평가할 수 있는 평가 문항 개발이 필요한 것으로 나타났다. 또한 주제 중심 통합교육과정 수정 적용에 대한 유아특수교사의 실천적 지식을 분석하여 대부분의 유아특수교사들이 특수교육대상 유아의 교육적 요구에 따라 생활주제, 교육내용, 일과를 추가하여 교수 내용을 수정하고 있었으며, 유아의 자유 놀이가 적극적인 탐색 활동이 될 수 있도록 흥미영역 배치와 같은 교수 환경 수정에 대한 실천적 지식이 있는 것으로 보고하였다(김현숙, 이병인, 2013). 김현숙과 황인영, 이병인(2014)은 발달지체유아를 위한 '학급수준 교육과정'에 대한 유아특수교육 전문가들의 인식과 요구를 분석하여 누리과정과 IEP의 병합 · 운영 방안이 마련되어야 함을 제안하였으며, 교수적 수정(instructional adaptation)이 선행된 통합교육 실행이 필요하다고 주장하였다.

셋째, 특수교육대상 유아를 위한 성공적인 IEP 실행과 관련한 연구가 수행되었다. 백유순(2015)은 양질의 IEP 수행을 위해 팀 협력의 중요성을 강조하면서 전문가 양성 프로그램에서 팀 협력에 관한 과목 개설, 체계적이고 실제적인 연수, 유아특수교사와 유아교사의 협력 강화를 위한 지원, 보조 인력과의 협력을 위한 준비와 지원 등을 제시하였다. 또한 특수교육대상 유아를 위한 IEP 평가 계획 실태를 조사하여 평가계획과 실행을 위한 교사 연수, 예비교사 교육, 평가 관련 중요 요소(발달영역, 수행기준, 평가 기준, 평가담당자, 평가 주기, 평가 방법, 기한 등)를 NEIS 시스템 안에 포함할 것과 IEP와 교육과정의 연계성 강화 방안이 마련되어야 함을 제안하였다(백유순, 2019). 박찬우와 배성현(2019)은 경기도 지역을 중심으로 IFSP와 IEP 실태를 분석하여 특수교육대상 영유아의 발달 요구를 고려한 계획 수립, 기관 유형별 실정을 고려한 IFSP와 IEP 세부지침 마련, 특수교육 관련 서비스 종사자와 협력 증진, IFSP와 IEP의 질 높은 영을 위한 컨설팅 장학을 제시하였다. 이소현 등(2012)은 일반유아교육과정 기반의 IEP의 실행이 필요함을 강조하며 이에 대한 유아특수교사의 인식을 조사하였다(이소현, 이수정, 박현옥, 윤선아, 2012). 연구 결과, 일반유아교육과정의 주체라고 할 수 있는 일반유아교사와 IEP의 운영 주체인 유아특수교사 간 협력이 원활하게 이루어질 필요가 있으며 이를 위해 교사, 행정 및 제도, 교육과정 운영 방법론 등의 영역에서 지원이 요구됨을 제시하였다. 또한 일반유아교육과정 기반의 IEP 실행요소로 교사 간 협력, 일과 및 활동 참여, 사회적 통합, 개별교수 목표 성취, 학급 운영을 제시하였다(이소현, 윤선아, 이수정, 박현옥, 2012).

넷째, 특수교육대상 유아를 위한 누리과정의 수정 · 적용에 대한 관련 교사들의 인식 관련 연구가 수행되었다. 이현주와 권요한(2014)은 누리과정에 대한 유아특수교사의 인식과 실행 수준 간의 관계를 파악하여 유아특수교사를 위한 다양한 누리과정 활용 방법, 현장 적용 사례 등의 연수와 지속적인 장학을 제안하였으며, 특수교육대상 유아의 특별한 학습 요구를 반영한 교육과정 수정 및 의미 있는 교육적 경험을 위한 교육과정 운영의 내실화를 위한 지원을 요구하였다. 조아라와 김정연(2015) 역시 유아특수교사들이 누리과정에 대해 정보적 관심 단계에 머물러 있어 적절한 지원을 통해 관심 단계를 높은 수준으로 끌어 올리고, 누리과정의 평가 관련 영역에 대한 교사교육을 통한 누리과정의 질 확보, 관련 교육과정 연구 모임, 지속적인 교사교육, 유아특수교육 전문가의 지도가 필요함을 제시하였다. 특수교육대상 유아 담당 보육교사들의 누리과정 운영 실태를 조사한 이연승과 조인영(2017)은 대부분의 특수교육대상 유아 담당 보육교사들이 보급된 누리과정을 기반으로 IEP를 재구성하여 보육하고 있었으나, 보육 경력이 적거나 전문지식이 부족한 교사에 대해서는 관련 교사교육과 교수 자료의 제시가 필요함을 제안하였다. 특히 특수교육대상 유아가 활용하기 용이한 교재교구의 제공이 필요하고, 장애 유형별 교사용 지침서 등을 제공해야 할 것을 제시하였다. 같은 맥락에서 조인영과 이연우(2019)는 장애아 전문 어린이집 교사를 대상으로 누리과정 교사 교육에 관한 연구를 통해 교육현장에서 활용한 교육적 안내가 동반된 교사 교육, 교사 자신이 궁금증을 해결할 수 있는 적극적 참여 형태의 교사교육 방식, 전문가 1인이 포함된 소그룹 형태의 교사교육이 요구된다고 하였다.

다섯째, 특수교육대상 유아를 위한 누리과정 수정 · 적용의 효과성 검증에 관한 연구가 수행되었다. 백상수와 배정윤(2018)은 교육과정 수정에 대한 유치원 통합교사의 인식 조사 결과 유치원 통합교사들이 교육과정 수정에 대한 효능감을 높여야 할 필요가 있음을 강조하였으며, 이를 위한 실제적인 교수 전략에 대한 연수 제공과 행정 및 제도적 측면에서의 지원책 마련이 요구된다고 하였다. 특히 교육과정 수정이 특수교육대상 유아에게 어떠한 영향을 미치는지 알아보는 연구가 수행되어야 함을 강조하였다. 이와 관련하여 박나리(2019)는 누리과정 기반 수 활동 교수적 수정 중재가 통합학급 장애유아의 수학능력에 어떠한 영향을 미치는지 알아보고자 실험 연구를 진행하였다. 연구 결과 누리과정 기반의 수학활동 교수적 수정 중재가 장애유아의 수학능력 향상에 실제 도움이 되었고, 누리과정이라는 국가수준의 교육과정을 기반으로 한 교수적 수정이 통합학급 장애유아의 학업기술에 긍정적인 영향을 미쳤음을 확인하였다. 김지현(2020)은 단일대상연구를 사용하여 장애유아를 위한 3세 누리과정 교사용 지도서 교수방안 적용이 장애유아의 상호작용에 미치는 영향이 어떠한지 알아본 결과, 중재 적용에 따른 상호작용 발생률이 중재 종료 후에도 유지됨을 관찰하였으며, 추후 교사용 지도서의 구체적인 방안을 적용한 연구가 지속적으로 수행되어야 할 필요가 있음을 제안하였다.

여섯째, 누리과정 내에 포함된 문제행동 및 장애 관련 활동의 내용, 기본교육과정의 연계성과 관련한 연구가 수행되었다. 김영아(2014)는 3~5세 누리과정 교사용 지도 내에 문제행동 예방에 초점을 맞추어 정서 활동이 얼마나 포함되어 있는지 알아봄으로써 여러 생활주제별로 균형 있게 다양한 유형의 정서능력 향상 활동이 포함될 필요가 있음을 제안하였다. 이효신과 안혜영(2014), 김지영(2014)은 누리과정 교사용 지도서에 나타난 장애관련 활동을 분석하여 장애 유아가 일반유아의 다양한 친구 중 한 친구로 받아들일 수 있도록 자연스러운 환경 구성이 필요하고, 장애 관련 특정 요소를 특정 활동의 주제로 다루기보다는 교육과정의 여러 요소 및 유아의 일상과 활동에서 자연스럽게 접할 수 있도록 구성하고 이를 위한 객관적인 기준을 제시하는 연구가 수행 되어야 함을 제시하였다. 또한 배원영과 정정희(2017)는 의사소통 영역을 중심으로, 김성애(2015)는 과학교육에 초점을 맞추어 누리과정과 기본교육과정의 연계성에 관한 연구를 수행하였다. 두 연구 모두에서 장애유아를 위한 누리과정의 수정 · 적용이 기본교육과정의 교육 내용과 효율적으로 연계될 수 있도록 운영해야 함을 강조하였다.

일곱째, 2019 개정 누리과정에 대한 유아특수교사의 인식 및 놀이지도 역량 강화를 위한 교사 교육 관련 연구가 수행되었다. 오지연과 노진아(2020)는 국 · 공립 교육기관의 유아특수교사를 대상으로 유아 · 놀이 중심 교육과정을 중심으로 2019 개정 누리과정에 대한 인식을 조사하여 대부분의 유아특수교사들이 일반적인 놀이의 의미와 특성, 특수교육대상 유아의 놀이 특성을 잘 이해하고 있는 것으로 보고하였다. 그러나 2019 개정 누리과정이 특수교육대상 유아의 개별적 특성의 요구에 따라 놀이가 지원되어야 하며, IEP의 연계와 교사의 놀이지도 역량 강화를 위한 다양한 방법이 강구되어야 함을 강조하였다. 강성리(2020)는 2019 개정 누리과정의 핵심인 유아중심, 놀이중심 교육과정의 현장 적용을 위해 유아특수교사의 놀이지도 역량을 강화하기 위한 교사교육 프로그램이 필요하다는 요구에 따라 교사교육 프로그램을 개발하고 적용하였다. 놀이지도 역량 강화를 위한 교사교육 프로그램의 내용은 놀이의 의미 이해, 놀이발달 이론, 장애유아의 놀이 특성, 놀이개입 전략, 놀이 관찰과 평가, 또래 놀이지원, 물리적 환경 및 교재교구의 수정, 보조 인력의 협력 및 가정연계 전략으로 구성하였으며 효과 검증 결과 놀이 교수 효능감이 향상된 것으로 보고하였다.

마지막으로 이병인 등(2010)의 「유아특수 교육과정 편성 · 운영에 대한 실태 및 개선방안 연구」결과에서 유아특수 교육과정은 일반유치원 교육과정을 참고하여 편성하였고 학교교육계획에 포함하여 운영하였으며, 발달지체유아의 개별적 특성에 따라 부모와 지역사회 여건 및 실태를 부분적으로 반영하여 편성 · 운영하였다. 또한 편성된 유아특수 교육과정은 수업에 적극적으로 적용하고 있었으며, 개별화교육계획(IEP)을 편성된 교육과정의 생활영역 모두와 연계하여 운영하고 있는 것으로 나타났다. 둘째, 유아특수 교육과정 편성 · 운영을 위해 발달지체유아의 발달 수준에 적절하게 적용할 수 있는 교수활동 지침서가 필요하고, 유아특수 교육과정과 개별화교육계획(IEP) 간의 효과적인 연계를 위한 구체적인 방법을 요구하였으며, 유아특수 교육과정의 내용은 다양한 수준의 생활 및 기능 중심과 다양한 흥미 영역으로 구성할 것을 요구하였다. 유아특수 교육과정 편성 · 운영에 대한 개선 방안으로 학교(학급) 교육과정 편성의 표준이 될 수 있는 교육과정의 개발과 대상자의 특성에 적합한 교육과정 수정 · 적용을 위한 전문적인 자격을 갖춘 유아특수교사의 양성 및 배치, 교육과정 개발 시 가족 참여의 확대, 교육과정 평가도구의 개발, 교수학습을 위한 생활 영역 및 발달영역별 참고자료의 개발, 유아특수 교육과정의 수업 적용에 대한 구체적인 연수 제공 등을 제안하였다(이병인 · 이지효 · 조현근 · 김현숙 · 박민정, 2010).

지금까지 살펴본 특수교육대상유아를 위한 교육과정은 운영은 기본적으로 누리과정의 수정 · 적용이라는 측면에서 이루어져 왔으며, 현장 교사들은 이 부분에 대해서 다소 어려움을 나타내기도 하였다. 그러나 2019 개정 누리과정이 유아 중심, 즉 유아의 교육과정, 유아를 위한 교육과정으로 해석되고, 놀이 중심이 놀이 기반의 교육과정, 놀이를 통한 배움으로 해석이 가능하다고 할 때(이경화, 2019), 유아특수교육 현장에서는 특수교육대상유아의 놀이에 대해 더 많은 고민이 선행되어야 할 것이다. 또한 누리과정에 기반한 IEP의 운영을 위한 구체적인 방안 마련과 교육과정 수정 · 적용의 효과성을 지속적으로 검증해나가야 할 것이며, 유아특수교육 전문가의 교육과정 실행의 역량 강화를 위한 지속적인 교사 교육프로그램 개발과 효과성 검증에 대한 연구가 수행되어야 할 것이다.

04 유아특수 교육과정 편성 및 운영을 위한 개선 방안

1. 전문가 면담

본 전문가 면담은 서울시에 소재하고 있는 유아특수학교, 공립 · 사립 특수학교 유치부에 재직 중인 교사들과의 심층 면담을 토대로 유아특수 교육과정 편성 · 운영 방법 및 그에 따른 문제점과 개선방안을 고찰하고자 수행되었다(이병인 · 이지효, 2010).

1) 연구 참여자 현황

본 연구를 위하여 서울시에 소재한 유아특수학교, 특수학교 유치부에 근무하고 있고, 학교 수준 교육과정을 편성 · 운영하고 있으며 교육과정의 개발과 운영에 관심이 있는 유아특수교사들을 대상으로 본 연구에의 참여 의사를 물어보았다. 이에 동의하여 본 연구에 참여한 4명의 유아특수교사들의 현황은 〈표 7-2〉와 같다.

〈표 7-2〉 연구 참여자 현황

학교 내용	A	B	C	D
성별 및 연령(세)	여(29)	여(37)	여(29)	남(29)
최종학력 및 전공	석사 아동학 유아특수교육	석사 유아교육 유아특수교육	석사수료 유아특수교육	학사 유아특수교육
자격	특수학교 유치원 2급 정교사	특수학교 유치원 1급 정교사	특수학교 유치원 1급 정교사	특수학교 유치원 2급 정교사
경력	5년 (특수학교 중등부 2년, 유치부 3년)	12년 (일반유치원 5년 5개월, 특수학교 6년 8개월)	6년 (유아특수학교 6년)	2년 (농학교유치부 1년 6개월, 유아특수학교 6개월)

연구에 참여한 교사들의 경력은 약 2년에서 12년까지 다양하게 분포되어 있으며, 유아특수교육을 전공하고 석사 학위를 취득한 교사가 2명이 있었으며, 일반유아교육을 전공하고 일반유치원교사로 근무하다가 유아특수교육을 석사과정에서 전공한 교사도 포함되었다. 참여자들은 특수학교 유치원 정교사 자격을 가지고 특수학교와 유아특수학교에서 유아특수교사로 근무하고 있다.

2) 심층 면담

(1) 심층 면담 방법

유아특수 교육과정의 편성 · 운영과 관련하여 유아특수교사들의 심층 면담을 통해 의견을 수렴하고 분석하여 현행 유아특수학교와 특수학교 유치부의 교육과정 편성 · 운영이 어떻게 이루어지고 있는지 알아보고, 문제점과 개선 방향을 알아보는데 실시 목적을 두었다. 심층 면담을 실시하기 전, 심층 면담 내용의 일관성을 유지하기 위하여 심층 면담 내용을 구조화하였다. 자료의 수집은 녹음을 실시하였고, 추가적인 내용은 전화와 e-mail을 통해 이루어졌으며, 수집된 자료는 코딩하기-범주 선정하기-주제 결정하기의 과정을 거쳐 분석하였다. 1차 자료의 코딩과 범주화는 유아특수교육을 전공한 석사 1인과 박사 1인에게 의뢰하여 실시하였으며, 연구자와의 피드백을 통해 코딩과 범주화의 정확성과 객관성을 높였다.

연구자는 수집된 자료를 토대로 특수학교 유치원 교육과정의 편성 기준 및 편성에 참여한 사람과 운영 방법 및 운영에 영향을 미치는 요인에 대한 내용으로 분석하고 범주화 하였으며, 학교에서 편성 · 운영하고 있는 교육과정이 수업에 얼마나 적용되고 있는지를 알아보았다.

(2) 심층 면담 내용

심층 면담 내용은 첫째, 유아특수 교육과정의 편성 · 운영 방법이 어떻게 이루어지고 있는지에 대해 알아보고, 둘째, 유아특수 교육과정의 편성 · 운영과 관련 된 문제점은 무엇이 있는지, 셋째, 유아특수 교육과정의 편성 · 운영에 있어 개선해야 할 부분은 무엇인지 알아보는 것으로 하였다. 세부적인 심층 면담의 내용은 〈표 7-3〉과 같다.

〈표 7-3〉 유아특수 교육과정의 편성 및 운영에 대한 심층 면담 내용

구분	주요 질의 내용	세부 질의 내용
교육과정 편성 · 운영 방법	귀하의 학교에서 운영하고 있는 교육과정의 편성과 운영은 어떻게 이루어지고 있습니까?	· 교육과정 편성 기준은 무엇입니까? · 교육과정 편성에 관여한 사람은 누구입니까? · 교육과정 운영에 영향을 미치는 요인은 무엇입니까? · 교육과정 운영은 어떤 방법으로 이루어집니까?
교육과정 편성 · 운영의 문제점	현재 운영하고 있는 교육과정과 관련된 문제는 무엇입니까?	· 학교 교육과정을 수업에 적용하고 있습니까? · 적용하고 있다면 얼마나 적용하고 있습니까? · 적용하지 않고 있다면 그 이유는 무엇입니까?
교육과정 편성 · 운영에 대한 개선방안	현재 운영하고 있는 교육과정 중 어떤 내용을 개선할 필요가 있습니까?	- 개선방안
기타	기타 의견이 있으면 말씀해 주세요.	- 기타

연구 참여자들이 근무하고 있는 학교를 유형별로 분류하여 특수학교 유치원 교육과정이

각 학교 유형에 따라 어떻게 운영되고 있는지 분석하였다. 각 학교 유형에 대한 세부 내용은 〈표 7-4〉와 같다.

〈표 7-4〉 심층 면담을 실시한 교사가 근무하고 있는 학교 유형

내용 학교	A	B	C	D
장애 유형	지적장애 사립 특수학교	지적장애 공립 특수학교	유아특수학교	유아특수학교
유치부 학급 수	1학급	1학급	7학급	6학급
학교 수준 유치원 교육과정	x	o	o	o
학급 수준 유치원 교육과정	o	o	o	o

연구 참여자들이 근무하는 4개 학교는 모두 서울시에 위치하며, 발달지체 및 지적장애 학교이다. A 학교는 지적장애 사립 특수학교로 전체 학급 중 유치부는 한 학급이 있고, 유아특수교사 자격을 가진 교사도 한 명이 근무하고 있었으며, 학교수준의 교육과정이 있으나, 유치원 교육과정은 포함되어 있지 않았다. 교사가 재량으로 편성 · 운영할 수 있는 학급수준 교육과정만 있었다. B 학교는 지적장애 공립 특수학교로 전체 학급 중 유치부는 한 학급으로 유아특수교사 자격을 가진 교사도 한 명이었으며, 2007년 학교수준 교육과정을 새로 편성할 때 유치부 교육과정도 함께 편성하였다. C 학교와 D 학교는 사립유아특수학교로 모든 교사가 유아특수교사 자격을 가지고 있었으며, 학교수준 교육과정과 학급수준 교육과정이 모두 편성 · 운영되고 있었다. D 유아특수학교는 전체 6학급, C 유아특수학교는 전체 7학급이 있으며, C 학교의 경우는 서울시 시범학교로 영아반에서 발달지체영아 교육과정을 운영하고 있었다.

심층 면담을 실시한 연구 참여자들이 근무하고 있는 특수학교와 유아특수학교에서는 유아특수 교육과정이 어떻게 편성되고 있는지 그 기준과 및 편성에 참여한 사람, 운영 방법 및 운영에 영향을 미치는 요인으로 분류하여 그 대한 내용을 분석하고 비교한 내용은 〈표 7-5〉와 같다.

〈표 7-5〉 유아특수 교육과정의 편성 및 운영 방법에 대한 면담 내용

<table>
<tr><th>학교
내용</th><th>A</th><th>B</th><th>C</th><th>D</th></tr>
<tr><td rowspan="2">편성
기준</td><td colspan="4">· 특수학교 기본교육과정과 유치원 교육과정을 기준으로 학교 교육과정 및 학급 교육과정 편성</td></tr>
<tr><td>· 학교 교육과정에 근거하여 수정
· 특수학교 유치부 학교 수준의 교육과정이 편성되어 있지 않음.
· 기존 교육과정 임의로 수정해서 유치부 학급 수준 교육과정 편성</td><td>· 유치원 교육과정과 특수학교 기본교육과정, 특수교육 대상아동지도 자료집을 수정해서 학급 교육과정 편성</td><td>· 특수학교 교육과정 기본교육과정에 근거하여 유치원 교육과정, 보육과정, 개정된 특수학교 교육과정 등을 참고하여 수정
· 전년도 평가, 전 학기 평가에 기초하여 수정
· 매학기 평가하고 매년 교육과정 개편
· 치료교육과정을 삭제하고 개별화 교육과정에 삽입</td><td>· 기존 학교 교육과정 임의로 수정해서 학급 교육과정 편성
· 개정된 특수학교 교육과정 내용 삽입
· 매해 평가한 뒤 수정해야 할 부분만 수정
· 치료교육과정을 삭제하고 개별화 교육과정에 삽입
· 웹 정보와 책 이용하여 학급 교육과정 편성</td></tr>
<tr><td rowspan="2">편성에
참여한
사람</td><td colspan="4">· 유치부 교사 및 담임</td></tr>
<tr><td></td><td>· 교육과정 부장 교사</td><td>· 모든 교사, 치료사, 교장, 교감
· 부모
· 행정실장</td><td>· 모든 교사
· 교장, 교감 최종 확인
· 수준별 교과는 각 교과 담당 선생님</td></tr>
<tr><td rowspan="2">운영에
영향을
미치는
요인</td><td colspan="4">· 아동들의 수준</td></tr>
<tr><td>· 교육과정 운영이 초등부에 따라야 함.</td><td>· 아동들의 인원 수</td><td>· 학교 시스템의 변화
· 시범학교 운영
· 개정된 특수학교 교육과정
· 부모 평가
· 행정 · 재정의 적극적인 지원</td><td>· 유치원 교육과정과 특수학교 교육과정
· 학년 말 평가
· 교사의 재량</td></tr>
<tr><td>운영
방법</td><td>· 교육과정을 수업에 참고 자료로 활용</td><td>· 연간 진도표 계획
· 주간 교육활동 계획
· 학교 교육과정을 근거로 일반 유치원 교육과정을 수정해서 함께 운영함.</td><td>· 일일 활동 계획 수립
· 월중 교육계획
· 교사 지도서 활용
· 행사 계획
· 연령별로 교육과정을 분리하여 편성하고 운영함.
· 치료 교육과정을 개별화교육에 삽입하여 운영함.
· 아이들마다 수정해서 적용함.</td><td>· 주안 계획하기
· 수준별 교육계획하기
· 각 담임 교사가 아이들에 따라 교육과정을 근거로 활동 내용을 수정함.
· 연령별로 학급 교육과정을 편성하고 운영함.
· 치료 교육과정을 개별화교육에 삽입하여 운영함.
· 한 주제를 가지고 두 번 이상 같은 수업을 반복함.
· 개별화 교육계획을 작성할 때 교육과정을 근거로 함.</td></tr>
</table>

학교 내용	A	B	C	D
수업 적용	· 거의 적용하지 못하고 있음 · 교과진도계획에 참고 자료로 사용함.	· 거의 적용함. · 연간 진도와 주간 교육활동 계획을 세울 때 적용하고 수업 시간에 좀 더 세분화시켜 활용 함.	· 100% 적용하고 있음 · 수업에 필요한 교육활동을 교육과정에 준해서 작성 · 행사 미리 계획하고 예외 상황에 대한 계획을 세움.	· 100% 적용하고 있음 · 수업에 필요한 교육활동을 교육과정에 준해서 작성 · 행사 미리 계획하고 보충할 시간을 계획함.

특수학교 유치원 교육과정의 편성 및 운영에 있어서 심층 면담을 통해 나타난 문제점을 알아본 결과는 〈표 7-6〉과 같다.

〈표 7-6〉 유아특수 교육과정 편성 및 운영의 문제점

학교 내용	A	B	C	D
문제점	· 특수학교 교육과정의 기본교육과정은 유치부에게 적용하기에 어려움.			
	· 유아특수교육 현장에 적용할 수 있는 교육과정이 없음. · 다른 학교 교육과정이 어떻게 운영되는지 정보가 없음. · 교육과정 내용이 다양하지 못함.	· 유치원 교육과정이 특수학교 유치부에 적절한 내용이 많이 있지만 창의성을 요하는 부분은 어려움.	· 다른 학교 교육과정이 어떻게 운영되는지 정보가 없음. · 매년 교육과정이 확 바뀌는 것은 문제가 있음. · 교사들이 할 일이 많아 힘이 듬.	· 학교 교육과정에서는 수준별 교육과정 중에 수준이 바뀐 부분이 있음. · 교사들이 할 일이 많아 힘이 듬.

대부분의 유아특수교사들은 개정 전 특수학교 유치원 교육과정에서 명시하고 있는 기본교육과정에 근거하여 특수학교 유치원 교육과정을 편성하는 것은 무리라고 응답하였다.

유아특수 교육과정 편성 및 운영의 개선 방향에 대해 심층 면담을 통해 분석해 본 결과는 〈표 7-7〉과 같다.

〈표 7-7〉 연구 참여자별 유아특수 교육과정의 편성 및 운영에 대한 개선방안

<table>
<tr><th>학교
내용</th><th>A</th><th>B</th><th>C</th><th>D</th></tr>
<tr><td rowspan="2">개선
방안</td><td colspan="4">· 현장에서 적용 가능한 국가수준의 교육과정이 편성 되어야 함.
· 교사들이 참고할 수 있는 활동을 세부화 시킨 지도서 필요.</td></tr>
<tr><td>· 다른 학교의 교육과정에 대한 정보 교류가 이루어져야 함.
· 융통성 있는 다양한 교육과정이 제시 되어야 함.</td><td>· 활동 중심 교육과정 필요.
· 수준을 낮춘 교육과정 필요.</td><td>· 팀 티칭을 고려한 교육과정 필요
· 다른 학교의 교육 과정에 대한 정보 필요.
· 매년 교육과정을 새로 편성하는 것보다 일부분만 개정하는 것이 더 효과적임.</td><td>· 수준별 교육과정의 내용을 세부화 시킨 교육과정이 필요함.
· 다른 학교의 교육과정에 대한 정보 필요.</td></tr>
</table>

2. 면담 내용에 대한 고찰

1) 유아특수 교육과정의 편성 및 운영 방법

특수학교 편성 · 운영의 기준을 보면 연구에 참여한 모든 특수학교와 유아특수학교에서 특수학교 기본교육과정의 내용과 일반 유치원 교육과정의 내용을 기준으로 학교수준의 교육과정과 학급수준의 교육과정을 편성하여 운영하고 있었다. 그 외에 참고 기준은 각 학 교마다 다르게 나타났는데, 우선 특수학교의 편성 기준을 살펴보면, 학교수준의 교육과정에 유아특수 교육과정이 편성되어 있는 특수학교와 없는 특수학교가 있는 것으로 나타났다. 유아특수 교육과정이 편성되어 있지 않은 특수학교의 경우, 교사의 재량으로 학교수준 교육과정의 초등교육과정 내용을 수정하여 학급수준의 교육과정을 편성하고 운영하고 있었다. 학교수준 교육과정에 유아특수 교육과정이 편성되어 있는 특수학교의 경우는 2007년 교육과정을 새로 편성하였을 때 유아특수교사가 직접 만든 것이었다. 이 때 특수학교 기본교육과정과 일반 유치원 교육과정을 근거로 하고, 교육과학기술부에서 나온 유아특수교육대상아동 지도를 위한 자료집을 참고하여 학교수준 교육과정을 편성하였다. 이는 유아특수교육기관에서 사용하고 있는 교육과정에는 국가수준 교육과정 이외에 교육과정(포테이지, 캐롤라이나) 자료를 많이 사용한다는 것과 일치한다(이소현 · 박순희 · 김경희, 2002). 모든 유아특수교육 대상자들의 개별적인 특성과 요구에 따른 이상적인 교육과정은 개발 될 수 없으므로 교육과정의 변형이나 여러 참고 자료들의 수정, 보완은 당연히 지속적으로 수용할 수밖에 없는 실정일지 모르지만(이상복 · 이효

신, 2000), 국가수준의 교육과정이 만들어져 체계적인 교육 활동을 계획할 수 있는 기준이 있다면 발달지체유아에 따른 개별적 교육과정 수정이 더 용이해 질 것이며, 이는 교사들의 전문성을 향상시키고 유아특수교육 대상자들에게 보다 체계적이고 질적인 교육을 제공할 수 있게 될 것이다(이병인 · 이지효, 2010).

유아특수학교의 편성 기준을 살펴보면 특수학교와 같이 특수학교 기본교육과정과 일반 유치원 교육과정을 근간으로 하고 있고, 학교의 특성에 따라 교육과정 편성 기준에 차이가 있는 것으로 나타났다. 영아반도 있고 중도 · 중복장애를 가진 특수교육대상자들이 많은 유아특수학교에서는 보육교육과정을 참고하여 편성하고 있었으며, 학교수준 교육과정에 대한 교육 평가를 매학기 실시하여 부모의 의견을 수렴하고 매년 교육과정을 새로 만드는데 그 평가내용을 적용하고 있었다. 다른 유아특수학교의 경우에도 매년 평가를 실시하고 있었으며, 평가에 따라 부분적으로 교육과정 내용을 수정하고 있었다. 유아특수학교의 경우에는 특수학교의 경우 보다 부모의 참여를 유도하고 있었으며, 유아특수교육대상자들의 요구와 특성에 적절한 교육을 제공하기 위해 유아특수학교에서는 부모들의 요구에 보다 민감하게 반응하고 있다는 것을 알 수 있었다(이병인 · 이지효, 2010).

특수학교 유치부에서는 유아특수 교육과정의 편성을 유아특수교사 혼자하거나, 교육과정 부장교사의 도움을 받아 편성하는 것으로 나타났으나, 유아특수학교는 전체 교사가 교육과정의 편성에 함께 참여하는 것으로 나타났다. 교사들뿐만 아니라 교장, 교감, 치료교사들, 행정실장까지도 함께 참여하고 있으며, 부모 평가 및 의견서를 학기말에 받아 교육과정 수정 시 반영하는 유아특수학교가 있었으며, 다른 유아특수학교의 경우에는 치료교사와 교장, 교감선생님이 함께 편성 과정에 참여하고 있었다. 그러나 이 학교의 경우에는 부모 의견서를 받아 교육과정 수정에 적용하기는 하지만, 행정실장은 교육과정의 편성에 참여하지 않는 것으로 나타났다. 이를 통해 특수학교보다 유아특수학교에서 다양한 전문가들과 부모들이 교육과정 편성 과정에 참여하고 있다는 것을 알 수 있었다(이병인 · 이지효, 2010).

유아특수 교육과정은 수업에 참고 자료로 활용하거나 연간, 주간 지도계획을 세울 때 주로 사용하는 것으로 나타났으며, 특수학교 유치부에 비해 유아특수학교에서 학교수준 교육과정을 많이 이용하고 있었다. 또한 IEP를 교육과정의 근거로 삼아 적용하고 있는 것으로 나타났다. 유아특수 교육과정을 운영하는데 영향을 미치는 여러 가지 요인 중에 각 학교별 공통적인 요인으로 발달지체유아의 현행 수준을 꼽았다. 그 외에는 차이점을 보였는데, 학급수준의 유치원 교육과정이 있다고 하더라도 초등부에 속해 있는 특수학교의 유치부의 경우에는 전반적인 교육과정의 운영을 초등부 교육과정에 따라야 한다는 점을 어려운 요인으로

들었다(이병인 · 이지효, 2010).

또한 다른 특수학교의 경우는 학급 유아의 수에 따라 교육과정 운영이 크게 영향을 준다고 응답하였다. 예를 들어 게임을 계획했는데 아동이 한 명 오면 그 수업 활동은 실시할 수 없게 되기 때문에 교육과정 운영에 영향을 미친다는 것이다. 유아특수학교의 경우에는 학교 시스템의 변화와 시범학교 운영, 부모의 평가, 행 · 재정적 지원 등이 교육과정 운영에 큰 영향을 준다고 하였다. 학급제로 수업이 진행되지 않고 팀티칭으로 통합 학급이 운영되는 시스템인 유아특수학교의 경우에는 이러한 학교 교육 시스템의 변화가 교육과정의 편성 및 운영에 큰 영향을 준다고 한 것이다. 일반 특수학교와 같은 시스템으로 운영되고 있는 유아특수학교에서는 교육과정의 운영에 가장 큰 영향을 미치는 것으로 교사의 재량을 꼽았는데, 이는 학교수준의 교육과정이 있다고 하더라도 개별적 차이가 크기 때문에 그에 따라 교육과정 수정이 불가피한데, 이런 교육과정 수정 작업에는 교사의 재량이 큰 부분을 차지하기 때문이라고 응답하였다(이병인 · 이지효, 2010).

유아특수 교육과정을 수업에 얼마나 적용하고 있는지에 대해 알아본 결과, 학교수준의 특수학교 교육과정은 있으나 유아특수 교육과정은 편성되어 있지 않은 학교의 유치부에서는 초등 특수학교 교육과정에 준해 수업 내용을 계획해야 하는 어려움을 가지고 있었다. 그 때문에 수업에 학교 교육과정을 거의 적용하지 못하고 있었으며, 유치부의 모든 교육과정을 교사 재량으로 만들어 사용하고 있었다. 다른 학교의 경우는 학교수준 교육과정에 유아특수 교육과정이 있기 때문에 수업에 교육과정 내용을 대부분 적용하고 있는 것으로 나타났다. 이 학교의 경우에는 새로 만든 교육과정을 올 해 아동과 교사의 필요에 의해 만들어진 것이기 때문에 대부분을 수업에 적용할 수 있었지만, 교육과정을 새로 만들기 전에는 거의 적용하지 못했다고 응답하였다. 특수학교에서 교육과정은 연간 진도와 주간 교육계획을 세울 때 활용되었으며, 이를 수업 시간에 교육 활동으로 세분화하여 적용하고 있었다. 유아특수학교에서는 학교수준의 교육과정이 학급수준 교육과정과 일치하게 편성하고 연중 계획과 월중계획을 그에 맞추어 작성해 놓아, 실제 수업에 100% 적용되었으며, 수업에 필요한 교육 활동은 모두 교육 과정에 준해서 구체적으로 실천하고 있었다. 각 학교에서는 유아특수 교육과정이 학교장의 재량에 따라 편성 · 운영하고 있었으며, 학교의 특성에 따라 다양한 형태로 교육과정이 운영되고 있음을 알 수 있었다. 그러나 국가수준에서 기준이 되는 유아특수 교육과정이 없기 때문에 학교장에 따라 학교수준 유아특수 교육과정이 없는 학교도 있었으며, 학급수준 교육과정에 있어 발달지체유아들에게 기본적으로 제공되어야 하는 교육 내용이 부족한 것을 볼 수 있었다(이병인 · 이지효, 2010).

2) 유아특수 교육과정 편성 및 운영에 대한 문제점

대부분의 유아특수교사들은 개정 전 특수학교 교육과정에서 명시하고 있는 기본교육과정에 근거하여 유아특수 교육과정을 편성하는 것은 무리라고 응답하였다. 유아특수교육대상자들에게 기본교육과정의 내용은 발달 수준에 맞지 않을 뿐만 아니라 교과로 구분되어 있어, 통합교육과정으로 운영하고 있는 유치원의 교육체제에 적용하기에는 어려움이 있다는 것이다. 유아특수 교육과정 편성과 운영에 있어서 가장 큰 문제점으로는 교육내용이 너무 포괄적이고, 수업에 적용하기에는 어려운 부분이 많아 유아특수교육 현장과 차이가 있다는 점을 지적하였다. 또한 교육과정 내용이 다양하지 못하여 개개인의 특성을 중요시하는 특수교육에서 적용하기에 적절하지 않다는 것이다. 차라리 유아의 발달 수준에 맞게 편성되어 있는 일반 유치원 교육과정에 준해서 유아특수 교육과정을 편성하는 것이 더 좋을 것이라는 지적이 있었다. 유아특수학교의 경우 매년 교육과정을 새로 만들고 있었는데 그 부분에 대해서 매년 바뀌는 것은 문제가 있는 것으로 보았다. 그 이유는 교사와 아동들이 교육과정에 적응할 시간이 없으며, 교사들에게 과중한 업무 부담이 된다는 것이다. 부모의 의견 수렴도 좋고, 매년 평가 후 교육과정을 개정하는 것도 좋지만, 그로 인해 교사의 업무가 늘어나 교사의 주요 업무인 교과 활동과 수업 준비에 들어 가야 할 시간을 빼앗기거나, 교사들의 사기가 떨어질 수 있다는 점에 대해 지적하였다(이병인 · 이지효, 2010).

3) 유아특수 교육과정 편성 및 운영에 대한 개선방안

많은 유아특수교사들은 현장에서 적용 가능한 국가수준의 유아특수 교육과정이 편성되기를 원하였다. 기존의 편성 및 운영 방법만 개괄적으로 서술해 놓은 교육과정이 아니라 교사들이 참고할 수 있을 정도로 연령별, 장애유형별로 세분화된 교육 활동 내용을 포함하고 있어야 하며, 그에 따른 교사 지도서도 개발되어야 한다고 하였다. 이를 위해서는 국가차원에서의 정책 변화가 이루어지고, 그에 따라 일관되고 체계적인 교육과정이 운영될 수 있도록 해당 부처에서의 노력이 필요할 것이다(이소현, 2000; 이병인 · 이지효, 2010).

교사들마다 자신이 원하는 교육과정의 개선 방향을 제시하였는데, 융통성 있는 다양한 내용의 교육과정이 편성되어야 하고, 발달지체유아들에게 효과적으로 적용할 수 있는 활동-중심 교육과정으로 기존의 유치원 교육과정보다 더 낮은 수준을 세분화하여 제시하는 것이 필요하다고 응답하였다. 활동-중심 교육과정은 유아가 직접 참여하는 교육과정 활동을 통해 교사 지시적인 교수활동만으로는 얻을 수 없는 다양한 효과를 얻을 수 있다는 점에서 여러

특수학교 유치부에서 활용할 수 있을 것이며(김경숙, 2002), 활동-중심 교육과정을 운영할 때에는 유아중심 활동과 교사 중심 활동 간의 균형이 이루도록 하는 것이 바람직할 것이다(Bailey & Wolery, 1992). 또한 팀 티칭을 고려한 유아특수 교육과정의 편성 및 운영 방법이 제시되었으며, 수준별 교육과정의 내용을 좀 더 세분화 시킬 필요성을 언급하였다. 그리고 다른 학교와의 정보 교류가 이루어 질 수 있도록 국가수준에서 의 교육과정 정보 교류 활성화도 요구하였다(이병인 · 이지효, 2010).

4) 맺음말

'교육과정(curriculum)'이란 아동이 학습하는 내용, 정해진 교육과정 목표를 성취하는 과정, 아동이 이러한 목표를 성취할 수 있도록 돕기 위하여 무엇을 해야 하며, 교수와 학습이 일어나는 맥락 등을 상술하는 조직화된 틀이라고 할 수 있다. 교육과정은 또한 어떻게 아동이 발달하며 배우는가에 대한 원리에 기초한다.

교육과정을 구성하고 운영하기 위해서는 이론적 · 철학적 기초 위에 어떠한 교육 목표와 내용을 선정할 것인가가 선행되어야 한다. 따라서 교사들은 이러한 이론들 가운데 현재 가르치고 있는 아동에게 가장 적합한 이론들을 기초하여 가장 적합한 교육과정을 구성하도록 노력해야 한다.

교육과정의 내용은 아동에게 실제로 '무엇을 가르칠 것인가'를 결정하는 것(what to teach?)이며, 이는 어떠한 교수 방법 및 절차와 자료를 활용할 것인가에 영향을 준다. 따라서 유아특수 교육과정과 관련된 문제로서 '얼마나 교육과정은 융통성이 있는가? 어떤 발달 영역이 강조되어야 하는가? 어떻게 교육과정은 체계화되어야 하는가? 어떤 종류의 자료를 활용할 것인가?' 등의 질문들이 심도 있게 논의 되어야 할 것이다. 아울러 위에 언급된 논의와 함께 교육 내용 및 교육 방법에 있어서 특수교육대상유아의 특성, 잠재력이나 발달 가능성을 최대한 고려함은 물론 동일한 생활연령의 일반유아가 누리는 교육 환경을 제공받아야 한다(이병인 · 이지효, 2010).

특별히 국가수준 교육과정은 국가교육의 방향, 성격, 교육 목표와 교육의 기본 내용의 선정 및 조직이 포함되는 동시에 이러한 요소들이 질적 운영 체제로 갈 수 있도록 교육과정 편성 및 운영 방안과 함께 평가 체제를 제시하여야 한다(김정권, 2002). 이와 같이 교육과정 전달 체제는 질적 운영체제로 전환되어야 하며, 질적 운영 체제는 특수교육대상유아의 선택과 결정에 의한 아동 중심의 교육과정으로서 개인 아동의 필요와 요구에 따른 '지원-중심 교육과정(support-based curriculum)'이어야 한다.

유아특수 교육과정은 일반유아 교육과정과는 구분될 수 있는 특수한 교육방법적인 측면이 있으나 교육과정 내용 선정을 위한 지침으로 미국 유아교육협회(NAEYC)에서 제시한 '최상의 실제(best practice)'와 특수교육대상아동교육협회(CEC) 분과인 유아교육분과(DEC)에서 제안한 '추천 실제(recommended practice)' 지침서를 우리나라의 유아특수교육 교육과정에 효과적으로 적용할 필요도 있을 것이다.

최근까지 유아특수 교육과정에 대한 이론과 실제의 동향은 통합 환경에서의 중재를 '최상의 실제'로 간주하면서 일반유아교육의 이론을 주로 받아들였고 '자연적 환경'에서의 기능적 교육과정 모형의 적용을 통한 교육에 초점을 맞추었으며, 유아의 발달적 요구 외에 유아의 '환경'에서 요구하고 있는 현재 및 미래의 기능적 요구를 포함한 교육과정의 도입과 수정을 통한 교육과정의 개발과, 발달적 · 기능적 목표를 통합하여 교육과정의 목표를 달성하기 위해 '활동—중심'의 통합교육과정을 거치면서, 아동 중심의 교육과정에서 벗어나 가족에게 능력주고 힘 실어주기, 가족의 관심, 우선순위, 자원(강점) 등 가족의 기능을 강화하기 위한 '가족 중심'차원에서의 교육과정 구성으로 변화하였다.

이전의 유아특수교육이 아동의 환경적 요구보다는 고립된 환경에서 행동주의적 이론을 통한 직접적 기술을 위주로 하였다면, 현재는 아동의 환경적 특성이 강조되고 일반유아들이 있는 '자연적인 환경'에서의 중재를 최상의 실제로 간주하고 있다고 볼 수 있다. 아동과 가족의 요구는 환경에 따라 변화하기 때문에 이러한 변화된 요구를 충족시킬 수 있는 교육과정의 개발과 운영이 필요하다 하겠다(이병인 · 이지효, 2010).

이와 같이 유아특수교육의 초점이 '아동 중심'에서 '가족 중심'으로 확대됨으로써 가족의 개별적인 강점과 요구가 아동의 교육프로그램에 적극적으로 활용되고 반영되기 위하여 가족 중심의 개별화교육프로그램인 "한국적 IFSP"의 개발 및 보급이 필요할 것이다. 아울러 유아특수 교육과정 운영은 교사가 발달지체유아의 성장 및 발달을 촉진하고 스스로 독립성을 최대화 할 수 있도록 노력함은 물론 교육의 효과를 극대화하기 위해 교육과정 내에 가족 참여 및 지원 내용을 강조하여 가정과 교육기관 더 나아가 지역사회와의 삼각 연계방안도 고려되어야 할 것이다.

특수학교 유치부 교사들은 특수교육과정과 일반 유치원 교육과정을 병행하여 교육과정을 운영하는데 어려움이 있는 것으로 보인다. 이는 국가 차원에서 특수학교 유치원 교육과정 지침서나 참고 자료가 부족하고 교사 개인에게 부과되는 업무가 가중하기 때문일 것이다. 따라서 교사의 업무량 감소와 업무 부담 감소나 특수교육보조원제의 활용 등(기관에 따라서는 교사가 치료지원 활동도 병행하고 있는 것으로 조사됨)을 통하여 특수학교 유치부 교육과정이 효율적으로 운영될 수 있는 방안을 강구하여야 한다(이병인 · 이지효, 2010).

한편 이병인 등(2010)은 「유아특수 교육과정 편성 · 운영에 대한 실태 및 개선방안」연구에서 다음과 같은 결론을 도출하였다.

첫째, 유아특수 교육과정 편성을 위해 발달지체유아의 발달수준에 적절한 내용으로 구성된 교수활동 지침서와 유아의 발달 수준에 적절한 내용으로 구성된 참고자료와 교수활동 지침서가 우선적으로 필요하다. 미국의 '발달에 적합한 실제(Developmentally Appropriate Practice: 이하 'DAP')'에 따르면 연령의 적합성과 개인적 적합성의 두 개념을 토대로 유아의 연령에 따라 정상적 유아발달의 순서를 기초로 교육과정의 내용과 활동이 계획되어야 함을 강조하고 있다(Wolery & Bredekamp, 1994). 둘째, 유아특수교육 교육과정 편성 시, 특수교육대상유아에게 필요한 생활기능 중심의 내용과 발달영역을 통합하여 지도할 수 있는 교수 활동 및 중도 · 중복장애유아를 위한 교수 활동에 관한 내용이 포함되어야 한다. 이는 중도 · 중복장애유아들에게는 일반유치원 교육과정 및 특수학교 기본교육과정을 수정 · 적용하기에는 특수교육대상유아와 일반유아의 발달상의 차이로 인하여 교사의 재량과 역량만으로는 교육과정을 수정 · 적용하는 것에 한계가 있기 때문이다. 따라서 현재 통합교육을 지향하는 상황에서 '자연적인 환경' 일반유아들과 함께 배울 수 있는 교육과정이 구성되어야 하며, 생활 중심의 실제를 적용한 교육활동이 계획되어야 한다. 셋째, 학교(급) 수준 유아특수 교육과정의 원활한 운영을 위해 개별화교육과정과의 효율적인 연계를 위한 구체적인 방법의 개발과, 1대 1 교육환경과 흥미영역을 혼합한 다양한 영역 구성의 실내외 환경을 구성해야 한다. 미국에서는 DEC와 NAEYC에서 일정 범위의 특화된 교육 및 중재 접근방법을 이용하여 개별화된 교육과정을 편성하고 운영할 것을 권고하고 있다. 넷째, 학교(급) 수준의 유아특수 교육과정 수업 적용을 위해 다양한 수준의 교육과정 내용이 구성되어야 한다. 이러한 양질의 교육과정 구성을 위해 교사의 업무량 감소와 유아특수 교육과정 수업 적용의 전문성을 높이기 위한 교사 연수의 필요성도 필요하다. 다섯째, 적합한 유아특수 교육과정 편성을 위해서는 교육목표, 학습표준 및 실제에 사용된 교육과정과 실제 수업적용이 일관성 있게 이루어져야 하며, 그에 따른 피드백과 지침을 제공하도록 계획되어야 한다. 여섯째, 적합한 유아특수 교육과정 운영을 위해서는 교육과정 운영 평가를 위한 적절한 평가 도구의 개발과 평가 시, 유아특수교육 전문가의 참여, 교육과정 평가 내용의 차기년도 반영 등 다각적인 측면에서의 노력이 필요하다.

마지막으로 유아특수 교육과정 편성 및 운영 방안과 관련하여 지금까지 논의되지 않았거나 한 번 더 강조되어야 할 내용을 정리하면 다음과 같다.

첫째, 2007년 「장애인 등에 대한 특수교육법」 제정과 함께 발달지체영유아에 대한 법적 지원이 보장된 시점에서 기관별 교사의 교수 활동을 돕는 발달지체영유아에 대한 국가수준의 표준화된 교육프로그램의 모형이 개발되어야 할 것이다. 현재 각 기관에서 사용되고 있는 교재는 외국프로그램을 번역사용하거나 교사가 직접 제작하여 만들어 사용하기 때문에 학습의 순서적 계열성이나 범주 등이 체계적이지 못하고 프로그램도 다양하지 못하고 제한적이라고 할 수 있다.

둘째, 아동의 연령과 장애 정도에 따른 다양한 교육과정의 개발이 요구된다. 특별히 발달지체영아 및 중도 · 중복장애 유아에 대한 현장에서 사용 가능한 교육과정 및 프로그램개발이 시급하다고 할 수 있다.

셋째, 개별화교육에 있어서 다(多) 영역의 전문가에 의한 초 학문적 팀 접근 적용 및 평가가 이루어져야 한다. 새로운 특수교육법에 '특수교육 관련 서비스'에 대한 정의가 제시된 상황에서 진단과 서비스 전달에 이르는 전 과정에서 특수교사와 관련 서비스 전문가들 간의 팀 협력은 필수적이며, 특별히 발달지체유아 부모나 가족은 전문가들과 함께 유아의 교육과정 및 교육프로그램에 적극적으로 참여하여야 한다.

넷째, 교육과정의 기능성과 관련하여 생활 자립 및 미래 환경과 통합을 준비하는 사회적 기술 훈련을 포함한 교육과정의 편성 및 운영이 필요하다. 현재의 교육과정은 실제 생활에 필요한 활동-중심보다는 기술발달 순서에 초점을 맞추어 교수하는 경향이 있다. 따라서 사회적응 및 정상화의 원리를 강화하는 사회적 훈련 및 '긍정적 행동 지원'의 내용을 교육과정에 담고 있어야 한다.

위와 같은 노력들이 결실을 맺어 효과적인 유아특수 교육과정 편성과 운영이 현장에서 실효를 거둔다면 현재 우리나라 유아특수교육의 당면한 문제들을 해결하는 데 기여함은 물론 앞으로 유아특수교육의 발전에 적지 않은 역할을 할 것으로 기대된다(이병인 · 이지효, 2010).

참고 문헌

교육법전편찬회(2007), 2007 **개정판 교육법전**, 서울: 교학사.

교육과학기술부 고시 제1998-11호, **특수학교 교육과정**.

교육과학기술부 고시 제2008-3호, **특수학교 교육과정**.

교육부(2016). **2016 특수교육통계**. 세종.

교육부(2017). **2015 개정 특수교육 교육과정 총론 해설**, 세종.

교육부, 보건복지부(2019),「**2019 개정 누리과정**」**고시문**, 세종, 교육부, 보건복지부.

교육부, 보건복지부(2019),「**2019 개정 누리과정**」**해설서**, 세종, 교육부, 보건복지부.

국립특수교육원(2000), **장애 영·유아 가족 지원방안 연구**, 안산.

국립특수교육원(2007), **특수교육 관련 서비스의 국제적 동향**, 제14회 국제세미나자료집. 안산.

국립특수교육원(2014), **2015 교육과정 개선을 위한 특수교육 교육과정 총론 개정 연구**, **국립특수교육원 보고서**, 아산. 국립특수교육원.

국립특수교육원(2015), **2015 개정 특수교육 교육과정 총론 시안 공개 토론회 자료집**. 아산. 국립특수교육원.

국립특수교육원(2020),「**2019 개정 누리과정**」**운영지원 자료 ① 누리과정 운영 안내**, 아산, 국립특수교육원.

경기도교육청(2005), **유치원 특수학급 교육과정 편성, 운영 길잡이**.

강성리(2020), 유아특수교사의 놀이 지도 역량 강화를 위한 교사 교육 프로그램 개발 및 적용, **유아특수교육연구**, 20(1), 41-67.

김경숙(2006), 장애유아통합교육과정의 운영 실제 연구, **특수아동교육연구**, 8(2), 187-211

김성애(2006), 유아특수교육 교육과정 내용 및 운영 방향, **교과교육**, 1-19.

김성애(2007),「장애인 등에 대한 특수교육법」에 따른 한국 유아특수교육의 과제 및 해결방향, **유아특수교육연구**, 7(3), 111-139.

김성애(2015), 누리과정과 기본교육과정에 나타난 과학교육의 교육적 내용에 대한 분석 및 담론. **특수교육재활과학연구**, 54(2), 55-72.

김수진(2000), **장애영유아통합교육 지원을 위한 교수적 접근: '활동-중심 중재'의 이론과 실제**, 제6회 이화특수교육 학술대회: 특수아 조기교육 최상의 실제: 교과과정 및 교수방법 중심의 방법론적 접근(pp. 145-178). 서울: 이화여자대학교 특수교육과.

김수진(2005), **활동-중심 자연적 중재 적용 훈련이 자유선택활동 일과에서의 교사의 교수행동과 장애유아의 참여에 미치는 영향**, 미간행 박사학위논문, 이화여자대학교 대학원, 서울.

김영아(2014). 3~5세 누리과정 교사용 지도서의 문제행동 예방과 관련된 정서 활동분석. **유아특수교육연구**, 14(1), 45-67.

김은영(2019). 누리과정 개정의 배경과 개정 내용. **육아정책포럼**, 62, 6-15.

김은영·임부연·강은진·고영미·김진숙·문무경·이경화·이미화·이완정·이정욱·정선아(2018), **누리과정 개정 정책 연구**, 교육부·충청남도교육청·유아정책연구소.

김종문·한현민(2007), 특수학교 교육과정의 쟁점과 개선대안, **특수교육연구, 14**(2), 31-64.

김정권(2002), 학교교육의 질 제고를 위한 교육과정 운영 방략, **특수교육학연구, 37**(1), 131-152.

김지영(2014). 누리과정 교사용 지도서에 나타난 장애 관련 활동 내용 분석. **특수교육재활과학연구, 53**(2), 19-37.

김지현(2020). 장애유아를 위한 3세 누리과정 교사용 지도서의 교수방안 적용이 장애 유아의 상호작용에 미치는 영향 사례연구. **유아특수교육연구, 20**(1), 69-87.

김현숙·이병인(2010), 유치원 교육과정 탐구생활 영역의 '수학적 기초능력 기르기' 편성 및 운영에 대한 서울 및 경기지역 유아특수교사들의 인식 및 실태 조사, **유아특수교육연구, 10**(3), 135-167.

김현숙·이병인(2012), 특수학교 유치원의 의무교육 질적 수행을 위한 인가 및 교육과정 편성·운영 실태조사, **유아특수교육연구, 12**(1), 111-135.

김현숙·이병인(2013), 유치원교육과정 수정·적용 지침 개발을 위한 유아특수교사의 실천적 지식 적합성 연구, **유아특수교육연구, 13**(3), 241-269.

김현숙、이병인(2013). 발달지체유아를 위한 주제중심 통합교육과정 수정、적용에 따른 유아특수교사의 실천적 지식 분석. **유아특수교육연구, 13**(2), 91-126.

김현숙、이병인(2015). 특수교육대상유아를 위한 교육과정 계획, 실행, 평가의 이론과 실제에 대한 고찰. **유아특수교육연구, 15**(3), 109-126.

김현숙、황인영、이병인(2014). 발달지체유아를 위한 '학급수준 교육과정'에 대한 유아특수교육 전문가들의 인식 및 요구분석. **유아특수교육연구, 14**(3), 45-69.

곽승철·백은희·전병운·이병인·이유훈(2002), 특수교육 교원연수의 현황과 개선방안, **특수교육학연구, 37**(1), 25-60.

박나리(2019). 누리과정기반 수활동의 교수적 수정 중재가 통합학급 장애유아의 수학능력에 미치는 영향. **유아특수교육연구, 19**(3), 71-96.

박찬우、배성현(2019). 특수교육대상영유아의 IFSP와 IEP의 실태 분석-경기도 사례를 중심으로. **한국특수교육학회 춘계학술대회**, 202-216.

백상수、배정윤(2018). 유치원 통합교사의 교육과정 수정전략 인식에 대한 중요도 실행도 분석 연구. **학습자중심교과교육연구, 18**(11), 811-832.

배원영、정정희(2017). 장애유아 누리과정과 특수교육과정 연계성 분석-의사소통 영역을 중심으로. **한국유아교육학회 춘계정기학술대회**, 212.

백유순(2015). 유아특수교사의 개별화교육계획 수행 과정과 팀 협력에 대한 질적 연구. **유아특수교육연구, 15**(4), 85-114.

백유순(2019). 특수교육대상유아를 위한 개별화교육계획의 평가계획 실태. **유아특수교육연구, 19**(4), 1-27.

박현옥·최민숙(2005), 국내 유아특수교육과 전공 교육과정 분석, **유아특수교육연구, 5**(1), 5-25.

배성현·손가화·이병인(2015), 장애아통합어린이 집 교사가 경험한 전이지원 실행 과정상의 어려움과 지원 요구, **유아특수교육연구, 15**(1), 43-71.

백은희(1995), 교육과정 구성의 원리, **실천특수교육, 13**(4), 74-77.

백은희·김상진·이석진(1995), 특수아 조기교육과정의 방향설정을 위한 교수적 수정의 개념과 실행방안, **특수교육학연구, 34**(2), 29-71.

백은희·박은송·김창호·정수연·김달봉·김진호·이병인·김정민(2014), 특수학교 중·고등학교 창의적 체험활동 지도서의 내용·체계 개발 및 타당성 검토, **지적장애연구, 6**(1), 391-411.

서현아(2000), 효율적인 통합교육을 위한 유치원 교육과정의 운영에 관한 연구, **발달장애학회지, 4**, 133-159.

송영준·김영태·육주혜·이병인(2007), **특수교육 관련 서비스 요구조사 및 지원방안**, 국립특수교육원.

수도 사랑의 학교(2008), **2008 교육과정 운영계획**, 서울.

오지연·노진아(2020). 국、공립 교육기관에서 근무하는 유아특수교사의 2019 개정 누리과정에 대한 인식: 유아、놀이 중심 교육과정을 중심으로. **유아특수교육연구, 20**(3), 83-112.

이경화(2019).「2019 개정 누리과정」의 성격과 그 실천을 위한 유아교사의 역량 탐색. **어린이교육비평, 9**(2), 7-33.

이병인(2002a), **제7차 교육과정과 교과서의 내용 분석 및 활용 방안**, 제2회 단국대학교 교과교육연구소 학술발표대회, 14-23.

이병인(2002b; 2004, 2006, 2016), **특수교육대상아동 가족 지원의 이해**, 용인: 단국대학교 출판부.

이병인(2007), 2004 미국의 장애인 교육법(IDEA) 개정안 주요내용 고찰, **유아특수교육연구, 7**(2), 21-46.

이병인·김현숙(2012), 의무교육기관으로써 특수학교 유치원 질적 운영을 위한 유아특수교육 전문가들의 인식 및 조사 요구, **유아특수교육연구, 12**(3), 25-47.

이병인·이지효(2010), 개정 전·후 특수학교 교육과정 비교분석 및 심층 면담을 통한 효율적인 유아특수 교육과정 편·운영에 대한 질적 연구, **유아특수교육연구, 10**(2), 51-75.

이병인·이지효·조현근·김현숙·박민정(2010), 유아특수 교육과정 편성·운영에 대한 실태 및 개선 방안, **특수아동교육연구, 12**(2), 349-375.

이소현(1999), 장애유아와 비 장애유아의 사회적 통합 촉진을 위한 '놀이 활동-중심의 통합유치원 교과과정' 개발 연구, **특수교육학연구, 34**(1), 61-86.

이소현(2001), 특수아 조기교육에 있어서의 진단과 교육과정 연계를 위한 방법론 고찰, **특수교육학연구, 36**(3), 165-196.

이소현(2003), **유아특수교육**, 서울: 학지사.

이소현(2007b), 유치원 통합교육을 위한 개별화 교육과정의 개발 및 실행 방안 고찰, **유아특수교육연구, 7**(2), 111-135.

이소현·김수진(2002). 장애영유아를 위한 자연적 중재의 개념과 실행의 구성요소, **특수교육학연구, 9**(1), 275-295.

이소현·박순희·김경희(2002), 유아특수교육 기관에서의 장애유아 교육진단 및 교육과정 운영 실태 조사, **특수교육학연구, 36**(4), 191-212.

이소현·윤선아·이수정·박현옥(2012). 장애유아를 위한 일반유아교육과정 기반의 개별화교육계획 시행요소 타당화. **유아특수교육연구, 12**(3), 207-228.

이소현·이수정·박현옥·윤선아(2012). 장애유아를 위한 일반유아교육과정 기반의 개별화교육계획 실행에 대한 유아특수교사의 인식: 개별화 교육과정 운영 지원 프로그램 개발을 위한 기초 연구. **유아특수교육연구, 12**(1), 59-90.

이소현·최윤희·윤선아·이수정·박나리·김지영·고동희(2007a), 장애영유아를 위한 교육과정-중심 진단 도구의 질적 구성요소 분석: 한국 유아특수교육 현장에서의 활용을 위한 고찰, **유아특수교육연구, 7**(1), 43-70.

이유훈·최세민·유장순·권택환(2006), 초등학교 특수학급 교육과정 편성·운영 현황과 문제점 및 개선방안에 관한 연구, **특수교육연구, 13**(1). 91-116.

이윤진·김지현·이민경(2016), **누리과정 정책 성과 분석**, 유아정책연구소, 연구보고, 2016-26.

이연승·조인영(2017). 3-5세 연령별 누리과정 운영에 대한 장애유아 담당 보육교사의 실태 및 인식. **어린이문학교육연구, 18**(1), 159-180.

이지효·이병인(2011), 발달지체유아의 통합교육 관련 요인과 유치원 교육과정 실행 구성요소 간의 관계 분석, **특수교육학연구, 46**(2), 1-28.

이진화·박창현·윤지연(2015),「3-5세 누리과정」운영 및 이용 실태와 정책 효과 분석, 육아정책연구소, 연구보고, 2015-26.

이현주·권요한(2014). 누리과정에 대한 유아특수교사의 인식과 실행 수준 및 프로그램 평가 간의 관계. **특수아동교육연구, 16**(3), 315-338.

이효신·안혜영(2014). 누리과정 교사용 지도서와 장학자료에 수록된 장애 관련 활동 분석. **정서·행동장애연구, 30**(1), 163-181.

윤혜정·김소향(2013), 초등학교 교사의 누리과정에 대한 인식과 유·초 연계교육에 대한 인식 및 요구 조사, **미래유아교육학회지, 20**(4), 409-437.

조광순(2000a), 특수유아들을 위한 교과과정 개발과 운영의 향후 방향, **특수교육학연구, 35**(3), 341-371.

조광순(2000b), **유아특수교육의 최상의 실제**, 특수아동 교육학회 춘계학술대회, 99-109.

조광순·김용욱(2000), 영·유아 발달진단 검사도구의 개발을 위한 1차 표준화연구, **특수교육학연구, 34**(3), 111-137.

조광순·김경남(2002), 유아교육 및 유아특수교육 추천실제의 중요도에 대한 유치원 교사의 인식, **유아특수교육연구, 2**(2), 25-42.

조광순·전병운·박혜준·홍은숙(2005), 유아특수교육 기관의 개별화교육프로그램 운영실태 및 개선 방안, **특수교육연구, 12**(1), 339-370.

조광순·홍은숙·김영희(2005), 발달지체영유아를 위한 교육과정중심 진단, 평가도구의 고찰 및 시사점, **정서 행동장애연구, 21**(3), 45-78.

조부경·김경은(2017), 교육 보육과정으로서 누리과정의 성과와 내실화 방안, **유아교육연구, 19**(3), 1-22.

조아라·김정연(2015). 누리과정에 관한 유아특수교사들의 관심과 활용에 관한 연구. **한국특수교육학회 춘계학술대회**, 806-826.

조인영·이연우(2019). 누리과정 교사교육에 대한 이야기를 통해 본 장애유아 담당교사의 아비투스: D 장애아전문어린이 집 교사를 대상으로. **특수교육저널: 이론과 실천, 20**(2), 123-143.

최민숙(1999), '가족중심 유아특수교육'의 태동과 가족참여의 효율성을 저해시키는 변인, **특수교육연구, 6**, 3-14.

최세민·손영수(2007), 중학교 특수학급 교육과정 편성 및 운영 실태 분석, **특수교육저널 : 이론과 실천, 8**(3), 283-302.

한경임(2002), 특수학교 유치부 교육과정 운영에 관한 질적 연구, **특수아동교육, 4**(2), 17-37.

Barnes, E. & Lehr, R.(2000). *Including everyone: a model preschool program for typical and special-needs children*. In J. L. Roopnarine. & J. E. Johnson(Eds), *Approaches to early childhood education. Columbus*, OH: Merrill an imprint of prentice Hall.

Barnett, D. W., & Carey, K. T.(1993). Naturalistic intervention design for young children : Foundations, rationals, and strategies, *Topics in early childhood special education, 13*, 430-432.

Bricker, D.(1995). The challenge of inclusion. *Journal Early Intervention, 19*(3), 179-194.

Bricker, D., Pretti-Frontczak, K., & McComas, N.(1998). *An Activity-based approach to early intervention*(2nd ed.). Baltimore, MD: Paul H. Brookes Co.

Division for Early Childhood(DEC).(1995). *DEC recommended practices: Indicators of quality in programs for infants and young children with special needs and their families*. Reston, VA: Division for Early Childhood, Council for Exceptional Children.

Division for Early Childhood(DEC), National Association for the Education of Young Children(NAEYC), & Association of Teacher Educators(ATE).(1995). *Personnel standards for early education & early intervention: Guidelines of licensure in early childhood special education*. Reston, VA: Division for Early Childhood, Council for Exceptional Children.

Dunst, C. J., Trivette, C. M., & Deal, A. G.(1998). *Enabling & empowering families: Principles & guideline for practice*. Cambridge, MA: Brookline Books.

Gargilo, R. M. & Kilgo, J.(2000). *Young children with special needs: An introduction to early childhood special education*. Albany: New York: Delmar.

McClean, ,Bailey, D. B., & Wolery, M.(1996). *Assessing infants and preschoolers with special needs. Englewood Cliff*, NY: Prentice-Hall, Inc.

McWilliamm R. A., Wolery, M., & Odom, S. L.(2001). *Instrumental perspectives in inclusive preschool classroom. In M. J. Guranlnick(Ed), Early childhood inclusion: Focus on change*. Baltimore: Paul H. Brookes.

Noonan, M. J. & McCormick, L.(1993). *Early intervention in natural environments: Methods & Procedures*. Belmont, CA: Brooks/Cole.

Ok, M. W., Hughes, J. E., & Lee, B. I.(2017). A study on effects of 1:1 laptop computing on pre-service special educators' technology-related knowledge, skills, and attitudes, *The Korean Journal of Early Childhood Special Education, 17*(2), 1-21.

Odom, S. L., & McEvoy, M. A.(1990). Mainstreaming at the preschool level: Potential barriers and tasks for the field. *Topics in Early Childhood Special Education, 10*(2), 48-61.

Paik. E. & Healey, W.(1999). Early intervention programs for young children with disabilities in Korea, *International Journal of Disability, Development, & Education, 46*(2), 356-264.

Rainforth, B., York, J., & McDonald, C.(1992). *Collaborative teams for students with severe disabilities. Baltimore*: Paul H. Brookes.

Spodek, B., Saracho, O. N. & Davis, M. D.(1991). *Foundations of early childhood education*. Englewood Cliffs, NJ: Prentice-Hall.

Udell, T., Peters, J., & Templeman, T. P.(1998). From philosophy to practice in inclusive early childhood programs. *Teaching Exceptional Children, 30*(3), p. 48.

Wolery, M. & Bredekamp, S.(1994). Developmentally appropriate practices and young children with disabilities: Contextual issue in the discussion. *Journal of Early Intervention, 18*, 331-341.

제8장

유아통합교육

01 | 유아통합교육의 이론적 배경

02 | 유아통합교육 상황에서의 주요 요소들

03 | 유아통합교육 상황에서의 친사회적 기술 및 현장 사례

04 | 효과적인 유아통합교육을 위한 과제

01 유아통합교육의 이론적 배경

UN 아동권리협약 제23조에는 특수교육대상아동이 인격을 존중받고 자립과 사회참여가 장려되는 환경에서 여유롭고 품위 있는 생활을 누리며, 특수교육대상아동의 권리를 인정하고 어려움을 인식하며, 사회참여와 문화적 · 정신적 발전 등 개인 발전에 기여할 수 있는 지원을 마련해야 한다고 명시하고 있다. 우리나라는 특수교육대상아동의 권리를 지키기 위하여 특수교육법이 잘 지켜지도록 필요한 예산과 인력을 지원하여, 가능한 특수교육대상아동이 또래 아동과 함께 교육을 받을 수 있어야 한다고 권고하였다(유니세프한국위원회, 2015, 2019; 정영아 · 이병인, 2021 재인용).

유아통합교육은 특수교육대상유아들로 하여금 또래 집단에서 얻을 수 있는 관찰 학습과 동기 유발, 또래와의 상호작용, 다양한 학습 경험, 자신의 장애에 대한 타인들의 반응에 대한 체험을 가능하게 하며, 자신을 인식하고 자발적인 활동의 기회를 제공한다. 특수교육대상유아는 통합교육을 통해 의사소통하는 방법과 함께 생활하는 방법을 익히며, 사회구성원으로서 남들과 함께 어울리는 방법을 일반 또래유아가 배우는 것과 같은 방식으로 직접 체험하며 배울 수 있다. 또한 통합 환경에서의 수업이나 활동은 일반 유아의 장애 유아에 대한 인식 및 장애 또래 수용에 긍정적인 영향을 주며, 통합교육 현장에서 장애이해교육과 관련된 의미 있는 교수-학습 방법으로 활용될 수 있다(김혜민 · 이병인 · 김현숙, 2019).

이러한 통합교육은 정책적 측면이나 사회적 측면에 있어 효과적인 교육환경이기 때문에 우리나라의 「장애인 등에 대한 특수교육법(2007)」에서는 법적으로 통합교육을 명시하고 통합교육 환경을 권장하고 있으며, 이러한 특수교육의 시대적 흐름에 따라 특수교육 대상유아의 교육환경도 '자연스러운 환경(natural environment)'의 통합교육을 지향하고 있다. 또한 이 법에 따라 만 3세 미만의 발달지체영아의 무상교육과 만 3세 이상 발달지체 유아의 의무교육이 법적으로 보장받게 되었으며(이병인 · 김현숙, 2012; 이병인 외, 2011), 이들을 위한 의무교육의 법적 효력이 발생하는 2010년부터는 모든 특수교육대상유아가 입학하길 원하는 유아교육기관에 배치될 수 있도록 하고 있으며, 이를 뒷받침할 수 있는 물리적, 사회적, 심리적 지원이 제공되도록 규정하고 있다(이지효 · 이병인, 2011).

유아통합교육을 강조하고 있는 대부분의 문헌들은 일반적으로 법적, 사회-윤리적, 발달적, 경제적인 측면 등에서 그 중요성을 강조하고 있다(Odom & McEvoy, 1990; 이병인, 2004, 2006, 2016 재인용). 1975년 미국의 특수교육법인 전(全)장애아동교육법은 통합(inclusion)이라는 단어를 사용하지 않고 '최소 제한적 환경(LRE)'이라는 용어를 사용하고 있다. 그 배경을 보면 미국에서는 전(全)장애아동교육법(1975)이 제정되기 전에는 특수교육대상아동의 교육을 거부하거나 분리된 시설이나 특수학교에서 교육이 이루어졌다. 이러한 분리된 환경에 있는 특수교육대상아동에게 장애에 따른 분리를 최소화할 목적으로 교육법에서 최소 제한적 환경을 보장하도록 하였다. 다시 말해서, '최소 제한적 환경에서의 무상의 적합한 공교육(Free Appropriate Public Education in the Least Restrictive Environment)'을 제공해야 한다는 요구에 의해서 통합교육의 법적 근거가 마련되었으며, 1986년 공법 99-457로 개정되면서 3~5세 유아들에게도 법적 요구가 적용되기 시작하였다(이병인 · 이지효, 2010).

최근 우리나라의 「장애인 등에 대한 특수교육법」(2007) 제1장 총칙 제2조에서 "통합교육"이란 특수교육대상자가 일반학교에서 장애 유형 · 장애 정도에 따라 차별을 받지 아니하고 또래와 함께 개개인의 교육적 요구에 적합한 교육을 받는 것으로 정의하고 있으며, 제21조 1항에서 각급학교의 장은 교육에 관한 각종 시책을 시행함에 있어서 통합교육의 이념을 실현하기 위하여 노력하여야 하며(1항), 제17조(특수교육대상자의 배치 및 교육)에 따라 특수교육대상자를 배치받은 일반학교의 장은 교육과정의 조정, 보조 인력의 지원, 학습보조기기의 지원, 교원연수 등을 포함한 통합교육계획을 수립 · 시행하여야 하며(2항), 일반학교의 장은 제2항에 따라 통합교육을 실시하는 경우에는 제27조(특수학교의 학급 및 각급학교의 특수학급 설치 기준)의 기준에 따라 특수학급을 설치 · 운영하고, 대통령령으로 정하는 시설 · 설비 및 교재 · 교구를 갖추도록(3항) 명시하고 있다. 이는 구법(舊法)인 「특수교육진흥법」 하에서는 기존의 통합교육은 특수교육대상자를 일반학교에 일시적으로 배치하는 등의 물리적 통합만을 강조한데 반해, 신법(新法)에서는 교수-학습적 통합(교육 과정적 통합) 및 사회적 통합(교육 결과적 통합)의 의미까지 확대하여 제시하고 있다는데 그 의미가 있다고 할 수 있다.

우선 사회-윤리적인 측면에서 통합교육은 일반 유아의 친사회성 증진 및 장애 인식과 수용 태도에 긍정적인 영향을 주며, 일반 유아와 장애 유아 간의 사회적 행동에 긍정적인 영향을 주며(원계선 · 이병인, 2007), 특수교육대상아동에게 미치는 분리 교육의 부정적인 영향을 최소화할 수 있으며(Bricker, 1998), 특수교육대상아동에게도 사회 구성원으로 성장할 수 있는 기회를 제공해준다.

발달적 측면에서도 많은 연구 결과들이 유아통합교육의 중요성을 뒷받침해 주고 있다. 유아기의 놀이는 아동의 인지, 사회성, 언어 및 도덕성의 발달에 있어 중요한 역할을 한다. 놀이를 통해 아동은 새로운 역할이나 경험을 하고, 자신의 신체적 지적 활동의 한계를 깨닫고, 자신의 감정을 표현하기도 한다. 또래와의 놀이는 아동에게 다양한 환경에 접하게 해주며, 다른 아동과의 상호작용하는 방법을 배우게 한다. 유아기의 통합된 환경에서 특수교육대상아동은 또래 아동과의 놀이와 상호작용을 통해 많은 발달을 촉진할 수 있게 된다(이병인 · 이지효, 2010).

행동적 측면에서 살펴보면, 중도장애아동들이 비장애 또래들과 통합되었을 때 부적절한 놀이 행동을 보이는 빈도가 감소되었으며(Guralnick, 1980), 또래와의 사회적 상호작용 증진에 따른 상동 행동의 감소를 보였으며, 자유 놀이 시간에 교사−주도의 행동이 줄어들고 또래−주도의 놀이 행동이 증가한 것으로 나타났다(Field, Roseman, DeStefano & Koewler, 1981).

경제적 측면에서도 특수교육대상아동을 위한 시설을 새로운 시설을 새로 만들기보다는 기존의 일반 유치원에 특수교육대상아동을 통합시키면 효율적이다. 특수교육대상아동과 그 부모의 입장에서도 집 근처의 유아교육프로그램을 두고 멀리 떨어져 있는 특수교육기관에 다니는 것은 시간적으로도 낭비가 아닐 수 없다. 지역 사회의 유아교육프로그램에서 특수교육대상아동을 받아들이는 경우 그 아동들에게 필요한 특수교육이나 관련 서비스를 순회교사나 특수교사가 맡을 수도 있다. 현재 정부에서는 '장애아 보육의 활성화 방안'을 마련하여 어린이집 등 보육 시설에 특수교사와 특수교육대상아동 담당 보육교사의 인건비 지원, 교재 · 교구비와 시설비 지원 등을 하고 있으며, 앞에서도 언급하였듯이 2004년부터 교육부의「장애유아 무상교육 지원방안」을 통하여 만 3세에서 5세까지의 장애 유아에게 유치원 무상교육이 실시됨에 따라 통합교육의 저변확대가 이루어지고 있다(이병인 · 이지효, 2010).

통합교육을 강조하는 가장 중요한 이유는 특수교육대상아동이 일반 또래와 함께 교육을 받는 환경 속에서 나이에 적절한 행동을 관찰하고 그러한 행동을 보이는 또래들과 상호 작용할 수 있다는 것이다(Odom & McEvoy, 1990). 특히 의사소통 및 사회성 영역의 발달은 정상적인 발달을 보이는 또래 아동들과의 통합을 통해서 얻을 수 있는 가장 큰 이점이다. 예를 들어서, 관찰 학습을 통해서 또래 아동들의 나이에 적합한 바람직한 행동을 배울 수 있으며, 특히 인지 및 언어 발달이 정상적으로 진행되고 있는 또래 아동들과 함께 구성되는 교육환경을 통해서 인지 및 언어 발달 등이 촉진될 수 있다(Turnbull, 1982).

통합교육을 통해 특수교육대상아동들은 특수교육대상아동들만의 집단 속에서 얻기 힘든 또래 집단이 갖는 학습 효과, 즉 관찰을 통한 학습과 동기 유발, 다른 유아들과의 상호작용, 다양한 교육경험, 자신의 장애에 대한 타인들의 반응(feedback)을 체험하고, 어머니 등 성인과의 밀착에서 벗어나서 자발적인 활동의 기회와 자기 자신의 존재를 인식할 수 있는 기회를 가질 수 있다(김용주, 1987). 또한 또래 아동이 특수교육대상아동에게 적절한 반응을 해줌으로써 특수교육대상아동들의 발달을 증진시켜 주며, 특수교육대상아동과 또래 아동 상호 간의 태도가 긍정적으로 변화된다(김광웅, 2001).

유아통합교육이 특수교육대상아동들에게 어떠한 영향을 주는가에 대한 연구들이 활발히 진행되어 왔는데, 일반적으로 통합프로그램에서 특수교육대상아동을 위한 적절한 조치가 같이 제공될 때 특수교육대상아동들은 여러 가지 발달 영역(developmental areas)에서 더 많은 긍정적인 변화를 가져오게 되며, 일반 유아 프로그램에 특수교육대상아동이 포함될 때 부모나 교사의 주된 관심사는 특수교육대상아동이 또래 아동의 발달에 부정적인 영향을 줄 수 있다는 것이다(Odom, Deklyen & Jenkins, 1984). 그러나 여러 연구를 종합해 볼 때, 특수교육대상아동과 또래 아동 모두에게 통합프로그램의 긍정적인 효과를 나타냈으며, 통합교육을 통하여 또래 아동이 특수교육대상아동들을 통해 다른 점을 이해할 기회가 많아지고, 서로 어울릴 수 있는 능력을 키워주며, 또한 또래 아동이 특수교육대상아동에게 나이에 적합한 행동의 모델이 되고, 특수교육대상아동은 관찰 학습을 통해서 이러한 행동 모방뿐만 아니라 학습, 언어 등 전반적인 발달에 긍정적인 영향을 받게 된다(이병인 · 이지효, 2010; 배선화 · 이병인 · 조현근, 2016).

02 유아통합교육 상황에서의 주요 요소들

1. 전문가 간 협력

유아통합교육을 실시하는 과정에서는 유아특수교육 교사와 일반 유아교육 교사와의 협력 관계는 매우 중요하다. 구체적인 두 전문가와의 협력 관계를 통해서 고려해야 할 사항은 다음과 같다. 참고로 아래의 내용은 이병인(이경면, 2002; 이병인, 2004, 2006, 2016 재인용)의 「특수교육대상아동 가족 지원의 이해」에 수록된 내용을 발췌 · 수정 · 보완하였다.

(1) 통합교육의 필요성, 목적에 대해서 양측 교사가 충분히 이해하고 있는가?

통합교육과 관련하여 양측 교사가 갖는 목적이 반드시 일치한다고는 볼 수 없다. 어쩌면 한쪽은 이득을 보고 한쪽은 피해를 본다고 생각할 수도 있다. 사실 통합교육은 실제 유아를 지도하는 담당교사가 요구해서 시작되는 경우는 많지 않다. 기관 대 기관으로 이루어지 는 경우에는 개별 교사의 의견보다는 기관의 요구에 의해서 시작되기 때문에 개별 교사의 의견이 충분히 반영된다고 보기는 어렵다. 또한 개별적으로 유아가 기관을 방문하여 통합교육을 받게 되는 경우도 일차적으로 기관장이 결정을 하고 학급이 정해지기 때문에 일반 유아교사들은 준비되지 않은 상태에서 유아를 교육해야 하는 경우가 많다. 이 경우 왜 발달지체유아를 자신의 학급에서 담당해야 하는지, 혹은 왜 통합교육을 해야 하는지에 대해서 전문가 간의 충분한 의견이 교환되지 않아 통합교육이 효율적으로 실시되기가 어렵다. 그러므로 우선적으로 양 전문가 간에 의견이 충분히 고려되어야 한다.

(2) 양측 교사는 통합교육의 내용 및 수준에 대해서 서로 협의를 하였는가?

기관 간 통합교육의 경우 각 기관의 교육과정에 의해 운영되기보다는 별도의 프로그램을 운영하는 경우가 많은데, 이는 집단 운동 활동이나 야외 활동 등에 아동들이 비교적 쉽게 참여할 수 있기 때문이다. 그러나 통합교육이 이러한 프로그램들로만 운영되는 것은 문제점이 있다. 예를 들어, 집단 운동 활동의 경우 발달지체유아들을 배려하면서 활동에 참여하도록 요구하기 때문에 운동 활동에서 추구하는 '긍정적 의미의 경쟁적 요소'들이 배제되는 경우가 많게 된다.

또 다른 하나는 교육 내용의 수준 차에서 오는 문제점이다. 특수교육기관에서 부르는 동요 및 율동과 일반유아교육기관에서 부르는 동요 및 율동은 지나치게 난이도가 다르고, 일반 유아들은 동일한 연령의 아동들이지만 훨씬 다양하고 수준 높은 노래들을 일반유아교육기관에서 지도되기 때문에, 통합수업을 진행하는 과정에서 너무 쉬운 노래나 반복되는 노래는 유아들을 금방 싫증을 내거나 주의가 산만해지는 행동으로 나타난다. 그러므로 양측 교사는 정기적으로 전문가들이 함께 모여 통합교육의 내용과 방법을 충분히 협의하고 합의해야 한다.

(3) 양측 교사는 통합교육 활동과정에서 각자의 역할을 적절히 분담하였는가?

일반적으로 5월에 한 기관이 프로그램을 계획하고 진행한다면 6월에는 상대방 기관에 서 준비를 하고 진행하는 형식으로 각 기관은 통합수업을 한 번씩 번갈아 가며 실시하고 있다. 이 과정에서 통합교육의 성공 여부는 적절하게 역할을 분담하였는가에 달려 있다. 예를 들어, "장애물 넘기"를 한다면 장애물 넘기 종목의 준비 진행 등을 서로 의논하여 각 기관이 효율적으로 나누어 분담해야 한다. 하지만 각 기관이 서로 만나서 긴밀하게 논의할 시간을 갖는 데는 여러 가지 어려움이 있다.

(4) 양측 교사는 발생 가능한 특정 문제들에 대해서 각자의 입장을 정리하였는가?

많은 유아교사들은 교실 내에서 공격성과 수업 방해 행동 등 유아의 문제행동 지도에 대해 어려움을 경험하게 된다(김슬아 · 홍석주 · 임화성, 2014). 특히 일반유아교사는 유아의 문제행동 지도에 어려움이 있으며, 이러한 상황은 통합수업 상황에서 더 심각한 문제를 발생할 수 있다(김주희 · 이병인, 2015). 유아의 특정한 문제에 대해서 전문가들은 자신들의 대안들에 대해서 사전에 협의할 필요가 있다. 때때로 동일한 문제에 대해 전문가들 간의 의견이 조정되지 않는 경우가 있다. 이러한 상황은 유아가 특수학교에 적을 두고 있으면서 많은 시간을 통합기관에서 보내는 경우에 좀 더 자주 나타나게 된다. 예를 들어, 한 유아가 바지에 소변을 빈번하게 볼 때, 통합 교사는 기저귀를 채울 것을 요구하는 대신, 특수 교사는 기저귀를 뺄 것을 요구하게 된다. 그런데 이 경우 양쪽의 입장은 분명히 다른 맥락에서 이해될 수 있다. 그리고 줄을 세우는 방법이라든지, 부적응 행동에 대한 대처 등에 대해서 서로 합의하지 않으면 특정한 상황에서 문제가 발생한다.

또한, 유아특수교육대상 유아들 중에는 이들의 특별한 특성을 이해해야 하는 경우가 많다. 예를 들어, 특정한 음향 소리에 민감한 유아가 통합수업으로 뮤지컬 관람을 할 경우 소리가 나는 특정한 상황에 대해서 상당히 심한 부적응 행동을 보일 수 있다. 따라서 이러한 맥락들을 사전에 서로 적절히 논의하고 숙지하여야 하는데 이을 위해서는 상호 간에 기관 방문을 통해서 각 기관의 환경 맥락을 적절히 이해할 뿐만 아니라 개별 유아들의 특성을 적은 사진 및 글을 교환하는 것도 효과적이다.

(5) 전문가 간 협력 방안들

1) 기관 대 기관의 통합교육을 위한 학년 초, 학년 말 집단 모임

이는 통합 결연을 맺은 각 기관의 교사들이 적어도 학년 초와 학년 말에 한 번 정도 모임을 갖는 것이다. 이는 구체적인 교육프로그램을 의논하기보다는 교사 간의 친목을 도모하고 긍정적인 관계를 형성하기 위한 것으로 간단한 식사나 차 마시기 등의 시간을 통해서 자연스럽게 서로의 기관과 아동들에 대해서 이야기를 나눈다. 한편 학년 말 모임에서는 간단히 일 년을 돌아보면서 통합교육과 관련하여 느꼈던 점들에 대해서 이야기를 나누게 되는데 이때는 가능한 한 관리자를 비롯한 전 교직원이 자리를 함께 하면 더욱 효과적이다.

2) 통합담당 교사들 간의 모임

통합수업을 하기 전에 계획서를 서로 주고받고 각 학교의 담당자들이 만나 통합수업에 대해서 구체적인 논의를 하게 되며, 이러한 모임에서 활동내용, 시간, 역할 분담 등을 전반적으로 논의하게 된다.

3) 학급 교사 간의 관계

이는 실제 수업을 진행하는 개별학급 교사 간에 정보를 주고받는 것이다. 예를 들어, 3~5세 반에서 수업을 진행하는 교사들이 수업과 관련한 내용을 주고받는 것으로, 전화를 통한 의견이 일반적이며 이 메일이나 팩스를 사용하기도 하며, 경우에 따라서는 직접 만나서 좀 더 이야기를 나누기도 한다.

2. 가족 지원

통합교육과 가족 지원을 서로 관련지어 본다면 다음과 같은 부분들이 중요하게 간주 될 수 있다.

(1) 유치원 교육과정과 운영에 대한 정보제공

통합 상담에서 부모들이 묻는 일반적인 질문은 "유치원에서 하루 일과는 어떻게 운영되나요, 그리고 무엇을 배우나요?"일 것이다. 통합교육에 대한 필요성과 당위성에 대해 부모들이나 교사들이 모두 인정하면서도 정작 통합된 장면에서 어떻게 수업이 이루어지고 있는지에 대해서는 잘 모르고 있는 것이 사실이다. 통합을 하고 있는 부모들의 일관된 불만 중의 하나는 "선생님이 우리 아이에 대해서 좀 더 개별적으로 많은 시간을 주지 않는 것 같아요"라는 것이다. 특히 발달지체유아들을 대상으로 하는 특수교육기관에 있다가 일반유아교육기관으로 통합된 경우 이 부분에 대한 불만이 더 커지게 된다. 특수교육기관은 운영 특성상 개별적 유아들에 대한 배려나 개별적 지도 등에 좀 더 많은 신경을 쓰는 것이 사실이다. 또한 지속적인 교사의 개입과 활동 운영의 구조화를 그 특징으로 한다. 즉 유아들의 특성상 수업은 상당히 구조화되어 있고 교사의 중재가 상당히 이루어지게 된다. 그러나 일반 유아교육기관은 상황에 따라 많은 차이가 있다. 우선 인원수가 많고, 교육 내용 면에서 유치원에서의 교육은 유아들의 자발적, 자율적 탐색 활동을 많이 강조한다는 것이다. 이것이 발달지체유아 부모들에게는 마치 '방치'하는 것으로 보일 수가 있고 이 때문에 문제가 발생할 수 있다는 것이다. 따라서 통합수업을 원하는 부모들에게 유치원이나 어린이집의 교육과정과 실제 운영에 대한 안내는 반드시 필요하다.

(2) 통합교육과 관련한 부모 간 의견의 조율

어떤 부모의 경우 부모 모두 통합을 원하는 경우도 있지만 어떤 경우에는 한 쪽은 통합교육기관을, 다른 한쪽은 특수교육기관 쪽을 고집하는 경우가 있다. 따라서 이 경우에는 양쪽 부모들과 통합에 대해서 이야기를 나눈 후에 합의점을 찾는 것이 필요하며, 부모 간 의견을 조율하는데 교사의 역할이 중요하다고 할 수 있다.

(3) 교육 기관의 선정

통합교육과 관련하여 가장 큰 어려움 중의 하나는 교육기관의 선정이다. 학교에서는 가능한 한 집에서 가까운 어린이집이나 유치원을 찾아보도록 권유하고 있으나 이것도 쉬운 일은 아니다. 많은 기관에서 아동들을 받아주지 않을 뿐 아니라 받은 후에도 얼마 있지 않아 퇴원하는 경우가 많다. 이 부분에서 교육기관을 물색하는 것은 부모의 몫이고 일단 교육기관이 정해지면 추후지도를 하는 형식을 취한다. 그러나 이제는 특수교육기관 교사들이 지역사회 유아교육기관들을 대상으로 하는 홍보 활동도 필요하다.

한편 지역사회 안에서 몇 몇 기관들은 발달지체유아에 대해서 좀 더 우호적인데, 이러한 정보들이 부모 간에 서로 전달되어 많은 아동들이 한 기관으로 몰리는 현상을 자주 볼 수 있다. 많은 부모들은 통합교육기관에 대해서 나름대로의 가치판단 기준을 갖고 있는데, 가장 큰 기준은 "인원이 얼마나 적은가", "선생님이 발달지체유아를 지도해본 경험이 있나"와 관련되어 있으며, 이러한 기준을 맞추려고 이곳저곳을 전전하는 부모들이 생겨나기도 한다. 때로는 부모가 자녀의 교육기관을 선정하는데 있어서 반 친구들로부터 왕따나 따돌림을 당할 것을 염려하여 통합교육 기관보다는 특수교육기관을 더 선호하는 경우도 있다. 아래 상담 사례는 이러한 경우를 잘 나타내고 있다.

[사례]

안녕하십니까?

얼마 전 0월 00일 00시 00종합복지관에서 교수님의 강의를 들었던 30대 후반의 아이 아빠입니다. 어려움이 있는 아이들을 위해 항상 연구하시고 몸소 실천하시느라 무척이나 힘드시겠습니다. 교수님이 강의를 듣고 바로 글로 올릴까 했지만 그 동안 과로해서 몸이 좋지 않았습니다. 그 강의 시간에 제가 질문했던 우리아이의 진로에 대하여 재삼 질문을 드리고자 합니다. 지금 현재 7살(68개월)인데 말을 잘하지 못합니다. TV 광고나 선생님한테 배웠던 짧은 한 구절 정도만 반복해서 혼자 중얼거릴 뿐 대화는 되지 않습니다. 정신집중을 시켜놓고 한마디 대답하는 거라도 가르치려고 해보지만 금방 자기 멋대로 혼자만의 생각이나 행동으로 돌아갑니다. 이제 곧 초등학교에 입학시켜야 하는데 일반학교 특수학급에 보내려 해도 다른 반 아이들의 노리개 감이 될 것 같기도 하고 전혀 방어 능력이 없는 우리 아이가 당하고 울고 있을 것을 생각하면 차라리 그런 (자폐성향이 조금 있는 전반성 발달장애) 아이들만 따로 모집해서 특수교육을 시켜 일반인과 가깝게 사회 활동을 할 수 있도록 지도하는 방법이 낫지 않을까 생각이 됩니다. 물론 일반아이들과 통합을 시켜서 미리 자기를 단련시켜나가야 하는 것도 좋지만 아직 너무 어려서 남에게 충격을 받으면 상태가 더욱 악화될까 두렵습니다. 우리 아이가 눈치가 제법 있거든요, 심부름을 시켜도 마지못해 하는 거지만 제가 할 만 심부름을 곧잘 합니다. 그러니 말귀를 알아듣는데 자기가 하고 싶은 말을 표현하지 못하고 엄마 손을 붙잡고 사정하는 것입니다. 밥도 강요하면 제 손으로 먹을 수 있고 옷도 갖다 주면 제 손으로 입을 수 있습니다. 또 그림 맞추기도 잘하고 숫자, 한글, 알파벳 등을 좋아하고 잘합니다. 한글은 이미 5살 때 읽고 쓰기가 가능했습니다. 이제 자기가 하고 싶은 것을 말로 표현만 하면 좋겠는데, 그게 쉽게 되질 않는군요. 언어 치료도 거의 2년 동안 꾸준히 했습니다. 언어치료 선생님은 점점 좋아진다고 하시는데 제가 보기엔 변화가 너무 더딘 것 같습니다. 꾸준히 치료하면 우리 아이가 과연 남과 대화를 할 수 있을지 커서 사회 활동을 할 수 있을지 답답하기만 합니다. 교수님, 이런 전반성 발달장애 아이들만 따로 모집해서 가르치는 특수학교나 아니면 그에 준하는 기관이 있는지 좀 가르쳐 주십시오. 그리고 제가 아이를 위해서 어느 곳에 입학을 시켜야 될지 가르쳐 주십시오. 앞으로 계속 이런 아이들을 위해 연구하시고 실천하시고 성과 있으시길 기원합니다.

– 부모특강 후 자녀 진학을 위한 상담 요청 이메일 내용 중–

따라서 적절한 교육기관을 찾는 문제, 즉 배치의 문제가 통합교육과 관련하여 부모나 가족에게는 매우 중요한 문제라고 할 수 있다.

(4) 부모의 역할

일단 통합교육을 하게 되면 부모들은 특수교육기관에 아동을 보냈을 때에 비해 몇 배 어려운 측면들을 경험하게 된다. 어떤 부모들은 "비상 대기조"라는 표현을 쓰기도 하는데 이는 하루하루 아이에게 아무 일 없기를 바라면서 노심초사하며 아이가 돌아올 때까지 대기하고 있는 것이다.

1) 일반 유아들에 대한 중재

발달지체유아를 직접 데리고 기관 등 · 하교를 하는 경우가 적지 않은데 이는 많은 유아들이 기관 하교 후 다른 치료 지원을 받으러 이동하는 경우가 많기 때문이다. 이때 부모들은 수시로 자녀가 포함되어 있는 학급의 유아들을 접하게 되는데 유아들은 많은 질문을 하게 된다. 경우에 따라서는 긍정적, 혹은 부정적인 관계가 형성되기도 한다. 이러한 장면이 우발적일지라도 부모들은 다른 유아에게 자녀에 대해서 설명하고 이해시키거나 관계를 증진시키도록 중재해야 한다는 부담을 느끼게 되므로 이 부분에 대한 교육이 요구된다.

2) 일반 유아들의 가족과의 관계

부모들은 다른 유아들의 부모들과 적절한 관계를 갖고 유아에 대해서 설명해야 하는 경우가 발생한다. 예를 들면, 기관 학예회, 참관 수업과 같은 공개적인 시간 동안 유아가 부적응 행동을 보이는 경우 부모들은 상당히 당황하게 된다. 따라서 사전에 다른 유아들의 가족들과 긍정적인 관계를 형성할 수 있도록 노력해야 한다.

3) 담임교사와의 관계

통합장면에서 담임교사와의 원만한 관계를 형성하는 일은 매우 중요하다. 담임교사와의 긍정적인 관계를 형성하기 위한 전략을 사용하도록 통학교육 전에 별도의 상담 시간을 갖는 것도 필요하다. 이 밖에도 통합교육 장면에서 문제가 되는 부분들은 발달지체유아 담당 교사들이 일반유아교육의 내용, 조직, 교육환경 등 구체적인 맥락들을 잘 모르고 있다는 것과 통합유치원 교사의 발달지체유아에 대한 이해, 통합교육의 필요성에 대한 이해가 부족하며,

특히 발달지체유아에 대해 일반 유아들이 선입견을 가질 수 있다는 것이다. 그러므로 일반 유아와 교사들에게 특수교육대상아동에 대한 이해를 돕는 긍정적인 인식 및 교육이 필요하다(김미령 · 이병인, 2011).

03 유아통합교육 상황에서의 친사회적 기술 및 현장 사례

1. 사회적 기술

사회적 기술(social skills)이란 자신의 권리, 요구, 만족, 또는 의무를 효율적으로 수행하며 동시에 타인의 유사한 권리, 요구, 만족, 의무를 손상시킴 없이 타인과 자유스럽고 개방적인 교환관계 속에서 자신과 타인의 권리 등을 생산적으로 공유하는 방식으로 타인과 의사소통할 수 있는 능력이다. 다시 말해서, 사회적 기술은 첫째로 자신의 권리, 요구, 만족, 또는 의무와 같이 자신이 원하는 바를 타인과의 관계 속에서 효과적으로 수행하는 능력이며, 둘째로 자신이 바라는 일을 수행하되 타인의 권리, 요구, 만족, 또는 의무를 손상시킴 없이 행하는 기술이며, 셋째로 효과적인 의사소통의 능력으로서 자신의 의도를 상대방에게 잘 표현하여 전달하는 동시에 또한 상대방의 의도를 잘 파악하고 이해하는 능력을 포함하며, 마지막으로 나와 타인의 욕구가 생산적으로 공유되어 모두 만족할 수 있는 결과를 가져오게 하는 행동적 기술을 의미한다(신현기, 2002).

일반적으로 사회적 기술은 다음의 4 가지 특징을 지닌다(신현기, 2002).
첫째, 사회적 기술은 기본적으로 학습을 통해 획득된다.
둘째, 사회적 기술은 언어적 행동과 비언어적 행동으로 구성된다.
셋째, 사회적 기술의 적절성과 효과는 행위자, 상대방 그리고 상황의 특성에 의해 결정된다.
넷째, 사회적 기술은 타인으로부터의 사회적 보상을 극대화한다.

2. 현장 사례

아래에 소개된 현장 사례들은 경기도 소재 B 유아특수학교의 한 학급에서 이루어진 내용을 중심으로 다루었다. 일반적으로 유아의 친 사회적 기술과 관련해서 유아특수교육 현장에서는 유치원 교육과정에 근거하여 “사회생활” 영역 안에서 지도하며 크게 두 가지 측면에서 지도를 하고 있다. 첫째는 “사람들 간의 사회적 상호작용”이라는 측면이고(사람들과의 직접적 상호관계 강조), 둘째는 “사회적응기술” 측면이다(특정한 사회적 장면, 상황에서의 역할과 책임 강조). 사람들 간의 사회적 상호작용에는 1) 아동–아동 간의 사회적 상호작용, 2) 아동–부모 간의 사회적 상호작용, 3) 아동–교사 간의 사회적 상호작용을 들 수 있고, 반면에 사회적응기술에는 1) 신변–자립 지도, 2) 사회적 장면에서의 역할지도 등이 있다(이경면, 2003).

(1) 사람들 간의 사회적 상호작용 지도

사람들 간의 사회적 상호작용 지도는 사회생활 영역뿐 아니라 전 활동 영역에서 가장 많은 신경을 쓰는 부분이면서 가장 많은 한계를 갖는 부분이기도 하다. 사람들 간의 사회적 상호작용 지도는 다음의 3가지 측면에서 주로 이루어지게 된다. 그러나 이러한 세 가지 측면을 의도적으로 꼭 구분하고 있는 것은 아니다. 단지 유아들이 경험하는 대인 관계의 폭이 이 세 부분에 한정되는 경우가 많기 때문이다.

1) 아동–아동 간의 사회적 상호작용 지도 및 사례

유아 간의 사회적 상호작용 지도는 현장에서 가장 많은 어려움을 겪는 부분인데 그 이유는 유아특수학교에 재학하는 유아들은 대부분 경도의 장애를 갖고 있다고 보기 힘들기 때문이다. 특수학교는 장애 정도가 심한 반면에 장애의 정도가 경한 유아들은 일반 유치원이나 어린이집에서 생활하는 경우가 많다 보니 유아들 간에 자발적으로 사회적인 상호작용을 시도하는 경우를 보기 힘든 실정이다. 결국 교육 활동을 제공하는 과정에 유아들 간의 상호 작용을 유도하려고 하지만 여전히 형식적인 단계에 머무르는 경우가 많다.

또래 간의 상호작용을 유도하기 위한 수업의 내용과 그 과정에서의 어려움을 보여주는 사례는 다음과 같다.

[사례 1]

▷ 활동: 허수아비 꾸미기

▷ 참여 형태: 집단 활동

▷ 활동 방법: 한 명의 유아가 커다란 종이로 만든 옷(하얀색 전지 가운데에 구멍을 뚫어 우비처럼 입게 함)을 입

고 있으면 나머지 유아들이 그 위에 색종이를 오려서 붙이거나, 크레파스 등으로 그림을 그리면서 친구의 옷을 꾸며준다.

▷ 활동 의도: 자발적으로 사회적 상호작용을 시도하는데 어려움을 갖기에 친구의 몸을 치장해주는 활동을 통해 친밀감과 유대감을 형성시키기 위함이다.

▷ 실제 활동장면에서의 어려움: 적지 않은 아이들이 소 근육 활동에 어려움을 보이기 때문에 종이를 오리거나 풀로 붙이거나 하는 등의 꾸미기 활동 자체에 많은 도움을 필요로 한다. 그러다 보니 친구를 꾸미는 과정에 주의를 집중하지 않으며 자신이 친구를 꾸미고 있다는 자체에서 큰 즐거움을 느끼지 못하는 경우가 많다. 또한 꾸미기 과정에서 계속적으로 교사의 지시가 반복되어야 하는 경우가 많다.

▷ 평가: 결국 위 활동은 사회적 관계를 유도하기 위한 활동으로 계획되었지만 결국 소 근육을 신장시키기 위한 활동처럼 되어버린다.

[사례 2]

▷ 활동: 탑 쌓기

▷ 참여 형태: 집단 활동

▷ 활동 방법: 선생님이 매트 위에 엎드리면 선생님의 등 위로 전체 유아들이 하나 둘 엎드려 인간 피라미드를 만든다.

▷ 활동 의도: 의사소통 및 제반 사회적 관계기술이 부족한 유아들에게 또래들과의 신체적인 접촉을 통해 기본적인 유대감을 형성해주기 위함이다.

▷ 실제 활동장면에서의 어려움: 처음에는 보조 교사가 곁에서 도움을 제공해 주어야 하며 어떤 유아들은 다른 사람 위에 엎드리거나 누군가 자신의 등위에 엎드리는 것에 대해서 매우 힘들어한다.

▷ 평가: 전반적으로 매우 의미 있는 활동이며 한 학기 정도 지속적으로 실시하면 아이들 스스로 인간 탑을 만들기도 한다. 특히 친구들과의 신체적 접촉에 대한 거부감, 불안감이 현저히 감소하는 것을 확인할 수 있다.

[사례 3]

▷ 활동: 달팽이 집 놀이

▷ 참여 유아: 집단 활동

▷ 활동 방법: 유아들 간에 손을 잡게 하고 원을 그리게 한다. 그런 다음 노래에 맞추어 옆으로 돌면서 이동한다. 이때 교사의 지시에 따라 빠르게, 느리게 돌거나 제자리에 앉기도 한다.

▷ 활동 의도: 친구들과 손을 잡고 집단이 하나의 원을 형성하고 일정한 음악에 맞추어 몸을 움직이는 과정을 통해 유대감, 일체감을 형성시키기 위함이다.

▷ 실제 활동장면에서의 어려움: 친구끼리 손을 잡지 않는 경우가 많아서 중간 중간에 교사가 들어가 개입을 해야 한다.

▷ 평가: 일정한 기간 동안 연습하면 대부분의 유아들이 참여할 수 있고 활동에 대한 기쁨을 많이 표현하는 활동 중의 하나이다.

[사례 4]

▷ 활동: 로숀 바르기

▷ 참여 유아: 개별 활동

▷ 활동 방법: 수업 후 종례 시에는 항상 아이들 얼굴을 씻기고 얼굴에 화장품을 발라주고 예쁘게 단장을 해준다. 바로 이 시간에 유아로 하여금 다른 친구의 얼굴에 로숀을 발라주게 한다.

▷ 활동 의도: 친구의 얼굴을 만지고, 로숀을 발라주는 활동을 통해 사회적 친밀감을 형성시키기 위함이다. 특히 이 활동은 친구의 얼굴을 직접적으로 바라보아야 하는 활동이고 민감한 얼굴 피부를 만져준다는 측면에서 의미를 갖는다.

▷ 실제 활동장면에서의 어려움: 자신의 얼굴을 만지는 것에 대해서 심한 거부감을 보이는 유아들이 생각보다 많다. 따라서 일정 기간 동안은 선생님이 로숀을 발라주면서 이 활동에 익숙하도록 해주는 것이 필요하다. 물론 처음에는 선생님 얼굴을 교구 삼아서 유아들이 선생님의 얼굴에 로숀을 발라보도록 유도한다.

▷ 평가: 소 근육 활동에 특별히 제약이 있지 않은 경우라면 1개월 정도 지속적으로 실시했을 때에 친구의 얼굴에 로숀을 발라준다.

이 외에 현장에서의 실태와 관련하여 문제가 될 수 있는 부분은 친 사회적 기술지도가 주로 "부적응 행동의 지도"와 깊이 연관되어 있다는 것이다. 즉 유아들이 보이는 부적응 행동을 중심으로 그 과정에서 친 사회적 기술을 지도하게 되는 것이며, 그와 관련된 사례는 아래와 같다.

[사례 5]

민호는 요즘 친구들을 미는 행동을 자주 보인다. 언젠가는 계단에서 다른 아이를 밀어서 큰 사고가 날 뻔 했다. 민호는 사회적 상호작용을 거의 시도하지 않는 아이이다. 선생님들은 회의를 통해서 민호의 미는 행동이 다른 유아에 대한 관심의 표현일 수도 있다는 생각을 하게 되었다. 그래서 민호가 다른 유아를 밀려고 하면 재빨리 다가가서 "민호야, 친구하고 놀고 싶구나? 친구를 안아 줘 볼까?"라고 말하며 미는 행동을 친 사회적 행동으로 바꾸어 주기로 했다.

이 경우에 민호의 사회적 상호작용을 처음부터 적극적으로 지도하기보다는 민호가 보이는 부적응 행동을 중재하는 일환으로 사회적 상호작용 기술을 지도하려고 한 예이다. 현장에서는 이렇게 부적응 행동을 중심으로 중재하는 경우가 많다고 할 수 있다.

다른 기관의 일반 유아들과 함께 실시하는 통합수업은 사회적 기술을 지도하기 위한 기회가 된다. 통합 수업 시 사회적 기술지도는 주로 일반 유아와 발달지체유아 간에 짝을 맺어주고 손을 잡고 다니게 하거나 활동에 같이 참여하도록 하는 것인데, 기대한 만큼의 상호작용을 이끌어내지는 못하는 실정이다. 비록 여러 번 만나고 사전에 교육을 받은, 경험이 많은 유아들이 발달지체유아들의 손을 잘 잡고 다니고 간단한 안내를 하기도 하지만 어린 유아들이 다른 유아들의 몇 몇 부적응 행동들을 감수하면서 함께 한다는 것이 결코 쉽지 않다. 이처럼 현장에서 유아 간의 상호작용 지도는 가장 중요한 관심이 되면서도 가장 실천하기 어려운 과제의 하나로 남아있다 하겠다.

(2) 아동–부모간의 사회적 상호작용 지도

유아의 친 사회적 기술지도와 관련하여 의도적인 교육이 이루어지는 두 번째 대상은 부모이다. 이는 부모들이 친 사회적 상호작용을 위한 중요한 모델이 될 수 있다는 점과 함께 '애착 형성'이라는 좀 더 근본적인 부분을 염두에 두고 있기 때문이다. 그러나 학교에서 교육하는 사회적 기술지도는 소아정신과 등에서 강조하는 것(주로 애착 관계에 초점)과는 달리 "특정한 교육 목표를 달성하는 과정에서 부모들이 어떻게 유아와 사회적인 관계를 유지하고 그러한 관계를 통해서 학습을 성공적으로 완수할 것인가?"라는 부분에 좀 더 초점을 맞추고 있다. 즉 교육 활동을 이끌어내기 위한 활동과정 안에서의 사회적 기술들을 많이 강조하고 있다. 예를 들면, 활동 중에 유아와의 지속적인 사회적 관계를 유지하기 위해서 적절한 강화, 보상을 제공하거나 단서가 되는 언어적, 신체적 촉구를 제시하는 것들과 관련한 다양한 내용들을 교육하고 있다. 이러한 내용들은 정규 부모교육 시간, 특히 "부모의 태도", "가정에서의 학습지도" 등과 관련한 부모교육 등을 통해서 지속적으로 제시되어야 한다.

(3) 아동–교사간의 사회적 상호작용 지도 및 사례

유아들은 다른 또래들과의 관계에서와는 달리 교사와 상당히 다양한 사회적 상호작용을 시도하고 유지하는 것을 볼 수 있다. 이는 교사들이 특정한 상황 맥락 내에서 유아의 요구를 잘 이해하고 있으며 그러한 요구를 충족시키기 위해 사회적 상호작용을 시도할 것을 적절히 요구하기 때문이다. 특히 교사들은 하루의 일과 안에서 지속적으로 교사와, 그리고 유아들 상호 간에 사회적 상호작용을 개시하고 유지할 수 있도록 배려하고 있다 하겠다. 이와 관련된 예는 다음과 같다.

[사례 6]

1. 학교 통학버스 도착–교사들은 차에 올라가 인사를 건네고 유아로 하여금 인사를 하게 한다. 그리고 간단히 이것저것 물어 본다(00야, 밥은 먹고 왔니?, 00이가 오늘 예쁜 모자를 쓰고 왔구나?, 예쁜 00 왔구나, 선생님하고 안아볼까?)
2. 교실로 이동–유아들이 차에서 내리면 유아들 간에 서로 인사를 건네도록 신체적, 언어적 촉구를 제시한다. 그리고 학교까지 걸어 들어가는 도중에 친구들과 손을 잡고 가도록 요구한다. 그리고 이 과정에서 친구의 이름을 불러보게 하거나 길에서 마주치는 다른 선생님들께 인사를 하도록 반복적으로 요구한다.
3. 교실수업 시–수업 전 둥글게 원으로 앉게 한 후 개별 유아의 이름을 불러주고 친구들 간에 서로 악수를 나누도록 한다. 그리고 언어가 가능한 친구들의 경우 다른 친구의 이름을 말해보도록 하거나 친구의 이름을 말해주고 그 친구가 어디에 있는지 가리켜 보도록 한다.
4. 간식 시간–친구에게 간식을 나누어주도록 요구하고 먹을 것을 나누도록 지도한다.
5. 수업 중 교실 간의 이동(이 학교의 경우 특정한 과목의 경우에는 교실을 옮겨가면서 수업을 진행한다)–친구들의 어깨를 잡고 한 줄로 이동하도록 하며 이 과정을 통해 사회적인 유대감을 형성하도록 배려한다.
6. 종례–친구의 얼굴에 로션을 바르게 하거나 친구의 옷을 찾아주거나 하는 과정을 통해 서

로 도울 수 있는 기회를 제공한다. 서로 헤어지는 인사를 나누도록 하며 이 과정에서 한 명씩 돌아가면서 악수를 하게 하거나 혹은 "00아, 잘가, 내일 만나자"라고 말해주며 서로 포옹하도록 유도한다.

3. 사회적응기술 측면

유아들에 대한 사회생활 지도의 두 번째 측면은 "기본 신변자립"의 문제와 "사회적 장면에서의 역할"과 관련된다. 즉 일상적인 생활을 유지하는데 필요한 기초적인 기술들을 지도하는 것인데, 특별히 특수학교에서는 무엇보다 중요하게 여기는 것이라 하겠다. 이 과정에는 직접적인 사람들과의 친 사회적 기술지도가 포함되기도 하고 포함되지 않기도 한다. 예를 들어, 친 사회적 기술이 포함되는 경우는 가게에 들어가 물건을 구입하는 과정에서 주인에게 인사를 하는 것 등이고, 포함되지 않는 경우는 예를 들면 공공장소에서 차례를 지키거나 떠들지 않고 기다리기 등과 같다(이경면, 2003).

(1) 신변자립 지도

신변자립 지도는 일상적인 일과 속에서 이루어지게 되며, 또한 '인성 지도'라는 이름으로 이루어지며 주로 이루어지는 시간과 내용은 등 · 하교 시 스스로 옷이나 신발을 신고 벗기, 간식 시간에 스스로 간식을 먹고 먹은 후 접시를 주방에 갖다 드리기, 쉬는 시간에 스스로 화장실에 다녀오기 등이 모두 포함된다.

(2) 사회적 장면에서의 역할지도

이는 특정한 장면에서 지켜야 할 규칙, 역할들을 지도하기 위한 것으로 여기에는 사람들 간의 적극적인 사회적 상호작용이 포함되기도 하고 포함되지 않기도 한다. 대부분의 학교에서는 '현장체험학습'을 실시하고 있는데 바로 이 부분을 염두에 두고 있다고 할 것이다. 아직 어린 나이의 유아들이라 주로 차례와 규칙을 지키기, 새로운 환경, 대상에 호기심을 느끼고 참여해 보거나 새로운 환경에 적응하는데 의미를 두고 있다 하겠다. 아래의 내용은 한 유아특수교사가 수업 중에 실시했던 내용의 일부분으로 현장특수교육의 "만들어 가는 우리 교실"에 실렸던 내용이다.

[사례 7]

어머니들과 함께 하는 우리 교실

“학교의 규모가 아주 작으니 그만큼 심리적으로, 물리적으로 아이들과 교사, 그리고 부모가 서로 밀착되어 있다. 이러한 이유에서인지 아이들이 공부하는 동안 학교에는 늘 생기가 넘치고 교사들도 기분 좋은 긴장감을 느낄 수 있다. 이러한 긴장감은 아마도 지칠 줄 모르고 뛰어놀기를 원하는 아이들 특유의 에너지 때문이 아닌가 싶다. 이처럼 작은 학교 안에 해님방이라고 불리는 작은 교실에 다섯 명의 친구들이 함께 공부하고 있다. 다른 학교의 다른 학급도 마찬가지이겠지만 학급의 친구들 역시 각각의 성격과 개성이 크게 달라 학급을 운영하는데 여러 가지 어려움이 있는 것이 사실이다. 이러한 어려움 중에서 가장 큰 부분은 교육대상 유아들이 아직 어리다는 것과 이로 수업 활동 중에는 손이 많이 필요하다는 것이다. 이러한 어려움은 유아특수학교에서 근무하시는 선생님들이라면 아마도 대부분 공감하시는 내용이라고 생각한다. 해님 방에서는 이러한 문제를 해결하기 위하여 어머니들을 수업 시간에 적극적으로 참여하도록 유도하여 수업 활동을 하고 있다. 이 글에서는 학급에서 이루어지고 있는 어머니들의 수업 참여에 대해서 간단히 소개해 보려고 한다.”

1. 참여를 위한 준비

유아특수교육에서 부모들의 관심, 특히 유아의 곁에서 가장 많은 시간을 함께 하며 발달에 직접적인 영향을 미치는 어머니의 참여가 중요하다는 점에 대해서 이견을 제시할 사람은 없을 것이다. 그러나 이러한 당위성과 필요성에도 불구하고 실제 학급 내에서 어머니들과 호흡을 맞추며 수업을 진행하는 데에는 여러 가지 예기치 못한 어려움이 따른다. 따라서 어머니 참여의 중요성에 대한 인식은 물론이거니와 학급 내에서 어머니들을 적절히 참여시키고 이분들과 협력하며 좀 더 효과적으로 학급을 운영할 수 있는 사전 준비를 하는 것이 꼭 필요하다. 사전 준비단계에서는 다음과 같은 것들을 고려될 수 있다.

1) 어머니 요구 조사를 위한 사전모임 갖기

먼저, 학급모임을 통해 수업 활동에 참여하는 것과 관련하여 어머니들의 의견과 요구를 알아보았다. 여기에는 어머니들의 수업 활동 참여에 대한 의견, 수업 활동에 참여할 경우 참여 가능한 요일, 시간, 횟수, 원하는 수업참여 방법 등이 다양하게 포함될 수 있으며, 이 모임을 통해서 학급의 어머니들 모두가 수업 활동에 참여하는 데에 동의하고, 이를 기초로 수업참여를 위한 좀 더 구체적인 일정과 계획을 수립할 수 있다.

2) 수업 참여의 수준을 정하기

어머니들의 수업참여에 대한 의견이 모아진 후에는 다시 몇 번의 모임을 통해서 어머니들이 어느 수준까지 참여하실 것인가에 대해서 의견을 나눈다. 그 결과 어머니들은 보조 교사로서 본교의 야외 현장 학습이 이루어지는 목요일을 제외한 월, 화, 수, 금 4일에 걸쳐서 참여하기로 하고 각 어머니 당 주 1-2회에 걸쳐 2인 1조로 수업에 참여하기로 의견을 모은다. 어머니들은 담당한 요일별로 유아들과 같은 시간에 등 · 하교를 하기로 하고 모든 수업 활동 전에 당일 수업과 관련한 활동 내용, 방법, 역할 등에 대해서 논의하기로 한다.

3) 원활한 수업을 위한 준비교육

어머니들의 수업참여에 대한 구체적인 일정이 정해진 후에는 수업참여 중에 발생할 수 있는 문제들과 유의할 점들에 대해서 함께 논의를 한다. 또한 수업 진행 중 보조 교사로서의 역할에 대한 이야기를 나누어 실제 수업 장면에서 유아들에게 혼란을 주거나 수업의 흐름에 방해가 될 수 있는 요소들을 최대한 방지한다. 이밖에도 매 수업을 통해서 교사와 어머니가 여러 가지 아이디어를 나누고 이를 수업에 적극 반영하기로 한다.

2. 수업 참여

처음 어머니들이 수업에 참여하면서 한 가지 어려움이 발생할 수 있는데, 그것은 어머니와 분리되지 않는 몇 몇 유아들이 수업에 집중하지 못하고 어머니에게 지나칠 정도로 집착하는 행동을 보이기 때문일 수 있다. 이 문제를 해결하기 위해서 해당 아동의 어머니로 하여금 1주일간 매일 학교에 나오셔서 교실의 한쪽에 앉아 계시게 할 수 있다. 단, 이때 아이의 행동에 철저히 무관심하도록 하는 전략을 사용할 필요가 있다. 이러한 전략은 한 교실 내에 있어야 하는 유아나 어머니, 그리고 교사 모두에게 쉬운 것은 아니지만 이러한 방법을 수행한 이후 어려움을 보이는 유아는 어머니에게 집착하는 행동을 거의 보이지 않고, 어머니 역시 수업 활동에 어느 정도 원활하게 참여하실 수 있을 것이다.

이러한 문제가 제거되면 어머니들의 수업참여는 각각의 유아들에게 좀 더 많은 손길을 줄 수 있는 기회를 만들어주고, 전에는 다소 어려웠던 활동들도 도전해볼 수 있는 계기가 될 것이다. 아래의 활동은 그러한 활동 중 몇 가지의 예이다.

1) 동네 나들이

유아들과 함께 학교의 주변을 돌아보는 시간이다. 유아들은 학교를 벗어나 가까운 지역 사회를 돌아보는 기회를 가질 수 있는데, 이때 주된 목표는 아직 어린 유아인 까닭에 이동하기, 자동차 등 위험 요소에 주의를 기울이기, 친구와 함께 움직이기 등에 중점을 둔다. 어머니들은 교사와 함께 야외 이동 시 안전사고 및 돌발적인 상황에 공동으로 대처하는 역할을 맡으며, 각 아이들에게 좀 더 많은 주의와 관심을 기울여줄 수 있다.

2) 볼링장 이용

한 달 동안 학급에서는 '사회생활' 시간을 통해서 친구들과 함께 하는 볼링놀이를 배운다. 그리고 이 활동을 마칠 즈음에는 직접 볼링장을 찾기로 의견을 모은다. 실제 볼링공은 유아들이 다루기에 무리가 있지만 유아들은 볼링장을 실제 견학하고 아동용 레인에서 공을 굴려보는 등의 실제적인 경험을 통해서 좀 더 많은 관심과 흥미를 보일 수 있다. 이 활동 역시 어머니들의 보조가 없이는 매우 힘든 활동이며, 어머니들은 시범 보이기, 유아의 활동을 안내하기 등 보조 교사의 역할을 수행한다.

3) 강아지 나들이

주제가 "동물"인 강아지와 함께 동네 나들이를 다녀오는 활동을 수행한다. 이 활동은 4주간에 걸쳐서 주 1회씩 실시되는데, 아동들과 어머니들로부터 좋은 반응을 얻을 수 있다. 유아들은 직접 강아지를 데리고 학교로부터 얼마 정도 떨어져 있는 곳에 위치한 구멍가게까지 나들이를 다녀옴으로써 자연스럽게 강아지와 친해지고 그 과정에서 강아지가 보이는 다양한 활동이나 움직임들을 경험할 수 있는 기회를 갖게 된다. 이러한 활동 중에 어머니들은 유아들이 강아지에게 관심을 갖도록 도우며, 안전하게 이동하여 가게까지 다녀올 수 있도록 안내하는 역할을 수행한다. 수업이 종료된 후에 어머니들은 온순하고 말 잘 듣는 강아지를 빌려주신 동네 아주머니에게 감사의 인사를 전하는 것도 잊지 않는다. 이러한 것들은 모두 교사 혼자서는 시도해보기 어려운 활동들이지만 어머니들이 수업에 참여함으로써 적극적으로 시도해 볼 수 있다.

3. 수업 참여의 결과

여러 가지 사전 준비에도 불구하고 실제 어머니들의 수업참여 과정에서는 적지 않은 어려움이 나타날 수 있는데, 그러한 어려움에는 지속적인 수업참여에 대한 어머니들의 현실적인 부담감, 자녀의 행동 문제를 좀 더 자주 접하게 되는 데에서 오는 심리적 좌절감 같은 것들이 있다. 또한 간혹 유아들이 어머니의 참여에 대해서 지나치게 의식을 하거나 집착을 함으로써 수업 중 주의가 흐트러지는 경우도 있다. 그러나 이러한 어려움에도 불구하고 어머니들의 수업참여는 유아들, 어머니들, 그리고 교사에게 많은 도움을 줄 수 있다.

먼저 어머니들은 자녀들이 수업하는 장면을 직접 경험해 봄으로써 집단생활 속에서 자녀의 장단점에 대해서 구체적으로 알게 되고 좀 더 적극적으로 자녀에게 개입하는 행동을 보여준다.

수업참여를 통한 어머니들 간의 잦은 접촉과 의견 교환은 강한 심리적 유대감을 형성할 수 있는 기회를 만들어 준다. 어머니들은 이러한 유대감을 기초로 학교 수업 시간 이외에도 이메일을 통해 자녀 교육과 관련된 교육 정보, 자료, 의견들을 교환하거나 유아들과의 모임(예, 놀이동산, 수영장, 등산 등) 및 가족 간의 친목 모임을 갖는 등 적극적인 노력을 보여준다. 또한 어머니들은 수업을 간접 지원하는 차원에서 공동으로 교재 · 교구를 제작하는 등의 활동에도 참여한다. 이러한 과정은 매우 즐겁고 적극적인 분위기에서 이루어지며 수업 활동에 매우 큰 역할을 할 수 있다.

교사 입장에서 볼 때 어머니들과의 수업 활동은 늘 약간의 긴장감을 요구한다. 이러한 긴장감은 매일의 수업 활동 속에서 타성에 젖지 않고 좀 더 내실 있고 창의적인 수업 구상을 하는 계기가 되며, 어머니들과의 적극적인 의견 교환 과정을 통해서 수업과 관련된 새로운 아이디어들을 많이 얻을 수 있다. 그러나 이러한 참여를 통해서 얻은 가장 큰 수확은 어머니들이 독립적으로 변해간다는 사실이다. 어머니 스스로 아이에 대해서 탐색하고, 자료를 찾고 하는 과정에서 점차 교사의 도움을 덜 필요로 한다는 것을 느끼게 된다. 자녀의 교육과 관련하여 어머니들이 교사로부터, 전문가로부터 어느 정도 독립할 수 있다는 것은 장기적으로 보았을 때 유아특수교육에서 교사들이 수행해야 할 중요한 역할 중의 하나이다.

지금까지 어머니들과 함께 학급을 운영한 내용을 간단히 적어보았다. 앞에서 기술했듯이 유아특수교육 현장에서는 자녀 교육에 부모를 참여시키기 위한 적극적인 노력들을 기울이고 있는 추세이다. 그러나 부모를 수업장면까지 참여시킨다는 것은 생각보다 쉬운 일은 아니다. 여러 가지 돌발적인 어려움을 감수해야 하지만 그러함에도 이러한 참여는 부모, 교사, 유아 모두에게 매우 긍정적인 효과를 제공한다. 무엇보다도 이러한 공유의 과정을 통해서 부모들로 하여금 스스로가 자녀 교육의 주체라는 의식을 갖게 하고 실질적인 능력을 키울 수 있는 기회를 제공한다는 점에서 매우 의미 있다고 하겠다.

04 효과적인 유아통합교육을 위한 과제

유아특수교육의 근본적인 목적 가운데 하나는 특수교육대상아동과 일반 또래 아동을 위한 교육의 효율성을 증대시키는 데에 있으며, 가장 적합한 통합교육에 대한 정의는 '특수교육대상아동이 만일 그들이 장애를 갖고 있지 않다면 다니게 되었을 학교와 학급에 다녀야 한다'라는 가정에 기초한다(이병인, 2011; 미국의 장애인 교육법, IDEA 1997; IDEIA, 2004). 따라서 특수교육대상아동과 또래 아동은 모두가 똑같은 일반교육 교실의 구성원이라는 자세와 더 나아가, 교사나 부모 혹은 가족은 물론 지역 사회 모든 구성원들의 참여와 협력이 필수적이라는 인식이 필요하다(이병인, 2004, 2006, 2016).

최근에는 전문가, 교사 모두가 일반 유치원이나 통합어린이집에 보내기를 지지하고, 특수교육대상아동의 부모도 자신들의 자녀가 일반학급에서 생활하기를 원하는 추세이다. 그러나 아직도 많은 사람들이 유아특수교육대상아동을 일반유아교육기관에서 교육하는 것이 왜 필요하고 중요한지에 대한 이해가 부족한 편이다. 뿐만 아니라, 일반유아교육기관에서도 발달지체유아를 가르치고 지도할 교사의 수급과 교육과정에 따른 활동 및 프로그램이나 교수법 등 다양하고 구체적인 준비과정이 부족하며, 통합교육 기관에서 근무하는 통합교사들의 인식을 살펴 본 연구도 부족한 실정이다(이병인, 2004, 2006, 2016; 배성현 · 손가화 · 이병인, 2013). 또한 유아특수교사와 유아교사를 대상으로 한 통합교육의 내실화 및 통합교육 실행에 필요한 연수도 부족한 실정이다. 이를 해결하기 위해 유아특수교사와 유아교사가 요구하는 연구의 필요성에 기초한 연수 기회와 연구 교육 내용이 확대될 필요가 있으며, 일반교사에 대해서도 특수교육 연수와 통합교육에 관한 연수에 대한 강조가 관련 법규와 정책에서 이루어져야 할 것이다(김성애 외, 2006; 박현옥 · 이소현, 2000).

그러나 무엇보다도, 유아특수교육대상아동들이 통합교육을 받을 수 있는 기회가 극히 제한되어 있다는데 문제가 있다. 바람직한 교육이란 모든 개인이 최적의 교육을 받는 것이므로 교육 대상 모두에게 성공적인 교육 환경이 되도록 교육을 위한 제반 여건을 재구조화할 필요가 있다. 그러므로 유아통합교육의 확대를 위해 유치원 특수학급의 신 · 증설 및 특수교육대상아동의 일반학급으로의 배치가 선행되어야 한다. 이를 위하여 일반유아교육기관에서 특수교육대상아동의 입학을 거부하지 못하게 하고, 특수교육대상아동의 일반유아교육기관 입학의 법적 근거가 되는 「장애인 등에 대한 특수교육법」(2007) 제21조에 따라 각급학교의 장은 교육에 관한 각종 시책을 시행함에 있어서 통합교육의 이념을 실현하기 위하여 노력하여야 하며, 제17조(특수교육대상자의 배치 및 교육)에 따라 특수교육대상자를 배치받은 일반학교의 장은 교육과정의 조정, 보조 인력의 지원, 학습보조기기의 지원, 교원연수 등을 포함한 통합교육계획을 수립 · 시행하여야 하며, 일반학교의 장은 제2항에 따라 통합교육을 실시하는 경우에는 제27조(특수학교의 학급 및 각급학교의 특수학급 설치 기준)의 기준에 따라 특수학급을 설치 · 운영하고, 대통령령으로 정하는 시설 · 설비 및 교재 · 교구를 갖추어야 할 것이다. 또한, 일반유아교육기관 교사에 대한 특수교육 연수를 확대 · 실시하고, 유아교육기관 교사와 특수교육 교사 간의 인적 교류도 확대해야 할 것이다(국립특수교육원, 1999; 이미선 · 강영택 · 조정환, 1999).

유아특수교육대상아동을 일반유아교육기관에서 성공적으로 통합시키기 위해서는 우선 유아특수교육대상아동과 일반유아교육기관 교사 및 부모들의 부정적 시각을 긍정적 시각으로 바꾸는 것이 중요하다. 따라서 일반유아교육기관 교사 및 부모를 대상으로 '장애이해교육'을 실시할 필요가 있다. 또한 일반유아교육기관 교사의 특수교육대상아동에 대한 인식 개선 및 교육을 위해 특수교육 일반 연수를 실시하며, 연수 내용은 장애의 이해, 장애의 유형과 정도에 따른 교육 방법, 통합교육의 철학과 이점 등에 관한 내용으로 구성하는 것이 필요하며, 유아특수교육기관의 관리자나 교사, 부모가 특수교육대상아동의 일반유아교육기관 입학에 관한 법규에 대한 올바른 지식과 이해도 필요하다(이병인, 2004, 2006; 2016).

통합학급 유아교사의 통합학급 운영의 자질과 전문성은 효과적인 통합교육의 성공 요인이 될 수 있다. 이현숙, 이병인과 조현근(2019)은 통합학급 운영 경험이 있는 일반유치원 교사들이 대학원에서 유아특수교육을 전공하며 통합교육에 대한 인식이 어떻게 변화되어 가는지 내러티브 탐구를 통해 알아보았다. 연구 결과, 첫째, 일반유치원 교사는 유아특수교육을 공부함으로써 통합교육 교사로서의 교육철학을 가지게 되었으며, 둘째, 일반유치원 교사는 유아특수교사와의 협력의 중요성을 인식하였으며, 셋째, 일반유치원 교사는 장애 유아 부모에게 교육전문가로서 담임교사 역할을 할 수 있는 적극성을 가지게 되었으며, 넷째, 일반 유치원 교사는 효과적인 통합교육 실행방법을 다양한 관점에서 이야기 할 수 있게 되었다.

라정미, 이병인과 김현숙(2018)은 단일학급 공립유치원에서 통합학급을 운영하는 유아교사의 어려움과 지원 요구를 알아보았다. 연구 결과, 통합학급 운영의 어려움으로는 첫째, 유치원 시설 및 환경에 대한 어려움, 특수교육대상유아 지도의 어려움, 통합학급 관련 업무 과중의 어려움, 통합교육 관련 전문성 부족의 어려움이 있는 것으로 나타났으며, 이에 대한 지원 요구로는 첫째, 통합교육을 위한 시설 및 환경 개선에 대한 지원, 통합교육에 필요한 교사의 전문성 함양을 위한 지원, 내실 있는 통합학급 운영을 위한 제도적 지원을 요구하였다.

안형숙과 이병인(2019)도 통합학급 유아교사들의 통합교육 전문성에 대한 어려움과 요구 및 교육적 의미가 무엇인지를 내러티브 탐구 방법(narrative inquiry approach)을 통해 알아보았다. 연구 결과, 통합학급 유아교사들의 통합교육에 대한 전문성의 '어려움'으로는 특수교육대상유아에 대한 전문지식의 부족, 통합학급 운영상의 어려움, 부모-교사와의 상호관계의 어려움 등으로 나타났으며, 통합학급 유아교사들의 통합교육 전문성에 대한 '요구'는 유아교사의 통합교육에 대한 의지와 통합교육 교사로서의 전문성으로 나타났다. 통합학급 유아교사들의 통합교육 전문성에 대한 '교육적 의미'는 나와 다른 사람의 다양성을 존중하는 인식의 변화, 함께 하는 교육 및 사회적 기술 습득 등으로 나타났다.

효율적인 유아통합교육 방안을 위해서 선결되어야 할 과제는 현장의 교사가 보는 통합교육의 가능성과 부모나 가족이 보는 통합교육의 가능성에 대한 차이를 최소화하는 것이다. 즉, 어떤 유아가 잘 통합될 것이라고 예측하는데 있어서 교사의 관점과 부모의 관점에 다소간의 차이가 있을 수 있다는 것이다. 이러한 문제는 종종 통합교육 과정에서 적지 않은 문제를 초래할 수도 있기때문에 반드시 고려되어야 할 사항이다(이병인, 2004, 2006, 2016). 또한 부모들은 자녀를 일정 기간 동안 일반유아교육기관에 통합시키면 아동이 변화될 것이라는 막연한 기대를 갖고 있어 통합교육을 장기간에 걸친 생활의 문제로 보지 않고 치료 지원과 같은 단기적 관점에서만 보는 경향이 있는데, 성공적인 유아통합교육의 실현을 위해서는 장기적인 관점에서 구체적인 '전략(strategies)'이 필수적이라 하겠다(이병인, 2004, 2006, 2016).

발달지체유아의 발달 문제는 단순하지 않기 때문에 어떤 한 가지 기법이나 한 사람이 지닌 전문지식으로는 아동과 가족의 다양한 교육적 · 치료적 요구(needs)를 충족시킬 수 없다. 그러므로 다기능적이어야 할 뿐만 아니라 상호 협력적, 교류적 인적 구성을 활용한 접근이 효과적이라고 할 수 있다. 하지만 아직까지 팀 협력 초기 단계인 '다 학문적 팀 모델' 단계에 머물러 있는 상황에서, 전문가들의 통합적 치료 접근 노력을 통해 특수교육대상아동의 일반교육 환경 내의 완전 통합(full inclusion)을 향해 꾸준히 발전해온 미국의 특수교육은 우리에게 시사하는 바가 크다고 할 것이다. 최근 발달지체유아들의 의무교육과 영아의 무상교육이 현실화된 시점에서 아직까지 경도특수교육대상아동들을 중심으로 부분적 통합(partial inclusion)을 실시하고 있는 우리의 교육 현실에서 중도특수교육대상아동들까지 포함한 완전 통합(full inclusion)의 실현을 위한 보다 효과적이고 성공적인 유아통합교육의 실현을 위하여 활발한 연구와 노력이 요구된다(이병인, 2004, 2006, 2016).

참고 문헌

김광응(2001), **장애영유아통합교육**, 서울: 범한 출판사.

이경면(2003), 이메일 자료 내용.

김미령·이병인(2011), 유치원 통합학급역할 수행에 대한 일반학급 담임교사의 인식, **특수교육요구아동연구, 24**, 67-89.

김성애·이병인·허계영·김윤태·이미선·박주연(2006), 유아교사와 유아특수교사의 통합교육에 관한 연수 요구조사, **정서·행동장애연구, 22**(4), 411-428.

김주희, 이병인, 조현근(2016), 유아의 문제행동 지도에 대한 일반유치원 교사의 어려움과 지원 요구, **유아특수교육연구, 16**(4), 23-59.

김영란·이병인(2007), 장애유아 통합 환경에서 활동-중심 중재에 관한 문헌 분석: 1994-2006년 국내 실험연구를 중심으로, **특수교육요구아동연구, 18**, 99-125.

김용주(1987), 장애아 통합교육에 대한 부모 및 교사의 태도 조사연구, 단국대학교 대학원 석사학위 청구논문.

김혜민·이병인·김현숙(2019), 유치원 통합학급에서의 인성동화 소집단 협동 활동이 일반유아의 장애유아에 대한 인식 및 장애또래 수용에 미치는 영향, **유아특수교육연구, 19**(1), 119-145.

라정미·이병인·김현숙(2018), 단일학급 공립유치원에서 통합학급을 운영하는 유아교사의 경험에 관한 질적 연구, **유아특수교육연구, 18**(4), 161-195.

박현옥·이소현(2000), 장애유아통합교육을 위한 일반교사와 특수교사 간 협력 방안 고찰, **교육과학연구, 31**(1), 37-52.

배선화·이병인·조현근(2016), 통합학급에서 학급차원의 보편적 지원과 개별화된 긍정적 행동지원이 유아의 문제행동과 사회적 유능감에 미치는 효과, **유아특수교육연구, 16**(2), 131-159.

배성현·이병인(2016), 팀 학습행동 기반의 협력적 교사지원 프로그램이 교사 간 협력태도와 장애유아의 참여행동에 미치는 영향, **특수교육학연구, 51**(3), 133-161.

배성현·이병인(2016), '팀 학습행동' 기반의 협력적 교사지원 프로그램개발 연구-일반 보육교사와 장애아 보육교사를 중심으로, **유아교육·보육복지연구. 20**(2), 421-453.

배성현·이병인(2016), 팀 학습행동 기반의 협력적 교사지원 프로그램에 참여한 교사들의 변화 탐색, **한국웰니스학회, 11**(3), 307-326.

배성현·박주연·이병인(2014), 인지·정서·행동치료(REBT)를 적용한 집단미술치료가 장애유아 통합교사의 직무스트레스 및 회복탄력성에 미치는 효과, **미술치료연구, 21**(6), 1449-1473.

배성현·손가화·이병인(2013), 장애통합어린이 집의 초등학교 전이지원 과정 실행 현황과 중요성에 대한 통합교사의 인식, **유아특수교육연구, 13**(4), 83-109.

신현기(2002), **유아들의 사회성 및 대인관계지도**, 외부강의자료.

유니세프한국위원회(2015), **유엔아동권리협약**, 서울: 동협회.

유니세프한국위원회(2019), **유엔아동권리위원회 권고사항: 한국이 지켜야 할 어린이를 위한 약속**. 서울: 동 협회.

유수옥(1998), 유치원에서의 장애유아통합교육의 운영과 과제, **인문과학논집, 6**, 481-502.

이미선·강영택·조정환(1999), 유아특수교육 확대 방안 연구, **연구보고서, 3**, 1-147.

이병인(2002), 발달지체 유아를 위한 가족 지원 방안 연구, **특수교육학연구,** 37(1), 319-340.

이병인(2004, 2006, 2016), **특수교육대상아동 가족 지원의 이해**, 서울: 단국대학교출판부.

이신규·이병인(2019), 사립유치원교사의 장애이해교육 지원요구에 관한 질적 연구, **특수교육논총,** 35(2), 117-156.

이지효·이병인(2011), 발달지체유아의 통합교육 관련 요인과 유치원 교육과정 실행 구성요소 간의 관계 분석, **특수교육학연구,** 46(2), 1-28.

이현숙·이병인·조현근(2019), 유아특수교육전공 일반유치원 교사의 통합학급 운영 경험에 대한 내러티브탐구-특수교육대학원 석사과정 학생의 경험을 중심으로, **유아특수교육연구,** 19(3), 97-133.

안형숙·이병인(2019), 통합교육 유아교사의 내러티브 탐구, **특수교육논총,** 35(1), 43-65.

원길재·이병인(2019), 장애유아의 또래 관계 경험에 관한 현상학적 연구, **유아특수교육연구,** 19(1), 87-118.

원계선·이병인(2007), 통합 환경에서 문학적 접근이 유아의 장애인식·수용태도 및 사회적 행동에 미치는 영향, **유아특수교육연구,** 7(1), 21-41.

이병인·이지효·이미정·김현숙·이지예·강성리, 보육시설에서의 유아특수교육대상자 의무교육 시행에 대한 시설장의 인식-포커스 그룹 인터뷰, **유아특수교육연구,** 11(1), 73-105.

정영아·이병인(2021), 유아특수교사와 일반유아교사의 공립유치원 완전통합학급 운영에 대한 협력 경험과 지원 요구, **특수교육논총,** 37(1), 145-183.

진보라·이병인·김현숙(2019), 통합 환경에서 의도된 갈등상황을 포함한 또래 협력 소집단 놀이가 발달지체유아의 사회적 상호작용에 미치는 영향, **유아특수교육연구,** 19(1), 269-295.

차정하·이병인(2018), 사립유치원 통합 환경에서 또래와의 협동적 조형 활동이 발달지체유아의 사회적 상호작용에 미치는 영향, **유아특수교육연구,** 18(3), 293-318.

최철·이병인·배성현(2019), 비디오 또래 모델링 중재가 통합된 발달지체유아의 상호작용에 미치는 영향, **유아교육·보육복지연구.** 23(4), 83-107.

Bricker, D.(1998). *Activity-Based Approach to Early Intervention*. Baltimore, MD: Paul H. Brookes Publishing.

Dunst, C, J., Trivette, C. M., & Deal, A. G. (1988). *Enabling & empowering families: Principles & guidelines for practice*. Cambridge, MA: Brookline Books.

Field, T., Roseman, S., DeStefano, L., & Koewler, J. H., Ⅲ, (1981). Play behaviors of handicapped preschool children in the presence and absence of nonhandicapped peers. *Journal of Applied Developmental Psychology, 2*, 49-58.

Guralnick, M. J. (1998). Social interaction among preschool handicapped children. *Exceptional Child Psychology, 31*, 115-130.

Individuals with Disabilities Education Act of 1997, P. L. 105-17.

Odom, S. L., Deklyen, M., & Jenkins, J. R. (1984). Integrating handicapped & nonhandicapped preschoolers: *Developmental impact on the nonhandicapped children. Exceptional Children, 51*, 41-49.

Odom, S. L., & McEvoy, M. A. (1990). Mainstreaming at the preschool level: Potential barriers & tasks for the field. *Topics in Early childhood Special Education, 10*(2), 48-61.

Orelove, S. L., & Sobsey, D. (1996). *Educating Children with multiple disabilities(3rd ed.)*. Baltimore: Paul H. Brookes.

Turnbull, a. p. (1982). Preschool mainstreaming: A policy and implementation analysis. *Educational Evaluation and Policy Analysis*, *4*, 281-291.

제9장

특수교육 관련 서비스

01 | 특수교육 관련 서비스의 개념과 유형

02 | 특수교육 관련 서비스 지원 방안

우리나라의 특수교육은 1977년에 「특수교육진흥법」이 제정됨으로써 양적으로나 질적으로 급속한 발전을 이루었다. 이 법은 우리나라의 열악한 특수교육 환경을 개선하여 현재의 선진국 수준에 비교할 수 있는 교육 여건을 조성하는데 기여하였다. 그러나 특수교육에 대한 수요자(consumer)의 다양한 요구가 증가함으로써 특수교육은 '공급자 중심'에서 '수요자 중심(consumer-driven)'으로의 패러다임 전환이 이루어졌으며, 그동안 우리나라의 특수교육 발전에 기여한 「특수교육진흥법」 대신에 「장애인 등에 대한 특수교육법」이 새롭게 제정되었다. 새로운 법 시행에 따른 새로운 주요 변화 중의 하나는 바로 '특수교육 관련 서비스'의 도입이라고 할 수 있다(이효자, 2007). 2007년 「장애인 등에 대한 특수교육법」의 제정으로 치료 교육에 대한 정의가 삭제되고, 특수교육 관련 서비스가 새롭게 정의되었는데 이는 교육수요자들의 요구를 반영한 시대적 흐름이라고 볼 수 있으며(송영준 · 김영태 · 육주혜 · 이병인, 2007), 특수교육대상자의 장애유형, 장애정도, 개별 아동의 요구 등을 고려한 적절한 교육복지 지원을 관련 서비스로 규정하여, 특수교육대상자에게 보다 다양하고 특성에 맞는 복지 서비스를 제공할 수 있는 법적 근거를 마련하였다는데 의의가 있다고 할 수 있다(이병인, 2018).

「장애인 등에 대한 특수교육법」 제2조(정의)에서 "특수교육 관련 서비스라 함은 특수교육대상자의 교육을 효율적으로 실시하기 위하여 필요한 인적 · 물적 자원을 제공하는 서비스로서 상담지원 · 가족 지원 · 치료지원 · 보조인력지원 · 보조공학기기지원 · 학습보조기기지원 · 통학지원 및 정보접근 지원 등을 말한다"라고 정의하고 있다. 또한 제28조(특수교육 관련 서비스)에서는 다음과 같이 규정하고 있다. ① 교육감은 특수교육대상자와 그 가족에 대하여 가족상담 등 가족 지원을 제공하여야 한다. ② 교육감은 특수교육대상자가 필요로 하는 경우에는 물리치료, 작업치료 등 치료 지원을 제공하여야 한다. ③ 각급학교의 장은 특수교육대상자를 위하여 보조 인력을 제공하여야 한다. ④ 각급학교의 장은 특수교육대상자의 교육을 위하여 필요한 장애인용 각종 교구, 각종 학습보조기, 보조공학기기 등의 설비를 제공하여야 한다. ⑤ 각급학교의 장은 특수교육대상자의 취학 편의를 위하여 통학차량 지원, 통학비 지원, 통학 보조 인력의 지원 등 통학 지원 대책을 마련하여야 한다. ⑥ 각급학교의 장은 특수교육대상자의 생활지도 및 보호를 위하여 기숙사를 설치 · 운영할 수 있다. 기숙사를 설치 · 운영하는 특수학교에는 특수교육대상자의 생활지도 및 보호를 위하여 교육과학기술부령이 정하는 자격이 있는 생활지도원을 두어야 한다. 생활지도원의 배치 기준은 국립학교의 경우 교육과학기술부령, 공립 및 사립학교의 경우에는 시 · 도 교육 규칙으로 각각 정한다. ⑦ 각급학교의 장은 각급학교에서 제공하는 각종 정보(교육기관에서 운영하는 인터넷 홈페이지를 포함한다)를 특수교육대상자에게 제공하는 경우 특수교육대상자의 장애유형에 적합한 방식으로 제공하여야 한다. ⑧ 제1항부터 제7항까지의 규정에 따른 특수교육 관련 서비스의 제공을 위하여 필요한 사항은 대통령령으로 정한다.

특수교육 관련 서비스에 대한 부분 개정안은 아래와 같다. ① 교육감은 특수교육대상자와 그 가족에 대하여 가족 상담, 부모교육 등 가족 지원을 제공하여야 한다. 〈개정 2019. 12. 10.〉 ② 교육감은 특수교육대상자가 필요로 하는 경우에는 물리치료, 작업치료 등 치료지원을 제공하여야 한다. ③ 각급학교의 장은 특수교육대상자를 위하여 보조 인력을 제공하여야 한다. ④ 각급학교의 장은 특수교육대상자의 교육을 위하여 필요한 장애인용 각종 교구, 각종 학습보조기, 보조공학기기 등의 설비를 제공하여야 한다. ⑤ 각급학교의 장은 특수교육대상자의 취학 편의를 위하여 통학차량 지원, 통학비 지원, 통학 보조 인력의 지원 등 통학 지원 대책을 마련하여야 한다. ⑥ 각급학교의 장은 특수교육대상자의 생활지도 및 보호를 위하여 기숙사를 설치 · 운영할 수 있다. 기숙사를 설치 · 운영하는 특수학교에는 특수교육대상자의 생활지도 및 보호를 위하여 교육부령으로 정하는 자격이 있는 생활지도원을 두는 외에 간호사 또는 간호조무사를 두어야 한다. 〈개정 2008. 2. 29., 2013. 3. 23., 2013. 4. 5.〉 ⑦ 제6항의 생활지도원과 간호사 또는 간호조무사의 배치기준은 국립학교의 경우 교육부령으로, 공립 및 사립학교의 경우에는 시 · 도 교육규칙으로 각각 정한다. 〈신설 2013. 4. 5.〉 ⑧ 각급학교의 장은 각급 학교에서 제공하는 각종 정보(교육기관에서 운영하는 인터넷 홈페이지를 포함한다)를 특수교육대상자에게 제공하는 경우 특수교육대상자의 장애 유형에 적합한 방식으로 제공하여야 한다. 〈개정 2013. 4. 5.〉 ⑨ 제1항부터 제8항까지의 규정에 따른 특수교육 관련 서비스의 제공을 위하여 필요한 사항은 대통령령으로 정한다. 〈개정 2013. 4. 5.〉

「장애인 등에 대한 특수교육법(2007)」에서는 특수교육을 특수교육대상자의 교육적 요구(educational needs)를 충족시키기 위하여 특성에 적합한 교육과정 및 특수교육 관련 서비스 제공을 통하여 이루어지는 교육으로 정의하고 있으며, 특수교육대상자의 교육을 효율적으로 실시하기 위하여 필요한 인적 · 물적 자원을 제공하는 서비스로 상담 지원 및 가족 지원을 특수교육 관련 서비스에 포함시켰다. 즉 기존의 치료교육과 직업교육을 특수교육에서 분리하고 교과교육 및 관련 서비스를 특수교육의 범위로 재설정하였다. 특히 가족 상담 및 가족 지원을 비롯한 치료지원, 보조인력, 보조공학기기 지원, 학습보조기기 지원, 통학지원 및 정보접근 지원 등 다양한 교육 복지 지원 사항을 관련 서비스 범위에 포함시킴으로써 지금까지 전문가 주도에 의해 이루어지던 우리나라 특수교육이 당사자 혹은 소비자 중심으로 실천되도록 전환되는 계기가 되었다. 이는 가족 상담 및 가족 지원 등 다양한 관련 서비스 지원의 법적 보장을 통해 앞으로 우리나라에서도 특수교육대상자 및 그 가족에게 보다 양질의 특수교육서비스가 제공되는 계기를 마련하였다(김성애, 2007; 이성봉, 2007; 이필상, 2007; 국립특수교육원, 2007; 이병인, 2012; 이병인, 2018).

또한 기존의 치료 교육이 아닌 관련 서비스로 치료서비스를 적극적으로 도입한 것은 특수교육과의 개념적 혼란을 발생시켰던 치료 교육보다는 의료 · 재활적 성격을 가진 치료서비스에 대한 교육수요자의 호응도가 절대적으로 높았던 것을 고려해 볼 때, 과거 「특수교육진흥법」에 규정되어 있는 치료 교육의 개념 중 특수교육과 중복되는 '훈련'(청능 훈련 제외)영역의 경우 특수교육 현장의 혼란을 예상하여 기존의 특수교육 교육과정과 통폐합하고, 「특수교육진흥법」에 규정되어 있는 치료 교육의 개념 중 전문적 치료영역의 경우(언어치료, 물리치료, 작업치료, 심리치료, 청능 훈련 등), 특수교육 현장의 질 제고를 위하여 별도의 치료서비스 영역으로 독립하여, 치료서비스 개념을 적극 도입하여, 현장의 특수교육대상아동 및 부모들의 다양한 영역에서의 전문적 치료서비스에 대한 요구에 부응하고자 한 것으로 보인다(국립특수교육원, 2007).

「장애인 등에 대한 특수교육법」에 의하여 특수교육 관련 서비스의 제공 및 지원방안의 확대가 예상되는 가운데, 최근 개정된 일련의 법률안의 내용을 살펴봄과 동시에 관련 서비스가 실제 유아특수교육 현장에 보다 실효성 있게 적용되기 위한 구체적인 방법 및 과제를 모색할 필요가 있다. 아울러 본 내용은 2007년 국립특수교육원에서 수행된 『특수교육 관련 서비스 요구조사 및 지원방안(송영준 · 김영태 · 육주혜 · 이병인, 2007)』 연구의 주요 내용을 발췌 · 수정 · 보완하였다.

01 특수교육 관련 서비스의 개념과 유형

특수교육대상아동을 위한 특수교육이 보다 효율적으로 이루어지기 위해서는 장애를 극복하고 보상해 줄 수 있는 일련의 관련 서비스가 필수적이다. 관련 서비스는 특수교육이 일반교육과는 다른 특수성을 잘 드러나게 하는 특별 지원 활동임과 동시에 특수교육대상 아동들의 장애 조건을 보상, 교정, 개선하게 하는데 필요한 서비스 활동이다.

특히 특수교육대상아동의 장애 정도가 중도 · 중복화 되어가고, 심신의 조화로운 발달과 전인적 발달, 그리고 사회적 통합이 강조되고 있는 현 상황에 비추어 볼 때 특수교육에서의 관련 서비스는 더욱 중요시되고 있다. 따라서 관련 서비스는 특수학교를 포함하는 특수교육기관, 장애인 생활 시설, 장애인 치료병원, 장애인 고용 작업장 등 장애인 관련 모든 기관에서 평생 재활 서비스 차원에서 제공되어야 할 것이다(이필상, 2007).

특수교육대상아동들은 자신의 장애 특성이나 정도에 따라 다양한 특수교육과 관련 서비스를 필요로 한다. 그러나 한 아동에게 모든 관련 서비스가 다 요구되어지는 것은 아니며, 아동의 장애 유형과 정도에 따라 요구되어지는 관련 서비스는 다양하며, 특수교육 현장에서는 아동에게 필요한 관련 서비스가 우선순위에 따라 제공되어져야 한다. 한편 아동의 장애 특성이나 정도에 따라 아동에게 필요한 관련 서비스를 결정하고 관련 서비스의 각 영역 간의 역할을 설정하여 협력을 도모하는 면에서는 많은 문제점들이 제기되고 있는데, 특히 장애 정도가 중도 · 중복화 될수록 다양한 유형의 관련 서비스가 필요하다. 따라서 각 특수교육대상아동에게 제공 되어지는 관련 서비스 영역은 아동의 개별적 장애 특성과 정도에 따라 달라져야 한다(한현민, 2001).

김병하(1991)는 특수교육대상아동을 위한 특수교육이 보다 효율적으로 운영될 수 있도록 개별 아동의 장애를 특별히 교정해 주거나 보상해 주기 위한 일련의 활동을 '관련 서비스'라 하였으며, 이를 지원하는 장애 보상 활동으로써 관련 서비스가 특수교육대상아동 각 사람에게 적절히 융화, 조정, 통합되어 제공되어야 한다고 하였다. 이규식 등(1996)은 특수교육대상아동은 보편적인 교육 내용이나 방법으로는 이들의 잠재능력을 개발하기 어렵기 때문에 적절한 특수교육 관련 서비스가 제공되지 않으면 그 효율성을 기대할 수 없으며, 특수교육 관련 서비스는 특수교육의 보편성 토대 위에 특수성이 드러나게 하는 교육 활동이라 규정하였다.

관련 서비스의 개념은 미국이나 영국 등 선진국에서 특수교육으로 충족되지 못하는 개별 아동에게 필요한 영역의 전문적 서비스를 제공한다는 의미로 사용되고 있다(이효자, 2003; 국립특수교육원, 2005). 미국의 2004년 장애인교육향상법(Individuals with Disabilities Education Improvement Act : IDEIA 2004, P.L. 108-446)에서는 관련 서비스를 다음과 같이 정의하고 있다. 관련 서비스란 발달적, 교정적, 또는 여타의 지원적인 서비스들로서 특수교육대상아동이 특수교육에서의 이점을 얻도록 도움을 주는 데 필요한 것이라고 규정하고 있으며, 이러한 특수교육과 관련 서비스의 내용에는 교통, 언어치료와 청능 서비스, 통역서비스, 심리적 서비스, 물리 및 작업치료, 치료 레크리에이션을 포함하는 레크리에이션, 사회사업서비스, 학교 간호 서비스, 재활상담, 방향 정위와 보행 서비스, 의료적 서비스 등이 있으며, 아동기 장애 조건의 조기 판별과 진단을 포함하고 있다.[1]

미국의 2004년 장애인교육향상법은 특수교육과 관련 서비스의 관계를 명확히 규정해 놓

---

1 The term 'related services' means transportation, and such developmental, corrective, and other supportive services (including speech-language pathology and audiology services, interpreting services, psychological services, physical and occupational therapy, recreation, including therapeutic recreation, social work services, school nurse services designed to enable a child with a disability to receive a free appropriate public education as described in the individualized education program of the child, counseling services, including rehabilitation counseling, orientation and mobility services, and medical services, except that such medical services shall be for diagnostic and evaluation purposes only) as may be required to assist a child with a disability to benefit from special education, and includes the early identification and assessment of disabling conditions in children.

고 있는데, 특수교육은 '개별 특수교육대상아동의 특수한 요구를 충족시켜주기 위해 특별히 고안된 수업'으로 정의하면서, 관련 서비스는 이러한 특수교육으로부터 개별 특수교육대상아동을 지원하기 위해 특별히 제공되는 일련의 발달적, 교정적, 또는 여타의 지원적인 보조활동이나 서비스(supportive activities or services)로써 특수교육에서의 이점을 얻도록 도움을 주는데 필요한 서비스라고 규정하고 있다(이병인, 재인용 2004). 관련 서비스는 장애를 지닌 특수교육대상자가 자신의 독특한 '개별적 요구'에 '적절한 교육'을 받을 수 있도록 이를 보장하기 위한 조치의 하나인 것이다(Turnbull, Turnbull, Shank, Smith, & Leal, 2002).

즉 관련 서비스는 특수교육대상아동이 특수교육으로부터 최대한의 혜택을 보장받을 수 있도록 지원하기 위하여 제공되는 특수교육적 서비스와는 다른 유형의 서비스로 정의되고 있다. 즉, 특수교육이라는 '교수(instruction)'가 주가 되는 상태에서 이와 관련된 지원적이고 부가적인 '서비스'(즉 특수교육대상아동이 교수를 받는 데 도움이 되는 그리고/또는 교수 이외의 것으로 아동마다 개별적으로 평가되고 결정된)가 관련 서비스의 개념인 것이다. 따라서 관련 서비스는 '무상의 적절한 공교육(Free Appropriate Public Education; FAPE)'의 제공이라는 맥락에서 특수교육이 제대로 실시될 수 있도록 지원하는 것으로서 지원적이고 부가적인 서비스로써 독립적으로 또는 특수교육과 배타적으로 존재하는 것이 아닌 특수교육과의 연관 속에서 학교 체계 내에서 제공할 수 있는 서비스의 형태로 인식되어야하며(한경근, 2007), 어디까지나 특수교육대상아동이 특수교육을 통해 얻는 교육적 이익을 극대화하는데 그 목적이 있다 하겠다(한현민, 2001).

1. 「장애인 등에 대한 특수교육법」에서의 특수교육 관련 서비스

2007년에 새롭게 제정된 「「장애인 등에 대한 특수교육법」」에서 특수교육 관련 서비스에 관한 사항이 포함되어 있는 법률 조항 및 조항의 의미를 구체적으로 살펴보면 아래와 같다.

(1) 정의 (제2조)

1. "특수교육"이란 특수교육대상자의 교육적 요구를 충족시키기 위하여 특성에 적합한 교육과정 및 제2호에 따른 특수교육 관련 서비스 제공을 통하여 이루어지는 교육을 말한다.
2. "특수교육 관련 서비스"란 특수교육대상자의 교육을 효율적으로 실시하기 위하여 필요한 인적 · 물적 자원을 제공하는 서비스로서 상담지원 · 가족 지원 · 치료지원 · 보조인력지원 · 보조공학기기지원 · 학습보조기기지원 · 통학지원 및 정보접근지원 등을 말한다.

특수교육대상자의 교육적 요구(educational needs)를 충족시키기 위하여 특성에 적합한 교육과정 및 특수교육 관련 서비스 제공을 통하여 이루어지는 교육을 특수교육으로 정의하면서 필요한 인적 · 물적 자원을 제공하는 교육지원으로 특수교육 관련 서비스를 포함하고 있으며, 특수교육 관련 서비스란 치료지원 이외에도 부가적인 지원을 포함하고 있다.

김성애(2007)는 위 조항과 관련하여 특수교육 관련 서비스는 특수교육 그 자체가 아니라 특수교육의 효율적인 성과를 위하여 필요한 지원 서비스라는 것을 분명히 할 수 있도록 시행령 및 시행규칙에 교육과정과 관련 서비스 지원의 개념 정의, 내용과 범위, 그리고 지원방법을 구체적으로 진술하여야 할 것을 강조하였다.

(2) 국가와 지방지차단체의 임무 (제5조, 일부 조항은 생략)

> 제5조 (국가 및 지방자치단체의 임무) ① 국가 및 지방자치단체는 특수교육대상자에게 적절한 교육을 제공하기 위하여 다음 각 호의 업무를 수행하여야 한다.
> 1. 장애인에 대한 특수교육종합계획의 수립
> 2. 특수교육대상자의 조기발견
> 4. 특수교육의 내용, 방법 및 지원체제의 연구 · 개선
> 11. 특수교육대상자에 대한 특수교육 관련 서비스 지원방안의 강구
> 12. 그 밖에 특수교육의 발전을 위하여 필요하다고 인정하는 사항
>
> ② 국가 및 지방자치단체는 제1항의 업무를 수행하는데 드는 경비를 예산의 범위 안에서 우선적으로 지급하여야 한다.
>
> ③ 국가는 제1항의 업무 추진이 부진하거나 제2항의 예산조치가 부족하다고 인정되는 지방자치단체에 대하여는 예산의 확충 등 필요한 조치를 하도록 권고하여야 한다.
>
> ④ 교육과학기술부장관은 제1항의 업무를 효율적으로 수행하기 위하여 보건복지부장관 · 노동부장관 · 여성가족부장관 등 관계 중앙행정기관 간에 협조체제를 구축하여야 한다. 〈개정 2008. 2. 29., 2010. 6. 4., 2013. 3. 23., 2016. 2. 3.〉

제5조를 살펴보면, 국가 및 지방자치단체는 제5조 제1항 11호에 의거하여 특수교육대상자에게 특수교육 관련 서비스를 지원하는 방안을 강구하도록 규정하고 있다. 그런데 여기서 '강구'라는 단어는 억지로 구하는 강구(强求)보다는 좋은 대책과 방법을 연구한다는 강구(講究)의 의미로 해석될 수 있다.

또한 제2항 및 제3항의 경우에도 국가나 지방자치단체가 특수교육 관련 서비스 지원방안

등의 업무 수행이 어려울 경우 이러한 비용을 예산 범위 안에서 우선 지급하거나, 지방자치단체 차원에서 예산의 확충 등의 필요한 조치를 하도록 권고하고 있다. 제4항의 경우, 특수교육 관련 서비스 지원을 포함한 다양한 업무 지원을 위하여 보건복지부, 노동부, 여성가족부 등 중앙행정기관 부처 간 협조체제 구축을 강조하고 있다.

(3) 특수교육 관련 서비스 담당 기관 (제11조)

> 제11조 (특수교육지원센터의 설치 · 운영) ① 교육감은 특수교육대상자의 조기발견, 특수교육대상자의 진단 · 평가, 정보관리, 특수교육 연수, 교수 · 학습 활동의 지원, 특수교육 관련 서비스 지원, 순회교육 등을 담당하는 특수교육지원센터를 하급교육행정기관별로 설치 · 운영하여야 한다.
>
> ② 제1항에 따른 특수교육지원센터는 하급교육행정기관이나 특수학교, 특수학급이 설치된 일반 초 · 중 · 고등학교 또는 관할 지역의 관공서(장애인복지관을 포함한다) 등 특수교육대상자를 비롯한 지역주민의 접근이 편리한 곳에 설치하여야 한다.
>
> ③ 특수교육지원센터의 설치 · 운영 등에 관하여 필요한 사항은 대통령령으로 정한다.
>
> ① 교육감은 특수교육대상자의 조기발견, 특수교육대상자의 진단 · 평가, 정보관리, 특수교육 연수, 교수 · 학습활동의 지원, 특수교육 관련 서비스 지원, 순회교육 등을 담당하는 특수교육지원센터를 시 · 도 교육청 및 모든 하급교육행정기관에 설치 · 운영하여야 한다. 〈개정 2019. 12. 10.〉
>
> ② 제1항에 따른 특수교육지원센터는 시 · 도 교육청, 하급교육행정기관이나 특수학교, 특수학급이 설치된 일반 초 · 중 · 고등학교 또는 관할 지역의 관공서(장애인복지관을 포함한다) 등 특수교육대상자를 비롯한 지역주민의 접근이 편리한 곳에 설치하여야 한다. 〈개정 2019. 12. 10.〉
>
> ③ 특수교육지원센터의 설치 · 운영 등에 필요한 사항은 대통령령으로 정한다. 〈개정 2019. 12. 10.〉

법률 제11조는 특수교육지원센터에서 특수교육 관련 서비스 지원에 필요한 역할을 담당하도록 규정하고 있으므로, 특수교육 관련 서비스 지원은 교육청 산하의 특수교육지원센터를 통해 각급학교에 제공될 것으로 기대된다.

「장애인 등에 대한 특수교육법」의 전반적인 내용을 살펴보면 특수교육지원센터가 특수교육 관련 서비스 지원을 제공하는 관리기관 또는 중개 기관이 될 것으로 예상되지만, 특수교육 관련 서비스를 어디서 제공할 것인가에 대해서는 현재의 법률의 규정으로는 단언하기 어렵다. 이는 법률 제2조에서 언급된 상담 지원 · 가족 지원 · 치료지원 · 보조인력지원 · 보조공학기기지원 · 학습보조기기지원 · 통학지원 및 정보접근지원 등 특수교육 관련 서비스의 종류와 각각의 특성에 따라 다르기 때문이며, 또한 특수교육지원센터가 설치될 수 있는 장소가 하급교육행정기관이나 특수학교, 특수학급이 설치된 일반 초 · 중 · 고등학교 또는 관할 지역의 관공서(장애인복지관을 포함) 등 특수교육대상자를 비롯한 지역주민의 접근이 편리한 곳으로 다양하게 제시되어 규정되어 있기 때문이다(송영준 · 김영태 · 육주혜 · 이병인, 2007).

(4) 특수교육 관련 서비스 지원 내용의 결정 방법 (제16조)

> 제16조 (특수교육대상자의 선정절차 및 교육지원 내용의 결정) ① 특수교육지원센터는 진단 · 평가가 회부된 후 30일 이내에 진단 · 평가를 시행하여야 한다.
>
> ② 특수교육지원센터는 제1항에 따른 진단 · 평가를 통하여 특수교육대상자로의 선정 여부 및 필요한 교육지원 내용에 대한 최종의견을 작성하여 교육장 또는 교육감에게 보고하여야 한다.
>
> ③ 교육장 또는 교육감은 특수교육지원센터로부터 최종의견을 통지받은 때부터 2주일 이내에 특수교육대상자로의 선정 여부 및 제공할 교육지원 내용을 결정하여 부모 등 보호자에게 서면으로 통지하여야 한다. 교육지원 내용에는 특수교육, 진로 및 직업교육, 특수교육 관련 서비스 등 구체적인 내용이 포함되어야 한다.
>
> ④ 제1항에 따른 진단 · 평가의 과정에서는 부모 등 보호자의 의견 진술의 기회가 충분히 보장되어야 한다.

법률 제14조에 의거하여 보호자 또는 보호자의 사전 동의를 받은 각급학교의 장이 교육장 또는 교육감에게 진단 · 평가를 의뢰하는 경우, 교육장 또는 교육감은 특수교육지원센터에 회부하여 진단 · 평가를 실시하여, 그 결과를 해당 영유아 및 아동의 보호자에게 통보하도록 하고 있다. 이때, 관할 특수교육지원센터가 진단 · 평가를 실시하여, 특수교육대상자 선정여부와 교육지원 내용의 결정 사항을 보호자에게 통보하도록 규정하고 있는데, 이때 교육지원 내용에는 특수교육 관련 서비스를 포함하도록 규정하고 있다(제16조 제3항). 따라서 특수교육 관련 서비스가 필요한 특수교육대상자의 경우 진단 · 평가과정에서 특수교육 관련 서비스 지원이 필요하다고 결정이 되면 지원을 받을 수 있는 근거가 될 수 있다.

여기서 주목할 점은 기존의 경우 특수교사의 판단에 의해 특수교육대상자의 선정에 필요한 사항을 기재하도록 하고, 이렇게 기재된 사항을 토대로 관할 특수교육운영위원회에서는 특수교육대상자에 대한 선정 여부만 결정해 왔었던 것과는 달리, 새로운 법률에서는 특수교육대상자에게 어떠한 교육지원이 필요한지를 결정하여 보호자에게 통지하도록 하고 있다. 또한 이러한 교육지원의 내용에는 치료 지원을 비롯한 특수교육 관련 서비스에 관한 사항도 포함하도록 하고 있어, 이전에 비해 학교 및 보호자가 특수교육대상자에 대한 구체적인 교육지원에 관한 정보를 해당 교육청으로부터 획득할 수 있도록 하고 있다(윤종술, 2007).

(5) 특수교육 관련 서비스 담당 인력의 역할 (제2조, 제18조, 제22조, 제25조)

제2조(정의)

8. "순회교육"이란 특수교육교원 및 특수교육 관련 서비스 담당 인력이 각급학교나 의료기관, 가정 또는 복지시설(장애인복지시설, 아동복지시설 등을 말한다. 이하 같다) 등에 있는 특수교육대상자를 직접 방문하여 실시하는 교육을 말한다.

제18조 (장애영아의 교육지원)

② 제1항에 따른 요구를 받은 교육장은 특수교육지원센터의 진단 · 평가결과를 기초로 만 3세 미만의 장애영아를 특수학교의 유치원과정, 영아학급 또는 특수교육지원센터에 배치할 수 있다.

③ 제2항에 따라 배치된 장애영아가 의료기관, 복지시설 또는 가정 등에 있을 경우에는 특수교육교원 및 특수교육 관련 서비스 담당 인력 등으로 하여금 순회교육을 제공하도록 할 수 있다.

제22조 (개별화교육) ① 각급학교의 장은 특수교육대상자의 교육적 요구에 적합한 교육을 제공하기 위하여 보호자, 특수교육교원, 일반교육교원, 진로 및 직업교육 담당 교원, 특수교육 관련 서비스 담당 인력 등으로 개별화교육지원팀을 구성한다.

② 개별화교육지원팀은 매 학기 마다 특수교육대상자에 대한 개별화교육계획을 작성하여야 한다.

③ 특수교육대상자가 다른 학교로 전학할 경우 또는 상급학교로 진학할 경우에는 전출학교는 전입학교에 개별화교육계획을 14일 이내에 송부하여야 한다.

④ 특수교육교원은 제1항부터 제3항까지의 규정에 따른 업무를 수행하기 위하여 각 업무를 지원하고 조정한다.

⑤ 제1항에 따른 개별화교육지원팀의 구성, 제2항에 따른 개별화교육계획의 수립 · 실시 등에 관하여 필요한 사항은 교육과학기술부령으로 정한다.

① 각급학교의 장은 특수교육대상자의 교육적 요구에 적합한 교육을 제공하기 위하여 보호자, 특수교육교원, 일반교육교원, 진로 및 직업교육 담당 교원, 특수교육 관련 서비스 담당 인력 등으로 개별화교육지원팀을 구성한다.

② 개별화교육지원팀은 매 학기 마다 특수교육대상자에 대한 개별화교육계획을 작성하여야 한다.

③ 특수교육대상자가 다른 학교로 전학할 경우 또는 상급학교로 진학할 경우에는 전출학교는 전입학교에 개별화교육계획을 14일 이내에 송부하여야 한다.

④ 특수교육교원은 제1항부터 제3항까지의 규정에 따른 업무를 수행하기 위하여 각 업무를 지원하고 조정한다.

⑤ 제1항에 따른 개별화교육지원팀의 구성, 제2항에 따른 개별화교육계획의 수립 · 실시 등에 관하여 필요한 사항은 교육부령으로 정한다. 〈개정 2008. 2. 29., 2013. 3. 23.〉

제25조 (순회교육 등) ① 교육장 또는 교육감은 일반학교에서 통합교육을 받고 있는 특수교육대상자를 지원하기 위하여 일반학교 및 특수교육지원센터에 특수교육교원 및 특수교육 관련 서비스 담당 인력을 배치하여 순회교육을 실시하여야 한다.

① 교육장 또는 교육감은 일반학교에서 통합교육을 받고 있는 특수교육대상자를 지원하기 위하여 일반학교 및 특수교육지원센터에 특수교육교원 및 특수교육 관련 서비스 담당 인력을 배치하여 순회교육을 실시하여야 한다.

② 교육감은 장애정도가 심하여 장 · 단기의 결석이 불가피한 특수교육대상자의 교육을 위하여 필요한 경우 순회교육을 실시하여야 한다.

③ 교육감은 이동이나 운동기능의 심한 장애로 인하여 각급학교에서 교육을 받기 곤란하거나 불가능하여 복지시설 · 의료기관 또는 가정 등에 거주하는 특수교육대상자의 교육을 위하여 필요한 경우 순회교육을 실시하여야 한다.

④ 교육장 또는 교육감은 제3항에 따른 순회교육의 실시를 위하여 의료기관 및 복지시설 등에 학급을 설치 · 운영하는 등 필요한 조치를 강구하여야 한다. 〈신설 2015. 12. 22.〉

⑤ 국가 또는 지방자치단체는 제4항에 따라 학급이 설치 · 운영 중인 의료기관 및 복지시설 등에 대하여 국립 또는 공립 특수교육기관 수준의 교육이 이루어질 수 있도록 대통령령으로 정하는 바에 따라 행정적 · 재정적 지원을 할 수 있다. 〈신설 2015. 12. 22.〉

⑥ 제1항부터 제4항까지의 규정에 따른 순회교육의 수업일수 등 순회교육의 운영에 필요한 사항은 대통령령으로 정한다. 〈개정 2015. 12. 22.〉

특수교육 관련 서비스 담당 인력의 역할은 법률 제2조, 제18조, 제25조의 일부 조항에서 살펴볼 수 있듯이 각급학교나 의료기관, 가정 또는 복지시설(장애인복지시설, 아동복지시설 등) 등에 있는 특수교육대상자를 직접 방문하여 순회 교육을 실시하도록 되어 있다. 특히 일반학교에서 통합교육을 받고 있는 특수교육대상자를 지원하기 위하여 일반학교 및 특수교육지원센터에도 특수교육 관련 서비스 담당 인력을 배치하여 순회 교육을 실시할 수 있도록 규정하고 있다(제25조 제1항).

특수교육대상자에게 특수교육 관련 서비스 지원이 필요하다고 결정이 되면, 관할 교육청에서는 특수교육 관련 서비스 담당 인력을 배치하거나 또는 순회교육을 통하여 특수교육 관련 서비스 지원을 제공하게 된다. 제18조(장애영아의 교육지원), 제25조(순회교육)에 의하면 특수학교의 유치원과정, 영아학급 또는 특수교육지원센터에 배치된 3세 미만의 장애영아에게도 각급학교나 의료기관, 가정 또는 복지시설 등에서 순회교육 등을 통하여 특수교육 관련 서비스 지원이 제공될 수 있도록 규정되어 있다.

이와 더불어 특수교육 관련 서비스 담당 인력은 개별화교육지원팀의 구성원으로 매 학기마다 특수교육대상자에 대한 개별화교육계획(IEP)을 공동으로 작성하도록 되어 있다. 이는 개별화교육계획(IEP) 수립 시에 특수교육 관련 서비스 지원에 필요한 계획을 포함하며, 특수교육지원센터의 진단 · 평가를 통한 특수교육대상자에게 필요한 교육지원 내용(제16조)에 대하여 보다 개별적이고 구체적인 지원 방법을 개별화교육계획(IEP)에 제시할 것으로 예상된다.

현재 개별화교육계획(IEP)의 범위, 수준, 내용, 평가방법 등에 관한 세부 사항은 시행규칙으로 위임되어 있기에, 개별화교육계획(IEP)을 통한 구체적인 특수교육 관련 서비스 지원에 관한 계획이 어느 정도 반영될 것인지는 명확하지 않다. 그러나 최소한 치료지원의 영역과 치료지원의 제공시간, 치료지원의 장, 단기 목표에 관한 사항 등은 개별화교육계획(IEP)에 포함이 될 것으로 예상되며, 그 이상의 내용을 개별화교육계획(IEP)에 어떻게 반영할지에 대해서는 충분히 논의되어야 한다(윤종술, 2007).

(6) 특수교육 관련 서비스의 영역 (제28조)

제28조 (특수교육 관련 서비스) ① 교육감은 특수교육대상자와 그 가족에 대하여 가족상담 등 가족지원을 제공하여야 한다.

② 교육감은 특수교육대상자가 필요로 하는 경우에는 물리치료, 작업치료 등 치료지원을 제공하여야 한다.

③ 각급학교의 장은 특수교육대상자를 위하여 보조 인력을 제공하여야 한다.

④ 각급학교의 장은 특수교육대상자의 교육을 위하여 필요한 장애인용 각종 교구, 각종 학습보조기, 보조공학기기 등의 설비를 제공하여야 한다.

⑤ 각급학교의 장은 특수교육대상자의 취학 편의를 위하여 통학차량 지원, 통학비 지원, 통학 보조인력의 지원 등 통학 지원 대책을 마련하여야 한다.

⑥ 각급학교의 장은 특수교육대상자의 생활지도 및 보호를 위하여 기숙사를 설치 · 운영할 수 있다. 기숙사를 설치 · 운영하는 특수학교에는 특수교육대상자의 생활지도 및 보호를 위하여 교육과학기술부령으로 정하는 자격이 있는 생활지도원을 두어야 한다. 생활지도원의 배치 기준은 국립학교의 경우 교육과학기술부령으로, 공립 및 사립학교의 경우에는 시 · 도 교육규칙으로 각각 정한다.

⑦ 각급학교의 장은 각급학교에서 제공하는 각종 정보(교육기관에서 운영하는 인터넷 홈페이지를 포함한다)를 특수교육대상자에게 제공하는 경우 특수교육대상자의 장애유형에 적합한 방식으로 제공하여야 한다.

⑧ 제1항부터 제7항까지의 규정에 따른 특수교육 관련 서비스의 제공을 위하여 필요한 사항은 대통령령으로 정한다.

① 교육감은 특수교육대상자와 그 가족에 대하여 가족 상담, 부모교육 등 가족 지원을 제공하여야 한다. 〈개정 2019. 12. 10.〉

② 교육감은 특수교육대상자가 필요로 하는 경우에는 물리치료, 작업치료 등 치료지원을 제공하여야 한다.

③ 각급학교의 장은 특수교육대상자를 위하여 보조 인력을 제공하여야 한다.

④ 각급학교의 장은 특수교육대상자의 교육을 위하여 필요한 장애인용 각종 교구, 각종 학습보조기, 보조공학기기 등의 설비를 제공하여야 한다.

⑤ 각급학교의 장은 특수교육대상자의 취학 편의를 위하여 통학차량 지원, 통학비 지원, 통학 보조 인력의 지원 등 통학 지원 대책을 마련하여야 한다.

⑥ 각급학교의 장은 특수교육대상자의 생활지도 및 보호를 위하여 기숙사를 설치 · 운영할 수 있다. 기숙사를 설치 · 운영하는 특수학교에는 특수교육대상자의 생활지도 및 보호를 위하여 교육부령으로 정하는 자격이 있는 생활지도원을 두는 외에 간호사 또는 간호조무사를 두어야 한다. 〈개정 2008. 2. 29., 2013. 3. 23., 2013. 4. 5.〉

⑦ 제6항의 생활지도원과 간호사 또는 간호조무사의 배치기준은 국립학교의 경우 교육부령으로, 공립 및 사립학교의 경우에는 시 · 도 교육규칙으로 각각 정한다. 〈신설 2013. 4. 5.〉

⑧ 각급학교의 장은 각급학교에서 제공하는 각종 정보(교육기관에서 운영하는 인터넷 홈페이지를 포함한다)를 특수교육대상자에게 제공하는 경우 특수교육대상자의 장애유형에 적합한 방식으로 제공하여야 한다. 〈개정 2013. 4. 5.〉

⑨ 제1항부터 제8항까지의 규정에 따른 특수교육 관련 서비스의 제공을 위하여 필요한 사항은 대통령령으로 정한다. 〈개정 2013. 4. 5.〉

제28조는 제1항에서 제7항까지의 규정을 제시함으로 특수교육 관련 서비스에 대한 가장 상세한 내용을 담고 있는 규정이다. 그러나 제2조에서 정의한 상담 지원에 대한 구체적인 내용이 없으며, 제28조에는 기숙사의 설치와 관련된 항목을 포함한 적절한 용어가 제2조(정의)의 부분에 구체적으로 언급되지 못하고 있다. 또한 학습보조기기지원과 보조공학기기지원의 경우, 제2조에서는 두 가지 지원이 서로 다른 별도의 지원처럼 해석되어지나, 제28조에서는 하나의 항목처럼 해석되어질 수 있는 다소 모호한 부분을 가지고 있다. 이는 급하게 두 개의 법을 새롭게 병합시키는 과정에서 빚어진 하나의 오류일 수 있다. 따라서 시행령과 시행규칙에는 특수교육 관련 서비스를 보다 명확한 내용으로 정리할 필요가 있다.

특수교육현장에서 친숙하게 인식되어온 치료 지원은 장애를 경감하고 2차 장애를 예방하기 위한 특수교육 관련 서비스 중의 하나이다(이필상, 2007). 특수교육대상아동은 특수교육 이외에도 다양한 치료 지원을 통해 교육적 요구를 충족시키고 있으며, 1차적 장애와 함께 동반되는 만성적 질병이나 발달적 지연으로 인한 발달지체영유아의 치료 지원은 더욱 다양한 방법으로 접근할 필요가 있다(제민희 · 이병인, 2013). 「장애인 등에 대한 특수교육법」의 제2항 치료 지원의 규정을 살펴보면 치료 지원을 '물리치료 · 작업치료 등'이라 규정하고 있어, '치료교육 제도 변경에 따른 행정 조치사항(2007.6.22)'과 같이 물리치료 및 작업치료를 치료 지원의 주요영역으로 제시할 수 있는 문제점을 가지고 있다. 이는 국가 자격으로 규정되어 있는 치료영역만을 포함하여, 실제 현장에서 필요로 하는 치료영역이 법률에 포함되어 있지 않아 수요에 어긋나는 치료지원 정책이 추진될 가능성을 내포하고 있다. 따라서 시행령/시행규칙을 통해 보다 명확하고, 실제 현장에서 가장 절실하게 요구되는 치료지원 영역이 추가적으로 포함되도록 해야 할 것이다(송영준 · 김영태 · 육주혜 · 이병인, 2007).

(7) 특수교육 관련 서비스 제공에 대한 절차상의 보호 (제4조, 제36조, 제38조)

> 제4조 (차별의 금지) ② 국가, 지방자치단체, 각급학교의 장 또는 대학의 장은 다음 각 호의 사항에 관하여 장애인의 특성을 고려한 교육시행을 목적으로 함이 명백한 경우 외에는 특수교육대상자 및 보호자를 차별하여서는 아니 된다.
>
> ② 국가, 지방자치단체, 각급학교의 장 또는 대학의 장은 다음 각 호의 사항에 관하여 장애인의 특성을 고려한 교육시행을 목적으로 함이 명백한 경우 외에는 특수교육대상자 및 보호자를 차별하여서는 아니 된다. 〈개정 2018. 2. 21.〉

1. 제28조에 따른 특수교육 관련 서비스 제공에서의 차별
2. 수업참여 배제 및 교내외 활동 참여 배제
3. 개별화교육지원팀에의 참여 등 보호자 참여에서의 차별
4. 대학의 입학전형절차에서 장애로 인하여 필요한 수험편의의 내용을 조사 · 확인하기 위한 경우 외에 별도의 면접이나 신체검사를 요구하는 등 입학전형 과정에서의 차별

제36조 (고등학교 과정 이하의 심사청구) ① 특수교육대상자 또는 그 보호자는 다음 각 호의 어느 하나에 해당하는 교육장, 교육감 또는 각급학교의 장의 조치에 대하여 이의가 있을 때에는 해당 시 · 군 · 구 특수교육운영위원회 또는 시 · 도 특수교육운영위원회에 심사청구를 할 수 있다.

1. 제15조 제1항에 따른 특수교육대상자의 선정
2. 제16조 제3항에 따른 교육지원 내용의 결정 사항
3. 제17조 제1항에 따른 학교에의 배치
4. 제4조를 위반하는 부당한 차별

제38조 (벌칙) 다음 각 호의 어느 하나에 해당하는 자는 300만원 이하의 벌금에 처한다.

2. 제4조 제2항 제1호부터 제3호까지의 규정을 위반하여 특수교육 관련 서비스의 제공, 수업참여 및 교내외 활동 참여와 개별화교육지원팀에의 보호자 참여에 있어서 차별한 자

과거 「특수교육진흥법」의 경우 특수교육대상자의 선정결과 및 배치결과에 대하여 아동 또는 보호자가 심사청구를 할 수 있었는데 반하여 아동 및 보호자에 대한 절차상의 보호 관련 조항이 대부분 새롭게 제정되었다. 특히 「장애인 차별금지 및 권리구제 등에 관한 법률」의 제13조 및 제14조에 따라서도 이와 같은 사항 이외의 경우에도 국가인권위원회 및 법무부로부터 절차상의 보호를 제공받도록 하고 있다.

특히, 특수교육 관련 서비스 제공에서의 차별도 차별행위 중 하나로 규정하고 있다. 만약 특수교육지원센터의 진단 · 평가결과 필요하다고 포함된 특수교육 관련 서비스의 구체적인 지원 내용이 결정되고, 치료 지원에 대한 개별화교육계획(IEP)이 수립되었지만, 관할 교육청이 특수교육 관련 서비스 지원이 이루어지지 못하여 아동이 피해를 입는 경우, 아동 또는 보호자가 그 권리를 침해당하면 언제든지 관할 특수교육운영위원회에 심사청구를 할 수 있도록 규정하고 있다. 이는 특수교육 관련 서비스 지원에 관한 법적 강제력을 부과하여, 보다 실질적인 특수교육 관련 서비스 지원이 아동에게 제공될 수 있음을 시사하고 있는 것이다(송영

준 · 김영태 · 육주혜 · 이병인, 2007).

2. 미국 장애인교육향상법(IDEIA, 2004)에서의 관련 서비스 유형

미국의 특수교육법인 '장애인교육(향상)법'(1997, 2004)에 언급된 관련 서비스의 유형 및 내용을 살펴보면 아래와 같다(송영준 · 김영태 · 육주혜 · 이병인, 2007).

(1) 레크리에이션(recreation)

레크리에이션 서비스는 일반적으로 특수교육대상아동이 그들의 레크리에이션과 여가(leisure)시간을 활용하는 방법을 배울 수 있도록 돕는다. 이 서비스를 통해 아동들은 적절하고 기능적인 레크리에이션과 여가기술을 배울 수 있다. 미국의 장애인교육향상법 최종 법안에 따르면 관련 서비스로서 레크리에이션은 다음의 내용을 포함한다(§300.24(b)(10)).

· 여가 기능의 사정
· 치료 레크리에이션 서비스
· 학교와 지역사회 기관에서의 레크리에이션 프로그램
· 여가 교육

(2) 물리치료(physical therapy)

물리치료는 '자격이 있는 물리치료사에 의한 서비스의 제공'을 의미한다(§300.24 (b)(8)). 이 서비스는 일반적으로 교육환경에서 아동의 자세, 근력, 이동, 동작을 조직하는 것을 의미한다. 물리치료는 손상, 손상의 예방, 기능적 제한이나, 신체적 기능의 변화나, 부상, 질병, 기타 다른 원인으로부터 건강을 지키는 내용을 의미하기도 한다. 물리치료 서비스의 내용은 다음과 같다.

· 관절 기능, 근력, 이동, 지구력을 증진시키는 치료 제공
· 신체적 이동과 큰 움직임에서 신체의 큰 근육에 의존하는 대근육 운동의 향상
· 아동의 자세, 중심 잡기, 신체 자각 향상에 대한 도움
· 신체기능의 검사, 교정, 적절한 보조기구의 사용

(3) 방향 정위와 보행 서비스(orientation and mobility services)

'방향 정위'는 주변 환경의 정보에 활용하여 자신이 어디 있으며, 어디를 가는지, 어떻게 목적지에 도달할 것인지를 아는 것을 의미하며, '보행'은 주변 환경에서 안전하게 다니는 것을 의미한다. 미국의 '장애인교육향상법'은 방향정위와 보행 서비스를 관련 서비스로 §300.24에 포함시켰다.

방향 정위와 보행 서비스는 자격증을 소지한 전문가에 의하여 학교, 가정, 지역 사회에서 시각특수교육대상아동 또는 저시력 아동에게 조직적인 방향 정위와 안전한 보행을 위하여 제공되는 서비스로 정의된다(§300.24.(b)(6)(i)). 방향 정위와 보행 서비스는 다음과 같은 내용을 포함한다.

· 주변 환경에 대한 공간적 개념과 감각기관을 통하여 수용된 정보(소리, 온도, 진동)를 활용하여 현재의 공간 속에서 방향 및 보행 경로를 설정하고, 유지하거나 회복하기(예. 차의 소리를 사용하여 길을 건너기)
· 시각에 의존한 보행기술이 없는 아동들에게 시각적 이동기술을 보완하여 주고, 환경을 안전하게 이동할 수 있도록 지팡이 사용하기
· 잔존 시력의 이해와 사용 그리고 저시력 보조도구 사용
· 기타 다른 개념 및 기술, 도구
· 생활 속에서 환경에 대한 인식의 발달
· 환경에서 효율적이고 안전하게 이동하는 데에 필요한 기술의 학습

(4) 보조공학서비스(assistive technology devices and services)

보조공학서비스는 다음과 같은 내용을 포함하고 있다.

· 아동의 일상적 환경의 기능적 평가를 포함하는 아동의 요구에 대한 평가
· 특수교육대상아동의 보조공학기기 사용을 위한 구매, 대여, 또는 기타의 방법 제공
· 보조공학서비스의 선택, 고안, 적합화, 주문제작, 수정, 적용, 유지, 수리, 대체
· 다른 치료와의 조정 및 사용, 중재, 실질적인 교육 및 재활서비스와 연계하여 보조공학기기를 통한 서비스 제공
· 특수교육대상아동 및 가족을 위한 적절한 기술적 지원이나 훈련
· 전문가를 위한 기술적 지원이나 훈련(교육이나 재활서비스를 제공하는 사람들을 포함)

(5) 부모 상담과 훈련(parent counseling and training)

부모 상담과 훈련은 특수교육대상아동의 삶에서 부모들의 필수적인 역할을 강화할 수 있는 중요한 관련 서비스로 다음과 같은 내용을 포함한다(§300.26(b)(7)).

· 부모가 아동의 특별한 요구를 이해하는데 도움을 제공
· 부모에게 아동발달에 대한 정보를 제공
· 아동의 개별화교육계획(IEP)이나 개별화가족지원계획(IFSP)의 성취를 위해 부모에게 필요한 기술습득에 도움을 제공

(6) 사회사업 서비스(social work services in school)

가정 또는 지역 사회에서의 문제는 학교에서 아동의 태도나 행동에 부정적인 영향을 미친다. 학교 사회사업 서비스는 아동이 교육적 프로그램으로부터 유익을 얻도록 돕는데 필요한 서비스이며, 다음과 같은 내용을 포함한다.

· 특수교육대상아동의 사회사 또는 발달사를 준비
· 아동 및 가족과의 집단 및 개별 상담
· 아동의 학교 적응에 영향을 끼치는 생활환경(가정, 학교, 지역사회)에 대한 문제에 대하여 부모 및 다른 사람들과의 협력
· 아동의 학습에 영향을 미치고, 학습을 가능하게 하는 학교와 지역사회 자원을 동원
· 긍정적 행동 중재 전략의 지원

(7) 상담 서비스(counseling services)

상담 서비스는 공인된 자격을 소유한 자, 심리학자, 진로 상담사 및 기타 자격자 등에 의해 제공되는 서비스(§300.24(b)(2))이다. 학교 상담사는 국가 공인 기준에 인정된 공인된 전문가로 어떤 학교에서는 학교 상담사는 심리학적 서비스로 기술되어 있는 학교 심리학자와 유사한 역할을 한다.

미국 학교 상담사 협회(1999)에 따르면 상담 서비스는 아동의 요구, 흥미, 논쟁에 초점을 맞추고 있다. 학교 상담사들은 자신에 관한 지식, 효과적인 의사결정, 건강을 위한 선택, 책임감 향상 등과 같은 아동들의 개인적이고 사회적으로 관련된 부분에서 도움을 주며, 학업적인 목표의 설정 및 성취, 앞으로의 학업에 대한 긍정적 태도 형성, 학업적 장점의 활용과 같

은 미래의 개획과 관련된 부분에서도 도움을 준다.

(8) 심리적 서비스(psychological services)

심리적 서비스는 장애 아동에게 그들에게 제공되는 특수교육으로부터 이득을 얻을 수 있도록 바람직한 방향으로 도움을 주는 관련 서비스이다. 이러한 서비스는 학교 심리학자(Psychologist)에 의해 제공되지만, 어떤 학교에서는 학교사회 사업가(School Social Worker), 상담가 등의 다른 전문가에 의해 제공되기도 한다. 미국의 장애인교육향상법에서 심리적 서비스는 다음과 같은 내용을 포함한다(§300.24(b)(9)).

· 심리적 및 교육적 검사와 기타 진단 절차를 실시
· 진단 결과의 해석
· 아동의 행동과 학습에 관계된 조건에 대한 정보의 획득, 통합, 그리고 해석
· 심리적 검사, 면담, 행동적 평가에 의한 아동의 특별한 요구를 충족시키기 위하여 학교 프로그램 계획에서 다른 직원과 자문하기
· 아동과 부모를 위한 심리 상담을 포함하는 사회적 서비스 프로그램의 계획과 관리
· 긍정적인 행동 중재 전략을 발달시키는 도움

(9) 언어 병리 서비스(speech–language pathology services)

언어 병리 서비스는 언어 병리 전문가와 언어 치료사에 의해 제공되며, 언어 및 의사소통 장애가 있는 아동의 요구에 초점을 맞추며, 다음과 같은 내용을 포함한다(§300. 24(b)(14)).

· 언어 및 의사소통 특수교육대상아동의 선별
· 언어 장애의 진단과 평가
· 의학적 지원이나 언어 장애의 재활에 필요한 전문적 지원
· 의사소통 문제의 재활과 예방을 위한 언어 병리 서비스의 준비
· 언어 및 의사소통 장애에 관한 부모, 아동, 교사의 상담과 지침 제공

(10) 예술/문화 프로그램(artistic/cultural program)

예술/문화 프로그램은 "무상의 적절한 공교육(FAPE)을 받는 특수교육 지원이 필요한 아동을 발달시키거나, 교정하거나, 지원하는 서비스(예술적이고 문화적인 프로그램, 예술, 음악, 그리고 춤 치료 등)"로 특

별하게 언급되어 있다(U.S. Department of Education, 1999, p.12548). 예술/문화 프로그램은 장애가 있는 아동의 개인적인 요구에 따라 예술치료사, 춤 치료사, 음악치료사들에 의해 고안되며, 이러한 전문가들의 역할은 아래와 같다.

· 아동 개인에 대한 기능적 사정
· 아동의 요구와 능력에 적절한 프로그램의 고안
· 아동의 감정, 신체, 인지 그리고 학업 발달과 통합을 진전시키는 음악, 동작(춤) 또는 예술 서비스의 제공
· 학급 교사를 위한 인적 자원의 수시 제공

1) 예술 치료(art therapy)

예술치료는 장애인에게 자기표현의 의미와 개인의 창의성을 확장시키고 통제력 증진의 기회를 제공한다. 창조적인 예술 과정에 아동이 참여할 때, 예술치료사는 감정적인 갈등의 해소, 자기 인식, 사회적 기술, 행동 관리, 문제해결, 불안의 제거, 자기 존중감의 향상과 같은 아동의 독특한 필요를 만족시키는데 도움을 준다(American Art Therapy Association, 2000).

2) 춤/동작 치료(dance/movement therapy)

춤/동작 치료는 개인의 성장을 촉진하는 의미와 감성, 인지, 그리고 개인의 신체적 통합의 발달을 위한 동작을 사용한다. 춤 치료는 올바른 자세, 자제심, 집중, 협동, 민첩성, 스피드, 균형, 근력, 지구력 등을 발달시키고 촉진할 수 있다(American Dance Therapy Association, 2000).

3) 음악 치료(music therapy)

음악 치료는 개인의 신체적, 심리적, 인지적, 행동적, 사회적 요구와 같은 특정한 교육 목표에 도달하기 위한 아동을 돕거나 동기화시키기 위하여, 음악과 관련된 전략을 사용한다. 음악과 음악 학습은 종종 학업기술, 신체 조정, 의사소통, 신경-운동 발달, 감정의 표현, 스트레스 해소와 같은 음악적이지 않은 영역을 강화시키는데 사용된다(American Music Therapy Association, 2000).

(11) 의학적 서비스 (medical service)

의학적 서비스는 특별한 조건의 관련 서비스이다. 의학적 서비스는 의학적인 장애를 가지

고 있는 아동에게 특수교육이나 관련 서비스를 지원하기 위하여 자격 있는 전문의로부터 제공되는 서비스이다(§300.24(b)(2)). 따라서 의학적 서비스는 자격증을 소유한 전문 의사에 의하여, 진단 및 평가를 위한 목적으로 제공되는 서비스이다.

(12) 이동 서비스(transportation)

관련 서비스로서의 이동 서비스는 만약 개별화교육계획 팀(IEP 팀)에 의하여 필요하다고 결정된 적합한 아동의 개별화교육계획(IEP)에 포함되어지며, 이동 서비스는 다음의 내용을 포함한다(§300.24(b)(15)).

· 학교에서 가정으로 및 학교 간의 이동
· 교사(校舍) 내 및 주변에서의 이동
· 특수교육대상아동에게 특별한 이동수단이 요구되는 경우 특별한 장치의 제공[예: 개조된 버스, 리프트, 램프(경사로/진입로 등)]
· 만약 학교까지 일반 아동에게 이동수단을 제공한다면, 반드시 특수교육대상아동을 위한 이동수단도 제공해야 한다.
· 만약 학교가 일반아동을 위해 이동수단을 제공하지 않는다면, 장애가 있는 아동을 위한 이동수단에 대한 문제는 개별화교육계획(IEP) 팀에서 이동수단의 요구에 대해 결정하는 사안에 기초하여 결정한다. 만약 개별화교육계획(IEP) 팀이 이동수단이 있는 것이 특수교육대상아동의 특수교육에 도움이 된다고 판단하면, 반드시 개별화교육계획(IEP)에 포함시키고 부모에게 무상으로 관련 서비스로서 제공해야 한다.

(13) 작업 치료(occupational therapy)

작업치료 서비스는 교육프로그램에서 아동의 기능적인 능력을 향상시키는 서비스로 이러한 서비스는 자격이 있는 작업치료사에 의해 제공되는 서비스로 다음과 같은 내용을 포함 한다(§300.24(b)(5)).

· 질병, 상해 또는 결손 등을 통해 손상 또는 상실된 기능의 향상, 개발, 회복
· 기능의 손상이나 상실된 경우 기능의 자립적 수행을 위한 과업을 수행하는 아동의 능력 향상
· 조기 중재를 통한 기능의 최초 또는 후속되는 손상이나 상실을 예방

학교의 작업치료 서비스는 다음과 같은 내용을 포함하고 있다.

· 자조 기술이나 일상생활 적응(예: 식사, 옷 입기)
· 기능적 이동(예: 학교에 안전하게 움직이기)
· 위치결정(positioning)(예: 학급에서 적절하게 착석)
· 감각 운동 향상(예: 감각과 근육의 사용)
· 소근육 운동(예: 쓰기, 자르기)와 대근육 운동(걷기, 운동적 기술)
· 일상생활 기술의 훈련/여가생활 기술
· 사회심리학적 적응

(14) 조기 판별(발견)과 사정(진단)(early identification and assessment)

특수교육대상아동의 조기 판별과 진단은 아동의 일생에서 가능한 한 이른 시기에 장애를 알아내기 위한 공식적인 계획을 수행하는 것을 의미한다.

(15) 재활 상담 서비스(rehabilitation counseling services)

재활 상담 서비스는 개별적이거나 혹은 집단에서 직업 발달, 고용 준비, 독립심의 성취, 일터와 지역 사회에서의 통합 등의 부분에 초점을 맞추어 자격증을 소지한 전문가에 의해 제공된다. 재활 상담 서비스는 다음과 같은 내용을 포함한다.

· 아동의 태도, 능력, 필요의 사정
· 직업적 상담과 지침 제공
· 직업 훈련
· 개인적 또는 직업적 부분에서 직업 배치의 정의

(16) 청각학 서비스(audiology)

청각학 서비스는 아래와 같은 내용을 포함하고 있다.

· 아동의 청력손실의 정의
· 범위, 특성, 그리고 청력손실 정도를 정의하고, 병원에 치료를 시키거나 전문가의 청능 재활을 실시
· 언어재활, 청력 훈련, 독화(독순), 청력 평가, 구화 같은 재활 활동의 제공

· 청력손실의 예방을 위한 프로그램의 고안 및 관리
· 청력손실과 관련된 아동, 부모, 교사의 상담과 지침 제공
· 특수교육대상아동의 개별적인 소리 증폭과 집단에 대한 요구를 조사하고, 적절한 보조 장치를 선택하고 조정하며, 증폭의 효과를 평가

(17) 학교 건강 서비스(school health services)

일반적으로 학교 건강 서비스는 자격증을 소유한 학교 간호사나 자격증이 있는 간호사에 의해 지도받는 다른 전문가에 의해 제공된다. 학교 간호사가 학교에 고용되지 않았다면, 건강 서비스는 공중 보건 간호사, 소아 가정 의학과 간호사, 공중 병원이나 전문의 간호사가 소속된 병원 또는 지역 사회 기관과 협력적으로 제공된다. 시 · 도 및 지역교육청에서는 학교 건강 서비스에 대한 지침을 제공하며 지침의 주요 내용은 인력에 대한 요구, 전염 관리, 약품 관리, 간호 절차, 학급 변경, 수송, 정책에 초점을 둔다. 학교 건강 서비스는 다음과 같은 내용을 포함한다.

· 특별한 음식 먹이기(튜브를 통해 유동식 제공)
· 도뇨관의 청결한 관리(소변 및 가래 제거)
· 흡입(suctioning)
· 기관 절개 부위의 관리
· 약품의 조제나 관리
· 학교에서 아동의 안전을 위한 계획
· 학교에서 아동의 손상을 예방하도록 관리(예: 아동의 위치를 빈번하게 변화시켜 욕창을 예방)
· 만성적인 질병 관리
· 서비스와 관련된 교육과 기술에 대한 연수 운영

이상에서 살펴본 내용과 같이 2004년 미국의 장애인교육향상법 언급된 관련 서비스의 영역을 총괄적으로 정리하여 관련 서비스의 각 영역의 유형과 정의를 정리하면 〈표 9-1〉과 같다.

유 형	정 의
레크리에이션	특수교육대상아동이 그들의 레크리에이션과 여가 시간을 사용하는 방법을 배우게 하는 서비스 (1) 여가 기능의 사정, (2) 치료 레크리에이션 서비스, (3) 학교 및 지역 사회 기관에서의 레크리에이션 프로그램, (4) 여가 교육
물리 치료	자격 있는 물리치료사가 제공하는 서비스 (1) 관절기능, 근력, 이동, 지구력을 증진시키는 치료 제공, (2) 신체적 이동과 큰 움직임에서 신체의 큰 근육에 의존하는 대근육 운동의 향상, (3) 아동의 자세, 중심잡기, 신체자각 향상에 대한 도움, (4) 신체기능의 검사, 교정, 적절한 보조기구의 사용
방향 정위와 보행	시각장애아동 또는 저시력 아동이 자신의 학교 또는 환경 주변을 다니는 것을 지원하기 위해 제공하는 서비스
보조공학 기기 · 서비스	장애를 지닌 아동의 기능적 역량을 증가하거나, 유지시키거나 향상시키는 장비 및 이와 관련된 서비스
부모 상담 및 훈련	부모가 자신의 자녀가 지닌 특수요구를 이해할 수 있도록 지원하고 부모들에게 아동발달에 관한 정보를 제공하기 (1) 특수교육대상아동의 특수요구에 대한 이해 증진, (2) 아동발달에 대한 정보 제공, (3)아동의 개별화교육계획(IEP)이나 개별화가족지원계획(IFSP)의 성취를 위해 부모에게 필요한 기술습득에 도움을 제공
사회사업 서비스	아동이 교육적 프로그램으로 부터 유익을 얻도록 돕는데 필요한 서비스 (1) 장애를 지닌 아동의 사회사 또는 발달사를 준비하기, (2) 아동 및 가족과의 집단 및 개별 상담, (3) 아동의 학교 적응에 영향을 끼치는 생활환경(가정, 학교, 지역 사회)에 대한 문제에 대하여 부모 및 다른 사람들과의 협력, (4) 아동의 학습에 영향을 미치고, 학습을 가능하게 하는 학교와 지역 사회 자원을 동원, (5)긍정적 행동 중재 전략의 지원
상담 서비스	자격이 있는 학교 상담사, 심리학자, 진로 상담사 또는 기타 자격 있는 요원이 제공하는 서비스 (1) 자아에 대한 이해증진, (2) 효과적인 의사결정, (3) 건강을 위한 선택, (4) 책임감 향상, (5)학업적인 목표 설정 및 성취와 관련한 지도 및 상담 제공
심리학적 서비스 (심리치료)	장애 아동에게 제공되는 특수교육으로부터 이득을 얻을 수 있도록 바람직한 방향으로 도움을 주는 관련 서비스 (1) 심리적 및 교육적 검사와 기타 진단 절차를 실시, (2) 진단 결과의 해석, (3) 아동의 행동 및 학습에 관련된 조건에 관한 정보를 획득하고, 통합하며, 해석하기, (4) 심리적 검사, 면담, 행동적 평가에 의한 아동의 특별한 요구를 충족시키기 위하여 학교 프로그램 계획에서 다른 직원과 자문하기, (5) 아동과 부모를 위한 심리 상담을 포함하는 사회석 서비스 프로그램의 계획과 관리, (6) 긍정적인 행동 중재 전략을 발달시키는 도움
언어병리 서비스	언어 병리 전문가와 언어 치료사에 의해 제공되며, 언어 및 의사소통 장애가 있는 아동의 요구에 초점을 맞춘 서비스 (1) 언어 및 의사소통 특수교육대상아동의 선별, (2) 언어 장애의 진단과 평가, (3) 의학적 지원이나 언어 장애의 재활에 필요한 전문적 지원, (4) 의사소통 문제의 재활과 예방을 위한 언어 병리 서비스의 준비, (5) 언어 및 의사소통 장애에 관한 부모, 아동, 교사의 상담과 지침 제공

유 형	정의
예술/문화 프로그램*	특수교육대상 아동을 예술, 음악, 춤(동작)과 같은 예술적이고 문화적인 프로그램 등을 통하여 발달시키거나, 교정하거나, 지원하는 서비스 (1) 자기표현의 수단 제공, (2) 창의성과 통제력 증진을 위한 기회 제공, (3) 개인의 신체적 통합 촉진 (4) 정서, 신체, 인지 및 학업발달과 통합을 진전시키는 서비스 제공
의학적 서비스	의학적인 장애를 가지고 있는 아동에게 특수교육이나 관련 서비스를 지원하기 위하여 자격 있는 전문의로부터 제공되는 서비스
이동서비스	개별화교육계획(IEP) 팀에서 논의되고 결정해서 제공되는 이동 서비스 (1) 학교에서 가정으로 및 학교 간의 이동, (2) 교사(校舍) 내 및 주변에서의 이동, (3) 장애 아동에게 특별한 이동수단이 요구되는 경우 특별한 장치의 제공(예: 개조된 버스, 리프트, 램프(경사로/진입로))
작업치료	교육프로그램에서 아동의 기능적인 능력을 향상시키는 서비스로 자격이 있는 작업 치료사에 의해 제공 (1) 질병, 상해 또는 결손 등을 통해 손상 또는 상실된 기능의 향상, 개발 회복, (2) 기능이 손상 또는 상실된 경우 기능의 자립적 수행을 위한 과업을 수행하는 능력 향상, (3) 조기 중재를 통하여, 기능의 최초 또는 후속되는 손상이나 상실을 예방
재활 상담 서비스	개별적 혹은 집단에서 직업 발달, 고용 준비, 독립심의 성취, 일터와 지역 사회에서의 통합 등의 부분에 초점을 맞추어 자격증을 소지한 전문가에 의해 제공되는 서비스 (1) 아동의 태도, 능력, 필요의 사정, (2) 직업적 상담과 지침 제공, (3) 직업 훈련, (4) 개인적 또는 직업적 부분에서 직업 배치의 정의
조기판별 · 사정	가능한 한 어린 시기에 장애를 판별하기 위하여 공식적 계획을 실시하기
청각학 서비스	청각장애아동을 위한 의사소통 프로그램이나, 청력손실을 검사하는 진단 (1) 청력손실을 지닌 아동을 판별하기, (2) 청력손실의 범위, 성격 및 정도를 결정하기, (3) 청능 훈련, 독화, 청력 평가 및 구어 대화 등과 같은 재활 활동을 제공하기, (4) 청력손실 예방 프로그램을 개발하고 실시하기, (5) 청력손실에 관한 아동, 부모 및 교사와의 상담과 안내, (6) 집단 및 개인적 증폭에 대한 아동의 요구를 결정하고, 적합한 보청기를 선택하고 적합화하며, 증폭의 효과를 결정하기
교내 건강 서비스	자격 있는 학교 간호사 또는 기타 유자격자가 제공하는 서비스 (1) 특별한 음식 먹이기(튜브를 통해 유동식 제공), (2) 도뇨관의 청결한 관리(소변 및 가래 제거), (3) 흡입(suctioning), (4) 기관 절개 부위의 관리, (5) 약품의 조제나 관리, (6) 학교에서 아동의 안전을 위한 계획, (7) 학교에서 아동의 손상에 대한 예방 관리, (8) 만성적인 질병 관리, (9) 서비스와 관련된 교육과 기술에 대한 연수 운영

* 예술/문화프로그램은 미국의 「장애인교육향상법 2004」을 위한 연방법 첨부 1(Attachment 1 of the Federal Regulation for IEDA '2004」)에 언급되어 있는 내용임

02 특수교육 관련 서비스 지원 방안

「장애인 등에 대한 특수교육법」(2007)의 제정은 우리나라 특수교육이 수요자 중심 교육이 되어가고 있다는 측면에서 획기적인 변화라 할 수 있다. 그러나 현재 특수교육 현장의 전반적인 여건은 새롭게 제정된 법을 시행해 나가는데 충분한 준비가 되어있지 않아 법의 제정 과정 뿐 아니라 시행령을 제정하는 과정에서도 관련 단체들 간에 서로 다른 의견을 보이고 있는 실정이다. 그러나 특수교육의 질적 향상과 특수교육대상자에게 더 많은 지원을 하여야 한다는 데는 의견을 같이하고 있다.

기존의 「특수교육진흥법」의 치료 교육은 「장애인 등에 대한 특수교육법」에서 넓게는 특수교육 관련 서비스로 좁게는 치료 지원으로 대치되었다. 특수교육과 관련된 치료서비스에 대한 지원 방안으로는 첫째, 치료 지원의 전달체계에 대해서는 지원센터의 설치, 전문 요원 배치, 지역 사회 유관시설의 활용, 체계적 관리 및 유관 부서와의 협력이 고려되어야 하며, 둘째, 치료 지원의 내용과 관련해서 전문 요원의 자격 기준 강화, 전문 요원 확보 및 고용 안정 대책, 필수 치료서비스 범위, 선별진단검사의 필요성이 고려되어야 하며, 치료지원의 방법과 관련해서 교육과정과의 융합, 전문가 간 협력, 치료서비스의 범위 그리고 제한적 바우처 제도의 활용이 고려되어야 한다(김영태 · 송영준 · 육주혜 · 이병인 · 하가영 · 박소현, 2008).

또한 발달지체유아 담당 치료사의 효율적인 치료 지원 방안은 치료 지원을 제공할 때, 유아의 현행 수준을 고려하여 부모와의 IEP 회의를 통해 치료 지원을 결정해야 하며, 치료사의 자질은 치료 지원 영역에 대한 전문성이 중요하며, 치료 지원을 활성화하기 위해서는 치료사 확보 및 전문성 함양과 부모의 치료비용 부담의 경감도 고려되어야 한다. 아울러 발달지체유아에게 효율적인 치료 지원을 제공하기 위한 협력체계 방안으로는 치료사들의 상담 시간 확보, 부모와 교사를 위한 지원, 기관 간 협력에 대한 요구가 필요하며, 행정적 · 제도적 지원으로는 경제적 지원, 치료사 배치에 대한 지원, 시설 환경 평가, 추후 관리, 전달 체계에 대한 요구와 고용 문제, 보수 교육, 경력에 따른 차등 대우, 치료사의 자질 개선 등을 위한 지원이 고려되어야 한다(손가화 · 이병인, 2013).

특수교육 관련 서비스를 보다 효과적으로 시행하기 위해서는 관련 서비스 전문 인력의 전문성 형성도 중요하다. 특수교육대상유아에게 제공되는 관련 서비스가 안정적이고 효과적으로 제공되기 위해서는 서비스를 담당하는 조기 중재자와 치료사의 역할이 중요하다(송영준 · 김영태 · 육주혜 · 이병인, 2007). 치료사는 특수교육대상유아의 발달과 성장을 위해 개별적이며, 직접적인 개입을 하고, 전문적으로 조기 중재자의 역할을 수행한다. 장애 유아에게 체계적이고 효과적인 치료를 제공하기 위해 치료사로서 전문성 인식과 이를 위한 국가 차원의 행 · 재정적 지원이 우선적으로 마련되어야 한다(유영준 · 최복천, 2012).

이러한 맥락에서 손가화와 이병인(2017)은 '장애 유아 관련 서비스 치료사의 전문성 형성'에 관한 연구를 수행하였다. 장애 유아 관련 서비스 치료사의 전문성 발달 경험 범주화에 대한 이해를 돕기 위해 범주들 간의 관계를 밝혀내고 현상을 맥락화하고 범주 간 관계를 체계적으로 연결하기 위해 '패러다임 모형(paradigm model)'을 사용하였다. 연구 결과, 「인과적 조건」은 '개인 성향과 주변 환경의 영향으로 진로 선택'으로 나타났고, 「중심 현상」은 '기술적 전문성 습득', '실무 능력 습득 과정', 「 맥락적 조건」은 '임상 초기의 난제', '치료 지원의 제도적인 영향', '치료 지원의 접근성', 「중재적 조건」은 '삶의 변화', '지원 체계의 관계성 이해', '책임감과 전문적 직업의식', '치료 영역 간의 전문성', 「작용/상호작용」은 '협력적 역할 분담'. '생태학적 지원체계 마련', '지속 가능한 자기 성장 방법 모색', '팀 협력 치료 시스템 정비', 「결과」는 '치료 지원의 역량 강화', '숙련도와 전문성 제고', '지역 사회에 기여'로 도출되었다. 본 연구는 장애유아 관련 서비스 치료사들의 사고와 경험에 대한 심도 있는 고찰을 통해 관련 서비스 치료사들의 전문성 형성을 위한 기초자료를 제시하였다는데 의의가 있다.

김진성과 이병인(2021)은 교육, 의료, 치료 지원 서비스 분야별 '관련 전문가'의 특수교육대상영유아 가족 관련 경험과 그에 따른 가족지원 요구를 고찰하였다. 연구 결과, 출산 및 초기 양육 과정에서 양육자를 위한 심리 · 정서적 지원을 확대하여 부모의 양육 효능감을 증진시킬 필요가 있는 것으로 나타났으며, 자녀 양육 및 정서적 안정 지원을 위한 가족 역량 강화 사업 확대와 교육, 의료, 치료지원 서비스 등 각 분야별 전문가의 전문성 신장을 위한 지원체계가 강화되어야 할 필요가 있는 것으로 나타났다. 또한 지역 사회 유관기관과의 네트워크를 구축하여 유기적이고 통합적인 가족 지원 협력 체계가 활성화되어야 할 필요가 있는 것으로 나타났으며, 영 · 유아기부터 성인기까지 생애 주기에 따른 교육, 치료 및 복지 관련 경제적 지원이 확대되어야 할 필요가 있는 것으로 나타났다. 본 연구는 서비스 수혜자인 특수교육대상자 가족을 효과적으로 지원하기 위해 '관련 전문가'의 특수교육대상영유아 가족 관련 경험을 바탕으로 나타난 가족 지원의 어려움과 요구를 고찰하고, 이를 근거로 개선되어야 할 과제와 실천 방향을 모색하였다는데 의의가 있다.

우리나라 특수교육에서의 보조공학 요구 분석을 살펴보면, 첫째, 특수교육대상자를 위한 보조공학기기 배치 현황에서 기관별로는 특수학교에서 가장 많이 보유하고 활용도도 높았으며, 둘째, 보조공학기기에 대한 요구는 장애 영역별로 달랐고 많은 장애 유형에서 특수교육대상자를 고려한 학습용 소프트웨어에 대한 요구가 높은 것으로 나타났으며, 셋째, 보조공학 전문가에 대한 요구는 학교나 학급 소속이 아닌 특수교육지원센터나 보조공학 서비스 전문기관으로부터의 협력을 요구하였으며, 넷째, 정보 접근권 확보를 위한 법 · 제도 정비에서 정보화 시스템 구축, 유지 보수 및 관리에 대한 인력, 예산, 자원 등 기술적 지원이 필요한 것으로 나타났다(육주혜 · 송영준 · 김영태 · 이병인 · 정승민, 2008).

옥민욱, Hughes와 이병인(2017)은 모든 학생들의 1:1 노트북 컴퓨터 사용 및 테크놀로지 관련 교육을 제공하는 한 미국 대학의 교사 양성 대학 프로그램이 예비특수교사들의 테크놀로지 관련 지식, 기술 및 태도에 어떤 영향을 미치는지 조사하였다. 연구 결과, 1:1 노트북 컴퓨터 프로그램이 연구 참여자들(4명의 예비특수교사)의 디지털 사용 및 디지털 미디어 기술 수준 향상에 긍정적인 영향을 주었으나 참여자들이 테크놀로지를 교수 및 배움에 적용하는 디지털 자기 효능감 및 태도에 미치는 영향은 참여자마다 다른 것으로 나타났으며, 특정한 교과 기술이나 특수교육대상자들에게 맞게 적절히 테크놀로지를 사용할 수 있는 능력이 부족한 것으로 나타났다. 이는 예비특수교사들이 특수교육대상아동을 가르치는데 필요한 테크놀로지의 사용 기술 및 지식 향상을 도모할 수 있는 체계적인 교육이 필요하다고 보여진다. 그러므로 유아특수교육과 같은 특수교사 양성 프로그램은 예비특수교사들이 미래에 가르칠 특수교육대상아동의 특성과 교육과정에 맞는 테크놀로지를 선택하고 효과적으로 사용할 수 있도록 지도하는 것이 요구된다.

「장애인 등에 대한 특수교육법」 제2조 2항에 정의되어 있듯이 특수교육 관련 서비스는 특수교육대상자의 교육을 효율적으로 실시하기 위하여 필요한 인적 · 물적 자원을 제공하는 것이다. 따라서 특수교육 관련 서비스는 특수교육을 효율적으로 실시하는데 도움이 되는지에 초점을 두어야 할 것이다. 관련 서비스는 특수교육대상자의 개별적인 요구와 그에 따른 전문가의 진단 및 평가결과에 따라 지원되는 서비스의 내용과 방법이 각각 다를 것으로 예상된다. 외국에서는 개별화교육계획(IEP)에 관련 서비스에 대한 내용과 방법을 구체적으로 제시함으로 특수교육 대상자의 개별적 요구에 적합한 교육을 실시하고 있다(송영준 · 김영태 · 육주혜 · 이병인, 2007).

특수교육 관련 서비스 요구조사 및 지원방안(2007) 연구 결과를 종합해보면, 먼저 특수교육 관련 서비스의 전달체계를 확립하기 위하여 접근성과 독립성을 고려한 특수교육지원센터의 설치가 더 확대되어야 한다. 이를 위해 예산확보 및 치료 지원 담당 인력의 배치가 가장 시급한 문제로 나타났다. 그리고 특수교육 관련 서비스를 제공하는 방법은 파견, 순회 등 아동의 서비스 수요에 따라 결정하되, 특수교육대상자들이 소속된 학교에 관련 전담 인력이 배치되는 것이 가장 이상적이나, 이러한 서비스가 어려운 경우에는 특수교육지원센터, 혹은 지역사회의 외부기관에 가서 서비스를 받을 수 있는 방법이 마련되어야 한다. 또한 특수교사 및 관련 서비스 전문가들의 협력을 통하여 최상의 특수교육과 관련 서비스 지원이 이루어져야 하며, 특수교육대상아동의 교육과정과 조화되는 서비스를 제공하여야 한다(송영준 · 김영태 · 육주혜 · 이병인, 2007).

2007년 새로 제정된「장애인 등에 대한 특수교육법」은 특수교육의 질적 향상을 위하여 특수교육대상자에게 더 많은 특수교육 지원 서비스를 제공할 것을 명시하고 있다.「장애인 등에 대한 특수교육법」2조에 2항에 정의되어 있듯이 관련 서비스는 특수교육대상자의 교육을 효율적으로 실시하기 위하여 필요한 인적 · 물적 자원을 제공하는 것이다. 따라서 관련 서비스는 특수교육을 효율적으로 실시하는데 도움이 되는지에 초점을 두어야 할 것이다.

이병인(2018)은 2007년부터 2017년까지 특수교육 전문 학술지 및 학위 논문을 중심으로 유아특수교육에서의 관련 서비스 국내 연구 동향을 분석하였다. 연구 결과, 첫째, 유아특수교육에서의 관련 서비스 국내 연구는 2007년 특수교육법 제정 이후 꾸준히 수행되었으며, '유아특수교육연구'에 가장 많이 게재되었으며, 학위 논문에서는 석사학위 논문이 박사학위 논문보다 더 많았다. 둘째, 구체적인 관련 서비스 유형은 상담 지원 등 가족 지원에 관한 연구가 가장 많이 이루어졌으며, 그 다음으로는 치료 지원 순이었다. 셋째, 연구 유형으로는 특수교육 관련 서비스에 대한 인식 및 요구 등에 관한 조사 연구가 가장 높게 나타났고, 그 다음으로는 실제적인 관련 서비스 프로그램을 통한 실험 연구가 많이 수행되었다. 이러한 연구 결과를 바탕으로 본 연구는 향후 국내 유아특수교육 관련 서비스에 대한 연구 방향성과 교육현장에서의 효과적인 관련 서비스 지원 방안을 제시하였다는데 의의가 있다. 아울러 지금까지 유아특수교육에서의 관련 서비스 연구는 꾸준히 수행되어 왔으나 앞으로 다양한 관련 서비스 유형의 연구가 지속적으로 수행되어야 할 것이다.

앞으로 특수교육 관련 서비스에 대한 새로운 정책 수립이 예상되는 가운데, 특수교육현장에 보다 실효성 있는 특수교육 관련 서비스를 제공하기 위한 기초 자료를 확보하기 위해 국립특수교육원에서 수행된『특수교육 관련 서비스 요구 조사 및 지원방안(2007)』은 우리나라에서 특수교육 관련 서비스의 적절한 지원방안을 제시하였다고 할 수 있다.

우리나라에서 특수교육 관련 서비스의 보다 효율적인 실행을 위하여 이루어지기 위해서는「장애인 등에 대한 특수교육법」개정 시 특수교육 관련 서비스에 대한 내용이 구체적이고 체계적으로 정비되어야 할 것이다. 아무리 좋은 취지의 법이라 할지라도 그 법을 구체적으로 시행하는 법령과 규칙이 제대로 정비되지 않으면 많은 시간과 노력으로 이루어진 법이 효과적으로 시행될 수 없기 때문이다.

특수교육 관련 서비스를 보다 효과적으로 시행하기 위해서는 관련 서비스의 다양한 분야별로 각각의 연구가 진행되어야 하며, 특수교육 관련 서비스를 효율적으로 지원하기 위해서는 먼저 특수교육지원센터가 지역 중심의 지원기관으로서 제 기능을 다할 수 있도록 특수교육지원센터 운영에 대한 예산 확보, 관련 기관 간 연계 · 협력체제 구축을 위한 제도적 지원, 전담인력 배치 및 장애 영역별 세분화된 지원이 가능할 수 있는 정책 방안이 마련되어야 한다. 그리고 현재 특수교육지원센터가 모든 관련 서비스를 담당하는 곳으로 지향하기보다는, 특수교육의 전문성을 기반으로 학교와 지역 사회 내에서 인프라를 구축하여 중재자, 조절자의 역할을 담당할 수 있어야 한다.

무엇보다도 특수교육대상아동의 개별적인 요구(individual needs)를 제대로 파악하고 효과적으로 지원하기 위해서는 개별화교육지원팀(IEP team)의 역할이 매우 중요하다고 할 수 있다. 특히 개별화교육계획(IEP)에 특수교육대상아동에게 개별적으로 필요한 특수교육 관련 서비스가 분명히 제시되어야 하며, 개별화교육지원팀(IEP team)이 형식적으로 운영되지 않도록 시행규칙이 제정되어야한다. 또한 특수교육대상아동과 그 가족에게 보다 적합한 서비스를 제공하기 위해서는 관련 부처 간의 협력체계도 마련되어야 한다. 관련 서비스 전달체계의 효율성을 위해서는 교육과학기술부, 보건복지부, 여성가족부가 함께 지원하는 형태의 협력체계 모델이 개발되어야 하며, 인력배치와 예산 집행에 있어서도 각 부처 간의 조정과 협력이 요구된다.

참고 문헌

국립특수교육원(2005), **치료교육의 실태 및 개선방안 연구**, 안산.

김병하(1991), 기조강연: 특수교육과 관련 서비스, **특수아동 교육학회지, 12**, 109~118.

김성애(2007), **「장애인 등에 대한 특수교육법」 시행령 및 시행규칙 방향: 2006년 UN 장애인권리협약과 관련하여**, 2007년 추계학술대회자료집, 한국특수아동 교육학회.

김영태·송영준·육주혜·이병인·하가영·박소현(2008), 특수교육과 관련된 치료서비스에 대한 질적 연구, **언어청각장애연구, 13**(3), 524-540.

김진성·이병인(2021), 교육, 의료, 치료 지원 서비스 분야별 '관련 전문가'의 특수교육대상영유아 가족 관련 경험 및 가족 지원 요구, **유아특수교육연구, 21**(1), 1-32.

손가화·이병인(2013), 효율적인 발달지체유아 치료지원을 위한 치료사의 요구 및 개선 방안 연구, **재활복지, 17**(2), 119-148.

손가화·이병인(2017), 장애유아 관련 서비스 치료사의 전문성 형성에 대한 질적 연구, **유아특수교육연구, 17**(1), 177-203.

송영준·김영태·육주혜·이병인(2007), **특수교육 관련 서비스 요구조사 및 지원방안**, 안산: 국립특수교육원.

이규식(1996), **특수아 치료교육원론**, 대구: 대구대학교.

이미선·김경진(2000), **장애 영·유아 가족 지원 방안 연구**, 안산: 국립특수교육원.

이성봉(2007), **특수교육 관련 서비스를 위한 전문 인력 양성 배치 지원 방안에 대한 토론: 정신지체, 정서장애 영역**, 특수교육 정책토론회 자료집(77-82), 한국특수교육총연합회.

이병인(2004, 2006, 2016), **특수교육대상아동 가족 지원의 이해**, 서울: 단국대학교출판부.

이병인(2003), 발달지체 영·유아 개별화가족지원계획 개발 및 시행을 위한 방법론 고찰, **정서·행동장애연구, 19**(4), 91-120.

이병인(2012), 특수교육과 관련된 가족지원 및 상담지원에 대한 요구 분석연구, **지적장애연구, 14**(3), 217-238.

이병인(2018), 유아특수교육에서의 관련 서비스 국내 연구 동향 분석-2007년부터 2017년까지 특수교육 전문학술지 및 학위논문을 중심으로-, **유아특수교육연구, 18**(1), 1-23.

이상복·이효신(1998), **유아특수교육**, 대구대학교 출판부.

이필상(2007), 특수교육에서의 치료교육과 관련 서비스, 중복·**지체부자유아교육, 49**(1), 419-437.

이효자(2003), **모든 아동의 교육 성과 제고를 위한 특수교육 발전 종합계획('03~'07)**, 특수교육전문직 워크숍 자료집, 제4권.

이효자(2007), **특수교육 관련 서비스 요구조사 및 지원방안,** 인사말, 안산: 국립특수교육원.

옥민욱·Hughes, J. E.,·이병인(2017), A study on effects of 1:1 laptop computing on pre-service special educators' technology-related knowledge, skills, & attitudes, **유아특수교육연구, 17**(2), 1-21.

육주혜·송영준·김영태·이병인·정승민(2008), 우리나라 특수교육에서의 보조공학 요구 분석, **특수교육학연구, 43**(1), 265-283.

윤종술(2007), **치료지원에 관한 바람직한 시행령/시행규칙(안)**, 교육현장에서의 효과적인 치료지원 방안에 관한 토론회. 한국장애인단체총연합회·전국장애인교육권연대.

장윤용·이병인·조현근(2019), DEC 추천 실제의 상호간 팀 협력 모델에 기초한 치료사의 협력 태도: 어린이 집 협력의뢰서를 중심으로, **유아특수교육연구, 19**(2), 205-224.

「**장애인 등에 대한 특수교육법**」2007. 5. 25 법률 제8483호 신규제정.

「**장애인 등에 대한 특수교육법**」2008. 2. 29 법률 제8852호(정부조직법) 일부개정.

「**장애인 등에 대한 특수교육법**」**시행령**(대통령령 제20790호, 2008. 5. 26, 제정).

「**장애인 등에 대한 특수교육법**」**시행규칙**(교육과학기술부령 제5호, 2008. 6.12, 제정).

제민희·이병인(2013), 장기입원 장애영유아 어머니의 치료 지원에 대한 요구, **한국웰니스학회, 8**(2), 61-72.

한경근(2007), **특수교육 관련 서비스를 위한 전문 인력 양성 배치 지원방안에 대한 토론**: 중증 중복장애영역, 특수교육정책토론회 자료집.

한경근(2007), **특수교육정책토론회 특수교육 관련 서비스를 위한 전문 인력 양·배치 지원방안**, (사)한국특수교육총연합회. 96~110.

한현민(2001), "치료교육"의 해체와 특수교육의 재구성, **특수교육저널: 이론과 실천, 2**(2), 23~55.

American Art Therapy Association. (2000). *Art therapy: Definition of a profession* [On-line]. Available: www.arttherapy.org/definitions.htm

American Dance Therapy Association. (2000). *Dance/movement therapy factsheet* [On-line]. Available: www.adta.org/publrela.html.

American Music Therapy Association. (2000). *Frequently asked questions about music therapy* [Online]. Available: www.musictherapy.org/faqs.html.

Assistive Technology Training Online Project (2002). Assistive Technology Laws. University of Buffalo. [2004년 3월 26일 자료검색] http://atto.buffalo.edu/ registered/ATBasics/Foundation/Laws/index.php

Council on Rehabilitation Education. (1996). *Accreditation manual for rehabilit- ation counselor education programs*. Rolling Meadows, IL: Author.

Individuals with Disabilities Education Act of 1997, P. L. 105-17.

Individuals with Disabilities Education Improvement Act of 2004, P .L. 108-446.

Office of Special Education Programs, U.S. Department of Education(1995, July 12). *Letter to Smith. Washington*, DC: Author.

Turnbull, R., Turnbull., A. Shank, M., Smith, S., & Leal, D. (2002). *Exceptional lives: Special education in today's schools* (3rd. ed.). Upper Saddle River, NJ: Merrill/Prentice Hall.

U.S. Department of Education(1999, March 12). Assistance to states for the education of children with disabilities and the early intervention program for infants and toddlers with disabilities; final regulations. *Federal Register, 64*(48), 12406-12671. (Available at: www.ideapractices.org/lawandregs.htm)

제10장

유아특수교육 연구동향

01 | 유아특수교육 연구동향 배경

02 | 유아특수교육 연구동향 연구 과정

03 | 유아특수교육 연구동향 결과

04 | 유아특수교육 연구동향 논의 및 전망

본 장은 1994년부터 2007년까지 국내 특수교육 전문학술지에 게재된 유아특수교육 관련 논문들을 분석함으로써 국내 유아 특수교육 관련 연구의 전반적인 동향을 살펴보았으며, 주된 내용은 2009년 유아특수교육연구에 게재된 조현근 · 이병인의 『유아특수교육 연구 방향성 탐색을 위한 연구 동향 분석』을 요약 · 정리하였다.

01 유아특수교육 연구동향 배경

우리나라에서는 「특수교육진흥법」이 1977년에 제정되어 1979년부터 시행되기 시작한 이후로 1994년 전면 개정된 「특수교육진흥법」을 통하여 비로소 학령 전 발달지체유아들을 위한 정책이 이루어지기 시작했다고 할 수 있다(이소현, 2000). 그로부터 13년이 지난 2007년 5월 29일에는 이전의 「특수교육진흥법」이 폐기되고 장애인 관련 단체 및 장애인 당사자의 이익을 최대한 수용하고자 한 「장애인 등에 대한 특수교육법」이 제정 공포되었으며, 신법을 통해 0세 이상 생애주기별 특수교육, 조기발견 및 진단체계의 확립과 실천, 특수교육대상자의 다양화, 3세 이상 고등학교까지의 의무교육 실시로 인한 특수교육 수혜율의 증가, 특수교육 관련 서비스 지원의 의무화로 인한 특수교육의 다 학문적 팀 접근의 실현, 고등교육 지원 강화로 인한 대학에서의 특수교육대상아동을 위한 교육의 질 제고, 부모 및 당사자의 적극적인 교육 참여 등이 탄력을 받게 되었다(김성애, 2007). 특별히 「장애인 등에 대한 특수교육법」이 유아특수교육에서 중요한 역할을 하는 이유는 출생 이후부터 학령 전 시기가 최상의 발달을 위한 최적의 시기라는 사실이 법적으로 규정되어 있으며, 더 나아가 0세 이상 발달지체영유아를 위해 생애주기별 특수교육 및 조기발견과 진단체계를 확립해야 한다는 내용을 포함하고 있기 때문이다.

한편 우리나라의 유아특수교육은 발달지체유아의 조기 경험의 중요성을 입증하는 연구들과 생애주기별 특수성에 따른 생물학적 위험 및 환경적 위험으로 인한 특별한 요구를 충족시킴으로써 2차적으로 발생할 수 있는 위험 및 장애를 예방하고자 실시된 프로그램과 연구들을 통하여 발전하여 왔으며(유수옥, 2005), 유아특수교육현장에서는 전문가 간의 팀 협력, 전문가로서 가족의 적극적인 참여, 개별화가족지원계획(IFSP) 개발 및 시행, 가족과 전문가 간의 역동적인 협력체계 등의 필요성이 강조되고 있다. 또한 국내 유아특수교육학계에서는 유아특수교육의 활성화를 위한 정책적 과제와 특수교육 전달체계의 개선에 대한 고찰을 통해 유아특수교육의 양적 · 질적 발전에 대한 방향을 모색하기 위한 꾸준한 연구가 수행되어 왔으며, 교육과정 및 교수 방법 중심의 방법론적 접근에 대한 고찰을 통해 유아특수교육의 실제에 대한 방향을 제시하여 왔다(김은자 · 이승희, 2002).

최근에는 유아특수교육 관련 연구 및 실제에서 과학적인 근거를 기반(scientifically evidence-based practices)으로 한 교육 및 중재가 강조되고 있다(원종례 · 주용수, 2008). 미국의 2004 장애인교육향상법(IDEIA)의 주요 내용들 또한 미국의 초 · 중등교육법인 아동낙오방지법(No Child Left Behind; NCLB)과의 연계를 통해 중요한 원리로써 과학적으로 효과가 검증된 혹은 연구 기반 교수(scientific, research-based instruction)를 통한 연구 및 실제를 제시하고 있다(이병인, 2007). 이는 특수교육 현장에 타당한 자료를 제공하기 위해 체계적인 연구방법과 타당도 및 신뢰도를 갖춘 검사 도구, 객관적인 측정방법을 사용하는 것을 말하며, 명확하고 철저한 자료 분석방법을 사용함으로써 유명 학술지 심사를 통해 수용된 연구(peer-reviewed research)를 포함한다(NCLB, 2001; Yell, et al., 2006; 이병인, 2007 재인용). 이와 같이 과학적으로 근거에 기반한 실제를 강조하는 미국의 초 · 중등교육법인 NCLB는 학업성취의 결과에 대한 강력한 책무성 강조를 통한 전문성 있는 교사를 확보하겠다는 의지이며, 과학적으로 효과가 검증된 교수법을 강화하겠다는 내용을 주요 골자로 하고 있다(김애화, 2006). 또한 과학적 연구(scientifically-based research)의 특수교육현장 적용을 위해 이를 판별하는 기준이 필요하게 됨으로써 연구방법에 따른 질적 지표(Quality indicators)를 설정하고(Odom, Brantlinger, Gersten, Horner, Thompson & Harris, 2005), 이의 정립을 위해 미 교육부는 최근 몇 년간 특수교육대상아동을 위한 근거-기반 실제의 현장 적용 및 유지를 위한 재정 지원 등의 사업에 지원을 하고 있다(김애화, 2006).

미국의 이러한 근거기반실제와 관련하여 국내에서는 조성은(2004), 조광순, 이인숙(2005), 오혜정, 황도순(2007), 김하종, 조광순(2005) 등이 유아특수교육 관련 주제에 따라 사용된 중재 방법과 프로그램들의 동향에 대하여 분석한 연구를 수행하였다. 이와 같이 과학적으로 검증된 연구에 기반한 중재 방법을 통하여 효과적인 교수법을 실제 유아특수교육 현장에 적용하려는 노력이 이루어지고 있다. 그러나 아직까지도 다각적인 측면에서 검증된 중재 및 연구들이 부족한 실정이며 앞으로 더욱 다양하고 실질적으로 유아특수교육의 질적 발전을 위한 후속 연구들이 지속적으로 이루어질 필요가 있다.

미국의 특수교육대상아동교육협회(The Council for Exceptional Children; CEC)의 유아교육분과(Division of Early Childhood; DEC)는 '추천 실제(Recommended practices)'를 1993년에 발표하여 가족 중심 조기 중재, 가족-전문가 상호 간 팀 접근, 일과 내의 발달 영역 간 기술통합을 통한 교수, 자연적 환경에서의 교수 등의 내용을 중심으로 급속히 변화하는 유아특수교육분야의 실정에 맞는 실제들을 제시하였으며, Smith 등(2002)은 추천 실제와 관련한 연구들을 분석함으로써 미국에서 이루어지고 있는 유아특수교육 현장에서의 DEC 추천 실제의 동향을 보여주고 있다.

이와 같이 국내 유아특수교육의 양적 · 질적 발전과 국가적 차원에서의 법적 지원에도 불구하고 아직 국내에서는 실제 발달지체유아와 현장 전문가들을 위한 중재 및 교수 방법 등에서 명확한 기준 제시가 부족한 실정이다. 그러므로 연구 기반 실제의 명확하고 타당한 기준 제시를 위한 선행연구로써 우선 유명 학회지의 심사를 통해 수용된 연구물들의 전반적인 국내 유아특수교육 연구 흐름을 살펴볼 필요성이 있다.

한편 1990년부터 2001년까지 국내의 특수교육 관련 전문학술지 4개를 대상으로 유아특수교육 관련 연구의 전반적인 흐름을 제시한 김은자, 이승희(2002)의 연구는 연구주제를 장애유형별과 진단 및 평가, 가족(부모, 형제), 교사, 통합교육, 조기교육, 정책 및 과제로 분류함으로써 현재 유아특수교육의 주요 관심주제들과 다른 분류를 하였으며, 연구 방법적 측면에서 중요한 위치를 차지하고 있는 중재연구(실험 및 사례연구)에 대한 분석이 이루어지지 않음으로써 최근 유아특수교육의 주요한 변화인 가족 중심의 유아특수교육, 특수교육교원의 전문성 및 책무성 강화, 과학적으로 검증된 중재의 사용, 근거기반실제, 추천 실제 등의 기준을 제시하지는 못하였다고 할 수 있다.

지금까지 제시한 이러한 문제점을 해결하기 위해 본 연구는 유아특수교육의 시작기라고 할 수 있는 1994년 이후부터 유아특수교육 발전의 계기를 가져온 「장애인 등에 대한 특수교육법」이 제정된 2007년까지 특수교육관련 학술지 15곳과 유아교육관련 학술지 1곳을 포함한 16개 학술지에 게재된 국내 유아특수교육의 전반적인 학문적 흐름 및 중재와 관련한 연구의 특징을 살펴봄으로써 향후 국내 유아특수교육의 연구 방향에 대한 방향성을 탐색하였다.

02 유아특수교육 연구동향 연구 과정

분석대상 논문의 선정과 관련하여 본 연구에서는 한국학술진흥재단에 등재 및 등재 후보가 된 특수교육 관련 학술지에 수록된 논문들 중에서 다음 기준에 따라 분석대상 논문을 선정하였다. 첫째, 국내 학술지에 발표된 논문을 중심으로 선정하였다. 발달지체유아를 대상으로 한 연구논문들은 학위 논문과 학술지를 통하여 상당수 발표되어 있으나 비교적 논문의 질적 수준을 객관적으로 인정받고 있는 전문학술지의 논문들로 한정하였다. 이와 더불어 학술지 중에서도 한국학술진흥재단(현재 한국연구재단)에 의해 등재 및 등재후보지(2007년 기준)로 선정되어있는 학술지들로 제한함으로써 분석대상 논문들의 질적 수준을 가능한 최대로 확보하였다. 이에 따라 최종적으로 선정된 학술지는 '유아특수교육연구', '정서행동장애연구', '특수교육학연구', '특수교육학회지', '특수교육논총', '특수아동교육연구', '특수교육연구', '언어청각장애연구', '특수교육저널: 이론과 실천', '언어치료연구', '중복지체부자유아교육', '발달장애학회지', '정신지체연구', '미술치료연구', '한국특수체육학회지'로 총15개이다. 또한 유아특수교육과 관련된 연구가 게재될 가능성이 높은 일반교육 관련 학술지로써 '유아교육연구'에 대하여 동일한 선정기준에 따라 분석연구물로 분석대상 전문학술지에 포함시킴으로써 전체 16개의 전문학술지를 분석대상으로 선정하였다.

둘째, 유아특수교육과 관련된 주제의 연구로 선정하였다. 유아특수교육과 관련된 연구로서 1차적으로 연구주제 및 내용에 유아특수교육 관련 어휘의 유무에 따라 선정하였다. 유아특수교육 관련 어휘로는 '유아특수교육', '유아', '발달지체', '발달지체유아', '장애유아', '조기교육', '조기 중재', '미숙아', '가족 지원', '개별화가족지원계획(IFSP)', '유아통합교육', '유치원 전환', '조기개입' 등이다.

셋째, 연구대상에 있어서 연구 관련 유아의 연령을 8세 미만으로 국한된 연구논문을 선정하였다. 유아를 대상으로 한 연구일 경우 그 연령을 0~7세로 제한하였으며, 유아 이외의 대상인 경우 유아특수교육 관련 연구 분야가 가족 중심 유아특수교육으로서의 전환이 이루어짐에 따라 연구대상에 있어서 부모 및 가족을 대상으로 한 유아특수교육 관련 연구물과 교사를 대상으로 한 논문도 분석대상 논문으로 선정하였다.

넷째, 유아특수교육 관련 연구의 발표 년도는 1994년에서 2007년까지 발표된 논문을 중심으로 선정하였다. 국내 전문학술지를 중심으로 유아특수교육 관련 연구의 동향을 살펴본 김은자, 이승희(2002)의 연구가 1990년에서 2001년까지의 연구를 대상으로 하여 발표 년도 선정 기간이 중복되나 이 연구에서는 연구물 분석을 1994년 1월 7일 「특수교육진흥법」의 전문개정에 따른 제1장 8조 조기특수교육시책 강구와 2007년 5월 25일 「장애인 등에 대한 특수교육법」의 제정에 따른 유아특수교육 관련법의 확대라는 법적 근거에 기준하여 선정하였다.

자료 수집과 관련하여 먼저 등재 및 등재 후보로 등록되어 있는 특수교육 관련 전문학술지 선별 후, 논문 전문 검색 사이트인 '한국교육학술정보원'의 'RISS', '누리미디어'의 'DBPIA', '한국학술정보(주)'의 'KISS' 이상의 학술 데이터베이스를 활용하여 1차적으로 총16개의 학술지마다 1994년부터 2007년까지의 수록된 논문목차를 출력하였다. 이 과정에서 연구자는 학술지의 제목들이 유아특수교육 분야에 관련된 것인지 식별하기 위해 목차와 초록을 검색하는 방식으로 각 학술지들을 검토하였으며, 본 연구와의 관련성 확인을 위해 개개의 논문들을 면밀히 검토하였다. 또한 분석대상논문 선정의 신뢰성을 높이기 위해 제2논문분석자와 유아특수교육 관련 분석대상 논문을 선정하였다.

모두 3단계에 걸쳐 선정된 분석대상 논문은 1차적으로 592개 논문이 선정되었으며, 2차적으로 논문 요약 과정에서 연구대상 기준에 부합하지 않는 논문을 제외한 총 432개 논문을 선별하였다. 마지막 단계에서는 논문분석을 위해 전체논문을 정독하는 과정을 통해 분석기준에 부합하지 않는 논문 16편을 제외한 416개 논문을 최종 분석대상 논문으로 선정하였다.

분석내용과 관련하여 구체적인 분석기준 작성을 위해 유아특수교육 관련 개론서(이소현, 2008; 유수옥, 2005; 김경숙 외, 2002)와 연구물(Odom & Strain, 2002; Odom, & Wolery, 2003; Odom, et al., 2003; 남경욱 · 신현기, 2007) 및 연구방법 관련 선행 문헌(Fraenkel, et al., 1996; 성태제 · 시기자, 2007) 고찰을 통하여 분석 기준 틀을 작성하였으며, 타당성을 검증을 위해 특수교육 및 유아특수교육 관련 전문인 2인과 내용 검토 후, 수정 및 보완하여 〈표 10-1〉과 같이 논문 분석틀을 구성하였다.

연구주제는 유아특수교육 관련 선행 문헌(Bailey & Wolery, 1992; 이소현, 2008; 유수옥, 2005; 김경숙 외, 2002) 및 선행 연구(Odom & Wolery, 2003)에서 강조하고 있는 요소들을 중심으로 〈표 10-1〉에서 제시하고 있는 연구주제들로 구분하여 분석하였다.

연구 유형은 양적 및 질적 연구로 구분하였으며, Fraenkel과 Wallen(1996)이 제시한 7가지 연구 유형과 성태제와 시기자(2007)가 제시하는 연구 유형을 기준으로 실험 연구, 비교연구, 상관연구, 역사적 연구, 조사연구, 질적 연구, 내용분석연구, 문화 기술적 연구에 문헌연구와 사례연구, 델파이 연구, 기타를 첨가해 총 12가지로 분류하였다. 기타에는 표준화 연구, 검사 도구 및 프로그램개발을 포함시켰다.

연구대상은 크게 대상 유형, 대상 연령, 장애 유형으로 구분하였으며, 대상 유형에서는 유아, 비유아, 기타로 구분하고, 대상 연령의 구분에서는 「장애인 등에 대한 특수교육법」(2007) 제3조 1항, '만3세 미만의 장애 영아', 유아교육법(2008) 제2조, '유아라 함은 만3세부터 초등학교 취학 전 어린이', 영유아보육법(2004) 제2조, '영유아란 6세 미만의 취학 전 아동을 의미한다.'를 근거로 유아의 연령 구분을 만 2세까지를 영아, 만 3세에서 만 6세까지를 유아, 만 6세까지 영유아로 구분하여 분석하였다. 발달지체유아를 대상으로 한 연구의 경우 장애 유형은 「장애인 등에 대한 특수교육법」에서 제시하는 특수교육대상자 중 이 연구가 유아 대상의 연구임을 감안하여 학습장애를 제외한 시각장애, 청각장애, 정신지체, 지체장애, 정서행동장애, 자폐성장애, 의사소통장애, 건강장애, 발달 지체로 구분하여 분석하였다.

중재연구 141편(실험 연구 132편, 사례연구 9편)의 논문을 독립 변인과 종속 변인으로 구분하여 분석하였다. 독립변인 영역의 분석은 조기중재 및 유아특수교육 환경에서 단일대상연구를 적용한 논문을 DEC 추천 실제(Barbara et al., 2002)에 근거하여 과학적으로 근거에 기반한 실제에 따라 분석한 Odom과 Strain(2002), Odom 등(2003)의 연구를 기준으로 하여 국내 유아특수교육 및 지적장애아동을 대상으로 한 중재 관련 연구를 분석한 원종례, 주용수(2008), 김하종, 조광순(2005), 남경욱, 신현기(2007)의 연구를 참고하여 분석에 따른 분류기준을 마련하였다. 종속 변인 영역의 분석은 유아특수교육 개론서(이소현, 2008; 유수옥, 2005; 이병인, 2004; 김경숙 외, 2002)에서 공통적으로 제시하고 있는 내용에 따라 분석하였다.

〈표 10-1〉 논문 분석틀

<table>
<tr><th>분석 영역</th><th colspan="3">분석 내용</th></tr>
<tr><td>연구 주제</td><td colspan="3">가족 지원, 통합교육, 진단과 평가, 발달영역별, 유아특수 교육과정, 전환, 문제행동의 이해와 지도, 환경 구성, 교육프로그램, 유아특수교육 지원체제, 조기교육 및 조기 중재, 교육공학, 교재교구개발, 자기결정, 보육, 대학 및 교육실습, 기타</td></tr>
<tr><td rowspan="3">연구 유형</td><td>양적 연구</td><td colspan="2">실험연구, 조사연구, 상관연구, 비교연구, 사례연구, 델파이연구</td></tr>
<tr><td>질적 연구</td><td colspan="2">문헌연구, 문화 기술적 연구, 내용분석연구, 질적 연구, 역사적 연구</td></tr>
<tr><td>기 타</td><td colspan="2">표준화연구, 검사도구개발연구, 프로그램개발연구</td></tr>
<tr><td rowspan="5">연구 대상</td><td rowspan="3">대상 유형</td><td>유아</td><td>발달지체유아, 일반유아, 발달지체유아+일반유아</td></tr>
<tr><td>비유아</td><td>발달지체유아부모, 일반유아부모, 발달지체유아부모+일반유아부모, 특수교사, 일반교사, 특수교사+일반교사, 부모+일반교사, 부모+특수교사, 부모+일반교사+특수교사</td></tr>
<tr><td>기타</td><td>문헌, 기관</td></tr>
<tr><td>대상 연령</td><td colspan="2">영아(~만 2세), 유아(만 3세~만 6세), 영유아(~만 6세)</td></tr>
<tr><td>장애 유형</td><td colspan="2">시각장애, 청각장애, 정신지체, 지체장애, 정서행동장애, 자폐성장애, 의사소통장애, 건강장애, 발달지체, 기타</td></tr>
<tr><td rowspan="2">중재 연구</td><td>독립 변인</td><td colspan="2">가족 관련, 놀이중심교수, 문학 활동, 음악과 음률, 미술활동, 보완대체의사소통, 사회성 프로그램, 기능 평가와 긍정적 행동지원, 감각통합, 환경 중심 중재, 보조공학, 활동중심교과학습, 자기결정훈련, 초인지 기반 훈련, 협력학습(또래주도), 교사협력, 통합교육, 상황이야기중재, 촉진과 용암법, 인지전략훈련, 기타</td></tr>
<tr><td>종속 변인</td><td colspan="2">사회적 상호작용(또래 간 상호작용, 양육자와 발달지체유아 간 상호작용, 발달지체유아의 참여행동, 사회성 기술), 문제행동, 언어 및 의사소통, 일반유아의 발달지체유아에 대한 인식 및 태도, 운동 및 신체표현, 적응행동영역, 가족, 인지, 놀이행동 및 놀이성, 발달, 교사, 기타</td></tr>
</table>

자료 분석은 김은자(2002)의 연구에서 제시한 조사 도구를 기반으로 2007년 5월 29일 제정된 「장애인 등에 대한 특수교육법」의 내용 및 선행 문헌과 연구들을 참고하여 제작한 수정된 조사도구를 사용하였으며, 수집된 자료는 내용분석법에 의거하여 해당 논문의 빈도수와 백분율을 계산하였다.

분석자간 일치도는 연구자 1인과 연구에 참여하지 않은 제2의 분석자 1인이 함께 분석대상 논문 선정 및 논문분석을 수행하였다. 먼저, 선정된 연구물 중 50개를 무작위로 선정하여 분석틀에 맞도록 검토해보는 훈련을 실시한 후, 분석자간 일치도 산출공식, (일치된 분석 항목 수/전체 항목 수)×100에 의해 분석자간 일치도를 산출한 결과 74.6%를 나타냈다. 분석자 간에 일치하지 않은 항목을 다시 검토한 후에 또 다른 분석대상 논문 5편을 각자 분석한 후에 똑같은 방식으로 분석자간 일치도를 산출한 결과 93.3%의 일치도를 나타냈으며, 수용할만한 일치도를 산출하였기에 나머지 361편의 논문을 연구자와 제2의 분석자가 각자 분석한 후, 전체 연구논문에 대한 분석자간 일치도를 산출한 결과 96.8%의 일치도를 나타내었으며, 일치하지 않는 연구물에 대하여는 재합의 과정을 통하여 일치점을 찾았다.

03 유아특수교육 연구동향 결과

1. 학술지/연도별 동향

학술지별 논문의 발행빈도는 〈표 10-2〉와 같이 '유아특수교육연구'에 82편(19.7%)으로 가장 많이 게재되었으며, 이어서 '정서행동장애연구' 72편(17.3%), '특수교육학연구' 61편(14.7%), '특수아동교육연구' 32편(7.7%), '특수교육저널: 이론과 실천' 27편(7.14%), '언어청각장애연구' 22편(5.82%), '언어치료연구' 20편(5.29%)의 순으로 나타났다. 또한 유아특수교육 관련 연구의 연도별 동향은 1994년 이후 꾸준히 증가하였으며, 2001년 이후 급격히 증가하였다.

〈표 10-2〉 분석대상 논문의 학술지/연도별 동향 [단위: 편(%)]

발표 년도 / 학술지명		1994	1995	1996	1997	1998	1999	2000	2001	2002	2003	2004	2005	2006	2007	계
1	유아특수 교육연구	-	-	-	-	-	-	-	11	7	5	15	11	14	19	82 (21.69)
2	정서행동 장애연구	-	2	2	4	8	8	3	4	8	5	6	7	9	6	72 (19.05)

발표 년도 학술지명		1994	1995	1996	1997	1998	1999	2000	2001	2002	2003	2004	2005	2006	2007	계
3	특수교육학 연구	–	–	–	–	1	5	11	8	11	12	4	4	5	–	61 (16.14)
4	특수교육 학회지	1	1	2	3	1	–	–	–	–	–	–	–	–	–	8 (2.12)
5	특수교육 논총	2	2	1	2	–	–	–	–	–	–	–	–	–	–	7 (1.85)
6	특수아동 교육연구	–	–	–	–	–	–	2	–	3	2	2	5	10	8	32 (8.47)
7	특수교육 연구	1	–	–	1	–	1	–	1	3	1	2	1	–	–	11 (2.91)
8	언어청각 장애연구	–	–	–	–	–	–	1	4	4	5	2	1	1	4	22 (5.82)
9	특수교육저널: 이론과 실천	–	–	–	–	–	–	–	–	1	3	4	7	6	6	27 (7.14)
10	언어치료 연구	–	–	–	1	2	–	–	2	2	3	2	8	–	–	20 (5.29)
11	중복지체 부자유아교육	–	1	1	–	–	2	2	1	1	–	2	1	2	4	17 (4.50)
12	정신지체 연구	–	–	–	–	–	1	–	2	1	–	1	2	2	3	12 (3.17)
13	미술치료 연구	–	1	–	–	–	1	–	–	1	1	–	–	–	2	6 (1.59)
14	한국특수 체육학회지	1	–	–	–	–	–	–	–	–	–	–	–	–	–	1 (0.26)
합 계 합 계		5 (1.32)	7 (1.85)	6 (1.59)	11 (2.91)	12 (3.17)	18 (4.76)	19 (5.03)	33 (8.73)	42 (11.11)	37 (9.79)	40 (10.58)	47 (12.43)	49 (12.96)	52 (13.76)	378 (100)

*( )안의 비율은 분석 대상 전체 논문 수 대비 학술지별 / 연도별 논문 수의 비율을 의미한다.

2. 연구 대상별 분석

(1) 대상 유형별 분석

대상 유형별 분석은 아래 〈표 10-3〉과 같이, 유아 대상의 경우 장애 유아를 대상으로 한 연구가 135편(35.71%), 일반 유아 25편(6.61%), 장애 유아와 일반 유아를 대상으로 한 연구가 12편(3.17%)으로 총 유아 대상의 연구는 172편(45.49%)으로 나타났으며, 또한 부모 대상 42편(11.11%), 교사 대상 53편(14.02%), 부모와 교사를 대상으로 한 연구가 11편(2.91%)으로 나타났다. 그 외 문헌연구와 기관 등을 대상으로 한 기타연구는 총 100편(26.46%)으로 나타났다.

〈표 10-3〉 대상유형별 분석 [단위: 편(%)]

연구 대상	유아			부모	교사	부모 · 교사	기타	계
	장애유아	일반유아	장애유아 일반유아					
논문 편수	135[78.49] (35.71)	25[14.53] (6.61)	12[6.98] (3.17)	42[39.62] (11.11)	53[50.00] (14.02)	11[10.38] (2.91)	100 (26.46)	378 (100)
계	172[100] (45.49)			106[100] (28.04)			100 (26.46)	378 (100)

*[ ]안의 비율은 대상 유형 논문 수 대비 논문 수의 비율을 의미한다.
**( )안의 비율은 분석 대상 전체 논문 수 대비 논문 수의 비율을 의미한다.

부모, 교사 대상 세부변인별 분석은 아래 〈표 10-4〉와 같이 장애유아부모 대상 33편(16.02%), 일반유아부모 대상 3편(1.47%), 장애유아와 일반유아부모 대상 6편(2.91%)으로 부모대상 총 42편(20.40%)으로 나타났다. 또한 교사를 대상으로 한 연구에서는 일반교사 대상 21편(10.19%), 특수교사 대상 12편(5.83%), 일반교사와 특수교사 대상 17편(8.25%)으로 나타났으며, 기관장 및 교수와 그 외 특수교육 관련 전문가를 대상으로 한 연구 3편(1.47%)으로 총 53편(25.74%)으로 나타났다. 부모와 교사 모두를 대상으로 한 연구에서는 부모와 일반교사 대상 1편(0.49%), 부모와 특수교사 대상 5편(2.43%), 부모 · 특수교사 · 일반교사 대상 5편(2.43%)으로 총 11편(5.35%)의 연구가 이루어졌으며, 또한 문헌리뷰 91편(44.17%), 기관대상 9편(4.37%)으로 기타 총 100편(48.54%)으로 나타났다.

〈표 10-4〉 부모, 교사 대상 세부 변인별 분석 [단위: 편(%)]

연구 대상 연구 대상	부모			교사				부모 · 교사			기타		계
	장애 유아 부모	일반 유아 부모	장애 유아 부모 · 일반 유아 부모	일반 교사	특수 교사	일반 교사 · 특수 교사	기타	부모 · 일반 교사	부모 · 특수 교사	부모 · 특수 교사 · 일반 교사	문헌 리뷰	기관	
논문편수	33 (16.02)	3 (1.47)	6 (2.91)	21 (10.19)	12 (5.83)	17 (8.25)	3 (1.47)	1 (0.49)	5 (2.43)	5 (2.43)	91 (44.17)	9 (4.37)	206 (100)
계	42 (20.40)			53 (25.74)				11 (5.35)			100 (48.54)		206 (100)

*( )안의 비율은 부모와 교사, 기타 연구를 대상으로 한 논문 수 대비 논문 수의 비율을 의미한다.

부모의 부와 모 변인에 따른 분석결과는 아래 〈표 10-5〉와 같이 아버지를 대상으로 한 연구가 장애 유아 부 2편(3.77%), 어머니를 대상으로 한 연구는 장애유아 모 15편(28.30%), 일반 유아 모 1편(1.89%), 장애 유아와 일반 유아 모 4편(7.55%)으로 총20편(37.74%)으로 나타났다. 또한 부모 모두를 대상으로 한 연구는 장애유아 부모 22편(41.51%), 일반 유아 부모 3편(5.66%), 장애유아 부모와 일반유아부모를 대상으로 한 연구 6편(11.32%)으로 총31편(58.49%)의 연구가 이루어졌다.

〈표 10-5〉 부모 변인별 분석

[단위: 편(%)]

연구 대상 연구 대상	부 모			계
	장애유아 부모	일반유아 부모	장애유아부모 · 일반유아부모	
부	2(3.77)	-	-	2(3.77)
모	15(28.30)	1(1.89)	4(7.55)	20(37.74)
부, 모	22(41.51)	3(5.66)	6(11.32)	31(58.49)
계	39(73.58)	4(7.55)	10(18.87)	53(100)

*( )안의 비율은 부모 대상 논문 수 대비 논문 수의 비율을 의미한다.

(2) 유아 대상의 연령별 분석

유아의 연령에 따른 분석결과는 아래 〈표10-6〉과 같이 영아 대상 5편(2.89%), 유아 대상 162편(93.64%), 영유아 대상 6편(3.47%)의 연구가 이루어졌다.

〈표 10-6〉 유아 대상의 연령별 분석

[단위: 편(%)]

연구대상 연령구분	유 아			계
	장애 유아	일반 유아	장애 유아 · 일반 유아	
영아(~만 2세)	3(1.73)	2(1.16)	-	5(2.89)
유아(만 3세~만 6세)	132(76.30)	19(10.98)	11(6.36)	162(93.64)
영유아(~만 6세)	-	6(3.47)	-	6(3.47)
계	135(78.03)	27(15.61)	11(6.36)	173(100)

*( )안의 비율은 유아 대상 논문 수 대비 논문 수의 비율을 의미한다.

(3) 장애 유형별 분석

장애 유아의 연령에 따른 장애유형별 분석 결과는 아래 〈표 10-7〉과 같다. 발달지체유아를 대상으로 한 연구가 63편(43.15%)으로 가장 많았고, 다음으로 자폐성장애 31편(21.23%), 청각

장애 12편(8.22%), 정신지체 10편(6.85%), 지체장애 9편(6.16%), 정서행동장애 6편(4.11), 의사소통장애 · ADHD 각각 5편(3.42%), 시각장애 · 수학 저성취 유아 각각 1편(0.68%), 기타 3편(2.05%)의 순으로 나타났다. 또한, 장애 유아의 연령에 따라서는 영아 대상의 연구 3편(2.05%), 유아 대상의 연구 143편(97.92%), 영유아 대상의 연구는 한 편도 이루어지지 않았다.

〈표 10-7〉 장애 유형별 분석 [단위: 편(%)]

장애 영역 대상 연령	시각 장애	청각 장애	정신 지체	지체 장애	정서 행동 장애	자폐성 장애	의사 소통 장애	건강 장애	발달 지체	AD HD	수학 저성취 유아	기타	계
영아 (~만 2세)	–	–	–	–	–	–	1 (0.68)	–	2 (1.37)	–	–	–	3 (2.05)
유아 (만 3세~ 만 6세)	1 (0.68)	12 (8.22)	10 (6.85)	9 (6.16)	6 (4.11)	31 (21.23)	4 (2.74)	–	61 (41.78)	5 (3.42)	1 (0.68)	3 (2.05)	143 (97.92)
영유아 (~만 6세)	–	–	–	–	–	–	–	–	–	–	–	–	0 (0)
계	1 (0.68)	12 (8.22)	10 (6.85)	9 (6.16)	6 (4.11)	31 (21.23)	5 (3.42)	0 (0)	63 (43.15)	5 (3.42)	1 (0.68)	3 (2.05)	146 (100)

*( )안의 비율은 발달지체유아 대상 논문 수 대비 논문 수의 비율을 의미한다.

3. 연구 유형별 분석

(1) 연구유형별 빈도분석

연구유형별 빈도분석 결과는 아래 〈표 10-8〉과 같이 양적 연구 244편(64.55%), 질적 연구 115편(30.42%), 그 외 연구 유형으로써 기타 19편(5.02%)을 나타냈다.

〈표 10-8〉 연구유형별 빈도 분석

연구유형	양적 연구							질적 연구					기타			계
	실험 연구	단일 대상 연구	조사 연구	상관 연구	비교 연구	사례 연구	델파이 연구	문헌 연구	문화 기술적 연구	내용 분석 연구	질적 연구	역사적 연구	표준화 연구	검사 도구 개발 연구	프로 그램 개발 연구	
논문수	63 [25.82] (16.67)	58 [23.77] (15.34)	87 [35.66] (23.01)	7 [2.87] (1.85)	17 [6.97] (4.50)	11 [4.51] (2.91)	1 [0.41] (0.26)	76 [66.09] (20.11)	5 [4.35] (1.32)	16 [13.91] (4.23)	16 [13.91] (4.23)	2 [1.74] (0.53)	12 [63.16] (3.17)	3 [15.79] (0.79)	4 [21.05] (1.06)	378 (100)

연구유형	양적 연구							질적 연구					기타			계
	실험 연구	단일 대상 연구	조사 연구	상관 연구	비교 연구	사례 연구	델파이 연구	문헌 연구	문화 기술적 연구	내용 분석 연구	질적 연구	역사적 연구	표준화 연구	검사 도구 개발 연구	프로그램 개발 연구	
합계	244 [100] (64.55)							115 [100] (30.42)					19 [100] (5.02)			378 (100)

*[ ]안의 비율은 각 연구 유형 대비 세부 연구 유형의 백분율을 의미한다.
**( )안의 비율은 분석 대상 전체 논문 수 대비 논문 수의 비율을 의미한다.

세부 연구유형별 분석결과, 양적 연구의 경우 조사 연구 87편(23.01%), 실험 연구 63편(16.67%), 단일대상연구 58편(15.34%), 비교 연구 17편(4.50%), 사례 연구 11편(2.91%), 상관 연구 7편(1.85%), 델파이 연구 1편(0.26%)의 순으로 나타났으며, 질적 연구에서는 문헌 연구 76편(20.11%), 내용분석연구 · 질적 연구 각각 16편(4.23%), 문화 기술적 연구 5편(1.32%), 역사적 연구 2편(0.53%)의 순으로 나타났다. 그 외, 기타 연구 유형으로 표준화 연구 12편(3.17%), 프로그램개발연구 4편(1.06%), 검사도구개발연구 3편(0.79%)의 순으로 나타났다.

(2) 연구 유형의 연도별 분석

연구 유형의 연도별 동향은 아래 〈표 10-9〉에서 보는 바와 같이 양적 연구는 1994년 이후 꾸준히 증가 추세를 보이다가 2000년 이후부터 급격하게 증가하였으며, 질적 연구는 1998년 이후 증가 추세를 보이다가 2003년 이후부터는 감소하는 경향을 나타냈다.

〈표 10-9〉 연구 유형의 연도별 동향 [단위: 편(%)]

발표 년도 연구 유형	1994	1995	1996	1997	1998	1999	2000	2001	2002	2003	2004	2005	2006	2007	계
양적 연구	3	5	3	6	7	10	11	22	24	24	29	26	40	34	244 (64.55)
질적 연구	2	1	3	3	4	8	6	10	16	11	10	16	8	17	115 (30.42)
기타	0	1	0	2	1	0	2	1	2	2	1	5	1	1	19 (5.02)
계	5 (1.32)	7 (1.85)	6 (1.59)	11 (2.91)	12 (3.17)	18 (4.76)	19 (5.03)	33 (8.73)	42 (11.11)	37 (9.79)	40 (10.58)	47 (12.43)	49 (12.96)	52 (13.76)	378 (100)

*( )안의 비율은 분석 대상 전체 논문 수 대비 논문 수의 비율을 의미한다.

세부 연구 유형의 연도별 동향은 아래 〈표 10-10〉과 같이, 비교적 분석대상기간 초기부터 꾸준히 발표된 연구 유형은 실험 연구, 단일대상연구, 조사 연구, 문헌 연구로 나타났으며, 단일대상연구의 경우 2001년 이후 그 수가 증가하고 있음을 나타냈다. 또한 비교적 후반기에 나타난 연구 유형으로는 상관 연구와 문화 기술적 연구, 내용분석 연구, 표준화 연구 등이 있었다. 표준화 연구는 2000년 이후 지속적으로 연구가 이루어지고 있는 반면 프로그램 개발이나 검사도구개발연구 등은 이루어지지 않는 것으로 나타났다.

〈표 10-10〉 세부 연구 유형의 연도별 동향

[단위: 편(%)]

유형	발표 년도 / 연구 방법	1994	1995	1996	1997	1998	1999	2000	2001	2002	2003	2004	2005	2006	2007	합계
양적 연구	실험 연구	-	3	1	1	3	4	4	5	4	6	6	5	8	13	63 (16.67)
	단일대상 연구	-	-	1	2	2	1	1	4	5	2	7	9	16	8	58 (15.34)
	조사 연구	3	2	1	2	1	4	5	8	8	14	11	8	12	8	87 (23.01)
	상관 연구	-	-	-	-	-	-	-	-	4	-	1	1	1	-	7 (1.85)
	비교 연구	-	-	-	-	1	-	1	2	3	1	2	2	1	4	17 (4.50)
	사례 연구	-	-	-	1	-	1	-	3	-	1	2	-	2	1	11 (2.91)
	델파이 연구	-	-	-	-	-	-	-	-	-	-	-	1	-	-	1 (0.26)
질적 연구	문헌 연구	1	1	3	3	3	8	4	7	12	7	7	9	4	7	76 (20.11)
	문화 기술적 연구	-	-	-	-	-	-	-	1	-	2	-	1	-	1	5 (1.32)
	내용 분석연구	1	-	-	-	-	-	2	2	2	1	-	2	3	3	16 (4.23)
	질적 연구	-	-	-	-	1	-	-	-	2	1	3	4	1	4	16 (4.23)
	역사적 연구	-	-	-	-	-	-	-	-	-	-	-	-	-	2	2 (0.53)

유형	발표 년도 연구 방법	1994	1995	1996	1997	1998	1999	2000	2001	2002	2003	2004	2005	2006	2007	합계
기타	표준화 연구	–	–	–	–	–	–	2	1	–	2	1	4	1	1	12 (3.17)
	검사도구 개발연구	–	–	–	1	–	–	–	–	2	–	–	–	–	–	3 (0.79)
	프로그램 개발연구	–	1	–	1	1	–	–	–	–	–	–	1	–	–	4 (1.06)
합 계		5 (1.32)	7 (1.85)	6 (1.59)	11 (2.91)	12 (3.17)	18 (4.76)	19 (5.03)	33 (8.73)	42 (11.11)	37 (9.79)	40 (10.58)	47 (12.43)	49 (12.96)	52 (13.76)	378 (100)

*( )안의 비율은 분석 대상 전체 논문 수 대비 논문 수의 비율을 의미한다.

4. 연구 주제별 분석

(1) 연구 주제의 분석 및 연도별 동향

분석대상 논문의 주제별 동향은 아래 〈표 10-11〉과 같이 통합교육 관련 연구 104편(27.51%), 발달 영역 관련 연구 78편(20.63%), 가족 지원 관련 연구 51편(13.49%), 진단과 평가 관련 연구 47편(12.43%), 문제행동의 이해와 지도 관련 연구 16편(4.23%)으로 총 296편으로 전체 분석 논문의 78.29%를 차지하는 것으로 나타났다. 이외에 조기교육 및 조기중재 12편(3.17%), 유아특수교육지원체제 8편(2.17%)으로 나타났다.

〈표 10-11〉 연구 주제의 연도별 동향 및 주제별 빈도 [단위: 편(%)]

	발표 년도 연구 주제	1994	1995	1996	1997	1998	1999	2000	2001	2002	2003	2004	2005	2006	2007	계
1	가족 지원	1	1	1	1	2	3	3	2	9	6	5	5	5	7	51 (13.49)
2	통합 교육	2	2	1	2	4	6	4	8	5	12	12	11	15	20	104 (27.51)
3	진단과 평가	–	–	–	3	1	3	2	5	8	4	6	9	3	3	47 (12.43)
4	발달 영역	–	–	3	2	2	3	1	9	9	7	6	6	16	14	78 (20.63)

발표 년도 연구 주제		1994	1995	1996	1997	1998	1999	2000	2001	2002	2003	2004	2005	2006	2007	계
5	유아특수 교육과정	–	1	–	–	–	–	1	–	1	–	–	1	–	–	4 (1.06)
6	전이(전환)	–	–	–	–	–	–	–	–	1	4	–	1	–	1	7 (1.85)
7	문제행동의 이해와 지도	–	–	–	1	–	–	–	3	1	1	4	2	1	3	16 (4.23)
8	환경 구성	–	–	–	–	–	–	–	–	–	1	1	–	1	–	3 (0.79)
9	교육프로그램	1	–	–	–	–	–	–	–	–	–	–	1	–	–	2 (0.53)
10	유아특수교육 지원체제	–	–	–	–	–	1	1	–	–	1	1	1	2	1	8 (2.17)
11	조기교육 및 조기중재	–	1	–	–	1	1	3	–	2	–	1	–	1	2	12 (3.17)
12	교육 공학	–	–	1	–	–	1	1	–	1	–	–	–	–	1	5 (1.32)
13	교재교구개발	–	–	–	–	–	–	1	2	–	–	–	–	–	–	3 (0.79)
14	자기 결정	–	–	–	1	–	–	–	1	1	1	–	–	–	–	4 (1.06)
15	보육	–	–	–	–	–	–	–	1	–	–	1	1	2	–	5 (1.32)
16	대학 및 교육 실습	–	–	–	–	–	–	–	1	–	–	1	2	1	–	5 (1.32)
17	기타	1	2	–	1	2	–	2	1	4	–	2	7	2	–	24 (6.35)
계		5 (1.32)	7 (1.85)	6 (1.59)	11 (2.91)	12 (3.17)	18 (4.76)	19 (5.03)	33 (8.73)	42 (11.11)	37 (9.79)	40 (10.58)	47 (12.43)	49 (12.96)	52 (13.76)	378 (100)

*( )안의 비율은 분석 대상 전체 논문 수 대비 논문 수의 비율을 의미한다.

(2) 연구 주제의 세부 영역별 분석

통합교육 관련 연구의 세부영역별 주제는 아래 〈표 10-12〉와 같이 통합에 관한 부모 및 교사의 인식 29편(27.88%), 일반 유아와 발달지체유아 간 상호작용 24편(23.08%), 일반 유아의 발달지체유아에 대한 태도 및 인식 14편(13.46%), 교육과정 및 교육프로그램 · 발달지체유아의 사회성 기술이 각각 10편(9.62%), 발달지체유아의 참여행동 · 통합을 위한 교사 간 협력 · 유치원 통합교육이 각각 5편(4.82%), 통합교육실천 2편(1.92%)의 순으로 나타났다.

〈표 10-12〉 통합교육 관련 연구의 세부영역별 분석

[단위: 편(%)]

발표 년도 연구 주제	1994	1995	1996	1997	1998	1999	2000	2001	2002	2003	2004	2005	2006	2007	계
통합교육실천	-	-	-	-	-	-	-	-	-	-	1	-	1	-	2 (1.92)
통합에 관한 부모 및 교사의 인식	1	1	1	-	-	2	2	2	3	6	1	4	4	2	29 (27.88)
일반유아의 발달지체유아에 대한 태도 및 인식	-	-	-	-	-	2	-	-	1	-	5	2	2	2	14 (13.46)
일반유아와 발달지체유아 간 상호 작용	1	1	-	-	3	1	-	2	1	3	1	5	2	4	24 (23.08)
발달지체유아의 사회성 기술	-	-	-	-	1	-	2	-	-	3	1	-	2	1	10 (9.62)
발달지체유아의 참여 행동	-	-	-	-	-	-	-	-	-	-	1	-	1	3	5 (4.81)
교육과정 및 교육 프로그램	-	-	-	1	-	1	-	-	-	-	1	-	3	4	10 (9.62)
통합을 위한 교사 간 협력	-	-	-	-	-	-	-	2	-	-	-	-	-	3	5 (4.81)
유치원 통합교육	-	-	-	1	-	-	-	2	-	-	1	-	-	1	5 (4.81)
계	2 (1.92)	2 (1.92)	1 (0.96)	2 (1.92)	4 (3.85)	6 (5.77)	4 (3.85)	8 (7.69)	5 (4.81)	12 (11.54)	12 (11.54)	11 (10.58)	15 (14.42)	20 (19.23)	104 (100)

*( )안의 비율은 통합교육 관련 연구의 논문 수 대비 세부 주제의 비율을 의미한다.

발달 영역 관련 연구의 세부영역별 주제는 아래 〈표 10-13〉과 같이, 언어 및 의사소통발달 영역이 59편(75.64%)으로 가장 많았으며, 다음으로 인지 발달 7편(8.97%), 운동 발달과 적응행동 영역이 각각 5편(6.41%), 사회적 능력과 놀이발달 각각 1편(1.28%)의 순으로 나타났다.

〈표 10-13〉 발달영역 관련 연구의 세부영역별 분석 [단위: 편(%)]

발표 년도 연구 주제	1994	1995	1996	1997	1998	1999	2000	2001	2002	2003	2004	2005	2006	2007	계
운동 발달	-	-	-	-	-	-	-	-	-	-	2	-	1	2	5 (6.41)
인지 발달	-	-	-	1	-	-	-	-	3	-	-	1	1	1	7 (8.97)
언어 및 의사 소통발달	-	-	1	1	2	3	1	7	5	7	4	5	12	11	59 (75.64)
사회적 능력의 발달	-	-	-	-	-	-	-	1	-	-	-	-	-	-	1 (1.28)
놀이 발달	-	-	-	-	-	-	-	-	-	-	-	-	1	-	1 (1.28)
적응 행동	-	-	2	-	-	-	-	1	1	-	-	-	1	-	5 (6.41)
계	0 (0)	0 (0)	3 (3.85)	2 (6.41)	2 (6.41)	3 (3.85)	1 (1.28)	9 (11.54)	9 (11.54)	7 (8.97)	6 (7.69)	6 (7.69)	16 (20.51)	14 (17.95)	78 (100)

*( )안의 비율은 발달영역 연구의 논문 수 대비 세부 주제의 비율을 의미한다.

가족 지원 관련 연구의 세부영역별 주제는 아래 〈표 10-14〉와 같이 가족기능과 관련한 연구가 8편(15.69%)으로 가장 많았으며, 다음으로 가족 지원 요구 · 양육과 스트레스 · 양육자와 발달지체유아 간 상호작용 관련 연구가 각각 7편(13.73%), 가족 지원프로그램 6편(11.76%), 부모 참여 5편(9.80%), 개별화가족서비스계획(IFSP) 4편(7.84%), 아버지 지원 2편(3.92%)의 순으로 나타났다. 또한 2002년 이후 가족 지원 관련 연구가 이전에 비해 많이 이루어지고 있음을 나타냈다.

〈표 10-14〉 가족 지원 관련 연구의 세부 영역별 분석 [단위: 편(%)]

발표 년도 연구 주제	1994	1995	1996	1997	1998	1999	2000	2001	2002	2003	2004	2005	2006	2007	계
부모 참여	-	1	-	-	-	-	1	1	1	-	1	-	-	-	5 (9.80)
가족 지원요구	-	-	-	-	1	1	1	-	-	1	2	1	-	-	7 (13.73)
가족 기능	-	-	-	-	-	1	-	-	3	2	-	-	2	-	8 (15.69)
가족지원 프로그램	-	-	1	1	-	-	-	-	-	-	-	2	-	2	6 (11.76)

발표 년도 연구 주제	1994	1995	1996	1997	1998	1999	2000	2001	2002	2003	2004	2005	2006	2007	계
아버지 지원	-	-	-	-	-	-	-	-	-	-	-	-	-	2	2 (3.92)
양육과 스트레스	1	-	-	-	-	-	1	-	1	-	1	1	-	2	7 (13.73)
양육자와 발달지체 유아 간 상호작용	-	-	-	-	1	-	-	-	2	-	-	-	3	1	7 (13.73)
개별화 가족자원계획	-	-	-	-	-	1	-	-	-	2	-	1	-	-	4 (7.84)
기타	-	-	-	-	-	-	-	1	2	1	1	-	-	-	5 (9.80)
계	1 (1.96)	1 (1.96)	1 (1.96)	1 (1.96)	2 (3.92)	3 (5.88)	3 (5.88)	2 (3.92)	9 (17.65)	6 (11.76)	5 (9.80)	5 (9.80)	5 (9.80)	7 (13.73)	51 (100)

*( )안의 비율은 가족 지원 관련 연구의 논문 수 대비 세부 주제의 비율을 의미한다.

진단 · 평가 관련 연구의 세부영역별 주제는 아래 〈표 10-15〉와 같이 선별 검사 14편(29.79%), 발달진단검사 9편(19.15%), 진단평가에 관한 문헌 연구 8편(17.02%), 조기발견 및 진단과 교육과정이 각각 6편(12.77%), 평가 관련 연구 4편(8.51%)의 순으로 나타났다.

〈표 10-15〉 진단 · 평가 관련 연구의 세부 영역별 분석

[단위: 편(%)]

발표 년도 연구 주제	1994	1995	1996	1997	1998	1999	2000	2001	2002	2003	2004	2005	2006	2007	계
조기 발견	-	-	-	-	-	-	-	1	1	2	2	-	-	-	6 (12.77)
선별 검사	-	-	-	3	1	-	-	2	1	-	2	2	2	1	14 (29.79)
발달진단검사	-	-	-	-	-	1	2	1	1	2	-	2	-	-	9 (19.15)
진단과 교육과정	-	-	-	-	-		-	1	1	-	-	3	-	1	6 (12.77)
평 가	-	-	-	-	-	1	-	-	2	-	1	-	-	-	4 (8.51)
진단평가에 관한 문헌 연구	-	-	-	-	-	1	-	-	2	-	1	2	1	1	8 (17.02)
계	0 (0)	0 (0)	0 (0)	3 (6.38)	1 (2.13)	3 (6.38)	2 (4.26)	5 (10.64)	8 (17.02)	4 (8.51)	6 (12.77)	9 (19.15)	3 (6.38)	3 (6.38)	47 (100)

*( )안의 비율은 진단과 평가 관련 연구의 논문 수 대비 세부주제의 비율을 의미한다.

문제행동의 이해와 지도 관련 연구의 세부영역별 주제는 아래 〈표 10-16〉과 같이 바람직하지 않은 행동의 감소 6편(37.50%), 교사의 문제행동 지도 5편(31.25%), 바람직한 행동의 증가와 동시에 바람직하지 않은 행동의 감소 3편(18.75%), 바람직한 행동의 증가 2편(12.50%)의 순으로 나타났다.

〈표10-16〉 문제 행동의 이해와 지도 관련 연구의 세부 영역별 분석 [단위: 편(%)]

발표 년도 연구 주제	1994	1995	1996	1997	1998	1999	2000	2001	2002	2003	2004	2005	2006	2007	계
바람직한 행동의 증가	-	-	-	1	-	-	-	-	-	-	1	-	-	-	2 (12.50)
바람직하지 않은 행동의 감소	-	-	-	-	-	-	-	1	1	1	1	1	-	1	6 (37.50)
바람직한 행동의 증가/바람직하지 않은 행동의 감소	-	-	-	-	-	-	-	-	-	-	1	1	1	-	3 (18.75)
교사의 문제행동 지도	-	-	-	-	-	-	-	2	-	-	1	-	-	2	5 (31.25)
계	0 (0)	0 (0)	0 (0)	1 (6.25)	0 (0)	0 (0)	0 (0)	3 (18.75)	1 (6.25)	1 (6.25)	4 (25.00)	2 (12.50)	1 (6.25)	3 (18.75)	16 (100)

*( )안의 비율은 문제행동의 이해와 지도 관련 연구의 논문 수 대비 세부 주제의 비율을 의미한다.

5. 실험 연구의 분석

(1) 독립 변인과 종속 변인의 연도별 빈도분석

아래 〈표 10-17〉은 연도별 독립변인 범주의 빈도 및 출현 동향의 결과로써, 놀이 중심교수가 15편(12.40%)으로 가장 많이 적용되었고, 다음으로 가족 관련 13편(10.74%), 문학 활동 12편(9.92%), 음악과 음률 · 보완대체의사소통이 각각 9편(7.44%), 사회성 프로그램 7편(5.79%), 미술 활동 · 감각통합 · 환경-중심 중재 6편(4.96%)의 빈도를 나타냈다. 또한 비교적 분석대상기간 초기부터 꾸준히 발표된 독립 변인은 가족 관련, 놀이 중심교수, 미술 활동, 보조 공학, 활동 중심교과학습이며, 1998년 이후부터는 음악과 음률, 사회성 프로그램으로, 1999년 이후에는 문학 활동, 초인지 기반훈련으로 나타났다. 2001년 이후에는 보완대체의사소통, 기능 평가와 긍정적 행동 지원, 자기결정훈련으로 나타났다.

〈표 10-17〉 독립 변인의 연도별 분석

[단위: 편(%)]

발표 년도 연구 주제		1994	1995	1996	1997	1998	1999	2000	2001	2002	2003	2004	2005	2006	2007	계
1	가족 관련	-	-	1	1	-	-	-	-	-	2	-	3	3	3	13 (10.74)
2	놀이중심 교수	-	-	-	1	2	-	1	1	-	-	3	3	1	3	15 (12.40)
3	문학 활동	-	-	-	-	-	2	-	-	2	1	2	-	2	3	12 (9.92)
4	음악과 음률	-	-	-	-	1	-	1	2	1	-	1	-	1	2	9 (7.44)
5	미술 활동	-	1	-	-	-	-	-	1	-	2	-	1	-	1	6 (4.96)
6	보완대체 의사소통	-	-	-	-	-	-	-	2	-	-	1	-	3	3	9 (7.44)
7	사회성 프로그램	-	-	-	-	2	-	1	-	-	1	1	1	1	-	7 (5.79)
8	기능 평가와 긍정적 행동지원	-	-	-	-	-	-	-	1	-	-	-	2	-	1	4 (3.31)
9	감각 통합	-	1	-	-	-	-	-	-	2	-	-	-	2	1	6 (4.96)
10	환경중심 중재	-	-	-	1	-	1	-	-	-	-	-	2	1	1	6 (4.96)
11	보조 공학	-	-	1	-	-	-	-	-	-	-	1	1	-	-	3 (2.48)
12	활동중심 교과학습	-	1	-	-	-	-	2	-	-	-	-	1	-	-	4 (3.31)
13	자기결정 훈련	-	-	-	-	-	-	-	1	1	-	2	-	1	-	5 (4.13)
14	초인지 기반훈련	-	-	-	-	-	2	-	1	1	-	-	-	-	-	4 (3.31)
15	협력 학습 (또래주도)	-	-	-	-	-	-	-	-	-	-	-	-	1	-	1 (0.83)
16	교사 협력	-	-	-	-	-	-	-	-	-	-	-	-	2	1	3 (2.48)
17	통합 교육	-	-	-	-	1	-	-	-	-	-	-	-	-	1	2 (1.65)
18	상황이야기 중재	-	-	-	-	-	-	-	-	-	-	1	-	2	-	3 (2.48)
19	촉진과 용암법	-	-	-	-	-	-	-	-	1	-	-	-	2	-	3 (2.48)
20	인지전략 훈련	-	-	-	-	-	-	-	-	-	-	-	-	1	-	1 (0.83)
21	기타	-	-	-	-	-	-	-	-	-	2	1	-	-	2	5 (4.13)
계		0 (0)	3 (2.48)	2 (1.65)	3 (2.48)	6 (4.96)	5 (4.13)	5 (4.13)	9 (7.44)	8 (6.61)	8 (6.61)	13 (10.74)	14 (11.57)	23 (19.01)	22 (18.18)	121 (100)

*( )안의 비율은 중재와 관련된 연구의 논문 수 대비 세부 독립 변인의 비율을 의미한다.

연도별 종속 변인 범주의 빈도 및 출현 동향의 결과는 아래 〈표 10-18〉과 같이, 의사소통 관련 변인이 32편(26.45%)으로 가장 높은 빈도를 나타냈으며, 다음으로 또래 간 상호작용 · 사회성기술 · 문제행동이 각각 12편(9.92%), 일반 유아의 발달지체유아에 대한 인식 및 태도가 11편(9.09%), 언어 관련 변인이 7편(5.79%)으로 나타났다. 또한 사회성기술, 적응행동영역, 발달과 관련한 종속 변인은 비교적 분석대상기간 초기부터 꾸준히 발표되었으며, 1997년 이후부터는 문제행동, 언어 및 의사소통, 놀이 행동 및 놀이성과 관련된 변인이 주를 이루었다. 1998년 이후부터는 또래 간 상호작용, 일반 유아의 발달지체유아에 대한 인식 및 태도 등의 종속 변인 관련 연구가 이루어졌다. 이외에 2006년과 2007년에 걸쳐 양육자와 발달지체유아 간 상호작용, 발달지체유아의 참여행동과 관련한 종속 변인이 새롭게 나타났다.

〈표 11-18〉 종속 변인의 연도별 분석

[단위: 편(%)]

발표 년도 연구 주제		1994	1995	1996	1997	1998	1999	2000	2001	2002	2003	2004	2005	2006	2007	계
1	또래 간 상호작용	-	-	-	-	2	-	-	1	1	2	1	2	2	1	12 (9.92)
2	양육자와 발달지체 유아 간 상호작용	-	-	-	-	-	-	-	-	-	-	-	-	1	2	3 (2.48)
3	참여 행동	-	-	-	-	-	-	-	-	-	-	-	-	1	3	4 (3.31)
4	사회성 기술	-	1	-	-	1	-	2	1	1	1	1	2	2	-	12 (9.92)
5	문제 행동	-	-	-	1	-	1	-	1	1	1	3	2	-	2	12 (9.92)
6	언어	-	-	-	-	1	1	-	2	-	2	-	-	-	1	7 (5.79)
7	의사소통	-	-	-	1	1	1	1	3	1	2	3	3	10	6	32 (26.45)
8	일반유아의 발달지체 유아에 대한 인식 및 태도	-	-	-	-	1	2	-	-	1	-	3	-	2	2	11 (9.09)
9	운동 및 신체 표현	-	-	-	-	-	-	-	-	-	-	-	-	-	2	2 (1.65)
10	적응행동 영역	-	-	1	-	-	-	-	1	1	-	-	-	1	-	4 (3.31)
11	가족	-	-	1	-	-	-	-	-	-	-	-	2	-	-	3 (2.48)

발표 년도 연구 주제		1994	1995	1996	1997	1998	1999	2000	2001	2002	2003	2004	2005	2006	2007	계
12	인지	-	-	-	-	-	-	-	-	1	-	-	1	1	1	4 (3.31)
13	놀이행동 및 놀이성	-	-	-	1	-	-	-	-	-	-	1	-	1	1	4 (3.31)
14	발달	-	2	-	-	-	-	1	-	-	-	-	2	1	-	6 (4.96)
15	교사	-	-	-	-	-	-	-	-	-	-	1	-	-	1	2 (1.65)
16	기타	-	-	-	-	-	-	1	-	1	-	-	-	1	-	3 (2.48)
계		0 (0)	3 (2.48)	2 (1.65)	3 (2.48)	6 (4.96)	5 (4.13)	5 (4.13)	9 (7.44)	8 (6.61)	8 (6.61)	13 (10.74)	14 (11.57)	23 (19.01)	22 (18.18)	121 (100)

*( )안의 비율은 중재와 관련된 연구의 논문 수 대비 세부 종속 변인의 비율을 의미한다.

04 유아특수교육 연구동향 논의 및 전망

우리나라의 유아특수교육 연구 동향에 관한 논의와 앞으로의 전망을 해보면 다음과 같다.

첫째, 2000년 이후 국내 유아특수교육 관련 연구의 급격한 증가의 이유가 유아특수교육 관련 전문 학술지인 '유아특수교육연구'의 발행, 유아특수교육 관련 국책연구, 가족 지원의 필요성과 실질적인 지원을 위한 정책 수립의 필요성 강조(국립특수교육원, 1999; 이미선 · 김경진, 2000; 이병인, 2003; 이소현, 2000; 조광순, 2004) 등에 기인한 것으로 볼 때, 앞으로 국내 유아특수교육의 발전을 위해 국가 차원에서의 정책적 활성화가 필요하다고 할 수 있다.

둘째, 유아특수교육이 가족 중심 서비스에 기초한 삶의 질 향상으로 그 범위가 확대되고 있는 점을 감안할 때, 연구대상의 폭이 발달지체영유아 뿐 아니라 전체 가족 구성원을 대상으로 연구가 확대될 필요가 있으며(이미선 · 김경진, 2000; 이병인, 2002; 박지연 · 유은연, 2004; 신현옥 외, 2009; 강성리 · 이병인, 2011; 김영란 · 이병인, 2015; 제민희 · 이병인, 2013; 정현주 · 이병인, 2020), 가족의 구성원으로써 아버지의 역할과 참여가 중요시되고 있는 상황에서 앞으로 아버지를 대상으로 한 연구가 많이 이루어져야 할 것이다(임경옥 · 이병인, 2011; 조광현 · 이병인 · 배성현, 2020). 또한 최근 다문화 가정이 증가하고 있는 상황에서 다문화 가정을 대상으로 한 연구도 확대되어야 한다(박민정 · 이병인, 2010; 강은영 · 이병인 · 조현근, 2020).

셋째, 발달지체유아 가족의 양육에 따른 스트레스와 가족 기능성의 변화에 따른 가족의 요구 및 지원방안과 지속적이고 순환적인 지원이 필요한 것을 고려할 때, 가족의 내적 대처 능력을 키울 수 있는 프로그램개발이 필요하다.

넷째, 「장애인 등에 대한 특수교육법」, 제3조(의무교육 등), 제14조(장애아 조기발견 등), 제18조(장애영아의 교육지원), 제20조(교육과정 운영 등) 등의 내용을 통해 조기발견과 조기 지원, 조기개입 혹은 조기 지원체제 등, 영아에 대한 관심이 고조되는 특수교육의 흐름에 따라 앞으로 유아뿐 아닌 영아 대상의 교육지원 및 교육과정 운영 등과 관련한 연구가 활발히 이루어져야 한다(박현옥, 2008; 이병인 · 한연섭 · 이지효, 2008; 홍은숙, 2008; 노현자 · 이병인, 2018).

다섯째, 성공적인 통합에 있어 특수교사와 일반교사 간의 협력이 중요한 요소임을 고려할 때(이병인, 2004), 팀 협력적 차원에서 향후 다양한 연구방법을 통하여 특수교사와 일반교사 간의 협력을 다룬 연구가 많이 이루어져야 한다(박현옥 · 이소현, 2000; 이소현 · 황복선, 2000; 배성현 · 이병인, 2016; 배성현 · 이병인, 2016; 배성현 · 이병인, 2016).

여섯째, 유아특수교육에 있어서 유아발달의 가소성 측면을 고려해 볼 때, 유아의 발달적 요구가 무엇인지 정확히 알아볼 필요성이 있으며(이미선 · 강병호 · 김주영 · 조광순, 2001), 장애로 인하여 2차적으로 나타날 수 있는 다양한 문제들을 예방하기 위하여 진단 · 평가에 관한 지속적인 연구가 필요하다.

일곱째, 중재와 관련한 연구의 독립 변인과 종속 변인의 특성을 분석한 결과 비교적 많이 사용되었던 중재는 대개 유아의 관심 및 흥미에 맞춘 문학 활동이나 음악과 음률, 미술 등의 활동–중심 중재가 사용되었다. 이는 유아의 선호도를 고려한 중재라는 점에서는 매우 의미 있는 중재라고 할 수 있으나(신승미 · 조광순, 2004), 더 나아가 유아특수교육의 질적 발전을 위해 이러한 중재가 실제 특수교육 현장에서 타당한 중재로써 제공될 수 있도록 체계적인 연구절차와 객관적인 측정방법 및 자료 분석방법을 사용하여 연구 방법적 측면의 질적 수준을 확보함으로써 향후 다각적인 측면에서 검증된 중재 및 연구들이 실질적으로 이루어져야 할 것이다. 또한 중재 연구의 종속 변인으로써 인간의 타고난 능력인 동시에 사회적 적응과 학습의 기반인 언어 및 의사소통 영역에 대하여 가장 많은 노력을 기울이는 것으로 나타났으며(남경욱 · 신현기, 2007; 김진성 · 이병인 · 고현근, 2017), 최근 다차원적 접근을 통한 총체적 서비스라 할 수 있는 생태학적 접근을 강조하기 시작했는데, 이는 양육자와 발달지체유아 간 상호작용 및 발달지체유아의 참여행동 등의 효과성을 검증하고자 한 최근의 연구 동향과 맥락을 같이 하고 있다(조광순 · 이인숙, 2005).

위 논의된 내용을 바탕으로 본 연구의 결론은 첫째, 미국의 경우, 'Journal of Early Intervention', 'Early Childhood Education Journal', 'Topic in Early Childhood Special

Education', 'Early Childhood Research Quarterly' 등 유아특수교육과 관련한 학회지가 다수 있으나, 현재 우리나라에서는 독립된 유아특수교육 학회지로써 '유아특수교육연구'가 유일하며 앞으로 유아특수교육의 발전을 위해서는 더 많은 학회지가 필요하다.

둘째, 유아특수교육에서 제공되는 중재나 지원이 단순히 아동에게만 초점이 맞추어져 제공되는 아동 중심(child-focused)에서 가족 구성원 모두 서로 영향을 주고받는 관계로 인식되면서(Bailey & Simeonsson, 1988) 특수교육대상아동을 포함하는 기타 가족 구성원 모두에게 관심의 초점이 변화되면서 가족 중심(family-centered)의 특수교육 및 관련 서비스 제공으로 그 패러다임이 이동하고 있는 흐름을 고려할 때(Dunst, Trivette & Hamby, 1991; 이병인, 2004), 유아특수교육 연구에 있어서 그 연구대상의 폭이 교사(일반 및 특수), 보육교직원(조현정 · 이병인, 2014; 조현정 · 이병인, 2017), 관련 서비스 전문 인력, 가족 구성원 등으로 확대되어야 한다.

셋째, 현재 「장애인 등에 대한 특수교육법」(2007)을 통해 영아를 위한 무상교육 및 지원이 법적으로 보장되고 있는 시점에서 발달지체영아를 위한 지원체제 및 교육 과정에 대한 연구가 더 많이 이루어져야 한다.

넷째, 유아발달의 가소성 측면을 고려하여 다양한 영역에서 발달지체를 보이는 유아를 대상으로 발달 영역에 따른 연구가 이루어져야 한다.

다섯째, 연구방법의 다양성 측면에서 볼 때, '실험 연구', '조사 연구', '문헌 연구(정광범 · 이병인, 2019)' 등의 연구방법뿐만 아니라 '역사적 연구', '문화 기술적 연구', '검사 도구 개발 연구', '내러티브 탐구(이현숙 · 이병인 · 조현근, 2019; 안형숙 · 이병인, 2019)', '현상학적 연구(원길재 · 이병인, 2019)', '근거이론 연구(박민정 · 이병인, 2010)', '내용 타당도 검토 연구', '표준화 연구(백은희 · 이병인 · 조수제, 2005)', 등 다양한 연구방법을 활용한 연구가 수행되어야 한다. 특히 유아특수교육 관련 다양한 주제에 대한 ' 동향 연구'도 수행되어야 한다(김영란 · 이병인, 2007; 이병인 · 강성리 · 김동현, 2012; 김진성 · 이병인 · 조현근, 2017; 이병인, 2018; 정광범 · 이병인, 2018; 정광범 · 이병인 · 김해선, 2018; 이병인, 2019; 제민희 · 이병인 · 김미성, 2020).

여섯째, 유아특수교육지원체제 및 성공적 통합교육을 위한 교사 간 협력과 팀 접근, 실제적인 가족 지원 프로그램개발 및 교사의 효과적인 문제행동지도와 초등학교로의 전이 나 초등학교 입학 적응 지원(임미진 · 이병인, 2017) 등에 대한 연구가 필요하다.

일곱째, 중재 방법에 있어서 최근 강조되고 있는 '과학적으로 검증된 중재 '활용을 위해 그 효과성을 명확히 검증할 필요가 있으며, 이와 더불어 양육자와 유아 간의 생태학적 관계를 활용한 중재 연구가 필요하다(김영란 · 이병인, 2015; 김진성 · 이병인(2019).

이러한 논의 및 결론, 한계점을 바탕으로 앞으로의 후속연구는 본 연구에서 제외되었던 국내 석 · 박사 학위 논문 및 외국의 유아특수교육 관련 연구 동향을 살펴봄으로써 국내 유아특수교육과의 연구 동향을 객관적으로 파악할 필요가 있으며, 실험 연구의 독립변인과 종속 변인의 연도별 빈도분석 실시를 통하여 그 특징은 살펴보았으나, 이와 더불어 중재의 효과성에 대한 과학적인 분석을 통하여 국내 실정에 맞는 '근거기반실제'의 명확한 기준을 제시할 수 있는 연구가 필요하다. 무엇보다도 국내 유아특수교육에 관한 동향연구가 수행된 지 10년이 지난 상황에서 관련 연구에 대한 반복연구(replication)가 수행되어야 할 것이다.

참고 문헌

강성리·이병인(2011), 효과적인 비장애 형제지원의 실행요소 탐색-문헌 분석과 경험에 따른 심층 면담 분석을 중심으로, **특수교육: 이론과 실천, 12**(4), 153-185.

강은영·조현근·이병인(2020), 유아특수교사의 다문화가정 특수교육대상유아 지도경험 탐색에 관한 질적 연구, **한국웰니스학회, 15**(4), 295-312.

김경숙·김미숙·김성애·김수진·박숙영·백유순·이성봉·조광순·조윤경·최민숙·허계형(2002), **유아특수교육개론**, 서울: 학지사.

김성애(2007), "「장애인 등에 대한 특수교육법」"에 따른 한국 유아특수교육의 과제 및 해결방향, **유아특수교육연구, 7**(3), 111-139.

김수현·이병인(2020), 특수교육대상영유아 가족지원프로그램에 대한 장애아전문 어린이 집 부모와 교사의 요구, **유아특수교육연구, 20**(4), 181-215.

김진숙·이병인(2007), 우리나라 특수학교의 학교사회복지에 관한 연구, **특수교육학연구, 42**(1), 227-251.

김애화(2006), **근거기반실제(혹은 연구기반교수)란?**, 단국대학교 대학원 특수교육학과 아동회, 단국대학교 특수교육연구소, 제2단계 BK21 특수교육 연구사업 팀 2006년 학술세미나, 1-12.

김은자(2002), **유아특수교육관련 국내 연구논문 분석**, 조선대학교 교육대학원 석사학위논문.

김은자·이승희(2002), 유아특수교육관련 연구논문 동향분석, **특수교육학연구, 37**(3), 171-194.

김영란·이병인(2007), 장애유아 통합 환경에서 활동-중심 중재에 관한 문헌 분석: 1994-2006년 국내 실험연구를 중심으로, **특수교육요구아동연구, 18**, 99-125.

김영란·이병인(2015), 장애유아의 어머니가 인식한 자녀의 일상적 스트레스에 영향을 미치는 생태학적 변인 탐색, **한국웰니스학회, 10**(4), 213-234.

김진성·이병인(2017), 유아특수학교에서의 특수교육대상영유아 가족지원프로그램에 대한 유아특수교사의 인식, **유아특수교육연구, 18**(4), 129-159.

김진성·이병인(2019), 생태학적 변인에 따른 특수교육대상영유아의 가족지원교육활동 경험 실태 분석: 미시체계변인과 중간체계 변인을 중심으로, **특수교육학연구, 54**(2), 29-61.

김진성·이병인·조현근(2017), 장애영유아 언어 및 의사소통 관련 연구 동향 분석-2007년부터 2016년까지 국내 특수교육 전문 학술지 중심으로, **유아특수교육연구, 17**(4), 49-78.

김하종·조광순(2005), 국내 유아특수교육 분야의 실험 사례연구 분석, **언어치료연구, 14**(2), 67-87.

김현숙·이병인(2012), 특수학교 유치원의 의무교육 질적 수행을 위한 인가 및 교육과정 편성·운영 실태조사, **유아특수교육연구, 12**(1), 111-135.

김현숙·이병인·황인영(2019), 유아특수교사의 교직윤리강령 마련을 위한 기초 연구: 교직 윤리에 대한 인식을 중심으로, **유아특수교육연구, 19**(4), 103-140.

구향남, 이병인(2015), 보드게임을 활용한 또래 활동이 장애위험 유아의 사회적 기술에 미치는 영향: 사례연구, **한국웰니스학회, 10**(1), 199-211.

국립특수교육원(1999), **유아특수교육 확대 방안 연구**, 안산: 국립특수교육원.

남경욱·신현기(2007), 정신지체아동 대상 중재연구 문헌 분석: 1990년 이후 국내 학술지 논문을 중심으로, **정신지체연구, 9**(1), 43-70.

노현자·이병인(2018), 사립유치원에 재원중인 주의력결핍 과잉행동(ADHD) 성향 유아의 교육 지원에 대한 교사의 지원 요구, **유아특수교육연구, 18**(3), 109-139.

라정미·이병인·김현숙(2018), 단일학급 공립유치원에서 통합학급을 운영하는 유아교사의 경험에 관한 질적 연구, **유아특수교육연구, 18**(4), 161-195.

박민정·이병인(2010), 다문화가정 유아의 교육기관 적응과정과 상호작용 행동유형에 관한 근거이론적 접근, **특수교육학연구, 45**(1), 129-151.

박지연·유은연(2004), 장애아를 둔 저소득층 가정의 가족 지원 실태 및 요구에 관한 질적 연구, **특수교육학연구, 39**(2), 139-169.

박현옥(2008), **0-2세 장애 영아 및 장애 위험 영아의 조기 중재 전문가 자격 기준 개발을 위한 질적 연구**, 한국유아특수아동 교육학회 2008년 추계학술대회, 91-108.

박현옥·이소현(2000), 장애유아통합교육을 위한 일반교사와 특수교사 간 협력 방안 고찰, **교육과학연구, 31**(1), 37-52.

배성현·이병인(2016), 팀 학습행동 기반의 협력적 교사지원 프로그램이 교사 간 협력태도와 장애유아의 참여행동에 미치는 영향, **특수교육학연구, 51**(3), 133-161.

배성현·이병인(2016), '팀 학습행동' 기반의 협력적 교사지원 프로그램개발 연구-일반 보육교사와 장애아 보육교사를 중심으로, **유아교육·보육복지연구. 20**(2), 421-453.

배성현·이병인(2016), 팀 학습행동 기반의 협력적 교사지원 프로그램에 참여한 교사들의 변화 탐색, **한국웰니스학회, 11**(3), 307-326.

배성현·박주연·이병인(2014), 인지·정서·행동치료(REBT)를 적용한 집단미술치료가 장애유아 통합교사의 직무스트레스 및 회복탄력성에 미치는 효과, **미술치료연구, 21**(6), 1449-1473.

배성현, 손가화, 이병인(2015), 장애아통합어린이 집 교사가 경험한 전이지원 실행과정 상의 어려움과 지원 요구, **유아특수교육연구, 15**(1), 43-71.

백은희·이병인·조수제(2005), 정신지체 아동을 위한 적응행동 평가도구(SIB-R)의 한국 표준화 연구, **특수교육학연구, 40**(2), 75-102.

백은희·박은송·김창호·정수연·김달봉·김진호·이병인·김정민(2014), 특수학교 중·고등학교 창의적 체험활동 지도서의 내용·체계 개발 및 타당성 검토, **지적장애연구, 6**(1), 391-411.

성태제·시기자(2007), **연구방법론**, 서울: 학지사.

손가화·이병인(2013), 효율적인 발달지체유아 치료지원을 위한 치료사의 요구 및 개선 방안 연구, **재활복지, 17**(2), 119-148.

손가화·이병인(2017), 장애유아 관련 서비스 치료사의 전문성 형성에 대한 질적 연구, **유아특수교육연구, 17**(1), 177-203.

신승미·조광순(2004), 선호성 중심의 교육과정 수정 · 적용이 발달장애유아의 활동참여 및 문제행동에 미치는 영향, **유아특수교육연구, 4**(1), 105-133.

영유아보육법(2004.1.29 법률 제7153호 전면개정).

원길재·이병인(2019), 장애유아의 또래 관계 경험에 관한 현상학적 연구, **유아특수교육연구, 19**(1), 87-118.

원종례·주용수(2008), 장애유아를 위한 음악활동 중재 연구 동향 분석-2000-2007년까지의 국내 실험연구를 중심으로, **유아특수교육연구, 8**(1), 93-115.

유수옥(2005), **유아특수교육론**, 서울: 학지사.

유아교육법(2008.2.29 법률 제8852호 일부개정).

이미선·강병호·김주영·조광순(2001), **장애영유아 조기발견 및 진단·평가 방안 연구**, 안산: 국립특수교육원.

이미선·김경진(2000), **장애영유아 가족 지원 방안 연구**, 안산: 국립특수교육원.

이병인(2007), 2004년 미국의 장애인 교육법(IDEA) 개정안 주요 내용 고찰, **유아특수교육연구, 7**(2), 21-46.

이병인(2004), **특수교육대상아동 가족 지원의 이해**, 서울: 단국대학교출판부.

이병인(2003), 발달지체영유아 개별화가족지원계획 개발 및 시행을 위한 방법론 고찰, **정서·행동장애연구, 19**(4), 91-120.

이병인(2002), 발달지체유아를 위한 가족 지원 방안연구, **특수교육학연구, 37**(1), 319-340.

이병인(2018), 유아특수교육에서의 관련 서비스 국내 연구 동향 분석-2007년부터 2017년까지 특수교육 전문학술지 및 학위논문을 중심으로-, **유아특수교육연구, 18**(1), 1-23.

이병인(2019), 특수교육대상자 가족 관련 국내·외 연구 동향 분석-한국(2007-2018)과 미국(2004-2018)의 특수교육 전문학술지를 중심으로, **유아특수교육연구, 19**(2), 1-33.

이병인·강성리·김동현(2012), 장애아동 가족 관련 미술치료 중재 연구 동향 분석, **미술치료연구, 19**(4), 787-808.

이병인·김현숙(2012), 의무교육기관으로써 특수학교 유치원 질적 운영을 위한 유아특수교육 전문가들의 인식 및 조사요구, **유아특수교육연구, 12**(3), 25-47.

이병인·이지효(2008), 직무연수에 대한 유아특수교육교원의 인식 및 요구 분석, **유아특수교육연구, 8**(2), 117-149.

이병인·이지효(2008), 예비유아특수교사들의 자아개념과 자기효능감의 관계, **유아특수교육연구, 9**(3), 61-81.

이병인·이지효(2010), 개정 전·후 특수학교 교육과정 비교분석 및 심층 면담을 통한 효율적인 유아특수 교육과정 편성、운영에 대한 질적 연구, **유아특수교육연구, 10**(2), 51-75.

이병인·한연섭·이지효(2008), **유아특수교육 교육과정 편성과 운영을 위한 고찰**, 한국유아특수아동 교육학회 2008년 추계학술대회, 1-37.

이병인·이지효·이미정·김현숙·이지예·강성리, 보육시설에서의 유아특수교육대상자 의무교육 시행에 대한 시설장의 인식-포커스 그룹 인터뷰, **유아특수교육연구, 11**(1), 73-105.

이신규·이병인(2019), 사립유치원교사의 장애이해교육 지원요구에 관한 질적 연구, **특수교육논총, 35**(2), 117-156.

이소현(2008), **유아특수교육**, 서울: 학지사.

이소현(2000), 특수아 조기교육 활성화를 위한 정책적 과제 고찰, **특수교육학연구, 35**(2), 115-145.

이소현·황복선(2000), 통합교육을 위한 특수교사-일반교사 간 협력 모형: 구조적 측면을 중심으로, **특수교육연구, 7**, 67-87.

이지효·이병인(2011), 발달지체유아의 통합교육 관련 요인과 유치원 교육과정 실행 구성요소 간의 관계 분석, **특수교육학연구, 46**(2), 1-28.

이현숙·이병인·조현근(2019), 유아특수교육전공 일반유치원 교사의 통합학급 운영 경험에 대한 내러티브탐구-특수교육대학원 석사과정 학생의 경험을 중심으로, **유아특수교육연구, 19**(3), 97-133.

임미진·이병인(2017), 발달지체유아의 초등학교 입학 적응에 대한 공립유치원 유아특수교사의 어려움과 지원 요구, **유아특수교육연구, 17**(3), 89-117.

「장애인 등에 대한 특수교육법」(2007.5.25 법률 제8483호 신규제정).

조광순·이인숙(2005), 특수유아를 위한 긍정적 행동지원 접근방법의 최근 동향 및 향후 과제, **특수교육저널: 이론과 실천, 6**(3), 69-92.

조광순(2004), 특수교육대상아동 조기발견 및 서비스 체제의 개선 방안, **유아특수교육연구, 4**(2), 71-111.

조광현·이병인·배성현(2020), SNS를 활용한 아버지 참여 신체놀이 프로그램이 발달지체유아 아버지의 양육효능감과 양육행동에 미치는 영향, **유아특수교육연구, 20**(4), 107-134.

조성은(2004), 특수교육대상아동 부모교육 프로그램의 효과에 관한 메타분석, **특수교육저널: 이론과 실천, 5**(1), 415-429.

조현정·이병인(2014), 노인요양센터 노인과 장애영유아 세 개 단 교류에 관한 장애아전문 어린이 집 교사의 내러티브 탐구, **유아특수교육연구, 14**(3), 167-188.

조현정·이병인(2014), 장애아전문 어린이 집 보육교직원의 보육컨설팅에 대한 인식 및 요구 분석, **한국보육학회지, 15**(2), 215-240.

조현정·이병인(2017), 장애아전문 어린이 집 보육컨설팅 효율화 방안 연구-보육교직원의 인식 및 요구를 중심으로, **유아특수교육연구, 17**(4), 187-216.

정광범·이병인(2018), 특수교육대상아동의 사회적 기술에 관한 국내 중재연구 분석: 단일대상연구 방법 중심으로, **정서·행동장애연구, 34**(4), 237-267.

정광범·이병인·김해선(2019), 시각장애 관련 가족지원 연구 동향:「장애인 등에 대한 특수교육법」(2007) 이전과 이후 비교, **시각장애연구, 35**(1), 93-119.

정광범·이병인(2019), 보편적 차원의 긍정적 행동지원에 관한 문헌연구: 질적 지표(Benchmarks of quality) 중심으로, **정서·행동장애연구, 35**(2), 285-310.

제민희·이병인·김미성(2020), 영·유아 조기중재 관련 단일대상연구 동향 분석:「장애인 등에 대한 특수교육법」(2007) 이전과 이후 비교, **유아특수교육연구, 20**(2), 153-191.

차정하·이병인(2018), 사립유치원 통합 환경에서 또래와의 협동적 조형 활동이 발달지체유아의 사회적 상호작용에 미치는 영향, **유아특수교육연구, 18**(3), 293-318.

최철·이병인·배성현(2019), 비디오 또래 모델링 중재가 통합된 발달지체유아의 상호작용에 미치는 영향, **유아교육·보육복지연구. 23**(4), 83-107.

홍은숙(2008), 장애영아교육 및 조기개입의 개선 방안에 대한 질적 연구, **특수교육학연구, 43**(2), 259-284.

「특수교육진흥법」(1994.1.7 법률 제4716호 전문개정).

Bailey, D. B. & Simeonsson, R. I. (1988). *Family Assessment in Early Intervention*. Englewood Cliffs, NJ: Prentice-Hall.

Bailey, D. B. & Wolery M. (1992). *Teaching Infants and Preschoolers with Disabilities* (3rd ed.). New Jersey: Prentice-Hall.

Barbara, J. S., Phillip S. S., Patricia S., Susan R. S., Mary E. M., Alison B. R., & Carl W. S. (2002). DEC Recommended practices: A review of 9 years of EI/ECSE research literature. *The division of early childhood, Council for exceptional children, 25*(2), 108-119.

Dunst, C. J., Johanson, C., Trivette, C. M. & Hamby, D. (1991). Family-oriented early intervention Policies and practices: family-centered or not? *Exceptional Children, 58*, 115-126.

Fraenkel, J. R., & Wallen, N. E. (1996). *How to design and evaluate research in education (3rd ed.)*. New York: McGraw-Hill.

No Child Left Behind Act of 2001, P. L. 107-110.

Odom, S. L., Brantlinger E., Gersten R., Horner R. H., Thompson B. & Harris K. R. (2005). Research in special education: Scientific methods and evidence-based practices. *Exceptional Children, 71*(2), 137-148.

Odom, S. L., Brown, W. H., Frey, B. T., Karasu, N. K., Smith-Canter, L. L., & Strain, P. S. (2003). Evidence-based practices for young children with autism: Contributions for single-subject design research. *Focus on Autism and Other Developmental Disabilities, 18*, 166-175.

Odom, S. L., & Strain, P. S. (2002). Evidence-based practice in early Intervention/early childhood special education: Single-subject design research. *Journal of Early Intervention, 25*(2), 151-160.

Odom, S. L., & Wolery, M. (2003). A unified theory of practice in Early Intervention/early childhood special education: Evidence-based practices. *The Journal of Special Education, 37*(3), 164-173.

Smith, B. J., Strain P. S., Snyder P., Sandall S. R., Mclean M. E., Ramsey A. B. & Sumi W. C. (2002). DEC Recommended practices: A review of 9 year of EI/ECSE research literature. *The Division of Early Childhood, Council for Exceptional Children, 25*(2), 108-119.

Yell, M. L., Shriner, J. G., & Katsiyannis, A. (2006). Individuals with Disabilities Education Improvement Act of 2004 & IDEA Regulations of 2006: Implications for Educators, Administrators, & Teacher Trainers. *Focus on Exceptional Children, 39*(1), 1-24.

부록 1

01 | 장애인 등에 대한 특수교육법(법률)(제17494호)

02 | 장애인 등에 대한 특수교육법 시행령(대통령령)(제31623호)

03 | 장애인 등에 대한 특수교육법 시행규칙(교육부령)(제00240호)

1. 장애인 등에 대한 특수교육법(약칭: 특수교육법)

[시행 2021. 4. 21] [법률 제17494호, 2020. 10. 20, 일부개정]

교육부(특수교육정책과) 044-203-6563

제1장 총칙

제1조(목적) 이 법은 「교육기본법」 제18조에 따라 국가 및 지방자치단체가 장애인 및 특별한 교육적 요구가 있는 사람에게 통합된 교육환경을 제공하고 생애주기에 따라 장애유형 ·장애정도의 특성을 고려한 교육을 실시하여 이들이 자아실현과 사회통합을 하는데 기여함을 목적으로 한다.

제2조(정의) 이 법에서 사용하는 용어의 정의는 다음과 같다. 〈개정 2012. 3. 21., 2021. 3. 23.〉

1. "특수교육"이란 특수교육대상자의 교육적 요구를 충족시키기 위하여 특성에 적합한 교육과정 및 제2호에 따른 특수교육 관련서비스 제공을 통하여 이루어지는 교육을 말한다.
2. "특수교육 관련서비스"란 특수교육대상자의 교육을 효율적으로 실시하기 위하여 필요한 인적 · 물적 자원을 제공하는 서비스로서 상담지원 · 가족지원 · 치료지원 · 보조인력지원 · 보조공학기기지원 · 학습보조기기지원 · 통학지원 및 정보접근지원 등을 말한다.
3. "특수교육대상자"란 제15조에 따라 특수교육이 필요한 사람으로 선정된 사람을 말한다.
4. "특수교육교원"이란 「초 · 중등교육법」 제2조제4호에 따른 특수학교 교원자격증을 가진 사람으로서 특수교육대상자의 교육을 담당하는 교원을 말한다.
5. "보호자"란 친권자 · 후견인, 그 밖의 사람으로서 특수교육대상자를 사실상 보호하는 사람을 말한다.
6. "통합교육"이란 특수교육대상자가 일반학교에서 장애유형 · 장애정도에 따라 차별을 받지 아니하고 또래와 함께 개개인의 교육적 요구에 적합한 교육을 받는 것을 말한다.
7. "개별화교육"이란 각급학교의 장이 특수교육대상자 개인의 능력을 계발하기 위하여 장애유형 및 장애특성에 적합한 교육목표 · 교육방법 · 교육내용 · 특수교육 관련서비스 등이 포함된 계획을 수립하여 실시하는 교육을 말한다.
8. "순회교육"이란 특수교육교원 및 특수교육 관련서비스 담당 인력이 각급학교나 의료기관, 가정 또는 복지시설(장애인복지시설, 아동복지시설 등을 말한다. 이하 같다) 등에 있는 특수교육대상자를 직접 방문하여 실시하는 교육을 말한다.
9. "진로 및 직업교육"이란 특수교육대상자의 학교에서 사회 등으로의 원활한 이동을 위하여 관련 기관의 협력을 통하여 직업재활훈련 · 자립생활훈련 등을 실시하는 것을 말한다.
10. "특수교육기관"이란 특수교육대상자에게 유치원 · 초등학교 · 중학교 또는 고등학교(전공과를 포함한다. 이하 같다)의 과정을 교육하는 특수학교 및 특수학급을 말한다.
11. "특수학급"이란 특수교육대상자의 통합교육을 실시하기 위하여 일반학교에 설치된 학급을 말한다.
12. "각급학교"란 「유아교육법」 제2조제2호에 따른 유치원 및 「초 · 중등교육법」 제2조에 따른 학교를 말한다.

제3조(의무교육 등) ① 특수교육대상자에 대하여는 「교육기본법」 제8조에도 불구하고 유치원 · 초등학교 · 중학교 및 고등학교 과정의 교육은 의무교육으로 하고, 제24조에 따른 전공과와 만 3세미만의 장애영아교육은 무상으로 한다.

② 만 3세부터 만 17세까지의 특수교육대상자는 제1항에 따른 의무교육을 받을 권리를 가진다. 다만, 출석일수의 부족 등으로 인하여 진급 또는 졸업을 하지 못하거나, 제19조제3항에 따라 취학의무를 유예하거나 면제받은 사람이 다시 취학할 때의 그 학년이 취학의무를 면제 또는 유예받지 아니하고 계속 취학하였을 때의 학년과 차이가 있는 경우에는 그 해당 연수(年數)를 더한 연령까지 의무교육을 받을 권리를 가진다. 〈개정 2021. 3. 23.〉

③ 제1항에 따른 의무교육 및 무상교육에 드는 비용은 대통령령으로 정하는 바에 따라 국가 또는 지방자치단체가 부담한다.

제4조(차별의 금지) ① 각급학교의 장 또는 대학(「고등교육법」 제2조에 따른 학교를 말한다. 이하 같다)의 장은 특수교육대상자가 그 학교에 입학하고자 하는 경우에는 그가 지닌 장애를 이유로 입학의 지원을 거부하거나 입학전형 합격자의 입학을 거부하는 등 교육 기회의 부여에서 차별을 하여서는 아니 된다. 〈개정 2021. 3. 23.〉

② 국가, 지방자치단체, 각급학교의 장 또는 대학의 장은 다음 각 호의 사항에 관하여 장애인의 특성을 고려한 교육시행을 목적으로 함이 명백한 경우 외에는 특수교육대상자 및 보호자를 차별하여서는 아니 된다. 〈개정 2018. 2. 21.〉

1. 제28조에 따른 특수교육 관련서비스 제공에서의 차별
2. 수업, 학생자치활동, 그 밖의 교내외 활동에 대한 참여 배제

3. 개별화교육지원팀에의 참여 등 보호자 참여에서의 차별
4. 대학의 입학전형절차에서 장애로 인하여 필요한 수험편의의 내용을 조사·확인하기 위한 경우 외에 별도의 면접이나 신체검사를 요구하는 등 입학전형 과정에서의 차별
5. 입학·전학 및 기숙사 입소 과정에서 비장애학생에게 요구하지 아니하는 보증인 또는 서약서 제출을 요구
6. 학생 생활지도에서의 「장애인차별금지 및 권리구제 등에 관한 법률」 제4조의 차별

제2장 국가 및 지방자치단체의 임무

제5조(국가 및 지방자치단체의 임무) ① 국가 및 지방자치단체는 특수교육대상자에게 적절한 교육을 제공하기 위하여 다음 각 호의 업무를 수행하여야 한다. 〈개정 2016. 5. 29., 2017. 12. 19.〉
1. 장애인에 대한 특수교육종합계획의 수립
2. 특수교육대상자의 조기발견
3. 특수교육대상자의 취학지도
4. 특수교육의 내용, 방법 및 지원체제의 연구·개선
5. 특수교육교원의 양성 및 연수
6. 특수교육기관 배치계획의 수립
7. 특수교육기관의 설치·운영 및 시설·설비의 확충·정비
8. 특수교육에 필요한 교재·교구의 연구·개발 및 보급
9. 특수교육대상자에 대한 진로 및 직업교육 방안의 강구
10. 장애인에 대한 고등교육 방안의 강구
11. 특수교육대상자에 대한 특수교육 관련서비스 지원방안의 강구
12. 그 밖에 특수교육의 발전을 위하여 필요하다고 인정하는 사항

② 국가 및 지방자치단체는 제1항의 업무를 수행하는데 드는 경비를 예산의 범위 안에서 우선적으로 지급하여야 한다.

③ 국가는 제1항의 업무 추진이 부진하거나 제2항의 예산조치가 부족하다고 인정되는 지방자치단체에 대하여는 예산의 확충 등 필요한 조치를 하도록 권고하여야 한다.

④ 교육부장관은 제1항의 업무를 효율적으로 수행하기 위하여 문화체육관광부장관·보건복지부장관·고용노동부장관·여성가족부장관 등 관계 중앙행정기관 간에 협조체제를 구축하여야 한다. 〈개정 2008. 2. 29., 2010. 6. 4., 2013. 3. 23., 2016. 2. 3.〉

제6조(특수교육기관의 설립 및 위탁교육) ① 국가 및 지방자치단체는 특수교육대상자의 취학편의를 고려하여 특수교육기관을 지역별 및 장애영역별로 균형 있게 설치·운영하여야 한다.

② 국가 및 지방자치단체는 국립 또는 공립의 특수교육기관이 부족하거나 특수교육대상자의 의무교육 또는 무상교육을 위하여 필요한 경우에는 사립의 특수교육기관에 그 교육을 위탁할 수 있다.

③ 제2항에 따라 특수교육을 위탁한 경우에는 해당 특수교육기관의 교육여건이 국립 또는 공립 특수교육기관의 수준에 미달하지 아니하도록 지원하여야 한다.

④ 제2항에 따른 위탁교육·제3항에 따른 지원 또는 비용부담 등에 관하여 필요한 사항은 대통령령으로 정한다.

제7조(위탁교육기관의 변경신청) ① 제6조제2항에 따라 교육을 위탁받은 사립의 특수교육기관에 취학하고 있는 특수교육대상자 또는 그의 보호자는 해당 특수교육기관의 교육활동이 매우 불량하거나 특수교육대상자의 특성에 맞지 아니하여 특수교육대상자의 교육에 현저한 지장을 주고 있다고 판단되는 때에는 교육장 또는 교육감에게 그 사유를 구체적으로 명시하여 취학하고 있는 교육기관 외의 교육기관에 취학할 수 있도록 교육기관 변경을 신청할 수 있다.

② 제1항에 따른 변경신청을 받은 교육장 또는 교육감은 신청 접수일부터 30일 이내에 제10조제1항에 따른 시·군·구특수교육운영위원회 또는 시·도특수교육운영위원회를 열어 신청인·해당 학교의 장 등 이해관계인의 의견을 들은 후 변경 여부를 결정·통보하여야 한다.

제8조(교원의 자질향상) ① 국가 및 지방자치단체는 특수교육교원의 자질향상을 위한 교육 및 연수를 정기적으로 실시하여야 한다.

② 국가 및 지방자치단체는 특수교육대상자의 통합교육을 지원하기 위하여 일반학교의 교원에 대하여 특수교육 관련 교육 및 연수를 정기적으로 실시하여야 한다.

③ 제1항과 제2항에 따른 교육 및 연수 과정에는 특수교육대상자 인권의 존중에 관한 내용이 포함되어야 한다. 〈신설 2013. 12. 30.〉

④ 제1항과 제2항에 따른 교육 및 연수에 필요한 사항은 대통령령으로 정한다. 〈개정 2013. 12. 30.〉

제9조(특수교육대상자의 권리와 의무의 안내) 국가 및 지방자치단체는 제15조제1항 각 호의 장애를 가지고 있는 사람을 알게 되거나 제15조에 따라 특수교육대상자를 선정한 경우에는 2주일 이내에 보호자에게 해당 사실과 의무교육 또는 무상교육을 받을 권리 및 보호자의 권리 · 책임 등을 통보하여야 한다. 〈개정 2021. 3. 23.〉

제10조(특수교육운영위원회) ① 제5조에 따른 국가 및 지방자치단체의 업무수행에 관한 주요 사항을 심의하기 위하여 교육부장관 소속으로 중앙특수교육운영위원회를, 교육감 소속으로 시 · 도특수교육운영위원회를, 교육장 소속으로 시 · 군 · 구특수교육운영위원회를 각각 둔다. 〈개정 2008. 2. 29., 2013. 3. 23.〉

② 제1항에 따른 중앙특수교육운영위원회의 구성 · 운영 등에 관하여 필요한 사항은 대통령령으로, 시 · 도특수교육운영위원회 및 시 · 군 · 구특수교육운영위원회의 구성 · 운영 등에 관하여는 특별시 · 광역시 · 특별자치시 · 도 및 특별자치도(이하 "시 · 도"라 한다)의 교육규칙으로 각각 정한다. 〈개정 2019. 12. 10.〉

제11조(특수교육지원센터의 설치 · 운영) ① 교육감은 특수교육대상자의 조기발견, 특수교육대상자의 진단 · 평가, 정보관리, 특수교육 연수, 교수 · 학습활동의 지원, 특수교육 관련서비스 지원, 순회교육 등을 담당하는 특수교육지원센터를 시 · 도 교육청 및 모든 하급교육행정기관에 설치 · 운영하여야 한다. 〈개정 2019. 12. 10.〉

② 제1항에 따른 특수교육지원센터는 시 · 도 교육청, 하급교육행정기관이나 특수학교, 특수학급이 설치된 일반 초 · 중 · 고등학교 또는 관할 지역의 관공서(장애인복지관을 포함한다) 등 특수교육대상자를 비롯한 지역주민의 접근이 편리한 곳에 설치하여야 한다. 〈개정 2019. 12. 10.〉

③ 특수교육지원센터의 설치 · 운영 등에 필요한 사항은 대통령령으로 정한다. 〈개정 2019. 12. 10.〉

제12조(특수교육에 관한 연차보고서) ① 정부는 특수교육의 주요 현황과 정책에 관한 보고서를 매년 정기국회 개회 전까지 국회에 제출하여야 한다. 〈개정 2019. 12. 10.〉

② 제1항에 따른 보고서에는 제13조제3항에 따른 특수교육대상자의 인권침해 실태조사 결과가 포함되어야 한다. 〈신설 2019. 12. 10.〉

제13조(특수교육 실태조사) ① 교육부장관은 특수교육대상자의 배치계획 · 특수교육교원의 수급계획 등 특수교육정책의 수립을 위한 실태조사를 3년마다 실시하고 그 결과를 공표하여야 한다. 〈개정 2008. 2. 29., 2013. 3. 23., 2015. 12. 22.〉

② 교육부장관은 대학에 취학하는 장애학생의 교육여건을 개선하기 위하여 필요하다고 인정하는 경우 장애학생의 교육복지 실태조사를 3년마다 실시하고 그 결과를 공표하여야 한다. 〈개정 2008. 2. 29., 2013. 3. 23., 2015. 12. 22.〉

③ 교육감은 특수교육대상자의 인권보호를 위하여 인권침해 실태에 관한 조사를 대통령령으로 정하는 바에 따라 매년 실시하여 그 결과를 교육부장관에게 보고하여야 한다. 〈신설 2019. 12. 10.〉

④ 교육부장관 및 교육감은 제1항부터 제3항까지의 규정에 따른 실태조사를 위하여 필요한 경우 관계 중앙행정기관의 장, 지방자치단체의 장 및 「공공기관의 운영에 관한 법률」에 따른 공공기관의 장, 대학의 장, 그 밖의 관련 법인 또는 단체의 장에 대하여 자료의 제출 또는 의견의 진술을 요청할 수 있다. 이 경우 요청을 받은 자는 정당한 사유가 없으면 이에 협조하여야 한다. 〈신설 2015. 12. 22., 2019. 12. 10.〉

⑤ 제1항부터 제3항까지의 규정에 따른 조사의 내용과 방법, 그 밖에 조사에 필요한 사항은 대통령령으로 정한다. 〈개정 2015. 12. 22., 2019. 12. 10.〉

제13조의2(인권침해 사건 신고시스템의 구축 · 운영 등) ① 특수교육대상자에 대한 인권침해 현장을 보거나 그 사실을 알게 된 자는 학교 등 관계 기관에 이를 즉시 신고하여야 한다.

② 교육감은 특수교육대상자에 대한 인권침해 사건의 신속한 신고 및 발견을 위하여 신고시스템을 구축 · 운영하여야 한다.

③ 교육감은 제2항에 따른 신고시스템을 통하여 인권침해 사건을 접수한 때에는 소속 공무원으로 하여금 해당 인권침해 사건을 조사하게 할 수 있다. 이 경우 조사의 방법 · 절차 등은 대통령령으로 정한다.

④ 교육감은 제3항에 따른 인권침해 사건 조사 결과를 교육부장관에게 보고하여야 한다.

[본조신설 2019. 12. 10.]

제3장 특수교육대상자의 선정 및 학교배치 등

제14조(장애의 조기발견 등) ① 교육장 또는 교육감은 영유아의 장애 및 장애 가능성을 조기에 발견하기 위하여 지역주민과 관련 기관을 대상으로 홍보를 실시하고, 해당 지역 내 보건소와 병원 또는 의원(醫院)에서 선별검사를 무상으로 실시하여야 한다.

② 교육장 또는 교육감은 제1항에 따른 선별검사를 효율적으로 실시하기 위하여 지방자치단체 및 보건소와 병 · 의원 간에 긴밀한 협조체제를 구축하여야 한다.

③ 보호자 또는 각급학교의 장은 제15조제1항 각 호에 따른 장애를 가지고 있거나 장애를 가지고 있다고 의심되는 영유아 및 학생을 발견한 때에는 교육장 또는 교육감에게 진단 · 평가를 의뢰하여야 한다. 다만, 각급학교의 장이 진단 · 평가를 의뢰하는 경우에는 보호자의 사전 동의를 받아야 한다.
④ 교육장 또는 교육감은 제3항에 따라 진단 · 평가를 의뢰받은 경우 즉시 특수교육지원센터에 회부하여 진단 · 평가를 실시하고, 그 진단 · 평가의 결과를 해당 영유아 및 학생의 보호자에게 통보하여야 한다.
⑤ 제1항의 선별검사의 절차와 내용, 그 밖에 검사에 필요한 사항과 제3항의 사전 동의 절차 및 제4항에 따른 통보 절차에 필요한 사항은 대통령령으로 정한다.

제15조(특수교육대상자의 선정) ① 교육장 또는 교육감은 다음 각 호의 어느 하나에 해당하는 사람 중 특수교육이 필요한 사람으로 진단 · 평가된 사람을 특수교육대상자로 선정한다. 〈개정 2016. 2. 3., 2021. 3. 23.〉
1. 시각장애
2. 청각장애
3. 지적장애
4. 지체장애
5. 정서 · 행동장애
6. 자폐성장애(이와 관련된 장애를 포함한다)
7. 의사소통장애
8. 학습장애
9. 건강장애
10. 발달지체
11. 그 밖에 대통령령으로 정하는 장애
② 교육장 또는 교육감이 제1항에 따라 특수교육대상자를 선정할 때에는 제16조제1항에 따른 진단 · 평가결과를 기초로 하여 고등학교 과정은 교육감이 시 · 도특수교육운영위원회의 심사를 거쳐, 중학교 과정 이하의 각급학교는 교육장이 시 · 군 · 구특수교육운영위원회의 심사를 거쳐 이를 결정한다.

제16조(특수교육대상자의 선정절차 및 교육지원 내용의 결정) ① 특수교육지원센터는 진단 · 평가가 회부된 후 30일 이내에 진단 · 평가를 시행하여야 한다.
② 특수교육지원센터는 제1항에 따른 진단 · 평가를 통하여 특수교육대상자로의 선정 여부 및 필요한 교육지원 내용에 대한 최종의견을 작성하여 교육장 또는 교육감에게 보고하여야 한다.
③ 교육장 또는 교육감은 특수교육지원센터로부터 최종의견을 통지받은 때부터 2주일 이내에 특수교육대상자로의 선정 여부 및 제공할 교육지원 내용을 결정하여 부모 등 보호자에게 서면으로 통지하여야 한다. 교육지원 내용에는 특수교육, 진로 및 직업교육, 특수교육 관련서비스 등 구체적인 내용이 포함되어야 한다.
④ 제1항에 따른 진단 · 평가의 과정에서는 부모 등 보호자의 의견진술의 기회가 충분히 보장되어야 한다.

제17조(특수교육대상자의 배치 및 교육) ① 교육장 또는 교육감은 제15조에 따라 특수교육대상자로 선정된 사람을 해당 특수교육운영위원회의 심사를 거쳐 다음 각 호의 어느 하나에 배치하여 교육하여야 한다. 〈개정 2021. 3. 23.〉
1. 일반학교의 일반학급
2. 일반학교의 특수학급
3. 특수학교
② 교육장 또는 교육감은 제1항에 따라 특수교육대상자를 배치할 때에는 특수교육대상자의 장애정도 · 능력 · 보호자의 의견 등을 종합적으로 판단하여 거주지에서 가장 가까운 곳에 배치하여야 한다.
③ 교육감이 관할 구역 내에 거주하는 특수교육대상자를 다른 시 · 도에 소재하는 각급학교 등에 배치하고자 할 때에는 해당 시 · 도 교육감(국립학교의 경우에는 해당 학교의 장을 말한다)과 협의하여야 한다.
④ 제3항에 따라 특수교육대상자의 배치를 요구받은 교육감 또는 국립학교의 장은 대통령령으로 정하는 특별한 사유가 없으면 그 요구를 따라야 한다. 〈개정 2021. 3. 23.〉
⑤ 제1항부터 제4항까지의 규정에 따른 특수교육대상자의 배치 등에 관하여 필요한 사항은 대통령령으로 정한다.

제4장 영유아 및 초 · 중등교육

제18조(장애영아의 교육지원) ① 만 3세 미만의 장애영아의 보호자는 조기교육이 필요한 경우 교육장에게 교육을 요구할 수 있다.
② 제1항에 따른 요구를 받은 교육장은 특수교육지원센터의 진단 · 평가결과를 기초로 만 3세 미만의 장애영아를

특수학교의 유치원과정, 영아학급 또는 특수교육지원센터에 배치할 수 있다.
③ 제2항에 따라 배치된 장애영아가 의료기관, 복지시설 또는 가정 등에 있을 경우에는 특수교육교원 및 특수교육 관련서비스 담당 인력 등으로 하여금 순회교육을 제공하도록 할 수 있다.
④ 국가 및 지방자치단체는 장애영아를 위한 교육여건을 개선하고 설비를 정비하기 위하여 노력하여야 한다.
⑤ 그 밖에 장애영아의 교육지원에 필요한 사항은 대통령령으로 정한다.

제19조(보호자의 의무 등) ① 특수교육대상자의 보호자는 그 보호하는 자녀에 대하여 제3조제1항에 따른 의무교육의 기회를 보호하고 존중하여야 한다.
② 부득이한 사유로 취학이 불가능한 의무교육대상자에 대하여는 대통령령으로 정하는 바에 따라 제1항에 따른 취학의무를 면제하거나 유예할 수 있다. 다만, 만 3세부터 만 5세까지의 특수교육대상자가 「영유아보육법」에 따라 설치된 어린이집 중 대통령령으로 정하는 일정한 교육 요건을 갖춘 어린이집을 이용하는 경우에는 제1항에서 정하는 유치원 의무교육을 받고 있는 것으로 본다. 〈개정 2011. 6. 7.〉
③ 제2항에 따라 취학의무를 면제 또는 유예 받은 사람이 다시 취학하고자 하는 경우에는 대통령령으로 정하는 바에 따라 취학하게 할 수 있다. 〈개정 2021. 3. 23.〉

제20조(교육과정의 운영 등) ① 특수교육기관의 유치원 · 초등학교 · 중학교 · 고등학교과정의 교육과정은 장애의 유형 및 정도를 고려하여 교육부령으로 정하고, 영아교육과정과 전공과의 교육과정은 교육감의 승인을 받아 학교장이 정한다. 〈개정 2008. 2. 29., 2013. 3. 23., 2019. 12. 10.〉
② 특수교육기관의 장 및 특수교육대상자가 배치된 일반학교의 장은 제1항에 따른 교육과정의 범위 안에서 특수교육대상자 개인의 장애유형과 정도, 연령, 현재 및 미래의 교육요구 등을 고려하여 교육과정의 내용을 조정하여 운영할 수 있다. 〈개정 2019. 12. 10.〉
③ 특수학교의 장은 교육감의 승인을 받아 유치원 · 초등학교 · 중학교 · 고등학교과정을 통합하여 운영할 수 있다.

제21조(통합교육) ① 각급학교의 장은 교육에 관한 각종 시책을 시행하는 경우 통합교육의 이념을 실현하기 위하여 노력하여야 한다. 〈개정 2021. 3. 23.〉
② 제17조에 따라 특수교육대상자를 배치받은 일반학교의 장은 교육과정의 조정, 보조인력의 지원, 학습보조기기의 지원, 교원연수 등을 포함한 통합교육계획을 수립 · 시행하여야 한다.
③ 일반학교의 장은 제2항에 따라 통합교육을 실시하는 경우에는 제27조의 기준에 따라 특수학급을 설치 · 운영하고, 대통령령으로 정하는 시설 · 설비 및 교재 · 교구를 갖추어야 한다.

제22조(개별화교육) ① 각급학교의 장은 특수교육대상자의 교육적 요구에 적합한 교육을 제공하기 위하여 보호자, 특수교육교원, 일반교육교원, 진로 및 직업교육 담당 교원, 특수교육 관련서비스 담당 인력 등으로 개별화교육지원팀을 구성한다.
② 개별화교육지원팀은 매 학기 마다 특수교육대상자에 대한 개별화교육계획을 작성하여야 한다.
③ 특수교육대상자가 다른 학교로 전학할 경우 또는 상급학교로 진학할 경우에는 전출학교는 전입학교에 개별화교육계획을 14일 이내에 송부하여야 한다.
④ 특수교육교원은 제1항부터 제3항까지의 규정에 따른 업무를 수행하기 위하여 각 업무를 지원하고 조정한다.
⑤ 제1항에 따른 개별화교육지원팀의 구성, 제2항에 따른 개별화교육계획의 수립 · 실시 등에 관하여 필요한 사항은 교육부령으로 정한다. 〈개정 2008. 2. 29., 2013. 3. 23.〉

제23조(진로 및 직업교육의 지원) ① 중학교 과정 이상의 각급학교의 장은 특수교육대상자의 특성 및 요구에 따른 진로 및 직업교육을 지원하기 위하여 직업평가 · 직업교육 · 고용지원 · 사후관리 등의 직업재활훈련 및 일상생활적응훈련 · 사회적응훈련 등의 자립생활훈련을 실시하고, 대통령령으로 정하는 자격이 있는 진로 및 직업교육을 담당하는 전문인력을 두어야 한다.
② 중학교 과정 이상의 각급학교의 장은 대통령령으로 정하는 기준에 따라 진로 및 직업교육의 실시에 필요한 시설 · 설비를 마련하여야 한다.
③ 특수교육지원센터는 특수교육대상자에게 효과적인 진로 및 직업교육을 지원하기 위하여 대통령령으로 정하는 바에 따라 관련 기관과의 협의체를 구성하여야 한다.

제24조(전공과의 설치 · 운영) ① 특수교육기관에는 고등학교 과정을 졸업한 특수교육대상자에게 진로 및 직업교육을 제공하기 위하여 수업연한 1년 이상의 전공과를 설치 · 운영할 수 있다.
② 교육부장관 및 교육감은 지역별 또는 장애유형별로 전공과를 설치할 교육기관을 지정할 수 있다. 〈개정 2008. 2. 29., 2013. 3. 23.〉
③ 전공과를 설치한 각급학교는 「학점인정 등에 관한 법률」 제7조에 따라 학점인정을 받을 수 있다.
④ 제1항 및 제2항에 따른 전공과의 시설 · 설비 기준, 전공과의 운영 및 담당 인력의 배치 기준 등에 관하여 필요한 사항은 대통령령으로 정한다.

제25조(순회교육 등) ① 교육장 또는 교육감은 일반학교에서 통합교육을 받고 있는 특수교육대상자를 지원하기 위하여 일반학교 및 특수교육지원센터에 특수교육교원 및 특수교육 관련서비스 담당 인력을 배치하여 순회교육을 실시하여야 한다.

② 교육부장관 또는 교육감은 장 · 단기 결석이 불가피한 특수교육대상자의 교육을 위하여 필요한 경우 순회교육 또는 원격수업을 실시하여야 한다. 〈개정 2020. 10. 20.〉

③ 교육부장관 또는 교육감은 이동이나 운동기능의 심한 장애로 인하여 각급학교에서 교육을 받기 곤란하거나 불가능하여 복지시설 · 의료기관 또는 가정 등에 거주하는 특수교육대상자의 교육을 위하여 필요한 경우 순회교육을 실시하여야 한다. 〈개정 2020. 10. 20.〉

④ 교육장 또는 교육감은 제3항에 따른 순회교육의 실시를 위하여 의료기관 및 복지시설 등에 학급을 설치 · 운영하는 등 필요한 조치를 강구하여야 한다. 〈신설 2015. 12. 22.〉

⑤ 국가 또는 지방자치단체는 제4항에 따라 학급이 설치 · 운영 중인 의료기관 및 복지시설 등에 대하여 국립 또는 공립 특수교육기관 수준의 교육이 이루어질 수 있도록 대통령령으로 정하는 바에 따라 행정적 · 재정적 지원을 할 수 있다. 〈신설 2015. 12. 22.〉

⑥ 제1항부터 제4항까지의 규정에 따른 순회교육의 수업일수 등 순회교육의 운영과 제2항에 따른 원격수업의 운영에 필요한 사항은 대통령령으로 정한다. 〈개정 2015. 12. 22., 2020. 10. 20.〉

제26조(방과후 과정을 운영하는 유치원 과정의 교육기관) ①「유아교육법」 제2조제6호에 따른 방과후 과정을 운영하는 유치원 과정의 교육기관에 특수교육대상자가 배치되는 경우 해당 각급학교의 장은 특수교육대상자에 대한 방과후 과정 운영을 담당할 인력을 학급당 1인 이상 추가로 배치할 수 있다. 〈개정 2012. 3. 21.〉

② 제1항에 따른 방과후 과정 담당 인력의 자격기준, 운영방법 등에 관하여 필요한 사항은 대통령령으로 정한다. 〈개정 2012. 3. 21.〉

[제목개정 2012. 3. 21.]

제27조(특수학교의 학급 및 각급학교의 특수학급 설치 기준) ① 특수학교와 각급학교의 장은 다음 각 호의 기준에 따라 학급 및 특수학급을 설치하여야 한다.

1. 유치원 과정의 경우 : 특수교육대상자가 1인 이상 4인 이하인 경우 1학급을 설치하고, 4인을 초과하는 경우 2개 이상의 학급을 설치한다.
2. 초등학교 · 중학교 과정의 경우 : 특수교육대상자가 1인 이상 6인 이하인 경우 1학급을 설치하고, 6인을 초과하는 경우 2개 이상의 학급을 설치한다.
3. 고등학교 과정의 경우 : 특수교육대상자가 1인 이상 7인 이하인 경우 1학급을 설치하고, 7인을 초과하는 경우 2개 이상의 학급을 설치한다.

② 교육감은 제1항에도 불구하고 순회교육의 경우 장애의 정도와 유형에 따라 학급 설치 기준을 하향 조정할 수 있다.

③ 특수학교와 특수학급에 두는 특수교육교원의 배치기준은 대통령령으로 정한다.

제28조(특수교육 관련서비스) ① 교육감은 특수교육대상자와 그 가족에 대하여 가족상담, 부모교육 등 가족지원을 제공하여야 한다. 〈개정 2019. 12. 10.〉

② 교육감은 특수교육대상자에게 필요한 경우 물리치료, 작업치료 등 치료지원을 제공하여야 한다. 〈개정 2021. 3. 23.〉

③ 각급학교의 장은 특수교육대상자를 위하여 보조인력을 제공하여야 한다.

④ 각급학교의 장은 특수교육대상자의 교육을 위하여 필요한 장애인용 각종 교구, 각종 학습보조기, 보조공학기기 등의 설비를 제공하여야 한다.

⑤ 각급학교의 장은 특수교육대상자의 취학 편의를 위하여 통학차량 지원, 통학비 지원, 통학 보조인력의 지원 등 통학 지원 대책을 마련하여야 한다.

⑥ 각급학교의 장은 특수교육대상자의 생활지도 및 보호를 위하여 기숙사를 설치 · 운영할 수 있다. 기숙사를 설치 · 운영하는 특수학교에는 특수교육대상자의 생활지도 및 보호를 위하여 교육부령으로 정하는 자격이 있는 생활지도원을 두는 외에 간호사 또는 간호조무사를 두어야 한다. 〈개정 2008. 2. 29., 2013. 3. 23., 2013. 4. 5.〉

⑦ 제6항의 생활지도원과 간호사 또는 간호조무사의 배치기준은 국립학교의 경우 교육부령으로, 공립 및 사립학교의 경우에는 시 · 도 교육규칙으로 각각 정한다. 〈신설 2013. 4. 5.〉

⑧ 각급학교의 장은 각급학교에서 제공하는 각종 정보(교육기관에서 운영하는 인터넷 홈페이지를 포함한다)를 특수교육대상자에게 제공하는 경우 특수교육대상자의 장애유형에 적합한 방식으로 제공하여야 한다. 〈개정 2013. 4. 5.〉

⑨ 제1항부터 제8항까지의 규정에 따른 특수교육 관련서비스의 제공을 위하여 필요한 사항은 대통령령으로 정한다. 〈개정 2013. 4. 5.〉

제5장 고등교육 〈개정 2016. 5. 29.〉

제29조(특별지원위원회) ① 대학의 장은 다음 각 호의 사항을 심의·결정하기 위하여 특별지원위원회를 설치·운영하여야 한다.
1. 대학의 장애학생 지원을 위한 계획
2. 심사청구 사건에 대한 심사·결정
3. 그 밖에 장애학생 지원을 위하여 대통령령으로 정하는 사항

② 특별지원위원회의 설치·운영 등에 관하여 필요한 사항은 대통령령으로 정한다.

제30조(장애학생지원센터) ① 대학의 장은 장애학생의 교육 및 생활에 관한 지원을 총괄·담당하는 장애학생지원센터를 설치·운영하여야 한다. 다만, 장애학생이 재학하고 있지 아니하거나 대통령령으로 정하는 바에 따라 장애학생 수가 일정 인원 이하인 소규모 대학 등은 장애학생 지원부서 또는 전담직원을 둠으로써 이를 갈음할 수 있다. 〈개정 2021. 3. 23.〉

② 장애학생지원센터(제1항에 따라 장애학생 지원부서 또는 전담직원으로 갈음하는 경우에는 이를 말한다)는 다음 각 호의 업무를 담당한다. 〈개정 2021. 3. 23.〉
1. 장애학생을 위한 각종 지원에 관한 사항
2. 제31조에서 정하는 편의제공에 관한 사항
3. 교직원·보조인력 등에 대한 교육에 관한 사항
4. 장애학생 교육복지의 실태조사에 관한 사항
5. 그 밖에 대학의 장이 회의에 부치는 사항

③ 장애학생지원센터의 설치·운영에 관하여 필요한 사항은 대통령령으로 정한다.

제31조(편의제공 등) ① 대학의 장은 해당 학교에 재학 중인 장애학생의 교육활동의 편의를 위하여 다음 각 호의 수단을 적극적으로 강구하고 제공하여야 한다.
1. 각종 학습보조기기 및 보조공학기기 등의 물적 지원
2. 교육보조인력 배치 등의 인적 지원
3. 취학편의 지원
4. 정보접근 지원
5. 「장애인·노인·임산부 등의 편의증진보장에 관한 법률」 제2조제2호에 따른 편의시설 설치 지원

② 대학의 장은 해당 학교의 입학전형절차에서 장애수험생의 수험의 편의를 위하여 「장애인차별금지 및 권리구제 등에 관한 법률」 제14조제1항 각 호의 수단 중 수험편의에 필요한 수단을 적극적으로 강구하고 제공하여야 한다. 〈신설 2015. 12. 22.〉

③ 국가 및 지방자치단체는 제1항 및 제2항에 따라 필요한 경비를 예산의 범위 안에서 지원하여야 한다. 〈개정 2015. 12. 22.〉

제32조(학칙 등의 작성) 대학의 장은 이 법에서 정하는 장애학생의 지원 등에 관하여 필요한 내용을 학칙에 규정하여야 한다.

제33조 삭제 〈2016. 5. 29.〉

제34조 삭제 〈2016. 5. 29.〉

제6장 보칙 및 벌칙

제35조(대학의 심사청구 등) ① 장애학생 및 그 보호자는 대학에 이 법에 따른 각종 지원조치를 제공할 것을 서면으로 신청할 수 있다.

② 대학의 장은 제1항에 따른 신청에 대하여 2주 이내에 지원 여부 및 그 사유를 신청자에게 서면으로 통지하여야 한다.

③ 장애학생 및 그 보호자는 제1항에 따른 신청에 대한 대학의 결정(부작위 및 거부를 포함한다)과 이 법을 위반하는 대학의 장 또는 교직원의 행위에 대하여 특별지원위원회에 심사청구를 할 수 있다.

④ 특별지원위원회는 제3항의 심사청구에 관하여 2주 이내에 결정을 하여야 한다.

⑤ 제3항에 따른 심사에서는 청구인에게 의견진술 기회를 주어야 한다.

⑥ 대학의 장, 교직원, 그 밖의 관계자는 제4항에 따른 결정에 따라야 한다.

⑦ 그 밖에 특별지원위원회에 대한 심사청구에 관하여 필요한 사항은 대통령령으로 정한다.

제36조(고등학교 과정 이하의 심사청구) ① 특수교육대상자 또는 그 보호자는 다음 각 호의 어느 하나에 해당하는

교육장, 교육감 또는 각급학교의 장의 조치에 대하여 이의가 있을 때에는 해당 시 · 군 · 구특수교육운영위원회 또는 시 · 도특수교육운영위원회에 심사청구를 할 수 있다.

1. 제15조제1항에 따른 특수교육대상자의 선정
2. 제16조제3항에 따른 교육지원 내용의 결정 사항
3. 제17조제1항에 따른 학교에의 배치
4. 제4조를 위반하는 부당한 차별

② 제17조제1항에 따라 특수교육대상자를 배치받은 각급학교의 장은 이에 따를 수 없는 특별한 사유가 있거나 배치받은 특수교육대상자가 3개월 이상 학교생활에의 적응에 상당한 어려움이 있는 경우에는 해당 시 · 군 · 구특수교육운영위원회 또는 시 · 도특수교육운영위원회에 심사청구를 할 수 있다. 〈개정 2021. 3. 23.〉

③ 시 · 군 · 구특수교육운영위원회 또는 시 · 도특수교육운영위원회는 제1항과 제2항의 심사청구를 받은 때에는 이를 심사하여 30일 이내에 그 결정을 청구인에게 통보하여야 한다.

④ 제3항의 심사에서는 청구인에게 의견진술의 기회를 주어야 한다.

⑤ 교육장, 교육감, 각급학교의 장, 그 밖의 관계자는 제3항에 따른 결정에 따라야 한다.

⑥ 제3항에서 정하는 심사결정에 이의가 있는 특수교육대상자 또는 그 보호자는 그 통보를 받은 날부터 90일 이내에 행정심판을 제기할 수 있다.

⑦ 제1항부터 제4항까지의 규정에 따른 심사청구의 절차 등에 관하여 필요한 사항은 대통령령으로 정한다.

제37조(권한의 위임과 위탁) ① 이 법에 따른 교육부장관의 권한은 그 일부를 대통령령으로 정하는 바에 따라 교육감에게 위임할 수 있다. 〈개정 2008. 2. 29., 2013. 3. 23.〉

② 이 법에 따른 교육감의 권한은 그 일부를 대통령령으로 정하는 바에 따라 교육장에게 위임할 수 있다.

제38조(벌칙) 다음 각 호의 어느 하나에 해당하는 자는 1년 이하의 징역 또는 1천만원 이하의 벌금에 처한다.

1. 제4조제1항을 위반하여 장애를 이유로 특수교육대상자의 입학을 거부하거나 입학전형 합격자의 입학을 거부하는 등의 불이익한 처분을 한 교육기관의 장
2. 제4조제2항제4호를 위반하여 대학의 입학전형절차에서 수험편의의 내용의 확인과 관계없는 별도의 면접이나 신체검사를 요구한 자

[본조신설 2016. 5. 29.]
[종전 제38조는 제38조의2로 이동 〈2016. 5. 29.〉]

제38조의2(벌칙) 다음 각 호의 어느 하나에 해당하는 자는 300만원 이하의 벌금에 처한다. 〈개정 2018. 2. 21.〉

1. 삭제 〈2016. 5. 29.〉
2. 제4조제2항제1호부터 제3호까지의 규정을 위반하여 특수교육 관련서비스의 제공, 수업, 학생자치활동, 그 밖의 교내외 활동에 대한 참여와 개별화교육지원팀에의 보호자 참여에 있어서 차별한 자
3. 삭제 〈2016. 5. 29.〉
4. 제4조제2항제5호를 위반하여 입학 · 전학 및 기숙사 입소 과정에서 비장애학생에게 요구하지 아니하는 보증인 또는 서약서 제출을 요구한 자
5. 제4조제2항제6호를 위반하여 학생 생활지도에 있어서 「장애인차별금지 및 권리구제 등에 관한 법률」 제4조의 차별을 한 자

[제38조에서 이동 〈2016. 5. 29.〉]

부칙 〈제17954호, 2021. 3. 23.〉 (법률용어 정비를 위한 교육위원회 소관 34개 법률 일부개정을 위한 법률)

이 법은 공포한 날부터 시행한다. 〈단서 생략〉

2. 장애인 등에 대한 특수교육법 시행령(약칭: 특수교육법 시행령)

[시행 2021. 4. 21] [대통령령 제31623호, 2021. 4. 20, 일부개정]

교육부(특수교육정책과) 044-203-6236

제1장 총칙

제1조(목적) 이 영은 「장애인 등에 대한 특수교육법」에서 위임된 사항과 그 시행에 필요한 사항을 규정함을 목적으로 한다.

제2조(의무교육의 실시) 「장애인 등에 대한 특수교육법」(이하 "법"이라 한다) 제3조 및 법률 제8483호 부칙 제1조 단서에 따라 특수교육대상자에 대한 의무교육은 다음 각 호에 따라 차례로 각각 실시한다.

1. 2010학년도: 만 5세 이상 유치원 과정 및 고등학교 과정
2. 2011학년도: 만 4세 이상 유치원 과정
3. 2012학년도: 만 3세 이상 유치원 과정

제3조(의무교육의 비용 등) ① 법 제3조제3항에 따라 국가 또는 지방자치단체가 부담하여야 하는 비용은 입학금, 수업료, 교과용 도서대금 및 학교급식비로 한다.

② 국가 및 지방자치단체는 제1항의 비용 외에 학교운영 지원비, 통학비, 현장 · 체험학습비 등을 예산의 범위에서 부담하거나 보조할 수 있다.

제2장 국가 및 지방자치단체의 임무

제4조(위탁교육) ① 교육감은 법 제6조제2항에 따라 특수교육대상자에 대한 교육을 사립(私立) 특수교육기관에 위탁하기 위하여 매 학년도가 시작되기 10개월 전까지 관할 구역에 있는 사립 특수교육기관의 교육여건, 교육 가능한 인원, 교육기간 등에 관하여 그 특수교육기관의 장(특수학급이 설립된 사립학교의 장을 포함한다)과 협의하여야 한다.

② 교육감은 특수교육대상자의 교육을 위탁한 사립 특수교육기관에 대하여 국립 또는 공립 특수교육기관과 같은 수준의 교육을 할 수 있도록 운영비, 시설비, 실험실습비, 진로 및 직업교육비, 교직원의 인건비, 그 밖에 특수교육에 필요한 경비를 지급하여야 한다.

③ 제1항과 제2항 외에 위탁교육의 운영에 관한 세부 사항은 교육감이 정하는 바에 따른다.

제5조(교원의 자질 향상) ① 교육부장관 및 교육감은 통합교육에 대한 이해를 높이기 위하여 일반학교의 교원(특수교육교원은 제외한다. 이하 이 조에서 같다)에게 연수를 받게 하는 경우 특수교육에 관한 내용을 포함하여야 한다. 〈개정 2013. 3. 23.〉

② 교육부장관 및 교육감은 통합교육을 효율적으로 시행하기 위하여 통합교육을 지원하는 일반학교의 교원에 대하여는 특수교육과 관련된 직무연수 과정을, 특수교육교원에 대하여는 일반교과 교육에 관한 직무연수 과정을 개설 · 운영하여야 한다. 〈개정 2013. 3. 23.〉

제6조(중앙특수교육운영위원회 구성 · 운영) ① 법 제10조제1항에 따른 중앙특수교육운영위원회(이하 "중앙위원회"라 한다)는 위원장을 포함하여 15명 이내의 위원으로 구성한다.

② 중앙위원회의 위원장(이하 "위원장"이라 한다)은 교육부차관이 되고, 위원은 당연직위원과 위촉위원으로 구성한다. 〈개정 2013. 3. 23.〉

③ 당연직위원은 교육부, 행정안전부, 문화체육관광부, 보건복지부, 고용노동부, 여성가족부의 고위공무원단 소속 공무원으로서 해당 부처의 장관이 지명하는 사람이 된다. 〈개정 2010. 3. 15., 2010. 7. 12., 2013. 3. 23., 2014. 11. 19., 2017. 7. 26.〉

④ 위촉위원은 다음 각 호의 어느 하나에 해당하는 사람 중에서 위원장이 위촉한다.

1. 특수교육교원 자격이 있는 사람으로서 7년 이상 특수교육대상자를 교육하거나 교육하였던 사람
2. 특수교육대상자의 학부모 또는 보호자로서 특수교육 분야에서 활동하거나 활동 경험이 있는 사람
3. 「고등교육법」 제2조제1호 또는 제3호에 따른 학교에서 특수교육에 관한 학문을 가르치는 부교수 이상으로 재직하거나 재직하였던 사람

⑤ 위촉위원의 임기는 2년으로 하되, 2차에 한하여 연임할 수 있다.

⑥ 중앙위원회의 회의는 연 2회 이상 개최하여야 하며, 위원장이 필요 하다고 인정하거나 재적위원 3분의 1 이상이 요구하는 경우에는 위원장이 회의를 소집한다.

⑦ 중앙위원회의 회의는 재적위원의 과반수 출석으로 개의하고, 출석위원 과반수의 찬성으로 의결한다.
⑧ 중앙위원회는 필요하다고 인정되면 관계 행정기관에 직원의 출석 · 설명과 자료 제출을 요구할 수 있다.
⑨ 그 밖에 중앙위원회의 구성 및 운영 등에 필요한 사항은 중앙위원회의 의결을 거쳐 위원장이 정한다.

제6조의2(위촉위원의 해촉) 중앙위원회의 위원장은 제6조제4항제1호부터 제3호까지의 규정에 따른 위촉위원이 다음 각 호의 어느 하나에 해당하는 경우에는 해당 위원을 해촉(解囑)할 수 있다.
1. 심신장애로 인하여 직무를 수행할 수 없게 된 경우
2. 직무와 관련된 비위사실이 있는 경우
3. 직무태만, 품위손상이나 그 밖의 사유로 인하여 위원으로 적합하지 아니하다고 인정되는 경우
4. 위원 스스로 직무를 수행하는 것이 곤란하다고 의사를 밝히는 경우

[본조신설 2015. 12. 31.]

제7조(특수교육지원센터의 설치 · 운영) ① 교육감은 법 제11조에 따른 특수교육지원센터를 설치할 때 그 업무를 수행할 수 있는 독립된 공간을 확보하여야 한다.
② 교육감은 특수교육지원센터가 그 업무를 효율적으로 수행할 수 있도록, 담당 업무를 전담하는 특수교육 분야의 전문인력을 배치하여야 한다.
③ 교육감은 지역의 지리적 특성 및 특수교육의 수요 등을 고려하여 필요한 경우에는 하나의 하급교육행정기관에 2 이상의 특수교육지원센터를 설치 · 운영할 수 있다.
④ 특수교육지원센터는 담당 업무를 효율적으로 수행하기 위하여 관련 기관과의 연계체제를 구축하고 협력하여 업무를 수행할 수 있다.
⑤ 교육감은 특수교육지원센터의 진단 · 평가 과정에서 장애가 의심되는 영유아 또는 학생이 이전에 의료적 진단을 받지 아니한 경우에는 이에 대한 의료적 진단을 보건소, 병원 또는 의원에 의뢰하여야 한다.
⑥ 교육감은 제5항에 따라 의료적 진단을 보건소, 병원 또는 의원에 의뢰한 경우에는 그 비용을 부담하여야 한다.

제8조(실태조사) ① 법 제13조제1항에 따른 실태조사에는 다음 각 호의 사항이 포함되어야 한다. 〈개정 2020. 1. 29.〉
1. 특수교육대상자의 성 · 연령 · 장애유형 · 장애정도별 현황
2. 특수교육기관 및 그 교육과정의 운영 실태
3. 특수교육 관련서비스의 제공 현황
4. 특수교육 지원을 위한 행정조직 및 지원 현황
5. 특수교육재정의 확보 · 분배 · 활용 현황
6. 특수교육대상자의 교육성과 및 학교 졸업 후의 생활상태
7. 삭제 〈2021. 4. 20.〉
8. 특수교육대상자 및 그 보호자, 특수교육에 관한 전문가 등 특수교육 관련자의 특수교육 지원에 대한 만족도 및 요구 사항

② 법 제13조제2항에 따른 실태조사에는 다음 각 호의 사항이 포함되어야 한다. 〈신설 2020. 1. 29.〉
1. 법 제29조에 따른 특별지원위원회의 설치 · 운영 현황
2. 법 제30조제1항에 따른 장애학생지원센터의 설치 · 운영 현황
3. 법 제31조제1항 및 제2항에 따른 장애학생의 교육활동 편의 및 장애수험생의 수험 편의를 위한 수단의 제공 현황
4. 법 제32조에 따른 장애학생 지원 등에 관한 학칙의 규정 현황
5. 법 제35조제3항에 따른 심사청구의 운영 현황

③ 법 제13조제3항에 따른 실태조사에는 다음 각 호의 사항이 포함되어야 한다. 〈신설 2020. 12. 8.〉
1. 특수교육대상자에 대한 인권침해 행위의 유형별 현황
2. 인권침해 행위로 피해를 입은 특수교육대상자를 보호하기 위한 조치 현황
3. 인권침해 행위를 한 사람에 대한 조치 현황
4. 그 밖에 특수교육대상자의 인권보호를 위하여 필요하다고 교육부장관이 인정하는 사항

④ 법 제13조제1항부터 제3항까지의 규정에 따른 실태조사는 표본조사의 방법으로 시행하되, 제1항부터 제3항까지에서 규정한 사항에 관하여 정확한 현황을 파악하고 조사항목의 특성상 필요한 경우에는 전수조사(全數調査)의 방법으로 시행할 수 있다. 〈개정 2020. 1. 29., 2020. 12. 8.〉
⑤ 교육감은 법 제13조제3항에 따른 실태조사를 다른 교육감과 공동으로 실시하거나 필요하면 해당 조사 업무에 전문성이 있는 기관 또는 단체에 의뢰하여 실시할 수 있다. 〈신설 2020. 12. 8.〉

제8조의2(인권침해 사건의 조사) ① 법 제13조의2제3항에 따른 조사는 서면조사와 현장조사의 방법으로 실시할 수 있다.

② 교육감은 법 제13조의2제3항에 따른 조사를 할 때에는 조사의 목적과 항목 등을 포함한 조사계획을 미리 조사대상자에게 통지해야 한다.
③ 교육감은 법 제13조의2제3항에 따른 조사에 필요한 자료의 제출이나 의견의 진술을 학교 등 관계 기관에 요청할 수 있다.
④ 교육감은 법 제13조의2제3항에 따른 조사에 필요하면 관계 전문가를 참여하게 하여 의견을 청취할 수 있다.
[본조신설 2020. 12. 8.]

제3장 특수교육대상자의 선정 및 학교 배치 등

제9조(장애의 조기발견 등) ① 교육장 또는 교육감은 매년 1회 이상 법 제14조제1항에 따른 홍보를 하여야 한다.
② 교육장 또는 교육감은 장애의 조기발견을 위하여 관할 구역의 어린이집·유치원 및 학교의 영유아 또는 학생(이하 "영유아 등"이라 한다. 이하 이 조에서 같다)을 대상으로 수시로 선별검사를 하여야 한다. 이 경우 「국민건강보험법」 제52조제1항 또는 「의료급여법」 제14조제1항에 따른 건강검진의 결과를 활용할 수 있다. 〈개정 2011. 12. 8., 2012. 8. 31.〉
③ 교육장 또는 교육감은 선별검사를 한 결과 장애가 의심되는 영유아 등을 발견한 경우에는 병원 또는 의원에서 영유아 등에 대한 장애 진단을 받도록 보호자에게 안내하고 상담을 하여야 한다.
④ 교육장 또는 교육감은 선별검사를 받은 영유아 등의 보호자가 법 제15조에 따른 특수교육대상자로 선정받기를 요청할 경우 영유아 등의 보호자에게 영유아 등의 건강검진 결과통보서 또는 진단서를 제출하도록 하여 영유아 등이 특수교육대상자에 해당하는지 여부를 판단하기 위한 진단·평가를 하여야 한다.
⑤ 교육장 또는 교육감은 제3항에 따라 진단·평가한 결과 영유아 등에게 특수교육이 필요하다고 판단되면 보호자에게 그 내용과 특수교육대상자 선정에 필요한 절차를 문서로 알려야 한다.
⑥ 제2항부터 제5항까지의 규정에 따른 선별검사 및 진단·평가에 필요한 사항은 교육부령으로 정한다. 이 경우 제2항에 따른 선별검사에 관한 사항은 보건복지부장관과 협의하여야 한다. 〈개정 2010. 3. 15., 2013. 3. 23.〉

제10조(특수교육대상자의 선정 기준) 법 제15조에 따라 특수교육대상자를 선정하는 기준은 별표와 같다.

제11조(특수교육대상자의 학교 배치 등) ① 교육장 또는 교육감은 법 제17조제1항에 따라 특수교육대상자를 학교에 배치할 때에는 해당 학교의 장과 특수교육대상자에게 각각 문서로 알려야 한다.
② 교육장 또는 교육감은 특수교육대상자를 일반학교의 일반학급에 배치한 경우에는 특수교육지원센터에서 근무하는 특수교육교원에게 그 학교를 방문하여 학습을 지원하도록 하여야 한다.
③ 각급학교의 장은 특수교육대상자에 대한 교육지원의 내용을 추가·변경 또는 종료하거나 특수교육대상자를 재배치할 필요가 있으면 법 제22조제1항에 따른 개별화교육지원팀의 검토를 거쳐 교육장 및 교육감에게 그 특수교육대상자의 진단·평가 및 재배치를 요구할 수 있다.

제12조(배치에 대한 이의) 법 제17조제4항에서 "대통령령으로 정하는 특별한 사유"란 해당 특수학교가 교육하는 특수교육대상자의 장애종류와 배치를 요구받은 특수교육대상자의 장애종류가 달라 효율적인 교육을 할 수 없는 경우를 말한다.

제4장 영유아 및 초·중등교육

제13조(장애영아의 교육지원) ① 만 3세 미만의 장애영아(이하 이 조에서 "장애영아"라 한다) 교육의 수업일수는 매 학년도 150일을 기준으로 하되, 장애영아의 건강 상태 및 교육과정의 운영상 필요한 경우에는 교육부장관, 교육감 또는 교육장의 승인을 받아 30일의 범위에서 줄일 수 있다. 〈개정 2013. 3. 23.〉
② 법 제18조제2항에 따라 특수교육을 받는 영아학급 등의 교원 배치에 관한 사항은 교육부장관, 교육감 또는 교육장이 정한다. 〈개정 2013. 3. 23.〉
③ 교육감이나 교육장은 법 제18조제2항에 따라 장애영아를 특수교육지원센터에 배치하여 교육을 하는 경우 「특수학교시설·설비기준령」 별표에 따른 보통교실을 그 특수교육지원센터에 갖추어야 한다.
④ 장애영아 담당 교원은 「초·중등교육법」 제21조제2항에 따른 특수학교 유치원교사 자격증을 소지한 사람으로 한다. 〈개정 2014. 12. 23.〉

제14조(취학의무의 유예 또는 면제 등) ① 특수교육대상자의 보호자가 법 제19조제2항에 따라 특수교육대상자의 취학의무를 유예받거나 면제 받으려는 경우에는 관할 교육감 또는 교육장에게 취학의무의 유예 또는 면제를 신청하여야 한다.
② 제1항에 따른 신청을 받은 교육감 또는 교육장은 법 제10조제1항에 따른 관할 특수교육운영위원회의

심의를 거쳐 특수교육대상자의 등·하교 가능성, 순회교육 실시 가능성 및 보호자의 의견 등을 고려하여 면제 또는 유예를 결정한다. 이 경우 유예기간은 1년 이내로 하고, 유예기간을 연장하려는 경우에도 관할 특수교육운영위원회의 심의를 거쳐야 한다.

③ 취학의무를 면제 또는 유예받은 사람이 다시 취학하고자 하는 경우 그 보호자는 교육감 또는 교육장에게 취학을 신청하고, 그 신청을 받은 교육감 또는 교육장은 관할 특수교육운영위원회의 심의를 거쳐 취학 여부를 결정하여야 한다.

제15조(어린이집의 교육 요건) 법 제19조제2항 단서에서 "대통령령으로 정하는 일정한 교육 요건을 갖춘 어린이집"이란 다음 각 호의 사항을 모두 충족하는 어린이집을 말한다. 〈개정 2011. 12. 8.〉

1. 「영유아보육법」 제30조제1항에 따른 평가인증을 받은 어린이집
2. 장애아 3명마다 보육교사 1명을 배치한 어린이집(보육교사가 3명 이상인 경우에는 보육교사 3명 중 1명은 「초·중등교육법」 제21조제2항에 따른 특수학교 유치원교사 자격증을 소지한 교사여야 한다)

[제목개정 2011. 12. 8.]

제16조(통합교육을 위한 시설·설비 등) ① 일반학교의 장은 법 제21조제2항에 따라 통합교육을 실시하는 경우에는 특수교육대상자의 교내 이동이 쉽고, 세면장·화장실 등과 가까운 곳에 위치한 66제곱미터 이상의 교실에 특수학급을 설치하여야 한다. 다만, 배치된 특수교육대상자의 수 및 그 학교의 여건 등을 고려하여 시·도 조례로 정하는 바에 따라 44제곱미터 이상의 교실에 학급을 설치할 수 있다.

② 일반학교의 장은 법 제21조제2항에 따라 통합교육을 실시하는 경우에는 배치된 특수교육대상자의 성별, 연령, 장애의 유형·정도 및 교육활동 등에 맞도록 정보 접근을 위한 기기, 의사소통을 위한 보완·대체기구 등의 교재·교구를 갖추어야 한다.

제17조(전문인력의 자격 기준 등) 법 제23조제1항에서 "대통령령으로 정하는 자격이 있는 진로 및 직업교육을 담당하는 전문인력"이란 「초·중등교육법」 제21조제2항에 따른 특수학교 정교사·준교사·실기교사의 자격(각각 중학교 과정 이상의 교육과정을 담당할 수 있는 자격으로 한정한다)이 있는 사람으로서 다음 각 호의 어느 하나에 해당하는 사람을 말한다. 〈개정 2018. 10. 30.〉

1. 대학이나 대학원에서 직업재활에 관한 전공을 이수한 사람
2. 진로 및 직업교육과 관련한 국가자격증 또는 민간자격증 소지자
3. 진로 및 직업교육과 관련한 직무연수를 이수한 사람

제18조(진로 및 직업교육을 위한 시설 등) ① 중학교 과정 이상 각급 학교의 장은 법 제23조제2항에 따라 진로 및 직업교육을 위하여 66제곱미터 이상의 교실을 1개 이상 설치하여야 한다. 다만, 중학교 과정 이상 특수학교의 장은 「특수학교시설·설비기준령」 제4조에서 정하는 기준에 따라 설치하여야 한다. 〈개정 2016. 12. 5.〉

② 특수교육지원센터는 특수교육기관, 한국장애인고용공단지부 등 해당 지역의 장애인 고용 관련 기관, 직업재활시설, 장애인복지관, 산업체 등 관련 기관과 협의체를 구성하여야 한다. 〈개정 2009. 12. 31.〉

③ 교육감은 제1항에 따른 진로 및 직업 교육을 위한 교실의 설치비용을 지원하는 등 특수교육대상자의 진로 및 직업 교육에 필요한 인력과 경비를 지원하도록 노력하여야 한다. 〈개정 2016. 12. 5.〉

제19조(전공과의 설치·운영) ① 법 제24조제1항에 따른 전공과를 설치·운영하는 특수교육기관의 장은 66제곱미터 이상의 전공과 전용 교실을 1개 이상 설치하여야 하며, 세부적인 시설·설비의 기준은 교육감이 정한다.

② 전공과를 설치한 교육기관의 장은 그 설치 목적을 달성하기 위하여 현장실습이 포함된 직업교육계획을 수립하여야 한다.

③ 전공과의 수업 연한과 학생의 선발 방법은 교육감의 승인을 받아 전공과를 설치한 교육기관의 장이 정한다.

④ 전공과를 전담할 인력은 전공과를 설치한 특수교육기관의 고등학교 과정과 같은 수준으로 배치한다.

제20조(순회교육의 운영 등) ① 교육장이나 교육감은 법 제25조제1항에 따른 순회교육을 하기 위하여 순회교육을 받는 특수교육대상자의 능력, 장애 정도 등을 고려하여 순회교육계획을 작성·운영하여야 한다.

② 순회교육의 수업일수는 매 학년도 150일을 기준으로 하여 각급학교의 장이 정하되, 순회교육을 받는 특수교육대상자의 상태와 교육과정의 운영상 필요한 경우에는 지도·감독기관의 승인을 받아 30일의 범위에서 줄일 수 있다.

③ 삭제 〈2016. 6. 21.〉

제20조의2(원격수업의 운영) ① 교육부장관 및 교육감은 법 제25조제2항에 따른 원격수업(이하 "원격수업"이라 한다)을 실시하기 위하여 특수교육대상자의 장애유형 및 장애정도를 고려한 원격수업시스템을 구축·운영해야 한다.

② 교육부장관 및 교육감은 원격수업을 위하여 점자 및 자막 자료 등 특수교육대상자의 장애유형 및 장애정도에 따른 교육자료를 개발 · 보급해야 한다.

③ 제1항 및 제2항에서 규정한 사항 외에 원격수업의 원활한 운영을 위하여 필요한 세부사항은 교육부장관 및 교육감이 정한다.

[본조신설 2021. 4. 20.]

제21조(유치원 과정의 방과후 과정 담당 인력의 자격기준 및 운영방법) ① 법 제26조제1항에 따라 특수교육대상자에 대한 방과후 과정 운영을 담당하는 인력은 「영유아보육법」 제21조제2항에 따른 보육교사의 자격 또는 「유아교육법」 제22조 및 「초 · 중등교육법」 제21조에 따른 교원의 자격을 가지고 있는 사람으로 한다. 〈개정 2012. 4. 20.〉

② 방과후 과정을 운영하는 유치원 과정의 교육기관의 장은 교육과 보육을 연계하고 정규교육과정을 포함하여 1일 8시간 이상으로 운영하며, 그 밖에 운영에 필요한 사항은 교육감이 정한다. 〈개정 2012. 4. 20.〉

③ 교육감은 방과후 과정을 운영하는 유치원 과정의 교육기관에 대하여 그 교육에 소요되는 경비를 부담하거나 보조하여야 한다. 〈개정 2012. 4. 20.〉

[제목개정 2012. 4. 20.]

제22조(특수학교 및 특수학급에 두는 특수교육교원의 배치기준) 법 제27조제3항에 따라 배치하는 특수교육 담당교사는 학생 4명마다 1명으로 한다. 다만, 도시와 농촌 · 산촌 · 어촌 교육의 균형발전, 특수교육지원센터의 운영현황 및 특수교육대상자의 지역별 분포 등을 고려하여 특별시 · 광역시 · 도 · 특별자치도별 교사는 교육부장관이, 단위 학교 · 학급별 교사는 해당 교육감 또는 교육장이 배치 기준의 40퍼센트의 범위에서 가감하여 배치할 수 있다. 〈개정 2013. 3. 23.〉

제23조(가족지원) ① 법 제28조제1항에 따른 가족지원은 가족상담, 양육상담, 보호자 교육, 가족지원프로그램 운영 등의 방법으로 한다.

② 제1항에 따른 가족지원은 「건강가정기본법」 제35조에 따른 건강가정지원센터, 「장애인복지법」 제58조에 따른 장애인복지시설 등과 연계하여 할 수 있다.

제24조(치료지원) ① 법 제28조제2항에 따른 치료지원에 필요한 인력은 「의료기사 등에 관한 법률」 제4조에 따른 면허 또는 「자격기본법」 제19조제1항에 따라 주무부장관이 공인한 민간자격을 소지한 사람으로 한다.

② 교육감 또는 특수학교의 장은 특수교육지원센터 또는 특수학교에 치료실을 설치 · 운영할 수 있다.

③ 교육감은 「공공보건의료에 관한 법률」 제2조에 따른 공공보건의료기관 및 「장애인복지법」 제58조에 따른 장애인복지시설 등과 연계하여 치료지원을 할 수 있다.

제25조(보조인력) ① 교육감은 법 제28조제3항에 따라 각급학교의 장이 특수교육대상자를 위한 보조인력을 원활하게 제공할 수 있도록 보조인력 수급에 관한 계획의 수립, 보조인력의 채용 · 배치 등 보조인력의 운영에 필요한 업무를 수행한다.

② 교육감 또는 교육장은 보조인력의 자질 향상을 위하여 특수교육에 관한 연수를 실시하여야 한다.

③ 보조인력의 역할 및 자격은 교육부령으로 정하고, 그 밖에 운영 방법에 관한 세부 사항은 교육감이 정하여 고시한다. 〈개정 2013. 3. 23.〉

제26조(각종 교구 및 학습보조기 등 지원) 교육감은 법 제28조제4항에 따라 각급학교의 장이 각종 교구 · 학습보조기 · 보조공학기기를 제공할 수 있도록 특수교육지원센터에 필요한 기구를 갖추어 두어야 한다.

제27조(통학 지원) ① 교육감은 각급학교의 장이 법 제28조제5항에 따른 통학 지원을 원활하게 할 수 있도록 통학차량을 각급학교에 제공하거나 통학 지원이 필요한 특수교육대상자 및 보호자에게 통학비를 지급하여야 한다.

② 각급학교의 장은 특수교육대상자가 현장체험학습, 수련회 등 학교밖 활동에 참여할 수 있도록 조치를 취하여야 한다.

제28조(기숙사의 설치 · 운영) ① 교육감은 법 제28조제6항에 따른 기숙사의 운영에 필요한 경비를 예산의 범위에서 부담하거나 보조할 수 있다.

② 공립 및 사립학교의 기숙사 시설 · 설비 기준은 시 · 도 교육규칙으로 정한다.

제29조(기타 특수교육 관련서비스의 제공) ① 교육부장관 또는 교육감은 제23조부터 제28조까지의 규정에서 정한 특수교육 관련서비스 외에 보행훈련, 심리 · 행동 적응훈련 등 특정한 장애유형의 특수교육대상자에게 필요한 특수교육 관련서비스를 제공하여야 한다. 〈개정 2013. 3. 23.〉

② 제1항의 특수교육 관련서비스 제공에 필요한 인력은 국가자격 또는 「자격기본법」 제19조제1항에 따라

주무부장관이 공인한 민간자격을 소지한 사람으로 한다.

제5장 고등교육 〈개정 2017. 5. 29.〉

제30조(특별지원위원회의 설치 · 운영) ① 대학의 장은 그 대학에 장애학생이 10명 이상 재학하는 경우에는 법 제29조에 따른 특별지원위원회(이하 "특별지원위원회"라 한다)를 설치 · 운영하여야 한다.
② 장애학생이 10명 미만인 대학의 장은 법 제30조제2항에 따른 장애학생 지원부서 또는 전담직원이 법 제29조제1항제1호 및 제3호에 관한 특별지원위원회의 기능을 수행할 수 있도록 할 수 있다.
③ 특별지원위원회의 위원 자격, 구성 및 회의 개최 시기 등은 해당 대학의 장이 정한다.

제31조(장애학생지원센터의 설치 · 운영 등) ① 법 제30조제1항 단서에서 "일정 인원"이란 9명을 말한다.
② 법 제30조제1항에 따른 장애학생지원센터, 장애학생 지원부서 또는 전담직원은 장애학생 지원계획을 수립하고, 그 사실을 장애학생에게 알려야 한다.

제32조 삭제 〈2017. 5. 29.〉

제6장 보칙

제33조(심사청구 절차) 법 제35조제3항 및 법 제36조제1항 또는 제2항에 따른 심사청구 및 그 심사청구에 대한 결과의 통지에 필요한 서류는 각각 교육부령으로 정한다. 〈개정 2013. 3. 23.〉

제34조(규제의 재검토) 교육부장관은 다음 각 호의 사항에 대하여 다음 각 호의 기준일을 기준으로 3년마다(매 3년이 되는 해의 기준일과 같은 날 전까지를 말한다) 그 타당성을 검토하여 개선 등의 조치를 하여야 한다.
1. 제30조에 따른 특별지원위원회의 설치 · 운영: 2016년 1월 1일
2. 제31조제2항에 따른 장애학생 지원계획 수립 및 그 사실을 장애학생에게 알릴 의무: 2016년 1월 1일
3. 삭제 〈2017. 5. 29.〉
[전문개정 2016. 12. 30.]

부칙 〈제31623호, 2021. 4. 20.〉
이 영은 2021년 4월 21일부터 시행한다.

3. 장애인 등에 대한 특수교육법 시행규칙(약칭: 특수교육법 시행규칙)

[시행 2021. 6. 30] [교육부령 제240호, 2021. 6. 30, 타법개정]

교육부(특수교육정책과) 044-203-6563

제1조(목적) 이 규칙은 「장애인 등에 대한 특수교육법」 및 같은 법 시행령에서 위임된 사항과 그 시행에 필요한 사항을 규정함을 목적으로 한다.

제2조(장애의 조기발견 등) ① 교육장 또는 교육감은 「장애인 등에 대한 특수교육법」(이하 "법"이라 한다) 제14조제1항 또는 제3항에 따른 선별검사나 진단·평가를 실시하는 경우에는 별표에 따른 검사를 각각 실시하여야 한다.

② 보호자 또는 각급학교의 장은 법 제15조제1항 각 호에 해당하는 장애를 가지고 있거나 장애를 가지고 있다고 의심되는 영유아 및 학생을 발견하여 진단·평가를 의뢰하고자 하는 경우에는 별지 제1호서식에 따른 진단·평가의뢰서를 작성하여 교육장 또는 교육감에게 제출하여야 한다.

③ 교육감 또는 교육장은 「장애인 등에 대한 특수교육법 시행령」(이하 "영"이라 한다) 제9조제5항에 따라 진단·평가의 결과를 영유아 및 학생의 보호자에게 알릴 때에는 별지 제2호서식에 따른다.

제3조(특수교육대상자의 학교 배치) 교육감 또는 교육장이 영 제11조제1항에 따라 특수교육대상자를 학교에 배치할 때에는 별지 제3호서식에 따라 해당 학교장과 특수교육대상자에게 통지하여야 한다.

제3조의2(교육과정) ① 법 제20조제1항에 따른 특수교육기관의 교육과정은 유치원 교육과정, 공통 교육과정, 선택 교육과정 및 기본 교육과정으로 구분한다.

② 제1항에 따른 교육과정의 대상 및 내용은 다음 각 호와 같다. 〈개정 2013. 3. 23.〉

1. 유치원 교육과정: 만 3세부터 초등학교 취학 전까지의 어린이를 대상으로 하고, 「유아교육법」 제13조제2항에 따라 교육부장관이 정하는 유치원 교육과정에 준하여 편성된 과정
2. 공통 교육과정: 초등학생 및 중학생을 대상으로 하고, 「초·중등교육법」 제23조제2항에 따라 교육부장관이 정하는 초등학교 및 중학교 교육과정에 준하여 편성된 과정
3. 선택 교육과정: 고등학생을 대상으로 하고, 「초·중등교육법」 제23조제2항에 따라 교육부장관이 정하는 고등학교 교육과정에 준하여 편성된 과정
4. 기본 교육과정: 특수교육대상자의 장애 종별 및 정도를 고려하여 제2호 및 제3호의 교육과정을 적용하기 어려운 학생을 대상으로 하고, 대상자의 능력에 따라 학년의 구분 없이 다음 각 목의 어느 하나에 해당하는 교과의 수준을 다르게 적용할 수 있도록 편성된 과정

가. 국어, 사회, 수학, 과학, 실과, 체육, 음악, 미술 및 교육부장관이 필요하다고 인정하는 교과

나. 특수교육대상자의 진로 및 직업에 관한 교과

③ 제1항 및 제2항에서 규정된 사항 외에 교육과정의 내용 및 기준에 관하여 필요한 세부사항은 교육부장관이 정하여 고시한다. 〈개정 2013. 3. 23.〉

[본조신설 2010. 12. 20.]

제4조(개별화교육지원팀의 구성 등) ① 각급학교의 장은 법 제22조제1항에 따라 매 학년의 시작일부터 2주 이내에 각각의 특수교육대상사에 대한 개별화교육지원팀을 구성하여야 한다.

② 개별화교육지원팀은 매 학기의 시작일부터 30일 이내에 개별화교육계획을 작성하여야 한다.

③ 개별화교육계획에는 특수교육대상자의 인적사항과 특별한 교육지원이 필요한 영역의 현재 학습수행수준, 교육목표, 교육내용, 교육방법, 평가계획 및 제공할 특수교육 관련서비스의 내용과 방법 등이 포함되어야 한다.

④ 각급학교의 장은 매 학기마다 개별화교육계획에 따른 각각의 특수교육대상자의 학업성취도 평가를 실시하고, 그 결과를 특수교육대상자 또는 그 보호자에게 통보하여야 한다.

제5조(보조인력의 역할 및 자격) ① 법 제28조제3항에 따라 학교에 배치되는 보조인력은 교사의 지시에 따라 교수학습 활동, 신변처리, 급식, 교내외 활동, 등하교 등 특수교육대상자의 교육 및 학교 활동에 대하여 보조 역할을 담당한다.

② 보조인력의 자격은 고등학교를 졸업한 자 또는 이와 같은 수준 이상의 학력이 있다고 인정된 자로 한다.

제6조(생활지도원의 자격 및 배치기준) ① 법 제28조제6항 후단에 따라 특수학교의 기숙사에 두는 생활지도원은 다음 각 호의 어느 하나에 해당하는 사람으로 한다. 〈개정 2013. 10. 4.〉

1. 「초 · 중등교육법」 별표 2의 자격 기준에 해당하는 사람
2. 고등학교를 졸업한 사람 또는 이와 같은 수준 이상의 학력이 있다고 인정된 사람으로서 다음 각 목의 어느 하나에 해당하는 자격이 있는 사람

가. 「의료기사 등에 관한 법률」 제2조에 따른 물리치료사 또는 작업치료사

나. 「사회복지사업법」 제11조에 따른 사회복지사

다. 「영유아보육법」 제21조제2항에 따른 보육교사

② 법 제28조제6항 후단에 따라 국립학교에 두는 생활지도원은 학생 5명마다 1명 이상을 배치하여야 한다. 다만, 시각장애 또는 청각장애가 있는 특수교육대상자를 교육하는 중학교 및 고등학교 과정의 경우에는 학생 7명마다 1명 이상을 배치할 수 있다.

제6조의2(간호사 등의 배치기준) 법 제28조제6항 후단에 따라 국립학교에는 간호사를 1명 이상 배치하되, 기숙사에 기숙하는 학생이 50명을 초과하는 경우에는 그 초과인원 50명마다 간호사 또는 간호조무사를 1명 이상 추가로 배치하여야 한다.

[본조신설 2013. 10. 4.]

제7조(특별지원위원회에 대한 심사청구 결과 통보 등) ① 법 제35조제3항에 따라 장애학생 또는 그 보호자가 심사청구를 할 때에는 별지 제4호서식에 따른 심사청구서를 해당 학교의 특별지원위원회에 제출하여야 한다.

② 제1항에 따른 심사청구를 받은 해당 학교의 특별지원위원회는 심사를 거쳐 별지 제5호서식에 따른 심사결과통지서를 그 청구인에게 교부하여야 한다.

제8조(고등학교 과정 이하의 심사청구 결과 통보 등) ① 법 제36조제1항 또는 제2항에 따라 특수교육대상자, 그 보호자 또는 각급학교의 장이 심사청구를 할 때에는 별지 제6호서식에 따른 심사청구서를 해당 시 · 군 · 구특수교육운영위원회 또는 시 · 도특수교육운영위원회에 제출하여야 한다.

② 제1항에 따른 심사청구를 받은 해당 시 · 군 · 구특수교육운영위원회 또는 시 · 도특수교육운영위원회는 심사를 거쳐 별지 제7호서식에 따른 심사결과통지서를 그 청구인에게 교부하여야 한다.

부칙 〈제240호, 2021. 6. 30.〉 (어려운 법령용어 정비를 위한 11개 법령의 일부개정에 관한 교육부령)

이 규칙은 공포한 날부터 시행한다.

부록 2

01 | 발달장애인 권리보장 및 지원에 관한 법률(법률)(제18214호)

02 | 발달장애인 권리보장 및 지원에 관한 법률 시행령(대통령령)(제31841호)

03 | 발달장애인 권리보장 및 지원에 관한 법률 시행규칙(보건복지부령)(제00731호)

1. 발달장애인 권리보장 및 지원에 관한 법률 (약칭: 발달장애인법)

[시행 2022. 1. 1] [법률 제18214호, 2021. 6. 8, 일부개정]

보건복지부(장애인서비스과) 044-202-3347

제1장 총칙

제1조(목적) 이 법은 발달장애인의 의사를 최대한 존중하여 그들의 생애주기에 따른 특성 및 복지 욕구에 적합한 지원과 권리옹호 등이 체계적이고 효과적으로 제공될 수 있도록 필요한 사항을 규정함으로써 발달장애인의 사회참여를 촉진하고, 권리를 보호하며, 인간다운 삶을 영위하는 데 이바지함을 목적으로 한다.

제2조(정의) 이 법에서 사용하는 용어의 뜻은 다음과 같다.

1. "발달장애인"이란 「장애인복지법」 제2조제1항의 장애인으로서 다음 각 목의 장애인을 말한다.
   가. 지적장애인: 정신 발육이 항구적으로 지체되어 지적 능력의 발달이 불충분하거나 불완전하여 자신의 일을 처리하는 것과 사회생활에 적응하는 것이 상당히 곤란한 사람
   나. 자폐성장애인: 소아기 자폐증, 비전형적 자폐증에 따른 언어 · 신체표현 · 자기조절 · 사회적응 기능 및 능력의 장애로 인하여 일상생활이나 사회생활에 상당한 제약을 받아 다른 사람의 도움이 필요한 사람
   다. 그 밖에 통상적인 발달이 나타나지 아니하거나 크게 지연되어 일상생활이나 사회생활에 상당한 제약을 받는 사람으로서 대통령령으로 정하는 사람
2. "보호자"란 다음 각 목의 어느 하나에 해당하는 사람을 말한다.
   가. 「아동복지법」 제3조제3호의 보호자(발달장애인이 미성년자인 경우에 한정한다)
   나. 성년인 발달장애인의 후견인
   다. 성년인 발달장애인의 후견인이 아닌 사람 중 「민법」 제779조에 따른 가족 또는 같은 법 제974조에 따른 부양의무자로서 사실상 해당 발달장애인을 보호하는 사람
   라. 성년인 발달장애인 중 나목 및 다목의 보호자가 없는 경우 지방자치단체의 장이 발달장애인의 보호자로 지명하는 사람(나목에 따른 후견인을 선임하기 전까지로 한정한다)

제3조(발달장애인의 권리) ① 발달장애인은 원칙적으로 자신의 신체와 재산에 관한 사항에 대하여 스스로 판단하고 결정할 권리를 가진다.
② 발달장애인은 자신에게 법률적 · 사실적인 영향을 미치는 사안에 대하여 스스로 이해하여 자신의 자유로운 의사를 표현할 수 있도록 필요한 도움을 받을 권리가 있다.
③ 발달장애인은 자신과 관련된 정책의 결정과정에서 자기의 견해와 의사를 표현할 권리가 있다.

제4조(국가와 지방자치단체의 책무) ① 국가와 지방자치단체는 발달장애인의 적절한 발달과 원활한 사회통합을 촉진하기 위하여 장애를 최대한 조기에 발견하여 지원할 수 있도록 필요한 조치를 강구하여야 한다.
② 국가와 지방자치단체는 발달장애인의 장애를 완화하고 기능을 향상시키는 방안을 마련하기 위한 연구와 조사를 지원하여야 하며, 발달장애인의 복지수준 향상과 그 가족의 일상적인 양육부담을 경감하기 위하여 필요한 조치를 강구하여야 한다.
③ 국가와 지방자치단체는 발달장애인이 장애로 인하여 차별을 받는 등 권리가 침해받지 아니하도록 권익옹호에 필요한 지원을 실시하여야 한다.
④ 국가와 지방자치단체는 발달장애인과 그 가족이 이용할 수 있는 복지시책을 적극적으로 홍보하여야 하며, 국민이 발달장애인을 올바르게 이해하도록 하는 데에 필요한 정책을 강구하여야 한다.
⑤ 국가와 지방자치단체는 제1항부터 제4항까지의 책무를 효율적으로 수행하기 위하여 필요한 인력 및 예산을 확보할 수 있다.

제5조(국민의 책무) 모든 국민은 발달장애인의 인격을 존중하고 사회통합의 이념에 기초하여 발달장애인의 복지향상에 협력하여야 한다.

제6조(실태조사) ① 보건복지부장관은 발달장애인의 실태파악과 복지정책 수립을 위한 기초자료로 활용하기 위하여 3년마다 발달장애인과 그 가족에 대한 실태조사를 실시하여야 한다.
② 제1항에 따른 실태조사는 「장애인복지법」 제31조에 따른 장애실태조사와 함께 실시할 수 있다.
③ 제1항에 따른 실태조사의 방법, 대상 및 내용 등에 필요한 사항은 대통령령으로 정한다.

제7조(다른 법률과의 관계) 발달장애인의 권리보호나 복지지원에 관하여 이 법에서 정한 사항에 대하여는 다른 법률에 우선하여 이 법을 적용한다.

제2장 권리의 보장

제8조(자기결정권의 보장) ① 발달장애인은 자신의 주거지의 결정, 의료행위에 대한 동의나 거부, 타인과의 교류, 복지서비스의 이용 여부와 서비스 종류의 선택 등을 스스로 결정한다.
② 누구든지 발달장애인에게 의사결정이 필요한 사항과 관련하여 충분한 정보와 의사결정에 필요한 도움을 제공하지 아니하고 그의 의사결정능력을 판단하여서는 아니 된다.
③ 제1항 및 제2항에도 불구하고 스스로 의사를 결정할 능력이 충분하지 아니하다고 판단할 만한 상당한 이유가 있는 경우에는 보호자가 발달장애인의 의사결정을 지원할 수 있다. 이 경우 보호자는 발달장애인 당사자에게 최선의 이익이 되도록 하여야 한다.

제9조(성년후견제 이용지원) ① 지방자치단체의 장은 성년인 발달장애인이 다음 각 호의 어느 하나에 해당하여 후견인을 선임할 필요가 있음에도 불구하고 자력으로 후견인을 선임하기 어렵다고 판단되는 경우에는 그를 위하여 「민법」에 따라 가정법원에 성년후견개시, 한정후견개시 또는 특정후견의 심판을 청구할 수 있다.
1. 일상생활에서 의사를 결정할 능력이 충분하지 아니하거나 매우 부족하여 의사결정의 대리 또는 지원이 필요하다고 볼 만한 상당한 이유가 있는 경우
2. 발달장애인의 권리를 적절하게 대변하여 줄 가족이 없는 경우
3. 별도의 조치가 없으면 권리침해의 위험이 상당한 경우

② 지방자치단체의 장이 제1항에 따라 성년후견개시, 한정후견개시 또는 특정후견의 심판을 청구할 때에는 대통령령으로 정하는 요건을 충족하는 사람 또는 법인을 후견인 후보자로 하여 그 사람 또는 법인을 후견인으로 선임하여 줄 것을 함께 청구하여야 한다. 〈개정 2016. 12. 2.〉
③ 지방자치단체의 장은 제33조제1항에 따른 중앙발달장애인지원센터의 장에게 제2항에 따른 후견인 후보자를 추천하여 줄 것을 의뢰할 수 있다.
④ 국가와 지방자치단체는 제1항 및 제2항에 따라 선임된 후견인의 후견사무의 수행에 필요한 비용의 일부를 예산의 범위에서 보건복지부령으로 정하는 바에 따라 지원할 수 있다.
⑤ 제1항부터 제4항까지에 따른 성년후견제 이용지원의 요건, 후견인 후보자의 자격 및 추천 절차, 후견인 후견사무에 필요한 비용 지원 등에 필요한 사항은 보건복지부령으로 정한다.

제10조(의사소통지원) ① 국가와 지방자치단체는 발달장애인의 권리와 의무에 중대한 영향을 미치는 법령과 각종 복지지원 등 중요한 정책정보를 발달장애인이 이해하기 쉬운 형태로 작성하여 배포하여야 한다.
② 교육부장관은 발달장애인이 자신의 의사를 원활하게 표현할 수 있도록 학습에 필요한 의사소통도구를 개발하고 의사소통지원 전문인력을 양성하여 발달장애인에게 도움이 될 수 있도록 「초·중등교육법」 제2조 각 호의 학교와 「평생교육법」 제2조제2호의 평생교육기관 등을 통하여 필요한 교육을 실시하여야 한다.
③ 행정안전부장관은 국가와 지방자치단체의 민원담당 직원이 발달장애인과 효과적으로 의사소통할 수 있도록 의사소통 지침을 개발하고 필요한 교육을 실시하여야 한다. 〈개정 2014. 11. 19., 2017. 7. 26.〉
④ 제1항부터 제3항까지에 따른 정책정보의 작성 및 배포, 의사소통도구의 개발·교육 및 전문인력 양성, 민원담당 직원에 대한 의사소통 지침 개발 및 교육 등에 필요한 사항은 대통령령으로 정한다.

제11조(자조단체의 결성 등) ① 발달장애인은 자신의 권익을 보호하고 사회참여를 제고하기 위하여 자조단체(自助團體)를 구성할 수 있다.
② 국가와 지방자치단체는 예산의 범위에서 「장애인복지법」 제63조에 따라 자조단체의 활동에 필요한 경비를 지원할 수 있다.

제12조(형사·사법 절차상 권리보장) ① 경찰청장, 해양경찰청장 및 제주특별자치도지사는 「국가공무원법」 제2조제2항제2호에 따른 경찰공무원과 「지방공무원법」 제2조제2항제2호에 따른 자치경찰공무원에게 발달장애인에 대한 올바른 인식확산을 위한 교육을 실시하여야 한다. 〈개정 2014. 11. 19., 2017. 7. 26.〉
② 발달장애인이 재판의 당사자가 된 경우 그의 보호자, 제33조에 따른 중앙발달장애인지원센터 및 지역발달장애인지원센터(이하 "발달장애인지원센터"라 한다)의 직원이나 그 밖에 발달장애인과 신뢰관계에 있는 사람은 법원의 허가를 받아 법원의 심리과정에서 발달장애인을 위한 보조인이 될 수 있다.
③ 법원은 발달장애인을 증인으로 신문하는 경우 발달장애인 본인, 검사, 보호자, 발달장애인지원센터의 장의 신청이 있는 때에는 재판에 중대한 지장을 줄 우려가 있는 등 부득이한 경우가 아니면 발달장애인과 신뢰관계에 있는 사람을 동석하게 하여야 한다.
④ 수사기관이 발달장애인을 조사하는 경우에도 제2항 및 제3항을 따라야 한다.

제13조(발달장애인에 대한 전담조사제) ① 검찰총장은 각 지방검찰청 검사장(檢事長)으로 하여금 발달장애인 전담

검사(이하 이 조에서 "전담검사"라 한다)를 지정하도록 하여 특별한 사정이 없으면 이들로 하여금 발달장애인을 조사 또는 심문하게 하여야 한다.

② 경찰청장은 각 경찰서장으로 하여금 발달장애인 전담 사법경찰관(이하 이 조에서 "전담사법경찰관"이라 한다)을 지정하도록 하여 특별한 사정이 없으면 이들로 하여금 발달장애인을 조사 또는 심문하게 하여야 한다.

③ 검찰총장 및 경찰청장은 전담검사 및 전담사법경찰관에게 발달장애인의 특성에 대한 전문지식과 의사소통 방법 및 발달장애인 보호를 위한 수사방법 등에 관한 교육을 실시하여야 한다.

④ 검찰총장 및 경찰청장은 전담검사 및 전담사법경찰관에게 예산의 범위에서 수당을 지급할 수 있다.

⑤ 해양경찰청장 및 제주특별자치도지사도 제2항부터 제4항까지의 규정을 따라야 한다. 〈개정 2014. 11. 19., 2017. 7. 26.〉

제14조(발달장애인 대상 범죄 방지) ① 국가와 지방자치단체는 발달장애인에 대한 다음 각 호의 범죄(이하 "유기등"이라 한다)를 예방하고 근절하기 위한 대책을 마련하여 추진하여야 한다.

1. 「형법」 제271조에 따른 유기 또는 존속유기
2. 「형법」 제273조에 따른 학대 또는 존속학대
3. 「형법」 제287조부터 제292조까지에 따른 약취, 유인, 인신매매, 상해 · 치상, 살인 · 치사, 수수 · 은닉 등
4. 「성폭력범죄의 처벌 등에 관한 특례법」 제2조에 따른 성폭력범죄
5. 「아동학대범죄의 처벌 등에 관한 특례법」 제2조제4호의 아동학대범죄
6. 그 밖에 발달장애인에게 특히 빈번하게 발생하는 범죄로서 대통령령으로 정하는 범죄

② 경찰청장, 해양경찰청장 및 제주특별자치도지사는 발달장애인에 대한 유기등의 발생 사례가 없는지 소속 경찰공무원 · 자치경찰공무원에게 관할 지역을 정기적으로 탐문하고 조사하도록 하여야 한다. 〈개정 2014. 11. 19., 2017. 7. 26.〉

제15조(신고의무) ① 누구든지 발달장애인에 대한 유기등의 발생 사실을 알게 된 경우에는 발달장애인지원센터 또는 수사기관에 신고할 수 있다.

② 다음 각 호의 어느 하나에 해당하는 사람은 그 직무상 발달장애인에 대한 유기등의 발생 사실을 알게 된 경우에는 즉시 발달장애인지원센터 또는 수사기관에 신고하여야 한다. 〈개정 2016. 5. 29.〉

1. 「사회복지사업법」 제34조에 따른 사회복지시설의 장과 그 종사자
2. 「장애인활동 지원에 관한 법률」 제16조에 따른 활동지원인력, 같은 법 제20조에 따른 활동지원기관의 장과 그 종사자
3. 「의료법」 제2조제1항의 의료인과 같은 법 제3조제1항의 의료기관의 장
4. 「의료기사 등에 관한 법률」 제1조의2제1호의 의료기사
5. 「응급의료에 관한 법률」 제36조에 따른 응급구조사
6. 「소방기본법」 제34조에 따른 구조대 및 구급대의 대원
7. 「정신건강증진 및 정신질환자 복지서비스 지원에 관한 법률」 제3조제3호에 따른 정신건강복지센터의 장과 그 종사자
8. 「영유아보육법」 제10조 각 호의 어린이집의 원장 등 보육교직원
9. 「유아교육법」 제20조에 따른 유치원의 교직원 및 같은 법 제23조에 따른 유치원의 강사, 기간제 교사 또는 명예교사 등
10. 「초 · 중등교육법」 제19조에 따른 교직원, 같은 법 제19조의2에 따른 전문상담교사 및 같은 법 제22조에 따른 산학겸임교사 · 명예교사 또는 강사 등
11. 「학원의 설립 · 운영 및 과외교습에 관한 법률」 제6조에 따른 학원의 운영자와 그 종사자 및 같은 법 제14조에 따른 교습소의 교습자 등 종사자
12. 「성폭력방지 및 피해자보호 등에 관한 법률」 제10조에 따른 성폭력피해상담소의 장과 그 종사자 및 같은 법 제12조에 따른 성폭력피해자보호시설의 장과 그 종사자
13. 「성매매방지 및 피해자보호 등에 관한 법률」 제9조에 따른 지원시설의 장과 그 종사자 및 같은 법 제17조에 따른 성매매피해상담소의 장과 그 종사자
14. 「가정폭력방지 및 피해자보호 등에 관한 법률」 제5조에 따른 가정폭력 관련 상담소의 장과 그 종사자 및 같은 법 제7조의2에 따른 가정폭력피해자 보호시설의 장과 그 종사자
15. 「건강가정기본법」 제35조에 따른 건강가정지원센터의 장과 건강가정사 등 그 종사자
16. 「노인장기요양보험법」 제2조제5호의 장기요양요원

③ 관계 중앙행정기관의 장은 보건복지부령으로 정하는 바에 따라 제2항 각 호에 해당하는 사람의 자격 취득 과정이나 보수교육 과정 등에 발달장애인에 대한 유기등에 대한 신고의무와 관련된 교육 내용을 포함하도록 하여야 한다.

④ 발달장애인지원센터 또는 수사기관의 장이나 직원은 제1항 및 제2항에 따른 신고인의 인적 사항 또는

신고인임을 미루어 알 수 있는 사실을 다른 사람에게 알려주거나 공개하여서는 아니 된다.

제16조(현장조사) ① 발달장애인에 대한 유기등의 신고를 접수한 발달장애인지원센터의 직원이나 사법경찰관리는 지체 없이 그 현장에 출동하여야 한다. 이 경우 발달장애인지원센터의 장이나 수사기관의 장은 서로 발달장애인에 대한 유기등의 현장에 동행하여 줄 것을 요청할 수 있고 요청받은 발달장애인지원센터의 장이나 수사기관의 장은 정당한 사유가 없으면 그 소속 직원이나 사법경찰관리가 동행하도록 조치하여야 한다.

② 제15조에 따른 신고를 접수한 발달장애인지원센터의 직원이나 사법경찰관리는 발달장애인에 대한 유기등의 행위가 행하여지고 있는 것으로 신고된 현장에 출입하여 발달장애인 또는 유기등 행위자 등 관계인에 대하여 조사를 하거나 질문을 할 수 있다. 이 경우 발달장애인지원센터의 직원은 그 발달장애인의 보호를 위한 범위에서만 조사 또는 질문을 할 수 있다.

③ 제2항에 따라 조사 또는 질문을 하는 발달장애인지원센터의 직원이나 사법경찰관리는 그 권한을 표시하는 증표를 지니고 이를 관계인에게 보여 주어야 한다.

④ 누구든지 발달장애인지원센터의 직원이나 사법경찰관리가 제1항 및 제2항에 따른 업무를 수행할 때에 폭행이나 협박을 하거나 현장조사를 거부하는 등 업무수행을 방해하는 행위를 하여서는 아니 된다.

제17조(보호조치 등) ① 발달장애인지원센터의 장은 발달장애인에 대한 유기등이 발생하였다고 믿을 만한 상당한 이유가 있고, 발달장애인을 그 가해자로 추정되는 사람으로부터 격리하거나 치료할 필요가 있는 경우 발달장애인을 임시로 보호하기 위하여 제4항에 따라 지정된 쉼터(이하 "위기발달장애인쉼터"라 한다) 또는 의료기관에 인도하는 등 발달장애인이 안전한 곳에서 보호받을 수 있도록 조치하여야 한다.

② 발달장애인지원센터의 장은 제1항에 따라 발달장애인을 격리하여 보호하는 경우 그 사실을 관할 특별시장 · 광역시장 · 특별자치시장 · 도지사 · 특별자치도지사(이하 "시 · 도지사"라 한다) 또는 시장 · 군수 · 구청장(자치구의 구청장을 말한다. 이하 같다)에게 즉시 통보하여야 하고, 그 격리기간은 7일을 넘을 수 없다. 다만, 대통령령으로 정하는 사유가 있는 경우에는 시 · 도지사 또는 시장 · 군수 · 구청장의 사전 승인을 받아 7일 이내에서 이를 연장할 수 있다.

③ 발달장애인지원센터의 장은 제2항에 따른 격리기간이 끝나기 전에 대통령령으로 정하는 바에 따라 피해 발달장애인의 복리를 위하여 「장애인복지법」 제60조의2, 「성폭력방지 및 피해자보호 등에 관한 법률」 제15조 또는 「가정폭력방지 및 피해자보호 등에 관한 법률」 제7조의3에 따른 시설 입소를 통한 보호조치를 시 · 도지사 또는 시장 · 군수 · 구청장에게 의뢰할 수 있다.

④ 위기발달장애인쉼터는 보건복지부령으로 정하는 바에 따라 「장애인복지법」 제58조제1항제1호의 장애인 거주시설 중에서 지정하여 운영하여야 한다.

⑤ 국가와 지방자치단체는 예산의 범위에서 제1항부터 제4항까지의 보호조치를 수행하는 데 필요한 경비의 전부 또는 일부를 지원할 수 있다.

제3장 복지지원 및 서비스

제18조(복지서비스의 신청) ① 발달장애인은 다음 각 호의 복지지원 및 서비스(이하 "복지서비스"라 한다), 「사회보장기본법」 제3조에 따른 사회보험, 공공부조 및 사회서비스를 스스로 신청하여야 한다. 〈개정 2021. 6. 8.〉

1. 「장애인복지법」 제55조 및 「장애인활동 지원에 관한 법률」에 따른 활동지원급여
2. 「장애아동 복지지원법」 제21조에 따른 발달재활서비스지원, 같은 법 제23조에 따른 가족지원, 같은 법 제24조에 따른 돌봄 및 일시적 휴식지원 서비스지원, 같은 법 제25조에 따른 지역사회 전환 서비스지원 및 같은 법 제26조에 따른 문화 · 예술 등 복지지원
3. 제24조에 따른 재활 및 발달 지원, 제27조에 따른 문화 · 예술 · 여가 · 체육 활동 등 지원, 제29조의2에 따른 주간활동 · 방과 후 활동 지원, 제31조에 따른 보호자에 대한 상담지원 및 제32조에 따른 휴식지원 등
4. 그 밖에 보건복지부장관이 정하는 서비스

② 발달장애인이 의사를 결정할 능력이 충분하지 아니하다고 판단할 만한 상당한 이유가 있는 경우에는 보호자가 제1항에 따른 신청을 할 수 있다. 이 경우 보호자의 신청은 발달장애인의 신청으로 본다.

③ 제2항에도 불구하고 보호자가 제1항에 따른 신청을 하지 아니하는 경우 「사회보장급여의 이용 · 제공 및 수급권자 발굴에 관한 법률」 제43조에 따른 사회복지전담공무원(이하 "사회복지전담공무원"이라 한다)은 발달장애인에 대한 복지지원이 누락되지 아니하도록 하기 위하여 발달장애인의 동의를 받아 관할 지역에 거주하는 발달장애인에 대한 복지서비스를 직권으로 신청할 수 있다. 다만, 발달장애인이 심신미약 또는 심신상실인 경우 등 대통령령으로 정하는 경우에는 발달장애인의 동의를 생략할 수 있다. 〈개정 2021. 6. 8.〉

④ 사회복지전담공무원은 제3항 단서에 따라 발달장애인의 동의 없이 복지서비스를 직권으로 신청한 경우 그 사실을 특별자치시장 · 특별자치도지사 · 시장 · 군수 · 구청장에게 지체 없이 보고하여야 한다. 〈신설 2021. 6. 8.〉

⑤ 제3항에 따른 사회복지전담공무원의 신청은 발달장애인의 신청으로 본다. 〈신설 2021. 6. 8.〉
⑥ 제1항부터 제3항까지에 따른 신청을 하는 경우 신청자는 해당 발달장애인 개인의 특성을 고려한 복지서비스를 제공받을 수 있도록 개인별 복지서비스에 관한 제공계획(이하 "개인별지원계획"이라 한다)을 수립하여 줄 것을 특별자치시장 · 특별자치도지사 · 시장 · 군수 · 구청장에게 신청할 수 있다. 〈개정 2021. 6. 8.〉
⑦ 제1항부터 제6항까지에 따른 복지서비스의 대상, 복지서비스 및 개인별지원계획의 신청 방법 및 절차 등에 필요한 사항은 보건복지부령으로 정한다. 〈개정 2021. 6. 8.〉

제19조(개인별지원계획의 수립) ①특별자치시장 · 특별자치도지사 · 시장 · 군수 · 구청장은 개인별지원계획의 수립을 신청받은 경우 대상자 선정 여부 및 복지서비스 내용을 결정하여 제33조제2항에 따른 지역발달장애인지원센터(이하 "지역발달장애인지원센터"라 한다)의 장에게 개인별지원계획의 수립을 의뢰하여야 한다.
② 지역발달장애인지원센터의 장은 개인별지원계획의 수립을 의뢰 받은 경우 제1항에 따라 결정된 복지서비스의 범위에서 발달장애인 및 그 가족의 특성을 고려하여 복지서비스의 내용, 방법 등이 포함된 개인별지원계획을 수립하여야 한다.
③ 개인별지원계획을 수립할 때에는 발달장애인에게 적합한 의사소통의 방식으로 의견진술의 기회가 충분히 제공되어야 한다.
④ 지역발달장애인지원센터의 장은 복지서비스 대상자에 대하여 수립된 개인별지원계획의 승인을 특별자치시장 · 특별자치도지사 · 시장 · 군수 · 구청장에게 요청하여야 하며, 개인별지원계획은 특별자치시장 · 특별자치도지사 · 시장 · 군수 · 구청장의 적합성 심사를 거쳐 승인을 얻은 경우 효력을 가진다.
⑤ 지역발달장애인지원센터의 장은 개인별지원계획의 적합성 심사 결과를 발달장애인 및 그 보호자에게 통보하여야 한다.
⑥ 개인별지원계획을 통보받은 발달장애인과 그 보호자는 발달장애인의 복지 욕구를 고려하여 개인별지원계획의 변경 · 수정을 지역발달장애인지원센터의 장에게 신청할 수 있다.
⑦ 개인별지원계획을 변경 · 수정하는 경우에는 제4항과 제5항의 절차를 따른다.
⑧ 제1항부터 제7항까지에 따른 개인별지원계획 수립의 의뢰 방법 및 절차, 수립 방법 및 내용, 승인통보 · 신청 · 변경 · 수정 방법 및 절차 등에 필요한 사항은 보건복지부령으로 정한다.

제20조(발달장애인과 복지서비스 제공기관 등의 연계) ① 지역발달장애인지원센터의 장은 특별자치시장 · 특별자치도지사 · 시장 · 군수 · 구청장에 의하여 복지서비스 대상자로 선정된 발달장애인과 그 가족에게 개인별지원계획에 따라 복지서비스 제공기관 등을 연계하여야 한다.
② 지역발달장애인지원센터의 장은 복지서비스 대상자와 복지서비스 제공기관 등을 연계할 때에는 복지서비스 대상자에게 복지서비스 제공시간 및 방법 · 비용부담 등 관련 정보를 제공하여야 한다.
③ 제2항에 따라 제공하여야 하는 관련 정보의 제공방법 및 범위 등에 필요한 사항은 보건복지부령으로 정한다.

제21조(계좌의 관리 등) ① 발달장애인이 지급받을 복지지원이 현금으로 지급되는 경우에는 그의 명의로 개설된 예금계좌로 입금하여야 하며, 예금의 인출 및 다른 계좌로의 이체 등 관리도 발달장애인 스스로 하여야 한다.
② 발달장애인에게 의사를 결정할 능력이 충분하지 아니하다고 판단할 만한 상당한 이유가 있는 경우에는 보호자가 제1항에 따른 계좌 관리를 대행할 수 있으며 보호자가 없는 경우에는 지방자치단체의 장이 발달장애인을 대신하여 계좌를 관리할 사람(이하 "계좌관리인"이라 한다)을 지정할 수 있다.
③ 계좌관리인의 자격 및 지정 절차 등에 필요한 사항은 보건복지부령으로 정한다.

제22조(계좌 관리의 점검 등) ① 지방자치단체의 장은 보건복지부장관이 정하는 바에 따라 발달장애인의 보호자 및 계좌관리인이 발달장애인의 계좌를 발달장애인의 이익을 위하여 적절하게 관리하는지 점검할 수 있다. 다만, 제2조제2호나목 또는 라목에 해당하는 보호자와 계좌관리인의 경우에는 그 계좌 관리를 점검하여야 한다.
② 지방자치단체의 장이 제1항에 따른 점검을 하는 때에는 통장 등 필요한 자료의 열람 또는 제출을 요구할 수 있으며, 필요한 질문을 할 수 있다. 이 경우 발달장애인의 보호자 및 계좌관리인은 점검에 협조하여야 하며 통장 등 필요한 자료의 열람 또는 제출 요구 등에 따라야 한다.
③ 지방자치단체의 장은 현금으로 지급된 복지지원이 발달장애인의 의사에 반하거나 발달장애인의 이익을 위하여 관리되고 있지 아니하다고 판단되는 경우 사실관계를 조사하여 계좌관리인을 변경하거나 후견인을 선임하도록 하는 등 필요한 조치를 하여야 한다.
④ 제1항부터 제3항까지에 따른 계좌 관리, 점검의 절차 · 대상 · 내용, 조치방법 등에 필요한 사항은 보건복지부령으로 정한다.

제23조(조기진단 및 개입) ① 국가와 지방자치단체는 발달장애인의 장애를 조기에 발견하기 위하여 검사도구의 개발, 영유아를 둔 부모에 대한 정보제공 및 홍보 등 필요한 정책을 적극적으로 강구하여야 한다.

② 보건복지부장관은 발달장애가 의심되는 영유아에 대하여 발달장애 정밀진단 비용을 지원할 수 있다.
③ 제2항에 따른 지원 대상, 지원의 내용 등에 필요한 사항은 보건복지부령으로 정한다.

제24조(재활 및 발달 지원) ① 국가와 지방자치단체는 발달장애인이 자신의 장애에도 불구하고 잠재적인 능력을 최대한 계발할 수 있도록 발달장애인에게 적절한 재활치료와 발달재활서비스 등을 제공하도록 노력하여야 한다.
② 보건복지부장관은 발달장애의 원인규명과 치료 및 행동문제 등의 완화를 위한 연구 및 의료 지원체계를 구축하여야 한다.
③ 국가와 지방자치단체는 발달장애인의 특성과 요구에 맞는 체계적이고 효율적인 의료지원을 위하여 발달장애인 거점병원을 지정할 수 있다.
④ 국가와 지방자치단체는 자해 · 공격 등 행동문제로 인하여 일상생활에 곤란을 겪는 발달장애인을 전문적으로 지원하기 위하여 대통령령으로 정하는 바에 따라 행동발달증진센터를 설치 · 운영할 수 있다.
⑤ 국가와 지방자치단체는 예산의 범위에서 제1항부터 제4항까지의 사업을 수행하는 데 필요한 경비의 전부 또는 일부를 지원할 수 있다.
⑥ 제3항에 따른 거점병원의 지정 및 제4항에 따른 행동발달증진센터의 설치 · 운영 등에 필요한 사항은 보건복지부령으로 정한다.

제25조(고용 및 직업훈련 지원) ① 국가와 지방자치단체는 발달장애인이 자신의 능력을 최대한 활용하여 직업생활을 영위할 수 있도록 필요한 조치를 강구하여야 한다.
② 보건복지부장관은 장애의 정도가 심한 발달장애인의 능력과 특성에 적합한 직업훈련을 지원하기 위하여 발달장애인에 특화된 직업훈련을 하는 직업재활시설을 설치 · 운영할 수 있다.
③ 제2항에 따른 직업재활시설의 설치 · 운영에 필요한 사항은 보건복지부령으로 정한다.

제26조(평생교육 지원) ① 국가와 지방자치단체는 발달장애인에게 「교육기본법」 제3조 및 제4조에 따른 평생교육의 기회가 충분히 부여될 수 있도록 특별자치시 · 특별자치도 · 시 · 군 · 구(자치구를 말한다. 이하 같다)별로 「평생교육법」 제2조제2호의 평생교육기관을 지정하여 발달장애인을 위한 교육과정을 적절하게 운영하도록 조치하여야 한다.
② 제1항에 따른 평생교육기관의 지정 기준과 절차, 발달장애인을 위한 교육과정의 기준, 교육제공인력의 요건 등은 교육부장관이 보건복지부장관과 협의하여 정한다.
③ 국가와 지방자치단체는 제1항에 따라 지정된 평생교육기관에 대하여 예산의 범위에서 발달장애인을 위한 교육과정의 운영에 필요한 경비의 전부 또는 일부를 지원할 수 있다.

제27조(문화 · 예술 · 여가 · 체육 활동 등 지원) ① 국가와 지방자치단체는 발달장애인이 영화, 전시관, 박물관 및 국가 · 지방자치단체 등이 개최하는 각종 행사 등을 관람 · 참여 · 향유할 수 있도록 발달장애인을 지원할 수 있다.
② 국가와 지방자치단체는 발달장애인의 문화 · 예술 · 여가 · 체육 활동을 장려하기 위하여 발달장애인의 특성과 흥미에 적합한 방식으로 설계된 시설, 놀이기구, 프로그램 및 그 밖의 장비 등을 지원할 수 있다.
③ 국가와 지방자치단체는 발달장애인의 생활체육을 활성화시키기 위하여 생활체육 행사 및 생활체육 관련 단체를 지원할 수 있다.
④ 제1항부터 제3항까지에서 규정한 사항 외에 문화 · 예술 · 여가 · 체육 활동 등 지원을 위하여 필요한 사항은 대통령령으로 정한다.

제28조(소득보장) 국가와 지방자치단체는 발달장애인의 특수한 어려움을 고려하여 발달장애인이 적정한 생활수준을 유지할 수 있도록 장애인 연금제도 등 관련 장애인 복지제도의 개선을 위하여 노력하여야 한다.

제29조(거주시설 · 돌봄 지원) ① 국가와 지방자치단체는 발달장애인의 특성에 맞는 거주시설 지원을 위하여 필요한 시책을 강구하여야 한다.
② 삭제 〈2021. 6. 8.〉
③ 국가와 지방자치단체는 발달장애인과 그 가족의 특성과 요구에 따른 돌봄 지원을 제공하기 위하여 노력하여야 한다.
[제목개정 2021. 6. 8.]

제29조의2(주간활동 · 방과 후 활동 지원) ① 국가와 지방자치단체는 발달장애인의 낮 시간 활동 및 지역사회 참여를 효과적으로 지원하기 위하여 주간활동서비스를 제공할 수 있다.
② 국가와 지방자치단체는 청소년 발달장애학생의 방과 후 활동을 지원하고 그 가족의 양육부담을 경감하기 위하여 청소년 발달장애학생 방과 후 활동서비스를 제공할 수 있다.
③ 제1항 및 제2항에 따른 주간활동서비스 및 청소년 발달장애학생 방과 후 활동서비스의 내용 · 방법 등 필요한

사항은 보건복지부령으로 정한다.
[본조신설 2021. 6. 8.]

제4장 발달장애인 가족 및 보호자 지원

제30조(보호자에 대한 정보제공과 교육) ① 국가와 지방자치단체는 발달장애인의 보호자가 발달장애인을 적절하게 보호 및 양육하는 데 필요한 정보를 제공하거나 관련 교육을 할 수 있다.
② 국가와 지방자치단체는 발달장애인의 건전한 성가치관 형성과 성범죄 예방을 위하여 발달장애인과 그 보호자를 대상으로 성교육을 실시할 수 있다. 〈신설 2019. 12. 3.〉
③ 제1항에 따라 제공하는 정보와 교육 및 제2항에 따라 실시하는 성교육의 내용과 방법 등에 필요한 사항은 보건복지부령으로 정한다. 〈개정 2019. 12. 3.〉
④ 국가와 지방자치단체는 예산의 범위에서 제1항에 따른 정보제공과 교육 및 제2항에 따른 성교육의 실시에 필요한 경비의 전부 또는 일부를 지원할 수 있다. 〈개정 2019. 12. 3.〉

제31조(보호자에 대한 상담지원) ① 국가와 지방자치단체는 발달장애인과 동거하는 보호자에게 전문적인 심리상담 서비스를 제공할 수 있다.
② 제1항에 따라 제공하는 심리상담 서비스의 내용과 방법 등에 필요한 사항은 보건복지부령으로 정한다.
③ 국가와 지방자치단체는 예산의 범위에서 제1항에 따른 심리상담 서비스에 필요한 경비의 전부 또는 일부를 지원할 수 있다.

제32조(휴식지원 등) ① 국가와 지방자치단체는 발달장애인 가족의 일상적인 양육부담을 경감하고 보호자의 정상적인 사회활동을 돕기 위하여 돌봄 및 일시적 휴식 지원 서비스를 제공할 수 있다.
② 국가와 지방자치단체는 발달장애인의 형제·자매로서 발달장애인이 아닌 아동 및 청소년이 건전하게 성장할 수 있도록 이들의 정서발달과 심리적 부담 해소 등을 위한 프로그램 운영을 지원할 수 있다.
③ 제1항 및 제2항에 따른 지원을 제공할 때에는 발달장애인 가족의 경제적 능력 등을 고려하여 지원할 대상 및 내용을 결정할 수 있다.
④ 제1항 및 제2항에 따른 지원의 대상·기준 및 방법 등에 필요한 사항은 보건복지부령으로 정한다.

제5장 발달장애인지원센터 등

제33조(발달장애인지원센터) ① 보건복지부장관은 제4조에 따른 책무를 효과적으로 수행하고 발달장애인에 대한 통합적 지원체계를 마련하기 위하여 중앙발달장애인지원센터를 설치하여야 한다.
② 시·도지사는 발달장애인의 권리보호 활동, 당사자와 그 가족에 대한 상담 등을 담당하는 지역발달장애인지원센터를 특별시·광역시·특별자치시·도·특별자치도에 설치하여야 한다. 이 경우 시·도지사는 필요성을 고려하여 지역발달장애인지원센터를 시·군·구에 설치할 수 있다.
③ 시·도지사는 지역발달장애인지원센터를 시·군·구에 설치하는 경우 둘 이상의 시·군·구를 통합하여 하나의 지역발달장애인지원센터를 설치·운영할 수 있다. 이 경우 시·도지사는 지역발달장애인지원센터의 설치·운영에 필요한 비용을 관할 구역의 발달장애인 수 등을 고려하여 시장·군수·구청장에게 공동으로 부담하게 할 수 있다.
④ 제1항 및 제2항에 따른 발달장애인지원센터의 설치기준과 운영, 직원의 자격과 배치기준 및 절차 등에 필요한 사항은 보건복지부령으로 정한다.
⑤ 발달장애인지원센터는 발달장애인(보호자를 포함한다)이 참여하는 운영위원회를 구성·운영할 수 있다.
⑥ 제5항에 따른 운영위원회 설치·운영에 필요한 사항은 보건복지부령으로 정한다.
⑦ 국가와 지방자치단체는 예산의 범위에서 발달장애인지원센터의 설치 및 운영에 필요한 경비의 전부 또는 일부를 지원할 수 있다.

제34조(발달장애인지원센터의 임무) ① 중앙발달장애인지원센터는 다음 각 호의 업무를 수행한다.
1. 발달장애인에 대한 연구수행 지원
2. 발달장애인이 이용 가능한 복지정보 데이터베이스 구축 및 정보 제공
3. 발달장애인 가족 및 관련 서비스 종사자에 대한 지침·편람 마련 및 교육지원
4. 발달장애인에 대한 인식개선 홍보
5. 발달장애인 지원 프로그램 개발
6. 지역발달장애인지원센터의 지원
7. 제9조제3항에 따른 후견인 후보자의 추천

8. 발달장애인 권리침해의 모니터링 및 권리구제의 지원
9. 그 밖에 보건복지부장관이 필요하다고 인정하는 사항
② 지역발달장애인지원센터는 다음 각 호의 업무를 수행한다. 〈개정 2020. 4. 7.〉
1. 발달장애인에 대한 개인별지원계획의 수립
2. 발달장애인을 위한 복지지원 정보의 제공 및 연계
3. 발달장애인 가족 및 관련 서비스 종사자에 대한 교육지원
4. 발달장애인에게 서비스를 제공하는 기관에 대한 정보의 축적 및 관리
5. 발달장애 조기 발견과 발달장애인에 대한 인식개선을 위한 지역사회 홍보
6. 발달장애인 및 그 가족에 대한 상담지원
7. 발달장애인 주간활동 서비스 및 청소년 발달장애학생 방과 후 활동서비스 사업 지원
8. 제2조제2호라목에 따른 보호자에 대한 감독
9. 제9조에 따라 선임된 후견인에 대한 감독지원 및 후견업무의 지원
10. 제16조 및 제17조에 따른 현장조사 및 보호조치 등 발달장애인의 권리구제 지원
11. 그 밖에 보건복지부장관이 필요하다고 인정하는 사항
③ 발달장애인지원센터에는 대통령령으로 정하는 자격을 가진 특수교사, 사회복지사, 변호사 등 필요한 인력을 적절히 배치하여 발달장애인이 복지 및 법률 서비스를 받을 수 있도록 노력하여야 한다.
④ 발달장애인지원센터는 발달장애인 동료에 대한 상담 및 교육 등의 역할을 수행할 수 있는 발달장애인을 채용할 수 있다.
⑤ 제3항 및 제4항에 따른 인력 배치 및 채용 등에 필요한 사항은 보건복지부령으로 정한다.

제35조(관계 기관의 협조) ① 지역발달장애인지원센터는 다음 각 호의 기관의 장에게 발달장애인에 대한 서비스 제공 현황 등 관련 정보의 제공을 요청할 수 있다. 이 경우 협조 요청을 받은 기관의 장은 특별한 사유가 없으면 이에 따라야 한다. 〈개정 2015. 12. 29., 2021. 6. 8.〉
1. 제25조제2항에 따라 설치 · 운영되는 직업재활시설
2. 제26조제1항에 따라 지정되어 발달장애인을 위한 교육과정을 운영하는 평생교육기관
3. 제29조의2 및 제30조부터 제32조까지에 따른 서비스를 제공하는 기관
4. 「장애인복지법」 제58조에 따른 장애인복지시설
5. 「장애아동 복지지원법」 제21조제3항에 따라 지정된 발달재활서비스 제공기관
6. 「장애아동 복지지원법」 제24조에 따른 돌봄 및 일시적 휴식지원 서비스를 제공하는 기관
7. 「장애인활동 지원에 관한 법률」 제2조제6호의 활동지원기관
8. 「장애인고용촉진 및 직업재활법」 제9조에 따른 장애인 직업재활 실시 기관
9. 「영유아보육법」 제2조제3호의 어린이집
10. 「유아교육법」 제2조제2호의 유치원
11. 「초 · 중등교육법」 제2조 각 호의 학교
12. 「노숙인 등의 복지 및 자립지원에 관한 법률」 제16조제1항제1호부터 제4호까지에 따른 노숙인복지시설
13. 그 밖에 보건복지부령으로 정하는 기관
② 제1항에 따라 각 기관별로 제공을 요청할 수 있는 정보의 내용, 제공방법 등에 필요한 사항은 보건복지부령으로 정한다.

제36조(발달장애인지원정보시스템의 구축 및 운영) 보건복지부장관은 이 법의 시행에 필요한 각종 자료 및 정보의 효율적인 처리와 기록 및 관리 업무의 전산화를 위하여 대통령령으로 정하는 바에 따라 발달장애인지원정보시스템을 구축 · 운영할 수 있다.

제37조(서비스의 제공 등) ① 국가와 지방자치단체는 제29조의2 및 제30조부터 제32조까지의 규정에 따라 서비스를 제공할 경우 「사회서비스 이용 및 이용권 관리에 관한 법률」 제2조제2호의 사회서비스이용권으로 제공할 수 있다. 〈개정 2021. 6. 8.〉
② 보건복지부장관은 제1항에 따라 사회서비스이용권을 제공하는 경우 「사회서비스 이용 및 이용권 관리에 관한 법률」 제16조에도 불구하고 서비스 제공을 위한 전문 인력의 수급 상황, 제공기관 현황과 서비스 수요자의 규모 등을 고려하여 소재지를 관할하는 특별자치시장 · 특별자치도지사 · 시장 · 군수 · 구청장(이하 "지정권자"라 한다)으로 하여금 사회서비스이용권을 통하여 서비스를 제공하는 기관 등을 지정하게 할 수 있다.
③ 제1항 및 제2항에 따른 사회서비스이용권의 제공 방법 및 절차, 서비스제공기관의 지정 기준 및 절차 등에 필요한 사항은 보건복지부령으로 정한다.

제38조(서비스제공기관의 변경지정 등) ① 제37조제2항에 따라 서비스를 제공하도록 지정받은 기관 등(이하 "서비스제공기관"이라 한다)의 장은 보건복지부령으로 정하는 중요사항을 변경하려는 경우 보건복지부장관이

정하는 바에 따라 지정권자의 변경지정을 받아야 한다.

② 서비스제공기관이 폐업 또는 휴업하려는 경우에는 폐업 또는 휴업 예정일 전 30일까지 지정권자에게 신고하여야 하며 신고를 받은 지정권자는 인근 지역에 대체할 서비스제공기관이 없는 등 서비스 제공에 중대한 차질이 우려되는 경우에는 서비스제공기관의 폐업 또는 휴업 철회를 권고하거나 그 밖의 다른 조치를 마련하여야 한다.

③ 서비스제공기관의 지정권자는 서비스제공기관이 다음 각 호의 어느 하나에 해당하는 경우에는 6개월의 범위에서 업무를 정지하거나 그 지정을 취소할 수 있다. 다만, 제1호에 해당하는 경우에는 지정을 취소하여야 한다.

1. 거짓이나 그 밖의 부정한 방법으로 지정을 받은 경우
2. 제37조제2항 및 제3항에 따른 시설 및 인력 기준 등 지정기준에 맞지 아니하게 된 경우
3. 제40조에 따른 자료의 제출과 보고 요구를 거부 · 방해 · 기피하거나 거짓 자료를 제출하거나 관계 공무원의 조사에 협조하지 아니한 경우
4. 거짓이나 그 밖의 부정한 방법으로 서비스 제공 비용을 청구한 경우
5. 서비스 제공과 관련한 개인정보를 본인의 동의 없이 누설한 경우

④ 제3항에 따라 지정취소를 받은 자는 그 처분을 받은 날부터 2년 이내의 범위에서 대통령령으로 정하는 기간 동안 서비스제공기관으로 다시 지정될 수 없다.

⑤ 제3항에 따른 행정처분의 세부적인 기준 및 절차 등에 필요한 사항은 보건복지부령으로 정한다.

제38조의2(서비스의 관리 · 평가) ① 국가와 지방자치단체는 서비스제공기관이 제37조제3항에 따른 사회서비스이용권의 제공 방법 및 절차 등에 따라 적정하게 서비스를 제공하였는지를 평가한 후 그 결과를 공개하는 등 필요한 조치를 할 수 있다.

② 국가와 지방자치단체는 서비스제공기관이 제공하는 서비스의 내용을 지속적으로 관리 · 평가하여 그 수준을 향상시킬 수 있도록 노력하여야 한다.

③ 제1항에 따른 서비스 제공 평가 및 평가 결과 공개의 절차 · 방법 등에 필요한 사항은 보건복지부령으로 정한다.

[본조신설 2021. 6. 8.]

제6장 보칙

제39조(지도와 감독) 보건복지부장관, 시 · 도지사 또는 시장 · 군수 · 구청장은 발달장애인에 대한 서비스의 원활한 제공을 위하여 서비스제공기관에 대하여 필요한 지도와 감독을 할 수 있다.

제40조(보고와 검사) ① 보건복지부장관, 시 · 도지사 또는 시장 · 군수 · 구청장은 서비스제공기관의 장으로 하여금 필요한 자료제출과 보고를 하게 할 수 있으며, 관계 공무원으로 하여금 운영 상황을 조사하게 하거나 장부와 그 밖의 서류를 검사하게 할 수 있다.

② 제1항에 따라 관계 공무원이 그 직무를 수행할 때에는 그 권한을 표시하는 증표를 지니고 이를 관계인에게 보여 주어야 한다.

제41조(위임 · 위탁) ① 이 법에 따른 보건복지부장관과 시 · 도지사의 권한은 대통령령으로 정하는 바에 따라 소속 기관의 장, 시 · 도지사 또는 시장 · 군수 · 구청장에게 그 일부를 위임할 수 있다.

② 보건복지부장관과 시 · 도지사는 「공공기관의 운영에 관한 법률」 제4조에 따른 공공기관 중 대통령령으로 정하는 기관에 발달장애인지원센터의 운영을 위탁할 수 있다. 이 경우 발달장애인지원센터는 「장애아동복지지원법」 제8조에 따른 중앙장애아동지원센터 또는 같은 법 제9조에 따른 지역장애아동지원센터와 통합하여 운영하도록 할 수 있다. 〈개정 2020. 12. 29.〉

③ 보건복지부장관은 보건복지부령으로 정하는 바에 따라 「공공기관의 운영에 관한 법률」 제4조에 따른 공공기관을 지정하여 제25조제2항에 따른 직업재활시설의 운영을 위탁할 수 있다. 〈신설 2020. 12. 29.〉

④ 시 · 도지사, 시장 · 군수 · 구청장은 위기발달장애인쉼터의 운영 및 제22조에 따른 계좌 관리의 점검을 지역발달장애인지원센터의 장에게 위탁할 수 있다. 〈개정 2020. 12. 29.〉

⑤ 보건복지부장관은 「공공기관의 운영에 관한 법률」 제4조에 따른 공공기관 중 대통령령으로 정하는 기관에 제36조에 따른 발달장애인지원정보시스템의 구축 · 운영을 위탁할 수 있다. 〈개정 2020. 12. 29.〉

⑥ 국가와 지방자치단체는 제38조의2에 따른 서비스 관리 · 평가를 그 업무 수행에 필요한 전문인력과 시설을 갖춘 기관으로서 대통령령으로 정하는 기관에 위탁할 수 있다. 〈신설 2021. 6. 8.〉

제7장 벌칙

제42조(벌칙) 다음 각 호의 어느 하나에 해당하는 자는 1년 이하의 징역 또는 1천만원 이하의 벌금에 처한다. 〈개정 2021. 6. 8.〉

1. 거짓이나 그 밖의 부정한 방법으로 제23조부터 제27조까지, 제29조의2 및 제30조부터 제32조까지에 규정된 서비스 또는 지원을 받거나 다른 사람으로 하여금 이를 받게 한 자
2. 제15조제4항을 위반하여 신고인의 인적사항 또는 신고인임을 미루어 알 수 있는 사실을 다른 사람에게 알려주거나 공개 또는 보도한 발달장애인지원센터의 장 또는 직원

제43조(양벌규정) 법인의 대표자나 법인 또는 개인의 대리인, 사용인, 그 밖의 종업원이 그 법인 또는 개인의 업무에 관하여 제42조제1호 또는 제2호의 위반행위를 하면 그 행위자를 벌하는 외에 그 법인 또는 개인에게도 해당 조문의 벌금형을 과(科)한다. 다만, 법인 또는 개인이 그 위반행위를 방지하기 위하여 해당 업무에 관하여 상당한 주의와 감독을 게을리하지 아니한 경우에는 그러하지 아니하다.

제44조(과태료) ① 다음 각 호의 어느 하나에 해당하는 자에게는 300만원 이하의 과태료를 부과한다.

1. 제15조제2항을 위반하여 발달장애인에 대한 유기등을 신고하지 아니한 사람
2. 정당한 사유 없이 제16조제4항을 위반하여 현장조사를 거부·기피하는 등 업무 수행을 방해한 사람
3. 제22조제2항을 위반하여 지방자치단체의 장에 대하여 계좌 관리 상황과 관련한 자료열람 또는 제출을 거부하거나 거짓으로 한 발달장애인의 보호자 및 계좌관리인
4. 제38조제1항을 위반하여 변경지정을 받지 아니한 자
5. 제38조제2항을 위반하여 폐업·휴업 시 신고하지 아니한 자 또는 거짓으로 신고한 자
6. 정당한 사유 없이 제40조제1항에 따른 자료제출·보고를 거부하거나 거짓으로 한 자 또는 조사·검사를 거부·방해하거나 기피한 자

② 제1항에 따른 과태료는 대통령령으로 정하는 바에 따라 보건복지부장관, 시·도지사 또는 시장·군수·구청장이 부과·징수한다.

부칙 〈제18214호, 2021. 6. 8.〉

제1조(시행일) 이 법은 공포 후 6개월이 경과한 날부터 시행한다. 다만, 제18조제3항부터 제7항까지의 개정규정은 2022년 1월 1일부터 시행한다.

제2조(서비스제공기관에 관한 경과조치) 이 법 시행 당시 지정권자로부터 서비스제공기관으로 지정을 받은 자는 제37조의 개정규정에 따라 지정을 받은 것으로 본다. 다만, 이 법 시행 후 1년 이내에 이 법에 따른 요건을 갖추어야 한다.

2. 발달장애인 권리보장 및 지원에 관한 법률 시행령 (약칭: 발달장애인법 시행령)

[시행 2021. 6. 30] [대통령령 제31841호, 2021. 6. 29, 일부개정]

보건복지부(장애인서비스과) 044-202-3347

제1조(목적) 이 영은 「발달장애인 권리보장 및 지원에 관한 법률」에서 위임된 사항과 그 시행에 필요한 사항을 규정함을 목적으로 한다.

제2조(실태조사의 방법 등) ① 「발달장애인 권리보장 및 지원에 관한 법률」(이하 "법"이라 한다) 제6조제1항에 따른 실태조사는 전수조사 또는 표본조사로 실시한다.

② 보건복지부장관은 제1항에 따른 전수조사를 실시하는 경우에 특별시장 · 광역시장 · 특별자치시장 · 도지사 · 특별자치도지사(이하 "시 · 도지사"라 한다)에게 협조를 요청하여 실시한다.

③ 보건복지부장관은 제1항에 따른 표본조사를 실시하는 경우에 전문연구기관에 의뢰하여 실시한다.

④ 제1항에 따른 실태조사에서 조사하는 내용은 다음 각 호와 같다.

1. 발달장애인의 장애 유형, 장애 정도 및 장애 발생 원인 등 장애 특성에 관한 사항
2. 발달장애인과 그 가족에 대한 보육, 교육, 고용, 의료, 문화, 예술, 여가, 체육 및 복지 지원과 그 지원에 관한 이용 상황 등 발달장애인의 현황에 관한 사항
3. 그 밖에 보건복지부장관이 발달장애인과 그 가족의 실태파악과 복지정책 수립을 위하여 필요하다고 인정하는 사항

제3조(후견인 후보자의 요건) 법 제9조제2항에서 "대통령령으로 정하는 요건을 충족하는 사람 또는 법인"이란 「민법」 제937조에 따른 결격사유가 없는 사람 또는 법인으로서 다음 각 호의 어느 하나에 해당하는 요건을 갖춘 사람 또는 법인을 말한다. 〈개정 2017. 5. 29.〉

1. 보건복지부장관이 정하여 고시하는 법인(이하 "후견법인"이라 한다)에서 보건복지부장관이 정하는 교육을 받은 사람으로서 후견기간 동안 후견법인의 지원과 감독을 받는 사람
2. 후견법인

제4조(정책정보의 작성 및 배포) ① 국가와 지방자치단체는 법 제10조제1항에 따라 작성하고 배포하여야 하는 중요한 정책정보에 다음 각 호의 사항을 포함시켜야 한다.

1. 발달장애인의 권리와 의무에 중대한 영향을 미치는 법령으로서 보건복지부장관이 정하는 법령에 관한 사항
2. 발달장애인에 대한 보육, 교육, 고용, 의료, 문화, 예술, 여가, 체육, 소득보장 및 주거 복지지원 등에 관한 정책정보로서 보건복지부장관이 정하는 발달장애인의 권리와 의무에 중대한 영향을 미치는 정책정보에 관한 사항

② 국가와 지방자치단체는 제1항에 따른 정책정보를 작성하는 경우에 발달장애인의 특성을 고려하여 보건복지부장관이 정하는 기준에 따라 작성하여야 한다.

③ 국가와 지방자치단체는 발달장애인의 특성을 고려하여 서면 또는 전자적 방식 등으로 정책정보를 배포할 수 있다.

제5조(의사소통도구의 개발 · 교육 및 전문인력 양성) ① 교육부장관은 법 제10조제2항에 따라 발달장애인이 자신의 의사를 원활하게 표현할 수 있도록 「장애인 등에 대한 특수교육법」 제28조제4항에 따른 보조공학기기 등(이하 "보조공학기기등"이라 한다)을 개발하여 발달장애인에게 보급하여야 한다.

② 교육부장관은 제1항에 따라 보조공학기기등을 개발하는 경우에 「장애인복지법」 제65조제2항에 따라 보건복지부장관이 정하여 고시하는 장애인 보조기구의 품목 · 기준 및 규격을 고려하여야 한다.

③ 교육부장관은 「장애인 등에 대한 특수교육법」 제8조제1항에 따른 특수교육교원의 교육 및 연수 과정에 의사소통도구 활용 방법 등의 내용을 포함시켜야 한다.

④ 교육부장관은 법 제10조제2항에 따른 의사소통지원 전문인력을 양성하기 위한 전문인력 양성 과정 등에 관하여 필요한 사항을 정하려는 경우에는 보건복지부장관과 협의하여야 한다.

제6조(민원담당 직원에 대한 의사소통 지침 개발 및 교육) ① 행정안전부장관은 법 제10조제3항에 따라 개발하는 민원담당 직원에 대한 의사소통 지침에 다음 각 호의 사항을 포함시켜야 한다. 〈개정 2017. 7. 26.〉

1. 발달장애인의 장애 유형, 장애 정도 및 장애 발생 원인 등 장애 특성에 관한 사항
2. 발달장애인과의 의사소통 및 의사소통도구 활용 방법에 관한 사항
3. 그 밖에 민원담당 직원에 대한 의사소통 지침 개발에 필요하다고 행정안전부장관이 정하는 사항

② 행정안전부장관은 민원담당 직원을 대상으로 매년 제1항에 따른 의사소통 지침에 관한 교육을 실시하여야

한다. 〈개정 2017. 7. 26.〉

제7조(인식확산을 위한 교육) ① 경찰청장, 해양경찰청장 및 제주특별자치도지사는 법 제12조제1항에 따라 경찰공무원과 자치경찰공무원에게 발달장애인에 대한 올바른 인식확산을 위한 교육을 매년 실시하여야 한다. 〈개정 2017. 7. 26.〉

② 제1항에 따른 교육에는 다음 각 호의 사항이 포함되어야 한다. 〈개정 2017. 7. 26.〉

1. 발달장애인의 장애 유형, 장애 정도 및 장애 발생 원인 등 장애 특성에 관한 사항
2. 「장애인복지법」, 「장애인활동 지원에 관한 법률」 등 장애인 관련 법령에 관한 사항
3. 발달장애인의 인권보호를 위한 수사·조사의 방법 등에 관한 사항
4. 그 밖에 발달장애인에 대한 올바른 인식확산을 위하여 경찰청장, 해양경찰청장 및 제주특별자치도지사가 필요하다고 인정하는 사항

제8조(전담검사 및 전담사법경찰관 등에 대한 교육) 검찰총장 및 경찰청장은 법 제13조제3항에 따라 전담검사 및 전담사법경찰관에게, 해양경찰청장 및 제주특별자치도지사는 같은 조 제5항에 따라 경찰공무원 및 자치경찰공무원에게 발달장애인의 특성에 대한 전문지식과 의사소통 방법 및 발달장애인 보호를 위한 수사방법 등에 관한 교육을 실시하는 경우 교육주기, 교육방법 등에 관한 사항은 해당 기관의 장이 정한다. 〈개정 2017. 7. 26.〉

제9조(발달장애인 대상 범죄) ① 법 제14조제1항제6호에서 "대통령령으로 정하는 범죄"란 다음 각 호의 죄를 말한다.

1. 「형법」 제250조부터 제255조까지의 규정에 따른 살인의 죄
2. 「형법」 제270조제2항에 따른 부녀의 촉탁 또는 승낙 없는 낙태의 죄
3. 「성매매알선 등 행위의 처벌에 관한 법률」 제4조에 따른 금지행위를 한 죄
4. 「가정폭력범죄의 처벌 등에 관한 특례법」 제2조제3호에 따른 가정폭력범죄

② 법무부장관은 법 제14조제1항에 따라 발달장애인 대상 범죄 방지에 관한 정책을 수립하는 등 대책을 마련하여야 한다. 이 경우 법무부장관은 경찰청장, 해양경찰청장 및 제주특별자치도지사에게 같은 조 제2항에 따른 조사 결과의 통보를 요청할 수 있다. 〈개정 2017. 7. 26.〉

제10조(보호조치 등) ① 법 제17조제2항 단서에서 "대통령령으로 정하는 사유가 있는 경우"란 다음 각 호의 어느 하나에 해당하는 경우를 말한다.

1. 발달장애인이 거주할 곳이 없는 경우
2. 가해자로 추정되는 사람으로부터 추가적인 격리가 필요한 경우

② 법 제33조에 따른 중앙발달장애인지원센터 및 지역발달장애인지원센터(이하 "발달장애인지원센터"라 한다)의 장은 법 제17조제3항에 따라 다음 각 호의 어느 하나에 해당하는 경우에는 시·도지사 또는 시장·군수·구청장(자치구의 구청장을 말한다. 이하 같다)에게 발달장애인 보호조치를 의뢰할 수 있다.

1. 발달장애인이 거주할 곳이 없는 경우
2. 발달장애인의 주거 환경이 열악한 경우
3. 발달장애인을 보호할 사람이 없는 경우
4. 법 제14조제1항 각 호의 범죄가 추가적으로 발생할 가능성이 있는 경우

제11조(행동발달증진센터의 설치·운영) ① 국가와 지방자치단체는 법 제24조제4항에 따라 다음 각 호의 업무를 수행하기 위하여 행동발달증진센터를 설치·운영할 수 있다.

1. 자해·공격 등 행동문제를 보이는 발달장애인에 대한 행동치료계획과 행동치료지원계획의 수립 및 그 계획에 따른 업무
2. 발달장애인 가족에 대한 교육 업무
3. 행동발달 증진 프로그램의 개발 업무
4. 행동치료 전문가 및 행동치료 지원 전문가의 양성 업무
5. 그 밖에 행동발달 증진을 위하여 필요하다고 보건복지부장관이 정하는 업무

② 제1항에 따른 행동발달증진센터는 발달장애인의 접근이 편리한 곳에 설치하여야 한다.

제12조(발달장애인 평생교육기관 지정 등) ① 교육부장관 및 특별시·광역시·특별자치시·도·특별자치도의 교육감은 법 제26조제1항에 따라 「평생교육법」 제2조제2호에 따른 평생교육기관 중 발달장애인 평생교육기관을 지정하여야 한다.

② 제1항에 따라 지정된 평생교육기관이 실시하는 교육과정은 다음 각 호의 기준을 고려하여 구성되어야 한다.

1. 발달장애인 개인의 특성
2. 자기결정 및 자립생활 역량의 함양
3. 의사소통 및 인지적 특성

제13조(문화 · 예술 · 여가 · 체육 활동 등 지원) 문화체육관광부장관, 시 · 도지사 및 시장 · 군수 · 구청장은 발달장애인에게 법 제27조에 따른 문화 · 예술 · 여가 · 체육 활동 등에 대한 지원을 위하여 다음 각 호의 시책을 마련하여야 한다.

1. 문화 · 예술 활동시설 설치
2. 문화 · 예술 프로그램의 이용 및 정보 제공
3. 여가생활시설 등에 대한 접근성 확보
4. 생활체육 활성화

제14조(발달장애인지원센터 인력의 자격기준) 법 제34조제3항에 따라 특수교사, 사회복지사, 변호사 등 발달장애인지원센터에 두어야 할 인력과 그 인력이 갖추어야 하는 자격은 별표 1과 같다.

제15조(발달장애인지원정보시스템의 구축 및 운영) 보건복지부장관은 법 제36조에 따라 다음 각 호의 업무를 수행하기 위하여 발달장애인지원정보시스템을 구축 · 운영할 수 있다.

1. 법 제18조에 따른 복지서비스의 신청에 관한 업무
2. 법 제19조에 따른 개인별지원계획의 수립에 관한 업무
3. 법 제20조에 따른 발달장애인과 복지서비스 제공기관 등의 연계에 관한 업무
4. 법 제21조에 따른 계좌의 관리 등에 관한 업무
5. 법 제22조에 따른 계좌 관리의 점검 등에 관한 업무
6. 법 제34조에 따른 발달장애인지원센터의 임무에 관한 업무
7. 법 제35조에 따른 관계 기관의 협조에 관한 업무
8. 법 제37조에 따른 서비스의 제공 등에 관한 업무
9. 법 제38조에 따른 서비스제공기관의 변경지정 등에 관한 업무
10. 그 밖에 법 시행에 필요한 자료 및 정보의 효율적인 처리와 기록 및 관리 업무의 전산화를 위하여 보건복지부장관이 필요하다고 인정하는 업무

제16조(서비스제공기관의 재지정 금지 기간) 법 제38조제4항에서 "대통령령으로 정하는 기간"이란 6개월을 말한다.

제16조의2(업무의 위탁) ① 보건복지부장관은 법 제41조제2항 전단 및 같은 조 제5항에 따라 다음 각 호의 업무를 「장애인복지법」 제29조의2제1항에 따른 한국장애인개발원(이하 이 조에서 "한국장애인개발원"이라 한다)에 위탁한다.

1. 법 제33조제1항에 따른 중앙발달장애인지원센터의 운영에 관한 업무
2. 법 제36조에 따른 발달장애인지원정보시스템의 구축 · 운영에 관한 업무

② 시 · 도지사는 법 제41조제2항 전단에 따라 법 제33조제2항에 따른 지역발달장애인지원센터의 운영에 관한 업무를 한국장애인개발원에 위탁한다.

[본조신설 2021. 6. 29.]

제17조(민감정보 및 고유식별정보의 처리) ① 국가(법 제41조제2항 전단, 같은 조 제3항 및 제5항에 따라 위탁받은 자를 포함한다)와 지방자치단체(해당 권한이 위임 · 위탁된 경우에는 그 권한을 위임 · 위탁받은 자를 포함한다)는 다음 각 호의 사무를 수행하기 위하여 불가피한 경우 「개인정보 보호법」 제23조에 따른 건강에 관한 정보, 같은 법 시행령 제19조제1호 또는 제4호에 따른 주민등록번호 또는 외국인등록번호가 포함된 자료를 처리할 수 있다. 〈개정 2021. 6. 29.〉

1. 법 제6조에 따른 실태조사에 관한 사무
2. 법 제9조에 따른 성년후견제 이용지원에 관한 사무
3. 법 제17조에 따른 보호조치 등에 관한 사무
4. 법 제18조에 따른 복지서비스의 신청에 관한 사무
5. 법 제19조에 따른 개인별지원계획의 수립에 관한 사무
6. 법 제20조에 따른 발달장애인과 복지서비스 제공기관 등의 연계에 관한 사무
7. 법 제21조에 따른 계좌의 관리 등에 관한 사무
8. 법 제22조에 따른 계좌 관리의 점검 등에 관한 사무
9. 법 제23조에 따른 조기진단 및 개입에 관한 사무
10. 법 제24조에 따른 재활 및 발달 지원에 관한 사무
11. 법 제33조에 따른 발달장애인지원센터의 설치 및 운영에 관한 사무
12. 법 제36조에 따른 발달장애인지원정보시스템의 구축 및 운영에 관한 사무

② 발달장애인지원센터의 장 또는 후견법인은 다음 각 호의 사무를 수행하기 위하여 불가피한 경우 「개인정보 보호법」 제23조에 따른 건강에 관한 정보, 「개인정보 보호법 시행령」 제19조제1호 또는 제4호에 따른

주민등록번호 또는 외국인등록번호가 포함된 자료를 처리할 수 있다.

1. 법 제9조에 따른 성년후견제 이용지원에 관한 사무(이 영 제3조제2호에 따른 후견인 후보자의 지원과 감독에 관한 사무를 포함한다)
2. 법 제17조에 따른 보호조치 등에 관한 사무
3. 법 제19조에 따른 개인별지원계획의 수립에 관한 사무
4. 법 제20조에 따른 발달장애인과 복지서비스 제공기관 등의 연계에 관한 사무

③ 법 제21조제2항에 따라 계좌를 관리하는 사람은 법 제21조에 따른 계좌의 관리 등에 관한 사무를 처리하기 위하여 불가피한 경우 「개인정보 보호법 시행령」 제19조제1호 또는 제4호에 따른 주민등록번호 또는 외국인등록번호가 포함된 자료를 처리할 수 있다.

제18조(과태료의 부과기준) 법 제44조제1항에 따른 과태료의 부과기준은 별표 2와 같다.

부칙 〈제31841호, 2021. 6. 29.〉

이 영은 2021년 6월 30일부터 시행한다.

3. 발달장애인 권리보장 및 지원에 관한 법률 시행규칙 (약칭: 발달장애인법 시행규칙)

[시행 2020. 6. 4] [보건복지부령 제731호, 2020. 6. 4, 일부개정]

보건복지부(장애인서비스과) 044-202-3347

제1조(목적) 이 규칙은 「발달장애인 권리보장 및 지원에 관한 법률」 및 같은 법 시행령에서 위임된 사항과 그 시행에 필요한 사항을 규정함을 목적으로 한다.

제2조(후견인 후보자의 추천 절차) 「발달장애인 권리보장 및 지원에 관한 법률」(이하 "법"이라 한다) 제9조제3항에 따라 후견인 후보자의 추천 의뢰를 받은 법 제33조제1항에 따른 중앙발달장애인지원센터(이하 "중앙발달장애인지원센터"라 한다)의 장은 「발달장애인 권리보장 및 지원에 관한 법률 시행령」(이하 "영"이라 한다) 제3조에 따른 후견인 후보자를 지방자치단체의 장에게 추천하거나 같은 조 제1호에 따른 후견법인(이하 "후견법인"이라 한다)에 후견인 후보자 추천을 요청할 수 있다.

제3조(후견인 후견사무에 필요한 비용 지원) 국가와 지방자치단체는 법 제9조제4항에 따라 후견인의 후견사무 수행에 필요한 다음 각 호의 비용 일부를 예산의 범위에서 지원할 수 있다.

1. 「민법」에 따른 성년후견개시의 심판, 한정후견개시의 심판 또는 특정후견의 심판을 청구하는 데 드는 비용. 다만, 성년후견개시의 심판을 청구하는 데 드는 비용에 대해서는 보건복지부장관이 정하는 경우에만 지원할 수 있다.
2. 보건복지부장관이 정하는 후견인의 후견 활동에 드는 비용. 다만, 선임된 후견인이 친족이거나 보건복지부장관이 정하는 성년후견인인 경우에는 비용을 지원하지 아니하고, 가정법원의 후견심판에 따른 후견기간이 3년을 초과하는 경우에는 국가와 지방자치단체가 인정하는 경우의 비용으로 한정한다.
3. 영 제3조에 따른 후견인 후보자의 교육 비용
4. 후견법인이 지원과 감독을 하는 경우에 그 지원과 감독에 드는 비용

제4조(유기 등에 대한 신고의무 관련 교육) ① 관계 중앙행정기관의 장은 법 제15조제3항에 따라 같은 조 제2항 각 호에 해당하는 사람의 자격 취득 과정이나 보수교육 과정에 발달장애인에 대한 법 제14조제1항 각 호의 범죄(이하 "유기등"이라 한다)의 신고의무와 관련된 교육을 1시간 이상 포함시켜야 한다.

② 법 제15조제3항에 따른 유기등의 신고의무와 관련된 교육에는 다음 각 호의 사항이 포함되어야 한다.

1. 발달장애인에 대한 유기등의 예방 및 신고의무와 관련된 법령에 관한 사항
2. 발달장애인에 대한 유기등이 발생하는 경우의 신고 방법에 관한 사항
3. 발달장애인에 대한 유기등이 발생한 경우의 피해 발달장애인 보호 절차에 관한 사항
4. 그 밖에 발달장애인에 대한 유기등의 신고의무와 관련된 교육을 위하여 관계 중앙행정기관의 장이 필요하다고 인정하는 사항

③ 관계 중앙행정기관의 장은 제1항 및 제2항에 따라 유기등의 신고의무와 관련된 교육을 실시하는 경우에 보건복지부장관에게 필요한 정보를 요청할 수 있다.

제5조(위기발달장애인쉼터) ① 법 제17조제4항에 따라 특별시장 · 광역시장 · 특별자치시장 · 도지사 · 특별자치도지사(이하 "시 · 도지사"라 한다)는「장애인복지법」 제58조제1항제1호에 따른 장애인 거주시설로서 상근인력이 최소 2명 이상인 시설을 법 제17조제1항에 따른 위기발달장애인쉼터(이하 "위기발달장애인쉼터"라 한다)로 지정하여 운영하여야 한다.

② 제1항에서 규정한 사항 외에 위기발달장애인쉼터의 지정 · 운영에 필요한 사항은 보건복지부장관이 정한다.

제6조(개인별지원계획의 신청 방법 및 절차) ① 법 제18조제1항부터 제3항까지의 신청자가 같은 조 제4항에 따른 개인별지원계획(이하 "개인별지원계획"이라 한다)의 수립을 신청하려는 경우에 별지 제1호서식의 개인별지원계획 수립 신청서(전자문서를 포함한다)에 다음 각 호의 어느 하나에 해당하는 서류(전자문서를 포함한다)를 첨부하여 특별자치시장 · 특별자치도지사 · 시장 · 군수 · 구청장(자치구의 구청장을 말한다. 이하 같다)에게 제출하여야 한다.

1. 주민등록증 사본
2. 운전면허증 사본
3. 장애인등록증 사본
4. 여권 사본

② 제1항에 따라 신청을 받은 특별자치시장 · 특별자치도지사 · 시장 · 군수 · 구청장은 법 제18조제1항부터 제3항까지의 신청자(이하 "신청인"이라 한다)가 같은 조 제2항에 따라 신청한 보호자인 경우에는 다음 각 호의 구분에 따른 서류를 확인하여야 한다.

1. 법 제2조제2호가목 또는 다목에 해당하는 사람: 「전자정부법」 제36조제1항에 따른 행정정보의 공동이용을

통하여 법 제18조제2항에 따라 신청한 보호자의 가족관계등록부. 다만, 법 제18조제2항에 따라 신청한 보호자가 가족관계등록부 확인에 동의하지 아니하는 경우에는 그 서류를 첨부하도록 하여야 한다.

2. 법 제2조제2호나목에 해당하는 사람: 「후견등기에 관한 법률」제15조제1항에 따른 등기사항증명서
3. 법 제2조제2호라목에 해당하는 사람: 같은 목에 해당하는 사람임을 증명할 수 있는 서류

③ 제1항에 따라 신청을 받은 특별자치시장 · 특별자치도지사 · 시장 · 군수 · 구청장은 발달장애인이 법 제18조제1항제1호부터 제4호까지의 복지서비스(이하 "복지서비스"라 한다)를 제공받는지 여부 등을 확인하여야 한다.

④ 제3항에 따라 확인한 특별자치시장 · 특별자치도지사 · 시장 · 군수 · 구청장은 개인별지원계획 수립 대상자 선정 여부 및 복지서비스 내용을 결정하고 다음 각 호의 사항이 포함된 내용을 제1항에 따른 신청을 받은 날부터 30일 이내에 신청인에게 통지하여야 한다.

1. 개인별지원계획 수립 대상자 선정 여부와 그 사유
2. 개인별지원계획에 포함되는 복지서비스
3. 개인별지원계획 수립 절차

제7조(개인별지원계획 수립의 의뢰 방법 및 절차) ① 법 제19조제1항에 따라 특별자치시장 · 특별자치도지사 · 시장 · 군수 · 구청장은 법 제33조제2항에 따른 지역발달장애인지원센터(이하 "지역발달장애인지원센터"라 한다)의 장에게 별지 제2호서식의 개인별지원계획 수립 의뢰서(전자문서를 포함한다)에 별지 제1호서식의 개인별지원계획 수립 신청서(전자문서를 포함한다)를 첨부하여 개인별지원계획 수립을 의뢰하여야 한다.

② 제1항에 따른 의뢰를 받은 지역발달장애인지원센터의 장은 의뢰받은 날부터 30일 이내에 개인별지원계획을 수립하여야 한다. 다만, 발달장애인의 이익을 위하여 필요한 경우로서 특별자치시장 · 특별자치도지사 · 시장 · 군수 · 구청장의 승인을 받은 경우에는 30일 범위에서 수립기간을 연장할 수 있다.

제8조(개인별지원계획의 수립 방법 및 내용) ① 지역발달장애인지원센터의 장은 법 제19조제2항에 따라 개인별지원계획을 수립하는 경우에 신청인과의 면담 등을 거쳐야 한다.

② 지역발달장애인지원센터의 장은 보호자의 의견이 발달장애인의 최상의 이익과 부합하지 아니하다고 판단되는 경우에 법 제33조제5항에 따른 지역발달장애인지원센터 운영위원회의 심의를 거쳐 개인별지원계획을 수립할 수 있다.

③ 지역발달장애인지원센터의 장은 신청인의 신청이 있는 경우에 발달장애인의 이익을 위하여 보건복지부장관이 정하여 고시하는 범위에서 복지서비스의 내용을 변경하여 개인별지원계획을 수립할 수 있다.

제9조(개인별지원계획의 승인) ① 지역발달장애인지원센터의 장은 법 제19조제4항에 따라 개인별지원계획의 승인을 요청하는 경우에 별지 제3호서식의 개인별지원계획 승인 요청서(전자문서를 포함한다)와 별지 제4호서식의 개인별지원계획서(전자문서를 포함한다)를 특별자치시장 · 특별자치도지사 · 시장 · 군수 · 구청장에게 제출하여야 한다.

② 제1항에 따른 승인 요청을 받은 특별자치시장 · 특별자치도지사 · 시장 · 군수 · 구청장은 법 제19조제4항에 따라 적합성 심사를 실시하여 개인별지원계획의 승인 여부를 결정하고 그 결과를 지역발달장애인지원센터의 장에게 통보하여야 한다.

③ 지역발달장애인지원센터의 장은 제2항에 따라 통보를 받은 결과 승인된 경우에는 신청인에게 개인별지원계획을 통보하여야 한다.

④ 지역발달장애인지원센터의 장은 제2항에 따라 통보를 받은 결과 승인되지 아니한 경우에는 그 통보를 받은 날부터 4주 이내에 자료를 보완하는 등 개인별지원계획을 수정하여 개인별지원계획의 적합성 심사를 다시 거쳐야 한다. 이 경우 제1항부터 제3항까지의 규정을 준용한다.

⑤ 특별자치시장 · 특별자치도지사 · 시장 · 군수 · 구청장은 제3항의 적합성 심사 및 개인별지원계획의 승인 여부를 심의하기 위하여 소속 복지 담당 공무원, 사회복지사 등이 참여하는 심의회를 둘 수 있다.

제10조(개인별지원계획의 변경 · 수정 방법 및 절차) ① 발달장애인과 그 보호자는 법 제19조제6항에 따라 개인별지원계획의 변경이나 수정을 신청하려는 경우에는 별지 제5호서식의 개인별지원계획 변경 · 수정 신청서(전자문서를 포함한다)를 지역발달장애인지원센터의 장에게 제출하여야 한다.

② 제1항에 따른 개인별지원계획의 변경 · 수정에 관하여는 제8조 및 제9조를 준용한다.

제11조(개인별지원계획 시행에 관한 모니터링) 지역발달장애인지원센터의 장은 개인별지원계획의 시행에 관하여 6개월 주기로 모니터링을 할 수 있다.

제12조(복지서비스 관련 정보의 제공방법 및 범위) ① 지역발달장애인지원센터의 장은 법 제20조제2항에 따라 복지서비스 대상자에게 복지서비스 제공시간 및 방법 · 비용부담 등 관련 정보(이하 "복지서비스 관련 정보"라 한다)를 제공하려는 경우에는 별지 제6호서식의 복지서비스 제공기관 및 내용 안내표(전자문서를 포함한다)를

발달장애인과 그 가족에게 통지하여야 한다.

② 제1항에 따른 복지서비스 관련 정보의 범위는 다음 각 호와 같다.

1. 복지서비스 제공기관의 일반 현황: 제공기관명, 주소, 전화번호, 인터넷 홈페이지 주소, 시설 및 인력 현황
2. 제공시간 및 방법: 제공요일, 제공시간, 제공인력, 제공방법
3. 복지서비스 현황: 복지서비스 종류, 복지서비스별 단가 및 비용, 본인부담액

제13조(계좌관리인의 자격 및 지정 절차) ① 특별자치시장 · 특별자치도지사 · 시장 · 군수 · 구청장은 법 제21조제2항에 따라 발달장애인의 보호자가 없는 경우에는 「사회복지사업법」 제14조에 따른 사회복지 전담공무원 등 관계공무원을 계좌관리인으로 지정할 수 있다.

② 특별자치시장 · 특별자치도지사 · 시장 · 군수 · 구청장은 제1항에 따라 계좌관리인을 지정한 경우에 계좌관리인을 지정하였다는 사실과 계좌관리인의 기본적인 인적사항을 발달장애인과 그 가족에게 문서(전자문서를 포함한다)로 통지하여야 하며 필요한 경우에는 구두로 설명할 수 있다.

③ 특별자치시장 · 특별자치도지사 · 시장 · 군수 · 구청장은 계좌관리인 지정의 유효기간을 특정후견 기간을 준용하여 정하되, 법 제21조제2항에 따른 상당한 이유가 없어지거나 보호자가 나타나는 등의 사유를 고려하여 정하여야 한다.

제14조(계좌 관리의 점검 등) ① 특별자치시장 · 특별자치도지사 · 시장 · 군수 · 구청장은 계좌 관리를 점검하기 위하여 법 제22조제1항 및 제2항에 따라 발달장애인의 보호자 또는 계좌관리인에게 별지 제7호서식의 계좌관리 신고서(전자문서를 포함한다)에 계좌번호가 표시된 예금통장 사본 1부를 첨부하여 매월 제출하게 할 수 있다.

② 제1항에 따른 신고서를 받은 특별자치시장 · 특별자치도지사 · 시장 · 군수 · 구청장은 발달장애인의 보호자 또는 계좌관리인의 계좌 관리를 점검한 결과 계좌 관리가 부적절하게 이루어지고 있다고 인정되는 경우에는 법 제22조제2항에 따라 통장 등 필요한 자료의 열람 또는 제출을 요구하거나 질문을 할 수 있고, 현장점검을 함께 실시할 수 있다.

③ 특별자치시장 · 특별자치도지사 · 시장 · 군수 · 구청장은 제1항 및 제2항에 따른 점검 등의 결과 발달장애인의 보호자 또는 계좌관리인이 발달장애인의 이익을 위하여 계좌를 관리하고 있지 아니하다고 판단되는 경우에는 법 제22조제3항에 따라 계좌관리인을 변경하거나 후견인을 선임하여야 한다.

제15조(발달장애 정밀진단 비용의 지원 대상 및 내용 등) ① 법 제23조제2항에 따라 발달장애 정밀진단 비용 지원 대상이 되는 영유아는 「영유아보육법」 제2조제1호에 따른 영유아로서 발달장애 의심소견이 있는 영유아로 한다.

② 법 제23조제2항에 따른 발달장애 정밀진단 비용 지원의 내용은 보건복지부장관이 매년 예산의 범위에서 정하는 기준에 따른다.

제16조(발달장애인 거점병원의 지정) ① 보건복지부장관 또는 지방자치단체의 장은 법 제24조제3항에 따라 발달장애인 거점병원을 지정하려는 경우에 지정 예정일 3개월 전에 발달장애인 거점병원 지정 계획을 공고하여야 한다. 다만, 지방자치단체의 장이 발달장애인 거점병원을 지정하기 위하여 발달장애인 거점병원 지정 계획을 공고하려는 경우에는 그 지정 계획을 보건복지부장관과 미리 협의하여야 한다.

② 발달장애인 거점병원으로 지정받으려는 의료기관의 장은 별지 제8호서식의 발달장애인 거점병원 지정 신청서(전자문서를 포함한다)에 다음 각 호의 서류(전자문서를 포함한다)를 첨부하여 보건복지부장관 또는 지방자치단체의 장에게 제출하여야 한다.

1. 정관 1부
2. 의료기관의 시설 및 운영 현황, 거점병원 운영계획서 각 1부
3. 제1항 본문에 따라 공고된 발달장애인 거점병원 지정계획에 포함된 발달장애인 거점병원의 지정기준을 충족하였음을 확인할 수 있는 서류 1부

③ 보건복지부장관 또는 지방자치단체의 장은 발달장애인 거점병원으로 지정받으려는 의료기관에 대하여 다음 각 호의 사항에 대한 평가를 실시한다.

1. 발달장애인을 진료하는 전문의 3명 이상(소아 정신건강의학과 전문의 1명 이상) 보유 여부
2. 발달장애로 의료기관에 진료 및 치료를 위하여 방문하는 환자 수가 연평균 100명 이상인지 여부
3. 내과 · 외과적인 문제 또는 치과적인 문제에 대해서 직접 진료하는 전문의가 있거나 주변의 의료기관을 협력 의료기관으로 지정하였는지 여부
4. 「국가기술자격법」에 따른 임상심리사, 「초 · 중등교육법」에 따른 특수학교 교사, 「장애인복지법」에 따른 언어재활사 등 발달장애 치료 인력을 5명 이상 보유하였는지 여부
5. 그 밖에 발달장애인 거점병원 지정에 필요하다고 보건복지부장관이 정하는 사항

④ 보건복지부장관 또는 지방자치단체의 장은 제3항에 따라 발달장애인 거점병원으로 지정받으려는 의료기관을 평가하는 경우에 현지조사를 하여야 한다.

⑤ 보건복지부장관 또는 지방자치단체의 장은 제3항 및 제4항에 따른 평가 결과를 바탕으로 발달장애인 거점병원 지정위원회의 심의를 거쳐 거점병원을 지정할 수 있다. 이 경우 발달장애인 거점병원 지정위원회 구성 및 운영

등에 필요한 사항은 보건복지부장관이 정한다.

⑥ 보건복지부장관 또는 지방자치단체의 장은 제5항에 따라 발달장애인 거점병원을 지정한 경우에는 별지 제9호서식의 발달장애인 거점병원 지정서(전자문서를 포함한다)를 발급하여야 한다.

⑦ 발달장애인 거점병원 지정의 유효기간은 그 지정을 받은 날부터 3년으로 한다.

제17조(행동발달증진센터의 설치 · 운영) ① 법 제24조제4항에 따른 행동발달 증진센터(이하 "행동발달증진센터"라 한다)에는 다음 각 호의 전담인력을 갖추어야 한다.

1. 행동발달증진센터의 장 1명
2. 행동치료 전문가 및 행동치료 지원 전문가 3명 이상

② 행동발달증진센터는 발달장애인의 보호와 치료에 필요한 장치로서 안전벽, 안전문, 폐쇄회로 텔레비전 등 관찰시설, 비상벨, 모서리 안전장치, 놀이공간 등을 설치한 치료실을 독립된 공간으로 3개 이상을 갖추어야 한다.

③ 제1항 및 제2항에서 규정한 사항 외에 행동발달증진센터의 설치 · 운영에 필요한 사항은 보건복지부장관이 정한다.

제18조(발달장애인 직업재활시설의 설치 · 운영) ① 보건복지부장관은 다음 각 호의 어느 하나에 해당하는 시설을 법 제25조제2항에 따른 발달장애인 직업재활시설(이하 "발달장애인 직업재활시설"이라 한다)로 지정할 수 있다.

1. 「장애인복지법」 제58조제1항제3호에 따른 장애인 직업재활시설
2. 「장애인고용촉진 및 직업재활법」 제9조에 따른 장애인 직업재활 실시 기관

② 제1항에도 불구하고 보건복지부장관은 발달장애인 직업재활시설을 별도로 설치하려는 경우에는 발달장애인이 접근하기 편리한 곳에 설치하여야 한다.

③ 제1항 및 제2항에서 규정한 사항 외에 발달장애인 직업재활시설의 설치 · 지정 · 운영 등에 필요한 사항은 보건복지부장관이 정한다.

제19조(중증 발달장애인 등에 대한 지원) ① 법 제28조 및 법 제29조에 따라 국가와 지방자치단체는 발달장애인에 대한 소득보장, 거주시설 · 주간활동 · 돌봄 지원이 중증의 발달장애인에게 우선적으로 제공될 수 있도록 대책을 마련할 수 있다.

② 국가와 지방자치단체는 신체적 장애인 중 인지기능 저하로 자기관리, 의사소통 등에 상당한 기능적 한계를 가져 자립하기가 매우 곤란한 장애인이 필요한 보호 등을 받을 수 있도록 대책을 마련할 수 있다.

제20조(발달장애인 보호 등에 필요한 정보와 교육의 내용 및 방법) ① 법 제30조제1항에 따른 발달장애인 보호 및 양육에 필요한 정보와 교육(이하 "발달장애인 보호정보등"이라 한다)의 내용은 다음 각 호와 같다.

1. 발달장애인 보호 · 양육 및 교육에 필요한 지식과 기술
2. 발달장애인을 위한 특수교육 및 지역사회 복지서비스
3. 발달장애인을 위한 진로 · 직업 · 전환교육 및 고용서비스
4. 그 밖에 발달장애인의 보호 · 양육 및 교육에 필요하다고 보건복지부장관이 정하는 사항

② 보건복지부장관은 발달장애인 보호정보등을 보호자에게 제공하기 위한 정보시스템을 법 제36조에 따른 발달장애인지원정보시스템에 포함하여 구축할 수 있다.

③ 법 제30조제2항에 따른 발달장애인과 그 보호자 대상의 성교육(이하 "발달장애인 성교육"이라 한다)의 내용은 다음 각 호와 같다. 〈신설 2020. 6. 4.〉

1. 발달장애인의 건전한 성가치관 형성에 필요한 지식과 기술
2. 발달장애인을 위한 성범죄 관련 법령 및 제도
3. 발달장애인을 위한 성범죄 관련 상담 · 치료
4. 그 밖에 발달장애인 성교육에 필요하다고 보건복지부장관이 정하는 사항

④ 국가와 지방자치단체는 법 제36조에 따른 발달장애인지원정보시스템을 이용하여 인터넷 강의를 하거나 집합교육 등을 통하여 발달장애인과 그 보호자에게 제1항 및 제3항에 따른 교육을 실시할 수 있다. 〈개정 2020. 6. 4.〉

제21조(보호자에 대한 심리상담 서비스의 내용과 방법) ① 법 제31조제1항에 따른 심리상담 서비스(이하 "심리상담 서비스"라 한다)는 개인 심리상담, 부부 심리상담 또는 가족 심리상담, 동료 상담 등으로 한다.

② 국가와 지방자치단체는 발달장애인 복지서비스 제공기관, 복지시설 및 장애인복지단체 등을 지정하여 심리상담 서비스를 제공할 수 있다.

제22조(돌봄 및 일시적 휴식지원의 대상 · 기준 및 방법) ① 법 제32조제1항에 따른 돌봄 및 일시적 휴식 지원(이하 "돌봄지원등"이라 한다)의 내용은 양육 지원, 주간 · 단기보호, 문화 · 여가프로그램, 가족 캠프 등으로 하고, 같은 조 제2항에 따른 정서발달과 심리적 부담 해소 등을 위한 프로그램(이하 "심리부담해소프로그램"이라 한다)의 내용은 심리상담, 휴식지원 등으로 한다.

② 보건복지부장관은 법 제32조제3항에 따라 매년 예산의 범위에서 돌봄지원등 및 심리부담해소프로그램 지원

기준을 마련하고, 국가와 지방자치단체는 그 기준에 따라 돌봄지원등 및 심리부담해소프로그램 지원 대상 및 내용을 결정할 수 있다.

③ 국가와 지방자치단체는 별표 1의 심리상담 서비스의 제공인력 자격기준을 갖춘 사람으로 하여금 돌봄지원등 및 심리부담해소프로그램 지원을 하게 할 수 있다.

제23조(발달장애인지원센터의 설치 및 운영기준 등) ① 법 제33조제4항에 따른 발달장애인지원센터 설치 기준은 별표 2와 같다.

② 법 제33조제4항에 따른 발달장애인지원센터 운영 기준은 별표 3과 같다.

③ 법 제33조제4항에 따른 발달장애인지원센터 직원 배치기준은 별표 4와 같다.

④ 시 · 도지사가 법 제33조제2항 후단에 따라 지역발달장애인지원센터를 시 · 군 · 구(구는 자치구를 말한다. 이하 같다)에 설치하는 경우에 그 조직과 운영에 필요한 사항은 해당 특별시 · 광역시 · 특별자치시 · 도 · 특별자치도 또는 시 · 군 · 구의 조례로 정한다.

제24조(발달장애인지원센터 운영위원회의 설치 · 운영) ① 법 제33조제5항에 따른 운영위원회(이하 "운영위원회"라 한다)는 5명 이상 15명 이하의 위원으로 성별 등을 고려하여 구성하고, 위원장은 위원 중에서 호선한다.

② 운영위원회는 발달장애인의 권리보호 및 사업 수행을 위하여 다음 각 호의 사항을 심의한다.

1. 발달장애인 지원정책과 사업의 개발 · 평가에 관한 사항
2. 발달장애인의 권리구제 활동 및 지원에 관한 사항
3. 개인별지원계획 모니터링에 관한 사항
4. 그 밖에 발달장애인지원센터의 장이 회의에 부치는 사항

③ 제1항 및 제2항에서 규정한 사항 외에 운영위원회의 설치 · 운영에 필요한 사항은 보건복지부장관이 정한다.

제25조(지역발달장애인지원센터 요청 정보의 내용과 제공방법) ① 지역발달장애인지원센터가 법 제35조제1항 각 호의 기관의 장에게 요청할 수 있는 관련 정보는 다음 각 호의 내용으로 한다.

1. 제공기관 일반 현황: 제공기관명, 주소, 전화번호, 홈페이지 주소, 설립연도, 지정연도, 교통편, 이용 방법
2. 제공기관 시설 현황: 시설 총 면적과 사무실, 상담실, 대기실 및 프로그램실 각각의 개수, 면적, 편의시설
3. 제공기관 인력 현황: 총 인원, 행정인력 및 복지서비스 제공인력의 수, 바우처 사업 전담인력 유무 및 그 수, 복지서비스 제공인력의 경력 및 자격증 현황
4. 복지서비스 제공 현황: 기관 평가 결과, 복지서비스 내용(복지서비스 종류, 복지서비스별 대상, 복지서비스별 단가 및 비용, 복지서비스별 본인부담액, 복지서비스별 제공방법, 복지서비스별 제공 가능 요일 및 시간)

② 법 제35조제1항에 따라 지역발달장애인지원센터로부터 정보 제공을 요청받은 기관의 장은 별지 제10호서식의 제공기관 정보현황표(전자문서를 포함한다)에 따라 정보를 제공하여야 한다.

제26조(사회서비스이용권의 제공 방법 및 절차) 법 제37조제1항 및 제2항에 따라 제공하는 사회서비스이용권 제공의 방법 및 절차에 관하여는 「사회서비스 이용 및 이용권 관리에 관한 법률」 제9조부터 제15조까지의 규정을 준용한다.

제27조(서비스제공기관의 변경지정) 법 제38조제1항에서 "보건복지부령으로 정하는 중요사항"이란 다음 각 호의 어느 하나에 해당하는 사항을 말한다.

1. 서비스제공기관의 명칭에 관한 사항
2. 서비스제공기관의 소재지에 관한 사항
3. 서비스제공기관의 대표자에 관한 사항

제28조(행정처분의 기준) 법 제38조제3항에 따른 서비스제공기관에 대한 행정처분의 기준은 별표 5와 같다.

부칙 〈제731호, 2020. 6. 4.〉

이 규칙은 2020년 6월 4일부터 시행한다.

부록 3

01 | 미국 메릴랜드 주 IFSP 안내서

아 동 의 부 모 정 보 시 리 즈

메릴랜드의 출생부터 5세

출생부터 3세까지 지침

부모의 권리 자원 지침

IFSP 이해

다음 단계 지침 가족 선택

전환 시간을 향한 단계

3세부터 5세 아동 지침

IFSP

개별화 가족 서비스 계획(IFSP)을 이해하는 데 도움이 되는 가족 지침

메릴랜드 영유아 프로그램

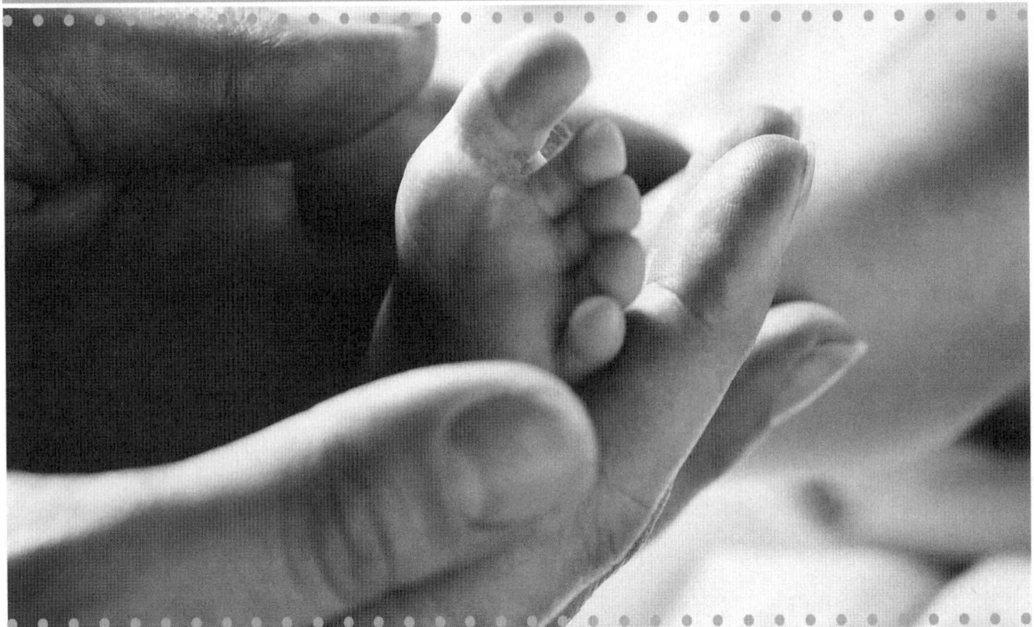

MARYLAND STATE DEPARTMENT OF EDUCATION
Division of Special Education/Early Intervention Services
Early Childhood Intervention and Education Branch
Maryland Infants and Toddlers Program/Preschool Special Education Services

Maryland's Birth through Five

Early Childhood Intervention & Education

System of Services For Young Children With Disabilities and Their Families

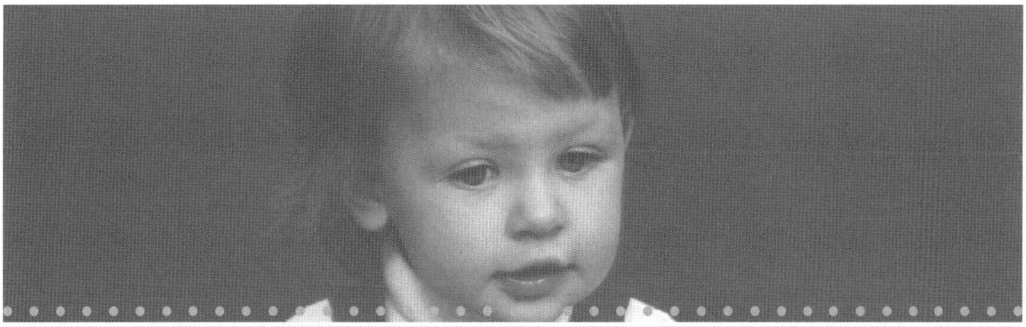

개별화 가족 서비스 계획

본 지침 정보

개별화 가족 서비스 계획 (IFSP) 가족 지침은 출생부터 5세까지 조기 개입 및 교육 시스템에 참여하는 가족을 지원하도록 제작된 간행물 모음집인 메릴랜드의 출생부터 5세 아동의 부모 정보 시리즈의 일부이며, IFSP 절차 및 서면 문서를 통해 가족을 안내하도록 도와줍니다. 이 지침 또는 다른 지침에 대한 사본을 받으려면 지역 영유아 프로그램으로 문의하시기 바랍니다.

부모 정보 시리즈의 첫 번째 책자인 메릴랜드의 출생부터 3세까지: 조기 개입 서비스 가족 지침은 메릴랜드의 영유아 프로그램을 더 잘 이해하는 데 도움이 되도록 제작되었습니다. 자녀의 초기 평가가 완료되고 조기 개입 서비스를 수혜할 자격이 있다고 판단되는 경우 자녀와 가족을 위한 IFSP(개별화 가족 서비스 계획)를 수립할 때입니다.

자녀에 대해 가장 잘 알고 있는 사람은 바로 여러분입니다. 지역 영유아 팀이 자녀의 관심 사항 및 그들을 지원할 수 있는 방법을 파악하며, 여러분은 조기 개입 서비스 제공자로부터 필요한 내용을 배우고 그들과 협력하여 자녀의 발달을 지원하게 됩니다. 여러분은 자녀의 가장 중요한 선생님입니다. 개별화 가족 서비스 계획(IFSP)을 수립하는 데 있어 여러분의 역할이 매우 중요합니다. 자녀에 대한 여러분의 약속, 꿈 및 바람은 IFSP 수립 및 IFSP 검토 및 업데이트를 진행하는 데 도움이 됩니다.

IFSP란?

IFSP는 가족 중심의 조기 개입 서비스의 근간을 제공합니다. IFSP는 여러분의 자녀와 가족에게 제공되는 조기 개입 서비스 및 지원과 관련하여 여러분과 지역 영유아 프로그램 간 동의서이며, 자녀들의 장점과 필요 사항, 가족의 우선 순위, 여러분과 팀에서 원하는 자녀의 성과 등이 적혀 있는 서면 문서이기도 합니다. IFSP는 자녀와 가족에게 제공될 조기 개입 서비스의 "육하원칙"을 제공합니다.

메릴랜드의

- 자녀와 가족의 고유한 필요 사항을 충족하도록 **개별화**
- 조기 개입 절차의 핵심이자 파트너인 **가족**
- 자녀의 발달을 돕고 가족의 필요 사항을 지원하는 **서비스**
- 자녀 및 가족에게 제공될 서비스와 지원을 위한 실행 **계획**

메릴랜드에서는 연방 및 주 법에 따라 가족 중심적인 조기 개입 절차가 보장됩니다. 조기 개입 서비스는 메릴랜드 규정 코드(Code of Maryland Regulations, COMAR) 및 장애인 교육법(Individuals with Disabilities Education Act, IDEA) 파트 C의 적용을 받습니다.

IFSP 절차

IFSP 절차는 자녀의 발달과 관련한 우려 때문에 자녀를 지역 영유아 프로그램에 신청할 때 시작됩니다. 지역 영아 및 유아 프로그램은 신청 접수 후 7일 이내에 가족에게 연락드립니다. 조기 개입 팀은 신청일로부터 45일 이내에 지역 정책 및 절차를 기준으로 적용 가능한 아동의 검진, 평가 및 사정을 완료하고 초기 서면 IFSP를 작성합니다. IFSP에 포함된 대부분의 서비스는 여러분이 IFSP에 서명을 한 후 30일 이내에 시작됩니다. IFSP 완료나 IFSP 서비스 시작일은 가정적인 이유 등으로 지연될 수 있습니다.

모든 파트너는 정보를 공유하고 의사 결정을 위해 서로의 전문 지식을 신뢰하고 존중하는 법을 배웁니다. 가족 및 조기 개입 제공자는 이러한 협력 관계에 고유한 장점을 제공합니다. 첫 번째 IFSP 회의에는 여러분과 서비스 조정자가 포함되며, 자녀의 발달 평가와 사정을 완료하는 데 도움이 되는 직원도 포함될 수 있습니다. 이러한 직원은 전화를 통해 또는 서면 보고서를 제공함으로써 참여할 수 있습니다. 여러분은 회의에 참여해야 한다고 생각되는 가족, 친구 및 보육 담당자 등을 회의에 초대할 수 있으며, 이들과 함께 여러분과 가족을 도와주는 IFSP를 수립하게 됩니다.

IFSP 절차는 계속 진행 중입니다. 여러분과 IFSP 팀은 초기 완료일이 지난 후 6개월마다 IFSP를 검토하며, IFSP에서 자녀와 가족의 바뀌는 필요 사항이 계속 충족되고 있는지 확인하기 위해 언제든지 검토를 요청할 수 있습니다. IFSP 개발 및 검토는 IFSP 팀 회의 동안 수행되는 협업 절차이며, 여러분과 서비스 조정자는 모든 IFSP 회의에 참석해야 합니다.

메릴랜드의 IFSP 절차

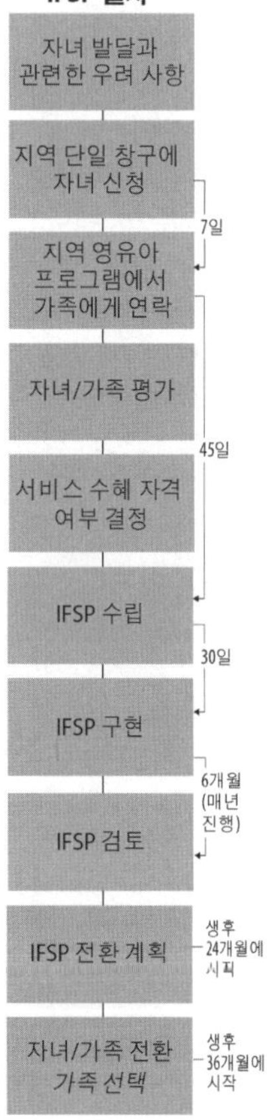

서비스 조정자에 대한 정보

서비스 조정자 역할

- 자녀와 가족이 우선 순위를 정하는 과정을 도와줍니다.
- 서비스와 지원을 조정합니다.
- 질문에 대한 답변을 찾을 수 있도록 도와줍니다.
- 유용한 주 및 지역 사회 자원에 대한 정보를 제공합니다.
- 다른 가족과 연계할 기회를 마련해줍니다.
- **IFSP 절차와 관련하여 궁금한 사항이 있을 경우 연락할 수 있는 가장 적합한 사람입니다.**

전환 계획은 자녀가 2세가 되면 시작됩니다. 3세 이후에 일어날 일에 대해 조기에 계획을 시작하는 것이 중요하기 때문입니다. 여러분의 자녀가 IFSP를 통해 서비스를 계속 받을지 또는 취학전 아동 특수 교육의 수혜 자격이 되는 경우 IEP를 통해 서비스를 시작할지 선택할 수 있습니다.

서면 IFSP 문서

개별화 가족 서비스 계획(IFSP)은 자녀의 발달 상황, 가족의 우선 순위, 자녀의 장점 및 필요 사항, 여러분과 IFSP 팀에서 원하는 자녀의 성과 등이 적혀 있는 법적 문서이자 동의서로, 자녀와 가족에게 제공될 서비스와 지원에 대한 육하원칙에 따른 실행 계획입니다. 이 지침은 다양한 IFSP 문서 섹션을 소개합니다. 해당 지역의 영유아 프로그램에 속한 서비스 조정자 및 서비스 제공자와 함께 IFSP를 수립할 때 이들이 이러한 섹션에 대해 자세하게 설명할 것입니다.

IFSP 표지

자녀 및 가족 정보

서면 IFSP 문서는 자녀와 가족에 대한 정보 및 서비스 조정자와 IFSP 팀 참여자에 대한 연락처 정보가 포함된 표지 페이지로 시작합니다. 뿐만 아니라 6개월 및 연간 IFSP 검토가 수행될 예상 회의 날짜 및 자녀의 전환 계획 회의를 수행할 예상 일자 범위도 표시되어 있습니다.

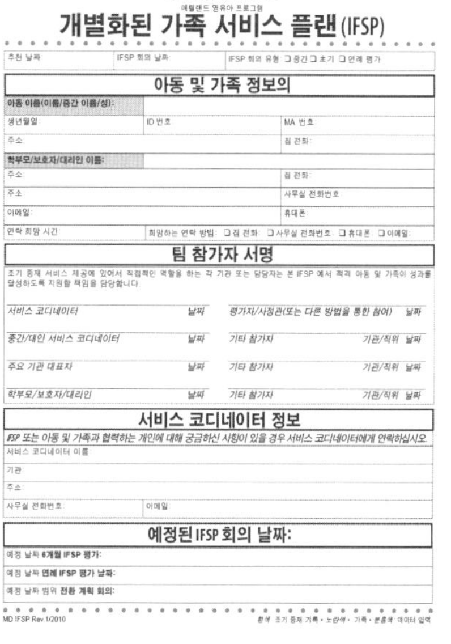

메릴랜드주 교육청 특수교육부 조기 중재 서비스

메릴랜드 영유아 프로그램

개별화된 가족 서비스 플랜(IFSP)

추천 날짜:	IFSP 회의 날짜:	IFSP 회의 유형: ❏ 중간 ❏ 초기 ❏ 연례 평가

아동 및 가족 정보의

아동 이름(이름/중간 이름/성):		
생년월일:	ID 번호:	MA 번호:
주소:		집 전화:
학부모/보호자/대리인 이름:		
주소:		집 전화:
주소:		사무실 전화번호:
이메일:		휴대폰:
연락 희망 시간:	희망하는 연락 방법: ❏ 집 전화: ❏ 사무실 전화번호: ❏ 휴대폰: ❏ 이메일:	

팀 참가자 서명

조기 중재 서비스 제공에 있어서 직접적인 역할을 하는 각 기관 또는 담당자는 본 IFSP 에서 적격 아동 및 가족이 성과를 달성하도록 지원할 책임을 담당합니다.

서비스 코디네이터	*날짜*	*평가자/사정관(또는 다른 방법을 통한 참여)*		*날짜*
중간/대인 서비스 코디네이터	*날짜*	*기타 참가자*	*기관/직위*	*날짜*
주요 기관 대표자	*날짜*	*기타 참가자*	*기관/직위*	*날짜*
학부모/보호자/대리인	*날짜*	*기타 참가자*	*기관/직위*	*날짜*

서비스 코디네이터 정보

IFSP 또는 아동 및 가족과 협력하는 개인에 대해 궁금하신 사항이 있을 경우 서비스 코디네이터에게 연락하십시오.

서비스 코디네이터 이름:	
기관:	
주소:	
사무실 전화번호:	이메일:

예정된 IFSP 회의 날짜:

예정 날짜 **6개월 IFSP 평가:**
예정 날짜 **연례 IFSP 평가 날짜:**
예정 날짜 범위 **전환 계획 회의:**

MD IFSP Rev 1/2010

흰색 조기 중재 기록 • *노란색* • 가족 • *분홍색* 데이터 입력

IFSP 문서

IFSP 파트 I, 섹션 A:
자녀의 발달 상황에 대한 정보
일반 보건

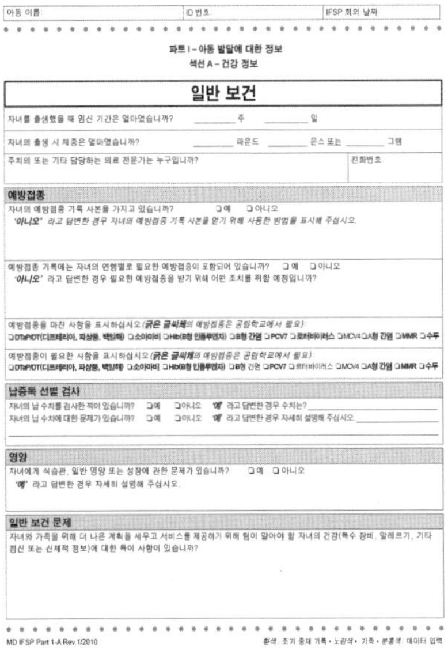

아동 이름: | ID 번호: | IFSP 회의 날짜:

파트 I – 아동 발달에 대한 정보
섹션 A – 건강 정보

일반 보건

자녀를 출생했을 때 임신 기간은 얼마였습니까? ______ 주 ______ 일

자녀의 출생 시 체중은 얼마였습니까? ______ 파운드 ______ 온스 또는 ______ 그램

주치의 또는 기타 담당하는 의료 전문가는 누구입니까? | 전화번호:

예방접종

자녀의 예방접종 기록 사본을 가지고 있습니까? ❑ 예 ❑ 아니오
'아니오' 라고 답변한 경우 자녀의 예방접종 기록 사본을 얻기 위해 사용한 방법을 표시해 주십시오.

예방접종 기록에는 자녀의 연령별로 필요한 예방접종이 포함되어 있습니까? ❑ 예 ❑ 아니오
'아니오' 라고 답변한 경우 필요한 예방접종을 받기 위해 어떤 조치를 취할 예정입니까?

예방접종을 마친 사항을 표시하십시오 *(**굵은 글씨체**의 예방접종은 공립학교에서 필요)*:
❑DTaP/DT(디프테리아, 파상풍, 백일해) ❑소아마비 ❑Hib(B형 인플루엔자) ❑B형 간염 ❑PCV7 ❑로타바이러스 ❑MCV4 ❑A형 간염 ❑MMR ❑수두

예방접종이 필요한 사항을 표시하십시오 *(**굵은 글씨체**의 예방접종은 공립학교에서 필요)*:
❑DTaP/DT(디프테리아, 파상풍, 백일해) ❑소아마비 ❑Hib(B형 인플루엔자) ❑B형 간염 ❑PCV7 ❑로타바이러스 ❑MCV4 ❑A형 간염 ❑MMR ❑수두

납중독 선별 검사

자녀의 납 수치를 검사한 적이 있습니까? ❑예 ❑아니오 *'예'* 라고 답변한 경우 수치는? ______
자녀의 납 수치에 대한 문제가 있습니까? ❑예 ❑아니오 *'예'* 라고 답변한 경우 자세히 설명해 주십시오. ______

영양

자녀에게 식습관, 일반 영양 또는 성장에 관한 문제가 있습니까? ❑ 예 ❑ 아니오
'예' 라고 답변한 경우 자세히 설명해 주십시오.

일반 보건 문제

자녀와 가족을 위해 더 나은 계획을 세우고 서비스를 제공하기 위해 팀이 알아야 할 자녀의 건강(특수 장비, 알레르기, 기타 정신 또는 신체적 정보)에 대한 특이 사항이 있습니까?

MD IFSP Part 1-A Rev.1/2010 | *흰색*: 조기 중재 기록 • *노란색* • 가족 • *분홍색*: 데이터 입력

자녀의 필요 사항을 충족하는 서비스를 제공하려면 모든 관련 정보 및 여러분이 우려하고 있는 자녀의 건강 문제를 공유하는 것이 중요합니다.

준비하는 데 도움이 되는 유용한 힌트

- 자녀의 의사와 상담을 합니다.
- 서비스 조정자에게 자녀의 건강 정보를 수집하는 것을 도와달라고 요청합니다.
- 자녀의 진단 결과에 대해 물어보고 이해가 안 되는 단어나 문구에 대해서도 물어봅니다.
- 자녀의 건강 및 의료 정보를 적어둡니다.
- 자녀의 예방 접속 기록에 대한 사본을 제공합니다 (가지고 있는 경우).

IFSP 파트 I, 섹션 B:
자녀의 발달 상황에 대한 정보
현재 발달 수준

IFSP는 자녀가 현재 어떻게 발달하고 있는지 설명해 줍니다. 자녀의 발달 필요 사항을 충족하도록 자녀에게 맞는 서비스를 제공하고 시작하는 위치를 확인하기 위해 IFSP 팀은 자녀가 비슷한 연령의 다른 아이들과 비교하여 어떻게 발달하고 있는지 파악해야 합니다.

다양한 서비스 제공자는 자녀가 다른 사람들과 어떻게 어울리는지(개인, 사회적 기술), 식사와 옷입기를 도와주는지 (적응형 기술) 등을 비롯한 자녀의 일상 생활에 대한 질문을 물어 평가를 수행할 것입니다. 제공자들은 자녀와 어울리면서 자녀의 생각하는(인지) 기술, 언어(의사 소통) 기술 및 운동 (미세 및 전체 운동 발달) 기술 및 활동을 관찰할 것입니다.

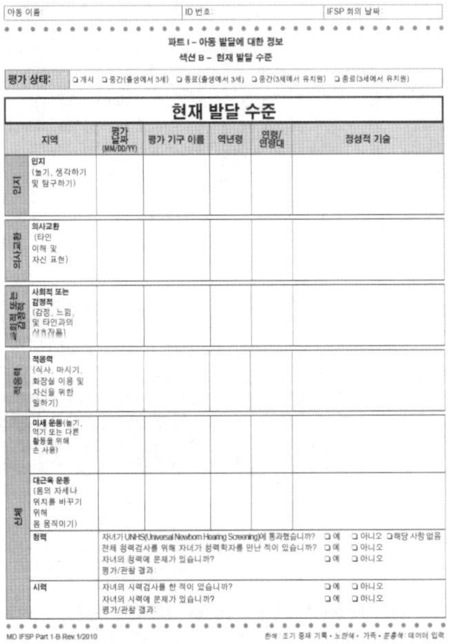

아동 이름: | ID 번호: | IFSP 회의 날짜:

파트 I – 아동 발달에 대한 정보
섹션 B – 현재 발달 수준

평가 상태: ❑ 개시 ❑ 중간(출생에서 3세) ❑ 종료(출생에서 3세) ❑ 중간(3세에서 유치원) ❑ 종료(3세에서 유치원)

현재 발달 수준

	지역	평가 날짜 (MM/DD/YY)	평가 기구 이름	역년령	연령/연령대	정성적 기술
인지	인지 (놀기, 생각하기 및 탐구하기)					
의사교환	의사교환 (타인 이해 및 자신 표현)					
사회적 또는 감정적	사회적 또는 감정적 (감정, 느낌, 및 타인과의 상호작용)					
적응력	적응력 (식사, 마시기, 화장실 이용 및 자신을 위한 일하기)					
신체	미세 운동(놀기, 먹기 또는 다른 활동을 위해 손 사용)					
	대근육 운동 (몸의 자세나 위치를 바꾸기 위해 몸 움직이기)					
	청력	자녀가 UNHS(Universal Newborn Hearing Screening)에 통과했습니까? ❑ 예 ❑ 아니오 ❑해당 사항 없음 전체 청력검사를 위해 자녀가 청력학자를 만난 적이 있습니까? ❑ 예 ❑ 아니오 자녀의 청력에 문제가 있습니까? ❑ 예 ❑ 아니오 평가/관찰 결과:				
	시력	자녀의 시력검사를 한 적이 있습니까? ❑ 예 ❑ 아니오 자녀의 시력에 문제가 있습니까? ❑ 예 ❑ 아니오 평가/관찰 결과:				

MD IFSP Part 1-B Rev.1/2010 | *흰색*: 조기 중재 기록 • *노란색* • 가족 • *분홍색*: 데이터 입력

IFSP 문서

IFSP 파트 I, 섹션 C: 자녀의 발달 상황에 대한 정보 **서비스 수혜 자격**

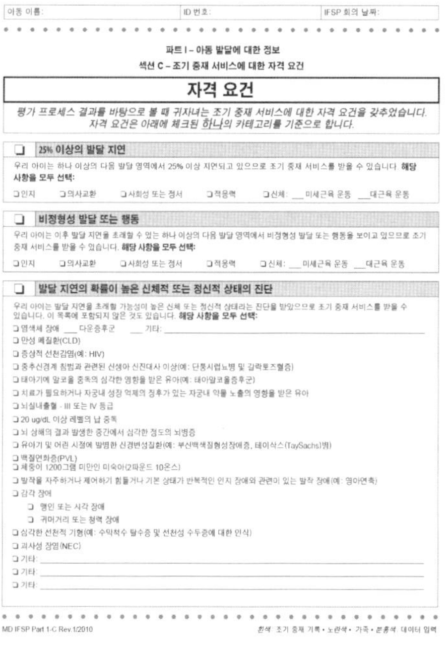

아동 이름:	ID 번호:	IFSP 회의 날짜:

파트 I – 아동 발달에 대한 정보

섹션 C – 조기 중재 서비스에 대한 자격 요건

자격 요건

평가 프로세스 결과를 바탕으로 볼 때 귀자녀는 조기 중재 서비스에 대한 자격 요건을 갖추었습니다. 자격 요건은 아래에 체크된 하나의 카테고리를 기준으로 합니다.

❑ **25% 이상의 발달 지연**

우리 아이는 하나 이상의 다음 발달 영역에서 25% 이상 지연되고 있으므로 조기 중재 서비스를 받을 수 있습니다. **해당 사항을 모두 선택:**

❑ 인지 ❑ 의사교환 ❑ 사회성 또는 정서 ❑ 적응력 ❑ 신체: ___ 미세근육 운동 ___ 대근육 운동

❑ **비정형성 발달 또는 행동**

우리 아이는 이후 발달 지연을 초래할 수 있는 하나 이상의 다음 발달 영역에서 비정형성 발달 또는 행동을 보이고 있으므로 조기 중재 서비스를 받을 수 있습니다. **해당 사항을 모두 선택:**

❑ 인지 ❑ 의사교환 ❑ 사회성 또는 정서 ❑ 적응력 ❑ 신체: ___ 미세근육 운동 ___ 대근육 운동

❑ **발달 지연의 확률이 높은 신체적 또는 정신적 상태의 진단**

우리 아이는 발달 지연을 초래할 가능성이 높은 신체 또는 정신적 상태라는 진단을 받았으므로 조기 중재 서비스를 받을 수 있습니다. 이 목록에 포함되지 않은 것도 있습니다. **해당 사항을 모두 선택:**

- ❑ 염색체 장애 ___ 다운증후군 ___ 기타: ________
- ❑ 만성 폐질환(CLD)
- ❑ 증상적 선천감염(예: HIV)
- ❑ 중추신경계 침범과 관련된 신생아 신진대사 이상(예: 단풍시럽뇨병 및 갈락토즈혈증)
- ❑ 태아기에 알코올 중독의 심각한 영향을 받은 유아(예: 태아알코올증후군)
- ❑ 치료가 필요하거나 자궁내 성장 억제의 징후가 있는 자궁내 약물 노출의 영향을 받은 유아
- ❑ 뇌실내출혈 - III 또는 IV 등급
- ❑ 20 ug/dL 이상 레벨의 납 중독
- ❑ 뇌 상해의 결과 발생한 중간에서 심각한 정도의 뇌병증
- ❑ 유아기 및 어린 시절에 발병한 신경변성질환(예: 부신백색질형성장애증, 테이삭스(TaySachs)병)
- ❑ 백질연화증(PVL)
- ❑ 체중이 1200그램 미만인 미숙아(2파운드 10온스)
- ❑ 발작을 자주하거나 제어하기 힘들거나 기본 상태가 반복적인 인지 장애와 관련이 있는 발작 장애(예: 영아연축)
- ❑ 감각 장애
  - ❑ 맹인 또는 시각 장애
  - ❑ 귀머거리 또는 청력 장애
- ❑ 심각한 선천적 기형(예: 수막척수 탈수증 및 선천성 수두증에 대한 인식)
- ❑ 괴사성 장염(NEC)
- ❑ 기타: ________
- ❑ 기타: ________
- ❑ 기타: ________

MD IFSP Part 1-C Rev.1/2010   *흰색*: 조기 중재 기록 • *노란색* • 가족 • *분홍색*: 데이터 입력

이 IFSP 섹션에서는 평가 절차의 결과를 바탕으로 자녀가 조기 개입 서비스를 수혜할 자격이 되는지 여부가 어떻게 결정되는지 설명합니다. 여러분의 자녀는 다음과 같은 이유로 조기 개입 서비스를 수혜할 자격이 되는 것으로 결정되었습니다.

- 25% 이상의 발달 지연 또는
- "비정상적"으로 간주되는 방식으로 발달 또는 행동 또는
- 신체적/정신적 상태가 발단 지연에 영향을 줄 수 있는 가능성이 있다고 진단을 받은 상태

IFSP 파트 II, 섹션 A: 가족에 대한 정보 **우려 사항, 우선 순위 및 자원**

이 IFSP 섹션에서는 가족에게 중요한 우선 순위와 우려 사항을 확인하고 이러한 사항이 조기 개입 서비스를 받는 자녀의 능력에 영향을 미치는지 알아봅니다. 많든 적든 원하는 만큼 정보를 공유할 수 있습니다.

우려 사항이란 평상시 여러분이 자녀에 대해 가지고 있는 걱정거리를 나타냅니다.

- 자녀의 건강과 관련하여 우려하고 있는 사항은 무엇입니까?
- 자녀 발달과 관련하여 우려하고 있는 사항은 무엇입니까?
- 지금 당장 효과가 있는 것은 무엇입니까?
- 효과가 없는 것은 무엇입니까?
- 무엇이 삶을 편안하게 해줄 수 있습니까?

우선 순위는 미래에 희망하는 사항을 나타냅니다.

- 자녀에 대한 꿈과 희망은 무엇입니까?
- 에너지를 한 가지 일에만 집중시킬 수 있다면 이 한 가지는 무엇이 될까요?
- 6주 후에 어떻게 변화된 자녀 모습을 보고 싶으십니까?
- 6개월 후에 어떻게 변화된 자녀 모습을 보고 싶으십니까?

자원은 현재 지원되는 사항을 나타냅니다.

- 자녀의 필요 사항을 충족하는 데 있어 가족의 장점은 무엇입니까?
- 힘이 되는 친구, 가족 및/또는 이웃은 누구입니까?
- 도움이 된 또는 도움이 될 수 있는 교회, 기관 및/또는 프로그램은 무엇입니까?

IFSP 문서

아동 이름:	ID 번호:	IFSP 회의 날짜:

파트 II – 가족에 대한 정보섹션
A – 문제, 우선 사항 및 재원

문제, 우선 사항 및 재원

아동과 가족을 최대한 지원하기 위해서는 가족에게 중요한 문제에 대해 알아두는 것이 좋습니다. 가족의 문제, 우선 사항 및 재원은 성과를 개발하고 아동과 가족의 필요사항을 처리하기 위한 전략 및 활동을 파악하는 기준으로서의 역할을 할 것입니다. 필요한 정보를 원하는 대로 선택하여 공유할 수 있습니다.

가족의 문제	가족의 우선 사항	가족의 재원
아이의 건강과 발달에 대한 문제. 아이와 가족을 위해 필요한 정보, 재원 및 지원.	아이에 대한 나의 희망과 꿈. 현재 아이와 가족에게 가장 중요한 사항.	인력, 활동, 프로그램/조직을 포함하여 지원을 받기 위해 아이/가족이 가지고 있는 재원

❒ 다음 정보는 다음을 사용한 가족 중심적 평가를 통해 수집되었습니다. **해당 사항을 모두 선택:**

❏ 지역에서 개발한 가족 인터뷰 도구
❏ 영유아 발달 선별도구(Ages and Stages Questionnaire: ASQ)
❏ 정기 인터뷰(Routines-Based Interview: RBI)
❏ 기타 도구/방법: ______

❒ 가족이 거부한 가족 중심 평가.

MD IFSP Part 2-A Rev.1/2010

흰색: 조기 중재 기록 • *노란색* • 가족 • *분홍색*: 데이터 입력

IFSP 파트 II, 섹션 B: 가족에 대한 정보
자연적 환경

아동 이름:	ID 번호:	IFSP 회의 날짜:

파트 II – 가족에 대한 정보
섹션 B – 자연 환경

자연 환경에서의 일상 생활

조기 중재 서비스는 자연 환경에서 제공됩니다. 자연 환경은 가정, 보육 프로그램 또는 기타 지역사회의 장소와 같이 아동과 가족이 시간을 보내는 장소입니다. 자연 환경은 일반적으로 아이의 놀이와 학습을 개발하는 곳입니다.

다음 정보는 아동과 가족이 조기 중재 서비스를 받게 될 자연 환경을 결정하는데 도움이 될 것입니다.

아동/가족은 무엇을 하며 시간을 보냅니까? 해당 사항을 모두 선택:

❏ 가정 ❏ 보육 센터 ❏ 종교 시설 ❏ 가족 보육	❏ 조기 Head Start/Head Start ❏ 도서관 ❏ 가족 구성원의 고향 ❏ 유아 놀이 그룹 ❏ Judy Center	❏ 가족 지원 센터 ❏ 부모가 일하는 장소 ❏ 보호소 ❏ 기타: ______

가족이 함께 하기 좋아하는 활동에는 무엇이 있습니까?

가족이 함께 하고 싶지만 지금 할 수 없는 일이 있습니까?

자녀와 가족의 일상 생활은 어떠합니까? 이러한 일상 생활 중에서 어려운 일이 있습니까? 가족이 희망하는 다른 일상 생활이 있습니까?

자녀와 가족이 일상 생활 및 활동에 참여하는데 장애가 되는 것은 무엇입니까?

중요한 일상 생활을 개선하거나 새로 만들려는 경우 프로그램이 가족을 가장 잘 지원할 수 있는 방법은 무엇입니까?

MD IFSP Part 2-B Rev.1/2010

흰색: 조기 중재 기록 • *노란색* • 가족 • *분홍색*: 데이터 입력

IFSP는 가족에게 고유한 일상 생활 및 환경을 식별합니다. 아동은 자신의 환경에서 매일 일반적으로 수행하는 일을 하고 자기 장난감을 가지고 자신에게 가장 친숙한 사람과 함께 놀 때 가장 잘 배울 수 있습니다. 조기 개입 서비스는 자연적 환경에서 제공됩니다. 자연적 환경으로는 가정, 보육 프로그램 및 기타 지역 사회 프로그램이나 가족과 자녀가 함께 시간을 보내는 장소 등을 들 수 있습니다.

여러분과 자녀가 가정 및 지역 사회 활동에 적극적으로 참여하는 데 도움이 되는 전략을 개발할 수 있도록 서비스 제공자가 여러분 가족의 일상 생활 및 가족이 함께 시간을 보내는 장소 등을 파악하는 것이 중요합니다.

IFSP 문서

IFSP 파트 III, 섹션 A: 서비스 수혜 자격

이 IFSP 섹션에는 자녀의 장점 및 필요 사항이 요약되어 있습니다. 가정, 지역 사회, 보육원과 같은 장소나 취학전 프로그램에서 자녀가 적극적으로 참여하도록 하려면 자녀는 1) 긍정적인 사회적, 감성적 기술 개발 2) 지식 및 기술 습득 및 사용 3) 자신의 필요 사항을 충족하기 위해 적절한 행동 수행 등과 같은 세 가지 영역에서 기술을 개발해야 합니다. 비슷한 연령대 아이들과 비교하여 자녀의 발달 및 진행 상황을 파악하기 위해 다양한 정보 출처가 수집됩니다. 이러한 정보 수집은 IFSP 팀이 "자녀가 비슷한 연령대 아이들과 비교하여 어떻게 발달하고 있습니까?"와 같은 질문에 정확하게 답할 수 있도록 도와줍니다. 이러한 절차에서는 여러분의 참여가 무엇보다 중요합니다. 13페이지에 제공되는 가족 워크시트에 자녀에 대한 정보를 기록할 수 있습니다.

아동 이름:	생년 월일:	IFSP 회의 날짜:

PART Ⅲ - 자녀의 발달과 관련된 아동/가족 성과
Section A – 강점 및 요구 사항 요약

강점 및 요구(필요) 사항 요약

이 IFSP 부분에는 자녀의 장점 및 요구(필요) 사항이 요약되어 있습니다. 자녀가 가정, 지역사회, 유아교육기관이나 보육기관 등에서 활동적이고 성공적으로 참여하기 위해서는, 1) 긍정적인 사회-정서적 기술 개발; (2) 지식과 기술의 습득 및 사용; (3) 자신의 요구를 충족시키기 위한 적절한 행동 등 위 세 가지 기능 영역에서 기술을 개발해야 합니다. 같은 연령의 또래와 비교하여 자녀의 개별 진행 상황을 파악하기 위해 자녀의 현재 발달 수준, 가족의 관심이나 우려 사항, 자원 및 우선순위, 일상 생활에 대한 정보 등이 요구되며, 이러한 정보는 자녀와 가족을 위한 의미 있는 교육적 성과의 개발을 도와줍니다.

내 아이는 어떻게…		자녀의 강점 내 아이가 좋아하는 것은 무엇이고, 처음에 보여주는 기술은 어떤 것들이 있나?	자녀의 요구 내 아이가 하지 않거나 어려운 기술이나 행동은 무엇인가? 내 아이는 어떤 활동이나 기술 영역에서 지원과 연습이 필요하나?	내 자녀의 발달은 동년배와 어떤 관련이 있나?
긍정적인 사회-정서적 기술 개발	• 사람들에게 귀를 기울이나? • 가족과 관계를 잘 맺고 있나? • 다른 성인들과 관계는? • 다른 친구들과 관계를 잘 맺고 있나? • 자신의 감정을 잘 표현하나? • 신체 접촉에 반응하나?			**지난 강점 및 요구 사항 요약** 이후로 자녀는 긍정적인 사회-정서적 발달과 관련된 새로운 기술이나 행동을 보인 적이 있나? ☐ 예("강점"으로 포함) ☐ 없음 ☐ 해당 없음
지식과 기술 습득 및 사용	• 다른 사람의 지시나 요청을 이해하고 응답하나? • 생각하고, 기억하고, 추론하고 문제를 해결하나? • 책, 사진 및 인쇄물과 상호작용을 하나? • "더 많은", "큰", "뜨거운"과 같은 기본 개념을 이해하나?			**지난 강점 및 요구 사항 요약** 이후로 자녀는 지식과 기술을 습득하고 사용하는 것과 관련된 새로운 기술이나 행동을 보인 적이 있나? ☐ 예("강점"으로 포함) ☐ 없음 ☐ 해당 없음
요구사항을 충족하기 위한 적절한 조치 취하기	• 섭식과 옷 입는 것과 같은 기본적인 관리를 하나? • 거동이 가능한가? • 손으로 장난감을 가지고 놀거나 크레용을 사용하나? • 원하는 것과 요구를 전달하나? • 자신의 건강과 안전에 기여하나?			**지난 강점 및 요구 사항 요약** 이후로 자녀는 요구 사항을 충족하기 위한 조치를 취하는 것과 관련된 새로운 기술이나 행동을 보인 적이 있나? ☐ 예("강점"으로 포함) ☐ 없음 ☐ 해당 없음
기타사항				

IFSP 파트 III, 섹션 B: 자녀의 발달 상황과 관련한 자녀와 가족의 성과

자녀 이름:	생년 월일:	IFSP 회의 날짜:

PART Ⅲ – 자녀의 발달과 관련된 아동과 가족의 교육적 성과(결과)

아동과 가족의 교육적 성과(결과)

자녀의 현재 발달 수준 및 공유된 보고서, 자녀의 강점과 요구 사항, 가족의 우려 사항, 우선 순위 및 자원, 일상 생활에 대한 정보를 바탕으로 교육적 성과는 우리가 성취하고자 하는 것과 필요한 구체적인 단계를 보여줍니다. 특정 기술 및 상황을 포함하여 자녀나 가족을 위한 우선 순위 결과에 대해 논의하고, 각 결과에 대해 별도의 "아동 및 가족의 교육적 성과(결과) 양식이 작성됩니다.

교육적 성과	전략/활동/학습기회	측정가능한 준거
어떤 일들이 일어나기를 원하나?	우선적인 교육적 성과(결과)를 달성하기 위해 어떤 조치가 필요한가?	교육적 성과(결과)가 언제 달성되었는지 어떻게 알 수 있나?

시간대	

참가자 – *누가 참여할 것인가?*		
이름:	제목:	전화/이메일:
이름:	제목:	전화/이메일:
이름:	제목:	전화/이메일:
이름:	제목:	전화/이메일:

성과 진전 검토				
코드 검토: *가장 적합한 코드를 선택하세요.* 1- 능숙히 해냄 – 우리가 잘 해냈어요! 2- 진행 중임 – 아직 진전중예요! 3- 발전이 필요함 - 조정해 봐요! 4- 더 이상 필요하지 않음 5- 연기	코드:	날짜:	코드 첫글자	코멘트:

교육적 성과 진전 반응*(진전 검토 코드가 3일때만)*				
코드 검토: *가장 적합한 코드를 선택하세요.* 1- 교육적 성과를 수정함 2- 전략이나 활동을 수정함 3- 서비스를 변경함 4- 기타: ______________	코드:	날짜:	코드 첫글자	코멘트:

성과는 조기 개입 지원 및 서비스를 식별하는 기준입니다. 자녀의 현재 발달 수준, 가족의 우려 사항, 우선 순위 및 자원, 일상 생활, 자녀의 요약된 장점 및 필요 사항을 공유하면 자녀와 가족이 조기 개입 서비스를 통해 성취할 수 있는 성과를 가늠해 보는 데 도움이 됩니다. 그러면 성과를 성취하는 데 필요한 구체적인 단계, 전략 및 활동이 결정됩니다. 성과는 필요한 만큼 포함할 수 있으며, 성과마다 새 페이지가 제공됩니다. 자녀를 도와주는 사람이라면 누구나 성과가 무엇인지, 성과를 성취할 시기가 언제인지, 성과를 성취하는 데 도움이 되는 사람들이 누구인지 알게 됩니다.

IFSP 문서

IFSP 파트 IV: 조기 개입 서비스

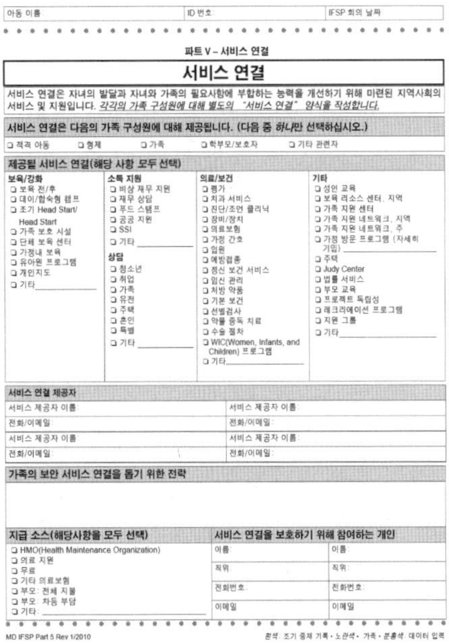

아동 이름: | ID 번호: | IFSP 회의 날짜:

파트 V – 서비스 연결

서비스 연결

서비스 연결은 자녀의 발달과 자녀와 가족의 필요사항에 부합하는 능력을 개선하기 위해 마련된 지역사회의 서비스 및 지원입니다. *각각의 가족 구성원에 대해 별도의 "서비스 연결" 양식을 작성합니다.*

서비스 연결은 다음의 가족 구성원에 대해 제공됩니다. (다음 중 *하나*만 선택하십시오.)

❑ 적격 아동 ❑ 형제 ❑ 가족 ❑ 학부모/보호자 ❑ 기타 관련자

제공될 서비스 연결(해당 사항 모두 선택)

보육/강화
- ❑ 보육 전/후
- ❑ 데이/합숙형 캠프
- ❑ 조기 Head Start/ Head Start
- ❑ 가족 보호 시설
- ❑ 단체 보육 센터
- ❑ 가정내 보육
- ❑ 유아원 프로그램
- ❑ 개인지도
- ❑ 기타________

소득 지원
- ❑ 비상 재무 지원
- ❑ 재무 상담
- ❑ 푸드 스탬프
- ❑ 공공 지원
- ❑ SSI
- ❑ 기타________

상담
- ❑ 청소년
- ❑ 취업
- ❑ 가족
- ❑ 유전
- ❑ 주택
- ❑ 혼인
- ❑ 특별
- ❑ 기타________

의료/보건
- ❑ 평가
- ❑ 치과 서비스
- ❑ 진단/조언 클리닉
- ❑ 장비/장치
- ❑ 의료보험
- ❑ 가정 간호
- ❑ 입원
- ❑ 예방접종
- ❑ 정신 보건 서비스
- ❑ 임신 관리
- ❑ 처방 약품
- ❑ 기본 보건
- ❑ 선별검사
- ❑ 약물 중독 치료
- ❑ 수술 절차
- ❑ WIC(Women, Infants, and Children) 프로그램
- ❑ 기타________

기타
- ❑ 성인 교육
- ❑ 보육 리소스 센터, 지역
- ❑ 가족 지원 센터
- ❑ 가족 지원 네트워크, 지역
- ❑ 가족 지원 네트워크, 주
- ❑ 가정 방문 프로그램 (자세히 기입)________
- ❑ 주택
- ❑ Judy Center
- ❑ 법률 서비스
- ❑ 부모 교육
- ❑ 프로젝트 독립심
- ❑ 레크리에이션 프로그램
- ❑ 지원 그룹
- ❑ 기타________

서비스 연결 제공자

서비스 제공자 이름:	서비스 제공자 이름:
전화/이메일:	전화/이메일:
서비스 제공자 이름:	서비스 제공자 이름:
전화/이메일:	전화/이메일:

가족의 보안 서비스 연결을 돕기 위한 전략

지급 소스(해당사항을 모두 선택)
- ❑ HMO(Health Maintenance Organization)
- ❑ 의료 지원
- ❑ 무료
- ❑ 기타 의료보험
- ❑ 부모: 전체 지불
- ❑ 부모: 차등 부담
- ❑ 기타:________

서비스 연결을 보호하기 위해 참여하는 개인

이름:	이름:
직위:	직위:
전화번호:	전화번호:
이메일	이메일

MD IFSP Part 5 Rev 1/2010 *흰색*: 조기 중재 기록 • *노란색*• 가족 • *분홍색*: 데이터 입력

이 IFSP 파트에서는 여러분과 자녀가 지역 영유아 프로그램으로부터 받는 조기 개입 서비스의 유형, 받는 시기, 받는 장소 및 주기에 대해 설명합니다. 둘 이상의 서비스를 받을 수 있으며 서비스마다 새 페이지가 제공됩니다. 또한 자녀에게 지원 기술 및 교통편이 필요한지 여부도 토론됩니다. 여러분은 조기 개입 서비스를 제공하는 데 있어 중요한 역할을 담당하고 있습니다. 전문가 팀이 여러분에게 기술을 시연하게 되며, 여러분과 가족에게 개입 전략을 가족의 일상에 적용하는 방법을 가르쳐 줄 것입니다.

자녀와 가족에게 필요한 서비스에 대해 현실적으로 생각하는 것이 중요합니다.

IFSP 파트 V: 서비스 연계

서비스 연계는 자녀 발달을 향상시키기 위해 지역 영유아 프로그램 범위를 벗어나 지역 사회에 추가로 제공되는 서비스 및 지원입니다. 자녀와 가족의 발달을 촉진하고 가족의 행복을 지향하기 위해 모든 지역 사회 파트너들이 협력하는 것이 중요합니다. 서비스 조정자가 이러한 연계를 식별하기 위해 여러분을 도와줄 것입니다.

고려해야 할 질문

- 조기 개입 프로그램에 참여하는 아이들의 다른 부모와 이야기를 나누는 것이 흥미롭습니까?
- 유용한 내용을 더 많이 알기 위해 워크숍에 참여할 마음이 있습니까?
- 자녀를 돌보는 게 힘들다고 생각하십니까?
- 가족의 다른 자녀에게 제공되는 프로그램이 있습니까?

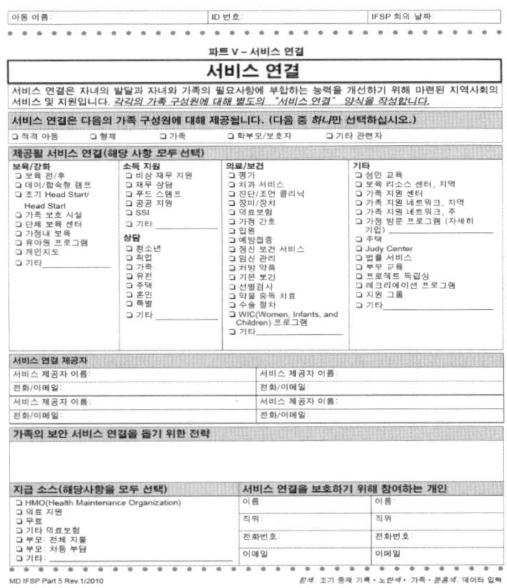

아동 이름: | ID 번호: | IFSP 회의 날짜:

파트 V – 서비스 연결

서비스 연결

서비스 연결은 자녀의 발달과 자녀와 가족의 필요사항에 부합하는 능력을 개선하기 위해 마련된 지역사회의 서비스 및 지원입니다. 각각의 가족 구성원에 대해 별도의 "서비스 연결" 양식을 작성합니다.

서비스 연결은 다음의 가족 구성원에 대해 제공됩니다. (다음 중 하나만 선택하십시오.)

❑ 적격 아동 ❑ 형제 ❑ 가족 ❑ 학부모/보호자 ❑ 기타 관련자

제공될 서비스 연결(해당 사항 모두 선택)

보육/강화: ❑ 보육 전/후 ❑ 데이/합숙형 캠프 ❑ 조기 Head Start/ Head Start ❑ 가족 보호 시설 ❑ 단체 보육 센터 ❑ 가정내 보육 ❑ 유아원 프로그램 ❑ 개인지도 ❑ 기타________

소득 지원: ❑ 비상 재무 지원 ❑ 재무 상담 ❑ 푸드 스탬프 ❑ 공공 지원 ❑ SSI ❑ 기타________

상담: ❑ 청소년 ❑ 취업 ❑ 가족 ❑ 유전 ❑ 주택 ❑ 혼인 ❑ 특별 ❑ 기타________

의료/보건: ❑ 평가 ❑ 치과 서비스 ❑ 진단/조언 클리닉 ❑ 장비/장치 ❑ 의료보험 ❑ 가정 간호 ❑ 입원 ❑ 예방접종 ❑ 정신 보건 서비스 ❑ 임신 관리 ❑ 처방 약품 ❑ 기본 보건 ❑ 선별검사 ❑ 약물 중독 치료 ❑ 수술 절차 ❑ WIC(Women, Infants, and Children) 프로그램 ❑ 기타________

기타: ❑ 성인 교육 ❑ 보육 리소스 센터, 지역 ❑ 가족 지원 센터 ❑ 가족 지원 네트워크, 지역 ❑ 가족 지원 네트워크, 주 ❑ 가정 방문 프로그램 (자세히 기입)________ ❑ 주택 ❑ Judy Center ❑ 법률 서비스 ❑ 부모 교육 ❑ 프로젝트 독립심 ❑ 레크리에이션 프로그램 ❑ 지원 그룹 ❑ 기타________

서비스 연결 제공자

서비스 제공자 이름: | 서비스 제공자 이름:
전화/이메일: | 전화/이메일:
서비스 제공자 이름: | 서비스 제공자 이름:
전화/이메일: | 전화/이메일:

가족의 보안 서비스 연결을 돕기 위한 전략

지급 소스(해당사항을 모두 선택): ❑ HMO(Health Maintenance Organization) ❑ 의료 지원 ❑ 무료 ❑ 기타 의료보험 ❑ 부모: 전체 지불 ❑ 부모: 차등 부담 ❑ 기타:________

서비스 연결을 보호하기 위해 참여하는 개인

이름: | 이름:
직위: | 직위:
전화번호: | 전화번호:
이메일 | 이메일

MD IFSP Part 5 Rev 1/2010 흰색: 조기 중재 기록 • 노란색• 가족 • 분홍색: 데이터 입력

IFSP 문서

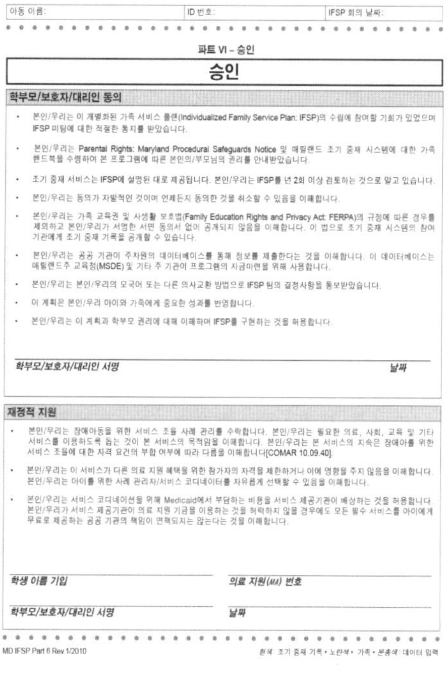

아동 이름:	ID 번호:	IFSP 회의 날짜:

파트 VI – 승인

승인

학부모/보호자/대리인 동의

- 본인/우리는 이 개별화된 가족 서비스 플랜(Individualized Family Service Plan: IFSP)의 수립에 참여할 기회가 있었으며 IFSP 미팅에 대한 적절한 통지를 받았습니다.
- 본인/우리는 Parental Rights: Maryland Procedural Safeguards Notice 및 매릴랜드 조기 중재 시스템에 대한 가족 핸드북을 수령하여 본 프로그램에 따른 본인의/부모님의 권리를 안내받았습니다.
- 조기 중재 서비스는 IFSP에 설명된 대로 제공됩니다. 본인/우리는 IFSP를 년 2회 이상 검토하는 것으로 알고 있습니다.
- 본인/우리는 동의가 자발적인 것이며 언제든지 동의한 것을 취소할 수 있음을 이해합니다.
- 본인/우리는 가족 교육권 및 사생활 보호법(Family Education Rights and Privacy Act: FERPA)의 규정에 따른 경우를 제외하고 본인/우리가 서명한 서면 동의서 없이 공개되지 않음을 이해합니다. 이 법으로 조기 중재 시스템의 참여 기관에게 조기 중재 기록을 공개할 수 있습니다.
- 본인/우리는 공공 기관이 주차원의 데이터베이스를 통해 정보를 제출한다는 것을 이해합니다. 이 데이터베이스는 매릴랜드주 교육청(MSDE) 및 기타 주 기관이 프로그램의 자금마련을 위해 사용합니다.
- 본인/우리는 본인/우리의 모국어 또는 다른 의사교환 방법으로 IFSP 팀의 결정사항을 통보받았습니다.
- 이 계획은 본인/우리 아이와 가족에게 중요한 성과를 반영합니다.
- 본인/우리는 이 계획과 학부모 권리에 대해 이해하며 IFSP를 구현하는 것을 허용합니다.

학부모/보호자/대리인 서명 *날짜*

재정적 지원

- 본인/우리는 장애아동을 위한 서비스 조율 사례 관리를 수락합니다. 본인/우리는 필요한 의료, 사회, 교육 및 기타 서비스를 이용하도록 돕는 것이 본 서비스의 목적임을 이해합니다. 본인/우리는 본 서비스의 지속은 장애아를 위한 서비스 조율에 대한 자격 요건의 부합 여부에 따라 다름을 이해합니다[COMAR 10.09.40].
- 본인/우리는 이 서비스가 다른 의료 지원 혜택을 위한 참가자의 자격을 제한하거나 이에 영향을 주지 않음을 이해합니다. 본인/우리는 아이를 위한 사례 관리자/서비스 코디네이터를 자유롭게 선택할 수 있음을 이해합니다.
- 본인/우리는 서비스 코디네이션을 위해 Medicaid에서 부담하는 비용을 서비스 제공기관이 배상하는 것을 허용합니다. 본인/우리가 서비스 제공기관이 의료 지원 기금을 이용하는 것을 허락하지 않을 경우에도 모든 필수 서비스를 아이에게 무료로 제공하는 공공 기관의 책임이 면책되지는 않는다는 것을 이해합니다.

학생 이름 기입 *의료 지원(MA) 번호*

학부모/보호자/대리인 서명 *날짜*

MD IFSP Part 6 Rev 1/2010

흰색: 조기 중재 기록 • *노란색* • 가족 • *분홍색*: 데이터 입력

IFSP 파트 VI:
승인

이 섹션에서는 조기 개입 서비스가 시작되기 전에, IFSP 검토 회의마다, 그리고 IFSP 내용이 변경될 때 사전 서면 동의를 제공할 수 있습니다. 혼돈되는 내용이 있을 경우 모든 내용을 꼼꼼히 읽고 질문을 하는 것이 중요합니다.

고려해야 할 질문

- 지역 영유아 프로그램으로부터 부모의 권리: 메릴랜드 주 절차상 보호 규약 통지 사본을 받았습니까?
- 조기 개입 시스템에 내 권리가 설명되었습니까?
- 어떤 서비스가 가족에게 제공되는지 알고 있습니까?
- 이러한 서비스가 무료로 제공된다는 것을 알고 있습니까?

Medicaid (저소득층 의료 보험 제도) (의료 지원) 정보

지역 영유아 프로그램을 통해 제공되는 서비스는 가족이 무료로 이용할 수 있습니다.

- 자녀가 Medicaid(저소득층 의료 보험 제도)(의료 지원)의 수혜 자격이 있고 여러분이 서면 동의를 제공한 경우 지역의 영유아 프로그램에서 자녀의 특수 서비스에 대한 비용을 Medicaid(저소득층 의료 보험 제도)에 청구할 수 있습니다.
- 청구 목적으로 매년 서면 동의를 제공하면 지역 영아 및 유아 프로그램에서 의료 지원 번호를 요청합니다.
- 영유아 프로그램에서 Medicaid(저소득층 의료 보험 제도)에 청구할 수 있도록 허용하는 여러분의 동의는 자녀나 가족 중 다른 구성원이 현재 받고 있는 진료 또는 앞으로 받을 진료에 아무 영향을 미치지 않습니다.

IFSP 문서

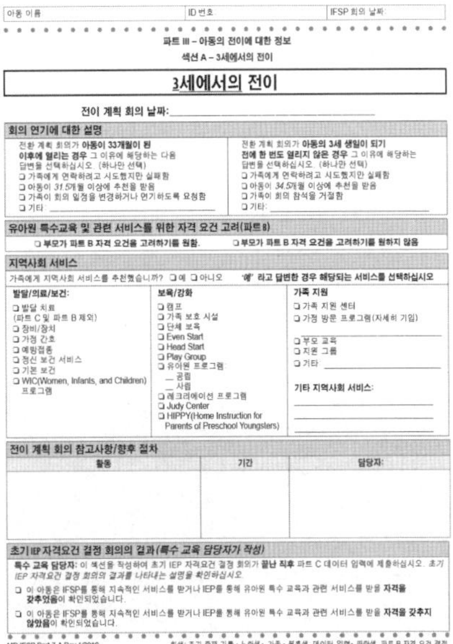

아동 이름	ID 번호	IFSP 회의 날짜:

파트 III – 아동의 전이에 대한 정보

섹션 A – 3세에서의 전이

3세에서의 전이

전이 계획 회의 날짜: ______

회의 연기에 대한 설명

전환 계획 회의가 **아동이 33개월이 된 이후에 열리는 경우** 그 이유에 해당하는 다음 답변을 선택하십시오. (하나만 선택)	전환 계획 회의가 **아동의 3세 생일이 되기 전에 한 번도 열리지 않은 경우** 그 이유에 해당하는 답변을 선택하십시오. (하나만 선택)
❑ 가족에게 연락하려고 시도했지만 실패함	❑ 가족에게 연락하려고 시도했지만 실패함
❑ 아동이 *31.5*개월 이상에 추천을 받음	❑ 아동이 *34.5*개월 이상에 추천을 받음
❑ 가족이 회의 일정을 변경하거나 연기하도록 요청함	❑ 가족이 회의 참석을 거절함
❑ 기타: ______	❑ 기타: ______

유아원 특수교육 및 관련 서비스를 위한 자격 요건 고려(파트 B)

❑ **부모가 파트 B 자격 요건을 고려하기를 원함.** ❑ **부모가 파트 B 자격 요건을 고려하기를 원하지 않음**

지역사회 서비스

가족에게 지역사회 서비스를 추천했습니까? ❑ 예 ❑ 아니오 **'예' 라고 답변한 경우 해당되는 서비스를 선택하십시오**

발달/의료/보건:	보육/강화	가족 지원
❑ 발달 치료 (파트 C 및 파트 B 제외) ❑ 장비/장치 ❑ 가정 간호 ❑ 예방접종 ❑ 정신 보건 서비스 ❑ 기본 보건 ❑ WIC(Women, Infants, and Children) 프로그램	❑ 캠프 ❑ 가족 보호 시설 ❑ 단체 보육 ❑ Even Start ❑ Head Start ❑ Play Group ❑ 유아원 프로그램 — 공립 — 사립 ❑ 레크리에이션 프로그램 ❑ Judy Center ❑ HIPPY(Home Instruction for Parents of Preschool Youngsters)	❑ 가족 지원 센터 ❑ 가정 방문 프로그램(자세히 기입) ______ ❑ 부모 교육 ❑ 지원 그룹 ❑ 기타 ______ **기타 지역사회 서비스:** ______

전이 계획 회의 참고사항/향후 절차

활동	기간	담당자:

초기 IEP 자격요건 결정 회의의 결과(*특수 교육 담당자가 작성*)

특수 교육 담당자: 이 섹션을 작성하여 초기 IEP 자격요건 결정 회의가 **끝난 직후** 파트 C 데이터 입력에 제출하십시오. *초기 IEP 자격요건 결정 회의의 결과를 나타내는 설명을 확인하십시오.*

❑ 이 아동은 IFSP를 통해 지속적인 서비스를 받거나 IEP를 통해 유아원 특수 교육과 관련 서비스를 받을 **자격을 갖추었음**이 확인되었습니다.

❑ 이 아동은 IFSP를 통해 지속적인 서비스를 받거나 IEP를 통해 유아원 특수 교육과 관련 서비스를 받을 **자격을 갖추지 않았음**이 확인되었습니다.

MD IFSP Part 7-A Rev. 1/2010 *흰색*: 조기 중재 기록 • *노란색* • 가족 • *분홍색*: 데이터 입력 • *파란색*: 파트 B 자격 요건 결정

고려해야 할 질문

- 자 다음 단계 가족 지침: 조기 개입 서비스를 받는 자녀가 3세로 전환될 때 사본을 받았습니까?
- 조기 개입 팀이 옵션을 잘 이해할 수 있도록 도와주었습니까?
- IFSP 서비스가 종료될 경우 자녀와 가족이 더 이상 IFSP를 통해 서비스를 수혜할 수 없다는 것을 알고 있습니까?

IFSP 파트 VII: 전이 정보

IFSP의 전이 정보는 아동이 3세가 되는 시기에 일어나는 일에 대해 다룹니다. 2세부터 서비스 조정자는 전이 프로세스에 대한 상담을 시작합니다. 귀하는 귀하의 자녀와 가족에게 다음에 일어나는 일에 대해 계획하고 결정을 내리고 조치를 취하기 위해 전이 계획 회의에 참여합니다. 이 전이 계획 회의는 자녀의 3세 생일 9개월 이전부터 90일 이전 사이에 열려야 합니다. 이 회의에서 IFSP 팀은 전이 계획을 개발하데 책임을 다합니다.

발달 및 교육 정보는 부모의 동의 없이 지역 영아 및 유아 프로그램과 지역 학교 시스템 사이에서 공유될 수 있습니다. 전이 계획을 포함하여 완벽한 서비스 시스템을 통해 아동의 진행 상황을 지원하기 위해서입니다. 계속 조기 개입 서비스를 받거나 취학 전 특수 교육 서비스를 받기 위한 지역 사회 옵션 및 서비스 제공 모델에 대한 정보는 귀하의 가족이 이러한 선택 사항을 고려하기를 원하는 한 제공됩니다.

아동이 계속 조기 개입 또는 특수 교육 서비스를 받아야 하는지 결정하기 위해서는 취학 전 특수 교육 및 관련 서비스 자격을 확인하기 위한 평가를 받아야 합니다. 자격을 결정하기 위한 추가 평가가 필요할 경우 귀하의 서면 동의를 제공해야 합니다. 자녀가 개별화 교육 프로그램(IEP) 팀 회의에서 자격이 있다고 결정된 후 지역 영아 및 유아 프로그램에 남아서 IFSP를 통해 계속 서비스를 받을지 또는 IEP를 통한 취학 전 특수 교육 및 관련 서비스로 전환할지 결정하는 것은 귀하의 선택입니다.

자세한 내용은 간행물 다음 단계 가족 지침: 조기 개입 서비스를 받는 자녀가 3세로 전환될 때를 참조하십시오.

자녀가 3세가 되기 전에 비슷한 연령대의 아이들을 따라잡아 IFSP의 성과를 충족할 수 있습니다. 이 경우 조기 개입 서비스 및 지원이 종료되어 아쉬울 수 있지만 부모 입장에서는 매우 고무되는 순간입니다. 서비스 조정자가 자녀들이 지역 사회 서비스를 이용하고 일반 아이들과 어울리며 자녀가 새로 익힌 기술을 유지할 수 있도록 도와줄 것입니다.

자녀가 언제, 어디서 전환을 하든지 지역 사회에서 서비스에 참여하고 일반 아이들 및 가족과 어울리는 것이 매우 중요합니다.

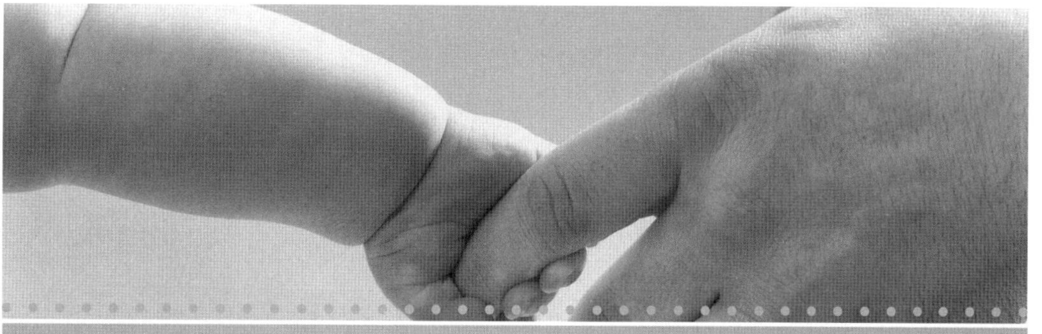

조기 개입 서비스 제공자는 자녀의 발달을 개선시킬 수 있도록 성과를 파악하기 위해 여러분 및 자녀와 일정의 작업을 할 것입니다. 영유아 프로그램에 참여하는 파트너로서 방문 시마다 적극적으로 참여하는 것이 매우 중요합니다. 조기 개입 서비스 제공자가 여러분의 자녀와 일정의 작업을 할 때 새로운 전략과 기법을 시연할 것입니다. 서비스 제공자들이 시연하는 기술을 연습하고 일상 생활에서 자녀와 같이 할 수 있도록 그들이 자녀와 하는 작업을 완벽하게 파악해야 합니다. 자녀의 성장은 대부분 자녀와 여러분이 여러 세션을 함께 하는 동안 이루어지게 됩니다. 전략을 변경해야 할 경우 서비스 조정자 및 서비스 제공자와 변경 사항을 같이 계획할 수 있도록 이들과 자녀의 진행 상황을 공유해야 합니다. 조기 개입 서비스 동안 행운이 따르기를 바랍니다.

"베테랑" 부모가 되기 위한 10가지 팁

1. 자녀는 여러분을 놀라게 하는 방향으로 성장하고 발달합니다.

2. IFSP에 가족 전체를 참여시킵니다.

3. 서비스 조정자는 가족의 이야기를 들어주는 사람이자, 자원이자 지원입니다.

4. 코칭 모델을 신뢰합니다. 서비스 제공자가 여러분에게 활동을 가르쳐줍니다.

5. 가족이 된다는 것이 중요할 때가 있습니다.

6. 다른 부모와 교류합니다.

7. 자녀의 장점, 재능 및 관심사에 대해 칭찬합니다.

8. 자신도 돌보면서 자녀와 가족을 돌봅니다.

9. 영유아 프로그램을 종료하는 것이 보기 만큼 그리 두려운 것이 아닙니다.

10. 여러분은 자녀에 대한 전문가입니다.

부모 IFSP 체크리스트

◇ 나는 자녀가 왜 영유아 프로그램의 수혜 자격이 되는지 이해하고 있습니다.

◇ 나는 IFSP 팀 회의에 가족, 친구, 보육 담당자를 초대했습니다.

◇ 첫 번째 IFSP가 신청 이후 45일 안에 완료되었습니다.

◇ 첫 번째 서비스가 IFSP를 완료한 후 30일 이내에 시작되었습니다.

◇ 친구, 자녀에 대한 정보를 공유했으며, 나의 희망과 꿈에 대해 설명했습니다.

◇ IFSP 팀이 나의 권장안을 고려했습니다.

◇ IFSP에 자녀의 고유한 장점과 발달 필요 사항이 잘 나타나 있습니다.

◇ IFSP에서 가족의 일상 생활 내 학습이 이루어질 수 있는 기회가 식별됩니다.

◇ IFSP에 자녀의 일상 생활, 활동 및 장소에 서비스가 제공될 수 있는 방식이 설명되어 있습니다.

◇ IFSP가 가족이 지역 사회 자원 및 지원을 이용할 수 있도록 지원합니다.

◇ IFSP에서 서비스 조정자와 기타 서비스 제공자가 식별됩니다.

◇ IFSP 회의 동안 그리고 조기 개입 서비스를 받는 동안 질문을 편안하게 받았습니다.

◇ 자녀의 IFSP 사본을 받았습니다.

◇ 서비스를 시작하도록 허가서를 제공했습니다.

◇ 시간과 장소를 서로 협의하여 조기 개입 약속이 예약되었습니다.

◇ 첫 번째 IFSP 검토가 6개월 후에 수행되지만 언제든지 검토를 요청할 수 있습니다.

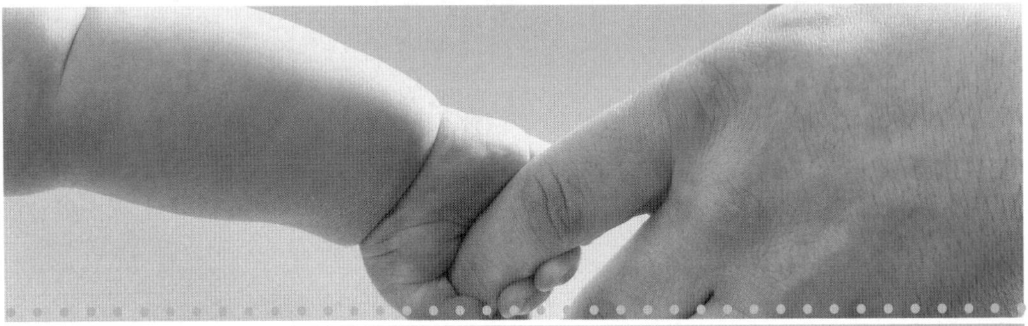

이 워크시트는 자녀의 장점 및 필요 사항에 대해 생각해볼 수 있도록 도와줍니다. 조기 개입 서비스 제공자는 평가 도구를 사용하여 비슷한 연령대의 다른 아이들과 자녀의 발달 상태를 어떻게 비교할지 결정합니다. 가정, 지역 사회, 보육원과 같은 장소나 취학전 프로그램에서 아이들이 적극적으로 참여하도록 하려면 아이들은 (1) 긍정적인 사회적, 감성적 기술 개발 (2) 지식 및 기술 습득 및 사용 (3) 자신의 필요 사항을 충족하기 위해 적절한 행동 수행 등과 같은 세 가지 영역에서 기술을 개발해야 합니다. 아래 차트 작성 시 발달에 대한 이러한 세 가지 기능 영역을 바탕으로 자녀를 관찰한 내용을 기록합니다. 자녀가 현재 보유하고 있는 기술, 자녀가 배워야 한다고 생각되는 기술을 생각해 봅니다. 자녀에 대해 알고 있는 내용과 생각하고 있는 내용이 평가 정보 및 IFSP 팀 토론에 포함되는 것이 중요합니다.

	자녀의 상황...	**자녀의 장점** 자녀가 좋아하는 것은 어떤 것입니까? 자녀가 시연하는 기술은 무엇입니까? 또는 자녀와 비슷한 연령대의 아이들이 시연하기 시작한 기술은 무엇입니까?	**자녀의 필요 사항** 자녀가 하지 않거나 어려워하는 기술이나 행동은 무엇입니까? 자녀에게 도움이나 실습이 필요하다고 생각되는 활동이나 기술 영역은 무엇입니까?
긍정적인 사회적, 감성적 기술 개발	• 사람들과 잘 어울립니까? • 가족과 관계를 잘 맺고 있습니까? • 다른 어른들과 관계를 잘 맺고 있습니까? • 다른 아이들과 관계를 잘 맺고 있습니까? • 감정을 잘 표현합니까? • 다른 사람들의 접촉에 반응합니까?		
지식 및 기술 습득 및 사용	• 다른 사람들의 지시 사항이나 요청을 이해하고 이에 반응합니까? • 생각하고 기억하고 추리하며 문제를 해결합니까? • 책, 그림 및 인쇄물을 통한 소통이 원활합니까? • 크다, 뜨겁다 등과 같은 기본 개념을 이해하고 있습니까?		
자신의 필요 사항을 충족하기 위해 적절한 행동 수행	• 식사나 옷입기 등 자녀에게 기본적인 필요 사항을 챙겨줍니까? • 자녀가 몸을 이리저리 움직입니까? • 손을 사용하여 장난감을 가지고 놀거나 크레용을 손에 쥡니까? • 자녀가 원하는 내용이나 필요로 하는 내용을 표현합니까? • 자녀가 자신의 건강과 안전을 지키기 위해 노력합니까?		
추가로 고려해야 할 질문		• 자녀가 좋아하는 활동은 무엇이며 좋아하는 사람은 누구입니까? • 자녀가 자신이 좋아하는 것을 나에게 어떻게 알려줍니까? • 자녀가 아주 협조적인 태도를 보일 때는 언제입니까? • 자녀를 진정시켜주는 것은 무엇입니까?	• 자녀가 싫어하는 활동은 무엇이며 싫어하는 사람은 누구입니까? • 자녀가 자신이 싫어하는 것을 나에게 어떻게 알려줍니까? • 자녀를 겁먹게 하는 것은 무엇입니까? • 자녀를 좌절시키는 것은 무엇입니까?

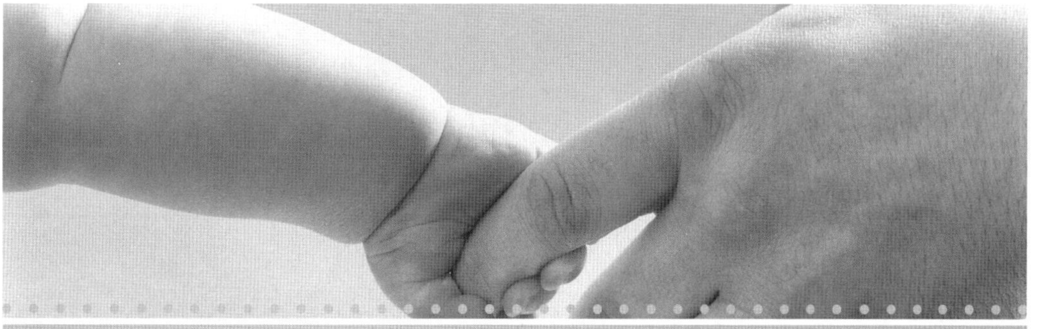

조기 개입 관련 단어 및 문구

조기 개입 서비스과 (Early Intervention Services)

- 지원 기술(Assistive technology)
- 조기 식별(Early identification)
- 가족 상담(Family counseling)
- 가족 훈련(Family training)
- 가정 방문(Home visits)
- 의료 서비스(진단) (Medical services for diagnosis)
- 의료 서비스(평가) (Medical services for evaluation)
- 간호 서비스(Nursing services)
- 영양 서비스(Nutrition services)
- 작업 치료(Occupational therapy)
- 물리 치료(Physical therapy)
- 심리적 서비스 (Psychological services)
- 검진 및 사정 (Screening and assessment)
- 서비스 조정(Service coordination)
- 언어 치료 (Speech and language pathology)
- 사회 복지 서비스 (Social work services)
- 교통편(Transportation)
- 비전 서비스(Vision services)

조기 개입 서비스 제공자 (Early Intervention Service Providers)

- **청각사(Audiologist):** 청각 장애를 가진 아이들을 위한 치료와 권장안을 식별, 평가 및 제공합니다.
- **간호사(Nurse):** 건강 상태를 확인하고 가족이 의료 용어와 문제를 이해하도록 돕습니다.
- **영양사(Nutritionist):** 아이들과 가족의 음식 선택 및 식사 문제를 지원합니다.
- **작업 치료사(Occupational therapist):** 아이들이 손을 이용하여 목적이 있는 놀이를 하도록 도와주고 식사 및 자조 기술을 개발하여 미세 운동 능력을 향상시킬 수 있도록 도와줍니다.
- **부모(Parents):** 아이들과 가족의 꿈과 희망을 나누고 아이들 발달과 관련한 모든 면을 향상해줄 사람입니다.
- **물리 치료사(Physical therapist):** 아이들이 돌아다니거나 놀면서 운동할 수 있도록 지원하여 전반적인 운동 발달을 도와줍니다.
- **서비스 조정자(Service coordinator):** 아동과 가족을 위한 조기 개입 서비스를 조정하고 촉진합니다.
- **심리학자(Psychologist):** 아동의 행동과 아동 및 가족 상태에 대한 정보를 얻고 통합하고 해석하며 가족이 자녀의 장애와 가족 고유의 문제에 대처하도록 도움을 줍니다.
- **사회 복지사(Social worker):** 개인 및 가족-그룹 상담을 제공합니다. 아동과 가족이 조기 개입 서비스를 통해 최대한의 혜택을 볼 수 있도록 지역 사회 리소스 및 서비스를 식별, 동원 및 조정합니다.
- **특수 교사(Special educator):** 전략, 중재안, 지침 등을 사용하여 장애가 있는 아이들의 전반적인 발달을 향상하도록 도와줍니다.
- **언어 치료 전문가(Speech and language pathologist):** 아이들이 원하고 필요로 하는 것을 말로 표현하도록 도와주고 아이들이 세상을 이해할 수 있도록 도와주며, 다른 사람의 말을 정확히 이해할 수 있도록 도와줍니다.

조기 개입 관련 단어 및 문구

자연적 환경

가정
공립 유치원
지역 사회 유치원
지역 사회 어린이집
헤드스타트
조기 헤드스타트
유아 교육 및 가족 학습 센터
(예: Judy Hoyer Centers)
보육원
가정 보육
공원 및 여가 프로그램
협동 놀이 그룹
도서관
기타 자녀 보육 프로그램

자녀 및 가족의 성과 측정

성과 측정은 자녀와 가족이 조기 개입 서비스 및 지원으로부터 혜택을 얼마나 받고 있으며, 주의 조기 개입 프로그램을 개선할 수 있는 방법을 확인하기 위해 미국 전역에서 꾸준히 많은 노력을 쏟고 있는 부분입니다.

자녀의 성과

모든 어린 아이들에 대한 진행 상황은 매일 발생하는 일상적인 여러 일들을 성공적으로 수행하기 위해 필요한 기술과 능력 및 향후 학교에서의 성공적인 생활을 위해 필요한 기술에 주안점을 둔 성과를 통해 측정됩니다. 미국 특수 교육 프로그램 사무소(OSEP)에서 정의한 세 가지 유아 성과는 1) 긍정적인 사회적, 감성적 기술 개발 2) 지식 및 기술 습득 및 사용 3) 자신의 필요 사항을 충족하기 위해 적절한 행동 수행 등입니다.

메릴랜드 주 교육부(Maryland State Department of Education: MSDE)는 세 개의 유아 성과, 지역 영유아 프로그램의 IFSP 절차를 통해 수집된 데이터를 수집합니다. 부모, 가족, 조기 개입 직원 및 기타 관련 제공자는 자녀가 비슷한 연령대 아이들과 비교하여 어떻게 발달하고 있는지 파악하기 위해 정보를 공유합니다. 이 정보는 세 개의 유아 성과 영역 각각의 여러 지점에서 "자녀가 비슷한 연령대 아이들과 비교하여 어떻게 발달하고 있습니까?" 에 대한 답변으로 IFSP "장점 및 필요 사항 요약" 페이지에 기록됩니다. 유아 성과 정보 요약을 통해 조기 개입에 참여하는 동안 자녀의 진행 상태에 대한 전반적인 상황을 확인할 수 있습니다.

IFSP를 통해 서비스를 계속 받으려는 3세 이후의 아동의 경우 팀에서 활동 표본 평가(Work Sampling System, WSS) 체크리스트를 사용하여 학교 생활 준비 기술과 관련한 아동의 진행 상황을 관찰하고 기록할 수 있습니다

가족 성과

지역 영아 프로그램은 가족 및 보호자와 협력하여 자녀의 발달을 돕습니다. 1년에 한 번씩 가족은 조기 개입 서비스가 가족에게 얼마나 도움이 되었는지 측정하기 위한 설문 조사를 작성하도록 요청받습니다. OSEP에서 정의한 세 가지 가족 성과는 1) 가족이 자신의 권리를 인지함 2) 가족이 자녀의 필요 사항에 대해 효율적으로 의견을 주고 받음 3) 가족이 자녀의 발달 및 학습을 도와주고 있음 등입니다. 설문 조사의 요약 결과는 매년 OSEP에 보고되며 지역 및 주 단위 프로그램을 향상시키는 데 직접적으로 반영됩니다.

가족을 위한 더 많은 자원

추가 정보는 다음으로 문의하십시오.

지역 영아 및 유아 프로그램

앨러게니 카운티(Allegany County)	301-759-2415
앤애런델 카운티(Anne Arundel County)	410-222-6911
볼티모어 시(Baltimore City)	410-396-1666
볼티모어 카운티(Baltimore County)	410-887-2169
캘버트 카운티(Calvert County)	410-414-7034
캐롤라인 카운티(Caroline County)	410-479-3246
캐럴 카운티(Carroll County)	410-876-4437
세실 카운티(Cecil County)	410-996-5444
찰스 카운티(Charles County)	301-609-6808
도체스터 카운티(Dorchester County)	410-221-1111,x1023
프레더릭 카운티(Frederick County)	301-600-1612
가레트 카운티(Garrett County)	301-533-0240
하퍼드 카운티(Harford County)	410-638-3823
하워드 카운티(Howard County)	410-313-7017
켄트 카운티(Kent County)	410-778-8486
몽고메리 카운티(Montgomery County)	240-777-3997
프린스조지 카운티(Prince George's County)	301-265-8415
퀸 앤스 카운티(Queen Anne's County)	410-827-4629, x 10
서머싯 카운티(Somerset County)	410-623-2037
세인트메리 카운티(St. Mary's County)	301-475-5511, x 223
탤벗 카운티(Talbot County)	410-820-0319
워싱턴 카운티(Washington County)	v301-766-8217
위코미코 카운티(Wicomico County)	410-677-5250
우스터 카운티(Worcester County)	410-632-5033
시각 장애인을 위한 메릴랜드 학교	410-444-5000
청각 장애인을 위한 메릴랜드 학교	410-480-4545

온라인 자료

www.MarylandLearningLinks.org

Maryland Learning Links는 메릴랜드의 조기 개입 및 특수 교육과 관련된 정보 및 자료를 제공합니다. 관리자든, 교사든, 제공자든, 부모든 상관없이 포괄적이고 활용하기 쉬운 지식과 실질적인 관행이 모두 포함된 사이트를 통해 도움을 받을 수 있습니다. 이 확신은 전적으로 모든 아이가 교실 안팎에서 배우고 성과를 거둘 수 있다는 믿음에서 비롯되었습니다. Maryland Learning Links는 존스 홉킨스 대학교 교육 기술 센터와 협력하여 메릴랜드 주 특수 교육/조기 개입 서비스 과에서 개발, 제작했습니다.

www.MarylandPublicSchools.org

메릴랜드 주 특수 교육/조기 개입 서비스 과는 21세 이하의 장애 학생 및 아동과 그 가족에게 맞춰 조정된 서비스를 갖춘 완벽한 시스템을 통해 결과를 책임지고 리더십과 지원을 지역 학교 시스템, 공립 교육 기관 및 관련자에게 제공합니다.

추가 정보와 자료는 다음을 통해 제공받을 수 있습니다.

메릴랜드 주 교육부(Maryland State Department of Education)
특수 교육/조기 개입 서비스 과
200 West Baltimore Street,
Baltimore, Maryland 21201
전화 번호: 410-767-0261
팩스: 410-333-8165
무료 전화: 1-800-535-0182

Maryland State Department of Education
Preparing World-Class Students

Maryland's Birth through Five
Early Childhood Intervention & Education
System of Services For Young Children With Disabilities and Their Families

본 간행물은 PL 105-17/111-5 장애인 교육법/미국 경기부양법에 따라 미 교육부, Grant#H393A090124A, 특수교육-영아 및 가족 '복구 기금' 보조금의 지원을 받아 메릴랜드 주 교육부, 특수 교육/조기 개입 서비스과에서 개발 및 제작했습니다. 이 간행물에 포함된 정보를 복사 또는 공유하는 사용자는 메릴랜드 주 교육부, 특수 교육/조기 개입 서비스과가 출처임을 밝혀야 합니다. 메릴랜드 주 교육부는 주와 지역의 기관 및 조직이 조정하는 주 단위의 서비스 및 지원 프로그램인 메릴랜드 영아 및 유아 프로그램의 담당 기관입니다. 메릴랜드 주 교육부는 인종, 피부색, 성별, 나이, 출신 국가, 종교, 장애 여부 또는 성적 취향을 근거로 고용이나 프로그램에 대한 액세스 제공에 있어 차별을 두지 않습니다. 부서 정책과 관련된 질문은 평등 보장 및 준법 감시국(Equity Assurance and Compliance Branch) 주소, Office of the Deputy State Superintendent for Administration, Maryland State Department of Education, 200W.Baltimore Street, 6th Floor Baltimore, MD 21201-2595, 410-767-0433, 팩스 410-767-0431, TTY/TDD 410-333-6442, www.Marylandpublicschools.org로 문의하십시오.

Lillian M. Lowery, Ed.D., 주 교육감
Charlene M. Dukes, Ed.D., 주 교육 위원회장
Martin O'Malley, 주지사
Marcella E. Franczkowski. M.S., 부교육감 특수 교육/조기 개입 서비스과

부록 4

01 | 「특수교육 관련서비스 요구조사 및 지원방안」을 위한 설문조사

02 | 「특수교육 관련서비스 요구조사 및 지원방안」에 관한 면담조사

1. 설문조사지

「특수교육 관련서비스 요구조사 및 지원방안」을 위한 설문조사

안녕하십니까? 장애학생 교육을 위하여 헌신하고 계신 여러분들의 노력에 깊은 존경과 감사의 뜻을 표합니다.

지난 2007년 5월 25일 「장애인 등에 대한 특수교육법」이 제정되었습니다. 새로 제정된 법에서는 "치료교육"을 특수교육 정의에 포함하지 않고, "특수교육 관련서비스"를 "특수교육대상자의 교육을 효율적으로 실시하기 위하여 필요한 인적 · 물적 자원을 제공하는 서비스로서 상담지원 · 가족지원 · 치료지원 · 보조인력지원 · 보조공학기기지원 · 학습보조기기지원 · 통학지원 및 정보접근지원 등을 말한다(제2조)"라고 정의하고, 이를 특수교육에 포함하였습니다.

이에 따라 국립특수교육원에서는 「특수교육 관련서비스 요구조사 및 지원방안 연구를 진행하게 되었습니다. 본 설문은 이러한 연구의 기초자료를 수집하는데 목적이 있습니다.

여러분들께서 응답하신 내용은 연구를 위한 통계자료 이외의 목적으로 사용되지 않습니다. 법 개정 이후 효율적인 지원방안을 마련하기 위한 시급한 사안이기에, 불가피하게 여러분들에게 인터넷을 통하여 급하게 설문조사 협조를 요청하게 되었습니다. 이 점 양해하여 주시기 바라며, 설문조사지에 제시된 모든 문항에 성실하고 솔직하게 응답해 주시기 바랍니다. 이번 설문조사지의 분석 결과가 장애학생에게 보다 바람직한 교육 지원 체계를 만들어 나가는데 큰 도움이 될 것입니다. 사안의 중대성을 감안하시어, 정확하고 진솔하게 기일 내에 설문에 응답하여주시기 바랍니다. 감사합니다.

2007년 6월

국립특수교육원장 ○ ○ ○

〈참고 자료〉

다음은 "특수교육 관련서비스"에 관한 「장애인 등에 대한 특수교육법(제정일 2007. 5.25, 시행일 2008. 5. 26)」의 내용입니다. 본 설문을 시작하기 전에 그 내용을 참고하시기 바랍니다.

제2조 (정의) 이 법에서 사용하는 용어의 정의는 다음과 같다.

1. "특수교육"이란 특수교육대상자의 교육적 요구를 충족시키기 위하여 특성에 적합한 교육과정 및 제2호에 따른 특수교육 관련서비스 제공을 통하여 이루어지는 교육을 말한다.
2. "특수교육 관련서비스"란 특수교육대상자의 교육을 효율적으로 실시하기 위하여 필요한 인적 · 물적 자원을 제공하는 서비스로서 상담지원 · 가족지원 · 치료지원 · 보조인력지원 · 보조공학기기지원 · 학습보조기기지원 · 통학지원 및 정보접근지원 등을 말한다.

제28조 (특수교육 관련서비스) ① 교육감은 특수교육대상자와 그 가족에 대하여 가족상담 등 가족지원을 제공하여야 한다.

② 교육감은 특수교육대상자가 필요로 하는 경우에는 물리치료, 작업치료 등 치료지원을 제공하여야 한다.

③ 각급학교의 장은 특수교육대상자를 위하여 보조인력을 제공하여야 한다.

④ 각급학교의 장은 특수교육대상자의 교육을 위하여 필요한 장애인용 각종 교구, 각종 학습보조기, 보조공학기기 등의 설비를 제공하여야 한다.

⑤ 각급학교의 장은 특수교육대상자의 취학 편의를 위하여 통학차량 지원, 통학비 지원, 통학 보조인력의 지원 등 통학 지원 대책을 마련하여야 한다.

⑥ 각급학교의 장은 특수교육대상자의 생활지도 및 보호를 위하여 기숙사를 설치 · 운영할 수 있다. 기숙사를 설치 · 운영하는 특수학교에는 특수교육대상자의 생활지도 및 보호를 위하여 교육인적자원부령으로 정하는 자격이 있는 생활지도원을 두어야 한다. 생활지도원의 배치 기준은 국립학교의 경우 교육인적자원부령으로, 공립 및 사립학교의 경우에는 시 · 도 교육규칙으로 각각 정한다.

⑦ 각급학교의 장은 각급학교에서 제공하는 각종 정보(교육기관에서 운영하는 인터넷 홈페이지를 포함한다)를 특수교육대상자에게 제공하는 경우 특수교육대상자의 장애유형에 적합한 방식으로 제공하여야 한다.

⑧ 제1항부터 제7항까지의 규정에 따른 특수교육 관련서비스의 제공을 위하여 필요한 사항은 대통령령으로 정한다.

Ⅰ. 기초 자료

[특수학교 및 특수학급 교사용]

1. 선생님은 현재 어디에 근무하고 계십니까?

근무처	ㅁ①특수학교　　ㅁ②특수학급

1-1. **(1에서 ①을 선택한 경우) [특수학교 교사]**

다음은 귀하의 인적사항에 관한 질문입니다. 빈 칸에 답하거나 해당항목에 v 표하여 주십시오.

구분		
소속교육청	□①서울 □②부산 □③대구 □④인천 □⑤광주 □⑥대전 □⑦울산 □⑧경기 □⑨강원 □⑩충북 □⑪충남 □⑫전북 □⑬전남 □⑭경북 □⑮경남 □┌제주	
현 근무처	학 교 명	(입 력 :　　　　) □국립 □공립 □사립
현 근무처	장애종별	□①청각장애 □②정신지체 □③시각장애 □④지체부자유 □⑤정서장애 □⑥기타(　　)
성 별	□① 남　　□② 여	
교육경력	(　　)년 (　　)개월 (2007년 7월 1일 기준)	
자격소지	□①일반교사　□②특수교사(2급)　□③특수교사(1급) □④치료교사(2급) □⑤치료교사(1급)　□⑥기타(　　)	
담당과정	□유치부　　□초등부(1-3학년)　□초등부(4-6학년) □중학부　　□고등부이상　　□기타	

1-2. **(1에서 ②을 선택한 경우) [특수학급 교사]**

구분		
소속교육청	□①서울 □②부산 □③대구 □④인천 □⑤광주 □⑥대전 □⑦울산 □⑧경기 □⑨강원 □⑩충북 □⑪충남 □⑫전북 □⑬전남 □⑭경북 □⑮경남 □┌제주	
지역교육청	□①본청　□②지역교육청(지역교육청명 입력:　　　)	
현 근무처	학 교 명	(입 력 :　　　　) □국립 □공립 □사립
현 근무처	학교구분	□유치원 □초등학교(1-3학년) □초등학교(4-6학년) □중학교 □고등학교　　□기타
현 근무처	학급학생의 주장애종별	□①청각장애 □②정신지체 □③시각장애 □④지체부자유 □⑤정서장애 □⑥기타(　　)
성 별	□①남　　□②여	
교육경력	(　　)년 (　　)개월 (2007년 7월 1일 기준)	
자격소지	□①일반교사　□②특수교사(2급)　□③특수교사(1급) □④치료교사(2급) □⑤치료교사(1급)　□⑥기타(　　)	

다음은 귀하의 인적사항에 관한 질문입니다. 빈 칸에 답하거나 해당항목에 v 표하여 주십시오.

[교육청 장학사 및 특수교육지원센터 담당자용]

1. 다음은 귀하의 인적사항에 관한 질문입니다. 빈 칸에 답하거나 해당항목에 v 표하여 주십시오.

근무처	□①시 · 도 및 지역교육청 □②특수교육지원센터
소속교육청	□①서울 □②부산 □③대구 □④인천 □⑤광주 □⑥대전 □⑦울산 □⑧경기 □⑨강원 □⑩충북 □⑪충남 □⑫전북 □⑬전남 □⑭경북 □⑮경남 □┌제주
지역교육청	□①본청 □②지역교육청(지역교육청명 입력:) ※ 소속교육청 클릭시 각 해당지역 교육청이름이 나오도록 하며, 맨 처음에는 "본청"이라는 항목이 각 소속교육청별로 나오게 됩니다.
성 별	□①남 □②여
교육경력	( )년 ( )개월 (2007년 7월 1일 기준)
특수교육 경력	( )년 ( )개월 (2007년 7월 1일 기준)
자격소지	□①일반교사 □②특수교사(2급) □③특수교사(1급) □④치료교사(2급) □⑤치료교사(1급) □⑥기타( )

[학부모용]

1. 다음은 학부모님의 일반 인적사항에 관한 질문입니다. 빈 칸에 답하거나 해당항목에 v 표하여 주십시오.

성 별	□①남 □②여
연 령	(19)년 ( )월 생
소속시도	□①서울 □②부산 □③대구 □④인천 □⑤광주 □⑥대전 □⑦울산 □⑧경기 □⑨강원 □⑩충북 □⑪충남 □⑫전북 □⑬전남 □⑭경북 □⑮경남 □┌제주
자녀의 소속 학교	□①특수학교 □②일반학교 (□특수학급 전일제, □특수학급 시간제, □일반학급 전일제) □③ 기타 (____________)
자녀의 학교 · 급 학년	□①유치원 (□만3세미만, □만3세, □만4세, □만5세, □만6세, □만6세이상) □②초등학교 (1학년□, 2학년□, 3학년□, 4학년□, 5학년□, 6학년□) □③중학교 (1학년□, 2학년□, 3학년□) □④고등학교 (1학년□, 2학년□, 3학년□) □⑤기타
자녀의 장애유형과 장애등급	□①시각장애, ( ) 급 □②청각장애, ( ) 급 □③정신지체, ( ) 급 □④-1지체장애, ( ) 급 □④-2뇌병변장애, ( ) 급 □⑤정서 · 행동장애 □⑥자폐성장애(이와 관련된 장애를 포함한다), ( ) 급 □⑦의사소통장애, ( ) 급 □⑧학습장애 □⑨건강장애 □⑩발달지체 □⑪기타 : ( )장애 ( ) 급 ※장애등급을 모르면 표시하지 않으셔도 됩니다.

Ⅱ. 특수교육 관련서비스에 대한 전반적인 의견

※ 해당하는 곳에 V표나 우선순위를 쓰고, 가타에는 귀하의 생각을 간단히 적어주시기 바랍니다.

2-1. **(특수학교 관리자 입력용)** 다음은 미국의 장애인교육법에 열거된 특수교육 관련서비스에 대한 항목입니다. 이 중 가장 필요한 항목을 **순서대로 세 가지(1순위, 2순위, 3순위)만 선택**하여 주시기 바랍니다.

(※ 각 항목에 대한 자세한 설명은 아래의 〈보기〉를 참고하시기 바랍니다.)

유 형	우선순위 선택 (우선 순서대로 세 가지만 선택)				
	유치부	초등부 저학년	초등부 고학년	중학부	고등부이상
교통수단제공 서비스					
언어치료					
청각학 서비스(청능훈련)					
보행훈련 서비스					
심리학적 서비스(심리치료)					
조기판별 · 사정					
물리치료					
작업치료					
여가활동 서비스					
상담 서비스					
의학적 서비스					
학교 내의 건강 서비스					
사회사업 서비스					
부모상담 및 훈련 서비스					
음악치료 및 미술치료					
보조공학기기 서비스					

2-2. **(특수학교(급)교사, 학부모 입력용)** 다음은 미국의 장애인교육법에 열거된 특수교육 관련서비스에 대한 항목입니다. 이 중 가장 필요한 항목을 **순서대로 세 가지(1순위, 2순위, 3순위) 만 선택**하여 주시기 바랍니다.

(※ 각 항목에 대한 자세한 설명은 아래의 〈보기〉를 참고하시기 바랍니다.)

유 형	우선순위 선택 (우선 순서대로 세 가지만 선택)
교통수단제공 서비스	
언어치료	
청각학 서비스(청능훈련)	
보행훈련 서비스	
심리학적 서비스(심리치료)	
조기판별 · 사정	
물리치료	
작업치료	
여가활동 서비스	
상담 서비스	
의학적 서비스	
학교 내의 건강 서비스	
사회사업 서비스	
부모상담 및 훈련 서비스	
음악치료 및 미술치료	
보조공학기기 서비스	

2-3. **(장학사, 특수교육지원센터 담당자 입력용)** 다음은 미국의 장애인교육법에 열거된 특수교육 관련서비스에 대한 항목입니다. 이 중 각 장애영역별로 가장 필요한 항목을 **순서대로 세 가지(1순위, 2순위, 3순위)만 선택**하여 주시기 바랍니다.

(※ 각 항목에 대한 자세한 설명은 아래의 〈보기〉를 참고하시기 바랍니다.)

유 형	우선순위 선택 (우선 순서대로 세 가지만 선택)									
	시각 장애	청각 장애	정신 지체	지체 장애	정서 · 행동 장애	자폐성 장애	의사 소통 장애	학습 장애	건강 장애	발달 지체 (장애 유아)
교통수단제공 서비스										
언어치료										
청각학 서비스(청능훈련)										
보행훈련 서비스										
심리학적 서비스(심리치료)										
조기판별 · 사정										
물리치료										
작업치료										
여가활동 서비스										
상담 서비스										
의학적 서비스										
학교 내의 건강 서비스										
사회사업 서비스										
부모상담 및 훈련 서비스										
음악치료 및 미술치료										
보조공학기기 서비스										

〈보기〉

유형	정의
교통수단제공 서비스	장애나 학교위치를 고려하여 교통수단 제공; 장애학생을 위해 특수하게 개조된 교통수단 제공(예: 휠체어 사용자를 위한 리프트나 램프설치)
언어치료	언어 및 의사소통 장애학생의 선별, 진단 및 평가; 언어치료 제공; 보조적 의사소통 기재의 제작 및 사용 훈련; 언어장애의 재활을 위해 의료기관에 의뢰
청각학 서비스 (청능훈련)	청각장애학생의 선별, 진단 및 평가; 청각손실의 유형 및 정도 결정; 청력재활을 위해 의료기관에 의뢰; 교정교육을 위한 장비 및 절차에 대한 지침 제공; 적절한 보청기 선택 및 청능훈련 제공
보행훈련 서비스	맹아동 또는 시각손상을 지닌 아동이 자신의 학교 또는 환경 주변을 다니는 것을 지원하기 위해 제공하는 서비스
심리학적 서비스 (심리치료)	적절한 평가절차 결정; 심리 및 교육검사 실시; 아동의 행동과 학습에 대한 정보수집 및 해석; 교육프로그램의 계획 시 교사자문 및 지원; 아동 및 부모를 위한 상담 제공; 심리프로그램 계획 및 제작
조기판별 · 사정	아동의 삶에서 장애를 가능하면 조기에 판별하기 위한 공식적 계획을 실시하기
물리치료	근력, 움직임 및 지구력 증진을 위한 훈련 제공; 대근육 기술 증진; 자세, 무게중심 잡기, 신체인식에 대한 개선 지원; 적절한 자세 및 다루는 방법에 대한 교수 및 정보 제공; 적절한 보조기재의 사용 및 제작
작업치료	미세운동기능 개발 및 강화를 위한 치료 제공; 국소 부위별 근육운동 제공(예: 얼굴, 신체, 팔, 손); 독립적 기능수행에 필요한 능력 증진(예: 씹기, 삼키기, 언어활동을 위한 혀와 입의 운동, 눈과 손의 협응력, 손의 민첩성); 적절한 보조기재의 사용 및 제작
여가활동 서비스	아동의 여가활동 기술 및 평가; 여가활동 참여에 방해가 되는 장애요인 교정을 위한 치료 제공; 여가활동 참여를 위한 기술, 지식 및 적절한 보조기재의 개발 및 사용
상담 서비스	진로지도; 자아에 대한 이해증진; 행동적응 및 통제 개선; 개별교육계획안과 관련된 지도 및 상담 제공
의학적 서비스	장애학생의 진단; 특수교육의 필요여부 결정; 필요한 관련서비스 유형 및 범위 결정; 지속적인 의학적 치료 제공
학교 내의 건강 서비스	튜브를 통해 유동식 제공; 간헐적 소변 및 가래 제거; 약물투여관리; 학교 내 안전 계획; 응급처치 제공; 건강유지나 특수한 음식 알레르기를 가진 아동의 식이요법 계획
사회사업 서비스	장애학생의 사회성 및 발달에 대한 기록; 장애학생이나 가족에게 집단 및 개별상담 제공; 학교적응에 영향을 주는 생활환경(예: 가정, 학교, 지역사회) 내 문제해결; 교육프로그램의 효과 증진을 위한 학교 및 지역사회 자원 발견 및 제공
부모상담 및 훈련 서비스	장애학생의 특수요구에 대한 이해 증진; 아동발달에 대한 정보 제공; 부모지원단체, 경제적 지원 자원 및 지역사회 전문가에 의뢰 제공
음악치료 및 미술치료	자아표현의 수단 제공; 창의성과 통제력 증진을 위한 기회 제공; 정신 및 신체건강의 유지; 정서 및 신체발달의 증진을 위한 적절한 프로그램 고안 및 실시
보조공학기기 서비스	장애를 지닌 아동의 기능적 역량을 증가하거나, 유지시키거나 향상시키는 장비 및 이와 관련된 서비스

3-1. **(특수학교 입력용)** 다음은 우리나라 「장애인 등에 대한 특수교육법」에 제시된 특수교육 관련서비스에 대한 8가지 지원 항목입니다. 가장 필요한 항목을 **순서대로 세 가지(1순위, 2순위, 3순위)**만 선택하여 주시기 바랍니다.

(※ 항목이 추가로 필요한 경우에는 기타란에 직접 기록하여 주시기 바랍니다.)

구 분	우선순위 선택 (우선 순서대로 3가지만)				
	유치부	초등부 저학년	초등부 고학년	중학부	고등부이상
상담지원					
가족지원					
치료지원					
보조인력지원					
보조공학기기지원					
학습보조기기지원					
통학지원					
정보접근지원					
기타1 (　　　　)					

3-2. (특수학교(급)교사, 학부모 입력용)다음은 우리나라 「장애인 등에 대한 특수교육법」에 제시된 특수교육 관련서비스에 대한 8가지 지원 항목입니다. 가장 필요한 항목을 **순서대로 세 가지(1순위, 2순위, 3순위)만** 선택하여 주시기 바랍니다.

(※ 항목이 추가로 필요한 경우에는 기타란에 직접 기록하여 주시기 바랍니다.)

구 분	우선순위 선택 (우선 순서대로 3가지만)
상담지원	
가족지원	
치료지원	
보조인력지원	
보조공학기기지원	
학습보조기기지원	
통학지원	
정보접근지원	
기타1(　　　　)	

3-3. **(교육청, 특수교육지원센터 입력용)** 다음은 우리나라 「장애인 등에 대한 특수교육법」에 제시된 특수교육 관련서비스에 대한 8가지 지원 항목입니다. 각 장애영역별로 가장 필요한 **순서대로 세 가지(1순위, 2순위, 3순위)만** 선택하여 주시기 바랍니다.

(※ 항목이 추가로 필요한 경우에는 기타란에 직접 기록하여 주시기 바랍니다.)

구 분	우선순위 선택 (우선 순서대로 3가지만)									
	시각 장애	청각 장애	정신 지체	지체 장애	정서·행동 장애	자폐성 장애	의사소통 장애	학습 장애	건강 장애	발달 지체 (장애 유아)
상담지원										
가족지원										
치료지원										
보조인력지원										
보조공학기기지원										
학습보조기기지원										
통학지원										
정보접근지원										
기타1 ( )										

Ⅲ. 치료(관련)지원

〈치료(관련)지원의 범위〉

4. 2007년 5월 25일에 제정된 '장애인 등에 대한 특수교육법'에서는 다음과 같이 특수교육대상자를 나누고 있습니다. 선생님(또는 부모님)과 관련이 있는 장애영역에 대해 필요하다고 생각되는 치료(관련)지원을 아래 〈보기〉 에서 선택하여 적어주시기 바랍니다.

(가장 필요한 항목을 **순서대로 세 가지(1순위, 2순위, 3순위)만** 선택하여 주시기 바랍니다. 기타의 경우는 필요하신 항목을 추가하여 기록하실 수 있습니다.)

구 분	1순위	2순위	3순위
시각장애			
청각장애			
정신지체			
지체부자유			
정서 · 행동장애			
자폐성장애			
의사소통장애			
학습장애			
건강장애			
발달지체(장애영유아)			

※ '장애인 등에 대한 특수교육법'에서 제시된 특수교육대상자 구분을 기준으로 함

〈보기〉

① 청각학 서비스(청능훈련)*, ② 작업치료*, ③ 물리치료*
④ 심리학 서비스(심리치료)*, ⑤ 언어병리학 서비스(언어치료)*,
⑥ 음악치료*, ⑦ 놀이치료, ⑧ 미술치료,
⑨ 치료레크리에이션 ⑩ 보행훈련, ⑪ 일상생활훈련,
⑫ 감각 · 운동 · 지각훈련 ⑬ 심리·행동적응훈련 ⑭ (직접입력:__________)

※ 〈보기〉의 내용은 미국 장애인교육법 시행령(2004)에 명기된 치료지원서비스 유형임
⑥, ⑦, ⑧, ⑨번의 항목에 해당되는 내용은 "2007 장애아이 We Can 공청회 자료집"에 언급된 것임
*** 표시가 되어있는 항목은 현재 학부 혹은 대학원 과정에서 전공학위 과정이 개설되어 있음**
기타의 항목에 해당되는 내용은 "2007 장애아이 We Can 공청회 자료집"에 언급된 것임
⑩, ⑪, ⑫, ⑬번의 항목은 교육과정 중 치료교육활동의 영역으로 그 성격상 다른 항목들과 차이가 있을 수 있는 교육적인 측면이나 다양한 요구조사를 위한 목적으로 포함하였음

〈치료(관련)지원의 결정〉

5. 누구에게 어떤 치료(관련)지원을 제공할지를 결정하고 지원하는 체계에 대해서 여러 가지 방안들이 제안되었습니다. 다음 중 어떤 방안이 적합하다고 생각하십니까?

□① 현재 IEP 회의를 활성화 하여 치료(관련)지원 여부를 결정한다.
□② '치료 서비스 진단위원회(가칭)'를 따로 두고 매년 필요한 치료 서비스 평가를 실시하여 결정한다.
□③ 부모나 교사의 진단 요청에 따라 치료(관련) 전문요원이 평가를 실시하여 결정한다.
□④ 기타 (____)

〈치료(관련)지원 제공 형태〉

6. 선생님(또는 부모님)과 관련이 있는 장애영역에 있어서 아동의 치료(관련)지원의 형태(개별형태, 소집단형태, 교실에서의 통합형태)는 어떻게 결정하는 것이 바람직하다고 생각하십니까?

□① 부모와의 IEP 회의에서 결정하여야 한다.
□② 서비스 기관의 상황에 따라 결정하여야 한다.
□③ 치료(관련)지원 전문가가 주도적으로 결정하여야 한다.
□④ 어떤 형태로 결정되든지 개별 치료의 최소시간에 대한 규정을 두어야 한다.
□⑤ 기타 (________________________________)

〈치료(관련)지원 담당 인력의 배치방법〉

7. 선진국에서는 치료(관련)지원 부서가 교육청에 마련되어 있고 치료(관련) 전문요원은 그 부서에 소속되어 필요에 따라 개별 학교로 파견하는 제도가 시행되고 있습니다. 우리나라에서는 어떻게 담당 인력을 배치하여야 한다고 생각하십니까?

□① 전문요원을 따로 배치하지 않고 관련기관으로부터 치료(관련)지원 서비스를 제공받는다.
□② 현재 있는 특수교육지원센터에 담당 인력을 고용하고 배치한다.
□③ 각 교육청에 치료(관련)지원 부서를 따로 마련하여 담당 인력을 고용하고 배치한다.
□④ 특수학교에서는 학교장이 배치하고, 특수학급이나 일반학급은 교육청에서 고용하고 배치한다.
□⑤ 기타 (________________________________)

8. 특수교육지원센터에서 치료(관련)지원을 관할할 경우 다음 중 어떠한 방법으로 특수교육지원센터를 활성화 하는 것이 시급하다고 생각하십니까? **순서대로 두 가지(1순위, 2순위)만 선택**하여 주시기 바랍니다.

□① 예산 확보
□② 치료(관련)지원 담당 인력 배치 및 고용
□③ 특수교육지원센터 내에 물리적 공간 확보
□④ 외부의 치료(관련)지원 서비스 제공기관과의 연계
□⑤ 기타(________________________________)

〈치료(관련)지원 전문요원의 자질〉

9. (자격증) 현재 치료(관련)지원을 제공하는 전문요원의 자격에 대한 논란이 있습니다. 현재 물리치료사와 작업치료사(보건복지부 산하 자격증) 외에는 국가자격증이 발급되지 않고 있어서

학교 치료(관련) 전문인의 자질 통제에 대한 우려가 있습니다. 이에 대해 어떠한 방안이 마련되어야 한다고 생각하십니까?

□① 주요 치료(관련) 전문요원에 대해서는 “학교 (물리, 작업, 언어, 청능 등) 치료사” 국가자격제도를 두어 전문요원의 자질을 통제해야 한다.
□② 주요 치료(관련) 전문요원에 대해서는 교육부가 인정하는 학회 또는 협회의 자격증을 가진 자로 한정하여 전문요원의 자질을 통제해야 한다.
□③ 주요 치료(관련) 전문요원에 대해서는 교육부가 인가한 대학의 전공자로 한정하여 전문요원의 자질을 통제해야 한다.
□④ 기타 (____)

10. 치료(관련)지원을 세부치료영역(예, 물리치료, 작업치료, 언어치료, 청능훈련 등)을 전공한 사람이 맡는다고 할 때, 이러한 전문요원의 자격은 어떤 수준이어야 한다고 생각하십니까?

□① 해당 자격증 소유자 + 전문대학 졸업 수준의 학위 소유자
□② 해당 자격증 소유자 + 4년제 대학교 졸업 수준의 학위 소유자
□③ 해당 자격증 소유자 + 대학원 이상의 학위 소유자
□④ 학위유무와 상관없이 해당 자격증 소유자
□⑤ 기타 (____)

〈치료(관련)지원의 전달체계〉

11. 외국의 경우 보다 학교 및 교육청에서는 효율적인 치료 서비스 제공을 위해 지역사회의 유관기관(예, 복지시설 · 보육시설 · 의료기관 · 사설치료(교육)실) 등과 협력 체계를 구축하고 있습니다. 우리나라의 경우에도 이와 같은 협력 체계를 구축하는 것이 바람직하다고 생각하십니까?

□① 바람직하다
□② 바람직하지 않다
□③ 모르겠다

12-1. **(8에서 ①을 선택한 경우)** 바람직하다고 생각하신다면, 협력 체계가 어떻게 이루어져야 한다고 생각하십니까?

□① 교육인적자원부 감독 하에 교육청(또는 특수교육지원센터)을 중심으로 유관기관들의 협력체계를 구축한다.
□② 보건복지부 감독 하에 병원이나 복지관을 중심으로 유관기관들의 협력체계를 구축한다.
□③ 교육인적자원부와 보건복지부가 상호 협력하여 별도의 치료 서비스지원센터를 마련하고, 이 기관을 중심으로 유관기관들의 협력체계를 구축한다.
□④ 교육인적자원부와 보건복지부가 상호 협력하여 기존의 운영 중인 기관을 중심으로 유관기관들의 협력체계를 구축한다.
□⑤ 기타 (____)

12-2. **(8에서 ②를 선택한 경우)** 바람직하지 않다고 생각하신다면, 그 이유는 무엇입니까?

□① 지도 및 감독의 문제
□② 예산 운영의 문제
□③ 부처 간 협력의 어려움
□④ 기타 (______________________)

〈치료(관련)지원의 새로운 도입 방법〉

13. **[바우처 제도 도입]** 학교 현장에서 제공되는 치료 서비스 이외에 아동의 특성으로 인하여, 보다 전문화된 치료 서비스를 의료기관에서 제공받기를 원하는 경우, 국가 및 지방자치단체는 무상으로 치료 서비스를 이용할 수 있도록 바우처(무료 이용권)를 지급하는 제도를 도입하는 내용에 어떻게 생각하십니까?

□① 적극적으로 도입해야 한다.
□② 다양한 의견을 검토하여 도입 여부를 신중하게 결정하여야 한다.
□③ 도입해서는 안 된다.
□④ 상관없다.
□⑤ 기타 (______________________)

14. **[방과 후 교육 활동 프로그램 확대 강화]** 현행 방과 후 교육 활동을 확대 강화하여 복지시설 및 사설특수교육실 등에서 제공되고 있는 치료 서비스 및 관련된 여가 프로그램을 방과 후 교육 활동 프로그램으로 개설하는 방법에 대하여 어떻게 생각하십니까?

□① 적극적으로 도입해야 한다.
□② 다양한 의견을 검토하여 도입 여부를 신중하게 결정하여야 한다.
□③ 도입해서는 안 된다.
□④ 상관없다.
□⑤ 기타 (______________________)

15. 특수교육기관에서 실시하는 치료(관련)지원의 질을 개선하기 위한 가장 시급한 과제는 무엇이라고 생각하십니까?

Ⅳ. 가족지원 / 상담지원

〈가족지원 관련〉

16. 장애학생 및 그 가족에게 가장 적절하다고 생각되는 가족지원 프로그램의 방법을 세 가지만 선택하여 주시기 바랍니다.

□① 강연회 □② 토론회 □③ 개별상담
□④ 아버지-어머니 소모임 □⑤ 가정방문 □⑥ 가정통신문
□⑦ 참관 및 참여수업 □⑧ 인터넷 모임의 정보(웹 정보이용 등)
□⑨ 기타(____________________)

17. 장애학생 및 그 가족에게 가장 적절하다고 생각되는 가족지원 프로그램의 내용을 **필요한 순서대로 다섯 가지(1순위, 2순위, 3순위, 4순위, 5순위)만 선택**하여 주시기 바랍니다.

□① 자녀의 교육기회 확대 및 교육의 질 향상
□② 경제적 지원
□③ 직업
□④ 여가활동
□⑤ 아동 탁아
□⑥ 의사소통
□⑦ 교통수단
□⑧ 부모교육 및 상담
□⑨ 충분한 교육기관 및 전문가 확대
□⑩ 심리, 정서적 지원
□⑪ 가사 보조
□⑫ 가정방문
□⑬ 기타 (_______________)

18. 가정에서 장애학생을 양육하는 학부모의 노력에 있어 누가(혹은 어떤 기관이) 비교적 효과적으로 학부모를 지원하고 있다고 생각기관이) **(최대 5개까지 선택 가능합니다.)**

□① 교육기관 □② 치료교육기관 □③ 부모집단 □④ 동료부모
□⑤ 가족 구성원 □⑥ 친구 □⑦ 이웃 □⑧ 교사
□⑨ 상담가 □⑩ 부모 프로그램 □⑪ 의료기관 □⑫ 사회복지관의 서비스
□⑬ 형제지원 프로그램 □⑭ 시간제 탁아 프로그램 □⑮ 종교기관(교회, 사찰 등)
□⑯ 기타 (_______________)

19. 다음은 가정에서의 자녀교육과 생활지도에 관한 내용입니다. 가족지원관련 교육 시 필요하다고 생각하시는 항목을 **순서대로 세 가지(1순위, 2순위, 3순위)만 선택**하여 주시기 바랍니다.

□① 자녀의 신변자립 및 건강, 안전

□② 자녀의 학습지도 방법
□③ 자녀의 놀이와 생활습관 지도
□④ 자녀의 문제행동 수정 방법
□⑤ 자녀의 성교육
□⑥ 자녀의 여가생활
□⑦ 자녀의 교육 계획 및 활동에 부모 참여 방법
□⑧ 기타 (________________)

20. 다음은 장애학생 가족의 어려운 문제 해결을 위한 내용입니다. 필요하다고 생각하시는 항목을 **순서대로 세 가지(1순위, 2순위, 3순위)만 선택**하여 주시기 바랍니다.

□① 자녀의 장애가 가족에게 미치는 영향과 대처방안
□② 자녀의 장애로 인한 양육의 어려움
□③ 자녀의 장애로 인한 가족이 겪는 심리적 갈등
□④ 장애 자녀와 의사소통 하는 방법
□⑤ 자녀의 장애로 인한 경제적 어려움
□⑥ 자녀의 상태를 친척, 친구, 이웃, 낯선 사람에게 설명하기 위한 도움
□⑦ 장애 아동 부모모임에 참여할 기회
□⑧ 부모가 가족 문제를 상담 받을 수 있는 기회
□⑨ 가족의 여가시간 활용
□⑩ 기타 (________________)

21. 자녀의 권리, 진로, 복지에 관한 문항입니다. 가족지원 시, 필요하다고 생각하시는 항목을 **순서대로 세 가지(1순위, 2순위, 3순위)만 선택**하여 주시기 바랍니다.

□① 자녀의 법적 지위와 장애학생 부모의 권리
□② 자녀의 교육 및 치료비와 관련된 정책
□③ 자녀의 성인기 진로
□④ 부모 사후 자녀 문제
□⑤ 장애인 보호시설
□⑥ 장애인 복지제도 향상
□⑦ 기타 (________________)

22. 가족지원에 있어서 지역사회 서비스와 관련된 내용입니다. 필요하다고 생각하시는 항목을 **순서대로 세 가지(1순위, 2순위, 3순위)만 선택**하여 주시기 바랍니다.

□① 부모와 자녀를 위한 서비스를 받을 기회
□② 지역사회 서비스에 참여하기 위한 부모의 권리 및 책임
□③ 지역사회에서 자녀교육 및 치료기관과 전문가에 대한 정보
□④ 부모의 취업이나 여가를 위한 탁아시설이나 보호시설 및 도움
□⑤ 기타 (   )

23. 가족지원에 있어서 장애학생 당사자와 관련된 내용입니다. 필요하다고 생각하시는 항목을 **순서대로**

세 가지(1순위, 2순위, 3순위)만 선택하여 주시기 바랍니다.

□① 장애학생의 여가프로그램
□② 일반학교의 통합을 위한 지원
□③ 의사소통과 관련된 언어정보 및 교육내용
□④ 자녀의 신변자립 및 건강 문제
□⑤ 장애아 부모의 가족단위 모임 단체정보
□⑥ 장애학생 특성에 대한 적절한 교육정보
□⑦ 기타 (______________)

〈상담지원 관련〉

24. 특수교육대상자의 교육을 효율적으로 실시하기 위하여 상담지원이 이루어질 때 가장 필요한 상담은 무엇입니까? **순서대로 세 가지(1순위, 2순위, 3순위)만 선택**하여 주시기 바랍니다.

□① 교육과 학교 선택을 위한 교육상담
□② 치료 및 의료적 서비스 관련 상담
□③ 진로 및 직업 상담
□④ 법적 보호 관련 등의 법률에 관한 상담
□⑤ 아동의 문제행동에 대한 상담
□⑥ 장애학생 형제의 심리상담
□⑦ 가족 간 갈등으로 인한 가족상담
□⑧ 성교육 상담
□⑨ 장애자녀를 둔 부모들을 위한 개별 및 집단상담
□⑩ 장애가정을 위한 경제상담
□⑪ 기타 (____________)

25. 상담지원이 어떤 기관에서 이루어지는 것이 바람직하다고 생각하십니까? **순서대로 두 가지(1순위, 2순위)만 선택**하여 주시기 바랍니다.

□① 학교 내 상담실
□② 특수교육지원센터 내 상담실
□③ 지역사회 내 복지관
□④ 지역사회 내 사설 조기교육센터
□⑤ 지역사회 내 상담지원센터
□⑥ 지역사회 내 치료실이나 의료기관
□⑦ 기타 (______________)

26. 상담지원은 누구에 의해 이루어지는 것이 바람직하다고 생각하십니까? **순서대로 두 가지(1순위, 2순위)만 선택**하여 주시기 바랍니다.

□① 특수교육 전문가
□② 가족상담 전문가
□③ 치료 및 의료 전문가
□④ 특수학급 및 일반학급 교사(담임교사)
□⑤ 사회복지사
□⑥ 장애자녀를 둔 동료 부모
□⑦ 기타 (______________)

27. 특수교육기관에서 실시하는 가족지원/ 상담지원의 질을 개선하기 위한 가장 시급한 과제는 무엇이라고 생각하십니까?

Ⅶ. 보조공학지원

다음의 다섯 가지는 「보조공학」이라는 용어에 포함되는 개념입니다. 또한 이 개념에서 기기라 하는 것은 하드웨어와 소프트웨어를 모두 포함하는 뜻입니다. ①전자 · 정보접근 및 학습을 돕는 기기(예: 트랙볼, 장애인 고려한 학습용 소프트웨어) ②의사소통을 돕는 기기(예: 의사소통판, 메신저, 보청기, 영상전화기) ③앉기 · 자세를 돕는 기기(예: 맞춤특수의자) ④이동을 돕는 기기(예: 휠체어, 흰지팡이) ⑤일상생활을 돕는 기기(예: 손잡이 모양이 변형 가능한 숟가락)

〈**보조공학기기 배치 현황**〉

28-1. **(특수학교 관리자, 장학사, 특수교육지원센터 담당자 입력용)** 다음에서 현재 학교 또는 기관에서 보유하고 있는 보조공학기기를 모두 선택해 주십시오.

범주	보조공학기기 유형	기관 보유
전자 및 정보통신기술에 접근 및 학습을 돕는 기기	변형 · 대체 입력보조기기(스위치, 터치스크린, 변형키보드 등)	☐
	시각장애인용 출력보조기기(점자정보단말기, 스크린리더, 화면확대기 등)	☐
	장애인을 고려한 학습용 소프트웨어	☐
	기타 (입력 :)	☐
의사소통을 돕는 기기	청각 · 언어장애인용 전화기(영상, 신호, 골도, 문자 전화기 등)	☐
	보완대체의사소통(AAC) (키즈보이스, AAC 장치, 컴퓨터용 AAC 소프트웨어 등)	☐
	기타 (입력 :)	☐
앉기 · 자세를 돕는 기기	맞춤 · 조정된 의자 또는 휠체어	☐
	기립장치(스탠더, prone stander 등)	☐
	맞춤 · 조정된 책상	☐
	기타 (입력 :)	☐
이동을 돕는 기기	흰지팡이(시각장애인용)	☐
	걷기 보조기기(지팡이, 크러치, 워커 등)	☐
	바퀴달린 이동 보조기기(휠체어, 스쿠터, 유모차, stroller 등)	☐
	기타 (입력 :)	☐
일상생활을 돕는 기기	식사 · 부엌 보조기기	☐
	필기 보조도구	☐
	의복 착탈의 보조기기	☐
	기타 (입력 :)	☐
없다		☐

28-2. **(학부모 입력용)** 다음에서 현재 장애학생이 개인적으로 구입하여 학교에서 사용하고 있는 보조공학기기(**집에서만 사용하는 보조공학기기 제외**)를 모두 선택해 주십시오.

범주	보조공학기기 유형	사용 여부
전자 및 정보통신기술에 접근 및 학습을 돕는 기기	변형 · 대체 입력보조기기(스위치, 터치스크린, 변형키보드 등)	☐
	시각장애인용 출력보조기기(점자정보단말기, 스크린리더, 화면확대기 등)	☐
	장애인을 고려한 학습용 소프트웨어	☐
	기타 (입력 :)	☐
의사소통을 돕는 기기	청각 · 언어장애인용 전화기(영상, 신호, 골도, 문자 전화기 등)	☐
	보완대체의사소통(AAC) (키즈보이스, AAC 장치, 컴퓨터용 AAC 소프트웨어 등)	☐
	기타 (입력 :)	☐
앉기 · 자세를 돕는 기기	맞춤 · 조정된 의자 또는 휠체어	☐
	기립장치(스탠더, prone stander 등)	☐
	맞춤 · 조정된 책상	☐
	기타 (입력 :)	☐
이동을 돕는 기기	흰지팡이(시각장애인용)	☐
	걷기 보조기기(지팡이, 크러치, 워커 등)	☐
	바퀴달린 이동 보조기기(휠체어, 스쿠터, 유모차, stroller 등)	☐
	기타 (입력 :)	☐
일상생활을 돕는 기기	식사 · 부엌 보조기기	☐
	필기 보조도구	☐
	의복 착탈의 보조기기	☐
	기타 (입력 :)	☐
없다		☐

28-3. **(특수학교(급)교사 입력용)** 다음에서 현재 학교나 기관에서 보유하고 있는 보조공학기기 중 학생이 평균 일주일에 1회 이상 학교생활이나 수업활동에서 사용하고 있는 기기를 모두 선택해 주십시오.

범주	보조공학기기 유형	활용 여부
전자 및 정보통신기술에 접근 및 학습을 돕는 기기	변형 · 대체 입력보조기기(스위치, 터치스크린, 변형키보드 등)	☐
	시각장애인용 출력보조기기(점자정보단말기, 스크린리더, 화면확대기 등)	☐
	장애인을 고려한 학습용 소프트웨어	☐
	기타 (입력 :)	☐
의사소통을 돕는 기기	청각 · 언어장애인용 전화기(영상, 신호, 골도, 문자 전화기 등)	☐
	보완대체의사소통(AAC) (키즈보이스, AAC 장치, 컴퓨터용 AAC 소프트웨어 등)	☐
	기타 (입력 :)	☐

범주	보조공학기기 유형	활용 여부
앉기 · 자세를 돕는 기기	맞춤 · 조정된 의자 또는 휠체어	□
	기립장치(스탠더, prone stander 등)	□
	맞춤 · 조정된 책상	□
	기타 (입력 :)	□
이동을 돕는 기기	흰지팡이(시각장애인용)	□
	걷기 보조기기(지팡이, 크러치, 워커 등)	□
	바퀴달린 이동 보조기기(휠체어, 스쿠터, 유모차, stroller 등)	□
	기타 (입력 :)	□
일상생활을 돕는 기기	식사 · 부엌 보조기기	□
	필기 보조도구	□
	의복 착탈의 보조기기	□
	기타 (입력 :)	□
없다		□

〈보조공학기기 지원 요구〉

29. 선생님(또는 부모님)과 관련이 있는 장애영역의 학생을 위한 보조공학기기 유형 중 가장 시급하게 제공되어야 할 기기를 **<u>순서대로 3가지(1순위, 2순위, 3순위)만 아래의 보기에서 선택</u>**하여 그 번호를 기입하여 주시기 바랍니다.

① 시각장애 1순위__________ 2순위__________ 3순위__________
② 청각장애 1순위__________ 2순위__________ 3순위__________
③ 정신지체 1순위__________ 2순위__________ 3순위__________
④ 지체장애 1순위__________ 2순위__________ 3순위__________
⑤ 정서 · 행동장애 1순위__________ 2순위__________ 3순위__________
⑥ 자폐성장애 1순위__________ 2순위__________ 3순위__________
⑦ 의사소통장애 1순위__________ 2순위__________ 3순위__________
⑧ 학습장애 1순위__________ 2순위__________ 3순위__________
⑨ 건강장애 1순위__________ 2순위__________ 3순위__________
⑩ 발달지체(장애유아) 1순위__________ 2순위__________ 3순위__________

보 기
1) 변형 · 대체 입력보조기기(스위치, 터치스크린, 변형키보드 등) 2) 시각장애인용 출력보조기기(점자정보단말기, 스크린리더, 화면확대기 등) 3) 장애인을 고려한 학습용 소프트웨어 4) 청각 · 언어장애인용 전화기(영상, 신호, 골도, 문자 전화기 등) 5) 보완대체의사소통(AAC) (키즈보이스, AAC 장치, 컴퓨터용 AAC 소프트웨어 등)

6) 맞춤 · 조정된 의자 또는 휠체어
7) 기립장치(스탠더, prone stander 등)
8) 흰지팡이(시각장애인용)
9) 걷기 보조기기(지팡이, 크러치, 워커 등)
10) 바퀴달린 이동 보조기기(휠체어, 스쿠터, 유모차, stroller 등)
11) 맞춤 · 조정된 책상
12) 식사 · 부엌 보조기기
13) 필기 보조도구
14) 의복 착탈의 보조기기
15) 기타1 (입력 :)
16) 기타2 (입력 :)

〈 보조공학 서비스 요구와 전문가 배치〉

30. 특수교육에서 개별 학생에 대한 보조공학 서비스가 원활하게 이루어지기 위하여 가장 시급하다고 생각되는 항목을 **순서대로 두 가지(1순위, 2순위)만 선택**하여 주시기 바랍니다.

□① 특수교육대상학생이 가장 필요로 하는 보조공학에 대한 요구 평가
□② 보조공학기기의 구입 및 임대를 돕는 서비스
□③ 보조공학기기의 선택, 맞춤, 유지보수 등을 돕는 서비스
□④ 보조공학기기가 학교생활과 수업에서 원활하게 활용 및 적용될 수 있도록 돕는 서비스
□⑤ 보조공학에 대한 안내 및 정보제공, 교육 · 연수 · 훈련, 기술적 지원
□⑥ 기타 ( )

31. 현재 미국에서는 보조공학 전문가를 주정부 보조공학센터나 교육구 등에 배치하여 보조공학 서비스를 제공하고 있습니다. 우리나라에서는 보조공학 서비스를 제공하는 전문요원이 어떻게 고용되고 배치되어야 한다고 생각하십니까?

□① 전문요원을 따로 배치하지 않고 외부 전문기관(보조공학서비스센터 등)과 협력을 통해 연계한다.
□② 현재 있는 특수교육지원센터에 전문요원을 고용 또는 배치한다.
□③ 각 교육청에 보조공학 지원 부서를 따로 마련하여 전문요원을 고용 또는 배치한다.
□④ 특수학교에서는 학교장이 배치하고 특수학급이나 일반학급은 교육청에서 고용 또는 배치한다.
□⑤ 기타 (________________)

〈 정보접근지원〉

32. 특수교육대상학생에 대한 학습 · 정보접근권을 확보하기 위해 가장 필요한 것은 무엇이라고 생각하십니까?

특수교육대상학생에 대한 정보접근권 확보에는 다음의 내용들을 포함하는 것으로 해석할 수 있다. 첫째, 학교에서 제공하는 모든 정보는 묵자 인쇄물, 점자 인쇄물, 디지털 파일, 문자 또는 수화 자막이 첨부된 동영상 파일 등 특수교육 대상자가 이해와 수용이 가능한 방식으로 제공되어야 한다. 둘째, 학교의 홈페이지는 특수교육 대상자가 실제 사용할 수 있도록 제작 · 운영되어야 한다. 셋째, 학교의 행사, 활동 등에서 특수교육 대상자가 적극적으로 참여할 수 있도록 자격 있는 낭독사 또는 통역사가 제공되어야 한다. 넷째, 학습정보접근을 위한 기타 제반여건(기본적 정보화 환경, 착석 및 이동, 일상생활동작훈련 등)이 제공되어야 한다.

□① 학습 · 정보접근권에 대한 인식 교육, 훈련
□② 실행에 필요한 법 · 제도 확립(바우처 제도, 서비스체계 등)
□③ 학습 · 정보접근권 확보를 위한 서비스 및 기술적 지원
□④ 예산 확보
□⑤ 기타 (________________)

33. 특수교육기관에 도입되는 보조공학과 정보접근 제공의 활성화를 위하여 가장 시급한 과제는 무엇이라고 생각하십니까?

Ⅵ. 보조인력지원 / 통학지원

34. '보조인력'의 개념에 대하여 가장 알맞은 것은 어느 것이라고 생각하십니까?

□① 교사의 지시에 의하여 보조적 업무를 수행하는 자
(수화통역사, 속기사, 점역사 등과 같은 전문적인 영역은 제외)
□② 교사의 지시에 의하여 보조적 업무를 수행하는 자
(수화통역사, 속기사, 점역사 등과 같은 전문적인 영역을 포함)
□③ 교육의 효율을 증진시키기 위하여 교사와 함께 교육 활동에 참여하는 자
(수화통역사, 속기사, 점역사 등과 같은 전문적인 영역은 제외)
□④ 교육의 효율을 증진시키기 위하여 교사와 함께 교육 활동에 참여하는 자
(수화통역사, 속기사, 점역사 등과 같은 전문적인 영역을 포함)
□⑤ 기타 (________________)

35. 특수교육대상자를 위한 보조인력지원 시 어느 장애 영역부터 지원하는 것이 좋은지 **순서대로 세 가지(1순위, 2순위, 3순위)만 선택**하여 주시기 바랍니다.

□① 시각장애 □② 청각장애 □③ 정신지체 □④ 지체장애
□⑤ 정서 · 행동장애 □⑥ 자폐성장애(이와 관련된 장애를 포함)
□⑦ 의사소통장애 □⑧ 학습장애 □⑨ 건강장애 □⑩ 발달지체
□⑪ 그 밖에 대통령령으로 정하는 장애

36. 특수교육 보조인력의 배치에 있어서 어느 학급부터 배치되어야 한다고 생각하는지 **순서대로 두 가지(1순위, 2순위)만 선택**하여 주시기 바랍니다.

□① 일반학교의 통합학급
□② 일반학교의 특수학급
□③ 특수학교의 학급
□④ 재택 또는 순회교육이 이루어지는 곳
□⑤ 기타 (________________)

〈 특수교육보조원 관련〉

37. 현재 현장에 배치된 특수교육보조원의 중요한 업무라고 생각되는 것을 **순서대로 세 가지(1순위, 2순위, 3순위)만 선택**하여 주시기 바랍니다.

□① 교사의 사무업무 지원
□② 개인적 욕구 지원(신변처리, 착탈의 등)
□③ 건강보호 및 안전 지원
□④ 아동지원(안전보호, 통학보조)
□⑤ 보조 장비 사용지원
□⑥ 의사소통 지원
□⑦ 문제행동 개선을 위한 보조지원
□⑧ 교수 학습적 보조지원(수업보조, 교수자료 제작)

□⑨ 각종 행사 지원
□⑩ 가족과의 상호작용 지원
□⑪ 교육 팀의 구성원(교육계획 참여 등)
□⑫ 기타 (　　　　　　　　)

38. 특수교육보조원을 배치하여 발생할 수 있는 문제점이 있다면 무엇이라고 생각하십니까?

□① 장애학생에 대한 밀착으로 비장애학생과의 교류 기회가 차단되어 독립성을 저해한다.
□② 교실 수업에 함께 참여함으로 교사의 수업활동에 오히려 방해요인이 된다.
□③ 교사와 특수교육보조원과의 마찰, 갈등으로 인한 불편함이 야기된다.
□④ 교사가 특수교육보조원을 관리하는 문제가 또 하나의 부가된 업무가 된다.
□⑤ 특별히 발생되는 문제가 없다.
□⑥ 기타 (　　　　　　　　)

39. 특수교육보조원의 배치인원 기준으로 다음 중 어떤 항목이 가장 적절하다고 생각하십니까?

□① 학교의 요구나 신청한 수에 따라 배정
□② 특수학급이나 특수학교의 학급당 1명
□③ 특수교육보조원 신청 장애학생 1명당 1명
□④ 특수교육보조원 신청 장애학생 2~3명당 1명
□⑤ 특수교육보조원 신청 장애학생 4~5명당 1명
□⑥ 기타 (　　　　　　　　)

40. 특수교육보조원의 평가 준거로 가장 중요한 것은 무엇이라고 생각하십니까?

□① 출 · 퇴근 등 근무태도(성실성)
□② 교육활동 보조 업무 능력
□③ 담임교사와의 상호협력 정도
□④ 아동과의 적절한 상호작용
□⑤ 기타 (　　　　　　　　)

41. 특수교육보조원의 폭을 확대하기 위해 공익근무요원을 보조인력으로 활용하려는 방안에 대하여 어떻게 생각하십니까?

□① 긍정적으로 생각하며 장애학생에 대한 다양한 지원 체제로 활용한다.
□② 보조원 선발 기준을 두어 선발기준에 적합한 공익근무요원만을 활용한다.
□③ 전문적인 지원체제가 이루어지지 못하며 별로 도움이 되지 않을 것이다.
□④ 기타 (　　　　　　　　)

〈 통학지원 관련〉

42. 특수교육대상자의 취학 편의를 위한 통학차량 지원에 관한 사항입니다. 통학차량지원 시 중요하게 고려하여할 사항은 무엇입니까?

□① 장애유형(지체장애와 중증장애학생을 우선)
□② 학교형태(특수학교-> 일반학교 특수학급 -> 일반학교 통합학급 순)
□③ 통학거리(학교 주변지역을 우선)
□④ 대상연령(연령이 어린 학생을 우선)
□⑤ 기타 (   )

43. 통학비를 지원하는 기준이 무엇이어야 한다고 생각하십니까?

□① 장애유형(지체장애와 중증장애학생을 우선)
□② 학교형태(통학차량이 지원되지 않는 일반학교 특수 · 통합학급 우선)
□③ 통학거리(학교에서 원거리에 따른 차등 지원)
□④ 대상연령(연령이 어린 학생을 우선)
□⑤ 기타 (   )

44. 특수교육대상자의 취학 편의를 위한 통학 보조인력의 지원에 관한 사항입니다. 통학 보조인력이 가장 필요한 때는 언제인지 **순서대로 세 가지(1순위, 2순위, 3순위)만 선택**하여 주시기 바랍니다.

□① 나이가 어린 장애유아(발달지체)가 탑승할 경우
□② 휠체어를 사용하는 지체장애, 뇌성마비, 건강장애학생이 탑승할 경우
□③ 장애의 정도가 심한 중증장애학생이 탑승할 경우
□④ 사회성 및 적응에 어려움을 겪는 발달장애, 정신지체 학생이 탑승할 경우
□⑤ 특수교육대상자가 이용하는 모든 통학차량에 필요
□⑥ 기타 (   )

45. 통학 보조인력의 역할 중 가장 중요 것은 무엇이라고 생각하십니까?

□① 통학차량 이용자의 승 · 하차 시 안전
□② 통학차량 이용자의 차량이용방법 훈련
□③ 통학차량 이용자의 승 · 하차 시 신체이동에 대한 보조
□④ 차량 이동시 차량 내부에서의 안전사고 예방
□⑤ 기타 (   )

46. 그 외, 장애학생에게 지원되는 보조인력지원 및 통학지원이 합리적으로 이루어지기 위한 방안이 있으면 간단히 적어주십시오.

설문에 응답해 주셔서 대단히 감사합니다.

2. 면담조사지

「특수교육 관련서비스 요구조사 및 지원방안」에 관한 면담조사

(특수교육 관련 전문가용)

안녕하십니까? 장애학생 교육을 위하여 헌신하고 계신 여러분들의 노력에 깊은 존경과 감사의 뜻을 표합니다.

지난 2007년 5월 25일 「장애인 등에 대한 특수교육법」이 제정되었습니다. 새로 제정된 법에서는 "치료교육"을 특수교육 정의에 포함하지 않고, "특수교육 관련서비스"를 **"특수교육대상자의 교육을 효율적으로 실시하기 위하여 필요한 인적 · 물적 자원을 제공하는 서비스로서 상담지원 · 가족지원 · 치료지원 · 보조인력지원 · 보조공학기기지원 · 학습보조기기지원 · 통학지원 및 정보접근지원 등을 말한다(제2조)"**라고 정의하고, 이를 특수교육에 포함하였습니다.

이에 따라 국립특수교육원에서는 「특수교육 관련서비스에 대한 요구조사 및 지원방안」 연구를 진행하게 되었습니다. 본 면담은 이러한 연구의 기초자료를 수집하는데 목적이 있습니다. 여러분들께서 응답하신 내용은 연구를 위한 통계자료 이외의 목적으로 사용되지 않습니다.

면담조사지에 제시된 내용에 귀하의 전문적인 식견으로 응답해 주시기 바랍니다. 이번 면담조사의 분석 결과가 장애학생에게 보다 바람직한 교육지원 체계를 만들어 나가는데 큰 도움이 될 것입니다.

감사합니다.

2007년 8월

국립특수교육원장 ○ ○ ○

※ 다음의 내용은 본 면담과 관련된 법률의 내용입니다.
면담 시 본 법률의 내용을 참고하시기 바랍니다.

장애인 등에 대한 특수교육법(제정 2007. 5. 25)의 관련 내용

1. 특수교육 관련서비스의 정의

"특수교육 관련서비스"란 특수교육대상자의 교육을 효율적으로 실시하기 위하여 필요한 인적·물적 자원을 제공하는 서비스로서 상담지원·가족지원·치료지원·보조인력지원·보조공학기기지원·학습보조기기지원·통학지원 및 정보접근지원 등을 말한다(제2조의 2).

2. 특수교육 관련서비스의 주요 내용

제28조 (특수교육 관련서비스)

① 교육감은 특수교육대상자와 그 가족에 대하여 가족상담 등 가족지원을 제공하여야 한다.
② 교육감은 특수교육대상자가 필요로 하는 경우에는 물리치료, 작업치료 등 치료지원을 제공하여야 한다.
③ 각급학교의 장은 특수교육대상자를 위하여 보조인력을 제공하여야 한다.
④ 각급학교의 장은 특수교육대상자의 교육을 위하여 필요한 장애인용 각종 교구, 각종 학습보조기, 보조공학기기 등의 설비를 제공하여야 한다.
⑤ 각급학교의 장은 특수교육대상자의 취학 편의를 위하여 통학차량 지원, 통학비 지원, 통학 보조인력의 지원 등 통학 지원 대책을 마련하여야 한다.
⑥ 각급학교의 장은 특수교육대상자의 생활지도 및 보호를 위하여 기숙사를 설치·운영할 수 있다. 기숙사를 설치·운영하는 특수학교에는 특수교육대상자의 생활지도 및 보호를 위하여 교육인적자원부령으로 정하는 자격이 있는 생활지도원을 두어야 한다. 생활지도원의 배치 기준은 국립학교의 경우 교육인적자원부령으로, 공립 및 사립학교의 경우에는 시·도 교육규칙으로 각각 정한다.
⑦ 각급학교의 장은 각급학교에서 제공하는 각종 정보(교육기관에서 운영하는 인터넷 홈페이지를 포함한다)를 특수교육대상자에게 제공하는 경우 특수교육대상자의 장애유형에 적합한 방식으로 제공하여야 한다.
⑧ 제1항부터 제7항까지의 규정에 따른 특수교육 관련서비스의 제공을 위하여 필요한 사항은 대통령령으로 정한다.

3. 특수교육지원센터의 주요 내용

제11조 (특수교육지원센터의 설치·운영)

① 교육감은 특수교육대상자의 조기발견, 특수교육대상자의 진단·평가, 정보관리, 특수교육 연수, 교수·학습활동의 지원, 특수교육 관련서비스 지원, 순회교육 등을 담당하는 특수교육지원센터를 하급교육행정기관별로 설치·운영하여야 한다.
② 제1항에 따른 특수교육지원센터는 하급교육행정기관이나 특수학교, 특수학급이 설치된 일반 초·중·고등학교 또는 관할 지역의 관공서(장애인복지관을 포함한다) 등 특수교육대상자를 비롯한 지역주민의 접근이 편리한 곳에 설치하여야 한다.
③ 특수교육지원센터의 설치·운영 등에 관하여 필요한 사항은 대통령령으로 정한다.

면담 문항

1. 장애인 등에 대한 특수교육법에 의하면 특수교육지원센터는 특수교육 관련서비스 지원의 업무를 담당하게 되어 있습니다(제11조 제1항). 또한 설치에 대한 부분도 하급교육행정기관이나 특수학교, 특수학급이 설치된 일반 초·중·고등학교 또는 관할 지역의 관공서(장애인복지관을 포함한다) 등으로 규정하고 있습니다(제11조 제2항).

특수교육 관련서비스의 효과적인 지원의 역할을 담당하기 위해서

1) 설치 장소에 대한 구체적인 의견과
2) 특수교육지원센터의 역할과 지원 범위
3) 운영시 고려되어야 할 중요한 사항에 대하여
4) 그 외 어디에서 관련서비스를 제공하는 방안으로 좋을지 귀하의 의견을 말씀하여 주시기 바랍니다.

2. 특수교육 관련서비스를 지원할 때, 지원인력에 대한 배치에 대한 귀하의 의견을 말씀하여 주시기 바랍니다.

1) 전문요원(치료사를 포함)의 배치 방법
2) 전문요원의 처우 방법 - 보수(인건비), 자격증여부, 고용안정을 위한 방안
3) 전문요원 중 가장 필수적인 요원의 범위와 기타 추가요원의 범위

3. 특수교육 관련서비스를 지원하는 기관에서 특수교육 관련서비스를 지원하는 방법에 대한 귀하의 의견을 말씀하여 주시기 바랍니다.

1) 교사, 전문가, 타기관(구체적으로 어느 기관인지 명시)과의 협력방법
2) 많은 논의가 되는 바우처 제도에 대한 구체적인 방안
3) 타기관의 전문인력의 파견, 고용 등에 관한 방안

4. 귀하가 평소에 관심이 있거나, 과거 근무 경험 등을 통하여 경험한 (　　　) **장애 영역에 대하여 추가적인 지원**이 필요하다면 그 내용에 대하여 귀하의 의견을 말씀하여 주시기 바랍니다.